Vermarktung von Medienrechten an Sportveranstaltungen nach dem US-amerikanischen Antitrust-Recht und dem europäischen Wettbewerbsrecht

Europäische Hochschulschriften
Publications Universitaires Européennes
European University Studies

Reihe II
Rechtswissenschaft

Série II Series II
Droit
Law

Bd./Vol. 4639

PETER LANG
Frankfurt am Main · Berlin · Bern · Bruxelles · New York · Oxford · Wien

Tobias Wintermantel

Vermarktung von Medienrechten an Sportveranstaltungen nach dem US-amerikanischen Antitrust-Recht und dem europäischen Wettbewerbsrecht

PETER LANG
Internationaler Verlag der Wissenschaften

Bibliografische Information der Deutschen Nationalbibliothek
Die Deutsche Nationalbibliothek verzeichnet diese Publikation in der Deutschen Nationalbibliografie; detaillierte bibliografische Daten sind im Internet über <http://www.d-nb.de> abrufbar.

Zugl.: Jena, Univ., Diss., 2007

27
ISSN 0531-7312
ISBN 978-3-631-57070-8

www.peterlang.de

Meinen Eltern, meinem Bruder und Aila Anderson

VORWORT

Die vorliegende Arbeit legte ich Ende August 2006 der Juristischen Fakultät der Friedrich-Schiller Universität Jena als Dissertation zur Begutachtung vor. Danach erschienene Veröffentlichungen und bekannt gewordene Informationen bezüglich der untersuchten Vermarktungsmodelle und der Ausstrahlung insbesondere von Fußball-Bundesligaspielen im deutschen Bezahlfernsehen konnte ich bis August 2007 für die vorliegende Druckfassung berücksichtigen.

Die Anregung zur Befassung mit der hier untersuchten Thematik gab mir mein Doktorvater Professor Dr. Karl M. Meessen, der den Fortgang der Dissertation stets gefördert und mich während der gesamten Bearbeitungsphase bestens unterstützt sowie den zügigen Ablauf des Promotionsverfahrens gewährleistet hat. Dafür bedanke ich mich bei ihm sehr herzlich.

Mein Dank gebührt ebenfalls Professor Dr. Torsten Körber für die zügige Zweitberichterstattung über die Arbeit.

Den Grundstock des US-amerikanischen Teils der Dissertation legte ich bereits während meines LLM-Studiums an der Boston University School of Law, Boston, USA in den Jahren 2000 und 2001. Ohne die flexible, hilfsbereite und kompetente Betreuung und Unterstützung durch Assistant Dean for Graduate and International Programs John N. Riccardi und Prof. Keith Hylton hätte ich die Arbeit nicht anfertigen können. Hierfür danke ich beiden sehr.

Frau Karin Ratering möchte ich ebenfalls herzlich für ihre unermüdliche Hilfe bei der Formatierung der Arbeit und der Dokumentenverwaltung danken.

Besonderer Dank gilt schließlich meinen Eltern Gisela und Gerhard Wintermantel, meinem Bruder Oliver Wintermantel und Frau Aila Anderson, deren Unterstützung, Ansporn und Geduld die Anfertigung der Dissertation erst ermöglichten und sie zu einem erfolgreichen Ende führten. Ich konnte mich jederzeit auf sie verlassen und erhielt stets Zuspruch von ihnen für die Fortführung und Beendigung der Arbeit.

Frankfurt am Main, 8. August 2007

Tobias Wintermantel

INHALTSVERZEICHNIS

EINFÜHRUNG

Die Übertragung von Sportveranstaltungen im Fernsehen nimmt sowohl in den USA als auch in Deutschland und Europa einen wichtigen Platz unter den Freizeitaktivitäten der Zuschauer und den Programmplanungen der Fernsehsender ein. Medien- und Fernsehgesellschaften geben Milliardenbeträge für den Erwerb von Senderechten an bestimmten Sportveranstaltungen aus; in den USA erweben sie sogar Profivereine, um die alleinige Kontrolle über den Verein ausüben und dessen Senderechte vermarkten zu können. Aufgrund der großen Popularität, die insbesondere Live-Sportübertragungen unter den Fernsehzuschauern genießt, ist es eines der Hauptanliegen der Fernseh- und Medienunternehmen, mit Hilfe eines breit gefächerten Angebots an Sportübertragungen die eigenen Fernsehzuschauerzahlen und Marktanteile sowie die hieraus resultierenden finanziellen Erlöse zu steigern.

Doch nicht nur die Sportfans und die Medienbranche profitieren von den über das Fernsehen und andere Medien ausgestrahlten Sportwettkämpfen. Die größten wirtschaftlichen Nutznießer dieses Umstandes sind die Sportligen und Sportvereine selbst. Durch die zeitlich befristete Vergabe[1] ihrer Senderechte an Fernseh- und Medienunternehmen verbuchen Profisportvereine und -ligen jährlich Einnahmen in Millionenhöhe. Die Fernsehübertragungen ermöglichen es ihnen, ihre Spielbegegnungen über die gesamte Laufzeit der Saison sowohl einem landesweiten Publikum als auch ihren Fans vor Ort zu präsentieren. Diese umfassende Medienpräsenz wird noch gesteigert durch die zunehmende Vernetzung der Medien und die technische Weiterentwicklung der Bild- und Datenübertragungsmöglichkeiten im Fernsehen, aber auch über das Internet oder den Mobilfunk. Darüber hinaus nutzen die Sportorganisationen ihre jeweilige Sportart, um auch in anderen Märkten wirtschaftlich erfolgreich zu agieren, indem sie das Feld ihrer Einnahmemöglichkeiten gezielt auf diese Bereiche ausdehnen.

Zu der erfolgreichen wirtschaftlichen Entwicklung der Sportorganisationen beigetragen hat nicht zuletzt das spezielle Verhältnis zwischen Kooperation und Wettbewerb, das unter den Vereinen einer Sportliga herrscht. In den USA wurde dies bereits früh von Rechtsprechung und Schrifttum erkannt. Es konnte jedoch bis in die heutige Zeit hinein rechtlich nicht einheitlich beurteilt werden. Die Vereine einer Liga kooperieren zum einen auf vielfältige Weise eng miteinan-

---

1 Die Begriffe "Vergabe", "Vermarktung" und "Veräußerung" werden nachfolgend synonym verwendet im Zusammenhang mit der zeitlich befristeten und gegen Entgelt erfolgenden Befugnis, die die Sportvereine und -ligen den Medienunternehmen für die Nutzung ihrer Senderechte an den von ihnen veranstalteten Sportwettkämpfen einräumen.

der, da sie ohne eine solche Zusammenarbeit weder den Spielern noch den Zuschauern einen funktionierenden Ligabetrieb mit fairem und landesweitem Wettbewerb bieten könnten. Auf der anderen Seite stehen die Ligavereine in sportlicher Hinsicht ständig im Wettbewerb miteinander um den Sieg in den einzelnen Spielbegegnungen und den Gewinn der Ligameisterschaft. Darüber hinaus befinden sie sich in wirtschaftlicher Hinsicht im Wettbewerb um den Verkauf von Eintrittskarten, Fanartikeln, Senderechten, sowie um Spieler, Trainer und nicht zuletzt die Gunst der Fans.

Jeder einzelne Verein ist aber über die wirtschaftliche und organisatorische Zusammenarbeit mit den Vereinen seiner Liga auch daran interessiert, daß seine Wettbewerber - also die übrigen Ligavereine - nicht in finanziell existenzbedrohende Nöte geraten. Dieses Anliegen unterscheidet sich von den wirtschaftlichen Interessen der Wettbewerber in herkömmlichen Wirtschaftsmärkten, denn dort streben Unternehmen nur nach Profitmaximierung und Erhöhung ihrer eigenen Marktanteile, wobei sie auch die Möglichkeit in Kauf nehmen, ihre Konkurrenten aus dem gemeinsamen Markt zu drängen oder ganz auszuschalten[2]. Im Vergleich zu dem üblicherweise konkurrierenden Verhalten dieser Marktteilnehmer stellt der kooperative Umgang zwischen den Sportvereinen einer Liga eine Besonderheit dar.

Vor dem Hintergrund der beträchtlichen Wirtschaftsmacht der Sportvereine und -ligen sowie dem engen Verhältnis, das sie mittels ihrer vielfältigen vertraglichen Beziehungen einerseits untereinander und andererseits zu den ebenfalls mit oft großer wirtschaftlichen Macht ausgestatteten Fernseh- und Mediengesellschaften pflegen, ergeben sich Bedenken, wie diese Beziehungen wettbewerbs- und kartellrechtlich einzuordnen sind.

Gegenstand dieser Arbeit ist deshalb die umfassende Untersuchung des Spannungsverhältnisses zwischen Kooperation und Wettbewerb innerhalb einer Sportliga, die Analyse verschiedener Senderechtsvereinbarungen von Sportvereinen und -ligen mit Fernseh- und Mediengesellschaften sowie die Prüfung der sich hieraus ergebenden wettbewerblichen Auswirkungen auf die Märkte für Fernseh-, Internet- und Mobilfunkrechte an Sportveranstaltungen. Die Arbeit untersucht und kritisiert systemimmanent die Anwendung der wesentlichen US-

---

2 Die Möglichkeit der Verdrängung eines wirtschaftlichen Wettbewerbers ist jedoch von der Rechtsgemeinschaft nur so lange in Kauf zu nehmen, solange kein Mißbrauch einer marktbeherrschenden Stellung vorliegt. Harter Wettbewerb führt jedoch auch zu positiven externen Auswirkungen, also auf Dritte, indem hierdurch eine Infrastruktur für den Vertrieb und die Lieferung von Gütern geschaffen wird, von der auch die Konsumenten profitieren.

amerikanischen Wettbewerbs- und Kartellrechtsvorschriften (*federal antitrust laws* - nachfolgend die **Antitrust-Gesetze** oder das **Antitrust-Recht**) auf die Vermarktung von Senderechten an Sportveranstaltungen sowie die Übertragbarkeit dieser Regeln auf das europäische Rechtssystem. Überdies werden die aktuellen Vermarktungssysteme der UEFA und des Ligaverbandes für Medienrechte an Fußballspielen unter Berücksichtigung der hierzu von der Europäischen Kommission getroffenen Entscheidungen analysiert. Hierbei wird im Wesentlichen der als Ligawettbewerb organisierte Sport in den USA sowie in Deutschland und Europa untersucht, da nur in solchen organisierten Mannschaftssportverbänden diese besonderen wettbewerbsrechtlichen Probleme auftauchen. Eine besondere Aktualität erhält diese Arbeit aus der kurz vor Beginn der Fußball-Bundesliga-Saison im Sommer 2006 erfolgten Vergabe der Bundesliga-Live-Senderechte durch den "Die Liga - Fußballverband e.V." (**Ligaverband**) an den neuen Rechteverwerter und Fernsehsender arena Sport Rechte und Marketing GmbH sowie den Streit zwischen dem Ligaverband und der Deutsche Telekom AG um den Umfang der von ihr erworbenen Internet-Rechte und die damit zusammenhängende Frage, ob diese Rechte auch die Übertragung von Bundesligaspielen über Kabel und Satellit gestatten oder nicht.

Teil A der Arbeit befaßt sich mit der Rechtslage in den USA. Nach einer kurzen Einführung in das US-amerikanische Antitrust-Recht in Teil A.I folgen in Teil A.II allgemeine Ausführungen sowie Hintergrundinformationen über den Sherman Antitrust Act (nachfolgend **Sherman Act**). Teil A.III untersucht, ob die US-bundesrechtlichen Antitrust-Vorschriften auf Sportligen anwendbar sind. Teil A.IV erläutert den Prüfungsmaßstab des § 1 Sherman Act. Danach wird in Teil A.V dargestellt, wie Rechtsprechung und Literatur in unterschiedlicher Weise die Rechtsnatur einer Sportliga entweder als Einzelgesellschaft (*single entity*) oder als Gemeinschaftsunternehmen der Vereine (*joint venture*) beurteilen. Teil A.VI stellt den Prüfungsmaßstab für § 2 Sherman Act vor. Teil A.VII behandelt die wettbewerbs- und kartellrechtliche Beurteilung der zentralen Vergabe von Fernsehübertragungsrechten durch Amateur- und Profisportligen. Einen Schwerpunkt dieser Untersuchung stellen dabei die Regelungen des Sports Broadcasting Act und ihre Auswirkungen auf den Wettbewerb dar. Teil A.VIII zeigt daraufhin, wie die Vergabe von Fernsehsenderechten durch einzelne Amateur- und Profisportvereine wettbewerbs- und kartellrechtlich einzuschätzen ist und über welche Rechte individuelle Sportler an der Fernsehübertragung der von ihnen bestrittenen Wettkämpfe verfügen. Teil A.IX untersucht die wettbewerbs- und kartellrechtlichen Implikationen, die durch neue Arten von Sportübertragungen, insbesondere über das Internet, ausgelöst werden. Teil A.X enthält schließlich eine ausführliche Darstellung der höchstrichterlich geschaffenen Freistellung des professionellen Baseballsports von der Anwendung des Antitrust-Rechts sowie eine kritische Stellungnahme zu dieser Sonderstellung des Profibaseballsports unter den Profisportarten.

Teil B dieser Arbeit befaßt sich damit, wie im europäischen Wettbewerbs- und Kartellrecht mit der zentralen Vermarktung von Medienrechten an Sportveranstaltungen umgegangen wird. Nach einer kurzen Einleitung unter Ziffer B.I folgt zunächst unter Ziffer B.II die Feststellung der Anwendbarkeit des europäischen Kartellrechts auf den Sport. Ziffer B.III behandelt allgemein die Prüfung der Zulässigkeit einer zentralen Vermarktung von Senderechten gemäß Art. 81 EG-Vertrag (**EGV**). Es folgt daraufhin eine ausführliche Untersuchung sowohl des Vermarktungsmodells der UEFA für Champions League-Spiele (unter Ziffer B.IV) als auch des Vermarktungsmodells des Ligaverbandes für Bundesligaspiele (unter Ziffer B.V) anhand der Voraussetzungen des Art. 81 III EGV mit einem anschließenden Vergleich der für das Antitrust-Recht gefundenen Lösung mit der des EU-Kartellrechts (unter Ziffer B.VI). Unter Ziffer B.VII erfolgt eine entsprechende Analyse gemäß Art. 82 EGV. Ziffer B.VIII befaßt sich mit den Möglichkeiten der finanziellen Teilhabe von Sportlern an der Medienvermarktung ihrer sportlichen Darbietungen nach dem deutschen Recht. Teil C bildet den Schluß dieser Arbeit.

A. DIE ANWENDUNG DES US-AMERIKANISCHEN ANTITRUST-RECHTS AUF SPORTLIGEN

I. Kurze Einführung in das US-amerikanische Antitrust-Recht

Das US-amerikanische Antitrust-Recht setzt sich aus bundesgesetzlichen Wettbewerbs- und Kartellvorschriften (*federal antitrust laws*), aus landesgesetzlichen Wettbewerbs- und Kartellvorschriften (*state antitrust laws*), umfangreichem Richterrecht sowie aus allgemeinen Prinzipien des Common Law[3] zusammen[4]. Die wichtigsten Antitrust-Vorschriften sind dabei im Bundesrecht zu finden. Sie bilden eine kleine komprimierte Ordnung geschriebenen Rechts, deren Bestandteile sich in ihrem Anwendungsbereich vielfach überschneiden. Hierbei handelt es sich im Wesentlichen um die Regelungen des Sherman Act[5], Clayton Act[6],

---

[3] Unter dem Begriff *common law* versteht man ursprünglich auf Gewohnheitsrecht beruhendes, durch richterliche Entscheidungen weiterentwickeltes, nicht kodifiziertes Recht.

[4] Areeda/Kaplow, Antitrust Analysis, S. 43.

[5] 15 U.S.C. §§ 1-7 (1998).

[6] 15 U.S.C. §§ 12-27, 44 (1998); das Gesetz stammt aus dem Jahre 1914 und sollte Schwächen und Lücken des Sherman Act schließen; seine wichtigste Vorschrift ist § 7 Clayton Act (15 U.S.C. § 18), die sich gegen Zusammenschlüsse und Joint Ventures richtet, falls der Erwerb von Anteilen oder Vermögenswerten eines Unternehmens dazu führen könnte, daß in einem relevanten Markt der Wettbewerb erheblich verringert wird

Robinson-Patman Act[7], Federal Trade Commission Act[8], Hart-Scott-Rodino Antitrust Improvement Act[9], Foreign Trade Antitrust Improvement Act[10] und des National Cooperative Research and Production Act[11]. Darüber hinaus bestehen zahlreiche bundesstaatliche Gesetze, die den Wettbewerb bestimmter Industrien, Unternehmen oder Organisationen spezifisch regeln und teilweise deren Regulierung durch staatliche Behörden vorschreiben[12] oder sogar ausdrücklich eine Freistellung einzelner Branchen, Unternehmen oder Organisationen bzw. bestimmter Verhaltensweisen, Verträge und Vereinigungen von der Anwendung der allgemeinen Antitrust-Gesetze vorsehen[13]. Der unter diese Kategorie fallende Sports Broadcasting Act[14] wird im folgenden unter Ziffer A.VII.3 eingehend analysiert.

Im Hinblick auf die einschlägigen Prinzipien des Common Law, die zum Beispiel durch die Begriffe und Formulierungen wie "*monopolies*" sowie "*contracts, combinations and conspiracies in restraint of trade*" verkörpert werden,

---

oder ein Monopol entsteht – im Bereich der Sportligen und -vereine hat diese Vorschrift jedoch keine wesentliche Bedeutung erlangt, weshalb sie im Rahmen dieser Arbeit nur vereinzelt berücksichtigt wird.

7 15 U.S.C. § 13 (1998); dieses Gesetz wurde 1936 erlassen und änderte die Vorschrift des § 2 Clayton Act erheblich zum besseren Schutz kleinerer Unternehmen und Betriebe hinsichtlich Preisdiskriminierung durch Unternehmen mit größerer Marktmacht.

8 15 U.S.C. §§ 41-57a. (1998); dieses Gesetz aus dem Jahre 1914 verbietet unlautere Methoden des Wettbewerbs und führte zur Gründung der Federal Trade Commission, einer unabhängigen regulatorischen Behörde, die weitreichende Befugnisse zur Überwachung und Umsetzung der Einhaltung der Kartellvorschriften, u.a. auch der des Sherman Act, besitzt.

9 15 U.S.C. § 18a. (1998); dieses Gesetz aus dem Jahre 1976 führte zu einem Verfahren der Anmeldung und Wartezeit vor einer Fusion oder dem Abschluß eines Joint Venture, das der Federal Trade Commission und dem Department of Justice Einsicht in die geplanten Transaktionen vor ihrer Durchführung verschafft.

10 15 U.S.C. § 6a. (1998); das Gesetz aus dem Jahre 1982 ist Grundlage der kartellrechtlichen Rechtsprechung über das Verhalten mit Bezug auf den Handel mit ausländischen Staaten, sofern dieses Verhalten eine direkte, grundlegende und in vernünftiger Weise vorhersehbare Wirkung auf den Handel in den USA hat.

11 15 U.S.C. §§ 4301-4305 (1998); dieses Gesetz stammt aus dem Jahre 1993 und soll sicherstellen, daß Befürchtungen einer wettbewerbsrechtlichen Haftung die Unternehmen nicht vor dem Abschhluß von Joint Ventures zu Forschungs- und Produktionszwecken abhält.

12 z.B. der Federal Aviation Act, der der Federal Aviation Authority die Wettbewerbskontrolle über Flugstrecken erteilt.

13 z.B. der Shipping Act (14 U.S.C. § 814) für die Schiffahrt; § 2 Webb-Pomerene Export Trade Association Act (15 U.S.C. §§ 61 ff.) für die Exportindustrie; Fisherman's Cooperative Marketing Act (15 U.S.C. § 521) für die Fischerei.

14 15. U.S.C. §§ 1291 ff. hinsichtlich der Übertragung von Rechten an Fernsehübertragungen von Sportveranstaltungen.

läßt sich festhalten, daß die diesen Prinzipien zugrunde liegenden Begriffe insbesondere in den Sherman Act Eingang gefunden haben[15]. Hierdurch sollte aber nicht lediglich das bis dato entwickelte Common Law in formelles Bundesrecht transformiert werden, sondern der Kongreß wollte den Bundesgerichten durch die Übernahme dieser unbestimmten Rechtsbegriffe die Möglichkeit geben, bestehende, oftmals undefinierte und allgemeine Begriffe und Grundsätze des Common Law weiter zu entwickeln und an die aktuellen Wirtschaftsverhältnisse anzupassen, indem die Gerichte diese im Rahmen der Gesetzesauslegung sorgfältiger ausarbeiten und verfeinern sollten. Die Bundesgerichte konnten hierdurch ein einheitliches US-Bundesrecht entwickeln[16] und die Effektivität und den Anwendungsbereich des Sherman Act im Vergleich zu den traditionellen Common Law-Prinzipien erheblich vergrößern[17].

In diesem Zusammenhang ist zu erwähnen, daß gewisse Branchen und Organisationen dank bestimmter von der Rechtsprechung entwickelter Grundsätze entweder ausdrücklich weitgehend vom Kartellverbot der Antitrust-Gesetze ausgenommen sind, oder daß zumindest bestimmte Handlungen dieser Gruppen als zulässig angesehen werden. Eine dieser Ausnahmen ist die aus dem Jahre 1922 stammende und noch heute weitgehend gültige "Baseball-Ausnahme" (*Baseball exemption*) des Supreme Court, die den professionell betriebenen Baseballsport vom Anwendungsbereich des Sherman Act freistellt[18]. Andere durch die Rechtsprechung begünstigte Gruppen sind beispielsweise Wertpapierbörsen[19] und Gewerkschaften[20].

II. Allgemeines und Hintergrund zum Sherman Act

Bevor der Kongreß im Jahre 1890 den Sherman Act erließ, bestimmten die US-Gerichte nach zunächst im englischen und später im US-amerikanischen Recht entwickelten Common Law-Grundsätzen, ob ein Verhalten als wettbewerbswidrig anzusehen und deshalb zu untersagen ist oder nicht. In der Zeit unmittelbar

---

15 Vgl. hierzu §§ 1, 2 Sherman Act.

16 21 Cong. Rec. 3152 (1890), zitiert Senator Hoar: "*Because there is not any common law of the United States.*"

17 Es wurden z. B. absolute Verbote für bestimmte Verhaltensweisen wie Monopolisierung eingeführt und diese als strafbare Verbrechen eingestuft sowie die Geltendmachung von Schadensersatzansprüchen in dreifacher Schadenshöhe durch Private erlaubt.

18 Federal Baseball Club v. National League, 259 U.S. 200 (1922); siehe hierzu eingehend Ziffer A.X unten.

19 Gordon v. New York Stock Exchange, 422 U.S. 659 (1975); United States v. National Association of Securities Dealers, Inc., 422 U.S. 694 (1975).

20 Ehredt Underground, Inc. v. Commonwealth Edison Co., 830 F. Supp. 1083 (N.D. Ill. 1993), zitiert Connell Construction Co. v. Plumbers & Steamfitters Local Union, 421 U.S. 616 (1975).

nach Beendigung des Sezessionskrieges setzte ein rasantes Wirtschaftswachstum in den USA ein, resultierend und verbunden mit der damaligen Laissez Faire-Politik der Regierung, einer Ausweitung der verarbeitenden Industrie, der personellen und wirtschaftlichen Erschließung des Westens und einem starken Bevölkerungswachstum basierend auf einer zunehmenden Zahl von Einwanderern.

Ende des 19. Jahrhunderts verschlechterte sich die wirtschaftliche und soziale Lage im Land zusehends durch periodisch auftretende Wirtschaftsdepressionen. Vor allem regelmäßig auftretendes und als rücksichtslos und unfair eingestuftes Verhalten zumeist großer Unternehmen und Unternehmensverbindungen (größtenteils von Kartellen, Monopolisten, Eisenbahngesellschaften sowie der heute nicht mehr bestehenden Trusts, die bestimmte Industriezweige beherrschten und von denen das Antitrust-Recht seinen Nahmen ableitet) führte zu offensichtlich wettbewerbswidrigen Praktiken. Um diesen Mißständen entgegen zu wirken, gründete der Kongreß 1887 die Interstate Commerce Commission zur Kontrolle der wirtschaftlichen Macht der Eisenbahngesellschaften und erließ im Jahre 1890 den Sherman Act mit dem Ziel, Beschränkungen des Wettbewerbs und Monopole zu mißbilligen sowie eine einheitliche bundesweite Politik und Rechtsprechung zu Gunsten von ungehindertem und freiem Wirtschaftswettbewerb herbei zu führen[21].

Der Kongreß erließ den Sherman Act, weil er aufgrund der vorgenannten Wirtschaftsbedingungen der Ansicht war, das Gesetz sei erforderlich, um den in der Gesellschaft vorherrschenden Eindruck zu korrigieren, daß diese neuen Wirtschaftsformen ihre Macht dazu nutzen, einzelne Personen und die Allgemeinheit zu unterdrücken[22]. Die Intention des Sherman Act war und ist es noch heute, den Verbraucher davor zu schützen, sein Geld an monopolistische Produkthersteller zu verlieren, die durch die Behinderung von Wettbewerb auf der Produktionsebene den Produktabsatz verringern und die Preise erhöhen[23]. Fundamentales Ziel des Antitrust-Rechts ist es laut der Rechtsprechung des Supreme Court, nur solche Geschäftspraktiken und -handlungen als zulässig anzusehen, die im Einklang mit den Verbrauchererwartungen stehen, also zu niedrigeren Preisen und

---

21 Areeda/Kaplow, Kapitel 1, Rn. 129; Leduc, 26 J.C. & U.L. 139, 145; Kintner, Federal Antitrust Law, § 4.18, S. 238; Sullivan, 48 Duke L.J. 1265, 1268; 21 Cong.Rec 2456 (1890).

22 Standard Oil Co. v. United States, 221 U.S. 1, 50 (1911); Reiter v. Sonotone Corp., 442 U.S. 330, 343 (1979); Shaw v. Dallas Cowboys Football Club, Ltd., 172 F.3d 299, 300 (3d Cir. 1999).

23 21 Cong. Rec. 2457f., 2460 (1890); Lande, 34 Hastings L.J. 65, 74-76, 93.

unverringertem Produktabsatz führen und somit das Wohl der Verbraucher erhöhen[24].

Der Sherman Act ist ein Bundesgesetz. Die Gesetzgebungskompetenz des Kongresses, die Rechtsprechungskompetenzen der Bundesgerichte sowie der Anwendungsbereich des Gesetzes werden dementsprechend von der Verfassung der USA (*Constitution*) bestimmt und begrenzt. Um diese Kompetenzen und den Anwendungsbereich des Gesetzes feststellen zu können, sind sowohl die Formulierungen in § 1 Sherman Act "*trade or commerce among the several states*" und in § 2 Sherman Act "*any part of the trade or commerce among the several states*" als auch der sogenannte Commerce Clause der US-Verfassung[25], der die ausschließliche Bundeszuständigkeit für den zwischenstaatlichen Handel (zwischen den Einzelstaaten der USA) begründet, von wesentlicher Bedeutung. Nachdem der Supreme Court das Kriterium "*interstate commerce*" in seiner ersten Entscheidung zum Sherman Act sehr restriktiv ausgelegt hatte[26], reduzierte das Gericht die einstmals strengen Anforderungen an dieses Kriterium nach und nach und dehnte den Anwendungsbereich des Sherman Act immer weiter aus. So sieht der Supreme Court heute die Anforderungen an das Interstate Commerce-Merkmal bereits als erfüllt an, wenn nachgewiesen werden kann, daß die fragliche Handlung beträchtliche wirtschaftliche Auswirkungen auf den zwischenstaatlichen Handel hat - selbst wenn die Handlung eine rein innerstaatliche sein sollte[27]. Der Sherman Act ist der Grundstein des amerikanischen Antitrust-Rechts und deshalb maßgeblicher Gegenstand gerichtlicher Entscheidungen über die wirtschaftlichen Aktivitäten von Sportligen und Sportvereinen, die diese außerhalb des Spielfeldes betreiben. Demzufolge konzentriert sich diese Arbeit auf die beiden zentralen Vorschriften § 1 und § 2 des Sherman Act.

Für die Frage der Anwendbarkeit von § 1 und § 2 Sherman Act auf die Vermarktung von Senderechten an Sportveranstaltungen ist somit zunächst zu prüfen, ob eine Sportliga und ihre Vereine überhaupt das Gesetzesmerkmal des "zwischenstaatlichen Handels" erfüllen und damit unter den Regelungsgehalt des Sherman Act fallen können, oder ob Sportligen lediglich überregionale

---

24 Continental T.V., Inc. v. GTE Sylvania, Inc., 433 U.S. 36 (1977); NCAA v. Board of Regents of University of Oklahoma, 468 U.S. 85, 107f. (1984).

25 Artikel 1 § 8 der US-Verfassung: "*The Congress shall have power to ... regulate commerce with foreign nations and among the several states...*".

26 United States v. E.C. Knight Co., *156 U.S. 1 (1895)*, wonach die reine Warenherstellung (*manufacture*) kein Handel (*commerce*) darstellen sollte, obwohl die Ware für den zwischenstaatlichen Transport vorgesehen war.

27 Mandeville Island Farms, Inc. v. American Crystal Sugar Co., 334 U.S. 219 (1948); Summit Health, Ltd. v. Pinhas, 500 U.S. 322 (1991).

Sportveranstaltungen durchführen und somit überhaupt nicht vom Anwendungsbereich dieser beiden Vorschriften erfaßt werden.

III. Anwendbarkeit US-bundesrechtlicher Antitrust-Gesetze auf Sportligen

1. Anwendbarkeit auf Profisportligen

Voraussetzung für die Anwendbarkeit des Sherman Act ist das Vorliegen des Tatbestandsmerkmales "*interstate commerce*", d.h. zwischenstaatlicher Handel oder zwischenstaatliche Geschäftstätigkeit.

Die US-Bundesgerichte erkennen heute an, daß die Antitrust-Regelungen grundsätzlich auf den Profisport und auf Profisportligen anwendbar sind, die über die Grenzen eines einzelnen Staates hinaus im Sinne des Interstate Commerce-Kriteriums agieren[28]. So entschied der Supreme Court, daß die professionell ausgeübten Sportarten Boxen[29], (American) Football[30] und Basketball[31] den Vorschriften des Antitrust-Rechts unterliegen. Andere Bundesgerichte wendeten die Gesetze auf die Profisportarten Hockey, Golf, Tennis, Fußball, Bowling und Automobilrennsport an[32].

Einzig Profibaseball fällt mit einer Ausnahme nicht unter den Anwendungsbereich des Sherman Act oder anderer Antitrust-Regelungen. Der Supreme Court vertritt seit seinem im Jahre 1922 gefällten *Federal-Baseball*-Urteil explizit die Ansicht, der dieser Sportart zugrunde liegende Geschäftsbereich (*business of baseball*) sei vom Anwendungsbereich der Antitrust-Vorschriften ausgenommen[33]. Die in dieser Entscheidung entwickelte Baseball-Ausnahme und ihre Auswirkungen auf Vereinbarungen über die Vermarktung von Senderechten an Baseballspielen ist nachfolgend unter Ziffer A.X Gegenstand einer ausführlichen Erörterung.

---

28 Vgl. Flood v. Kuhn, 407 U.S. 258 (1972); Wise & Meyer, International Sports Law, Bd. 1, S. 81f.; Sullivan, 48 Duke L.J. 1265, 1268; Noll, Law of Professional and Amateur Sports, § 17.03[02].

29 United States v. International Boxing Club of N.Y., 348 U.S. 236 (1955).

30 Radovich v. National Football League, 352 U.S. 445 (1957).

31 Haywood v. National Basketball Association, 401 U.S. 1204 (1971).

32 Shayne v. National Hockey League, 504 F. Supp 1023 (E.D. N.Y. 1980); Gunter Harz Sports, Inc. v. United States Tennis Association, 665 F.2d 222 (C.A. Neb. 1981).

33 Federal Baseball Club of Baltimore, Inc. v. National League of Professional Baseball Clubs, 259 U.S. 200 (1922); Toolson v. New York Yankees, Inc., 346 U.S. 356 (1953).

2. Anwendbarkeit auf Amateursportligen

Im Unterschied zu Profisportlern üben Amateursportler ihren Sport nicht hauptberuflich oder zu ihrem Lebensunterhalt aus, sondern in ihrer Freizeit oder im Rahmen schulischer oder universitärer Sportveranstaltungen. Die Gerichte beurteilen die Anwendbarkeit der Antitrust-Vorschriften auf Amateursportvereinigungen uneinheitlich. So nahmen Gerichte der unteren Instanzen beispielsweise einerseits Amateur-Softball ausdrücklich von den Regelungen des Antitrust-Rechts aus[34]. Die National Collegiate Athletic Association (**NCAA**), eine aus Universitäten, Colleges und Sportorganisationen bestehende große Leichtathletikvereinigung, war dagegen mehrmals Vorwürfen wettbewerbs- und kartellrechtswidrigen Verhaltens durch Studenten, Trainer und Mitglieder ausgesetzt[35]. Der Supreme Court stellte im Jahre 1984 in einer grundlegenden Entscheidung bezüglich der den Mitgliedercolleges durch die NCAA auferlegten Begrenzung der Anzahl der von ihnen im Fernsehen auszustrahlenden Football-Spiele einen Verstoß gegen § 1 Sherman Act fest[36]. Daraus folgt, daß auch Amateursportvereinigungen in ihrem wirtschaftlichen Wirken nicht immun gegenüber Verletzungen der Antitrust-Vorschriften sind.

3. Baseball-Ausnahme und Sports Broadcasting Act als Freistellungen vom Anwendungsbereich des Antitrust-Rechts im Bereich des Sports

Nicht alle Profisportligen und ihre jeweiligen Sportvereine unterfallen uneingeschränkt dem Antitrust-Recht. Einige von ihnen werden sowohl durch die Rechtsprechung als auch durch die Gesetzgebung besonders vor wettbewerbs- und kartellrechtlichen Maßnahmen geschützt. Die Baseball-Ausnahme des Supreme Court isoliert speziell den Profisport Baseball (Major League Baseball (**MLB**) sowie die Baseball Minor Leagues[37]) vom Anwendungsbereich des Sherman Act. Diese Sonderregelung wird nachfolgend unter Ziffer A.X detailliert untersucht.

Der Anwendungsbereich der Antitrust-Vorschriften wird auf dem Gebiet der Fernsehübertragung von Sportveranstaltungen bestimmter Profiligen durch den

---

34 Amateur Softball Association of America v. United States, 467 F.2d 312 (10th.Cir. 1972).

35 Vgl. u.a. NCAA v. Board of Regents of the University of Oklahoma, 468 U.S. 85 (1984); McCormack v. NCCA, 845 F.2d 1338 (5th. Cir. 1988); Banks v. NCAA, 977 F.2d 1081 (7th. Cir. 1992).

36 NCCA v. Board of Regents of University of Oklahoma, 468 U.S. 85, 88 (1984).

37 Triple A Baseball Club Association v. North Eastern Baseball, 892 F.2d 214 (1st Cir. 1987); Professional Baseball Schools & Clubs, Inc. v. Kuhn, 693 F.2d 1085 (11th Cir. 1982); Portland Baseball Club v. Kuhn, 491 F.2d 1101 (9th Cir. 9174).

Sports Broadcasting Act[38] weiter eingeschränkt. Der Sports Broadcasting Act ist eine Ausnahmeregelung, die den in den vier Major Leagues – National Basketball Association (**NBA**), National Hockey League (**NHL**), National Football League (**NFL**) und MLB - zusammengeschlossenen Profivereinen grundsätzlich erlaubt, ihre jeweiligen Fernsehübertragungsrechte an ihren Spielbegegnungen zentral durch ihre jeweilige Liga gegenüber Dritten vermarkten zu lassen, sowie einem Erwerber solcher Übertragungsrechte unter bestimmten Voraussetzungen zu untersagen, das Heimspiel einer Mannschaft in deren Zuschauereinzugsgebiet im Fernsehen zu übertragen (*blackout*)[39]. Die Voraussetzungen und Auswirkungen des Sports Broadcasting Act auf den Wettbewerb im Markt für Fernsehsenderechte werden im folgenden unter Ziffer A.VII.3 aufgezeigt und eingehend analysiert.

Als Ergebnis ist somit festzuhalten, daß sowohl Profisport- als auch Amateursportligen und ihre jeweiligen Vereine den bundesrechtlichen Antitrust-Vorschriften, insbesondere dem Sherman Act, unterliegen. Nur der Profibaseballsport nimmt eine Sonderstellung ein. Die Antitrust-Gesetzte finden überdies auf die zentrale Vergabe von Fernsehrechten an Sportveranstaltungen der Major League-Clubs durch ihre Profiligen gemäß der Regelungen des Sports Broadcasting Act keine Anwendung. Gleiches gilt für die vertragliche Verpflichtung der Erwerber dieser Senderechte, bestimmte Heimspiele eines Vereins nicht in dessen lokalem Einzugsgebiet auszustrahlen.

IV. Prüfungsmaßstab für § 1 Sherman Act

1. Einführung

Nach dem Wortlaut des § 1 Sherman Act sind alle Vereinbarungen, die den Handel oder den Wirtschaftsverkehr beschränken (*every contract, combination...or other conspiracy in restraint of trade or commerce*), unzulässig. Die Gerichte erkannten jedoch früh, daß diese Formulierung nicht wörtlich zu nehmen ist, denn ansonsten wären sämtliche Verträge im Geschäftsverkehr untersagt, da es gerade der Sinn und Zweck eines jeden Vertrages ist, die Parteien auf bestimmte Art und Weise zu beschränken. Der Supreme Court stellte bereits Anfang des letzten Jahrhunderts fest, die Vorschrift müsse dahingehend ausgelegt werden, daß sie nur unangemessene (*unreasonable*) Beschränkungen des Wirtschaftsverkehrs für unzulässig erklärt[40]. So kam es zur Entwicklung der Rule of

---

38 15 U.S.C. §§ 1291ff. (2004).

39 15 U.S.C. §§ 1291, 1292 (2004).

40 Standard Oil Co. v. United States, 221 U.S. 1 (1911); Chicago Board of Trade v. United States, 246 U.S. 231, 138 (1918); Northern Pacific Railway v. United States, 356 U.S. 1, 45 (1958).

Reason, die verlangt, den Zweck und die Auswirkungen einer Beschränkung sorgfältig gegeneinander abzuwägen, um zu erkunden, ob die auferlegte Beschränkung lediglich den Wettbewerb reguliert oder gar fördert, oder ob sie den Wettbewerb unterdrückt oder gar zerstört[41].

Ein Verstoß gegen § 1 Sherman Act setzt somit - unabhängig von der Art der zugrunde liegenden Wettbewerbsbeschränkung - das Vorliegen dreier Gesetzesmerkmale voraus: (a) einen Vertrag, eine Vereinbarung oder ein verabredetes Zusammenwirken zwischen zwei oder mehreren unabhängigen Parteien, (b) wodurch in unangemessener Weise der Wettbewerb beschränkt wird und (c) erkennbare Auswirkungen auf den Handel zwischen den einzelnen Bundesstaaten (oder den Außenhandel der USA) erzeugt werden.

Ob der Sherman Act auf bestimmte Handlungen einer Sportliga anwendbar ist und die oben genannten weit gefaßten Kriterien erfüllt sind, oder ob eine Liga in ihrer wirtschaftlichen Betätigung immun vor Antitrust-Verletzungen ist, richtet sich insbesondere danach, welchen Prüfungsmaßstab das Gericht an das oben unter (b) aufgeführte Merkmal "unangemessene Wettbewerbsbeschränkung" (*unreasonable restraint of trade*) anlegt und wie es die Rechtsnatur der betreffenden Sportliga beurteilt. Letzteres ist bedeutsam für die oben in (a) aufgeführte Tatbestandsvoraussetzung der "Vereinbarung zwischen zwei oder mehreren unabhängigen Parteien"[42]. Rechtsprechung und Literatur haben zu diesen Fragen bis heute keine einheitlichen Antworten entwickeln können, obwohl sich die Gerichte in der Vergangenheit bereits mit nahezu allen denkbaren Handlungsweisen der Ligen befaßt haben[43].

2. Per Se Illegality Rule und Rule of Reason

(a) Einleitung

Die in Ziffer A.IV.1 oben unter (a) erwähnte Tatbestandsvoraussetzung des § 1 Sherman Act eines "Vertrags, einer Vereinbarung, oder eines verabredeten Zusammenwirkens" erfordert ein vereinbartes oder zumindest aufeinander abgestimmtes Verhalten einer Mehrheit von handelnden Personen. Im Rahmen eines Antitrust-Verfahrens muß der Kläger daher beweisen, daß die Gleichförmigkeit des Verhaltens mehrer unabhängiger Akteure das Ergebnis einer Vereinbarung

---

41 Siehe hierzu auch die Ausführungen in der unmittelbar nachfolgenden Ziffer A.IV.2.

42 United States v. Colgate & Co., 150 U.S. 300, 307 (1919); Monsanto Co. v. Spray-Rite Service Corp., 465 U.S. 752, 761 (1984); Roesch, Inc. v. Star Cooler Corp., 671 F.2d 1168 (8th. Cir. 1982); sogenannte "*Colgate doctrine*".

43 Beispiele gibt Rosenbaum, 41 U. Miami L. Rev. 729, 730f.

oder Abstimmung unter diesen Marktteilnehmern ist. Der Supreme Court legte fest, daß für das Vorliegen eines abgestimmten Verhaltens ein direkter Beweis oder Indizienbeweis vorliegen muß, der die Möglichkeit einer unabhängigen Handlung durch die Parteien ausschließt und der sachgemäß darstellt, daß die Parteien ein bewußtes Engagement für einen gemeinsamen Plan eingegangen sind, um ein rechtswidriges Ziel zu erreichen[44]. Diese Voraussetzungen erschweren es einem Kläger, ein abgestimmtes Verhalten der Beklagten zu beweisen.

Im Rahmen seiner Rechtsfindung zu § 1 Sherman Act entwickelte der Supreme Court zwei konkurrierende, unterschiedlich ausgestaltete Prüfungsmaßstäbe, um die Angemessenheit und damit die Rechtmäßigkeit wirtschaftlich aufeinander abgestimmter Aktivitäten zweier oder mehrerer Wirtschaftsakteure bestimmen zu können: die Per Se Illegality Rule und die Rule of Reason. Der konzeptionelle Ausgangspunkt dieser beiden Theorien entstand in einer Entscheidung des Supreme Court aus dem Jahre 1911, in der er entschied, daß nur ein Geschäftsgebaren, das den Wettbewerb in unangemessener Weise (*unreasonably*) beschränkt, § 1 Sherman Act verletzt[45]. Seither zieht der Supreme Court entweder die Per Se Rule oder die Rule of Reason zur Bestimmung der Angemessenheit einer Wettbewerbsbeschränkung heran[46].

(b) Per Se Illegality Rule (Regel der offenkundigen Widerrechtlichkeit)

Bei Anwendung der Per Se Illegality Rule kann das Gericht ein bestimmtes geschäftliches Verhalten als nach dem Sherman Act unzulässig qualifizieren, ohne formell zuvor die Angemessenheit dieses Verhaltens, eventuelle wirtschaftliche Rechtfertigungsgründe oder tatsächliche (eventuell wettbewerbsfördernde) Auswirkungen untersucht zu haben[47]. Die Judikatur wendet diese Regel generell bei fünf Kategorien von Vereinbarungen an, "deren Natur und zwangsläufiger Effekt so offensichtlich wettbewerbsbeschränkend sind, daß keine sorgfältig

---

[44] Monsanto Co. v. Spray-Rite Service Corp., 465 U.S. 752, 764 (1984); Matsushita Elec. Indus. Co. v. Zenith Radio Corp., 475 U.S. 574, 588 (1986).

[45] Standard Oil Co. v. United States, 221 U.S. 1 (1911).

[46] Dickson v. Microsoft Corp., 309 F.3d 193, 205 (4th. Cir. 2002), *cert. denied*, 539 U.S. 953 (2003); Holmes, Antitrust Law Handbook, § 1:5; Leduc, 26 J.C. & U.L. 139, 145f.; Sullivan, 48 Duke L.J. 1265, 1268.

[47] U.S. v. Addyston Pipe & Steel Co., 85 F. 271, 283f. (6th. Cir. 1889); United States v. Socony-Vacuum Oil Co., 310 U.S. 150, 224-226 (1940); Arizona v. Maricopa County Medical Society, 457 U.S. 332, 342-357 (1982); Northern Pacific Railway v. United States, 356 U.S. 1, 5 (1958); Federal Trade Commission v. Superior Court Trial Lawyers Association, 493 U.S. 411 (1990); Kintner, Federal Antitrust Law, S. 362; Leduc, 26 J.C. & U.L. 139, 146.

durchgeführte Untersuchung der betreffenden Wirtschaftsbranchen nötig ist, um ihre Unzulässigkeit feststellen zu können"[48]. Es handelt es sich dabei um horizontale Preisabsprachen[49] als das elementarste Verbot des § 1 Sherman Act, Gruppenboykott[50], horizontale Marktaufteilung[51], Kopplungsvereinbarungen[52] und vertikale Preisabsprachen, bei denen (Mindest-) Wiederverkaufspreise festgesetzt werden[53]. Wenn ein Verhalten mindestens eines der Charakteristika dieser verbotenen Handelspraktiken aufweist, stellt das Gericht keine weitere Prüfung an und untersagt dieses Verhalten ohne weiteres als eine gegen § 1 Sherman Act verstoßende, unzulässige Wettbewerbsbeschränkung.

Ende der 1970er Jahre schränkte der Supreme Court die Anwendung der Per-Se-Regel stark ein[54]. In *Broadcast Music, Inc. v. CBS, Inc.*[55] (***Broadcast Music***) limitierte er ihren Anwendungsbereich für horizontale Preisvereinbarungen so weit, daß dies auch für die Übertragung von Senderechten an Sportveranstaltun-

---

48 Northern Pacific Railway Co. v. United States, 326 U.S. 1, 5 (1958); National Society of Professional Engineers, 435 U.S. 679, 692 (1978).

49 United States v. Socony-Vacuum Oil Co., 310 U.S. 150 (1940); Hammes v. AAMCO Transmissions, Inc., 33 F.3d 774, 782 (7th Cir. 1994).

50 Silver v. New York Stock Exchange, 373 U.S. 3341 (1963); Klor's, Inc. v. Broadway-Hale Stores, Inc., 359 U.S. 207 (1959); Fashion Originators' Guild of America v. FTC, 312 U.S. 457 (1941); Eleven Line, Inc. v. North Texas State Soccer Association, Inc., No. CA 3-95-CV-3120-R, (N.D.Tex. 1998); Federal Trade Commission v. Superior Court Trial Lawyers Association, 493 U.S. 411 (1990); Sandy River Nursing Care, Aetna Cas., 985 F.2d 1138, 1145 (1st Cir. 1993), *cert. denied*, 510 U.S. 818 (1993). Ein Gruppenboykott ist seit Nynex Corp. v Discon, Inc., 525 U.S. 128 (1998) nur dann grundsätzlich per se verboten, wenn es sich dabei um horizontale Vereinbarungen zwischen direkten Wettbewerbern handelt.

51 Dr. Miles Med. Co. v. John D. Parks & Sons Co., 220 U.S. 373 (1911); United States v. Topco Associates, 405 U.S. 596 (1972); Palmer v. BRG of Georgia, Inc., 498 U.S. 46 (1990). Vertikale Absprachen zwischen Herstellern und ihren Händlern, die die Märkte zwischen den Händlern aufteilen, unterliegen jedoch der Rule of Reason-Analyse.

52 International Salt Co. v. United States, 332 U.S. 392 (1947); Northern Pacific Railway. v. United States, 356 U.S. 1, 5-9 (1958); Eastman Kodak Co. v. Image Technical Serv., Inc. 504 U.S. 451, 461 (1992); Jefferson Perish Hospital District No. 2 v. Hyde, 466 U.S. 2, 9-18 (1994); Data General Corp. v. Grumman Systems Support Corp., 36 F.3d 146, 1178 (1st Cir. 1994).

53 United States v. Arnold Schwinn & Co., 388 U.S. 365 (1967); später aufgehoben durch Continental T.V., Inc. v. GTE Sylvania, Inc., 433 U.S. 36 (1977); Monsanto Co. v. Spray-Rite Service Corp., 465 U.S. 752, 761 (1984); Business Electronics Corp. v. Sharp Electronics Corp., 485 U.S. 717, 720, 724 (1988). Eine vertikale Höchstpreisfestsetzung ist seit State Oil Co. v. Khan, 522 U.S. 3 (1997) anhand der Rule of Reason zu beurteilen.

54 Northwest Wholesale Stationers, Inc. v. Pacific Stationary & Printing Co., 472 U.S. 284 (1985); Continental T.V., Inc. v. GTE Sylvania, Inc., 433 U.S. 36 (1977).

55 Broadcast Music, Inc. v. CBS, Inc., 441 U.S. 1 (1979).

gen relevant wurde, wie unter Ziffer A.VII.2(a) unten näher ausgeführt wird. Danach verstoßen nicht alle Vereinbarungen oder Geschäftspraktiken unter Wettbewerbern, die einen Einfluß auf den Preis haben, per se gegen das Antitrust-Recht oder stellen unangemessene Wettbewerbsbeschränkungen dar[56]. Eine ähnliche Begründung verwendete der Kongreß bei Erlaß des Sports Broadcasting Act als er den Major League-Clubs erlaubte, ihre Senderechte für eine gemeinschaftliche Vermarktung zu bündeln. In einer weiteren Entscheidung zu einer horizontalen Preisfestsetzung im Collegesportbereich wandte der Supreme Court gleichfalls anstatt der Per Se Illegality-Regel die Rule of Reason an. Denn horizontale Vereinbarungen - auch solch unerhöhrte wie eine Preisfestsetzung - seien trotz allem für den Sportwettbewerb notwendig und müßten daher der Rule of Reason-Analyse unterzogen werden[57].

(c) Rule of Reason (Angemessenheitsprüfung)

Der Rule of Reason-Test erlaubt eine detailliertere und flexiblere Analyse der Angemessenheit der zu prüfenden Beschränkung. Er wird heute von den Gerichten angewandt, wenn die Auswirkungen einer Geschäftspraktik auf den freien und vollständigen Wettbewerb nicht sofort ersichtlich sind[58]. Diese Methode gibt dem Beklagten die Möglichkeit, wettbewerbsfördernde Argumente für sein Verhalten vorzutragen und hieraus resultierende positive Effekte auf den Wettbewerb aufzuzeigen. Der Supreme Court verlangt eine genaue Prüfung der beanstandeten Verhaltensweise unter Berücksichtigung aller wettbewerbsbezogenen Umstände des zugrunde liegenden Falls, der Lage vor und nach Auferlegung der Beschränkung, der Natur der Beschränkung, ihrer tatsächlichen oder wahrscheinlichen Auswirkungen, ihrer Entstehungsgeschichte, des angeblich existierenden Übels, der Gründe für die Wahl gerade dieser Abhilfe sowie der dahinter stehenden Absicht oder des Zwecks, den der Beklagte damit zu erreichen sucht[59]. Zu prüfen ist, ob die fragliche Beschränkung den Wettbewerb lediglich "regelt" und unter Umständen gar fördert, oder ob sie den Wettbewerb vielmehr unterdrückt oder gar zerstört[60].

---

56 Broadcast Music, Inc. v. CBS, Inc., 441 U.S. 1, 23 (1979).

57 Law v. National Collegiate Athletic Association, 134 F.3d 1010, 1019 (10th Cir. 1998) *cert. denied*, 525 U.S. 822 (1998).

58 United States v. United States Gypsum Co., 438 U.S. 422, 440 (1978); Federal Trade Commission v. Indiana Federation of Dentists, 476 U.S. 447, 459 (1986); Dickson v. Microsoft Corp., 309 F.3d 193, 205 (4th. Cir. 2002), *cert. denied*, 539 U.S. 953 (2003); Holmes, Antitrust Law Handbook, § 1:5; Wise & Meyer, International Sports Law, Bd. 1, S. 21; Leduc, 26 J.C. & U.L. 139, 147; Rivello, 47 Drake L. Rev. 177, 183.

59 Chicago Board of Trade v. United States, 246 U.S. 231, 238 (1918).

60 Chicago Board of Trade v. United States, 246 U.S. 231, 238 (1918).

Die Gerichte berücksichtigten im Rahmen der Rule of Reason-Prüfungsmethode lange Zeit maßgeblich die wirtschaftliche Effizienz (*efficiency*), d.h. die möglichst wirksame Allokation der Produktionsfaktoren, und den Verbraucherschutz als die wesentlichen Ziele der Antitrust-Gesetze. Eine Wettbewerbsbeschränkung, die aufgrund der Marktstellung und -macht der beteiligten Unternehmen zu einer Einschränkung der Produktion bei höheren Preisen und zu Fehlallokationen führt, ist danach nicht effizienzsteigernd. In jüngerer Vergangenheit wird insbesondere bei horizontalen Zusammenschlüssen stärker ein verbraucherorientierter Ansatz verfolgt, der zur Untersagung eines Zusammenschlusses führen kann, falls anspruchsvolle, auf quantitativen Daten beruhende, ökonometrische Modelle zeigen, daß trotz relativ kleiner Marktanteile der beteiligten Unternehmen diese dennoch einseitig in der Lage sind, längerfristig die Preise über das normale Wettbewerbsniveau hinaus anzuheben und die Verbraucher im Ergebnis aufgrund des Zusammenschlusses höhere Preise bezahlen müssen. Läßt sich jedoch zeigen, daß der Zusammenschluß anstatt zu höheren Preisen zu einer besseren Nutzung von Ressourcen, besserem Service oder neuen Produkten führt und daß die sich daraus ergebenden Kostenersparnisse an die Verbraucher weitergegeben werden, kann das Vorhaben unter Wettbewerbsgesichtspunkten gebilligt werden.

Die Rule of Reason-Untersuchung beginnt mit der Bestimmung der Art und Weise in der die fragliche Beschränkung den Wettbewerb angeblich behindert. Danach muß festgestellt werden, ob diese Wettbewerbsbeeinträchtigung nicht lediglich denkbar, sondern vielmehr wahrscheinlich und bedeutsam ist[61]. Das Gericht prüft neben wettbewerbsbeeinträchtigenden Wirkungen auch etwaige wettbewerbsfördernde Auswirkungen der Beschränkung und wägt diese positiven Effekte dann gegen die wettbewerbshemmenden ab, um so die reine wettbewerbsbezogene Bedeutung der angefochtenen Geschäftspraktik für alle direkt betroffenen Wirtschaftsmärkte bestimmen zu können (*balancing test*)[62]. Sinn und Zweck dieses Tests ist es, festzustellen, ob die zu prüfende Geschäftspraxis tatsächlich eine unangemessene Beschränkung des Wettbewerbs darstellt, oder ob sie etwa nur eine vermutete unangemessene Wettbewerbsbeschränkung ist[63]. In besonderen Fällen, in denen die betreffende Wirtschaftsbranche im Vergleich zu anderen Wirtschaftsbranchen deutliche Unterschiede aufweist, kann der Be-

---

61 Dickson v. Microsoft Corp., 309 F.3d 193, 205 (4th. Cir. 2002), *cert. denied*, 539 U.S. 953 (2003); Areeda/Hovenkamp, Antitrust, S. 372, 374-377.

62 Continental T.V., Inc. v. GTE Sylvania, Inc., 433 U.S. 36, 49 (1977); National Society of Professional Engineers, 435 U.S. 679, 690 (1978); Smith v. Pro Football, Inc., 593 F.2d 1173, 1183 (D.C. Cir. 1978); Maris Distributing Co. v. Anheuser-Busch, Inc., 302 F.3d 1207, 1213 (11th Cir. 2002), *cert. denied*, 537 U.S. 1190 (2003); Rosenbaum, 41 U. Miami L. Rev. 729, 737.

63 Leduc, 26 J.C. & U.L. 139, 147.

klagte diese Unterschiede aufzeigen und deutlich machen, daß die angefochtene Praxis lediglich ergänzend einem anderen übergeordneten Zweck dient (*ancillary restraint doctrine*)[64]. Diese Grundsatz ermöglicht es konkurrierenden Unternehmen, miteinander Vereinbarungen zu schließen oder Gemeinschaftsunternehmen zu gründen, um völlig neue Produkte herzustellen oder bereits entwikkelte Produkte effektiver produzieren oder vermarkten zu können, ohne daß die zugrunde liegenden Handlungen und Vereinbarungen von vornherein durch die Gerichte als unzulässig unterbunden werden[65].

Eine Rule of Reason-Prüfung ist aber nicht für alle denkbaren Argumente zur Rechtfertigung von Wettbewerbsbeschränkungen eröffnet. So sind etwa soziale oder nichtökonomische Gründe und die Frage, ob Wettbewerb im gegebenen Fall wünschenswert ist oder nicht, nicht zulässig, sondern es dürfen nur rein wettbewerbsbezogene Argumente berücksichtigt werden[66]. Zum Schutz der Verbraucher ist es damit möglich, diejenigen Vereinbarungen gerichtlich zu untersagen, die für die Konsumenten schädlich und unnötig sind, weil sie ausschließlich Verbesserungen in der Produktion oder im Vertrieb erzielen sollen. Bei der Rule of Reason-Untersuchung ist entscheidend, in welchem Maße die zu prüfende wirtschaftliche Handlung den Wettbewerb auf dem relevanten Markt betrifft[67]. Um rechtmäßig zu sein, braucht diese aber nicht die jeweils wettbewerbsförderlichste oder die am wenigsten restriktive von mehreren Möglichkeiten zu sein. Sie darf jedoch nicht restriktiver sein als nötig, um einen legitimen Geschäftszweck zu erreichen[68].

Die Gerichte erkennen seit der ersten Entscheidung zu Fernsehsenderechten an Sportveranstaltungen von Sportvereinen im Jahre 1953 an, daß Profisportligen besondere Bedürfnisse haben, die eine nähergehende Analyse erfordern als sie die Per Se Illegality Rule gestattet[69]. Der Supreme Court bestätigte diese Einschätzung in *NCAA v. Board of Regents of University of Oklahoma*[70] (*NCCA*)[71]

---

64 Lazaroff, 53 Fordham L. Rev. 157, 204-207; Rosenbaum, 41 U. Miami L. Rev. 729, 737; zur Ancillary Restraint-Doktrin siehe unten Ziffer A.IV.3.

65 Broadcast Music, Inc. v. CBS, 441 U.S. 1, 21-25 (1979); Arizona v. Maricopa County Medical Society, 457 U.S. 332, 354 (1982).

66 National Society of Professional Engineers v. United States, 435 U.S. 679 (1978); Federal Trade Commission v. Superior Court Trial Lawyers Association, 493 U.S. 411 (1990); I ABA Section of Antitrust Law, S. 52f.

67 I ABA Section of Antitrust Law, S. 58; Leduc, 26 J.C. & U.L. 139, 149; Wise & Meyer, International Sports Law, S. 21f.

68 McNeil v. National Football League, 1992-2 Tr. Cases 68, 769 (C. D. Minn. 1992); Wise & Meyer, International Sports Law, S. 22.

69 Siehe United States v. NFL, 116 F. Supp. 319, 322-327 (E.D. Pa. 1953).

70 NCCA v. Board of Regents of University of Oklahoma, 468 U.S. 85, 100f. (1984).

71 Siehe hierzu u.a. Ziffer A.VII.2(a) unten.

als er die Rule of Reason als die korrekte Prüfungsmethode für die meisten Vereinbarungen von Sportorganisationen festlegte.

Es ist zwischen zwei unterschiedlich aufgebauten Rule of Reason-Prüfungsarten zu differenzieren: dem herkömmlichen Prüfungsansatz und der Quick Look-Methode. Beide Methoden unterscheiden sich hauptsächlich hinsichtlich der Frage, welche Partei des Antitrust-Verfahrens die anfängliche Beweislast zu tragen hat.

(i) Herkömmlicher Prüfungsansatz

Im Rahmen des herkömmlichen Prüfungsansatzes trägt der Kläger zunächst die Beweislast dafür, daß eine Vereinbarung einen erheblichen wettbewerbsschädlichen Effekt auf den relevanten Wettbewerbsmarkt hat oder sehr wahrscheinlich haben wird[72]. Die in Frage stehende Vereinbarung muß sich negativ auf den Wettbewerbsprozeß auswirken und dadurch die Verbraucher schädigen; eine Schädigung der Wettbewerber reicht dazu nicht aus[73]. Alternativ hat der Kläger Tatsachen vorzutragen, die deutlich machen, daß der Beklagte eine bedeutende Rolle im relevanten Markt spielt, so daß die Vereinbarung sich möglicherweise deshalb wettbewerbsbeschränkend auswirkt[74].

Sobald der Kläger diesen Beweis erbracht hat, obliegt es dem Beklagten, ausgleichende wettbewerbsfördernde Vorteile des betreffenden Geschäftsgebarens nachzuweisen. Gelingt jedoch dem Kläger bereits der anfängliche Beweis nicht, braucht der Beklagte keinen Gegenbeweis zu erbringen, da lediglich unbedeutende (*de minimis*) oder geringfügige Wettbewerbsbeschränkungen keinen Verstoß gegen § 1 Sherman Act darstellen[75]. Sofern der Beklagte den erforderlichen Beweis erbracht hat, wechselt die Beweislast wiederum auf den Kläger, der dann darlegen muß, daß das fragliche Verhalten nicht in vernünftigem Maße erforderlich ist, berechtigte Geschäftsziele zu erreichen, oder daß diese Ziele auch durch eine erheblich weniger stark wettbewerbsbeschränkende Vereinbarung erreicht werden können[76]. Erfüllen beide Parteien die ihnen obliegende Beweislast, muß das Gericht letztlich die wettbewerbsbezogenen Vor- und Nachteile der Vereinbarung gegeneinander abwägen, um zu bestimmen, ob das zu prüfen-

---

72 I ABA Section of Antitrust Law, S. 53; Leduc, 26 J.C. & U.L. 139, 148.

73 Dickson v. Microsoft Corp., 309 F.3d 193, 206 (4th. Cir. 2002), *cert. denied*, 539 U.S. 953 (2003).

74 Dickson v. Microsoft Corp., 309 F.3d 193, 206 (4th. Cir. 2002), *cert. denied*, 539 U.S. 953 (2003); Maris Distributing Co. v. Anheuser-Busch, Inc., 302 F.3d 1207, 1211 (11th Cir. 2002), *cert. denied*, 537 U.S. 1190 (2003).

75 I ABA Section of Antitrust Law, S. 55f.; Leduc, 26 J.C. & U.L. 139, 148.

76 I ABA Section of Antitrust Law, S. 53; Leduc, 26 J.C. & U.L. 139, 148.

de Verhalten per Saldo angemessen ist oder nicht[77]. Der Maßstab für die Abwägung wird dabei vollständig durch wirtschaftsbezogene Kriterien bestimmt[78].

(ii) Verkürzter Prüfungsansatz (Quick Look-Ansatz)

Hauptsächlich höherinstanzliche Gerichte wenden den Quick Look-Ansatz bei Wettbewerbsbeschränkungen an, die einerseits bereits *prima facie* ihrem Wesen nach als sehr ernst und nachteilig für den Preis oder die Produktions- und Absatzleistung eines Produkts einzustufen sind, hinsichtlich derer aber andererseits eine sofortige per se-Untersagung als ungerechtfertigt erscheint[79]. In solchen Fällen gestatten es die Gerichte dem Beklagten vereinzelt, Rechtfertigungsgründe anzuführen, die - für gewöhnlich aufgrund des vorgetragenen Arguments selbst - legitim und beweiskräftig sind. Der Quick Look-Ansatz legt mithin dem Beklagten die anfängliche Beweislast auf. Aufgrund des auf den ersten Blick (*quick look*) ersichtlichen, wettbewerbsbeschränkenden Verhaltens obliegt es zunächst dem Beklagten, eine wettbewerbsfördernde Rechtfertigung für die Beschränkung vorzubringen. Ist das Gericht der Ansicht, der Beklagte habe diesen anfänglichen Beweis erbracht, tritt es in eine vollständige Prüfung auf Basis der herkömmlichen Rule of Reason-Methode ein. Kann der Beklagte den ihm obliegenden Beweis jedoch nicht führen, wird die Wettbewerbsbeschränkung ohne weitere Prüfung als unzulässig beurteilt[80].

Dieser anfängliche Beweis ist für eine Sportliga etwa im Hinblick auf Vermarktungsbeschränkungen für Fernsehsenderechte an den Spielen der Ligavereine nur sehr schwer zu erbringen, da die negativen Auswirkungen auf den Wettbewerb im Hinblick auf den Erwerb solcher Übertragungsrechte durch Dritte offensichtlich sind, positive Effekte zu Gunsten der Zuschauer und Fans aber nur schwerlich nachzuweisen sind[81].

---

77 I ABA Section of Antitrust Law, S. 53; Leduc, 26 J.C. & U.L. 139, 148.

78 Lazaroff, 53 Fordham L. Rev. 157, 204.

79 FTC v. Indiana Federation of Dentists, 476 U.S. 447 (1986); United States v. Brown University 5 F.3d 658 (3d Cir. 1993); Chicago Professional Sports Ltd. v. NBA, 961 F.2d 667 (7th Cir. 1992); Sun & Daniel, 25 J.C. & U.L. 451, 468.

80 I ABA Section of Antitrust Law, S. 53; Leduc, 26 J.C. & U.L. 139, 149.

81 Roberts, Law of Professional and Amateur Sports, § 19.04[3][d].

3. Die Ancillary Restraint-Doktrin (Lehre der Zulässigkeit wettbewerbsbeschränkender Nebenabreden)

(a) Einführung

In bestimmten Fällen wenden die Bundesgerichte und der Supreme Court auf Kategorien bestimmter Wettbewerbsbeschränkungen, die eigentlich der Per Se Illegality Rule unterfallen, zum Beispiel horizontale Preisvereinbarungen, die herkömmliche Rule of Reason-Analyse in Kombination mit der Ancillary Restraint-Doktrin an, um die Angemessenheit der zu prüfenden Verhaltensweise zu bestimmen[82]. Die in Frage stehende Wettbewerbsbeschränkung wird dabei nicht als per se unzulässig eingeschätzt, sondern im Kontext einer Rule of Reason-Untersuchung auf ihre kartellrechtliche Zulässigkeit geprüft. Dies gilt, wenn es sich um fundamental einzigartige Geschäftsbranchen oder besondere Unternehmensarten handelt, denn dort erfordert die angemessene Vollziehung der Antitrust-Vorschriften, auch diejenigen Rahmenbedingungen zu berücksichtigen, die ursächlich für die Anwendung der angefochtenen Wettbewerbsbeschränkung waren, wie etwa die Entwicklungsgeschichte der Branche, spezielle Wirtschaftsbedingungen innerhalb dieser Branche sowie der zugrunde liegende Zweck der Beschränkung[83]. Im Hinblick auf Joint Ventures haben dies in der jüngeren Vergangenheit die Bundesgerichte zunehmend ausdrücklich, der Supreme Court bisher lediglich implizit getan[84]. Ihren Ursprung hat die Ancillary Restraint-Doktrin im Common Law und wurde damals hauptsächlich im Rahmen der rechtlichen Prüfung von Wettbewerbsverboten und Gesellschaftsverträgen angewandt.

Die Voraussetzungen der Lehre von der Zulässigkeit wettbewerbsbeschränkender Nebenabreden sind nach heute vorherrschender Ansicht dort erfüllt, wo die

---

82 Piraino, 79 B.U. L. Rev. 889, 929; Piraino, 57 Ohio St. L.J. 1677, 1707 (1996); Piraino, 1997 Wisc. L. Rev. 639, 695; van Glish, 1 Sports L.J. 79, 94; Chicago Professional Sports Ltd. Partnership v. NBA, 754 F. Supp. 1336, 1359 (N.D. Ill. 1991).

83 Rosenbaum, 41 U. Miami L. Rev. 729, 738; U.S. v. Addyston Pipe & Steel Co., 85 F. 271, 279-284 (6th. Cir. 1898), bestätigt und modifiziert in 175 U.S. 211 (1899).

84 Piraino, 79 B.U. L. Rev. 889, 930; Roberts, Law of Professional and Amateur Sports, § 19.04[1]; SCFC ILC, Inc. v. Visa USA, Inc., 36 F.3d 958, 964 (10th Cir. 1994); National Bancard Corp. v. Visa USA, Inc., 779 F.2d 592, 605 (11th Cir. 1986); Rothery Storage & Van Co. v. Atlas Van Lines, Inc., 792 F.2d 210, 226-230 (D.C. Cir. 1986); Polk Bros., Inc. v. Forest City Enters., Inc., 776 F.2d 185 (7th Cir. 1985); Los Angeles Memorial Coliseum Commission v. NFL, 726 F.2d 1381, 1389 (9th Cir. 1984); Broadcast Music, Inc. v. CBS, 441 U.S. 1, 20 (1979); Northwest Wholesale Stationers, Inc. v. Pacific Stationary, 472 U.S. 284, 295 (1985); United States v. Topco Associates, 414 U.S. 801 (1973), 1973-1 Trade Cas. (CCH) P74, 485, 94, 153 (N.D. Ill. 1973); NCCA v. Board of Regents of University of Oklahoma, 468 U.S. 85, 117f. (1984).

zu prüfende Beschränkung einen zulässigen Geschäftszweck in lediglich untergeordneter Rolle ergänzt oder seine Erfüllung erleichtert und sie ihrer Intention nach weder den Markt noch den darin stattfindenden Wettbewerb schädigen soll (*ancillary restraint doctrine*)[85]. Anders formuliert liegt nur dort ein Verstoß gegen § 1 Sherman Act vor, wo gerade die den zulässigen Hauptzweck ergänzend unterstützende Wettbewerbsbeschränkung zur Entstehung oder Vergrößerung der Marktmacht der konspirierenden Parteien führt oder von diesen dazu bestimmt ist, den Absatz ihrer Produkte zu verringern oder die Preise zu erhöhen (*naked restraint of trade*)[86].

Diese Lehre basiert im Wesentlichen auf nicht-wirtschaftlichen Erwägungen und zielt, anders als die herkömmliche Rule of Reason und die Per Se Rule, eher darauf ab, eine Anpassung an die aktuellen Marktgegebenheiten und weniger die Stärkung des Wettbewerbs um jeden Preis zu erreichen[87]. Sie erkennt an, daß legitime geschäftliche Transaktionen manchmal durch Wettbewerbsbeschränkungen abgesichert werden müssen, um den Hauptzweck der Transaktion sicherzustellen. Da mit Hilfe der wettbewerbsbeschränkenden Nebenabrede die Entstehung oder Förderung des Wettbewerbs insgesamt im relevanten Markt des Hauptzwecks erst ermöglicht wird, soll sie zulässig sein, sofern sie zeitlich und inhaltlich angemessen ist und tatsächlich nur ergänzenden Charakter hat[88]. Mit Hilfe des Ancillary Restraint-Ansatzes können Gerichte wettbewerbsrechtliche Auswirkungen auch dann sachgerecht abwägen, wenn diese nicht leicht durch wirtschaftliche Gesichtspunkte beurteilt werden können[89]. Gerade im Kontext des Profisports können nicht-wirtschaftsbezogene Ziele einer Liga oder ihrer Vereine in der Form von internen, für alle Ligavereine bindenden Maßnahmen vorkommen, die auf eine verbesserte Marktfähigkeit des Ligaproduktes ausgerichtet sind, indem die Liga das Wettbewerbsgleichgewicht der Vereine auf dem Spielfeld verbessert, die aber nicht in erster Linie darauf gerichtet sind, den

---

85 Broadcast Music, Inc. v. CBS, 441 U.S. 1, 113-116 (1979); Chicago Board of Trade v. United States, 246 U.S. 231, 239-241 (1918); U.S. v. Addyston Pipe & Steel Co., 85 F. 271 (6th Cir. 1889), bestätigt durch 175 U.S. 211 (1899); Weistart & Lowell, Law of Sports, S. 129; Piraino, 1997 Wis. L. Rev. 639, 695.

86 U.S. v. Addyston Pipe & Steel Co., 85 F. 271, 282f. (6th Cir. 1889), bestätigt durch 175 U.S. 211 (1899); Big Apple BMW, Inc., v. BMW of North America, Inc., 974 F.2d 1358, 1380 (3rd Cir. 1992), *cert. denied*, 507 U.S. 912 (1993); Roberts, Law of Professional and Amateur Sports, § 19.04[1], § 19.04[3][b]; Piraino, B.U. L. Rev. 889, 928f.; Bork, The Antitrust Paradox, S. 27f.

87 Rosenbaum, 41 U. Miami L. Rev. 729, 738f.

88 Business Electronics Corp. v. Sharp Electronics Corp., 485 U.S. 717, 724 (1988); KMB Warehouse Distrib. v. Walker Mfg. Co., 61 F.3d 123, 128-130 (2d Cir. 1995); Thompson Everett, Inc. v. National Cable Adver. L.P., 57 F.2d 1317, 1325 (4th Cir. 1995); New York v. Anheuser-Busch, Inc., 811 F. Supp. 848, 873 (E.D.N.Y. 1993).

89 Rosenbaum, 41 U. Miami L. Rev. 729, 739.

Wettbewerb mit anderen Akteuren auf dem relevanten Wirtschaftsmarkt zu beschränken[90], wie zum Beispiel verbindliche Regelungen über Vereinswechsel von Spielern.

(b) Ancillary Restraint-Doktrin und Sportligen in der Rechtsprechung

(i) Urteile des Supreme Court

Auf dem Gebiet des Sports wandte der Supreme Court die Ancillary Restraint-Doktrin u.a. im Hinblick auf Franchise-Verlagerungen von NFL-Clubs und einer NFL-Satzungsregelung an, die der öffentlichen Hand untersagte, Eigner von NFL-Clubs zu sein[91].

Er wandte die Ancillary Restraint-Methode ferner Rahmen seiner Entscheidungsfindung des *NCAA*-Urteils an, durch das er den von der NCAA für die Collegefootballspielzeiten 1982-1985 erlassenen restriktiven Fernsehübertragungsplan für Collegefootballspielübertragungen der NCAA-Mitglieder, der sowohl die Gesamtzahl an Übertragungen als auch die Zahl der den einzelnen Colleges gestatteten Spielübertragungen begrenzte, untersagte[92].

(ii) Urteile der Bundesgerichte

In einem vergleichbaren Fall erkannte dagegen ein Court of Appeals die wettbewerbsfördernden Begründungen der NCAA als angemessen an. Die durch die NCAA erlassenen Auswahl- und Teilnahmeberechtigungskriterien für Athleten förderten danach in angemessener Weise das Ziel der NCAA, die Leichtathletik und die an den Colleges gelehrten wissenschaftlichen Fächer zu integrieren. Sie erhöhten das Interesse der Öffentlichkeit an Leichtathletikwettbewerben zwischen Colleges, indem die NCAA den Collegesport bewußt als ein sich deutlich vom Profisport unterscheidendes Produkt vermarktete[93]. Diese Kriterien ermöglichten es der NCAA überhaupt erst, das Produkt "Collegesport" herzustellen und gewährleisteten sein Fortbestehen angesichts zunehmenden wirtschaftlichen Drucks auf die NCAA[94]. Die Regeln unterstützen lediglich ergänzend das legitime Hauptziel der NCAA, die Attraktivität des allumfassenden NCAA-

---

90 Rosenbaum, 41 U. Miami L. Rev. 729, 739.

91 Los Angeles Memorial Coliseum Commission v. NFL, 726 F.2d 1381, 1389 (9th Cir.), *cert. denied*, 469 U.S. 999 (1984); Sullivan v. NFL, 34 F 3d. 1091, 1102 (1st Cir. 1994).

92 NCAA v. Board of Regents of University of Oklahoma, 468 U.S. 85 (1984); Siehe hierzu auch Leduc, 26 J.C. & U. L. 139, 151-153; Siehe zu diesem Urteil auch Ziffer A.VII.2(a) unten.

93 McCormack v. NCAA, 845 F.2d 1338 (5th. Cir. 1988).

94 McCormack v. NCAA, 845 F.2d 1338, 1344f. (5th. Cir. 1988).

Produktes für die Athleten und Zuschauer zu erhöhen, und erleichterten das Erreichen dieses Ziels.

Auch in *Chicago Professional Sports Ltd. Partnership v. NBA*, einem der wichtigsten Urteile im Bereich der Fernsehübertragung von professionellen Sportveranstaltungen, wandten die mit diesem Fall befaßten Gerichte die Ancillary Restraint-Doktrin an[95]. Unter Bezugnahme auf die *NCAA*- und *Broadcast Music*-Entscheidungen des Supreme Court prüften die Richter einen Vertrag zwischen der NBA und dem Fernsehsender National Broadcasting Company (**NBC**) über die Vermarktung von Senderechten an NBA-Basketballspielen anhand dieser Doktrin und der Rule of Reason[96]. Sie räumten der NBA damit die Möglichkeit ein, wettbewerbsfördernde Gründe für eine restriktive Klausel des Vertrages vorzutragen, wenngleich sie diese letztlich aber, wie unter Ziffer A.VII.3(c)(ii) unten ausgeführt wird, nicht anerkannten.

V. Anwendbarkeit des § 1 Sherman Act auf Sportligen

1. Sportliga als Gemeinschaftsunternehmen (*joint venture*)

(a) Einführung

Die Frage, ob ein Gericht eine behauptete Wettbewerbsbeschränkung gemäß § 1 Sherman Act als unzulässig beurteilt, ist im Bereich der Vermarktung von Sportereignissen abhängig von der Frage, wie die die Rechtsnatur einer Sportliga zu qualifizieren ist.

Die Bundesgerichte beurteilen diese Frage in Bezug auf professionelle Sportligen uneinheitlich. Grund hierfür ist die unterschiedliche Einschätzung der in einer Sportliga vorzufindenden kooperativen und konkurrenzbetonten Aspekte[97]. Wie im folgenden gezeigt wird, hat der Supreme Court diese uneinheitliche Beurteilung bis dato noch nicht zu Gunsten der einen oder anderen Auffassung entschieden. Diejenigen, die die kooperativen Gesichtspunkte als vorherrschend ansehen, beurteilen die Liga insgesamt als Einzelgesellschaft (*single entity*), deren Ligavereine nicht in der Lage sind, in einer gegen § 1 Sherman Act verstoßenden Weise zusammen zu wirken. Diejenigen, die primär auf den wirtschaftlichen Wettbewerb unter den einzelnen Ligaclubs abstellen, sehen die Ligavereine dagegen als unabhängige Wirtschaftseinheiten an.

---

95 Chicago Professional Sports Ltd. Partnership v. NBA, 754 F. Supp. 1336, 1357-1359 (N.D. Ill. 1991); Siehe hierzu auch Ziffer A.VII.3(c)(ii).

96 Chicago Professional Sports Ltd. Partnership v. NBA, 754 F. Supp. 1336, 1357-1359 (N.D. Ill. 1991).

97 Piraino, 79 B.U. L.Rev. 889, 899; Champion, Fundamentals of Sports Law, S. 457.

Die Vertreter der letztgenannten Ansicht, beurteilen die Rechtsnatur einer Sportliga als eine teilweise integrierte Gruppe selbständiger Wirtschaftseinheiten, die einerseits miteinander kooperieren, gleichzeitig aber wirtschaftlich und organisatorisch gegeneinander konkurrieren. Dabei wird einerseits die Auffassung vertreten, die Liga bestehe aus einer Gruppe unabhängiger wirtschaftlicher Konkurrenten[98] und andererseits, die Liga sei eher mit einem Gemeinschaftsunternehmen (*joint venture*) herkömmlicher Industrie- und Wirtschaftsbranchen zu vergleichen[99].

(b) Besonderes Verhältnis zwischen Wettbewerb und Kooperation

Ein Joint Venture ist eine spezielle Form der Unternehmensorganisation, die aus dem besonderen Verhältnis zwischen Wettbewerb und Kooperation unter den Geschäftspartnern herrührt und deshalb einen speziellen Ansatz der Antitrust-Vorschriften erfordert. Die Partner eines Joint Venture kooperieren miteinander, indem sie Vermögenswerte oder bestimmte Güter, wie Kapital, Technologie, Fachwissen oder Immaterialgüterrechte, in das Gemeinschaftsunternehmen einbringen, um ein gemeinsames Ziel zu erreichen. Diese Zusammenarbeit versagt ihnen jedoch nicht, in Bereichen außerhalb des Wirkungsbereichs des Gemeinschaftsunternehmens in einer Weise miteinander zu konkurrieren, die das Gemeinschaftsprodukt nicht beeinträchtigt[100]. Durch ihre Kooperation sind die einzelnen Mitglieder in der Lage, ein Produkt herzustellen, das sie alleine nicht hätten produzieren können[101]. Durch die Kombination aus Wettbewerb und Zusammenarbeit sowie das Ausmaß gesellschaftsrechtlicher Integration unterscheiden sich Joint Ventures von anderen Gesellschaftsformen: einerseits von Unternehmenszusammenschlüssen, die durch die vollständige Integration der sich verbindenden Gesellschaften (*mergers*) entstehen, da hier die fusionieren-

---

98 Los Angeles Memorial Coliseum Commission v. NFL, 726 F.2d 1381, 1387-1390 (9th Cir. 1984); Sullivan v. NFL, 34 F.3d 1091, 1099 (1st Cir. 1994); McBurney, 60 N.Y.U. L. Rev. 925, 929.

99 McNeil v. NFL, 790 F. Supp. 871, 880 (D. Minn. 1992); Chicago Professional Sports Ltd. Partnership v. NBA, 961 F.2d 667, 672f. (7th. Cir. 1992); North American Soccer League v. NFL, 670 F.2d 1249, 1255-1258 (2nd Cir. 1981); Smith v. Pro Football Inc., 593 F.2d 1173, 1179 (D.C. Cir. 1978); Mackey v. NFL, 543 F.2d 606, 619 (8th Cir. 1976); Piraino, 79 B.U. L. Rev. 889, 922-928; Rivello, 47 Drake L.J. 177, 183; Ross, 52 Case W. R.L. 133, 139.

100 Piraino, 79 B.U. L. Rev. 889, 921; Brodley, 95 Harv. L. Rev. 1523, 1525; Piraino, 57 Ohio St. L.J. 1677, 1681, Roberts, Law of Professional and Amateur Sports, § 19.04[2][a][i]; Rivello, 47 Drake L.J. 177, 182; North American Soccer League v. NFL, 670 F.2d 1249, 1251 (2nd Cir. 1981).

101 Piraino, 79 B.U. L. Rev. 889, 922; Perrine, 12 Marq. Sports L.J. 703, 716; Mason & Slack, 7 Marq. Sports L.J. 399, 413; North American Soccer League v. NFL, 670 F.2d 1249, 1251 (2nd Cir. 1981); McBurney, 60 N. Y. U. L. Rev. 925, 928f.

den Einzelunternehmen vollständig in dem neuen Gesamtunternehmen aufgehen und kein Wettbewerb, sondern nur noch Kooperation unter ihnen stattfindet[102]; zum anderen unterscheiden sie sich dadurch von Kartellen, da dort einzelne Wettbewerber lediglich bestimmte geschäftliche Handlungen, beispielsweise durch Preis-, Absatz- oder Kundenabsprachen, bis zur völligen oder nahezu völligen Aufgabe unabhängiger Entscheidungsfindung der einzelnen Wettbewerber untereinander abstimmen, aber weiterhin völlig getrennte wirtschaftliche und rechtliche Einheiten bleiben und ihre Ressourcen in keiner Weise in ein gemeinsames Unternehmen integrieren[103].

Ein Joint Venture läßt sich also als eine Organisationsform klassifizieren, die zwischen Unternehmenszusammenschlüssen und Kartellen liegt. Die Art und Weise der Ressourcenintegration in einem Joint Venture führt in der Regel zu wirtschaftlichen Effizienzen in Form von Kostenreduzierungen und der Möglichkeit, neue oder verbesserte Produkte herzustellen, unnötige doppelte Arbeitsabläufe und das Vergeuden von Vermögenswerten zu vermeiden, wie sie zwar durch Unternehmenszusammenschlüsse, nicht aber durch bloße Vereinbarungen von Kartellmitgliedern erzielt werden können[104]. Kartelle, insbesondere solche, die einzig und allein Preisabsprachen unter Wettbewerbern bezwecken, sind im Antitrust-Recht per se unzulässig, denn sie führen zu keinen erkennbaren Vorteilen für die Verbraucher[105].

Eine Sportliga vereint die Geschäftsbereiche ihrer Mitgliedsvereine zu einem gewissen Teil, indem die Vereine ein Stück ihrer Unabhängigkeit aufgeben müssen, um die jeweilige Sportart wirkungsvoll betreiben zu können. Die Vertreter des Joint Venture-Ansatzes sehen deshalb das Ziel der Liga, ein Wettbewerbsgleichgewicht unter den Clubs herbeizuführen und aufrecht zu erhalten, als essentiell für die Liga an. Ohne Ligaregelwerk würde das Interesse der Fans an den Sportwettbewerben und am Meisterschaftskampf aufgrund der zwangsläufig entstehenden Dominanz einer oder weniger Mannschaften sowie vorher-

---

102 Piraino, 57 Ohio St. L.J. 1677, 1682; Piraino, 79 B.U. L. Rev. 889, 922 Fn. 197 (Beispiel eines Joint Venture zwischen General Motors und Toyota, das beide Unternehmen aber nicht davon abhielt, im internationalen Automarkt aggressiv miteinander zu konkurrieren und sogar know-how aus dieser Gesellschaft für eigene Marketing- und Produktionszwecke einzusetzen).

103 SCFC ILC, Inc. v. Visa USA, 36 F.3d 958, 963 (10th Cir. 1994); Roberts, 32 UCLA L. Rev. 219, 238-260; Perrine, 12 Marq. Sports L.J. 703, 716; Werden, 66 Antitrust L.J. 701, 712.

104 Federal Trade Commission and U.S. Department of Justice 1992 Horizontal Merger Guidelines, 4 Trade Regulation Report (CCH) § 13, S. 4 (April 8, 1997); Piraino, 76 Minn. L. Rev. 1, 7.

105 Piraino, 76 Minn. L. Rev. 1, 7.

sehbarer Spielausgänge stetig abnehmen, und es gingen letztlich die einzelnes Teams und die gesamte Liga nach und nach sportlich wie auch finanziell zugrunde[106]. Denn fehlende Spannung und Stimmung in den Stadien sowie dauerhaft einseitige Spielbegegnungen reduzieren die Bereitschaft der Fans und der Geschäftspartner der Vereine und Liga, Geld für das angebotene Produkt auszugeben. Um dies zu verhindern, kooperieren die Vereine auf der Grundlage gemeinsamer Regeln mit dem Ziel, spezielle wirtschaftliche Effizienzziele zu erreichen, wie das Aufteilen von Einnahmen aus Eintrittskartenverkäufen oder landesweiten Fernsehübertragungen ihrer Spielbegegnungen, die Begrenzung von Spielergehältern (*salary cap*)[107] oder Restriktionen bei Spielerwechseln (*Draft*). Die Kooperation unter den Ligaclubs stellt somit ein Mittel zur Qualitätskontrolle des von der Liga hergestellten Produkts dar, d.h. der Unterhaltung der Öffentlichkeit durch Veranstaltung überregionaler Sportbegegnungen im Kampf um die Ligameisterschaft. Im Gegensatz zu Unternehmen konventioneller Industriebranchen streben Sportvereine aber nicht danach, ihre Wettbewerber völlig aus dem gemeinsamen Markt zu drängen oder stehen deren wirtschaftlichem Schicksal zumindest nicht gleichgültig gegenüber, indem sie die Verdrängung ihrer Wettbewerber in Kauf nehmen, sondern sie sind im Gegenteil an soliden finanziellen Verhältnissen der übrigen Ligamitglieder sowie sogar einem relativen sportlichen und finanziellen Gleichgewicht untereinander interessiert. Eine Liga kann nur dann erfolgreich sein, wenn ein gewisses Wettbewerbsgleichgewicht unter den Ligavereinen herrscht.

Die Ligaclubs stehen jedoch gleichzeitig in sportlichem und wirtschaftlichem Wettbewerb miteinander. Dies resultiert daraus, daß jeder Verein im Eigentum unterschiedlicher Organisationen oder Personen[108] steht, als selbständiges Rechtssubjekt organisiert ist, eine eigene unabhängige Geschäftsführung und Buchhaltung hat, weder Gewinn noch Verlust mit anderen Vereinen teilt und seinen eigenen Gewinn zu maximieren versucht, sowie mit den anderen Ligaclubs um Spieler, Trainer und - sofern die Vereine im gleichen Einzugsgebiet angesiedelt sind - auch um Fans, Einnahmen aus der Werbung und Vermarktung

---

106 Bauer, 60 Tenn. L. Rev. 263, 274; Ross, 73 Minn. L. Rev. 643, 670; Jacobs, 76 Ind. L.J. 25, 33; Mid-South Grizzlies v. NFL, 720 F.2d 772, 784 (3d Cir. 1983); North American Soccer League v. NFL, 670 F.2d 1249, 1253 (2d Cir. 1982); United States v. NFL, 116 F. Supp. 319, 323 (E.D. Pa. 1953).

107 Anders als die NFL und die NBA führten die MLB und die NHL bis dato noch keine Obergrenze für die Gehälter der MLB- und NHL-Profis ein.

108 Vgl. beispielsweise NFL Constitution and Bylaws, Article IX, Section 9.1(B)(1) (2003), wonach ein Eigentümer eines NFL-Clubs keine weitere finanzielle Beteiligung an anderen Vereinen der NFL besitzen darf.

lokaler Fernseh- und Radiosenderechte an ihren Heimspielen konkurriert[109]. Satzungsregelungen, nach der jeder Clubeigner nur Anteile an einem einzigen Ligaverein halten darf, dienen u.a. dazu, die Zuschauer von der Ehrlichkeit des Wettbewerbs unter den Clubs zu überzeugen[110]. Überdies treffen die Vereine individuelle Entscheidungen hinsichtlich ihrer Eintrittspreise, Spielerkäufe und -verkäufe sowie der Stadionmietverträge und -zuschüsse der Gemeinde, in der sich das Stadion befindet. Ohne den Zusammenschluß in einer Liga könnte kein Verein allein das Produkt der Liga herstellen und vermarkten.

(c) Anwendbarkeit des Antitrust-Rechts

Konsequenz der rechtlichen Einschätzung einer Sportliga als Joint Venture ist, daß das Antitrust-Recht, also auch § 1 Sherman Act, auf die Handlungen und Vereinbarungen sowohl der zu einer Liga zusammengeschlossenen Sportvereine untereinander als auch der einzelnen Vereine mit der Ligaführung anwendbar ist[111].

(d) Ergebnis

Zusammenwirken und Wettbewerb innerhalb eines Unternehmens schließen sich danach also weder im Bereich des Sports noch im Bereich der Wirtschaft gegenseitig aus. Eine herkömmlich organisierte Sportliga stellt eine besondere Form der Wirtschaftsorganisation dar, die aus einer Mehrzahl rechtlich getrennter Unternehmen besteht. Die Gesellschaftsform des Gemeinschaftsunternehmens erfüllt die Mehr-Personen-Voraussetzung des § 1 Sherman Act (Vereinbarung zwischen mehreren unabhängigen Parteien). Der Supreme Court und ein großer Teil des Schrifttums sind deshalb der Auffassung, daß Vereinbarungen und Geschäftspraktiken einer Sportliga aufgrund ihrer besonderen Merkmale nicht der Per Se Illegality Rule unterliegen, nach der das in Frage stehende Verhalten sofort als unzulässig einzustufen wäre, sondern der abwägenden Rule of Reason-Analyse[112].

---

109 Vgl. Sullivan v. NFL, 34 F.3d 1091, 1099 (1st Cir. 1994); Chicago Professional Sports Ltd. Partnership v. NBA 874 F. Supp. 844, 849 (N.D. Ill. 1995); Los Angeles Memorial Coliseum Commission v. NFL, 726 F.2d 1381, 1390 (9th Cir. 1984).

110 North American Soccer League v. NFL, 670 F.2d 1249, 1251 (2nd Cir. 1981).

111 Chicago Board of Trade v. United States, 246 U.S. 231 (1918); United States v. Topco Associates, 405 U.S. 596 (1972); Broadcast Music, Inc. v. CBS, 441 U.S. 1 (1979); NCAA v. Board of Regents of University of Oklahoma, 468 U.S. 85 (1984).

112 North American Soccer League v. NFL, 670 F.2d, 1259, 1253 (2d Cir. 1982); NCAA v. Board of Regents of University of Oklahoma, 468 U.S. 85, 103 (1984); Chicago Professional Sports Ltd. Partnership v. NBA, 961 F.2d 667, 672 (7th. Cir. 1992); Piraino, 79

2. Sportliga als Einzelgesellschaft (*single entity*)

(a) Einführung

Einzelne Gerichte und Literaturansichten klassifizieren eine Sportliga hingegen nicht als Gemeinschaftsunternehmen der Ligavereine, sondern als eine vollständig integrierte Einzelgesellschaft (*single entity*), bestehend aus sämtlichen in dieser Gesellschaft/Liga vereinten Clubs[113]. Durch die vollständige Integration in eine einzige Gesellschaft in Form der Liga sind die einzelnen Vereine nicht in der Lage, gegen § 1 Sherman Act zu verstoßen, da diese Vorschrift lediglich Wettbewerbsbeschränkungen zwischen mindestens zwei unabhängigen Wirtschaftsakteuren untersagt, und sie auf wettbewerbsbeeinträchtigende Handlungen einer einzelnen Gesellschaft schon ihrem Wortlaut nach nicht anwendbar ist[114].

Im Rahmen der gerichtlichen Untersuchung eines angeblichen Antitrust-Rechtsverstoßes kann eine Sportliga beantragen, die gegen sie erhobene Klage als unzulässig abzuweisen (*dismiss on motion*), ohne daß das zuständige Gericht bzw. die Jury zuvor in eine umfangreiche Rule of Reason-Prüfung einsteigen muß. Dies ist u.a. durch die Single Entity-Argumentation möglich, die in ihrer heutigen Form aus der Urteilsbegründung der *Copperweld*-Entscheidung des Supreme Court stammt[115]. Ein solches Vorgehen kann sehr vorteilhaft für die Sportliga sein, da sie, falls das Gericht ihrem Einwand folgt, bereits hierdurch obsiegt und keine gerichtlich auferlegten Beschränkungen hinsichtlich der in Frage stehenden Verhaltensweise fürchten muß. Die potentiell wettbewerbsbe-

---

B.U. L. Rev. 889, 920, 927; Rivello, 47 Drake L.J. 177, 189; Jacobs, 67 Ind. L.J. 25, 27, 34f.; Sullivan, 48 Duke L.J. 1265, 1268; van Glish, 1 Sports L.J. 79, 90; Bauer, 60 Tenn. L. Rev. 263, 285.

113 Diese Ansicht ist vergleichbar mit dem im deutschen Recht nach konzernrechtlichen Grundsätzen für den Unterordnungskonzern entwickelten sog. Konzentrationsprivileg, nach dem konzernintern getroffene, wettbewerbsbeschränkende Absprachen vom Kartellverbot des § 1 GWB freigestellt sind (siehe hierzu auch Ziffer B.III.1(c) unten).

114 Copperweld Corp. v. Independence Tube Corp., 467 U.S. 752 (1984); Chicago Professional Sports Ltd. Partnership v. NBA, 95 F.3d 593 (7th Cir. 1996); Mid-South Grizzlies v. NFL, 720 F.2d 772, 786f. (3rd Cir. 1983); Levin v. NBA, 385 F. Supp. 149, 152 (S.D.N.Y. 1974); San Francisco Seals v. NHL, 379 F. Supp. 966, 969f. (C.D. Cal. 1974); United States v. NFL, 116 F. Supp. 319, 323 (E.D. Pa. 1953); Roberts, 60 Tul. L. Rev. 562 589-591 und im Hinblick auf interne Ligastatuten Roberts, 64 Tul. L. Rev. 117, 120, 127; Grauer, 82 Mich. L. Rev. 1, 24ff.; Hale, 4 Sports L.J. 1, 12.

115 Copperweld Corp. v. Independence Tube Corp., 467 U.S. 752 (1984); die zugrunde liegende Lehre geht zurück auf den Ökonomen Walter Neale; siehe hierzu dessen Aufsatz "The Peculiar Economics of Professional Sports" in 78 Quarterly Journal of Economics 1-14 (1964).

schränkende Maßnahme ist dann zumindest unter § 1 Sherman Act nicht angreifbar.

In *Copperweld* schloß der Supreme Court die Möglichkeit eines vereinbarten Zusammenwirkens durch koordinierte Aktivitäten (*conspiracy*) im Sinne des Sherman Act zwischen einer Gesellschaft und der von ihr zu 100% gehaltenen und somit vollständig von ihr kontrollierten Tochtergesellschaft aus. In einer solchen Konstellation könnten keine wettbewerbswidrigen Vereinbarungen getroffen werden, da die beiden Gesellschaften trotz ihrer eigenständigen Rechtspersönlichkeiten völlig übereinstimmende Interessen (*complete unity of interests*) teilten, die aus der einheitlichen Geschäftsführungs- und Entscheidungsstruktur sowie ihrer gesellschaftsrechtlichen Zusammengehörigkeit abgeleitet werden[116]. Die Tatsache, daß letztlich die Ziele sowohl der Tochtergesellschaft als auch der Muttergesellschaft dieselben sind, führt dazu, daß beide als eine wirtschaftliche Einheit anzusehen sind[117]. Der Supreme Court wies darauf hin, daß die Gerichte bei der Beantwortung der Frage, ob ein Unternehmen eine Einzelgesellschaft darstellt oder nicht, nur auf die tatsächlichen Umstände achten sollten, nicht aber auf rechtliche oder wirtschaftliche Aspekte (zum Beispiel die Unternehmensstruktur der Gesellschaft)[118]. Nach Ansicht des Supreme Court kommt es letztlich darauf an, ob die Muttergesellschaft die Tochtergesellschaft faktisch kontrollieren kann, wenn diese in einer nicht mit den Interessen der Mutter zu vereinbarenden Weise handelt. Er stellt insoweit auf eine funktionale statt auf eine formale Analyse ab.

Hintergrund des Urteils ist die Intention des Gerichts, bestimmten gesellschaftsrechtlichen Kombinationen einzelner Wirtschaftseinheiten einen sicheren Bereich (*safehaven*) zu gewähren, in dem diese ohne Furcht vor gerichtlichen Untersuchungen wirtschaftlich agieren können, um ihr Streben nach wirtschaftlicher Konkurrenz, das das Antitrust-Recht zu fördern versucht, nicht durch zu strenge gerichtliche Angemessenheitsanalysen zu beeinträchtigen[119]. Eine Gesellschaft, die von ihr kontrollierten Unternehmensteile und ihre Angestellten sollten ungeachtet der Antitrust-Vorschriften miteinander abgestimmte Handlungen vornehmen dürfen, da solche Vereinbarungen nicht zu den schädlichen Auswirkungen eines Monopols führen, die das Antitrust-Recht verhindern will[120].

---

116 Copperweld Corp. v. Independence Tube Corp., 467 U.S. 752, 772 (1984).
117 Copperweld Corp. v. Independence Tube Corp., 467 U.S. 752, 772 (1984).
118 Copperweld Corp. v. Independence Tube Corp., 467 U.S. 752, 772 (1984).
119 Copperweld Corp. v. Independence Tube Corp., 467 U.S. 752, 775 (1984).
120 Copperweld Corp. v. Independence Tube Corp., 467 U.S. 752, 768-771 (1984).

(b) Der Single Entity-Einwand von Sportligen in der Rechtsprechung

(i) Ablehnende Gerichtsentscheidungen

In der kurz vor *Copperweld* ergangenen Entscheidung *Los Angeles Memorial Coliseum v. NFL*[121] wiesen sowohl der District Court (Bezirksgericht) als auch der Court of Appeals (Berufungsgericht) den Single Entity-Einwand der NFL zurück. Der Court of Appeals begründete dies damit, daß die NFL mit ihrer Argumentation einen Blankoschutz vor den Antitrust-Gesetzen erreichen wolle, obwohl sie bereits in zahlreichen früheren Urteilen wegen Verstößen gegen diese Gesetze verurteilt worden sei. Darüber hinaus stellte das Gericht mit Blick auf die Verteilung von Gewinn und Verlust innerhalb der Liga fest, daß jeder einzelne Verein für die eigenen Verluste verantwortlich sei, die von ihm erwirtschafteten Gewinne ihm alleine zustünden und jeder Verein bei formaler Betrachtung eine von der Liga zu unterscheidende Identität habe. Folglich bestünde die Liga nicht aus einer einzelnen, sondern aus einer Mehrzahl unabhängiger Einheiten, was nicht mit dem Single Entity-Konzept zu vereinbaren sei.

In diesem Zusammenhang ist die von der Mehrheitsentscheidung abweichende Meinung von Judge Williams erwähnenswert, der die NFL als Single Entity betrachtet[122]. Er argumentierte, daß die Beurteilung der Rechtsnatur einer Liga nicht nur auf formalen Gesichtspunkten beruhen dürfe, wie Franchise-Rechten[123] an den Clubs, gemeinsamer Produktvermarktung, der Rechtspersönlichkeit und gesellschaftsrechtlichen Unabhängigkeit der Vereine, sondern daß auch materielle Aspekte der tatsächlichen Funktionsweise der Liga berücksichtigt werden müßten, wie die Entscheidungsgewalt über Ligagrundsätze, die öffentliche Wahrnehmung und die wirtschaftliche Abhängigkeit der Vereine von der Liga als Ganzem. Aus der gegenseitigen Abhängigkeit der Vereine und ihrer faktischen Untrennbarkeit werde ersichtlich, daß die NFL für Zwecke des Antitrust-Rechts eine Einzelgesellschaft sei. Im Schrifttum fand dieser Ansatz ebenfalls Unterstützung[124].

---

121 Los Angeles Memorial Coliseum Commission v. NFL, 726 F.2d 1381 (9th Cir.), *cert. denied*, 469 U.S. 990 (1984).

122 Los Angeles Memorial Coliseum Commission v. NFL, 726 F.2d 1401-1404 (9th Cir.), *cert. denied*, 469 U.S. 990 (1984).

123 Franchise-Rechte sind Mitgliedschaftsrechte, durch die ein Ligamitglied den Major League Sport exclusiv in einem bestimmten Gebiet betreiben und vermarkten darf.

124 Weistart, 1984 Duke L.J. 1013, 1066-1070; Grauer, 82 Mich. L. Rev. 1, 24-35; Roberts, 60 Tul. L. Rev. 562, 589-591, 61 S. Cal. L. Rev. 945, 985f. und 64 Tul. L. Rev. 117, 120; Hale, 4 Sports Lawyers Journal 1, 12; Rosenbaum, 41 U. Miami L. Rev. 729, 742;

Auch in weiteren Urteilen der 1990er Jahre fand die Einzelgesellschaftsargumentation der NFL bei den Gerichten kein Gehör. Vielmehr lehnten diese die Anwendung der in *Copperweld* angewandten Kriterien auf die NFL ab[125].

(ii) Unterstützende Gerichtsentscheidungen

1995 schloß sich erstmals ein Gericht der Argumentation einer sich gegen den Vorwurf einer Antitrust-Rechtsverletzung verteidigenden professionellen Sportliga an. Der Court of Appeals entschied in *Seabury Management, Inc. v. Professional Golfers Association of America, Inc.*[126] (**PGA**), daß die Profigolfliga PGA und die Middle Atlantic Section of Professional Golfers' Association (**MAPGA**) zusammen eine gemeinsame wirtschaftliche Einheit bilden, die nicht mit sich selbst in einer gegen § 1 Sherman Act verstoßenden Weise zusammen wirken kann. Die MAPGA ist zwar eine mit eigener Rechtspersönlichkeit ausgestattete Untergliederung der PGA, wird aber nicht vollständig von dieser kontrolliert. Das Gericht wandte dennoch den strengen *Copperweld*-Test an, obwohl der Supreme Court dort die Geltung seiner Entscheidungsgründe speziell auf den Sachverhalt einer Muttergesellschaft und der vollständig von dieser kontrollierten Tochtergesellschaft beschränkt hatte. Der Court of Appeals sah darin keinen Widerspruch, da er selbst die funktionale Untersuchungsmethode des Supreme Court in *Copperweld* bereits zuvor auf lediglich miteinander verbundene Unternehmen angewendet hatte, um diese vom Anwendungsbereich des § 1 Sherman Act freizustellen[127].

Zugunsten einer Major League wurde der Single Entity-Einwand erstmals 1996 vom Court of Appeals des 7. Gerichtsbezirks in *Chicago Professional Sports Limited Partnership v. NBA*[128] anerkannt. Dieser Entscheidung ging im Jahre 1991 ein Verfahren derselben Parteien vor diesem Gericht voraus, in dem der NBA-Verein der Chicago Bulls der NBA wettbewerbsbeschränkendes Verhalten vorgeworfen hatte[129]. Die Chicago Bulls wandten sich mit einem Antrag auf einstweilige Verfügung gegen die Änderung der Ligastatuten durch die NBA,

---

Freedman, Professional Sports and Antitrust, S. 22-24; differenzierend Goldman, 63 Tulane L. Rev. 751, 793-797.

125 McNeil v. NFL, 790 F. Supp. 871, 879f (D. Minn. 1992); Sullivan v. NFL, 34 F.3d 1091, 1099 (1st Cir. 1994); St. Louis Convention & Visitors Communion v. NFL, 154 F.3d 851 (8th Cir. 1998).

126 Seabury Management, Inc. v. PGA of America, Inc., 52 F.3d 322 (4th Cir. 1995).

127 Seabury Management, Inc. v. PGA of America, Inc., 52 F.3d 322,2f. (4th Cir. 1995).

128 Chicago Professional Sports Ltd. Partnership v. NBA, 95 F.3d 593 (7th Cir. 1996); vgl. hierzu auch ausführlich Ziffer A.VII.3(g)(iv) unten.

129 Chicago Professional Sports Ltd. Partnership v. NBA, 961 F.2d 667 (7th Cir. 1992); vgl. hierzu auch Ziffer A.VII.3(c)(ii) unten.

wonach eine sogenannte TV-Superstation[130] ab der Spielsaison 1990-1991 nicht mehr 25, sondern nur noch 20 Spiele eines einzelnen Teams landesweit übertragen durfte. Die NBA beschränkte durch diese Regelung aus Sicht der Bulls den Wettbewerb in unangemessener Weise, da die Bulls zuvor mit der in Chicago ansässigen Superstation WGN die Übertragung von 25 ihrer NBA-Spiele vereinbart hatte, was nach den geänderten Ligaregelungen nun nicht mehr zulässig war. Das Gericht gab dem Antrag der Bulls statt und erließ die einstweilige Verfügung zu deren Gunsten. Daraufhin änderte die NBA ihre Statuten, um sie in Einklang mit den Vorschriften des Sports Broadcasting Act zu bringen und reduzierte die Anzahl der von einer Superstation zu übertragenden Spiele auf 15 pro Saison.

Gegen diese erneute Reduzierung der zulässigen Spielübertragungen wendeten sich die Chicago Bulls mit einem weiteren an den Court of Appeals des 7. Bezirks gerichteten Antrag auf einstweilige Verfügung gegen die NBA[131]. Die Liga argumentierte, eine Einzelgesellschaft zu sein und schon aus diesem Grunde nicht gegen den Sherman Act verstoßen zu können. Sie argumentierte, zwar formell aus 30 eigenständigen Organisationen (29 Vereinen und der Liga selbst) zu bestehen, aber dennoch wie eine einzige Unternehmenseinheit zu funktionieren, die ein einzelnes Produkt herstellt und vermarktet (NBA-Basketball), das mit anderen Basketball-Ligen (sowohl College- als auch Profiligen), anderen Sportligen (etwa Major League Baseball, Collegefootball) sowie anderen Unterhaltungsformen (Theateraufführungen, Kino, Oper, Fernsehsendungen, Disneyland und Las Vegas) konkurriert[132]. Das Gericht entschied im Ergebnis allerdings auch hier, daß der Sports Broadcasting Act nicht zu Gunsten der NBA bezüglich des in Frage stehenden Fernsehvertrags einschlägig sei und folglich der Sherman Act Anwendung finde[133].

Der die Entscheidungsgründe verfassende Circuit Judge Easterbrook, befaßte sich ausführlich mit der Frage, ob die NBA eventuell als Einzelgesellschaft zu

---

130 Eine Superstation ist ein unabhängiger Fernsehsender, der sein Programm in seinem lokalen Sendegebiet ausstrahlt und dieses zusätzlich über Satellit an einen oder mehrere Kabelsender außerhalb seines jeweiligen Sendebereichs überträgt, die wiederum das Programm dann in ihr eigenes Kabelsendegebiet einspeisen (z. B. WTBS in Atlanta, WPIX in New York oder WGN in Chicago). Somit ist die Superstation in der Lage, die Reichweite ihres Fernsehprogramms über ihr lokales Sendegebiet hinaus zu vergrößern.

131 Chicago Professional Sports Ltd. Partnership v. NBA, 95 F.3d 593 (7th Cir. 1996).

132 Chicago Professional Sports Ltd. Partnership v. NBA, 95 F.3d 593, 597f. (7th Cir. 1996).

133 Vgl. hierzu die erläuternden Ausführungen in Ziffer A.VII.3(g)(iv).

qualifizieren ist[134]. Er kam dabei zu dem Ergebnis, daß die NBA sowohl Eigenschaften eines Gemeinschaftsunternehmens (*joint venture*) als auch einer Einzelgesellschaft (*single entity*) besitzt. Die in der *Copperweld*-Entscheidung des Supreme Court entwickelte Typologie könne durchaus auf eine Sportliga angewandt werden. Die NBA stelle nämlich nur ein einziges Produkt her - NBA-Basketball - und habe daneben keine anderen Aufgaben. Sie könne sogar selbst NFL-Vereine gründen. All dies lasse die NBA eher als Einzelgesellschaft erscheinen. Andererseits könnten die 29 NBA-Vereine die NBA verlassen und eine eigene Liga gründen und ähnelten daher wiederum eher einem Gemeinschaftsunternehmen, in dem jeder Partner selbständig entscheiden kann, wie lange er Teil der Gesellschaft bleibt.

Circuit Judge Easterbrook folgerte hieraus, daß es für die Einschätzung der Rechtsnatur darauf ankomme, welchen geschäftlichen Aspekt der Liga man im konkreten Einzelfall untersuche. Aus Sicht der Fans und der Werbungstreibenden stelle NBA-Basketball ein einziges Produkt dar, das von einem einzelnen Anbieter stamme. Aus Sicht der Basketballspieler, die ihre sportlichen Fähigkeiten vermarkten wollen, seien die einzelnen Vereine dagegen deutlich voneinander zu unterscheidende Einheiten. Und da das Humankapital der Spieler nicht leicht auf andere Sportarten zu übertragen sei, bestünde eine Liga vom Standpunkt der Spieler aus einer Gruppe von einzelnen Unternehmen, die ein Nachfragemonopol besitzt. Aufgrund des Facettenreichtums der verschiedenen Sportarten könne die *Copperwerld*-Entscheidung keine einzig richtige Charakterisierung von Sportligen bieten. Es sei vielmehr erforderlich, jede Liga und eventuell jeden einzelnen Aspekt einer Liga für sich genommen auf ihre tatsächliche Funktionsweise zu untersuchen. Danach sei eine Liga einerseits am besten als Einzelgesellschaft einzustufen, wenn sie im Wettbewerb mit anderen Herstellern von Unterhaltungsprodukten Senderechte an Fernsehsender veräußere. Beschränkt die Liga andererseits den Wettbewerb auf dem Markt für Spieler, sei sie besser als Gemeinschaftsunternehmen zu beurteilen. Die Mehrheit der Richter schloß sich dieser Sichtweise an und war der Auffassung, daß die NBA, wenn sie wirtschaftlich im Fernsehübertragungsmarkt tätig werde, eher eine Single Entity darstelle als eine Gruppe unabhängiger Unternehmen[135].

---

134 Chicago Professional Sports Ltd. Partnership v. NBA, 95 F.3d 593, 597-600 (7th Cir. 1996).

135 In seiner "*concurring opinion*" zu der Mehrheitsentscheidung des Gerichts distanzierte sich Circuit Judge Cuhay allerdings von der dargestellten Qualifizierung der NBA als unter bestimmten Umständen einer *single entity*. Seiner Ansicht nach spricht die Tatsache, daß die einzelnen NFL-Clubs von unabhängigen Eigentümern kontrolliert werden, eindeutig dafür, die NFL stets als ein *joint venture* der Vereine einzustufen; Chicago Professional Sports Ltd. Partnership v. NBA, 95 F.3d 593, 601ff. (7th Cir. 1996).

Aufgrund der unterschiedlichen rechtlichen Charakterisierung von Sportligen in der Rechtsprechung und einer fehlenden eindeutigen Entscheidung durch den Supreme Court, war es dem Berufungsgericht selbst jedoch nicht erlaubt, die Streitfrage zu entscheiden. Es verwies den Fall deshalb mit dem Hinweis an das Ausgangsgericht zurück, diesen schwierigen Problemkreis im Rahmen der herkömmlichen Rule of Reason-Prüfung zu lösen und den Klägern Chicago Bulls und WGN die Beweislast für die behauptete Marktmacht der NBA aufzuerlegen[136].

Die Parteien legten den Rechtsstreit letztlich außergerichtlich bei. Es ist deshalb aus dieser Entscheidung kein Präzedenzfall abzuleiten[137]. Der von Circuit Judge Easterbrooke vorgeschlagenen differenzierenden Einschätzung der Rechtsnatur einer Liga als einerseits einer Single Entity und andererseits eines Joint Venture folgt die Literatur nur vereinzelt[138].

(iii) Keine höchstrichterliche Entscheidung

Der Supreme Court traf zu der Frage, ob eine Sportliga rechtlich als Single Entity zu qualifizieren ist, noch keine verbindliche Entscheidung. Lediglich Chief Justice Rehnquist drückte in einem Dissens zu einer Ablehnung eines Revisionsantrags durch den Supreme Court seine Unterstützung für die Single Entity-Ansicht aus, indem er argumentierte, die Eigentümer der NFL kämpften grundsätzlich als Einheit gegen andere Sportarten und Unterhaltungsformen auf dem Unterhaltungsmarkt, wenn sie ihre Fernsehverträge zentral durch die NFL vermarkten und die hieraus fließenden Einnahmen untereinander aufteilen[139].

Ferner beschrieb Justice Breyer die Sportligen in einer weiteren Entscheidung des Supreme Court, in der es aber primär um die Frage der Anwendbarkeit einer speziellen Ausnahme des Tarifvertragsrechts vom generellen Anwendungsbereich des Antitrust-Rechts ging, in einer Weise, die den Single Entity-Einwand einer Sportliga in diesem arbeitsrechtlichen Bereich stützt[140].

Eine bindende Entscheidung des Supreme Court zu der Frage der Rechtsnatur herkömmlich organisierter Sportligen ist hieraus jedenfalls nicht abzuleiten.

---

136 Chicago Professional Sports Ltd. Partnership v. NBA, 95 F.3d 593, 601 (7th Cir. 1996).
137 Wong, Essentials of Sports Law, S. 482.
138 Werden, 66 Antitrust L.J. 701, 705.
139 NFL v. North American Soccer League, 459 U.S. 1074, 1077 (1982), *cert. denied*.
140 Brown v. Pro Football, Inc., 518 U.S. 231 (1996).

(iv) Sportliga in der Rechtsform der Limited Liability Company

Fraser v. Major League Soccer[141] (***Fraser***) ist der bislang aktuellste Fall, in dem eine Profisportliga die Single Entity-Einwendung anführte. In *Fraser* wehrten sich Fußballprofis, die in Clubs der Major League Soccer (**MLS**) spielten, gegen die Beschränkungen bei Vereinswechseln, die ihnen die MLS in Form von Regelungen über hohe Ablösesummen auferlegte. In der somit von der MLS ausgeübten Kontrolle sahen sie u.a. einen Verstoß gegen § 1 Sherman Act.

Die MLS ist eine 1996 gegründete Profifußball-Liga in der Rechtsform einer Limited Liability Company (vergleichbar im deutschen Recht mit einer Gesellschaft mit beschränkter Haftung) nach dem Recht des US-Bundestaates Delaware. Ihr Gesellschaftsvertrag (das Major League Soccer Limited Liability Company Agreement (**MLS LLC Agreement**)) bestimmt u.a., daß alle MLS-Spieler Angestellte der MLS und nicht der jeweiligen Vereine sind, sie durch die Liga bezahlt und bestimmten Vereinen zugeordnet werden, und die MLS jeden Spielertransfer bestätigen muß, damit dieser wirksam ist. Die Geschäftsführung zweier Clubs übernimmt die MLS selbst. Ferner räumt das MLS LLC Agreement sogenannten Betreiber-Investoren (*operator-investors*) gegen Zahlung eines Geldbetrages Mitgliedschaftsrechte an der MLS und das Recht ein, die Geschäftsführung in einem oder mehreren MLS-Vereinen unter Beachtung bestimmter von der Liga auferlegten Beschränkungen zu übernehmen. Die MLS und die Betreiber-Investoren teilen den erwirtschafteten Gewinn nach differenzierten Regeln untereinander auf, die einer Dividendenzahlung durch eine Aktiengesellschaft an ihre Aktionäre ähnelt. Etwaige Verluste und Ausgaben der Vereine werden unter der MLS und den Betreiber-Investoren nach einem festgelegten Schlüssel verteilt. Schließlich hält allein die MLS sämtliche Urheber-, Verwertungs- und Markenrechte an den Vereinslogos der MLS-Clubs sowie die Rechte an den Eintrittskarten und den Werbe- und Sponsorenverträgen. Die Vereine dürfen jedoch lokale Fernseh- und Werbeverträge als Vertreter der MLS abschließen und einen Teil der hierdurch erzielten Einnahmen für sich behalten.

Aufgrund dieser Tatsachen entschied zunächst der District Court, daß die MLS eine Single Entity sei und deshalb nicht gegen § 1 Sherman Act verstoßen könne[142]. Die MLS und ihre Gesellschafter würden insbesondere dieselben wirtschaftlichen Interessen verfolgen, da die Betreiber-Investoren die MLS als Geschäftsführer leiteten und als Gesellschafter von den Entscheidungen wirtschaftlich mittelbar profitierten. Sie würden somit nicht die Mehr-Personen-

---

[141] Fraser v. Major League Soccer, 97 F. Supp 2d 130 (D. Mass. 2000), bestätigt durch 284 F.3d 47 (1st Cir. 2002).

[142] Fraser v. Major League Soccer, 97 F. Supp 2d 130, 132-135 (D. Mass. 2000).

Voraussetzung des § 1 Sherman Act erfüllen[143]. Auch in der Literatur wird die Ansicht des District Court geteilt[144].

Der Court of Appeals bestätigte im Ergebnis die erstinstanzliche Entscheidung, relativierte aber die Feststellungen des Ausgangsgerichts zum Single Entity-Status der MLS, indem er die Anwendbarkeit der Grundsätze des *Copperweld*-Urteils im Hinblick auf die Betreiber-Investoren nicht für gegeben hielt[145]. Die Betreiber-Investoren verfügten danach durchaus über eigene, von der MLS unabhängige unternehmerische Interessen, was sie vergleichbarer mit den Vereinseigentümern herkömmlicher Sportvereine mache und sie somit von der Erfüllung der Voraussetzung des "vollkommen einheitlichen Interesses" (*unity of interests*) der *Copperweld*-Lehre entferne[146]. Ein weiterer Grund für diese Einschätzung sei die tatsächliche Kontrolle, die die Betreiber-Investoren dank ihrer Stimmenmehrheit in der Geschäftsführung der MLS über die MLS innehätten. Verschärft werde dieser Umstand dadurch, daß die MLS zwei verschiedene Rollen ausübe: einerseits die eines Unternehmers mit eigenen Vermögenswerten und Einkünften und andererseits die einer vertikalen Einrichtung zur horizontalen Koordination, nämlich zur Wettbewerbsbeschränkung unter den Betreiber-Investoren durch eine gemeinsame Einheit[147]. Letzteres führte zu erheblichen kartellrechtlichen Bedenken des Gerichts. Es stufte die MLS und ihre Betreiber-Investoren deshalb schließlich als "eine hybride Gruppierung [ein], die irgendwo zwischen einer Einzelgesellschaft (mit oder ohne vollständig kontrollierten Tochtergesellschaften) und einer kooperativen Vereinbarung zwischen bestehenden Wettbewerbern" einzuordnen sei[148]. Letztlich mußte der Court of Appeals jedoch keine Entscheidung zu der Frage der Rechtsform der MLS treffen, da er die Berufungsklage im Falle der Eröffnung des Anwendungsbereichs des § 1 Sherman Act aufgrund fehlender Beweise über die angebliche Marktmacht der MLS im relevanten Markt ebenfalls abgewiesen hätte.

Die MLS ist mithin die einzige bedeutende Profisportliga, die einseitig in der Lage ist, die Höhe der Gehälter ihrer Spieler zu begrenzen, ohne dadurch gegen den Sherman Act zu verstoßen. Einzelne, in jüngerer Vergangenheit gegründete, Sportligen orientierten sich an den in *Copperweld* und den beiden *Fraser*-Urteilen aufgestellten Kriterien, um so vor Gericht dem Anwendungsbereich des

---

143 Fraser v. Major League Soccer, 97 F. Supp 2d 130, 137 (D. Mass. 2000).
144 Wong, Essentials of Sports Law, S. 14, 483; Abbott, 8 Sports Law J. 1, 11.
145 Fraser v. Major League Soccer, 284 F.3d 47, 56 (1st Cir. 2002).
146 Fraser v. Major League Soccer, 284 F.3d 47, 56f. (1st Cir. 2002).
147 Fraser v. Major League Soccer, 284 F.3d 47, 57 (1st Cir. 2002).
148 Fraser v. Major League Soccer, 284 F.3d 47, 58 (1st Cir. 2002).

§ 1 Sherman Act entgehen zu können[149]. Dies schützt sie jedoch nicht vor Monopolisierungsvorwürfe unter § 2 Sherman Act.

(c) Argumente aus Rechtsprechung und Literatur zur Unterstützung des Single Entity-Einwandes

Die Verfechter des Single Entity-Einwandes[150] führen folgende Argumente zur Untermauerung ihrer Ansicht an: eine Sportliga ist eine unteilbare Einheit und ohne ihre aufeinander abgestimmte interne Organisation und ihr Regelwerk, wodurch sie zu einem marktfähigen Unternehmen werden, hätte der Zuschauer kaum ein Interesse an einem Wettkampf zwischen zwei nicht in einer Liga verbundenen, unabhängigen Mannschaften. Kein Team schafft es alleine das zu produzieren, was die konsumierende Öffentlichkeit sehen möchte, nämlich den spannenden Höhepunkt einer Meisterschaftssaison, in der verschiedene Mannschaften gegeneinander kämpfen, aber letztlich nur eine gewinnt.

Die Betonung wird dabei auf die wirtschaftliche Realität im Bereich des professionellen Sportmarktes gelegt. Trotz der Tatsache, daß die einzelnen Vereine getrennt organisiert und geschäftlich geführt werden und im Eigentum unterschiedlicher Rechtsträger stehen, ist nur die Liga als Ganzes die einzige wirklich produktive Unternehmung unter ihnen, da sie die Tätigkeit der Vereine untereinander organisiert, um das gemeinsame Produkt überhaupt erst herstellen zu können.

Diese Argumentation basiert auf der besonderen Charakteristik der Ligaorganisation. In den meisten Profisportligen teilen die Vereine die Einnahmen aus Stadioneintrittsgeldern in bestimmten Verhältnissen untereinander auf, und in allen Major Leagues werden die Einnahmen aus landesweiten Fernsehübertragungen

---

149 Wong, Essentials of Sports Law, S. 14, 483; Weiler, Leveling the Playing Field, S. 301; Abbott, 8 Sports Law. J. 1, 19f. Weitere Ligen, die entsprechende Einzelgesellschaftskriterien bei ihrer Gründung berücksichtigten, sind z. B. die American Professional Soccer League, U.S. Interregional Soccer League, Major Indoor Lacrosse League, World League of American Football, Women's National Basketball Association, Women's United Soccer Association sowie die heute nicht mehr bestehenden Roller Hockey International League, Extreme Football League (XFL) American Basketball League und North American Soccer League (NASL).

150 Roberts, 60 Tul. L. Rev. 562, 589-591, 61 S. Cal. L. Rev. 945, 985f. und 64 Tul. L. Rev. 117, 120; Grauer, 82 Mich. L. Rev. 1, 24-35; Hale, 4 Sports Lawyers 1, 12; Rosenbaum, 41 U. Miami L. Rev. 729, 742; differenzierend Chicago Professional Sports Ltd. Partnership v. NBA, 95 F.3d 593 (7th Cir. 1996); Mid-South Grizzlies v. NFL, 720 F.2d 772, 786f. (3rd Cir. 1983); Levin v. NBA, 385 F. Supp. 149, 152 (S.D.N.Y. 1974); San Francisco Seals v. NHL, 379 F. Supp. 966, 969f. (C.D. Cal. 1974); siehe auch Heermann, RabelsZ 67, 106, 113 Fn. 32.

der Spiele geteilt[151]. Ferner haben alle Mannschaften durch das Draft-System[152] Zugriff auf die Spielertalente der Liga[153]. Das Ziel ist dabei, ein möglichst großes wirtschaftliches und daraus resultierend auch sportliches Gleichgewicht innerhalb der Liga zu erreichen. Nicht nur dieses gemeinsame Interesse der Vereinseigentümer an finanzieller Stabilität der gesamten Liga, sondern auch die besondere Organisationsweise der Liga, sei Grund dafür, warum das wirtschaftliche Verhalten von Sportligen nicht am Maßstab der Antitrust-Vorschriften untersucht werden könne. Sobald nämlich ein Verein einer Liga beitrete, verliere er die Möglichkeit einzelverantwortlichen Handelns, da ab diesem Zeitpunkt nur noch die Liga selbst die Entscheidungsmacht und die Befugnis zur Vollstrekkung des Regelwerks in Vertretung der Vereine habe[154]. Darüber hinaus seien die einzelnen Vereine nicht in der Lage, unabhängig voneinander wirtschaftlich aktiv zu werden, weil die finanziellen Einnahmen eines Vereins Ergebnis seiner Mitgliedschaft in der Liga seien. Die wirtschaftlichen Interessen der Liga und diejenigen der einzelnen Vereine sind damit eins. Vor dem Hintergrund der *Copperweld*-Entscheidung führen all diese Gründe nach dem Verständnis der Vertreter dieser Ansicht dazu, eine Sportliga zwingend als Sinlge Entity und nicht als Gemeinschaftsunternehmen aller Vereine anzusehen.

(d) Zusammenfassung

Vor den Bundesgerichten hatte der Single Entity-Einwand im Zusammenhang mit wirtschaftlichen Aktivitäten von Sportligen bisher so gut wie keinen Erfolg. Lediglich in wenigen Fällen[155] vor der *Copperweld*-Entscheidung und in vier weiteren bedeutenderen Fällen[156] danach legte die Judikatur besonderes Augen-

---

151 Rosenbaum, 41 U. Miami L. Rev. 729, 743; Weiler, Leveling the Playing Field, S. 304-307 (die NFL teilt dabei die jeweiligen Einnahmen unter ihren Clubs am gleichmäßigsten auf, bei der MLB sind die Unterschiede in der Verteilungsquote an die einzelnen Teams dagegen am größten).

152 Das Draft-System soll den Wettbewerb auf dem Spielermarkt sichern und den schwächeren Teams die Möglichkeit geben, gute Spieler zu erwerben, indem es die Mannschaften in den finanzstärkeren und geographisch bevorzugten Gebieten daran hindert, die besten Spieler zu kaufen und zu behalten.

153 Weistart & Lowell, Law of Sports, S. 504f., 513.

154 Rosenbaum, 41 U. Miami L. Rev. 729, 744.

155 Levin v. NBA, 385 F. Supp. 149 (S.D.N.Y. 1974); San Francisco Seals v. NHL, 379 F. Supp. 966 (C.D. Cal. 1974); North American Soccer League v. N.L.R.B., 613 F2d. 1379 (5th Cir. 1980); Mid-South Grizzlies v. National Football League, 720 F.2d 772 (3d Cir. 1983); Seabury Management, Inc. v. PGA of America, Inc., 878 F. Supp. 771 (D. Md. 1994), teilweise bestätigt in 52 F.3d 322 (4th Cir. 1995).

156 Seabury Management, Inc. v. PGA of America, Inc., 52 F.3d 322 (4th Cir. 1995); Sullivan v. NFL, 34 F 3d. 109 1 (1st Cir. 1994); Chicago Professional Sports Ltd. Partner-

merk auf diese Antitrust-Verteidigungsvariante. Der Supreme Court hat zu der Frage der Rechtsnatur einer Sportliga bislang noch nicht bindend Stellung genommen. Die große Mehrheit der Gerichte lehnt die Anwendung des Single Entity-Einwandes in Bezug auf herkömmlich organisierte Sportligen ab[157]. Das Schrifttum favorisiert diesen Ansatz allerdings stärker, wenn auch nicht mehrheitlich[158]. Lediglich in Fällen, in denen eine Sportliga eine Organisationsstruktur und Rechtsform ähnlich wie die der MLS aufweist, besteht die Möglichkeit, diese Liga als Einzelgesellschaft zu qualifizieren. Die praktische Umsetzung solcher in den *Fraser*-Urteilen aufgezeigten Kriterien ist jedoch nur sehr schwer möglich.

3. Stellungnahme und Lösungsvorschlag

(a) Kritik am Single Entity-Einwand im Zusammenhang mit Sportligen und eigene Stellungnahme

(i) Einschränkung der Prüfungsmöglichkeit der Gerichte

Werden eine Sportliga und die in ihr zusammengeschlossenen Vereine als eine Single Entity angesehen, können die Gerichte wettbewerblich nachteilige Geschäftspraktiken der Vereine und der Liga nicht mehr im Rahmen des § 1 Sherman Act anhand der Rule of Reason-Analyse untersuchen[159]. Die Einzelgesellschaft erfüllt nämlich bereits dessen tatbestandliche Voraussetzung des

---

ship v. NBA, 95 F 3d. 593, 598f. (7th Cir. 1996); Fraser v. Major League Soccer, 97 F. Supp. 2d 130 (D. Mass. 2000), bestätigt durch 284 F.3d 47 (1st Cir. 2002).

157 Los Angeles Memorial Coliseum Commission v. National Football League, 726 F.2d 1381, 1387-1390 (9th Cir. 1984), *cert. denied*, 469 U.S. 999 (1984); North American Soccer League v. NFL, 670 F.2d 1249, 1256-1258 (2d Cir.), *cert. denied*, 459 U.S. 1074 (1982); Smith v. Pro Football League, 593 F.2d 1173, 1177 Fn. 11 (D.C. Cir. 1978); Mackey v. National Football League, 543 F.2d 606, 616 Fn. 19 (8th Cir. 1976), *cert. denied*, 434 U.S. 801 (1977); McCourt v. California Sports, Inc., 460 F. Supp. 904, 907 (E.D. Mich.), aus anderen Gründen aufgehoben durch 600 F.2d 1193 (6th Cir. 1979); Robertson v. NBA, 389 F. Supp. 867, 892f. (S.D.N.Y. 1975); Kapp v. National Football League, 390 F. Supp. 73, 79-82 (N.D. Cal. 1974), bestätigt durch 586 F.2d 644 (9th Cir. 1978); Philadelphia World Hockey Club, Inc. v. Philadelphia Hockey Club, Inc., 351 F. Supp. 462, 503f. (E.D. Pa. 1972); Denver Rockets v. All-Pro Management, Inc., 325 F. Supp. 1049 (D.D. Cal. 1971).

158 Bork, The Antitrust Paradox, S. 7; Grauer, 82 Mich. L. Rev. 1, 43-49; Kempf, 32 De Paul L. Rev. 625, 631-633; Roberts, 32 UCLA L. Rev. 219, 251f., 260-262, 60 Tul. L. Rev. 562, 589-591 und 64 Tul. L. Rev. 117, 120; Weistart, 1984 Duke L.J. 1013, 1066-1069; dagegen aber z. B. Blecher & Daniels, 4 Whittier L. Rev. 217, 238; Ross, 52 Case W. Res. L. Rev. 133, 146, 147; siehe auch die Aufzählung in Fn. 150 oben.

159 Vgl. auch Chicago Professional Sports Ltd. Partnership v. NBA, 961 F.2d 667, 672 (7th. Cir. 1992); Copperweld Corp. v. Independence Tube Corp., 467 U.S. 752 (1984).

wettbewerbswidrigen Zusammenwirkens mehrerer Wirtschaftsakteure nicht. Würde den Ligamitgliedern durch Anerkennung des Single Entity-Status eine Art Blankoausnahme vom Anwendungsbereich des Antitrust-Rechts zugestanden, ginge dies einher mit der Erlaubnis, sich ihrer wettbewerbs- und kartellrechtlichen Verantwortung für Wettbewerbsbeschränkungen, die zwar ihrer Liga zugute kommen, aber deren wettbewerbshemmenden Auswirkungen insgesamt überwiegen, ungeprüft zu entziehen[160]. Selbst Beschränkungen, die lediglich dem Schutz oder der Verbesserung der Wettbewerbsposition einzelner Ligamitglieder dienen und nicht nur dem Vorteil der Liga selbst, könnten dann nicht mehr gerichtlich untersucht und untersagt werden.

Es bliebe lediglich die Prüfung eines Verstoßes gegen § 2 Sherman Act, der – vereinfacht gesagt – die Schaffung oder Erhaltung eines wettbewerbsschädlichen Monopols durch ein einzelnes Unternehmen verhindern will[161]. Aufgrund der unterschiedlichen Zielsetzung und Voraussetzungen dieser beiden Normen ist jedoch nicht gewährleistet, daß ein konspiratives wettbewerbsbeschränkendes Verhalten der Ligamitglieder tatsächlich unterbunden wird, falls die Liga weder § 1 Sherman Act (aufgrund des Single Entity-Einwandes) noch § 2 Sherman Act (aufgrund fehlender Erfüllung der entsprechenden Voraussetzungen) verletzt.

(ii) Rechtsform einer herkömmlich organisierten Sportliga entspricht der eines Gemeinschaftsunternehmens (*joint venture*)

Die Einschätzung einer Sportliga als Gemeinschaftsunternehmen (*joint venture*), bestehend aus unabhängigen, miteinander in bestimmten Bereichen weiterhin im Wettbewerb stehenden Vereinen, entspricht viel eher der wirtschaftlichen Realität im Bereich des Unterhaltungsgeschäfts der Sportligen als eine Beurteilung als Einzelgesellschaft (*single entity*), in der die Clubs lediglich unselbständige Tochtergesellschaften dieser Liga darstellen[162]. Mit Hilfe der Ancillary Restraint-Doktrin hat eine Liga darüber hinaus die Möglichkeit, bestimmte wettbewerbsbeschränkende Praktiken im Rahmen einer gerichtlichen Rule of Reason-Untersuchung vor einer Untersagung zu bewahren, indem sie wettbewerbsfördernde Auswirkungen dieser Handlungen auf den entsprechenden Wirtschaftsmarkt aufzeigt[163].

---

160 Los Angeles Memorial Coliseum Commission v. NFL, 726 F.2d 1381, 1388 (9th Cir. 1984); North American Soccer League v. NFL, 670 F.2d 1249, 1257 (2d Cir. 1982)

161 Siehe hierzu Ziffer A.VI unten.

162 Siehe oben Ziffer A.V.

163 Siehe oben Ziffer A.IV.3.

Die einzelnen Ligaclubs stehen in einem besonderen Spannungsverhältnis zwischen einerseits enger Kooperation und andererseits sportlichem und wirtschaftlichem Wettbewerb, wobei sie in zahlreichen Bereichen vollkommen unabhängig sowohl von einander als auch von der Liga agieren, um ihren eigenen sportlichen und wirtschaftlichen Erfolg zu maximieren. Die Vereine sind beispielsweise hinsichtlich Regelwerk, Spielplan und überregionalen Spielübertragungen auf enge Zusammenarbeit untereinander und Koordination durch das jeweilige Exekutivkomitee oder den Ligavorstand angewiesen, um ihr gemeinsames Produkt herstellen und auch vermarkten zu können.

Die einzelnen Vereine bleiben jedoch trotz ihres Verbundes mit der Liga rechtlich und wirtschaftlich getrennte Einheiten, die dort, wo es für das Produkt nicht schädlich ist, weiterhin auch wirtschaftlich miteinander konkurrieren. Dies wird durch die Analyse beispielsweise der einschlägigen Satzungregelungen der NFL deutlich. Zunächst wird die NFL in Article II, Section 2.2 ihrer Satzung als eine nicht zur Gewinnerzielung organisierte und nicht nach Gewinn strebende Vereinigung definiert. Berechtigt, ein NFL-Mitglied zu werden, ist grundsätzlich jede Rechtsperson oder Vereinigung, deren Hauptzweck es ist, einen Profifootballclub zu betreiben; betreibt sie jedoch neben der Beteiligung an diesem Footballclub noch weitere Geschäfte oder hält sie Vermögenswerte in bedeutendem Umfang, die keinen Bezug zu Football haben, muß dieser Footballclub in einer unabhängigen rechtlichen Einheit (Kapital- oder Personengesellschaft oder Trust) organisiert werden, deren einziger wesentlicher Vermögenswert der Club ist und deren vorrangiger Zweck das Betreiben eines professionellen Footballteams als Mitglied der NFL ist[164]. Vergleichbare Formulierungen finden sich in den Satzungen der anderen drei bedeutenden Profisportligen MLB, NBA und NHL[165]. Das zeigt, daß nicht etwa die NFL als Liga, sondern unabhängige Gesellschaften oder Personen die Anteile an den einzelnen (Football-) Clubs halten und kontrollieren. Es handelt sich um einen Zusammenschluß unabhängiger Einheiten zur Erreichung eines gemeinsamen Ziels. Dies entspricht der typischen Organisation eines Joint Venture.

Der organisatorische Rahmen der Major Leagues ist weitestgehend gleich. Die einzelnen Clubs schließen eine vertragliche Vereinbarung, die sowohl die Beziehung der Vereine untereinander regelt als auch ihre Beziehung mit der Liga. Diese Vereinbarungen sind üblicherweise in der Satzung der jeweiligen Liga (*League Constitution and Bylaws*) enthalten. Die Satzung überträgt das Recht zur Ausübung der Geschäftsführung und der Bestimmung über die Ligagrundsätze auf ein Exekutivkomitee oder den Vorstand der Liga, wo jeder Verein

---

164 NFL Constitution and Bylaws, Article III, Section 3.2 (2003).
165 Siehe hierzu Lentze, 6 Marq. Sports L.J. 65, 68f.

durch je ein stimmberechtigtes Mitglied vertreten ist[166]. Darüber hinaus sieht die Satzung typischer Weise ein weiteres Ligaorgan (*Commissioner*) vor, das für das operative Tagesgeschäft der Liga sowie andere wesentliche Aufgaben, wie das Aufstellen des Spielplans und das Disziplinieren von Vereinen, Eignern oder Spielern bei Satzungs- oder Regelverstößen verantwortlich ist[167]. Die einzelnen Vereine bleiben dabei weiterhin voneinander unabhängige, rechtlich selbständige Organisationen und bestimmen in eigener Regie den Großteil ihrer eigenen laufenden Geschäfte[168]. Beispielsweise entscheiden sie gemäß ihren Satzungen mit einer Dreiviertelmehrheit selbst, und nicht etwa die Liga als allein zuständiges Entscheidungsgremium, über die Aufnahme eines neuen Vereins in die Liga.[169] Die Stimmrechte der Vereine sind dabei jeweils gleich gewichtet. Auch partizipieren weder die Sportligen noch die übrigen Vereine am Gewinn oder Verlust eines Clubs und können gegenseitig keinen unmittelbaren Einfluß auf dessen Geschäftsführung nehmen. Jeder Verein kann aus eigenem Entschluß aus seiner Liga austreten und in eine andere eintreten oder gar mit anderen Vereinen eine neue Liga gründen[170]. Einer Tochtergesellschaft ist die Abspaltung von ihrer Muttergesellschaft dagegen nicht ohne deren Mitwirkung möglich. Mehrere von einer Gesellschaft kontrollierte Tochtergesellschaften können im übrigen nicht durch eine gemeinsame Entscheidung rechtlich verbindlich über das Schicksal des Gesamtkonzerns oder die Konzernmutter entscheiden, wie dies die einzelnen Vereine einer Profiliga gemäß ihren Satzungen könnten. Die Vereinseigentümer nehmen überdies keine Weisungen von Führungskräften einer übergeordneten Organisation, etwa der MLB oder der NHL, entgegen. Vielmehr stellen die einzelnen Vereine zusammen die jeweilige Liga dar, besetzen die Ligagremien und entscheiden über die Ligastatuten.

In jüngerer Vergangenheit tendierten die Vereine sogar dazu, ihre eigenen wirtschaftlichen Interessen im Vergleich zu den Gemeinschaftsinteressen der Liga noch stärker zu berücksichtigen als zuvor, um den Wert ihrer eigenen Vereinsmannschaft zu erhöhen. Diese Entwicklung basiert hauptsächlich auf den in den vergangenen Jahren stark gestiegenen Spielergehältern sowie dem Streben vieler Vereine, die Starspieler der Liga unter Vertrag zu nehmen. Um die hohen Gehäl-

---

166 Zum Beispiel NFL Constitution and Bylaws, Article VI, Section 6.1 (2003).

167 Siehe z.B. NFL Constitution and Bylaws, Article VIII (2003).

168 Goldman, 63 Tul. L. Rev. 751, 757; Perrine, 12 Marq. Sports L.J. 703, 712; Jacobs, 67 Ind. L.J. 25, 31.

169 NFL Constitution and Bylaws, Article III, Section 3.1(B); Major League Baseball Agreement, Article V, Section 2(b) (3) (i.); Perrine, 12 Marq. Sports L.J. 703, 716.

170 Chicago Professional Sports Ltd. Partnership v. NBA, 95 F.3d 593, 598 (7th. Cir. 1996); Los Angeles Memorial Coliseum Commission v. NFL, 726 F.2d 1381, 1390 (9th Cir.); vgl. zum freiwilligen Austritt NFL Constitution and Bylaws, Article III, Section 3.6 (2003).

ter bezahlen zu können, versuchen die Vereine verstärkt, ihre Einnahmen aus lokalen Einnahmequellen, wie beispielsweise Parkgebühren, Werbung, Konzessionen, Lizenzen und Eintrittskarten für Luxuslogen zu erhöhen, da diese Einnahmen nach den Ligasatzungen nicht der Einnahmeaufteilung unter allen Ligavereinen unterliegen[171]. Die Vereine kämpfen insbesondere um für sie wirtschaftlich vorteilhafte Stadionfinanzierungspakete der örtlichen Regierungsgremien. Mit Hilfe solcher Pakete wird der Stadionneubau in der Regel durch die örtlichen Steuerzahler finanziert, die Stadien werden zusätzlich mit teueren Luxuslogen ausgestattet und die Stadionnutzung wird dem jeweiligen Verein dann zu meist stark vergünstigten Mietkonditionen angeboten[172]. Vor allem ein Urteil des Court of Appeals des 9. Gerichtsbezirks, das die Ablehnung der NFL zum Umzug der Oakland Raiders nach Los Angeles als Verstoß gegen § 1 Sherman Act auslegte[173], führte vor allem in der NFL vermehrt dazu, daß die Clubs die NFL-Restriktionen über Standortverlagerungen ignorierten und in Städte umzogen, die die Finanzierung eines Stadionneubaus unterstützten[174].

Der Einwand der Single Entity-Ansicht, bei der Beurteilung der Rechtsnatur einer Liga dürften nicht nur formale Gesichtspunkte der Ligaorganisation beachtet werden, sondern auch materielle Aspekte, führt nicht weiter. Sie stellt dabei auf die Beantwortung folgender Fragen ab: Welcher Rechtsträger hat die Entscheidungsgewalt über die Ligagrundsätze? Wie sieht die öffentliche Wahrnehmung einer Liga aus? In welchem Ausmaß sind die einzelnen Vereine wirtschaftlich abhängig von der Liga? Diese Aspekte, die aus der Sicht der Single Entity-Meinung allesamt zeigen, daß eine Liga nicht wirklich von ihren Mitgliedern getrennt werden kann, überzeugen jedoch nicht. Das Abstellen auf die tatsächliche Funktionsweise einer Liga - die gegenseitige Abhängigkeit der Vereine und ihre faktische Untrennbarkeit - verkennt, daß eine solche Konstellation auch sehr gut im Falle eines typischen Gemeinschaftsunternehmens und der darin zusammengeschlossen Partner denkbar ist. Es kann deshalb nicht als geeignetes Charakte-

---

171 Piraino, 57 Ohio St. L.J. 1677, 1686f., 1700f.

172 Piraino, 57 Ohio St. L.J. 1677, 1687: Die jährliche Stadionmiete des NFL-Teams der Rams sank z. B. 1995 nach ihrem Umzug von Anaheim nach St. Louis von US$ 1,8 Millionen auf US$ 250.000. Das Team der Cleveland Browns zahlte im neuen Stadion in Baltimore überhaupt keine Miete mehr.

173 Los Angeles Memorial Coliseum Commission v. NFL, 726 F.2d 1381 (9th Cir. 1984).

174 Piraino, 57 Ohio St. L.J. 1677, 1687: Beispielsweise zogen die Cleveland Browns, die Cincinnati Bengals, die Tampa Bay Buccaneers und die Arizona Cardinals im November 1995 alle einen Umzug nach Baltimore in Betracht, woraufhin der Eigner der Browns aus Angst, das Finanzpaket Baltimore's zu verlieren, nach geheimen Verhandlungen einen Vertrag mit der Stadt schloß, obwohl die Bevölkerung in Cleveland gerade über die Einführung einer neuen örtlichen Steuer zur Finanzierung des alten Cleveland Stadions abstimmte.

risierungsmerkmal dienen. Stellen die Partnerunternehmen, die in anderen Märkten Wettbewerber sind, gemeinsam ein neues Produkt her, das keiner von ihnen alleine und auch keiner ihrer sonstigen Wettbewerber aufgrund fehlender technologischer oder finanzieller Möglichkeiten produzieren kann, dann sind diese Joint Venture-Partner im gleichen Maße wie Sportvereine aufeinander angewiesen. Sie können das Gemeinschaftsunternehmen genauso wenig verlassen wie die Clubs ihre Liga, ohne die Möglichkeit aufzugeben, das Gemeinschaftsprodukt weiterhin herstellen zu können.

Das besondere Spannungsverhältnis[175] innerhalb einer Sportliga ist am besten mit dem Verhältnis gleichberechtigter Mitglieder eines Gemeinschaftsunternehmens (*joint venture*) von Unternehmen in herkömmlichen Märkten zu vergleichen, die ebenfalls im Rahmen ihres Joint Venture kooperieren, aber außerhalb ihrer gemeinschaftlichen Verbundenheit weiterhin in einem Konkurrenzkampf miteinander stehen können. Das Single Entity-Verständnis, wonach die Mutter- die Tochtergesellschaft vollständig kontrolliert, paßt nicht auf das Wesen einer Sportliga und der in ihr zusammengeschlossenen Vereine[176]. Der Supreme Court begrenzte seine Untersuchung in dem Präzedenzfall *Copperweld* ausdrücklich auf dieses konkrete Rechtsverhältnis[177]. Diese Urteilsgründe wurden auch von anderen Gerichten nicht auf Gesellschaftsformen, wie sie die Sportligen verwenden, ausgedehnt[178].

Aus all dem wird deutlich, daß der Zusammenschluß einzelner Vereine in einer Liga nicht dasselbe Maß an Integration aufweist, wie es im Verhältnis von Mutter- und Tochtergesellschaft üblicherweise gegeben ist und wie es in *Copperweld* zur Erfüllung der Single Entity-Voraussetzungen vorgegeben wurde. Die geschäftlichen Aktivitäten einer Sportliga sind im Rahmen des § 1 Sherman Act anhand der Rule of Reason-Methode zu untersuchen. Um die wirtschaftliche Flexibilität von Sportligen nicht zu sehr zu gefährden, können bestimmte Auswirkungen ihrer Handlungen durch das Heranziehen der Ancillary Restraint-Doktrin ggf. vor einer gerichtlichen Untersagung geschützt werden.

(iii) Moderne Sportligen in Form von Einzelgesellschaften

Anders sieht es dagegen bei den in jüngerer Vergangenheit gegründeten Sportligen wie der MLS, der WNBA, der Women's United Soccer Association (**WUSA**) oder der XFL aus, die ihre Statuten und gesellschaftsrechtliche Orga-

---

175 Siehe hierzu die Ausführungen unter Ziffer A.V.1(b) oben.
176 Vgl. auch Goldman, 63 Tul. L. Rev. 751, 756.
177 Copperweld Corp. v. Independence Tube Corp., 467 U.S. 752, 767 (1984).
178 Jacobs, 67 Ind. L.J. 25, 35.

nisation bewußt an den durch die Rechtsprechung[179] und Literatur entwickelten Kriterien für Einzelgesellschaften ausgerichtet und die Selbständigkeit der einzelnen Vereine und die daraus resultierende Konkurrenz zwischen ihnen sehr stark eingeschränkt haben. Eine solche Liga kann deshalb leichter als eine Single Entity bestehend aus vollständig integrierten Vereinen angesehen werden.

Die Unterschiede, die eine solche Einschätzung rechtfertigen, zeigen sich deutlich am Beispiel der MLS. Sie wurde als *limited liability company* (**LLC**) (Gesellschaft mit beschränkter Haftung) nach den Gesetzen des Staates Delaware gegründet. Im Gegensatz hierzu sind MLB, NBA, NHL oder NFL alle als nicht in einem Register eingetragene Vereinigungen unabhängiger Vereine organisiert. Es gibt in der MLS keine Vereinseigner, die wie in den vier Major Leagues Anteile an nur einem Verein einer Liga halten dürfen, sondern Betreiber-Investoren, die gegen Zahlung eines Geldbetrages an die MLS die Geschäftsführung und Geschäftsanteile in bestimmter Höhe von einem oder mehreren Vereinen übernehmen dürfen. Die MLS führt im Gegensatz zu den Major Leagues selbst die Geschäfte zweier Vereine und besitzt alle Marken- und Urheberrechte bezüglich sämtlicher Vereinsmannschaften. Die Spieler der MLS werden anders als bei den vier Traditionsligen nicht von den einzelnen Vereinen, sondern gemäß dem MLS LLC Agreement von der MLS selbst vertraglich angestellt und dann an die einzelnen Vereine abgestellt. Darüber hinaus werden erwirtschaftete Gewinne von der MLS auf die Betreiber-Investoren verteilt sowie aufgelaufene Verluste und Ausgaben mit den Betreiber-Investoren in einem festgelegten Maße geteilt[180]. Die Rechte, die ein Betreiber-Investor durch das MLS LLC Agreement an einem Verein erhält, entsprechen denen eines Mitglieds in einer gewöhnlichen LLC, welche wiederum mit den Gesellschaftsanteilen an einer Kapitalgesellschaft (*corporation*) zu vergleichen sind[181]. Das gemeinsame Interesse der MLS und der Betreiber-Investoren am wirtschaftlichen Erfolg der gesamten MLS ist erheblich, da dieser Erfolg auf dem Erfolg jedes einzelnen Teams beruht. In den herkömmlich strukturierten Profiligen dagegen teilen Clubeigentümer und Liga dieses Interesse nicht in dem selben hohen Maß, weil die einzelnen Vereine dort auf bestimmten Gebieten stärker im wirtschaftlichen Wettbewerb miteinander stehen. Dies gilt zum Beispiel für den Markt für Profisportler, in dem die MLS-Clubs wegen des ausschließlichen Rechts der MLS, Anstellungsverträge mit Profifußballern schließen zu dürfen, nicht in freiem

---

179 Vgl. insbesondere hierzu Fraser v. Major League Soccer, 97 F. Supp 2d 130 (D. Mass. 2000).

180 Fraser v. Major League Soccer, 97 F. Supp. 2d 130, 132-135 (D. Mass. 2000); Wong, Essentials of Sports Law, S. 14; Abbott, 8 Sports Law. J 1, 3.

181 Fraser v. Major League Soccer, 97 F. Supp. 2d 130, 133-135 (D. Mass. 2000); Abbott, 8 Sports Law. J. 1, 5.

Wettbewerb um den Erwerb der besten Spieler kämpfen. Aufgrund der unmittelbaren Auswirkungen, die ein wirtschaftlicher Zusammenbruch eines MLS-Vereins auf die übrigen Vereine, deren Betreiber-Investoren und die ganze MLS hat sowie der engen vertraglichen Verflechtung der Vereine mit der MLS, ist das gemeinsame Interesse an einer wettbewerbsintensiven Liga und wirtschaftlich gesunden Vereinen innerhalb der MLS größer als in den traditionellen Profisportligen, in denen die Clubeigentümer neben diesen Zielen primär ihre eigenen wirtschaftlichen Interessen verfolgen. Dieses liegt im Wesentlichen darin, den Wert ihrer Club-Franchise-Rechte zu erhöhen, um diese dann gewinnbringend weiterverkaufen zu können.

Entspricht eine Liga diesen Kriterien und wird den Zweifeln des Court of Appeals in *Fraser*[182] im Hinblick auf die Rolle der Betreiber-Investor entsprechend Rechnung getragen, kann Section 1 Sherman Act auf Zentralvermarktungsvereinbarungen dieser Liga nicht anwendbar sein. Die Beispiele der oben genannten Ligen zeigen, daß die pauschale Aussage von Weihs, die durch das zusammenfassende Element der Liga geformten Bande zwischen den Mannschaften seien nicht so eng, daß die einzelnen Clubs nicht mehr als individuelle Wirtschaftspartner angesehen werden können, so nicht korrekt ist[183]. In der Praxis ist es allerdings sehr schwer für eine Liga, die *Copperweld*- und *Fraser*-Anforderungen (insbesondere die der vollkommen einheitlichen Interessen (*complete unity of interests)* vollständig zu erfüllen. So haben zum Beispiel die WNBA und die WUSA aus diesem Grund ihre Rechts- und Organisationsform nur wenige Jahre nach ihrer Gründung als Single Entity in eine herkömmliche Ligastruktur umgewandelt[184].

(iv) Rechtsbeziehungen zu Dritten ändern rechtliche Qualifizierung herkömmlicher Ligen als Joint Venture nicht

Eine herkömmlich organisierte Liga scheint zwar gerade im Hinblick auf vertragliche Vereinbarungen über nationale Fernsehsenderechte ihrer Ligamitglieder mit landesweit agierenden Fernsehunternehmen auf den ersten Blick als Einzelunternehmen aufzutreten, da hier nach außen einzig die Liga als Vertragspartner der Fernsehstationen auftritt. Dieser Umstand ändert jedoch nichts an der zu Recht mehrheitlich erfolgenden Qualifizierung einer Sportliga als Gemeinschaftsunternehmen, denn auch eine solche Gesellschaftsform tritt im Rechtsverkehr gegenüber Dritten als einheitliches Unternehmen auf und nimmt recht-

---

182 Siehe die betreffenden Ausführungen unter Ziffer A.V.2(b)(iv) oben und Fraser v. Major League Soccer, 284 F.3d 47, 56f.

183 Weihs, Zentrale Vermarktung von Sportübertragungsrechten, S. 328.

184 Siehe hierzu näher Kaiser, 2 DePaul J. Sports L. & Contemp. Probs. 1, 11ff.

lich verbindliche Handlungen vor. Die einzelnen Vereine bündeln ihre Übertragungsrechte an Spielen aus eigenem Antrieb und nicht aus einer durch die Liga als übergeordneter Einheit von oben herab veranlaßten Entscheidung, um durch eine landesweite Übertragung und gemeinsame Verhandlungsführung eine bessere Verhandlungsposition gegenüber ihren Vertragspartnern und höhere Einnahmen erzielen zu können. Das Ableiten der Rechtsform einer Liga alleine aus der Sicht ihrer Vertragspartner, ist nicht zielführend, denn diese Einschätzung kann von Situation zu Situation unterschiedlich sein. Eine verläßliche Festlegung ergibt sich letztlich nur durch eine genaue Analyse der inneren Organisationsstruktur der Sportliga sowie der rechtlichen und tatsächlichen Beziehungen der Vereine untereinander.

Wenn zwei oder mehrere Unternehmen in bestimmten Bereichen miteinander zusammenarbeiten bedeutet das nicht, daß trotz verbotenem Kooperierens mit dem alleinigen Ziel, den Wettbewerb zu beschränken, nicht auch eine Wettbewerbsverbesserung erfolgen kann[185]. Gewährt man aber Unternehmen eine völlige Freistellung von der kartellrechtlichen Untersuchung ihrer Handlungen, entzieht man den Gerichten von vornherein diese Möglichkeit des Wettbewerbsschutzes. So hat bislang noch kein Gericht im Rahmen des § 1 Sherman Act das *Copperweld*-Urteil des Supreme Court und den darin entwickelten Single Entity-Status auf Joint Ventures angewandt[186]. Dies gilt für rechtlich unabhängige Unternehmen, die tatsächliche oder potentielle Wettbewerber sind[187]. Die traditionellen Profisportligen entsprechen dieser Beschreibung, wie die Ligastatuten dieser Ligen beweisen. Die NFL zum Beispiel wird in Article II, Section 2.2 i.V.m. Article III, Section 3.2 ihrer Satzung als Vereinigung unabhängiger Mitgliedsclubs ohne Gewinnerzielungsabsicht definiert. Eine automatische Befreiung solcher Gesellschaften von der Anwendung des Antitrust-Rechts gemäß der Single Entity-Argumentation ist deshalb nicht angebracht.

(v) Differenzierende Betrachtung der Rechtsnatur führt zu Rechtsunsicherheit

Eine differenzierende Betrachtung der Rechtsnatur einer Liga, wie sie beispielsweise Judge Easterbrook vornahm[188] als er die Rechtsform abhängig machte vom jeweiligen Kontext, in dem die Liga im Wirtschaftsleben gerade

---

185 Gen. Leaseways, Inc. v. National Truck Leasing Association, 744 F.2d 588, 594 (7th Cir. 1984).

186 Rothery Storage & Van Co. v. Atlas Van Lines, Inc., 792 F.2d 210 (D.C. Cir. 1986), *cert. denied*, 479 U.S. 1033 (1987).

187 Rothery Storage & Van Co. v. Atlas Van Lines, Inc., 792 F.2d 210, 214 (D.C. Cir. 1986), *cert. denied*, 479 U.S. 1033 (1987).

188 Vgl. Chicago Professional Sports Ltd. Partnership v. NBA, 95 F.3d 593, 599-600 (7th. Cir. 1996); Werden, 66 Antitrust L.J. 701, 705; siehe Ziffer A.V.2(b)(ii) oben.

auftritt, ist ebenfalls abzulehnen. Eine solche Methode ist weder praktikabel noch führt sie zu Rechtssicherheit unter den Sportorganisationen, da sie opportunistisch ist und zu einer unübersichtlichen Rechtsprechung führt, die aus zahlreichen Einzelfallentscheidungen besteht und den Sportligen keine verläßlichen Anhaltspunkte über die gerichtliche Einstufung eines fraglichen, bisher noch nicht untersuchten, wirtschaftlichen Verhaltens gibt[189].

Unklar ist ferner, nach welchen Kriterien die unterschiedliche Einschätzung vorgenommen werden sollte. Es besteht die Gefahr, daß wirtschaftspolitische oder anderweitig motivierte Ziele der Verfahrensbeteiligten, nicht aber rein wettbewerbsorientierte Gesichtspunkte die Festlegung der für die Beurteilung wichtigen Entscheidungskriterien - Definition des relevanten Marktes, Auslegung der fraglichen Handlung, Anknüpfungspunkt für die Trennlinie zwischen Einzel- und Gemeinschaftsunternehmen - maßgeblich beeinflussen und somit willkürliche Ergebnisse erzielt werden. Die hierdurch erzeugte Rechtsunsicherheit lädt einerseits die Wettbewerber einer Sportliga oder andere vermeintlich Betroffene geradezu zu spekulativen Vorwürfen über wettbewerbsbeschränkendes Verhalten der Sportliga ein. Dadurch werden Gerichte, die Wettbewerbsbehörde und auch die betroffene Sportliga selbst belastet. Andererseits werden sich Vereine und Ligen aufgrund dieser Unsicherheit in ihrer Innovationsfreudigkeit zurück halten und ihre wirtschaftliche Betätigung in wettbewerbsrechtlich schwierig einzuschätzenden Geschäftsbereichen einschränken. Dies wirkt sich wiederum negativ auf den Wettbewerb in diesen Märkten aus und dient letztlich nicht dem Ziel der Antitrust-Gesetze, nämlich den Wettbewerb zum Wohl der Verbraucher zu stärken.

(vi) Der Sports Broadcasting Act wäre überflüssig

Bei der Beurteilung einer professionellen Sportliga als Sinlge Entity wäre auch der Sports Broadcasting Act überflüssig[190]. Der Kongreß wollte durch dieses Gesetz insbesondere die gemeinsame Vermarktung von Fernsehübertragungsrechten der Major League-Clubs an ihren Heimspielen durch die Liga als einziger Anlaufstelle für die Rechteerwerber von der Anwendbarkeit der Antitrust-Vorschriften ausnehmen, nicht aber jegliches koordiniertes Handeln der einzelnen Vereine oder der Liga[191]. Wäre es die Intention des Gesetzgebers gewesen, die Profisportligen komplett vom Anwendungsbereich des Antitrust-Rechts auszunehmen, wie dies die Verfechter der Single Entity-Argumentation im Ergebnis erzielen wollen, hätte er dies entweder durch eine Änderung des § 1294

---

189 So auch Blecher & Daniels, 4 Whittier L. Rev. 217, 224f.

190 Anderson, 17 Hastings Comm. & Ent. L.J. 945, 952.

191 Vgl. hierzu die Regelung in § 1294 Sports Broadcasting Act.

Sports Broadcasting Act klarstellen müssen, da diese Bestimmung die unveränderte Anwendbarkeit bzw. Nichtanwendbarkeit der Antitrust-Gesetze auf alle anderen als die durch den Sports Broadcasting Act geregelten Handlungen vorschreibt, oder er hätte die §§ 1292 und 1293 Sports Broadcasting Act ändern müssen, die für bestimmte Sachverhalte im Bereich der Fernsehübertragung von Profisportveranstaltungen ausdrücklich die Anwendbarkeit des Antitrust-Rechts vorsehen. Obwohl der Gesetzgeber 1998 in Bezug auf den Profibaseballsport § 26 b. U.S. Code[192] (**U.S.C.**) erlassen hat, ist er mit Blick auf den Sports Broadcasting Act oder die Freistellung aller Profisportligen vom Anwendungsbereich des Sherman Act bislang nicht tätig geworden. Dies spricht im Ergebnis gegen eine Qualifizierung der Sportligen als Single Entity.

(b) Ancillary Restraint-Ansatz

Durch die Anwendung der Ancillary Restraint-Doktrin besteht für eine Sportliga in einem Antitrust-Verfahren die Möglichkeit, auch wirtschaftsfremde Erwägungen zur Rechtfertigung einer Maßnahme vorzutragen, die einen zulässigen Geschäftszweck der Liga lediglich in untergeordneter Weise ergänzt oder unterstützt und nicht wettbewerbsschädigend wirken soll. Vor dem Hintergrund der besonderen Relation zwischen Sport und Wirtschaft insbesondere im Profisportbereich, wo ein gegenseitiges Abstimmen beider Sparten durch die Sportliga und die Vereine erforderlich ist, um sowohl auf der sportlichen Ebene langfristig spannende Wettkämpfe bieten zu können als auch im wirtschaftlichen Bereich eine all zu starke und damit schädliche Dominanz eines einzelnen Vereins zulasten der übrigen Vereine und der Liga zu verhindern, ist eine Liga darauf angewiesen, gewisse Vereinbarungen zu treffen, die alle Vereine gleichsam bindet. Sofern solche gegenseitigen Absprachen das Ziel haben, den Hauptzweck der Liga - Unterhaltung durch den sportlichen Wettkampf der Vereinsmannschaften um den Sieg in einzelnen Spielbegegnungen und der Ligameisterschaft - lediglich ergänzend zu unterstützen, um eine Verbesserung der Vermarktungsfähigkeit des Ligaproduktes insgesamt zu erreichen, indem die getroffenen Absprachen den Wettbewerb unter den Vereinen in bestimmten ligainternen Bereichen einschränken, dann sind sie nach der Ancillary Restraint-Doktrin nicht von vornherein als unzulässig, weil wettbewerbsbeschränkend, zu untersagen.

Beispielsweise dienen die in den Ligasatzungen verankerten Absprachen der Vereine über die Verteilung der Einnahmen aus Fernsehverträgen über landesweite Senderechte unter allen Ligavereinen der Verbesserung und Angleichung der sportlichen Wettbewerbsfähigkeit der einzelnen Clubs, wodurch auf lange

---

192 15 U.S.C. § 26b. (2004), "Curt Flood Act" § 3, 112 Stat. 2814, 1826; siehe hierzu ausführlich Ziffer A.X.3(b) unten.

Sicht die Funktionsfähigkeit und Attraktivität der gesamten Liga gesichert wird[193]. Unter diesem Blickwinkel ist eine Liga also nicht darauf angewiesen, stets unmittelbar wirtschaftsbezogene wettbewerbsfördernde Argumente für eine in Frage gestellte Handlung anzuführen. Sie kann vielmehr auch solche Effekte und Ziele der fraglichen restriktiven Handlung aufzeigen, die sich positiv auf die von der Liga verfolgten wettbewerbsrechtlich zulässigen Zwecke auswirken, wie die Aufrechterhaltung des Wettbewerbsgleichgewichts unter den Vereinen, da diese die Herstellung ihres Produktes erst ermöglicht oder dessen Vermarktung erleichtert.

Diese Prüfungsmethode führt zu sachgerechten und fairen Ergebnissen bei der Untersuchung eventuell wettbewerbshemmender Vereinbarungen. Sie gibt einerseits den Sportligen die Gelegenheit, wettbewerbsfördernde und nicht nur rein wirtschaftsbezogene Aspekte ihres Handelns zu ihren Gunsten anzuführen und ermöglicht andererseits den Gerichten, fragliche Geschäftspraktiken einer Liga oder mehrerer Vereine nach den Vorschriften des Sherman Act zu untersuchen, ohne daß diese von vornherein ihrer sachlichen Kompetenz entzogen werden können.

(c) Ergebnis

Eine Sportliga ist im Rahmen des § 1 Sherman Act als Joint Venture zu qualifizieren, sofern sie nicht ausnahmsweise die in *Fraser* genannten Kriterien einer Single Entity erfüllt. Ein in Frage stehendes wettbewerbsbeschränkendes Verhalten ist anhand der Rule of Reason zu prüfen, wobei die Liga in bestimmten Fällen zusätzlich die Möglichkeit hat, mit Hilfe der Ancillary Restraint-Doktrin weitere wettbewerbsfördernde Effekte ihres Handelns zu ihren Gunsten vorzutragen. Lediglich dort, wo das Verhalten der Liga oder mehrer Vereine einer der von der Rechtsprechung entwickelten Kategorien entspricht, die zur Anwendung der Per Se Illegality Rule führen, ist das Verhalten ohne eine solche Interessenabwägung sofort als unzulässig einzustufen.

VI. Prüfungsmaßstab für § 2 Sherman Act

1. Gesetzesmerkmale und Kriterien zur Bestimmung von Monopolmacht

Gemäß dem Wortlaut des § 2 Sherman Act begeht derjenige, der eine Monopolstellung im zwischenstaatlichen Handel erwirbt oder dies zu erreichen versucht,

---

193 NCAA v. Board of Regents of University of Oklahoma, 468 U.S. 85, 118 (1984); United States v. NFL, 116 F. Supp. 319, 323 (E.D. Pa. 1953); Ross, 52 Case W. Res. L. Rev. 133, 140.

eine Straftat, die mit Geld- oder Freiheitsstrafe bestraft wird[194]. Vereinfacht gesagt ist das Ziel dieser Vorschrift, die Fähigkeit von Unternehmen einzuschränken, beliebig die Preise für ihre Produkte zu erhöhen oder den Produktabsatz zu verringern – es sollen also wettbewerbsfähige Preise und wirtschaftlich effektive Ergebnisse gewährleistet werden[195]. Kontrolliert ein Unternehmen einen beträchtlichen Teil eines Marktes, resultiert die Reduzierung des Wettbewerbs in höheren Produktpreisen (*supra-competitive prices*) für die Käufer und einem Verlust an Konsumentenwohlfahrt (*consumer surplus*). Der Supreme Court entschied, daß ein Verstoß gegen die erste Alternative der Vorschrift (Monopolisierung) die Verwirklichung zweier Merkmale voraussetzt[196]: (1) Monopolmacht auf dem relevanten Markt und (2) zweckgerichtetes und willentliches Erwerben, Ausüben oder Festhalten an dieser Monopolstellung. Ein Verstoß gegen das Monopolisierungsverbot (im Falle des Tatbestandsmerkmals "*conspire to monopolize*") setzt den Beweis eines wettbewerbsbeschränkenden Effektes voraus[197].

Im Gegensatz hierzu liegt keine unzulässige Monopolisierung vor, wenn das Wachstum oder die Entwicklung aus einem überlegenen Produkt oder Geschäftsverstand, einer überlegenen Geschäftsstrategie, geschichtlichem Zufall[198], Gesetzgebung[199] oder einem natürlichen Monopol[200] resultiert. Eine auf diese Art rechtmäßig erworbene Monopolstellung unterfällt dem Regelungsgehalt des § 2 Sherman Act demzufolge nur dann, wenn Zugangshemnisse, repressive Handelspraktiken oder andere ausgrenzende Verhaltensweisen einen Wettbewerber vom Eintritt in den relevanten Wirtschaftsmarkt abhalten oder dem Erhalt oder der Ausübung der eigenen Monopolmacht dienen. Ein wirtschaftliches

---

194 "*Every person who shall monopolize, or attempt to monopolize...any part of the trade or commerce among the several states, or with foreign nations...*", 15 U.S.C. § 2 (2004).

195 Areeda/Kaplow, Antitrust Analysis, S. 556; Rosenbaum, 41 U. Miami L. Rev. 729, 750.

196 United States v. Aluminum Company of America, 377 U.S. 271 (1964); United States v. Grinnell Corp., 384 U.S. 563, 570f. (1966); Clorox Co. v. Sterling Winthrop, Inc., 117 F.3d 50, 61 (2d Cir. 1997).

197 Dickson v. Microsoft Corp., 309 F.3d 193, 211 (4th Cir. 2002), *cert. denied*, 539 U.S. 953 (2003).

198 United States v. Grinnell Corp., 384 U.S. 563, 570f. (1966); Philadelphia World Hockey Club, Inc. v. Philadelphia Hockey Club, Inc., 351 F. Supp. 462, 505 (E.D. P.A. 1972).

199 So etwa der Football Merger Act 1966, 15 U.S.C. § 1293 (2004) oder der Sports Broadcasting Act 1961, 15 U.S.C. § 1291 (2004); Mid-South Grizzlies v. NFL, 720 F.2d 772, 781-784 (3d Cir. 1983), *cert. denied*, 467 U.S. 1215 (1984); United States Football League v. NFL, 634 F. Supp. 155, 1160-1165 (S.D.N.Y. 1986).

200 Ein natürliches Monopol liegt vor, wenn es aus rein wirtschaftlichen Gegebenheiten entstanden ist, da die gesamte Nachfrage zum niedrigsten Preis durch einen Anbieter angeboten werden kann, wie z. B. bei öffentlichen Versorgungsbetrieben; Posner, 21 Stan. L. Rev. 548, Rosenbaum, 41 U. Miami L. Rev. 729, 750.

Monopol alleine stellt also nicht zwingend einen Verstoß gegen § 2 Sherman Act dar[201]. Versucht ein Unternehmen einen Konkurrenten aus einem anderen Grund als der eigenen Effizienzsteigerung von seinem Markt auszuschließen, ist dies allerdings eine unzulässige Verhaltensweise[202]. Denn abgesehen von Märkten, in denen ein natürliches Monopol herrscht, ist ein Verhalten, das nur profitabel ist, weil ein Gewinn aus einer Monopolstellung erzielt werden kann, nicht effizient[203].

In Fällen, in denen die Marktmacht eines Unternehmens nicht stark genug ist, um als Monopol qualifiziert zu werden, kann bereits der Versuch, eine Monopolstellung zu erlangen, rechtswidrig sein. Ein solcher Versuch setzt sowohl ein zwingendes Verhalten des Unternehmens, das auf die Zugrunderichtung eines konkurrierenden Unternehmens gerichtet (*predatory conduct*) oder wettbewerbsschädigend ist als auch eine spezifische Absicht, zu monopolisieren, voraus sowie eine erhöhte Wahrscheinlichkeit des Erreichens dieses Ziels[204].

Monopolmacht ist die Macht, Preise auf einem Markt zu kontrollieren und Wettbewerb auf diesem auszuschließen[205]. Zum Nachweis von Monopolmacht stützen sich die Gerichte größtenteils auf indirekte Beiweise, insbesondere den Marktanteil eines Beklagten, da direkte Beweise für den tatsächlichen Ausschluß von Wettbewerb oder die Ausübung von Preiskontrolle oft nicht zu erbringen sind. So wird ein Marktanteil von über 70% als generell ausreichend angesehen, um die Monopolmacht eines Unternehmens nachzuweisen[206]. Selbst ein Anteil von 100% genügt aber in Einzelfällen nicht als einzige Bestimmungsgröße, wenn zum Beispiel keinerlei Markteintrittshürden für Konkurrenten bestehen[207]. Marktanteile zwischen 40% und 70% werden von den Gerichten unterschiedlich beurteilt. Ein Marktanteil von unter 40% ist für sich genommen jedoch in der Regel nicht ausreichend, eine marktbeherrschende Stellung nachzu-

---

201 United States v. Griffith, 334 U.S. 100, 107 (1948) zitiert American Tobacco Co. v. United States, 328 U.S. 781, 809, 811, 814 (1946).

202 Aspen Skiing Co. v. Aspen Highlands Skiing Corp., 472 U.S. 585, 605 (1985).

203 Aspen Skiing Co. v. Aspen Highlands Skiing Corp., 472 U.S. 585, 605 (1985); Bork, The Antitrust Paradox, S. 138.

204 Swift & Co. v. United States, 196 U.S. 375, 396 (1905); William Inglis v. ITT Continental Baking & Co., 668 F.2d 1014, 1027 (9th Cir. 1981), *cert. denied*, 459 U.S. 825 (1982); Spectrum Sports, Inc. v. McQuillan, 506 U.S. 447, 456 (1993); Tops Markets, Inc. v. Quality Markets, Inc., 142 F.3d 90, 99f. (2d Cir. 1998).

205 United States v. E.I. du Pont de Nemours & Co., 384 U.S. 563, 570f. (1966); Clorox Co. v. Sterling Winthrop, Inc., 117 F.3d 50, 61 (2d Cir. 1997).

206 United States v. Aluminum Company of America, 377 U.S. 271 (1964); United States v. Grinnell Corp., 384 U.S. 563, 566 (1966).

207 Los Angeles Land Co. v. Brunswick Corp., 6 F.3d 1422 (9th Cir. 1993).

weisen[208]. Andere Faktoren, mit deren Hilfe Monopolmacht festgestellt werden kann, sind der Schwierigkeitsgrad des Marktzutritts für mögliche oder tatsächliche Wettbewerber oder die voraussichtliche zukünftige Höhe der Marktanteile eines Unternehmens.

Vertreter der Chicago School of Antitrust Analysis[209] stützen sich hingegen bei der Bestimmung der Marktmacht eines Unternehmens zuweilen vorwiegend auf die Größe und Wirtschaftskraft des Unternehmens und weniger auf die Struktur des relevanten Marktes und die dort herrschenden Wettbewerbsbedingungen[210]. Aus ihrer Sicht stellt das bisherige Marktverhalten des Marktbeherrschers das entscheidende Kriterium dar, um festzustellen, ob dieser in der Lage ist, die Produktion einzuschränken und einseitig supra-competitive Preise festzusetzen. Sofern ein Monopol auf überlegener wirtschaftlicher Effizienz beruht, ist dieses jedoch zulässig[211].

Anhand der von der Rechtsprechung befolgten Prinzipien gilt es im folgenden, den Produktmarkt für das von einer Sportliga hergestellte Produkt zu bestimmen. Danach läßt sich feststellen, ob eine Liga über Monopolmacht verfügt und diese überdies in unzulässiger Weise ausübt und folglich gegen § 2 Sherman Act verstößt.

2. Sind Sportligen Monopolisten?

(a) Einführung

Im Vergleich zu § 1 Sherman Act wurden unter § 2 Sherman Act bis dato relativ wenige gerichtliche Verfahren gegen Sportligen eingeleitet. Der Großteil der hierzu ergangenen Gerichtsentscheidungen befaßt sich mit Klagen von Spielern und Angestellten der Vereine, die sich in ihren Rechten im Bereich des Arbeitsmarktes verletzt sahen[212]. Ein zweiter großer Teil an Urteilen basiert auf

---

208 United States v. E.I. du Pont, 351 U.S. 377 (1956); United Airlines v. Austin Travel Corp., 867 F.2d 737 (2d Cir. 1989).

209 Richard A. Posner, selbst Mitglied der Chicago School genannten Gruppe von Antitrust-Gelehrten, die einen bestimmten ökonomischen Antitrust-Ansatz vertritt, wies jedoch bereits 1979 darauf hin, daß es nur noch wenige Unterscheidungsmerkmale zu anderen Antitrust-"Schulen" gebe; siehe Posner, 127 U. Pa. L. Rev. 925. Eine zusammenfassende Darstellung gibt Kallfass, WuW 1980, 596ff.

210 Siehe Whish, Competition Law, S. 19.

211 Bork, The Antirust Paradox, S. 196.

212 Smith v. Pro Football, Inc., 593 F.2d 1173 (D.C. Cir. 1978); Reynolds v. NFL, 584 F.2d 280 (8th Cir. 1978); Mackey v. NFL, 543 F.2d 606 (8th Cir. 1976), *cert. denied*, 434 U.S. 801 (1977); Powell v. NFL, 678 F. Supp. 777 (D. Minn. 1988); Zimmerman v. NFL, 632 F. Supp. 398 (D.D.C. 1986); Five Smiths, Inc. v. National Football League

Vorwürfen neu gegründeter Ligen, die bereits etablierten Ligen eine unzulässige Monopolisierung ihrer Wettbewerbsmärkte vorwerfen[213]. Auf dem Gebiet der Vermarktung von Fernsehsenderechten an Sportveranstaltungen sahen die Gerichte in den Fällen *NCAA*, *American Football League v. NFL*[214] und *United States Football League v. NFL*[215] den Fernseh- bzw. Senderechtemarkt als das entscheidende Abgrenzungskriterium für die Feststellung, ob die betreffende Liga über unzulässige Marktmacht verfügt und infolgedessen dort eine Monopolstellung im Sinne des § 2 Sherman Act einnimmt oder nicht.

Im folgenden wird erläutert, nach welchen Kriterien die US-Gerichte für gewöhnlich untersuchen, ob ein Wirtschaftsakteur einen bedeutenden Teil eines Wirtschaftsmarktes kontrolliert oder ob verschiedene Unternehmen in einem Markt miteinander noch in nennenswertem wirtschaftlichen Wettbewerb stehen. Anschließend wird diskutiert, ob der relevante Produktmarkt im Hinblick auf die Vermarktung von Senderechten an Sportveranstaltungen eng oder weit zu definieren ist.

(b) Feststellung des relevanten Produktmarktes

Entscheidend für die Feststellung, ob ein Unternehmen über eine marktbeherrschende Stellung verfügt oder diese durch einen Unternehmenszusammenschluß

Players Ass'n, 788 F. Supp. 1042 (D.C. Minn. 1992); McNeil v. NFL, 790 F. Supp. 871 (D.C. Minn. 1992); Kapp v. NFL, 586 F.2d 644 (N.D. Cal. 1995), *cert. denied*, 441 U.S. 907 (1996); Flood v. Kuhn, 407 U.S. 258 (1972); Salerno v. American League, 429 F.2d 1003 (2d Cir.), *cert. denied*, 400 U.S. 1001 (1971); Toolson v. New York Yankees, Inc. 346 U.S. 356 (1953); Wood v. NBA, 809 F.2d 954 (2d Cir. 1987); Bridgeman v. NBA, 675 F. Supp. 960 (D.N.J. 1987); Robertson v. NBA, 389 F. Supp. 867 (S.D.N.Y. 1975); Wood v. NBA, 602 F. Supp. 525 (S.D.N.Y. 1984); Independent Entertainment Group v. NBA, 853 F. Supp. 333 (C.D. Cal. 1994); Robertson v. NBA, 389 F. Supp. 867 (D.C.N.Y.); McCourt v. California Sports, Inc., 600 F.2d 1193 (6th Cir. 1979); Neeld v. NHL, 594 F.2d 1297 (9th Cir. 1979); Linseman v. World Hockey Ass'n, 439 F. Supp. 1315 (D.Conn. 1977).

213 USFL v. NFL, 842 F.2d 1335 (2d Cir. 1988); In re Professional Hockey Antitrust Litigation, 531 F.2d 1188 (3d Cir. 1976); AFL v. NFL, 323 F.2d 124 (4th Cir. 1963); American Basketball Ass'n Players' Ass'n v. NBA, 72 F.R.D. 594 (S.D.N.Y. 1976); Philadelphia World Hockey Club, Inc. v. Philadelphia Hockey Club, Inc., 351 F. Supp. 462 (E.D. Pa. 1972); North American Soccer League v. NFL 670 F.2d 1249 (2d Cir.), *cert. denied*, 459 U.S. 1074 (1982); Mid-South Grizzlies v. NFL 720 F.2d 772 (3d Cir. 1983), *cert. denied*, 467 U.S. 1215 (1984); Abbott, 8 Sports Law. J. 1, 18; Jacobs, 67 Ind. L.J. 25, 28.

214 American Football League v. NFL, 323 F.2d 124 (4th Cir. 1963).

215 United States Football League v. NFL, USFL v. NFL, 842 F.2d 1335 (2d Cir. 1988).

erlangt, ist die Bestimmung des relevanten Wirtschaftsmarktes[216]. Die Grenzen dieses Marktes werden anhand des relevanten Produktmarktes und geographischen Marktes ermittelt, wobei die Gerichte letzteren im Rahmen ihrer Analyse von Sportfällen als eher zweitrangig ansehen[217].

Als relevanter geographischer Markt ist derjenige Markt zu bestimmen, der aus dem räumlichen Gebiet besteht, in dem sich die Verbraucher tatsächlich alternativer Angebotsquellen aus derselben Produktkategorie bedienen und in welchem der kartellrechtlich Beklagte Wettbewerb ausgesetzt ist[218].

Der relevante Produktmarkt bestimmt sich hauptsächlich durch die aus Sicht der Verbraucher zumutbare Austauschbarkeit von Produkten. Dieser Markt besteht aus den Herstellern, deren Güter aus Sicht der Verbraucher in vernünftiger Weise mit den Waren eines anderen Herstellers oder Monopolisten vergleichbar sind[219]. Zwei Produkte befinden sich also in ein und dem selben Produktmarkt, falls in sachgemäßer Weise davon auszugehen ist, daß die Verbraucher von dem einem Produkt zum anderen wechseln würden, falls sich der Preis für das bisher von ihnen benutzte Produkt erhöht oder sich dessen Absatzmenge verringert[220]. Produkte sind in sachgemäßem Maße als gegenseitig austauschbar anzusehen, falls auf der Nachfrageseite zwischen ihnen eine Kreuzpreiselastizität (*cross-elasticity of demand*) oder eine Nachfragelastizität (*elasticity of demand*) besteht, d.h. falls sich eine Preisänderung für das eine Produkt auf den Verkauf des anderen Produktes auswirkt[221]. Je höher die Kreuzpreis- oder Nachfrageelastizi-

---

216 Berkey Photo v. Eastman Kodak Co., 603 F.2d 263, 268 (2d Cir. 1979), *cert. denied*, 444 U.S. 1093 (1980).

217 Bathke v. Casey's Gen. Stores, 64 F.3d 340, 345 (8th Cir. 1995); Wise & Meyer, International Sports Law, Bd. 1, S. 23; Areeda/Kaplow, Antitrust Analysis, S. 553-573; Rosenbaum, 41 U. Miami L. Rev. 729, 751f., 754.

218 Tampa Electric Co. v. Nashville Coal Co., 365 U.S. 320, 327 (1961); Morgenstern v. Wilson, 29 F.3d 1291, 1295f. (8th Cir. 1994); Wise & Meyer, International Sports Law, Bd. 1, S. 23.

219 Brown Shoe Co. v. United States, 370 U.S. 294, 325 (1962); United States v. E.I. du Pont de Nemours & Co., 351 U.S. 377, 404 (1956).

220 United States v. E.I. du Pont de Nemours & Co., 351 U.S. 377, 400, 404 (1956); Federal Trade Commission v. R.R. Donnelley & Sons Co., 1990-2 Trade Cas. (CCH) § 69,239, 64,854 (D.D.C. 1990); Seal, 61 Antitrust L.J. 737, 738; Piraino, 79 B.U. L. Rev. 889, 895; Ross, 52 Case W. Res. L. Rev. 133; Rosenbaum, 41 U. Miami L. Rev. 729, 755f.; McBurney, 60 N.Y. U. L. Rev. 925, 934; Sullivan, Handbook of the Law of Antitrust, § 12, S. 4.

221 Posner, Anitrust Law, S. 243; Seal, 61 Antitrust L.J. 737, 738; McBurney, 60 N.Y.U. L. Rev. 925, 934; Sullivan, Handbook of the Law of Antitrust, § 16, S. 53f., 57; United States v. E.I. du Pont de Nemours & Co., 351 U.S. 377, 400 (1956); Rothery Storage & Van Co. v. Atlas Van Lines, Inc., 792 F.2d 210, 218 (D.C. Cir. 1986), *cert. denied*, 479 U.S. 1033 (1987).

tät ist, desto höher ist die Wahrscheinlichkeit, daß die Verbraucher vergleichbare Produkte, die zu diesem Zeitpunkt zu anderen Zwecken verwendet werden, als zum selben Wirtschaftsmarkt gehörend ansehen, so daß diese Produkte auf diesem gemeinsamen Markt miteinander konkurrieren[222]. Kann ein Unternehmen den Preis seines Produktes anheben, ohne seine Kunden zu verlieren, herrscht eine geringe Kreuzpreis- oder Nachfrageelastizität. Dies ist ein Zeichen dafür, daß das Unternehmen über eine beträchtliche Marktmacht oder gar Monopolmacht verfügt und der Wettbewerb auf diesem Markt beeinträchtigt, gering oder überhaupt nicht existent ist.

Produktmärkte lassen sich zur Feststellung der Marktmacht eines Produktanbieters für das fragliche Produkt in noch engere Teilmärkte (*submarkets*) unterteilen oder in größere Gesamtmärkte (*aggregate markets*) ausdehnen. Bei der Prüfung anhand von Teilmärkten untersuchen die Gerichte einzelne Produkte oder Dienstleistungen der Anbieter auf einem Markt durch Fokussierung auf das Produkt, das den "kleinsten gemeinsamen Nenner" der Anbieter darstellt, und nicht etwa auf die umfassendere Produktpalette, die diese Anbieter generell vertreiben (zum Beispiel der Markt für Aluminiumstromkabel im Vergleich zum Markt für Aluminium[223]). Andere "zweckmäßige Indizien" für die Abgrenzung von Teilmärkten sind beispielsweise die Wahrnehmung eines Teilmarktes als eine separate wirtschaftliche Einheit durch die Öffentlichkeit oder die Marktbranche, besondere Eigenschaften und Verwendungsarten des Produktes, spezielle Produktionsstätten, verschiedene Konsumenten und Produktpreise, Preissensibilität und besonders spezialisierte Verkäufer[224]. Im Rahmen der Prüfung eines Gesamtmarktes vergrößert sich hingegen der zu untersuchende Produktmarkt durch eine Verbreiterung des Prüfungsrasters auf eine allumfassende Produktdefinition (etwa der größere Markt für Alarmgeräte für den Eigentumsschutz im Vergleich zu jeweils einzelnen, engeren Märkten für Brandmeldegeräte und Einbruchsmeldegeräte[225]).

Die Sicht der Verbraucher ist also entscheidend zur Festellung der Substituierbarkeit von Produkten und damit der Produktmarktgrenzen. Im Bereich von Sportübertragungen im Fernsehen und der ihnen zugrunde liegenden Senderechte gilt dabei folgendes.

---

222 United States v. E.I. du Pont de Nemours & Co., 351 U.S. 377, 400 (1956); Rothery Storage & Van Co. v. Atlas Van Lines, Inc., 792 F.2d 210, 218 (D.C. Cir. 1986), *cert. denied*, 479 U.S. 1033 (1987).

223 United States v. Aluminum Company of America, 377 U.S. 271, 277 (1964).

224 Brown Shoe Co. v. United States, 370 U.S. 294, 325 (1962); Rothery Storage & Van Co. v. Atlas Van Lines, Inc., 792 F.2d 210, 218 (D.C. Cir. 1986), *cert. denied*, 479 U.S. 1033 (1987).

225 United States v. Grinnell Corp., 384 U.S. 563, 566, 572 (1966).

Im Falle des Bezahlfernsehens sind die Fernsehzuschauer, die die Abonnementgebühren für den Empfang des Programms bezahlen, die Verbraucher. Im Hinblick auf kostenlos über Antenne zu empfangende Fernsehsender sind die Werbetreibenden, die von diesem Sender gegen Entgelt Werbezeiten zur Vermarktung ihrer Produkte und Dienste erwerben, die Verbraucher. Die werbenden Kunden der Fernsehgesellschaften konsumieren im Gegensatz zu den Abonnementkunden der Bezahlsender nicht Fernsehübertragungen als solche, sondern Sendezeiten für Werbung während dieser Übertragungen. Dennoch ist für die Werbetreibenden bei der Suche nach geeigneten Werbeplätzen auch der Wert des jeweiligen Programminhalts entscheidend, nämlich in Form der Attraktivität dieses Programminhalts für die Zuschauer. Denn hiervon hängt es letztlich ab, welche Zuschauerzahlen und -gruppen die Werbung für das beworbene Produkt erreicht. Die Sichtweise der Fernsehzuschauer und der Werbungstreibenden ist folglich im Rahmen der Bestimmung des fraglichen Produktmarktes im Wesentlichen die gleiche. Fernseh- und Mediengesellschaften, die von den Sportligen und -vereinen gegen Entgelt Senderechte an Sportveranstaltungen erwerben, sind in diesem Fall ebenfalls auf der Nachfrageseite aktiv. Wettbewerbsrechtlich interessant ist jedoch die Art und Weise der Nutzung der erworbenen Senderechte durch die Fernsehsender gegenüber den Endverbrauchern und den Kunden der Sender, nämlich den Fernsehzuschauern und Werbungstreibenden. Deshalb wird im folgenden primär auf die Interessen dieser letztgenannten Verbrauchergruppen abgestellt.

(c) Extensive Festlegung des relevanten Produktmarktes

Teilweise wird im Bereich der Sportunterhaltung eine breite Produktmarktdefinition unter der Annahme angewandt, die einzelnen Sportarten - egal ob Profi- oder Amateursport - stünden sowohl zueinander als auch zu anderen Formen der Freizeitunterhaltung im Wettbewerb um die selben Zuschauer und Fernseheinnahmen, und bildeten deshalb einen gemeinsamen Produktmarkt[226]. Als Gründe hierfür nennen die Vertreter dieser Ansicht die enge wirtschaftliche Verzahnung der Sportbranche mit den anderen Unterhaltungsbranchen. In diese Rubrik fällt insbesondere das breit gefächerte Freizeitunterhaltungsangebot aus dem die Verbraucher heute wählen können, wie zum Beispiel Spiel- und Kinofilme, Konzerte, Oper- und Theaterbesuche sowie Computer- und Videospiele. Aber

---

226 North American Soccer League v. NFL, 670 F.2d 1249, 1252 (2d Cir. 1982); Henderson Broadcasting Corp. v. Houston Sports Association, 647 F. Supp. 292, 297 (S.D. Tex. 1986); Dissenz von Justice Rehnquist zur Versagung von *ceritorari* in NFL v. North American Soccer League, 459 U.S. 1074, 1077 (1982); Glick, 23 Santa Clara L. Rev. 55, 77; Grauer, 82 Mich. L. Rev. 1, 34; Rosenbaum, U. Miami L. Rev. 729, 748, 791-794, 801-803.

auch andere Sportarten zählen bei der weiten Produktmarktabgrenzung hierzu, da die Zuschauer danach in der Regel nicht nur auf eine Mannschaft oder Sportart fixiert sind und deshalb diese anderen Unterhaltungsformen als gleichwertigen Ersatz für die Übertragung oder den Besuch einer Sportbegegnung zweier Mannschaften ansehen.

Grundlage für diese Annahme ist, daß die Unterhaltung durch Profisportveranstaltungen ebenso wie andere Unterhaltungsformen preis- und qualitätsabhängig ist. Die Fernsehzuschauer einer Sportveranstaltung würden deshalb bei einer Qualitätsverschlechterung oder Preiserhöhung in Bezug auf das Ligaprodukt diesem genauso den Rücken kehren, wie dies die Konsumenten anderer Unterhaltungsformen in solchen Fällen tun, indem sie sich ihrer Meinung nach qualitativ und preislich besseren Unterhaltungsformen zuwenden[227].

Bei Annahme eines Produktmarktes, der sowohl Sport als auch andere Unterhaltungsformen umfaßt, konkurrieren die einzelnen Sportligen also mit anderen Unterhaltungsangeboten. Sie verfügen dadurch zwangsläufig über weniger Marktmacht als bei einer engeren Definition des relevanten Produktmarktes, die nur die Sportunterhaltung als einziges Produkt des Marktes ansieht. Aufgrund ihres im Vergleich zu ihren Wettbewerbern nicht übermäßigen Marktanteils in diesem Produktmarkt verfügen die einzelnen Sportligen nach Ansicht der Vertreter dieser Meinung über keine Monopolstellung im Bereich des Unterhaltungsgeschäftes.

(d) Restriktive Festlegung des relevanten Produktmarktes

(i) Herrschende Meinung in Rechtsprechung und Literatur

Die herrschende Meinung vertritt die Ansicht, einzelne Sportarten, insbesondere die professionell betriebenen, seien so einzigartig, daß es hierfür aus Sicht der Konsumenten jeweils keinen gleichwertigen Ersatz gibt[228]. Der relevante Produktmarkt für Sportübertragungsrechte ist eng zu definieren.

Der Supreme Court ist Verfechter dieser restriktiven Auffassung. Er nahm hierzu in seiner Urteilsbegründung in *NCAA*[229] ausdrücklich Stellung. Gegenstand des Falles war eine von der NCAA aufgestellte Regelung, die sowohl die Ge-

---

227 Rosenbaum, U. Miami L. Rev. 729, 801, Rn. 285; Grauer, 82 Mich. L. Rev. 1, 4, Rn. 156; North American Soccer League v. NFL, 670 F.2d 1249, 1252 (2d Cir. 1982).

228 Roberts, 32 UCLA L. Rev. 219, 257; Lazaroff, 53 Fordham L. Rev. 157, 209; Ross, 52 Case W. Res. L. Rev. 133, 155; OECD, Regulation and Competition Issues, S. 48; McBurney, 60 N.Y.U. L. Rev. 925, 935.

229 NCAA v. Board of Regents of University of Oklahoma, 468 U.S. 85 (1984).

samtzahl der durch das Fernsehen zu übertragenden Collegefootballbegegnungen als auch die Zahl der durch einzelne Colleges zu übertragenden Heimspiele begrenzte, um den angeblich zunehmenden Wechsel der Zuschauer von Heimspielbesuchen in den Stadien hin zur Verfolgung des Spiels im Fernsehen zu begrenzen[230]. Zu ihrer Verteidigung führte die NCAA an, sie könne überhaupt keine überteuerten Preise von Rundfunksendern und Werbungstreibenden verlangen, da diese sonst von ihrem Produkt, dem Collegefootball, zu anderen Unterhaltungsangeboten wechseln würden. Der Supreme Court folgte dieser extensiven Produktmarkt-Argumentation jedoch nicht. Seiner Auffassung nach umfaßte der relevante Produktmarkt lediglich Collegefootballübertragungen, so daß die NCAA als einzige Anbieterin dieses Produktes über tatsächliche Marktmacht in diesem Markt verfügte[231]. Diese Einschätzung basierte auf der Feststellung, daß Fernsehübertragungen von Collegefootballspielen werbungstreibenden Unternehmen ein Publikum bietet, das einzigartig attraktiv für deren Zwecke ist. Kein anderer Anbieter könne ihnen ein vergleichbares Programm liefern. Auch aus Sicht der Konsumenten stellt Collegefootball aufgrund des besonderen Reizes der NCAA-Footballspielübertragungen eindeutig einen separaten Markt dar, für dessen Produkt es keinen vernünftigen Ersatz gibt[232].

In zahlreichen vergleichbaren Fällen wandte die Rechtsprechung eine enge Produktmarktdefinition für Fernseh- und Radioübertragungen von Sportveranstaltungen an. Die Gerichte grenzten die Sportübertragungen klar von anderen Unterhaltungsformen ab und stuften sogar Übertragungen von jeweils anderen Sportveranstaltungen als separate Produkte ein. So sollen etwa im Bereich des Boxsports Meisterschaftskämpfe einen separaten Produktmarkt darstellen im Vergleich zu sonstigen Boxwettkämpfen[233]. Gleiches gilt für die Profiliga NHL und die Amateureishockeyligen[234]. Zahlreiche weitere Urteile und mehrheitlich auch die Literatur teilen die Einschätzung, daß professionelle Sportwettkämpfe jeweils einen separaten Produktmarkt darstellen und daß bei der Bestimmung der relevanten Produktmarktgrenzen die Sicht derjenigen Personen ausschlaggebend ist, die von der in Frage stehenden Antitrust-Rechtsverletzung betroffen sind, d.h. die der Fernsehsender, Werbungstreibenden und insbesondere der Fernsehzuschauer[235].

---

230 NCAA v. Board of Regents of University of Oklahoma, 468 U.S. 85, 94-99 (1984).

231 NCAA v. Board of Regents of University of Oklahoma, 468 U.S. 85, 111f. (1984).

232 NCAA v. Board of Regents of University of Oklahoma, 468 U.S. 85, 112 (1984).

233 International Boxing Club of New York, Inc. v. United States, 358 U.S. 242 (1959).

234 Philadelphia World Hockey Club, Inc. v. Philadelphia Hockey Club, Inc., 351 F. Supp. 462, 471-474, 501f. (E.D. Pa. 1972).

235 United States v. Syufy Enterprises, 903 F.2d 659 (9th Cir. 1990); Medlin v. Professional Rodeo Cowboys Association, Inc., 1992-1 Trade Cas. (CCH) 69, 787 (D. Colo. 1991);

(ii) Eigene Stellungnahme

Aus der Sicht der Zuschauer und Werbungstreibenden stellen weder die durch andere Ligen organisierten Sportarten noch die durch alternative Unterhaltungsformen gebotene Freizeitbeschäftigung einen gleichwertigen Ersatz für die von einer bestimmten Liga angebotenen Unterhaltung und Werbemöglichkeit dar[236]. Dies beruht auf den besonders subjektiv und emotional geprägten Präferenzen der Konsumenten im Bereich der Sportunterhaltung, die sich einer objektiven Analyse weitgehend entziehen und damit die Bestimmung der gegenseitigen Austauschbarkeit einzelner Unterhaltungsprodukte in diesem Bereich erschweren und sich von den Untersuchungsmöglichkeiten in anderen Wirtschaftsbranchen unterscheiden[237]. Fans identifizieren sich mehr oder weniger stark mit einer bestimmten Mannschaft einer Liga und wünschen dabei in der Regel den anderen Teams der Liga geringere sportliche Erfolge als ihrem Favoriten. Davon profitieren besonders die im Rahmen einer Sportveranstaltung werbenden Unternehmen, da sich hier ein hoher Wiedererkennungswert, große Affinität und Attraktivität des beworbenen Produktes gezielt bei einer leicht zu definierenden Werbegruppe erzielen läßt. Dem werbenden Unternehmen bieten Live-Sportübertragungen eine besonders attraktive Zielgruppe in Form von zahlungskräftigen männlichen Konsumenten, die für gewöhnlich weniger fernsehen als andere Zuschauergruppen.

Auch der spezielle Live-Unterhaltungscharakter der Fernsehausstrahlung eines Sportereignisses ist aus Sicht der Zuschauer und Werbungstreibenden einzigartig[238]. Der Unterhaltungswert eines Sportwettkampfes lebt von der Ungewißheit des sportlichen Ausgangs und ist fast vollständig aufgehoben, sobald der Wettkampf beendet ist und das Ergebnis feststeht. Aufgrund dessen sind Aufzeich-

---

Mid-South Grizzlies v. NFL, 720 F.2d 772, 783f. (3rd Cir. 1983); Fishman v. Wirtz, 1981-2 Trade Cas. (CCH) 64, 378, S. 74, 741, 756 (N.D. Ill. 1981); Levitch v. Columbia Broadcasting System, Inc., 495 F. Supp. 649 (S.D.N.Y. 1980), bestätigt durch 697 F.2d 495 (2d Cir. 1983); Los Angeles Memorial Coliseum Commission v. NFL, 726 F.2d 1381, 1393 (9th Cir. 1984); Hecht v. Pro-Football, Inc., 70 F.2d 982, 988 (D.C. Cir. 1977), *cert. denied*, 436 U.S. 956 (1978); San Francisco Seals, Ltd. v. National Hockey League, 379 F. Supp. 966, 969 (C.D. Cal. 1974); American Football League v. National Football League, 205 F. Supp. 60, 65 (D. Md. 1962), bestätigt durch 323 F.2d 124 (4th Cir. 1963); Lazaroff, 53 Fordham L. Rev. 157, 209; Piraino, 79 B.U. L. Rev. 889, 895f.; Weiler, Leveling the Playing Field, S. 327; McBurney, 60 N.Y.U. L. Rev. 925, 935.

236 Roberts, 32 UCLA L. REV. 219, 257; Lazaroff, 53 Fordham L. Rev. 157, 209; Ross, 52 Case W. Res. L. Rev. 133, 155; OECD, Regulation and Competiton Issues, S. 48; McBurney, 60 N.Y.U. L. Rev. 925, 935.

237 Seal, 61 Antitrust L.J. 737, 741.

238 OECD, Regulation and Comptetion Issues, S. 33.

nungen und Wiederholungen von Sportveranstaltungen weit weniger interessant als die wiederholte Ausstrahlung eines Spielfilms oder Konzerts. Dies gilt gleichermaßen für den Zuschauer als auch für das werbende Unternehmen. Die Vermarktung entsprechender Senderechte ist aus diesen Gründen auch für die Sportveranstalter nur weitestgehend auf exklusiver Basis interessant, was aber nicht in gleichem Maße für sonstige Fernsehunterhaltungsprodukte gilt.

Ein weiterer Grund für die fehlende Substituierbarkeit mit anderen Unterhaltungsprodukten ist die starke Markenloyalität der Konsumenten auf dem Gebiet des Sports. Im Gegensatz zu den Verbrauchern herkömmlicher Gebrauchsgüter wechseln die Anhänger einer bestimmten Sportart oder Vereinsmannschaft im Falle einer substantiellen Eintrittspreiserhöhung oder Anhebung der Fernsehgebühren für Sportprogramme nur sehr selten und viel langsamer zu einer anderen Sportart oder Mannschaft als dies beispielsweise die Verbrauchern nach einer Preiserhöhung für Shellbenzin, Coca-Cola-Getränken oder Persilwaschmittel tun würden[239].

Schließlich spricht das besondere Wesen der von einer Liga organisierten Sportunterhaltung gegen die Austauschbarkeit mit anderen Unterhaltungsformen, denn diese besondere Unterhaltungsform ist geprägt durch die sich über einen längeren Zeitraum hinweg entwickelnde Spannung im Kampf der Vereine um sportliche Siege und die Ligameisterschaft. Vergleichbar hiermit ist allenfalls die Unterhaltung und Werbemöglichkeit, die eine sich ebenfalls über einen längeren Zeitraum erstreckende Fernsehserie den Zuschauern und Werbungstreibenden bietet. Die wechselseitigen Auswirkungen der einzelnen Spielbegegnungen aufeinander im Hinblick auf den Tabellenstand oder die nächste Begegnung innerhalb eines Turniers oder einer Meisterschaftsrunde sowie der einzig von den sportlichen Leistungen der Spieler abhängige, ungewisse und nicht durch Regie führende Dritte vorbestimmte Ausgang des Sportwettkampfes sind aber nur einige Gründe, die deutlich machen, daß Fernsehübertragungen von Sportwettkämpfen und Fernsehserien nicht als in angemessener Weise gleichwertige und gegenseitig austauschbare Unterhaltungsprodukte anzusehen sind.

Gegen eine gegenseitige Austauschbarkeit der verschiedenen Sportarten sprechen aus Sicht der Fernsehzuschauer die sehr unterschiedlichen Charakteristika der einzelnen Sportarten, die es stark von dem persönlichen Interesse des jeweiligen Zuschauers abhängig machen, ob er die in einer Liga ausgeübte Sportart

239 Vgl. Seal, 61 Antitrust L.J. 737, 744; Piraino, 79 B.U. L. Rev. 889, 895; Lazaroff, 53 Fordham L. Rev. 157, 209; Ross, 73 Minn. L. Rev. 643, 648.

überhaupt zu Unterhaltungszwecken verfolgt oder nicht[240]. Selbst in Fällen von Spielerstreiks oder Eintrittspreiserhöhungen in einer Liga wechseln die jeweiligen Anhänger einer Sportart in der Regel nicht zu einer anderen Sportart[241]. Zwar überlappen sich sowohl der Beginn der Football- und das Ende der Baseballsaison zeitlich als auch das Ende der Footballsaison und der Beginn der Basketball- und Eishockeysaison. Nur zu diesen Zeiten könnte überhaupt eine Konkurrenz der Sportarten und Sportligen untereinander bestehen. Die entscheidenden und für die Zuschauer und Werbungstreibenden interessantesten Begegnungen und Play-off-Spiele um die Meisterschaft am Ende der jeweiligen Ligasaison überschneiden sich jedoch zeitlich nicht. Sie stellen deshalb weder eine angemessene Produktalternative für die Verbraucher noch einen etwaigen Konkurrenten für die Wettkämpfe der einzelnen Ligen dar. Darüber hinaus betrachten sie die Minor Leagues nicht als Ersatz für die Major Leagues, in denen die besten Spieler und Mannschaften aktiv sind[242].

Auch für Fernsehsender stellen andere Unterhaltungsprogramme oder Zweitausstrahlungen von Sportereignissen regelmäßig kein hinreichendes Substitut für Live- oder Erstübertragungen von Sportveranstaltungen dar, da letztere den Bekanntheitsgrad eines Senders erhöhen, Zusatzerlöse aus anderen Programmsparten und aus nachfolgenden Sendungen erwarten lassen sowie höhere Preise für die Vergabe von Werbezeiten aufgrund oft höherer Einschaltquoten bei solchen Ereignissen rechtfertigen. Manche Fernseh- und Medienunternehmen, die Senderechte an einer bestimmten Sportart oder einem bestimmten Sportereignis von einer Sportorganisation erwerben, sehen die populären Sportarten zwar grundsätzlich als langfristig weitgehend gegenseitig austauschbar an, sofern ihnen Übertragungen dieser Sportarten während der Programmsaison ein gleich hohes Maß an Zuschauerzahlen oder einen gleich hohen Sendemarktanteil gewährleisten. Da sich die Spielzeiten der einzelnen Major League-Sportarten über das Jahr hinweg aber nur geringfügig überlappen und jeweils nicht über das ganze Jahr andauern, sind diese Sportarten auch für diese Sender nicht beliebig austauschbar. Darüber hinaus ist ihr wirtschaftlicher Erfolg unmittelbar mit dem Zuschauerinteresse verknüpft, weshalb die entsprechende Einschätzung der Endverbraucher, d.h. der Fernsehzuschauer und der im Fernsehen werbenden Unternehmen, hier besonders zu berücksichtigen ist. Wie soeben gezeigt wurde,

---

240 Piraino, 79 B.U. L. Rev. 889, 895; Lazaroff, 53 Fordham L. Rev. 157, 209, Ross, 73 Minn. L. Rev. 643, 648.

241 Piraino, 79 B.U. L. Rev. 889, 895f.; Lazaroff, 53 Fordham L. Rev. 157, 209, Ross, 73 Minn. L. Rev. 643, 648; Ross, 52 Case W. Res.L.Rev. 133, 139f.

242 Beispielsweise bezahlten die Einwohner Marylands 1995 US$ 300 Million, um die Baltimore Stallions, eine Mannschaft der sportlich weniger starken Canadian Football League, durch die Baltimore Ravens zu ersetzen.

bilden die einzelnen Sportarten und folglich die entsprechenden Senderechte an den betreffenden Spielbegegnungen aus Sicht dieser Verbraucher aber keine Substitute.

(iii) Marktbeherrschende Stellung der Sportligen

Die Preiselastizität der Nachfrage nach Sportunterhaltung ist gering einzuschätzen. Es besteht nur eine geringe oder überhaupt keine Kreuzpreiselastizität zu anderen Unterhaltungsangeboten. Jede einzelne Sportliga, im besonderen die Major Leagues NBA, NFL, NHL und MLB, agiert mit ihrem Produkt, d.h. ihrer jeweiligen Sportart, jeweils als alleiniger Anbieter auf einem separaten Produktmarkt. Fernsehübertragungen oder über andere Medien ausgestrahlte Sportartveranstaltungen stehen somit nicht im wirtschaftlichen Wettbewerb mit anderen Unterhaltungsprodukten anderer Wirtschaftsteilnehmer.

Die überwiegende Meinung in der Literatur geht deshalb davon aus, daß jede Profiliga (Major League), wie auch die großen Amateursportverbände, in ihrem jeweiligen Produktmarkt (der jeweiligen Sportart und den entsprechenden Senderechten, die den einzelnen Spielübertragungen zugrundeliegen) eine beherrschende Marktmacht entfaltet und dort über eine Monopolstellung verfügt[243].

Dies impliziert jedoch nicht automatisch einen Verstoß gegen § 2 Sherman Act. Denn ein Verstoß gegen das Monopolisierungsverbot erfordert neben der Monopolstellung ein bestimmtes zweckgerichtetes und willentliches Verhalten der Liga durch das die Monopolstellung gefestigt oder ausgebaut werden soll bzw. wird[244]. Die bloße Existenz eines Monopols wird durch diese Vorschrift nicht untersagt.

(e) Monopolstellung einer Liga im Bereich der Fernsehübertragung von Sportereignissen

Ein Grund, der für die Annahme eines Monopols jeder einzelnen professionellen Sportliga in ihrem jeweiligen Produktmarkt spricht, ist die Tatsache, daß es jeweils nur eine Profiliga in der entsprechenden Sportart gibt; jede Liga verfügt demnach über einen Marktanteil von 100%. Gleiches gilt entsprechend im Amateursportbereich, etwa auf der Ebene der NCAA im landesweiten Collegefootball. Die Zugangshürden für den Eintritt eines neuen Vereins in eine dieser Li-

---

243 Lazaroff, 53 Fordham L. Rev. 157, 210f.; Piraino, 79 B.U. L. Rev. 889, 895f.; Weiler, Leveling the Playing Field, S. 327; Champion, Fundamentals of Sports Law, S. 458; Wise & Meyer, International Sports Law, Bd. 1, S. 12; Mason & Slack,7 Marq. Sports L.J. 399, 412; Scott, 39 U. Mich. J.L. Reform 37, 53.

244 Zu den Voraussetzungen siehe Ziffer A.VI.1 oben.

gen sind sehr hoch, da dieser nur mit Zustimmung der jeweiligen Liga bzw. der Clubeigentümer aufgenommen werden kann[245]. Anders als in Europa gibt es in den US-amerikanischen Sportligen keinen regelmäßigen Austausch von Vereinen durch leistungsbedingten Auf- und Abstieg bestimmter Mannschaften in eine höhere oder niedrigere Liga am Saisonende. Auch eine neu gegründete Liga steht vor sehr hohen Eintrittshindernissen in den von einer bereits etablierten Liga derselben Sportart besetzten Wettbewerbsmarkt. Denn in der Regel sind zum einen die verfügbaren Stadien und Sportler bereits alle bei den Clubs der etablierten Liga unter Vertrag und zum anderen hat deren Liga bereits eine umfassende landesweite Fernsehberichterstattung über die Spiele ihrer Vereine durch regelmäßig hochdotierte und mehrjährige Senderechtsverträge implementiert. Der Aufbau eines neuen Ligaspielbetriebs stellt sich deshalb als äußerst kostspielig und ressourcenintensiv dar.

Obwohl eine Vielzahl von Städten, Fernsehsendern und im Sportsektor tätigen Unternehmen daran interessiert sind, in das lukrative Sportunterhaltungsgeschäft einzusteigen, konnte sich seit über 15 Jahren keine neue Profiliga in den USA etablieren[246]. Die Kosten des Eintritts in den Markt stellen für eine neue Liga eine nahezu unüberwindbare finanzielle Hürde dar, da sowohl die Finanzierungskosten für neue Stadien als auch die Gehälter der Starspieler sehr hoch sind[247]. Ohne eine landesweite Übertragung der Spielbegegnungen zwischen den Vereinen der neuen Liga durch Abschluß entsprechender Senderechtsverträge mit national zu empfangenden Fernsehsendern kann sie diese hohen Kosten nicht tragen. Darüber hinaus fehlt ihr ohne einen solchen Vertrag die für das wirtschaftliche Überleben erforderliche Fähigkeit, ihr Produkt einem überregionalen oder nationalen Publikum zugänglich zu machen und somit das Interesse der Investoren und Sponsoren weg von der etablierten Liga auf sich zu ziehen.

Die NFL nahm Ende des letzten Jahrzehntes beispielsweise jährlich im Schnitt US$ 2,2 Milliarden aus Verträgen mit vier Sendernetzen ein, die MLB insgesamt US$ 900 Millionen, wobei allein die beiden Sender Entertainment and Sports Programming Network (**ESPN**) und FOX ungefähr US$ 350 Millionen für die nationalen Übertragungsrechte zahlten[248]. Ein Vertragsabschluß mit einer solchen landesweit sendenden Fernsehstation ist aber nur möglich, wenn die Liga in den großen Städten über das ganze Land verteilt neue Clubs ansiedeln, sich eine ausreichende Anhängerschaft schaffen und eine möglichst große Anzahl

---

245 Ross, 52 Case W. Res. L. Rev. 133, 135.

246 Weiler, Leveling the Playing Field, S. 327.

247 Die jährlichen Einnahmen der NHL beliefen sich Ende der 1990er Jahre auf ungefähr US$ 1,2 Milliarden und in der NFL auf ca. US$ 3,6 Milliarden.

248 Weiler, Leveling the Playing Field, S. 279.

der bekannten Starspieler anwerben kann. Ohne einen lukrativen Fernsehvertrag wechseln aber weder Spieler noch Fans die Liga, und ohne großes Zuschauerinteresse und Starspieler läßt sich kein solcher Vertrag abschließen[249]. Vor diesem Hintergrund ist es nicht überraschend, daß jede in der jüngeren Vergangenheit neu gegründete Liga neben einer bereits vorhandenen Profiliga der selben Sportart nur jeweils einige wenige Jahre überdauerte, bevor sie sich selbst wieder auflöste oder bankrott ging.

3. Sind Sportvereine Monopolisten?

Relevant wird diese Frage bei der Antitrust-Untersuchung von Vereinbarungen beispielsweise zwischen einem Sportverein und einem Fernsehsender über die Vermarktung von lokalen und regionalen Senderechten des Vereins an dessen Heimspielen. Die vorausgegangenen Ausführungen gelten entsprechend auch für die einzelnen in einer Sportliga zusammengeschlossenen Vereine. Uneingeschränkt läßt sich dies für diejenigen Profi- und Amateursportvereine feststellen, die sich ihr lokales und regionales Einzugsgebiet mit keinem anderen Verein derselben Liga teilen müssen. Ein solcher Club verfügt, wie seine Liga, über Monopolmacht im Produktmarkt der Unterhaltung durch die Sportveranstaltung seiner Ligasportart. Der Heimverein ist im relevanten Wettbewerbsmarkt alleiniger Anbieter des Produktes "Spielbegegnung in der Ligasportart". Er kann die einer Ausstrahlung zugrunde liegenden Senderechte an seinen Heimspielen an einen oder mehrere in seiner Region ansässige Fernsehsender veräußern, ohne andere Ligavereine als Wettbewerber fürchten zu müssen, die das gleiche Produkt, nämlich ihr jeweiliges Heimspiel, im selben räumlichen Produktmarkt vermarkten wollen. Sowohl Fernsehsender, Sponsoren, Werbungstreibende als auch die Zuschauer sind einzig auf diesen Heimverein angewiesen, wenn sie dessen Produkt erwerben wollen.

Etwas anderes gilt nur für solche Vereine, die zusammen mit einem oder mehreren Vereinen der selben Liga in dem selben lokalen oder regionalen Zuschauereinzugsgebiet ansässig sind. Hier teilen sich mehrere Hersteller desselben Produktes einen geografischen Markt. Keiner dieser Vereine verfügt in seiner Sportart über eine Monopolstellung im diesem Bereich. Es herrscht Wettbewerb unter ihnen um Eintritt bezahlende Heimspielbesucher, um Fernseh- und Radiosenderechtsverträge mit örtlichen und regionalen Rundfunksendern und um Sponsoren aus der Region. Auf dem Gebiet der durch das Fernsehen landesweit ausgestrahlten Spielbegegnungen in einer Liga spielen die einzelnen Vereine nur in Ausnahmefälle eine Rolle, da insbesondere die Profiligen und die großen Amateursportligen die diesbezüglichen Senderechte der Vereine selbst zentral

---

249 Weiler, Leveling the Playing Field, S. 327; Piraino, 79 B.U. L. Rev. 889, 896.

vermarkten. Vereinbarungen über die zentrale Vermarktung dieser Rechte schalten folglich sowohl den Wettbewerb der Vereine untereinander als auch denjenigen der einzelnen Vereine mit der Liga aus. Ein einzelner Verein tritt nur dann in den Wettbewerb mit einer Liga, wenn er selbst einen nationalen Senderechtsvertrag abgeschlossen hat, was aber nur äußerst selten der Fall ist[250].

4. Zusammenfassung

Zusammenfassend läßt sich festhalten, daß jede einzelne Sportliga, insbesondere die Major Leagues, alleinige Anbieterin der von ihr veranstalteten Sportart und somit auch des entsprechenden Unterhaltungsproduktes ist. Der relevante Produktmarkt besteht aus lediglich einem einzigen Produkt, nämlich der in dieser Liga ausgeübten Sportart bzw. den einzelnen Spielbegegnungen, die die Clubs dieser Liga untereinander austragen. Aus Sicht der Verbraucher ist dieses Ligaprodukt nicht gleichwertig und substituierbar mit anderen Unterhaltungsprodukten, etwa anderen Sportarten oder Freizeitgestaltungsmöglichkeiten. Es herrscht also keine Nachfrageelastizität für dieses Produkt.

Damit steht im Falle der zentralen Senderechtevermarktung durch eine Liga einer Vielzahl von Fernsehsendern, die an einem Erwerb der landesweiten Übertragungsrechte an den Begegnungen der Ligavereine interessiert sind, pro Sportart jeweils nur ein Anbieter von Senderechten in Form der betreffenden Liga gegenüber. Auch die einzelnen Sportvereine verfügen über eine Monopolstellung in ihrer Sportart, es sei denn es befindet sich ein weiterer Verein aus der selben Liga in dem selben unmittelbaren lokalen oder regionalen Einzugsbereich. Ist letzteres der Fall, stehen diese Vereine in dem selben räumlichen Markt im Wettbewerb miteinander, insbesondere um den Abschluß lukrativer Senderechtsverträge mit örtlichen oder lokalen Fernsehsendern.

Ob eine Liga oder ein Verein die eigene Monopolstellung in einer den § 2 Sherman Act verletzenden Weise ausübt, muß jeweils im Einzelfall unter genauer Analyse des fraglichen Verhaltens analysiert werden. Nähere Ausführungen hierzu und zu eventuellen Verteidigungsmöglichkeiten der Monopolisten folgen an geeigneter Stelle jeweils unter den nachfolgenden Ziffern A.VII, A.VIII und A.IX. Allgemein kann jedoch bereits vorab festgestellt werden, daß die Fälle, in denen einer Sportliga oder einem Sportverein vor Gericht eine Monopolisierung des betreffenden Marktes vorgeworfen worden ist, weniger durch die der Klage zugrunde liegenden rechtlichen Ausführungen der Kläger entschieden worden sind als durch deren (Un-) Fähigkeit, ihre tatsachenbezogenen

---

250 Die University of Notre Dame schloß mit dem Fernsehsender NBC einen eigenen Vertrag über die Übertragung ihrer College-Footballspiele.

Behauptungen überzeugend zu beweisen[251]. Bis dato wurden diese Fälle von den Gerichten größtenteils zu Gunsten der sich verteidigenden Ligen und Vereine entschieden[252]. Die in diesem Bereich ergangene Rechtsprechung hatte deshalb nur geringe Auswirkungen auf die Sportunterhaltungsbranche.

VII. Zentrale Vermarktung von Fernsehsenderechten einzelner Vereine an Sportveranstaltungen durch eine Sportliga

1. Einführung

Mit Abschluß eines Fernsehrechtevertrages räumt eine Sportorganisation einem Medienunternehmen generell gegen Zahlung eines bestimmten Geldbetrages das zeitlich befristete Recht ein, eine von ihr betriebene Sportveranstaltung im Fernsehen zu übertragen. Das Medienunternehmen kann entweder ein einzelner Fernsehsender sein oder aus einer Mehrzahl von Sendern bestehen, die sich einem Sender angeschlossen haben oder mehrheitlich von diesem kontrolliert werden und so zusammen ein Sendernetz bilden, dessen Sendegebiet auf diese Weise das ganze Land oder große Teile davon umfaßt (*broadcast network*[253]). In der Regel strebt eine solche Organisation den Erwerb exklusiver Übertragungsrechte an. Exklusive Übertragungsrechte sind Rechte, die nur an einen Sender oder ein Sendernetz vergeben werden und keinem anderen Medienunternehmen die Übertragung des jeweils zugrunde liegenden Sportereignisses gestatten. Solche Exklusivrechte kann der Rechteinhaber einem Dritten für verschiedene Technologien und Übertragungsarten einräumen. In Betracht kommen selbständige Rechte für Liveübertragungen, zeitverzögerte Übertragungen, Kabelfernsehen, Satellitenfernsehen, Radio- oder Internetübertragungen oder Mobilfunk. Exklusive Übertragungsrechte bezüglich Collegesportveranstaltungen enthalten oft eine Ausnahme, die den von Studentenorganisationen oder Universitäten betriebenen Fernseh- oder Radiosendern eine mit der Übertragung des Exklusivrechteinhabers zeitgleiche Ausstrahlung erlauben[254]. Unter den Begriffen "Vermarktung", "Veräußerung" oder "Vergabe" von Senderechten ist die zeitlich befristete rechtsgeschäftliche Übertragung der Sende- und Übertragungsrechte an

---

251 Garrett & Hochberg, Law of Professional and Amateur Sports, § 19.04[1].

252 Eine Ausnahme stellen z.B. die Entscheidungen United States Football League v. National Football League, 842 F.2d 1335, 1353 (2d Cir. 1988) und Chicago Professional Sports Ltd. Partnership v. NBA, 754 F. Supp. 1336, 1356f. (N.D. Ill. 1991) dar.

253 Das Sendernetz CBS Television Network besteht beispielsweise aus 200 angeschlossenen und im Eigentum des Netzwerks stehenden Fernsehsendern und ist selbst Teil des Medienunternehmens Viacom International Inc., welches mit einem Marktanteil von 17% im Jahre 2002 größter Anbieter im Bereich der herkömmlichen Fernsehsender war (Euromonitor, TV Broadcasting in the USA, S. 2, 4).

254 Wong, Essentials of Sports Law, S. 670.

Sportwettkämpfen von Vereinen durch eine Liga oder einen einzelnen Verein zu verstehen, die einem Medienunternehmen während der Vertragslaufzeit gestattet, im Rahmen der übertragenen Rechte über die Spiele zu berichten. Nach Ablauf der Vertragslaufzeit fallen diese Rechte wieder an den Verein oder die Liga zurück und können von diesen erneut vergeben werden. Diese Vergabe der Senderechte ist deshalb mit einer Lizenz vergleichbar.

Die einzelnen Vereine einer Profiliga bündeln in bestimmten Fällen ihre jeweiligen Übertragungsrechte als Paket (*pooling*) und beauftragen gemeinsam ihre Liga damit, als ihr Vertreter bei der Veräußerung der Rechte aufzutreten. Dieses Bündeln der Rechte in der Hand der Liga ist dort sinnvoll, wo die nationale Übertragung der Sportveranstaltungen durch landesweit operierende Fernsehsender gewährleistet ist. In den Amateurligen übertragen die meisten Universitäten und Colleges ihre jeweiligen lokalen Übertragungsrechte für Meisterschaftsspiele vollständig an ihre Liga, die diese dann als eigene Übertragungsrechte sowohl mit national als auch gegebenenfalls mit regional operierenden Sendern verhandelt[255]. Die Vereine und Universitäten steigern durch diese Vorgehensweisen ihre Verhandlungsmacht gegenüber überregional via Kabel oder Satellit zu empfangenden Sendern. Gemeinsam bieten sie den einzelnen Sendern eine weitaus größere Zahl von über das ganze Land verteilten Fans. Somit sind sie in der Lage, den Sendern höhere landesweite Einschaltquoten sowie eine größere Anzahl von potentiellen Zuschauern, Abonnementkunden und Werbeadressaten zu verschaffen, wodurch sich wiederum der Veräußerungspreis ihrer Senderechte erhöhen läßt. Die aus einer solchen Vermarktung resultierenden Einnahmen werden unter allen Vereinen der Sportorganisation aufgeteilt, wenn auch in unterschiedlichem Maße in den einzelnen Ligen und Sportvereinigungen.

Von der Vergabe der landesweiten Senderechte zu unterscheiden ist zum einen die Veräußerung von lokalen Übertragungsrechten der Profivereine an solche Fernsehsender, die nur regional über Antenne zu empfangen sind. Jeder Verein kann diesbezüglich alleine mit dem in seiner Region ansässigen Sender über die Rechte an seinen Heimspielen verhandeln und dementsprechend den kompletten Veräußerungserlös einstreichen, ohne diesen mit anderen Vereinen teilen zu müssen. Außer den Vereinen der NFL ist eine solche einzelvertragliche Absprache mit regionalen Sendern allen Profiligen gemäß ihren Ligastatuten erlaubt[256].

---

255 Beispielsweise gehören der NCAA alle Fernsehrechte in Bezug auf sämtliche Meisterschaftsspiele (2004-05 NCAA Division I Manual, Constitution, Operating Bylaws, Administrative Bylaws, Article 31.6.4).

256 Wong, Essentials of Sports Law, S. 689; Wise & Meyer, International Sports Law, Bd. 1, S. 13 (allein die NFL schließt landesweite Fernsehverträge über die gebündelten Senderechte ihrer Vereine ab und verteilt die hierdurch erzielten Einnahmen gleichmäßig

Zum anderen verhandeln im Bereich des Amateursports manche Universitäten, die nicht Mitglied einer übergeordneten Vereinigung (wie etwa der NCAA) sind, aber dennoch an deren Meisterschaftsspielen teilnehmen, die Veräußerung sämtlicher ihrer Übertragungsrechte ebenfalls in eigener Regie[257]. Auch die Rechte an regulären Saisonspielen oder Play-off-Spielen in regionalen Ligen (*Conferences*) stehen den Universitäten und Colleges selbst zu.

Indem die Vereine ihre Übertragungsrechte auf nationaler Ebene bündeln und in Form der Liga als einziger Produktanbieter auftreten, nutzen sie ihre bereits vorhandene Monopolstellung auf dem Gebiet der Sportunterhaltung aus und erschweren somit sowohl den Eintritt neuer Wettbewerber als auch die Möglichkeiten der Fernsehsender und Werbetreibenden, einen anderen Anbieter der gleichen Sportunterhaltungsform als Vertragspartner zu wählen.

2. Zentrale Vermarktung von Fernsehsenderechten durch Amateursportorganisationen

(a) NCAA v. Board of Regents of University of Oklahoma

Die wichtigste gerichtliche Entscheidung im Bereich der Ausstrahlung von Amateursportveranstaltungen durch das Fernsehen fällte der Supreme Court in *NCAA*[258], dessen Entscheidungsgründe auch heute noch in diesem Bereich Gültigkeit besitzen. Sie sollen deshalb nachfolgend kurz dargestellt werden.

Der zugrunde liegende Sachverhalt läßt sich wie folgt zusammenfassen: Die College Football Association of America (**CFA**)[259] war neben der NCAA eine bedeutende Vereinigung im Zusammenhang mit der Fernsehübertragung von Sportveranstaltungen zwischen Colleges. Sie wollte mit dem Fernsehsender NBC für die beiden Spielsaisons 1982 und 1983 unabhängig von der NCAA einen eigenen Vertrag zur Übertragung der Footballspiele der CFA-Mitglieder abschließen. Die vertraglichen Regelungen waren für ihre Mitglieder hinsichtlich der Ausgestaltung der ihnen eingeräumten Rechte, der Höhe der Einnahmen aus

---

unter allen Vereinen; die NFL-Clubs selbst dürfen keinerlei Fernsehverträge abschließen).

257 So regelte im NCAA-Collegefootballbereich die University of Notre Dame, die nicht Mitglied der NCAA ist, aber an der NCAA-Meisterschaft teilnimmt, die Übertragung ihrer Footballspiele individuell mit dem Fernsehsender NBC.

258 NCAA v. Board of Regents of University of Oklahoma, 468 U.S. 85 (1984).

259 Die CFA bestand aus 63 NCAA Division I-A Mitgliedsinstitutionen und umfaßte fünf der drei großen Football-Ligen (*conferences*) sowie einige große unabhängige Mitglieder, wie die University of Notre Dame. Die CFA hatte das Ziel, die Interessen ihrer Mitglieder innerhalb der NCAA zu unterstützen.

der Vergabe der Senderechte sowie der Anzahl der Übertragungen pro Team vorteilhafter als die durch die NCAA mit den beiden Sendernetzen American Broadcasting Companies, Inc.[260] (**ABC**) und CBS Broadcasting, Inc. (**CBS**) für die Spielzeiten 1982-1985 geschlossenen beiden separaten Verträge. Die NCAA-Verträge gaben den Sendern das Recht, mit jedem NCAA-Mitglied individuell über die Ausgestaltung der Senderechte zu verhandeln. Im Vergleich zum CFA-Vertrag begrenzten sie aber nach Maßgabe der NCAA-Statuten die Gesamtzahl der Fernsehauftritte jedes NCAA-Mitglieds sowie die Zahl der nationalen Spielübertragungen stärker und untersagten den Mitgliedern, ihre Fernsehsenderechte an andere nationale Sendernetze oder Kabelsender zu veräußern[261]. Während die CFA-Mitglieder überlegten, ob sie den CFA-Vertrag annehmen sollten oder nicht, deutete die NCAA an, daß eine solche Annahme einen Verstoß gegen die NCAA-Regeln darstellen würde und disziplinarische Maßnahmen gegen die entsprechenden Mitglieder zur Folge hätte. Dies führte dazu, daß die Mehrzahl der CFA-Mitglieder gegen die Annahme des CFA-Vertrages stimmte und dieser somit nicht wirksam zustande kam. Die University of Oklahoma, die sowohl Mitglied der NCAA als auch der CFA war, klagte daraufhin mit anderen Universitäten gegen die einseitige Kontrolle, die die NCAA aufgrund ihrer Statuten sowie der beiden Fernsehverträge mit ABC und CBS hinsichtlich der Übertragung von Collegefootballspielen über sie ausübte. Diese exklusiven Senderechtsvereinbarungen verletzten ihrer Ansicht nach den Sherman Act[262].

Die NCAA behauptete dagegen, das Fernsehrechtepaket sei für ihre Mitglieder insgesamt von Vorteil und würde zwei wichtige Ziele sichern: (1) die enge Begrenzung der im Fernsehen zu verfolgenden Spiele erhöht die Zahl der Spielbesuche durch das Publikum vor Ort und damit die Ticketverkäufe der Colleges und (2) die Einnahmen durch die Verträge werden auf eine größere Zahl ihrer Mitglieder verteilt und die Spiele einer größeren Anzahl von NCAA-Mitgliedern sind landesweit im Fernsehen zu sehen. Hierdurch würden die einzelnen Universitäten höhere Einnahmen und eine breitere Wahrnehmung in den Medien durch die Öffentlichkeit erhalten. Indem nicht nur die Spiele einer kleinen Gruppe von starken Football-Colleges übertragen werden, weil diese für die Fernsehsender interessanter sind als weniger gute Footballteams anderer Schulen, würde durch stärkeren Wettbewerb unter den Football-Programmen der NCAA-Mitglieder ein zunehmendes Ungleichgewicht zwischen den einzelnen Universitäten und

---

260 Die American Broadcast Company ist Teil des Medienkonzerns Walt Disney Corporation und hatte im Jahre 2001 226 angeschlossene Fernsehstationen und wurde in 23,8% der US-Fernsehhaushalte empfangen (Euromonitor, TV Broadcasting in the USA, S. 7).

261 NCAA v. Board of Regents of University of Oklahoma, 468 U.S. 85, 92f. (1984).

262 NCAA v. Board of Regents of University of Oaklahoma 468 U.S. 85, 95 (1984).

hieraus resultierend auch die ungewisse Zukunft des Collegefootballsports insgesamt verhindert.

Sowohl der District Court als auch der Court of Appeals urteilten, daß die beiden Verträge der NCAA mit ABC und CBS unerlaubte Preisabsprachen, Absatzlimitierungen und einen Gruppenboykott darstellen, da sie den Wettbewerb im Fernsehmarkt für Live-Collegefootball übermäßig beschränken und deshalb per se gegen § 1 Sherman Act verstoßen[263].

Der Supreme Court bestätigte im Ergebnis die beiden vorinstanzlichen Entscheidungen[264]. Er vertrat jedoch die von den Vorinstanzen abweichende Rechtsauffassung, daß nicht die Per Se-Analyse, sondern die Rule of Reason die richtige Untersuchungsmethode für die in Frage stehenden Vereinbarungen ist[265]. Ausschlaggebender Grund hierfür war, daß in der Sportunterhaltungsbranche horizontale Wettbewerbsbeschränkungen unerläßlich sind, damit das Produkt - im Fernsehen gezeigte Collegefootballspiele - überhaupt erst hergestellt und angeboten werden kann[266]. Das durch die NCAA angeführte Argument zurückgehender Ticketverkäufe bei erhöhter Zahl von im Fernsehen zu verfolgender Begegnungen sah der Supreme Court als nicht mit dem Sherman Act vereinbar an. Eine Sportliga sei eine besondere Einheit, die ein bestimmtes Maß an Zusammenarbeit und Übereinstimmung benötige, um einwandfrei funktionieren zu können. Deshalb seien gemeinschaftlich getroffene Vereinbarungen über Fernsehübertragungen, sofern sie nicht alleine und offensichtlich wettbewerbsschädigende Ziele verfolgen, die ihrerseits der Per-Se-Regel unterfielen, gemäß der weniger strengen Rule of Reason-Methode zu untersuchen. Der Supreme Court stützte sich dabei auf die im Kontext von Fernsehübertragungen bedeutende und für seine Anwendung der Rule of Reason im Bereich der gebündelten Veräußerung von Senderechten teilweise ursächliche Argumentationsweise des "einzigartiges Produktes" (*unique product*)[267].

Wirtschaftliche Beschränkungen, die zu einem neuartigen Produkt führen, sind nach dieser Entscheidung anhand der Rule of Reason-Methode zu untersuchen, selbst wenn sie sich in eine Kategorie einordnen lassen, die normalerweise der Per Se-Regelung unterfällt. Der Supreme Court erkannte damit im Rahmen seiner abwägenden Rule of Reason-Untersuchung der NCAA-Fernsehverträge an,

---

263 NCAA v. Board of Regents of University of Oaklahoma 468 U.S. 85, 95f. (1984).
264 NCAA v. Board of Regents of University of Oaklahoma, 468 U.S. 85, 120 (1984).
265 NCAA v. Board of Regents of University of Oaklahoma, 468 U.S. 85, 100 (1984).
266 NCAA v. Board of Regents of University of Oaklahoma, 468 U.S. 85, 100f. (1984).
267 NCAA v. Board of Regents of University of Oaklahoma, 468 U.S. 85, 101 (1984); Wise & Meyer, International Sports Law, Bd. 3, S. 1739.

daß neben rein wettbewerbsbezogenen Vorteilen auch anders geartete, von der NCAA zur Rechtfertigung ihrer Wettbewerbsbeschränkung vorgetragene Vorteile im Bereich des Collegesports von Bedeutung sein können[268]. Die Hypothese, die die Aufrechterhaltung des Wettbewerbsgleichgewichts als eine wettbewerbsfördernde Rechtfertigung legitimiert, besteht gemäß Supreme Court darin, daß gleichmäßiger Wettbewerb die Produktnachfrage der Verbraucher maximiert. Dieser Hypothese wurden die Argumente der NCCA nicht gerecht, denn der Wettbewerb unter den Colleges wurde durch den Fernsehplan weit mehr als nötig reduziert und war deshalb nicht angemessen, um die von der NCAA behaupteten wettbewerbsfördernden Ziele zu verwirklichen. Die Feststellung des Court of Appeals, daß ohne diesen Plan die Zahl der im freien Markt zu verfolgenden Footballbegegnungen höher ausfallen würde als mit ihm, hielt der Supreme Court für korrekt.

Zusammenfassend läßt sich festhalten, daß die Gerichte nach der *NCAA*-Entscheidung eine Sportorganisation, die mit der NCAA vergleichbar ist, mehrheitlich als eine besondere Einheit ansehen, in der ein gewisses Maß an Kooperation und Konkurrenz der Mitglieder nötig ist, um als Ganzes bestehen und ihr Produkt herstellen und vermarkten zu können. Das auf diese Art und Weise hergestellte Produkt ist ein besonderes. Infolgedessen wenden die Gerichte bei der Untersuchung von horizontalen Wettbewerbsbeschränkungen im Bereich der Fernsehübertragung von Amateursportveranstaltungen regelmäßig die abwägende Rule of Reason an und berücksichtigen dabei auch wettbewerbsfördernde Argumente, es sei denn es handelt sich um offensichtlich wettbewerbschädigende Beschränkungen, die weiterhin der Per Se Illegality Rule unterfallen.

(b) Rechtsprechungsüberblick sowie wirtschaftliche und wettbewerbsrechtliche Auswirkungen von NCAA v. Board of Regents of University of Oklahoma

(i) Rechtsprechungsüberblick

NCAA führte dazu, daß zahlreiche in verschiedenen Regionalligen (*Conferences*) organisierte Colleges ihre Senderechte an ihren Fooballspielen als Paket bündelten und diese Rechte dann zentral durch die jeweilige Regionalliga vermarkten ließen. So schloß auch die CFA[269] einen exklusiven Vertrag zur Übertragung der Spiele von CFA-Mitgliedern mit dem Sender ABC ab, welcher den einzelnen Mitgliedern aber die nationale Ausstrahlung ihrer Spiele mit anderen Sendern untersagte. Hintergrund für dieses Bündeln von Übertragungsrechten

---

268 NCAA v. Board of Regents of University of Oaklahoma, 468 U.S. 85, 113 (1984).

269 Siehe hierzu erläuternd Fn. 259 oben.

bei der CFA war die Befürchtung vieler kleinerer Universitäten und Colleges, die mit ihren Spielen kein so großes Publikum erreichen konnten wie die größeren Universitäten, ihr wirtschaftliches Überleben sei gefährdet, wenn die großen Universitäten nun plötzlich vermehrt lukrative Exklusivverträge mit Fernsehsendern eingingen.

In der Folgezeit kam es zu mehreren Antitrust-Verfahren gegen die CFA in Bezug auf Senderechtsvereinbarungen der CFA, die teilweise zugunsten[270] und teilweise zulasten[271] der CFA entschieden wurden. Das für sie positive Urteil beruhte u.a. darauf, daß das zuständige Gericht die CFA als ein Joint Venture beurteilte, dessen Handlungen anhand der Rule of Reason zu prüfen sind[272]. Das zuständige Gericht stellte überdies fest, daß sich die CFA im Collegefootballmarkt, anders als die NCAA, im Wettbewerb mit anderen Regionalligen befindet und sie deshalb weder den Preis noch den Zugang zum Markt für Collegefootballübertragungen kontrolliere, so daß dieser Produktmarkt von dem der NCAA zu unterscheiden sei.

Demgegenüber konnte die CFA die Antitrust-Gesetze nicht zu ihren Gunsten nutzen als die University of Notre Dame im Jahre 1990 aus dem Fernsehrechtevertrag mit der CFA und der ABC ausschied, um eine separate Vereinbarung mit dem Sender NBC zu treffen. Durch diesen Vertrag wurden die Notre Dame-Spiele landesweit ausgestrahlt - im Gegensatz zum ABC-Vertrag, der nur eine regionale Ausstrahlung ihrer Spiele vorsah. Zudem war diese bilaterale Vereinbarung auch finanziell lukrativer für die Universität. Aufgrund des durch die *NCAA*-Entscheidung getroffenen Präzedenzfalles, der einen offenen und ungehinderten Wettbewerb im Fernsehmarkt für Collegefootball geschaffen hatte, konnte die CFA nicht in Erfolg versprechender Weise rechtlich gegen die Universität vorgehen[273].

(ii) Wirtschaftliche und wettbewerbsrechtliche Auswirkungen

Die aufgezeigte Entwicklung führte im Ergebnis dazu, daß die NCAA auf dem Gebiet der Übertragung von Collegefootballspielen heute nicht mehr Partei entsprechender Verträge mit Fernsehsendern ist. Die verschiedenen Regionalligen wiederum erkannten die gestiegene Verhandlungsmacht der Hochschulen und

---

270 Association of Independent Television Stations v. The College Football Association, 637 F. Supp. 1289 (N.D. Okla. 1986).

271 Regents of the University of California v. American Broadcasting Companies, Inc., 747 F.2d 511 (9th Cir. 1984).

272 Association of Independent Television Stations v. The College Football Association, 637 F. Supp. 1289, 1297 (N.D. Okla. 1986).

273 Wong, Essentials of Sports Law, S. 693.

verstärkten ihre Bemühungen, erfolgreiche Football-Colleges für sich zu gewinnen, um ihrerseits finanziell lohnenswerte Verträge mit Fernsehsendern abschließen zu können[274]. Wie das Beispiel der University of Notre Dame zeigt, können jetzt auch einzelne Universitäten ihren eigenen Bekanntheitsgrad zu ihrem alleinigen finanziellen Vorteil nutzen und ihre lokalen sowie landesweiten Übertragungsrechte an ihren Footballspielen unabhängig von einer Interessengemeinschaft mit anderen Universitäten entgeltlich an Fernsehsender veräußern.

In wirtschaftlicher Hinsicht führte die Möglichkeit der Hochschulen, ihre Senderechte alleine oder zusammen mit ihrer Regionalliga an Fernsehsender zu verkaufen dazu, daß sich die Einnahmeunterschiede aus der Fernsehvermarktung zwischen den großen und kleinen Universitäten vergrößerten. Andererseits verfügen die Hochschulen nunmehr über eine uneingeschränkte Handlungsfreiheit auf dem Gebiet der Fernsehrechtevermarktung. Für einige unter ihnen, wie die University of Notre Dame, wirkte sich dies finanziell positiver aus als unter dem Zentralvermarktungsmodell. Hochschulen, für die eine Individualvermarktung nicht erfolgversprechend ist, vermarkten ihre Rechte seither über eine Regionalliga. So profitieren sie von einem Erlösumverteilungsmodell und haben aufgrund des stärkeren Wettbewerbsdrucks zwischen den einzelnen Regionalligen dennoch eine größere Flexibilität und Handlungsfreiheit als unter der exklusiven Vermarktung durch die NCAA.

Nutznießer des *NCAA*-Urteils sind u.a. die Fernsehsender. Es kam danach zu einer Zunahme der Fernsehübertragungen von Collegefootballspielen auf Kabelsendern und traditionellen Sendernetzen. Dies führte zwar gleichzeitig zu einer generellen Verringerung der Werbeeinnahmen der einzelnen Sender pro Footballspiel, da die werbenden Unternehmen ihre Werbespots wegen des breiteren Angebots auf mehrere Sender aufteilten und sie nunmehr größere Auswahlmöglichkeiten vorfanden als zuvor[275]. Andererseits sind die Sender aufgrund der geringeren Werbeeinnahmen, die sie mit den Sportübertragungen erzielen können, nicht mehr in der Lage und dazu bereit, hohe Summen für den Erwerb von Senderechten für Sportveranstaltungen zu bezahlen. Die Rechteverkäufer sind folglich gezwungen, die – zuvor freilich überhöhten – Senderechtspreise zu reduzieren. Unmittelbar nach dem *NCAA*-Urteil sanken dementsprechend die Preise der Senderechte um ca. ein Drittel pro Spiel[276]. Als Ergebnis nahm die Zahl der col-

---

[274] Beispielsweise trat die Pennsylvania State University der Regionalliga Big Ten Conference und die Florida State University der Atlantic Coast Conference bei. Die Southeastern Conference schloß mit dem Sender CBS einen Vertrag über sechs Jahre Laufzeit beginnend im Jahre 2002.

[275] United States Football League v. National Football League, 842 F.2d 1335, 1357 (2nd Cir. 1988); Rivello, 47 Drake L.J. 177, 180; van Glish, 1 Sports Law J. 79, 81f.

[276] Greenspan, 33 Antitrust Bulletin 1, 40; Weiler & Roberts, Sports and the Law, S. 765.

legefootballübertragenden Sender von drei auf elf Sender ein Jahr nach dem Urteil zu[277]. Die niedrigeren Preise ermöglichen es nun einer größeren Anzahl auch an kleineren Sendern, sich um den Erwerb von Senderechten zu bewerben. Dieser neue Wettbewerb führte jedoch allerdings dazu, daß einige dieser Sender aufgrund der niedrigeren Fernsehzuschauerzahlen pro Spiel, geringeren Werbeeinnahmen und zu optimistischen Kalkulationen kurze Zeit nach dem Ende der Zentralvermarktung aufgrund von Insolvenz oder Senderzusammenschlüssen wieder vom Markt verschwanden. Wettbewerb ist also folglich nicht nur nicht völlig ausgeschlossen, wie Weihs attestiert[278]. Vielmehr nahm der Wettbewerb auf dem nachgelagerten Markt für Collegefootballsenderechte aufgrund der individuellen Rechtevermarktung im Vergleich zur Situation unter dem Zentralvermarktungsregime spürbar zu und funktioniert noch immer.

Auch die Fernsehzuschauer profitieren von der größeren Anzahl an Spielübertragungen und einer größeren Senderauswahl. Vor allem die bessere lokale und regionale Fernsehpräsenz, die für die Collegefootballfans von besonderem Interesse ist, wirkte sich zu ihren Gunsten aus. Der intensivere Wettbewerb unter den Fernsehsendern führte zu einer Verbreiterung des Angebots und erzeugte auf die Programmanbieter Druck, die Qualität und Attraktivität ihrer Collegefootballübertragungen zu erhöhen. Als geringen Nachteil für die Zuschauer, die sich die Spiele vor Ort im Stadion ansehen wollen, sieht Weihs die unterschiedlichen Zeiten an, zu denen die Spiele nunmehr stattfinden, da die Clubs anders als früher die Anfangszeiten der Begegnungen jetzt an den jeweiligen Zeitfenstern der Fernsehübertragungen ausrichten[279]. Die Fernsehzuschauer seien davon jedoch nicht betroffen, weil sie nun am Wochenende zu jeder Zeit die Möglichkeit hätten, sich ein Spiel anzusehen, während es zuvor nur zwei Spiele im gesamten Land gewesen seien. Worin hier der Nachteil der Stadionzuschauer liegen soll, ist unklar. Da der Beginn der einzelnen Spiele bereits lange im voraus feststeht, können sich die Stadionbesucher problemlos darauf einstellen. Die unterschiedlichen Anfangszeiten geben ihnen sogar die Möglichkeit, einzelne Spiele, die sie vorher aufgrund fester anderweitiger Termine nicht hätten besuchen können, nun doch live im Stadion zu verfolgen.

Die Werbungstreibenden sind ebenfalls Nutznießer der *NCAA*-Entscheidung. Wie vorstehend erwähnt, reduzierten sich die von den einzelnen Sendern erzielbaren Preise für Werbespots aufgrund des insgesamt breiteren Collegefootballangebots im Fernsehen und der damit einhergehenden Verringerung des Zu-

---

[277] Greenspan, 33 Antitrust Bulletin 1, 40; Weihs, Zentrale Vermarktung von Sportübertragungsrechten, S. 346.

[278] Weihs, Zentrale Vermarktung von Sportübertragungsrechten, S. 345.

[279] Weihs, Zentrale Vermarktung von Sportübertragungsrechten, S. 346f.

schaueranteils bezogen auf die einzelnen Spiele sowie der Notwendigkeit der Werbenden, ihre Werbeausgaben nunmehr auf eine Vielzahl verschiedener Sender zu verteilen[280]. Wegen des breiteren Spielübertragungsangebots bieten sich den Werbungstreibenden jetzt weit mehr Alternativen für den Kauf von Werbezeiten als zuvor, wodurch sie die für sie jeweils günstigsten Werbezeiten besser auswählen können. Zudem können sie ihre jeweilige Zielgruppe dank der häufig stärker regional ausgerichteten Ausstrahlung noch gezielter ansprechen als zuvor.

Im Gegensatz zum Collegefootballfernsehmarkt ist die NCAA im Bereich des Collegebasketballsports weiterhin auf dem Markt für Fernsehübertragungen wirtschaftlich aktiv. Sie schloß mit der CBS einen bis zum Ende der Collegebasketballsaison 2012-2013 laufenden Vertrag hinsichtlich der Übertragung aller NCAA-Basketball-Meisterschaftsspiele. Weder die einzelnen NCAA-Hochschulen noch die Regionalligen fochten diese Vereinbarung gerichtlich an, da die Übertragungsrechte bzgl. dieser Meisterschaftsspiele der NCAA selbst gehören. Dies gilt jedoch nicht für die Rechte an den regulären Collegebasketballsaisonspielen oder Play-off-Spielen in der jeweiligen Regionalliga, die alleine den einzelnen Colleges und Universitäten zustehen[281]. Hinsichtlich der Senderechte dieser letztgenannten Spiele besteht also ebenfalls Wettbewerb.

(c) Zusammenfassung

Alle diese Fälle machen deutlich, daß der Wettbewerb sowohl auf dem vorgelagerten als auch dem nachgelagerten Markt für Fernsehsenderechte an Collegefootballspielen durch die *NCAA*-Entscheidung des Supreme Court und die nachfolgend ergangenen Gerichtsurteile gestärkt worden ist. Fernsehzuschauer, Fernsehsender und Werbungstreibende profitieren von einem breiteren Collegesportübertragungsangebot, geringeren Senderechtspreisen und Werbekosten; selbst die einzelnen Hochschulen profitieren von einer größeren Handlungsfreiheit und Flexibilität hinsichtlich der Rechtevermarktung.

NCAA zeigt zunächst, daß die Gerichte die Rule of Reason und die Ancillary Restraint-Doktrin auf die NCAA und vergleichbare Amateursportvereinigungen anwenden. Damit einhergehend erkannte die Rechtsprechung die Möglichkeit dieser Organisationen an, wettbewerbsfördernde Argumente zur Aufrechterhaltung der von ihnen angewandten wirtschaftlichen Beschränkungen anzuführen. Ferner stärkten diese Entscheidungen die Stellung der einzelnen Colleges und Universitäten auf dem Markt für Fernsehunterhaltung durch Collegefoot-

---

280 Siehe Greenspan, 33 Antitrust Bulletin 1, 44ff.
281 Wong, Essentials of Sports Law, 693f.

ballspiele, indem die Gerichte die unterschiedliche kartellrechtliche Qualität einerseits der NCAA als einer für den Erhalt des Collegefootballsports unerläßlichen Organisation mit großer Monopolmacht sowie andererseits der CFA als einer sich im Wettbewerb mit anderen Anbietern von Footballübertragungen befindenden Organisation - also ohne Monopolmacht - heraus gearbeitet haben. Das ermöglicht den Colleges einerseits, durch Bündeln ihrer Übertragungsrechte unabhängig von der NCAA auf der Ebene der Regionalligen lukrative und ihre Bedürfnisse besser widerspiegelnde Verträge mit landesweit zu empfangenden Fernsehstationen einzugehen. Andererseits können sie nunmehr selbst individuelle Verträge mit Fernsehsendern zur exklusiven Ausstrahlung ihrer Spiele abschließen und somit in Wettbewerb mit den Regionalligen treten. Da es eine Vielzahl von Regionalligen gibt und sich diese hinsichtlich der Vergabe von Fernsehrechten miteinander im Wettbewerb befinden, wirkt sich die gemeinsame Vermarktung auf dieser Ebene weniger wettbewerbsbeschränkend aus als auf der Ebene der NCAA, wo diese alleinige Rechteanbieterin ist.

3. Zentrale Vermarktung von Fernsehsenderechten durch die Major Leagues im Rahmen des Sports Broadcasting Act

(a) Sports Broadcasting Act - Einführung

Bis in die 1950er Jahre verhandelten die Profi-Sportvereine individuell mit Fernsehsendern über die Veräußerung der Übertragungsrechte an ihren Spielbegegnungen. Als sich in dieser Zeit die Fernsehsportübertragungstechnik weiterentwickelte realisierten die Profisportligen, daß das Bündeln der Senderechte der einzelnen Vereine in der Hand der Liga und die paketweise Veräußerung dieser Rechte durch die Liga an landesweit übertragende Sendernetze sowohl die Gesamteinnahmen der Liga steigerte als auch eine Einnahmenverteilung unter den einzelnen Clubs ermöglichte.

Die NFL befürchtete jedoch, daß aufgrund der moderneren Fernsehtechnik die Footballspiele ihrer Clubs nun überall im Land zu sehen sein könnten, was die territoriale Exklusivität, die in der NFL-Satzung zugrundegelegt war, gefährdete. Deshalb untersagte sie den NFL-Clubs in einer differenzierenden Satzungsregelung die Live-Übertragung von Auswärtsspielen in die Heimregionen anderer NFL-Mannschaften, unabhängig davon, ob das betreffende Team tatsächlich am selben Tag ein Heimspiel bestritt oder nicht. Das Justizministerium ging daraufhin kartellrechtlich gegen diese Satzungsbestimmungen vor. Der zuständige District Court entschied in *United States v. NFL*[282] unter Anwendung der Rule of Reason, daß derjenige Teil der Satzungsregelung, der die Übertragung eines

---

[282] United States v. NFL, 116 F. Supp. 319, 322, 326f. (E.D. Pa. 1953).

Auswärtsspiels einer Mannschaft in das eigene regionale Zuschauereinzugsgebiet erlaubte und gleichzeitig den anderen NFL-Clubs untersagte, ihre Spiele in das Einzugsgebiet dieser an diesem Tag auswärts spielenden Mannschaft zu übertragen, nicht mit § 1 Sherman Act vereinbar sei. Diese Regelung würde den Wettbewerb zwischen der auswärts spielenden Mannschaft und den übrigen NFL-Teams um die Vermarktung der Senderechte in dieser Heimregion unangemessen einschränken und ausschließlich bezwecken, es dem auswärts spielenden Club zu ermöglichen, Monopolsenderechte für die Ausstrahlung seiner Auswärtsspiele in seiner Heimregion vermarkten zu können. Das Gericht hielt jedoch den anderen Regelungsteil aufrecht, der es den Vereinen gestattete, die Übertragung von Auswärtsspielen anderer Clubs in ihre eigenen Zuschauereinzugsgebiete zu untersagen, wenn sie an diesem Tag selbst ein Heimspiel bestreiten (Blackout-Regel), da dies zum Schutze der für die Vereine wichtigen Einnahmen aus Eintrittskartenverkäufen unerläßlich und sogar wettbewerbsfördernd wäre.

Das selbe Bundesgericht untersagte 1961 in einem zweiten Urteil gegenüber den selben Parteien eine Exklusivvereinbarung zwischen der NFL und dem Sender CBS als eine gegen § 1 Sherman Act verstoßende horizontale Wettbewerbsbeschränkung, da diese Vereinbarung jeglichen Wettbewerb unter den Vereinen aufhob[283]. Durch die Vertragsregelung sollten sämtliche NFL-Vereine ihre jeweiligen Senderechte an ihren Spielen auf der Ebene der NFL bündeln und nur das hieraus resultierende Rechtepaket sollte dann exklusiv durch die NFL veräußert werden dürfen, d.h. die einzelnen NFL-Clubs durften ihre eigenen Senderechte nicht mehr individuell vermarkten. Das Urteil führte zu großem Aufruhr unter den Verantwortlichen der NFL, den NFL-Clubs und den Footballfans, da es im Ergebnis bedeutete, daß die Footballspiele der NFL in jener Saison überhaupt nicht im Fernsehen zu sehen sein würden. Der Kongreß reagierte daraufhin prompt und erließ innerhalb von zwei Monaten den Sports Broadcasting Act[284].

Wie oben bereits dargelegt, unterliegen die professionellen Sportligen den Vorschriften des Antitrust-Rechts[285]. Der Sports Broadcasting Act stellt für ein bestimmtes wettbewerbsbeschränkendes Verhalten bestimmter in einer Liga professionell betriebener Mannschaftssportarten eine Ausnahme vom Anwendungsbereich der Antitrust-Gesetze dar. Er befreit grundsätzlich die zentrale Vermarktung (*pooling*) von Fernsehsenderechten an Spielbegegnungen der Mitgliedsvereine der Profisportligen MLB, NBA, NFL und NHL von der Erfassung

---

283 United States v. NFL, 196 F. Supp. 445, 447 (E.D. Pa. 1961).
284 15 U.S.C. §§ 1291-1295 (2001).
285 Siehe Ziffer A.III.1.

durch die Antitrust-Gesetze, wie sie im Clayton Act und im Federal Trade Commission Act definiert sind[286]. Das Gesetz enthält jedoch auch Ausnahmen, welche die Ausstrahlung bestimmter Spiele wiederum den Regelungen des Antitrust-Rechts unterwerfen[287]. Der Kongreß ergänzte § 1291 des Gesetzes im Jahre 1966, um die Fusion der beiden Profifootballigen NFL und American Football League (**AFL**) vor Antitrust-Untersuchungen und mithin der drohenden gerichtlichen Untersagung zu schützen.

(b) § 1291 Satz 1 Sports Broadcasting Act - Wortlaut und Gesetzgebungshintergrund

Der Passus des Sports Broadcasting Act, der die zentrale Vermarktung von Fernsehübertragungsrechten regelt, lautet auszugsweise wie folgt:

The antitrust laws as defined in section 1... or in the Federal Trade Commission Act ... shall not apply to any joint agreement by or among persons engaging in or conducting the organized professional team sports of football, baseball, basketball, or hockey, by which any league of clubs participating in professional football, baseball, basketball, or hockey contests sells or otherwise transfers all or any part of the rights of such league's member clubs in the sponsored telecasting of the games of football, baseball, basketball, or hockey, as the case may be, engaged in or conducted by such clubs...

Der Kongreß verfolgte mit dieser Vorschrift das Ziel, die Auswirkungen des eingangs erwähnten Gerichtsurteils aus dem Jahre 1961 zu überwinden und den Vereinen das Zusammenlegen und gemeinsame Vermarkten der Übertragungsrechte an ihren Spielen zu ermöglichen, ohne gegen das Antitrust-Recht zu verstoßen[288]. Der NFL sollte es erlaubt sein, die Auswärtsspiele von NFL-Mannschaften über das Fernsehen in ihre jeweiligen Heimregionen hinein auszustrahlen. Die gebündelte Veräußerung von Übertragungsrechten sollte die sportlich schwächeren Vereine schützen, indem die Spiele dieser Vereine genauso oft im Fernsehen zu sehen sein sollten wie die der stärkeren Mannschaften, was wiederum die jeweilige Liga vor dem finanziellen Scheitern bewahren und somit im Interesse aller Sportfans sei[289]. Die zentrale paketweise Veräußerung der Senderechte verhindert laut Gesetzesbegründung, daß nicht nur wenige Vereine dazu in der Lage sind, mit der (damals) begrenzten Anzahl von verfügbaren

---

286 15 U.S.C. § 1291 (2001).
287 15 U.S.C. §§ 1292, 1293 (2001).
288 Senate Report No. 87-1087, 1961 U.S.C.C.A.N. S. 3042; House of Representatives Report No. 1178, 87th Congress, 1st Session 2 (1961).
289 Senate Report, No. 87-1087, 1961 U.S.C.C.A.N., S. 3042.

Sendernetzen über die Ausstrahlung ihrer Spiele zu verhandeln. Sportligen sollten hierdurch effektiver wirtschaften können. Ferner erforderte das öffentliche Interesse, professionell betriebene Ligasportarten verfolgen zu können, nach Auffassung des Gesetzgebers eine gewisse Anpassung der Antitrust-Rechtsprinzipien[290]. Der Kongreß wollte mit Hilfe des Sports Broadcasting Act zugleich eine offensichtliche Ungleichbehandlung der verschiedenen Profiligen beseitigen. Diese bestand darin, daß sowohl die NBA, die NHL als auch die AFL Senderechtsvereinbarungen mit Fernsehsendern getroffen hatten, die fast identisch waren mit dem NFL-CBS-Vertrag aus dem Jahr 1961, aber nur letzterer gerichtlich untersagt worden war[291]. All dies macht deutlich, daß der Sports Broadcasting Act ein Gesetz ist, das den Interessen und dem Schutz einer bestimmten Wirtschaftsgruppe dient, nämlich den in § 1291 Satz 1 Sports Broadcasting Act genannten vier Major Leagues[292].

(c) § 1291 Satz 1 Sports Broadcasting Act - Analyse des Anwendungsbereichs

Der Sports Broadcasting Act ist eine gesetzlich normierte Ausnahme vom Anwendungsbereich des § 1 Sherman Act und des Federal Trade Commission Act. Gemäß seinem Wortlaut können sich alle professionell in den Mannschaftssportarten Baseball, Basketball, Football und Eishockey aktiven Ligen auf diese Regelung berufen; namentlich sind dies die vier Major Leagues MLB, NBA, NFL und NHL, aber auch andere Profiligen, in denen diese Sportarten betrieben werden, wie etwa die International Hockey League oder die Canadian Hockey League[293]. Nicht anwendbar ist der Sports Broadcasting Act dagegen auf die NCAA oder andere Amateursportvereinigungen. Ferner erstreckt sich die Regelung des § 1291 Sports Broadcasting Act nicht auf Rechte an Radioübertragungen, sondern erfaßt ausschließlich Fernsehübertragungsrechte[294]. Die nachfolgenden Ausführungen geben einen Überblick über die wesentlichen zu dieser Vorschrift ergangenen Gerichtsentscheidungen und fassen die dort entwickelten Rechtsgrundsätze zusammen.

---

290 Senate Report, No. 87-1087, 1961 U.S.C.C.A.N., S. 3044.

291 Senate Report, No. 87-1087, 1961 U.S.C.C.A.N., S. 3043.

292 Chicago Professional Sports Ltd. Partnership v. NBA, 961 F.2d 667, 671 (7th Cir. 1992); Anderson, 17 Hastings Comm. & Ent. L.J. 945, 958; Rivello, 47 Drake L.J. 177, 186.

293 Wise & Meyer, International Sports Law, Bd. 3, S. 1744; Wong, Essentials of Sports Law, S. 671; Rivello, 47 Drake L.J. 177, 186; Cox, 47 Fed. Comm. L.J. 571, 574.

294 Henderson Broadcasting Corp. v. Houston Sports Assoc., 541 F. Supp. 263, 269 (S.D. Tex. 1982).

(i) United States Football League v. National Football League

Der Fall *United States Football League v. National Football League*[295] enthält grundlegende Ausführungen sowohl hinsichtlich der Anwendung des Sports Broadcasting Act durch die Gerichte als auch hinsichtlich verschiedener anderer Antitrust-Rechtsaspekte, die im Kontext von Fernsehsenderechtsverträgen relevant werden können. Die Entscheidung soll deshalb in ihren Grundzügen analysiert werden.

Die United States Football League (**USFL**) erhob im Jahre 1987 Klage gegen die NFL mit der Begründung, die NFL hindere sie durch repressive Geschäftspraktiken daran, Verträge zur Übertragung ihrer Spiele mit Sendernetzen zu schließen. Sie verstoße deshalb gegen §§ 1 und 2 Sherman Act. Im Gegensatz zur NFL war die USFL eine erst im Jahre 1982 gegründete Profiliga, die um ihr wirtschaftliches Überleben kämpfte und schließlich bereits 1986 - also noch vor Klageerhebung - mit US$ 160 Millionen Schulden ihren Spielbetrieb einstellen mußte. Die Verträge der NFL mit den Sendernetzen ABC, CBS und NBC enthielten seit 1970 ein Vorkaufsrecht der Sender, wonach diese wählen konnten, ob sie den jeweiligen Vertrag mit der NFL für die auf das jeweilige Vertragsende folgende Spielzeit fortführen wollen oder nicht[296]. Die Senderechtsverträge der Jahre 1982-1986 waren zudem allesamt nicht-exklusiv ausgestaltet, d.h. sie hinderten den betreffenden Sender nicht daran, ein Footballspiel einer anderen Football-Liga als der NFL zu einer Zeit zu übertragen, zu der er nicht gerade ein NFL-Spiel zeigte[297]. Die USFL verlegte ihren Spielbetrieb vom Frühjahr auf den Herbst und konkurrierte damit direkt mit der NFL, deren Saison ebenfalls im Herbst startete. Im Unterschied zur NFL konnte die USFL jedoch keinen Vertrag mit einem Fernsehsender abschließen, der die Übertragung der Spiele der USFL-Teams gesichert hätte. Die NFL vergab die Senderechte zur Übertragung der Super-Bowl-Spiele wechselweise an ABC, CBS und NBC und expandierte ihren Spielbetrieb durch Vergabe eines NFL-Franchise-Rechts an die Stadt Oakland, in der auch die USFL Oakland Invaders spielten.

Sowohl das Bezirksgericht als auch das Berufungsgericht bestätigte die Rechtsauffassung der NFL, daß § 1291 Sports Broadcasting Act auf die Verträge mit den drei Sendernetzen ABC, CBS und NBC anwendbar sei. Die USFL

---

295 United States Football League v. National Football League, 842 F.2d 1335 (2d Cir. 1988).

296 United States Football League v. National Football League, 842 F.2d 1335, 1347f. (2d Cir. 1988).

297 United States Football League v. National Football League, 842 F.2d 1335, 1348 (2d Cir. 1988).

hatte hingegen behauptet, die Ausnahmeregelung für zentral vermarktete Senderechtsverträge des Sports Broadcasting Act nehme nur Verträge mit einem einzigen Sendernetz von der Anwendbarkeit des Antitrust-Rechts aus[298]. In seiner Urteilsbegründung führte das Berufungsgericht aus, daß sich aus dem eindeutigen Wortlaut des § 1291 Sports Broadcasting Act weder direkt noch indirekt ableiten ließe, daß diese Ausnahme der NFL lediglich den Abschluß eines Vertrages mit einem einzigen Sendernetz erlaube[299]. Für diese Annahme spreche auch die Tatsache, daß der Kongreß in § 1293 Sports Broadcasting Act die Pooling-Ausnahme des § 1291 Sports Broadcasting Act zum Schutz von College- und Highschoolfootball explizit als nicht anwendbar erklärte, aber keine vergleichbare ausdrückliche Begrenzung der Ausnahme für gebündelte Senderechte mit mehr als einem Sendernetz existiere[300].

Das Gericht entschied, daß die durch den Sports Broadcasting Act geschaffene Ausnahme vom Geltungsbereich des Sherman Act anwendbar ist, sofern die Vereinbarung zur Bündelung der Senderechte weder eine gesetzeswidrige Monopolisierung noch eine unangemessene Beschränkung des Wettbewerbs mit konkurrierenden Ligen oder deren Möglichkeiten, ihre eigenen Fernsehübertragungsrechte an ihre Sportveranstaltungen zu veräußern, darstellt[301]. Die Gesetzesmaterialien machen deutlich, daß gemeinsame Vereinbarungen zwischen Ligamitgliedern, deren Ziel oder Effekt es ist, eine konkurrierende Liga oder deren Mitglieder von der Vermarktung derer Senderechte abzuhalten, nicht durch den Sports Broadcasting Act geschützt werden[302].

Letztlich folgten sowohl das Ausgangs- als auch das Berufungsgericht lediglich einem der vielen von der USFL angeführten Klagegründe. Sie sahen es als erwiesen an, daß die NFL wegen des tatsächlichen Erwerbs einer Monopolstellung gegen § 2 Sherman Act verstoßen habe. Denn die NFL habe in dem als "Major League Profifootball in den USA" definierten Markt willentlich und bewußt Monopolmacht erworben und der USFL durch diese Monopolstellung Schaden

---

298 United States Football League v. National Football League, 842 F.2d 1335, 1353 (2d Cir. 1988).

299 United States Football League v. National Football League, 842 F.2d 1335, 1354 (2d Cir. 1988).

300 United States Football League v. National Football League, 842 F.2d 1335, 1354 (2d Cir. 1988).

301 United States Football League v. National Football League, 842 F.2d 1335, 1358 (2d Cir. 1988).

302 United States Football League v. National Football League, 842 F.2d 1335, 1354 (2d Cir. 1988); House of Representaives Report No. 1178 87 th Cong. 4 (1961).

zugefügt[303]. Die Jury sprach der USFL daraufhin einen Schadensersatz in Höhe von US$ 1 zu, der gemäß § 4 (a) Clayton Act auf US$ 3 verdreifacht wurde[304]. Dieser äußerst niedrige Schadensersatzzuspruch erklärt sich einerseits aus der ausdrücklichen richterlichen Zurückweisung der Behauptung, die NFL benutze ihre Monopolstellung zusammen mit den Sendernetzen, um die USFL von dem Abschluß lukrativer Senderechtsverträge abzuhalten und zum anderen daraus, daß die Jury der Ansicht war, die USFL sei größtenteils selbst verantwortlich für ihr unattraktives Produkt. Die USFL habe ihre Spielsaison aus reinem Streben nach finanziellem Gewinn kurzfristig freiwillig vom Frühjahr auf den Herbst verlegt und gehofft, durch die verstärkte Football-Konkurrenz letztlich die NFL zu Fusionsverhandlungen zu zwingen. Dieser Schritt führte jedoch zu einem noch größeren Verlust an USFL-Fans und zu einem sinkenden finanziellen Wert der Fernsehübertragungen von USFL-Spielen. Das Gericht schlußfolgerte, daß der Sherman Act eine Branchenstruktur nicht einfach deshalb gesetzlich verbietet, weil diese die Wettbewerber daran hindere, ein sofortiges Gleichgewicht untereinander zu erzielen. Dies gelte insbesondere für Major League Profifootball, da der Kongreß durch gesetzgeberischen Akt die dort vorhandene Branchenstruktur selbst geschaffen habe[305].

Dieses Urteil macht deutlich, daß im Bereich des § 1291 Sports Broadcasting Act die Vermarktung von Senderechten durch eine Profiliga in verschiedenen Paketen an mehr als nur einen Fernsehsender vom Anwendungsbereich des Sherman Act freigestellt und somit zulässig ist. Diese Vorschrift gewährt einer Liga erst dann keine Antitrust-Immunität mehr, wenn ihr zugrunde liegendes Verhalten eine unzulässige Monopolisierung oder unangemessene Beschränkung des Wettbewerbs mit einer konkurrierenden Liga darstellt oder sie bewußt dieses Ziel verfolgt. Darüber hinaus stellt die Entscheidung klar, daß der Sherman Act nicht schon dann verletzt ist, wenn in einer Branche Wirtschaftsbedingungen herrschen, die bei den jeweiligen Wettbewerbern nicht zu sofortiger wirtschaftlicher Parität führen. Im Rahmen einer Antitrust-Analyse ist also die Entstehungs- und Entwicklungsgeschichte einer Branche stets mit zu berücksichtigen. Wenn - wie im Falle der NFL, die aus einem gesetzlich erlaubten Zusammenschluß zweier Profifootball-Ligen hervorging - bestimmte Branchen- oder Produktmarktbedingungen durch den Gesetzgeber bewußt zu Gunsten eines Wettbewerbers ausgestaltet worden sind und sich dies in einer dominanten Wirt-

---

303 United States Football League v. National Football League, 842 F.2d 1335, 1353 (2d Cir. 1988).

304 United States Football League v. National Football League, 842 F.2d 1335, 1341 (2d Cir. 1988).

305 United States Football League v. National Football League, 842 F.2d 1335, 1358 (2d Cir. 1988); vgl. § 1291 Satz 2 Sports Broadcasting Act.

schaftsstellung dieses Akteurs widerspiegelt, ist dies bei der Untersuchung des entsprechenden Marktes zu berücksichtigen.

(ii) Chicago Professional Sports Ltd. Partnership v. National Basketball Association

Die Entscheidung des Falles *Chicago Professional Sports Ltd. Partnership v. National Basketball Association*[306] (***Chicago Professional Sports***) beruht auf einem ähnlichen Sachverhalt wie im Amateursportbereich der unter Ziffer A.VII.2 oben untersuchte *NCAA*-Fall: eine Begrenzung der Anzahl der von den NBA-Profivereinen im Fernsehen zu übertragenden Basketballspiele durch die NBA. Nachfolgend wird die Frage untersucht, ob § 1291 Sports Broadcasting Act, anders als im Falle der NCAA, zu Gunsten der NBA die zentrale Vermarktung von Senderechten erlaubt und ob die Liga in diesem Zusammenhang ihren Mitgliedsvereinen die individuelle Vermarktung von Senderechten untersagen darf.

Der dieser Entscheidung zugrunde liegende Sachverhalt läßt sich wie folgt zusammenfassen. Der NBA-Club Chicago Bulls schloß 1989 mit der TV-Superstation WGN aus Chicago einen Vertrag mit zwei Jahren Laufzeit, der WGN exklusiv das Recht einräumte, 25 Spiele der Bulls pro Saison zu übertragen. Die Geschäftsführung der NBA (*NBA Board of Governors*) faßte im Jahre 1990 den Beschluß, daß jeder NBA-Verein mit Beginn der Spielsaison 1991 nur noch bis zu 20 Spiele pro Saison über eine TV-Superstation austragen darf (in der vorherigen Saison war den Clubs noch die Übertragung von 25 Spielen gestattet). Dieser Beschluß hatte zur Folge, daß nur noch maximal 20 Spiele in das lokale Einzugsgebiet jedes einzelnen NBA-Vereins ausgestrahlt werden durften. Die NBA ihrerseits hatte als Vertreter aller NBA-Clubs mit dem landesweit zu empfangenden Sendernetz NBC und dem Kabelsender TNT Verträge zur Übertragung der NBA-Spiele geschlossen, wobei die Erträge aus diesen Verträgen gemäß den Ligastatuten gleichmäßig auf die Vereine verteilt werden sollten. Die Chicago Bulls und WGN wandten sich durch gemeinsame Klageerhebung gegen die neue, restriktive NBA-Regelung. Sie behaupteten, die Reduzierung der im Fernsehen zu übertragenden Spielbegegnungen um fünf Spiele sei eine gegen § 1 Sherman Act verstoßende horizontale Vereinbarung der übrigen NBA-Vereine mit dem Ziel, die Verfügbarkeit von Spielübertragungen im Fernsehen zu verringern und die TV-Superstations zu boykottieren.

---

[306] Chicago Professional Sports Ltd. Partnership v. NBA, 754 F. Supp. 1336 (N.D. Ill. 1991), bestätigt in Chicago Professional Sports Ltd. Partnership v. NBA, 961 F.2d 667 (7th Cir. 1992), *cert. denied*, 560 U.S. 954 (1992).

§ 1291 Sports Broadcasting Act konnte den NBA-Beschluß über die Reduzierung der Spielübertragungen nach Ansicht des District Court und des Court of Appeals jedoch nicht zur Wirksamkeit verhelfen, denn diese Vorschrift findet bei Vereinbarungen einer Liga, die den Vereinen die Veräußerung von Senderechten an ihren Spielen untersagt, keine Anwendung[307]. Sie regelt vielmehr die rechtsgeschäftliche Übertragung von Senderechten durch eine "Liga der Vereine", nicht aber die von der Liga den einzelnen Vereinen gegenüber auferlegte Untersagung der Veräußerung; sie nimmt deshalb weder die fraglichen NBA-Statuten noch den fraglichen NBA-Beschluß vom Anwendungsbereich des Antitrust-Rechts aus[308]. Da nicht die "Liga der Vereine", d.h. die NBA, die Senderechte auf das Sendernetz übertragen hat, sondern die Chicago Bulls, erfaßt der Sports Broadcasting Act die 20-Spiele-Regelung der NBA nicht[309]. Hätte die Liga dagegen sämtliche Senderechte von den Vereinen übertragen bekommen und hätte sie daraufhin selbst WGN auferlegt, nur 20 Bulls-Spiele zu senden, wäre dies beispielsweise eine unter § 1291 Sports Broadcasting Act fallende Übertragung von Senderechten gewesen[310].

Der Court of Appeals führte diesbezüglich weiter aus, daß es sich beim Sports Broadcasting Act um eine Gesetzgebung zum Schutze einer bestimmten Interessengruppe (*special interest legislation*) handele, also einer Ausnahme für eine spezielle Wirtschafsbranche von einem Gesetz, das dem Schutz der Öffentlichkeit dient. Eine solche Interessengesetzgebung sei auf die Wahrung bestimmter Ergebnisse gerichtet und nicht auf die Einhaltung allgemeiner Prinzipien, weshalb die Gerichte solche Ausnahmetatbestände des Antitrust-Rechts eng auslegen würden[311]. Da solche Gesetze keinen "Geist" ("*spirits*") hätten, sei es unangebracht, sie derart weit auszulegen, um dadurch mehr als das zu erreichen, was die Lobbyisten ursprünglich damit für sich erzielen wollten. Die Zugeständnisse, die die Branche vom Gesetzgeber erhalten habe, würden durch die Gerichte

---

307 Chicago Professional Sports Ltd. Partnership v. NBA, 754 F. Supp. 1336, 1352 (N.D. Ill. 1991); Chicago Professional Sports Ltd. Partnership v. NBA, 961 F.2d 667, 671 (7th Cir. 1992).

308 Chicago Professional Sports Ltd. Partnership v. NBA, 754 F. Supp. 1336, 1349-1352 (N.D. Ill. 1991); Chicago Professional Sports Ltd. Partnership v. NBA, 961 F.2d 667, 670-671 (7th Cir. 1992).

309 Chicago Professional Sports Ltd. Partnership v. NBA, 961 F.2d 667, 671 (7th Cir. 1992).

310 Chicago Professional Sports Ltd. Partnership v. NBA, 961 F.2d 667, 671 (7th Cir. 1992).

311 Chicago Professional Sports Ltd. Partnership v. NBA, 961 F.2d 667, 671 (7th Cir. 1992); Group Life & Health Insurance Co. v. Royal Drug Co., 440 U.S. 205, 231 (1979); National Broiler Marketing Association v. United States, 436 U.S. 816, 827-829 (1978).

durchgesetzt. Was diese Branche jedoch von der Legislative nicht zugesprochen bekommen habe, können ihr auch die Gerichte nicht zugestehen; selbst dann nicht, wenn das Verlangte der gesetzlichen Ausnahme inhaltlich sehr nahe komme[312].

Die Gerichte schlossen sich somit der Argumentation der Kläger an. Der Beschluß beschränkte zum einen den Wettbewerb unter den einzelnen Clubs und der NBA, indem die Vereine von einem Teil des nationalen Sendemarktes zu Gunsten der Liga verdrängt wurden. Zum anderen hinderte er den gegenseitigen Wettbewerb zwischen den TV-Superstations und den Sendernetzen um das Produkt "NBA-Basketball" sowie den Wettbewerb um werbende Unternehmen. Ferner begrenzte er künstlich die Anzahl der im Fernsehmarkt verfügbaren NBA-Spiele und reduzierte dadurch die Fähigkeit der Vereine, auf ein verändertes Nachfrageverhalten der Zuschauer nach Superstation-Spielübertragungen zu reagieren. Schließlich schränkte die Reduktion der Spielübertragungen die Zuschauer in ihren Wahlmöglichkeiten darüber ein, ob sie die Spiele lieber auf einem Sendernetz oder einer TV-Superstation verfolgen wollen. Es entscheiden nicht die Nachfrager, sondern die Hersteller über den Produktabsatz. Dies beeinträchtigt die Möglichkeit des Marktes, das Wohl des Verbrauchers durch die Bereitstellung der gewünschten Produkte zu verbessern. Mit dieser Begründung untersagten die Gerichte der NBA die Anwendung der 20-Spiele-Regelung. Die Vereinbarung zwischen den Bulls und der TV-Superstation WGN, 25 Spiele zu übertragen, hielt der richterlichen Prüfung dagegen stand.

Diese Entscheidung verdeutlicht, daß § 1291 Sports Broadcasting Act nicht anwendbar ist auf die Veräußerung von Senderechten eines einzelnen Vereins oder auf Restriktionen, die eine Liga ihren Vereinen in diesem Zusammenhang auferlegt, und ihnen dadurch die Veräußerung ihrer Rechte untersagt. Vielmehr werden solche Senderechtsvereinbarungen eines einzelnen Vereins und die betreffenden Ligastatuten oder -beschränkungen von den Regelungen des Antitrust-Rechts erfaßt. Sie sind anhand der Rule of Reason zu analysieren, sofern sie nicht offensichtlich und einzig der Wettbewerbsbeschränkung dienen und deshalb per se unzulässig sind. Der Sports Broadcasting Act findet danach nur dann und hinsichtlich solcher Senderechte Anwendung, die die Liga selbst an einen Sender veräußert, nachdem sie ihr von den einzelnen Ligaclubs zu diesem Zweck übertragen worden sind. Die Liga ist nach diesem Urteil aber nicht verpflichtet, sämtliche ihr von den Clubs übertragenen Rechte im Paket an Fernsehsender zu veräußern, sondern darf auch nur eine bestimmte Anzahl dieser Rechte gegenüber nationalen Sendern selbst vermarkten und ihren Clubs im übrigen

---

312 Chicago Professional Sports Ltd. Partnership v. NBA, 961 F.2d 667, 671 (7th Cir. 1992).

gestatten, die verbleibenden Senderechte individuell an lokale Sender zu veräußern.

Konkret bedeutet dies: Die Liga darf die ihr von den Vereinen eingeräumten Senderechte an Fernsehsender veräußern, sie darf aber den Vereinen die individuelle Vermarktung der bei ihnen verbliebenen Rechte nicht untersagen. So kann eine Liga mit einem Fernsehsender einen Vertrag schließen, in dem sie sich von ihren Mitgliedern zunächst die Senderechte an sämtlichen Vereinsbegegnungen einräumen läßt und daraufhin dem Sender die Senderechte für alle diese Spiele überträgt, aber gleichzeitig eine bestimmte Anzahl an Spielen (zum Beispiel 20) für die individuelle Vermarktung durch ihre Mitgliedsvereine reserviert[313]. Die Liga darf dann den einzelnen Vereinen untersagen, mehr als diese 20 Spielübertragungen selbst zu vermarkten. Oder sie könnte sich sämtliche Rechte von den Vereinen einräumen lassen und dem Sender lediglich die Senderechte für eine bestimmte Zahl an Spielen eines jeweiligen Clubs übertragen. Schließlich könnte die Liga den Vereinen unbegrenzte lokale Spielübertragungen über Superstations gestatten und dafür einen Teil der hierdurch von den Vereinen erzielten Vermarktungserlöse einziehen. Nach der Rechtsprechung ist es hingegen für die Liga nicht zulässig, nur einen Teil der Senderechte an einen Sender zu veräußern und den einzelnen Vereinen ihre Rechte im übrigen zu belassen, ihnen aber hinsichtlich der bei ihnen verbliebenen Rechte Beschränkungen für die Einzelvermarktung aufzuerlegen oder ihnen die diesbezügliche Rechtevermarktung gar ganz zu untersagen. Im Ergebnis heißt das, daß die Vereine trotz der Regelung des § 1291 Sports Broadcasting Act über individuelle Vermarktungsrechte verfügen können. In der Regel sind dies lokale Senderechte. In den lokalen Sendebereichen, in denen mehrere Vereine der selben Liga ansässig sind, kann es folglich trotz der durch die gesetzliche Ausnahmeregelung begünstigten Zentralvermarktung zu Wettbewerb unter den Vereinen und Fernsehsendern um Fernsehrechte kommen[314].

Für die einzelnen Profisportvereine ist dieses Ergebnis sehr bedeutsam, denn damit unterliegen alle Beschränkungen, die einem Verein hinsichtlich der Veräußerung oder Übertragung seiner bei ihm verbliebenen Senderechte durch eine Liga auferlegt werden, der richterlichen Prüfung. § 1291 Satz 1 Sports Broadcasting Act gewährt den Profiligen mithin keinen allumfassenden oder richterlich nicht überprüfbaren Freiraum im Hinblick auf Zentralvermarktungsregelungen.

---

313 Dieses und die nachfolgenden Beispiele führte das Berufungsgericht in seiner Urteilsbegründung in Chicago Professional Sports Ltd. Partnership v. NBA, 961 F.2d 667, 671 (7th Cir. 1992) an.

314 So auch Weihs, Zentrale Vermarktung von Sportübertragungsrechten, S. 337.

Diese Beurteilung setzt allerdings voraus, daß das zuständige Gericht die Liga - wie hier die NBA - als ein Joint Venture der Vereine ansieht.

(d) § 1291 Satz 1 Sports Broadcasting Act - Extensive versus restriktive Auslegung

Die Rechtsprechung legte § 1291 Satz 1 Sports Broadcasting Act nach der Verabschiedung durch den Kongreß zunächst weit aus[315]. So fallen sowohl Senderechte an Vereinsbegegnungen im normalen Ligaspielbetrieb als auch an Meisterschaftsspielen unter diese Ausnahmeregelung[316]. Gerichte interpretierten die Vorschrift ferner dahin gehend, daß auch solche Vereinbarungen vor der Anwendung des Sherman Act geschützt sind, die es Fernsehsendern, die außerhalb des Heimbereichs (*home territory*) eines Vereins ansässig sind, deren Sendesignale aber auch in diesem Bereich zu empfangen sind, untersagen, Spielbegegnungen anderer Clubs derselben Liga in den Heimbereich dieses Clubs zu senden, während dieser gerade ein Heimspiel absolviert[317]. Die Vorschrift erfaßt also neben den Sendern, die ihren Sitz im Heimbereich eines Clubs haben und dort zeitgleich stattfindende Spiele konkurrierender Vereine übertragen auch solche Sender, deren Signale zum Zeitpunkt eines Heimspiels von außerhalb in den Zuschauereinzugsbereich dieses Heimvereins hinein ausgestrahlt werden können. Damit wird der stärkeren Sendeleistung moderner Rundfunkanlagen Rechnung getragen, um eine Umgehung der unerwünschten Spielübertragungen innerhalb des lokalen Einzugsgebiets eines Vereins zum Schutz hoher Stadionbesucherzahlen zu verhindern. Darüber hinaus gilt die Ausnahme auch für Verträge einer Liga mit mehr als einem Fernsehsender oder Sendernetz[318].

Aufgrund dieses Gesetzes und seiner weiten Auslegung durch die Gerichte konnten die vier Major Leagues ihre wirtschaftliche Marktmacht ausbauen und den Eintritt neuer Ligen in ihrem jeweiligen Profisportbereich erschweren[319]. Dies zeigt sich u.a. daran, daß der größte Anteil der Vereinseinnahmen aus den Einkünften aus Senderechtsverträgen mit Fernsehsendern stammt und diese nach

---

315 Los Angeles Memorial Coliseum Commission v. NFL, 726 F.2d 1381, 1387-1390 (9th Cir. 1984), *cert. denied*, 469 U.S. 990 (1984); Bauer, Federal Antitrust Law, S. 67f.; Weihs, Zentrale Vermarktung von Sportübertragungsrechten, S. 338.

316 Blaich v. National Football League, 212 F. Supp. 319 (S.D.N.Y. 1962).

317 WTWV, Inc. v. National Football League 678 F.2d 142, 145f. (11th Cir. 1982). Siehe hierzu auch Ziffer A.VII.3(g)(iii) unten.

318 United States Football League v. National Football League, 842 F.2d 1335, 1353-1355 (2d Cir. 1988); Weihs, Zentrale Vermarktung von Sportübertragungsrechten, S. 338f.

319 Rivello, 47 Drake L.J. 177, 186; Bauer, Federal Antitrust Law, S. 69; Piraino, 79 B.U. L. Rev. 889, 917; Wong, Essentials of Sports Law, S. 671; Mid-South Grizzlies v. NFL, 720 F.2d 772, 784 (3rd Cir. 1983).

Inkrafttreten des Sports Broadcasting Act immens anstiegen - beispielsweise von US$ 20 Millionen für die Baseballvereine und US$ 7 Millionen für die Footballclubs der NFL und AFL in den 1960er Jahren auf jeweils pro Saison durchschnittlich US$ 900 Millionen für Baseball und sogar US$ 2,2 Milliarden für die NFL Ende der 1990er Jahre[320].

In ihren Entscheidungen wiesen jedoch der Supreme Court wie auch u.a. der Court of Appeals in *Chicago Professional Sports* darauf hin, daß Ausnahmeregelungen zu der generellen Anwendung des Antitrust-Rechts eng auszulegen sind[321]. Der Sherman Act steht nach Ansicht des Supreme Court für die Verpflichtung des Kongresses zum Schutze des Systems der freien Marktwirtschaft sowie des freien Wettbewerbs und deshalb ist jedes Gesetz, das diese Ziele umgeht, sehr genau zu untersuchen[322]. Auch das Schrifttum folgt größtenteils dieser restriktiven Einschätzung[323]. Ausnahmevorschriften, wie der Sports Broadcasting Act, dienen den besonderen Interessen und dem speziellen Schutz einer bestimmten Gruppe von Wirtschaftsakteuren. Sie entziehen somit die Adressaten dieser Ausnahme einem Regelungsbereich - hier dem Antitrust-Recht und dem System der freien Märkte - der dem Schutz der Allgemeinheit dient. Schon allein um die Ausnahme nicht zur Regel werden zu lassen, ist eine enge Auslegung einer solchen Ausnahmevorschrift geboten.

Das unter Ziffer A.VII.3(c)(ii) oben angesprochene Urteil in *Chicago Professional Sports* und die beiden nachfolgend erläuterten Entscheidungen *Shaw v. Dallas Cowboys Football Club Ltd.* (unter Ziffer A.VII.3(e)(ii)) und *Chicago Professional Sports Ltd. Partnership v. NBA* aus dem Jahre 1996 (unter Ziffer A.VII.3(g)(iv)) sowie die unmittelbar hiernach folgenden Ausführungen verdeutlichen sowohl die Notwendigkeit als auch die aktuell vorherrschende Rechtsprechungspraxis, den Sports Broadcasting Act eng auszulegen.

---

320 Weiler, Leveling the Playing Field, S. 279.

321 Chicago Professional Sports Ltd. Partnership v. NBA, 961 F.2d 667, 671 (7th Cir. 1992); Chicago Professional Sports Ltd. Partnership v. NBA, 95 F.3d 593, 596 (7th Cir. 1996); Group Life & Health Insurance Co. v. Royal Drug Co., 440 U.S. 205, 231 (1979); National Broiler Marketing Association v. United States, 436 U.S. 816, 827-829 (1978); Union Labor Life Ins. Co. v. Pireno, 458 U.S. 119, 133f. (1982).

322 Union Labor Life Ins. Co. v. Pireno, 458 U.S. 119, 126 (1982).

323 Anderson, 17 Hastings Comm. & Ent. L.J. 945, 949f.; Wise & Meyer, International Sports Law, Bd. 3, S. 1744; Ross, 52 Case W.Res. L. Rev. 133, 142f., Rivello, 47 Drake L.J. 177, 187; Crandall, 79 Wash. U. L.Q. 287, 298f.; van Glish, 1 Sports Law J. 79, 99; Kaiser, 54 DePaul L. Rev. 1237, 1245f.; Weihs, Zentrale Vermarktung von Sportübertragungsrechten, S. 338.

(e) § 1291 Satz 1 Sports Broadcasting Act - Bedeutung des Tatbestandsmerkmals "werbefinanzierte Fernsehübertragung" (*sponsored telecasting*)

(i) Einführung

Seinem Wortlaut nach gilt die Freistellung des § 1291 Sports Broadcasting Act für solche Vereinbarungen, die die Veräußerung von Senderechten an werbefinanzierten Fernsehübertragungen betreffen ("... *transfers ... the rights of such league's member clubs in the sponsored telecasting of the games*..."). Die genaue Bedeutung dieser Formulierung ist umstritten, da sich aus ihr nicht eindeutig entnehmen läßt, welche Art und Weise von werbefinanzierter Fernsehübertragung sie genau umfaßt. Aufgrund der Fortentwicklung der Übertragungstechnik ist heute nicht mehr nur eine Bildübertragung per Antenne oder Kabel, sondern auch per Satellit oder über Mobilfunk und Internet möglich[324]. Neben kostenfrei zu empfangenden Fernsehprogrammen und kostenpflichtigen Kabelsendern nimmt die Zahl sogenannter Bezahlsender stetig zu, deren Programme ganz oder teilweise nur nach Bezahlung eines monatlichen (*pay-TV*) oder pro Sendung (*pay-per-view*) berechneten Entgeltes zu sehen sind sowie von Angeboten, die über das Internet gebührenpflichtig abrufbar sind (*webcasting*)[325]. Die Programme der Sendernetzwerke ABC, CBS, NBC und FOX sind kostenfrei per Antenne zu empfangen. Dagegen sind die Programme der Kabelsender (zum Beispiel ESPN und TNT), der via Satellit zu empfangenden Sender (etwa der Pay-per-view-Sender DIREKTV) sowie der TV-Superstations von den Verbrauchern nur gegen Bezahlung zu empfangen. Zur Beantwortung der Frage, ob sich das Merkmal "werbefinanzierte Fernsehübertragung" über kostenlos zu empfangende Sportübertragungen hinaus auch auf kostenpflichtige Kabel- und Satellitensendungen und eventuell sogar auf Internetbildübertragungen erstreckt, läßt sich sowohl auf den Gesetzeswortlaut als auch die Materialien[326] der Beratungen

---

324 Im Jahr 2002 verfügten 76,5% aller US-Haushalte über einen Kabelfernsehanschluß, 20,3% über Satellitenfernsehen und beide Übertragungsformen erzielten zusammen einen Marktanteil von 42,7% (Euromonitor, Cable and Satellite TV Services in the USA, S. 1).

325 Die MLB übertrug im Jahre 2000 die Exklusivrechte für Live-Radioübertragungen ihrer Ligaspiele auf ihre Internetgesellschaft MLB.com. Seither sind die Spiele im Internet über www.mlb.com für einen Pauschalpreis (in der Sasion 2006 in Höhe von US$ 14,95) zu verfolgen. Auch Live-Bildübertragungen von MLB-Spielen sind auf der Internetseite www.mlb.tv gegen Zahlung einer Gebühr zu sehen. Die NFL bietet ihren Fans einen vergleichbaren kostenpflichtigen Online-Service über die Internetgesellschaft SportsLine.com an.

326 Ein Rückgriff auf die Gesetzesmaterialien ist im US-amerikanischen Recht im Rahmen der Gesetzesauslegung zulässig. Siehe hierzu auch Fn. 352 unten sowie Ross, 39 Emory L.J. 463, 469; Bodenheimer, AcP 160, 1, 13f.

des Kongresses vor der Verabschiedung des Sports Broadcasting Act zurück greifen.

Ausgehend vom Wortlaut ist zunächst folgendes festzustellen. Rein durch Werbung finanzierte Sportsendungen, für deren Empfang die Zuschauer keine Gebühren an die jeweiligen Sender zu bezahlen haben, erfüllen ausdrücklich die Sponsored Telecasting-Voraussetzung. Sportsendungen, die keine Werbung enthalten, die also von den Sendern nicht durch den Verkauf von Werbezeiten finanziert werden, erfaßt der Wortlaut des § 1291 Sports Broadcasting Act formal hingegen nicht. Die Finanzierung solcher Sportübertragungen erfolgt alleine durch den jeweiligen Kabel- oder Satellitensender sowie die Zahlungen seiner Abonnenten, jedenfalls aber nicht durch Einnahmen generiert aus während der Sportübertragung gesendeter Werbung. Unklar ist, wie Sportübertragungen zu interpretieren sind, die wie die Sendungen der großen Sportkabelsender ESPN, TNT und SportsChannel America, teils durch Werbung und teils durch Abonnementgebühren finanziert werden. Fraglich ist weiterhin, ob nicht aufgrund des seit 1961 erfolgten technischen Fortschritts und der veränderten Realität im Bereich der Fernsehübertragung von Sportveranstaltungen, in der heute die Mehrzahl der US-Haushalte kostenpflichtiges Kabelfernsehen bezieht, auch rein abonnementfinanzierte Sportsendungen von § 1291 Satz 1 Sports Broadcasting Act erfaßt werden. Zur Zeit der Verabschiedung des Gesetzes war die Fernsehübertragung via Antenne die Regel und via Kabel die Ausnahme[327]. Heute verfügt dagegen über die Hälfte der US-Fernsehhaushalte über einen Kabelanschluß[328].

Der Gesetzgebungsreport des Repräsentantenhauses besagt, daß der Sports Broadcasting Act keine Anwendung findet auf in sich geschlossene Übertragungskreise (*closed-circuit television*)[329] und das Abonnementfernsehen[330]. Es findet sich darin jedoch kein expliziter Nachweis darüber, warum der Kongreß das Gesetz gerade auf werbefinanzierte Übertragungen beschränkte.

---

327 Anderson, 17 Hastings Comm. & Ent. L.J. 945, 955.

328 Ross, 39 Emory L.J. 463, 477; Meeker, Choi & Motoyama, Internet, S. 5, 184; Euromonitor, Cable and Satellite TV Services in the USA, S. 1.

329 Beim *closed-circuit television* sind sämtliche technischen Komponenten (Kamera, Bildschirm, etc.) direkt miteinander verbunden und es werden die von der Kamera erfaßten Bilder unmittelbar wiedergegeben oder aufgezeichnet, nicht aber an externe Dritte übertragen (z.B. Bilder einer Überwachungskamera oder sog. Unternehmensfernsehen).

330 Telecasting of Professional Sports Contest: Hearings on H.R. 8757 before the Antitrust Subcommittee on the Judiciary, 87th Congress 4 (1961).

(ii) Auslegung durch die jüngste Rechtsprechung

Das bis dato aktuellste Gerichtsurteil, das sich mit der Auslegung der Sponsored Telecasting-Voraussetzung befaßt und das zu der Frage seiner Anwendbarkeit auf kostenpflichtige Sportübertragungen durch einen Satellitensender erläuternde Hinweis gibt, erging in *Shaw v. Dallas Cowboys Football Club, Ltd.*[331] (***Shaw***).

Sachverhalt und Entscheidungsgründe lassen sich wie folgt zusammenfassen. Charles Shaw behauptete zusammen mit zwei weiteren Footballfans vor dem zuständigen District Court, die NFL-Clubs verstießen gegen § 1 Sherman Act, indem diese in unzulässiger Weise ihre Senderechte gebündelt und vereinbart hätten, das so erzeugte Rechtepaket an den Satellitensender DIRECTV zu veräußern. Shaw führte aus, daß das von DIRECTV angebotene "Sunday Ticket"-Programmpaket[332] die Fans in ihrer freien Auswahlmöglichkeit beeinträchtigt, NFL-Spiele auf solchen Sendern verfolgen zu können, die nicht Teil eines Sendernetzes sind[333]. Diese Einschränkung reduziert den Wettbewerb und führt zu künstlich erhöhten und nicht wettbewerbsfähigen Preisen für NFL-Satellitenübertragungen[334]. Die NFL erwiderte daraufhin, daß § 1291 Sports Broadcasting Act die Sunday Ticket-Paketvereinbarung vom Anwendungsbereich des Sherman Act ausnimmt, weil alleine sie als Liga und nicht etwa die Vereine in gemeinschaftlichem Zusammenwirken die Senderechte der Vereine veräußerten, und daß sie als Einzelgesellschaft (*single entity*) nicht gegen § 1 Sherman Act verstoßen kann[335].

Der District Court wies beide Argumente der NFL zurück, ließ aber eine Berufung hinsichtlich der Frage zu, ob Abonnements für NFL-Spielübertragungen

---

331 Shaw v. Dallas Cowboys Football Club, Ltd., 172 F.3d 299 (3d Cir. 1999).

332 Das Sunday Ticket ist ein Abonnementprogramm, durch das der Abonnent jeden Sonntag bis zu 13 NFL-Spiele ganz oder teilweise verfolgen kann, unabhängig davon, ob das jeweilige Spiel durch ein Sendernetz im lokalen Fernsehmarkt des Zuschauers übertragen wird oder nicht. Für die Saison 2003 kostete das Paket je nach Anzahl der gewünschten Kanäle zwischen US$ 38,99 und US$ 87,99 pro Monat zuzüglich eines festen Betrages in Höhe von US$ 209 pro Saison, um alle regulären NFL-Ligaspiele sehen zu können (siehe auch: www.directvsports.com/subscriptions/nflsundayticket).

333 Shaw v. Dallas Cowboys Football Club, Ltd., No. 97-5148, 1998 WL 419765, 1 (E.D. Pa. 1998).

334 Shaw v. Dallas Cowboys Football Club, Ltd., No. 97-5148, 1998 WL 419765, 1 (E.D. Pa. 1998).

335 Shaw v. Dallas Cowboys Football Club, Ltd., No. 97-5148, 1998 WL 419765, 1 (E.D. Pa. 1998).

via Satellit unter die Ausnahmeregelung des Sports Broadcasting Act fallen[336]. Der Court of Appeals des 3. Gerichtsbezirks erklärte daraufhin, der Begriff "werbefinanzierte Fernsehübertragung" (*sponsored telecasting*) beziehe sich auf Übertragungen, die durch Wirtschaftsunternehmen (die Sponsoren) im Gegenzug für die ihnen eingeräumte Werbezeit finanziert werden und deshalb der Allgemeinheit kostenfrei zur Verfügung stehen[337].

Das Berufungsgericht stellte in seiner Analyse des Merkmals "*sponsored telecasting*" sowohl auf den ausdrücklichen Gesetzeswortlaut als auch auf die Entstehungsgeschichte des § 1291 Sports Broadcasting Act ab. Es folgte dabei der Vorgabe des Supreme Court und legte die Regelung als Ausnahmevorschrift im Bereich des Antitrust-Rechts, die den besonderen Interessen einer einzelnen Branche dient, eng aus[338]. Der Wortlaut der Vorschrift erfasse lediglich werbefinanzierte Fernsehübertragungen von Profisportbegegnungen. Überdies zog der Court of Appeals die Gesetzesmaterialien heran und schlußfolgerte aus diesen, daß der Kongreß nach der Anhörung durch den Kartellrechtsuntersuchungsausschuß bewußt nur für die Zuschauer kostenlose, d.h. werbefinanzierte, nicht aber kostenpflichtige Fernsehübertragungen vom Anwendungsbereich des Sherman Act ausnehmen wollte[339]. Der Grund für die Begrenzung der kartellrechtlichen Befreiung auf die werbefinanzierte Fernsehübertragung durch den Kongreß sei, daß der Gesetzgeber das Gesetz speziell zu Gunsten einer bestimmten Interessengruppe erlassen hatte, um die 1961 durch den District Court in *United States v. NFL* erfolgte Untersagung des gebündelten Senderechtevertrages zwischen der NFL und der CBS rückgängig zu machen[340]. Der gesetzgeberische Zusammenhang und das besondere Interesse, das der Kongreß mit diesem Gesetz verfolgte, waren somit auf das Erreichen nur eines Ziels gerichtet, nämlich die Veräußerung von Senderechten an einen werbefinanzierten Sender[341]. Schließlich wies das Gericht darauf hin, daß die NFL mit Erlaß des Sports Broadcasting Act die gewünschte gesetzliche Ausnahme vom gesetzlichen Kartellverbot vom Gesetzgeber erhalten habe und nun nicht von den Gerichten darüber hinaus erwarten könne, diese enge, spezielle und nur einer bestimmten Interessengemein-

---

336 Shaw v. Dallas Cowboys Football Club, Ltd., No. 97-5148, 1998 WL 419765, 5 (E.D. Pa. 1998).

337 Shaw v. Dallas Cowboys Football Club, Ltd., 172 F.3d 299, 301 (3d Cir. 1999).

338 Shaw v. Dallas Cowboys Football Club, Ltd., 172 F.3d 299, 301 (3d Cir. 1999); Union Labor Life Ins. Co. v. Pireno, 458 U.S. 119, 126 (1982); Chicago Professional Sports Ltd. Partnership v. NBA, 961 F.2d 667, 672 (7th Cir. 1992).

339 Shaw v. Dallas Cowboys Football Club, Ltd., 172 F.3d 299, 301 (3d Cir. 1999) mit Verweis auf Senate Report No. 87-1087, 1961 U.S.C.C.A.N. 3042, 3044.

340 Shaw v. Dallas Cowboys Football Club, Ltd., 172 F.3d 299, 301 (3d Cir. 1999); Senate Report No. 87-1087, 1961 U.S.C.C.A.N. 3042, 3044.

341 Shaw v. Dallas Cowboys Football Club, Ltd., 172 F.3d 299, 302 (3d Cir. 1999).

schaft dienende Gesetzgebung in eine viel breitere Ausnahmeregelung auszudehnen. Dementsprechend wurde diese Regelung auch von anderen Gerichten nicht auf das Bezahlfernsehen übertragen[342]. Das Gericht urteilte, daß der Sports Broadcasting Act einen Vertrag über die zentrale Vermarktung von Senderechten an den NFL-Spielen zwischen der NFL und dem Satellitenfernsehsender DIRECTV nicht vom Anwendungsbereich des Sherman Act freistellt[343].

(iii) Auslegung durch das Schrifttum

Eine Vielzahl von Literaturmeinungen stimmt mit dieser engen Auslegung des Sponsored Telecasting-Merkmals überein und hält dieses nur auf kostenlos zu empfangende, werbefinanzierte Sportübertragungen für anwendbar[344]. Einige Stimmen in der Literatur wollen die Voraussetzung aber darüber hinaus auf solche kostenpflichtigen Kabel- und Satellitenprogramme anwenden, die neben den Abonnementgebühren auch durch Werbung finanziert werden, wie zum Beispiel die Spielübertragungen durch die Sender ESPN und TNT[345]. Sie begründen dies mit der im Vergleich zu den 1960er Jahren heute ganz anderen Art und Weise der Fernsehübertragung, die nicht mehr mehrheitlich kostenlos über Antenne, sondern kostenpflichtig über Kabel erfolge. Ferner sei die Unterscheidung zwischen werbefinanziertem Fernsehen und Bezahlfernsehen nicht mehr zeitgemäß, da heute so gut wie alle Antennen- und Kabelfernsehübertragungen kommerzielle Werbung von Wirtschaftsunternehmen (Sponsoren) enthielten. Eine Ausdehnung der Anwendung des Merkmals auf vollkommen werbefreie Fernsehübertragungen durch Satelliten- und Kabelsender, wie es die NFL in *Shaw* durchzusetzen versucht hatte, scheint dagegen auch in der Literatur keine nennenswerte Unterstützung gefunden zu haben.

Lediglich einige Gelehrte vertreten - wie auch die NFL in *Shaw* - die Ansicht, durch eine enge Tatbestandsauslegung würden die Rechte vieler Verbraucher eingeschränkt, deren Schutz der Sherman Act primär bezwecke[346]. Danach sind

---

342 Shaw v. Dallas Cowboys Football Club, Ltd., 172 F.3d 299, 302f. (3d Cir. 1999).

343 Shaw v. Dallas Cowboys Football Club, Ltd., 172 F.3d 299, 303 (3d Cir. 1999).

344 Crandall, 79 Wash. U. L.Q. 287, 309; Rivello, 47 Drake L.J. 177, 186; Ross, 52 Case W. Res. L. Rev. 133, 143; Cox, 47 Fed. Comm. L.J. 571, 576; Moran, 18 J.L. Com. 397, 405; Culbertson, Broadcasting Act, S. 9, Weihs, Zentrale Vermarktung von Sportübertragungsrechten, S. 394f.

345 Anderson, 17 Hastings Comm. & Ent. L.J. 945, 955, mit Verweis auf Chicago Professional Sports Ltd. Partnership v. NBA, 754 F. Supp. 1336, 1364 (N.D. Ill. 1991), bestätigt durch 961 F.2d 667 (7th Cir. 1992); van Glish, 1 Sports Law J. 79, 107; Wise & Meyer, International Sports Law, Bd. 3, S. 1755.

346 Crandall, 79 Wash. U. L.Q. 287, 309f.; Kaiser, 54 DePaul L. Rev. 1237, 1254ff., der eine Anwendung des gesamten § 1291 Sports Broadcasting Act sogar auf alle Sportli-

diejenigen Fernsehzuschauer, die jede Woche das Spitzenspiel der Liga verfolgen wollen, wirtschaftlich gesehen schlechter gestellt, wenn die Gerichte ihnen die Möglichkeit nehmen, unter einem landesweit ausgestrahlten Angebot sämtlicher Spiele die sie am meisten interessierende Begegnung durch Bezahlung der entsprechenden Sendegebühr auszuwählen, als wenn sie sich im Gegensatz hierzu einfach damit zufrieden geben würden, nur diejenigen Spiele zu verfolgen, die ihnen ihr örtlich über Antenne zu empfangender Sender kostenfrei anbietet. Hintergrund dieser Argumentation ist die mikroökonomische Theorie nach welcher der Verbraucher rational handelt und sein Geld auf die Art und Weise ausgibt, die ihn angesichts seiner limitierten finanziellen Mittel am meisten zufriedenstellt[347]. Wird der Fernsehzuschauer gezwungen, mit dem Geld, das er bisher für sein NFL Sunday Ticket-Programmpaket ausgegeben hat, ein anderes Produkt zu kaufen, wird er mit diesem Produkt weniger zufrieden gestellt und befindet sich deshalb in einer wirtschaftlich schlechteren Position[348].

Verdeutlicht an dem Beispiel aus *Shaw* bedeutet dies: Wenn eines der kostenlos zu empfangenden Sendernetze ABC, NBC, CBS oder FOX die nationalen Senderechte eines Spiels der NFL erworben hat, hängt es für den Zuschauer von seinem lokalen Fernsehmarkt ab, ob er dieses Spiel tatsächlich im Fernsehen sehen kann oder nicht. In bestimmten Regionen hat ein Zuschauer über diese Sender nur kostenlos Zugriff auf einige wenige Spiele, nämlich Spiele der in dieser Region ansässigen Mannschaft sowie weitere Spiele von besonderem lokalen oder regionalen Interesse. Nur falls einer der landesweit übertragenden Bezahlsender ESPN, TNT, TBS oder DIRECTV Rechteinhaber dieser nationalen Senderechte ist, können deren Abonnenten sämtliche Spiele einer Liga an jedem Ort im Lande verfolgen. Dies ist allerdings abhängig von bestimmten Blackout-Regelungen bezüglich der Heimspiele der Clubs. Ein in San Francisco lebender Anhänger der New York Giants kann die Spiele "seiner" Mannschaft in der Regel also nur dann sehen, wenn ein Kabel- oder Satellitensender die überregionalen Senderechte an diesem Spiel hält und dieses Spiel landesweit überträgt. Dies ist jedoch nur möglich, wenn Profisportligen und Bezahlsender Vereinbarungen über eine zentrale Vermarktung von Senderechten an den von ihren Vereinen durchgeführten Sportwettkämpfen schließen können. Um die gezeigten negativen Auswirkungen verhindern zu können, sollten nach Ansicht der Vertreter der weiten Tatbestandsauslegung solche Senderechtsvereinbarungen von § 1291 Sports Broadcasting Act erfaßt werden.

---

gen fordert. Zum gesetzgeberischen Sinn und Zweck des Sherman Act siehe oben Ziffer A.II.

347 Crandall, 79 Wash. U. L.Q. 287, 309f.

348 Crandall, 79 Wash. U. L.Q. 287, 309f.

Diese Argumentationsweise unterstellt, daß durch die landesweite Spielübertragung per Bezahlfernsehen, die Zahl der für den Zuschauer zu verfolgenden Spiele insgesamt höher ist, da die Bezahlsender im Gegensatz zu den Sendernetzen fast alle Spiele unabhängig von lokalen oder regionalen Vereinsprämissen übertragen und von den Abonnenten durch die größere Senderauswahl empfangen werden können. Diese Übertragungsart sowie die zugrunde liegende vertragliche Vereinbarung sei deshalb aus Verbraucherschutz- und Wettbewerbsgründen im Sinne des Antitrust-Rechts.

(iv) Stellungnahme und Argumente zu Gunsten einer engen Auslegung

Eine weite Auslegung des Sponsored Telecast-Merkmals, die auch nicht werbefinanzierte Programmübertragungen erfaßt, widerspricht dem eindeutigen Wortlaut der Vorschrift und ignoriert den Begriff "werbefinanziert" vollständig. Sie ist überdies mit der bewußten Verwendung dieser Formulierung durch den Gesetzgeber nicht in Einklang zu bringen. In den Anhörungen des Kongresses, insbesondere vor dem Kartellrechts-Unterausschuß des Repräsentantenhauses, war das Sponsored Telecasting-Merkmal vor Verabschiedung des Sports Broadcasting Act Gegenstand von Erörterungen der Kongreßmitglieder und Sachverständigen. Aus der Befragung des als externer Sachverständiger geladenen damaligen NFL-Commissionars Alvin "Pete" Rozelle[349] geht hervor, daß der Kongreß mit dieser Regelung bewußt lediglich die Vermarktung gebündelter Rechte an werbefinanzierten Fernsehübertragungen von Profisportveranstaltungen schützen wollte, nicht aber die Vermarktung solcher Rechte im Bezahlfernsehen[350]. Auf eine entsprechende Nachfrage durch ein Komiteemitglied hatte Rozelle dies ausdrücklich bestätigt; der Gesetzestext wurde daraufhin unverändert verabschiedet. In der Folgezeit hielt die NFL an dieser Auffassung fest. In einer weiteren Anhörung vor dem Justiz-Senatskomitee (*Senate Judiciary Committee*) im Jahre 1982 erklärte der damalige NFL-Berater Paul Tagliabue im Zusammenhang mit der Auslegung dieses Merkmals ebenfalls, daß der NFL die gebündelte Veräußerung an Kabel- oder Bezahlfernsehsender aufgrund der Ge-

---

349 Der Supreme Court-Richter Judge Easterbrook ist der Ansicht, Gesetze, die eher dem Schutz privater Interessen als öffentlicher Interessen dienen, müßten in einer solchen Weise ausgelegt werden, die dem zwischen der jeweiligen Interessengemeinschaft und dem Kongreß ausgehandelten "Geschäft" Rechnung trägt, dürften aber nicht weiter gehen (Easterbrook, 98 Harvard L. Rev. 4, 15). Damit unterstreicht er die Bedeutung, die den Aussagen von Repräsentanten von Interessengemeinschaften, die bestimmte Gesetzesvorhaben unterstützen, bei der Auslegung von Gesetzen zukommt.

350 Telecasting of Professional Sports Contest: Hearings on H.R. 8757 before the Antitrust Subcommittee on the Judiciary, 87th Congress, 6, 36 (1961).

setzgebungsgeschichte und -reporte zu dieser Vorschrift eindeutig nicht gestattet sei[351].

Die systematische Auslegung des § 1291 Satz 1 Sports Broadcasting Act stützt die Forderung nach einer engen Tatbestandsauslegung. §§1292 und 1293 Sports Broadcasting Act schränken den durch § 1291 Satz 1 gewährten Schutz für Vereinbarungen der NFL-Vereine über bestimmte Spielübertragungen (Blackout-Regel für Heimspiele, Freitagabend- und Samstagsspiele von Profifootballmannschaften und Highschool-Footballspiele) ein und unterwerfen diese den Antitrust-Gesetzen.

Auch der heute im Vergleich zur Zeit der Verabschiedung des Gesetzes weitaus höhere Prozentsatz an Haushalten, der kostenpflichtige Kabel- und Satellitenübertragungen bezieht sowie die Tatsache, daß nunmehr sowohl Antennen- als auch Kabelfernsehübertragungen kommerzielle Werbung beinhalten, lassen keine Ausdehnung der Vorschrift auf gemischte werbe- und gebührenfinanzierte Sendungen zu. Zwar lassen sich solche teilweise mit Werbung unterlegten Übertragungen von Spielen der vier Profiligen formal unter den Begriff "werbefinanzierte Fernsehübertragung" subsumieren, da aus diesem Begriff alleine nicht hervorgeht, daß die entsprechende Sendung ausschließlich durch Einnahmen des Senders aus der Bereitstellung von Werbezeit finanziert werden muß. Mehrere Gründe lassen sich jedoch gegen diese Auslegungsweise anführen.

Erstens sprechen sowohl die in den Gesetzgebungsmaterialien festgehaltene, durch den Kongreß bewußt vorgenommene, Begrenzung der erlaubten Übertragungsarten auf kostenlose Fernsehübertragungen als auch die durch ihn bewußt nicht in die Vorschrift aufgenommenen kostenpflichtigen Pay-TV-Angebote gegen eine Ausdehnung des Anwendungsbereichs auf gemischt finanzierte Sportübertragungen[352]. Der Gesetzgeber verfolgte mit diesem Gesetz nur ein einziges Ziel: die NFL und die übrigen Profiligen NHL, NBA und MLB finanziell überlebensfähig zu halten[353]. Der Supreme Court zieht in ständiger Rechtsprechung bei der Auslegung von Gesetzesmerkmalen den Willen des Gesetzgebers so zu

---

351 Professional Antitrust Immunity: Hearings on S. 2784 and S. 2821 before the Senate Committee on the Judiciary, 97th Congress, 2d Session 41 (1982); Weiler & Roberts, Sports and the Law, S. 421f.

352 Im Hinblick auf die Auslegung von Bundesgesetzen ist im US-amerikanischen Recht allgemein anerkannt, daß neben dem Wortlaut die Gesetzesmaterialien herangezogen werden dürfen. Siehe hierzu Ross, 39 Emory L.J. 463, 469; Bodenheimer, AcP 160, 1, 13f.

353 Senate Report No. 87-1087, 1961 U.S.C.C.A.N. 3042, 3043.

Rate, wie er in den Gesetzgebungsmaterialien zum Ausdruck kommt[354]. Durch die Möglichkeit der zentralen Vermarktung von Senderechten durch die Liga wollte der Kongreß die Ligen in die Lage versetzen, ihren schwächeren Vereinen Fernseheinnahmen in vergleichbarer Höhe zu sichern, wie sie die stärkeren Vereine erzielen, um ein wirtschaftliches und sportliches Gleichgewicht innerhalb der Liga zu gewährleisten. Darüber hinaus wollte der Gesetzgeber die ungleiche Behandlung der NFL im Vergleich zu den anderen Profiligen AFL, NBA und NHL beenden, die dadurch entstanden war, daß diese Ligen wirksam Verträge über die zentrale Vermarktung von Senderechten ihrer Vereine mit Fernsehgesellschaften geschlossen hatten, der NFL dies aber durch das Urteil in *United States v. NFL* gerichtlich untersagt worden war[355]. Der Senatsreport nennt als weiteren Grund für die Verabschiedung des Gesetzes das Interesse der NFL-Anhänger, professionelle Sportveranstaltungen ihrer örtlichen Vereine im Fernsehen verfolgen zu können[356]. Der Kongreß sah dieses Ziel aber neben dem vorgenannten Beweggrund als eher zweitrangig an, indem er feststellte, daß der Fortbestand der Liga der beste Weg sei, um zu gewährleisten, daß die Fans die Spiele ihrer lokalen Clubs sehen können[357].

Zweitens läßt sich das durch die Rechtsprechung entwickelte Argument der gebotenen engen Auslegung von Ausnahmevorschriften zum Antitrust-Recht anführen. Die in der heutigen Zeit zahlenmäßig und geographisch unter den US-amerikanischen Verbrauchern weit verbreiteten kostenpflichtigen Kabelfernsehanschlüsse und Satellitenfernsehabonnements machen im Bereich der Fernsehbranche eine restriktive Anwendung und Auslegung einer entsprechenden Ausnahme zu den Antitrust-Gesetzen, welche der Sicherung des freien Wettbewerbs und dem Schutz der Verbraucher dienen, erforderlich, damit das Regel-Ausnahme-Prinzip zwischen Sherman Act und Sports Broadcasting Act nicht in sein Gegenteil verkehrt wird. Durch eine weite Auslegung der Ausnahmeregelung würde diese sämtliche Fernsehübertragungsarten im Sportbereich erfassen. Die Verbraucher könnten zwar durch die landesweite Ausstrahlung eine größere Zahl von Spielen im Fernsehen verfolgen - was aber lediglich dann gilt, wenn sie dieses Angebot gegen Entgelt annehmen. Ihnen würde dadurch jedoch gleichzeitig die Möglichkeit der wettbewerbsrechtlichen Untersuchung der

---

[354] Public Citizen v. United States Department of Justice, 109 S. Ct. 2558, 2566f. (1989); Train v. Colorado Public Interest Research Group, 426 U.S. 1 (1976); Wald, 68 Iowa L. Rev. 195, 197-199; Ross, 39 Emory L.J. 463, 469.

[355] Senate Report No. 87-1087, 1961 U.S.C.C.A.N. 3042f.

[356] Senate Report No. 87-1087, 1961 U.S.C.C.A.N. 3042, 3044.

[357] Senate Report No. 87-1087, 1961 U.S.C.C.A.N. 3042, 3044; Anderson, 17 Hastings Comm. & Ent. L.J. 945, 957.

zugrunde liegenden Verträge zwischen Liga und Sender durch den umfassenden Schutz der gesetzlichen Ausnahmeregelung genommen.

Schließlich zeigt die 1981 durch die Kongreßmehrheit erfolgte Zurückweisung des Gesetzentwurfs zweier Abgeordneter, mit dem diese die Ausdehnung des Anwendungsbereichs des Sports Broadcasting Act auf Kabel- und Bezahlfernsehen erreichen wollten, daß der Gesetzgeber seinen bei Verabschiedung des Gesetzes zum Ausdruck gebrachten Willen hinsichtlich des Sponsored Telecasting-Merkmals nicht geändert hat[358]. Darüber hinaus brachten mehrere Kongreßabgeordnete während der 1990er Jahre diverse Gesetzesinitiativen zum Schutz der Ausstrahlung von sportlichen Großereignissen durch das kostenlos zu empfangende Fernsehen ein. Beispiele hierfür sind der Fairness to Fans Act[359], der den Ligen vorschreiben wollte, einen bestimmten Prozentsatz ihrer Spiele ausschließlich für die Übertragung auf den kostenlosen zu empfangenden Fernsehsendern zu zeigen oder der Gesetzentwurf, der der MLB und der NFL auferlegte, die Spiele der World Series und der Super Bowl auch im freien Fernsehen zu übertragen, selbst wenn sie auch auf Bezahlsendern ausgestrahlt werden[360].

Die vorstehenden Ausführungen geben bereits zu erkennen, daß die Formulierung "*sponsored telecasting*" neben kostenpflichtigen Fernsehübertragungen auch nicht auf Ton- und Bildübertragungen von Sportveranstaltungen anzuwenden ist, die über das Internet verbreitet werden. Zwar handelt es sich bei der Fernseh- und der Internetbildübertragung um technisch vergleichbare Methoden der Ton- und Bildübermittlung. Internetübertragungen von Sportveranstaltungen sind darüber hinaus ebenfalls auf den entsprechenden Internetzugangsseiten der Diensteanbieter mit Werbung unterlegt. Diese Gemeinsamkeiten reichen jedoch nicht aus, um eine Subsumtion der Internetübertragung bestimmter Profiliga-Spielbegegnungen gemäß § 1291 Satz 1 Sports Broadcasting Act zu schützen. Zum einen gab es diese Art der Bildübertragung bei Erlaß des Sports Broadcasting Act noch nicht. Sie konnte deshalb nicht vom Willen des Gesetzgebers umfaßt sein. Zum anderen spricht die im Sprachgebrauch fehlende begriffliche Übereinstimmung des Begriffs "*telecasting*" mit den Ausdrücken "*webcasting*" oder "*internet broadcasting*" hiergegen. "*Telecasting*" wird für gewöhnlich mit herkömmlichen Fernsehübertragungen verbunden, während letztere Formulierungen ausschließlich für die Internetbildübertragung stehen.

---

358 House of Representatives Report No. 823, 97th Congress (1981); Rivello, 47 Drake L.J. 177, 186.

359 House of Representatives Report No. 2976, 102d Congress, 1st Session (1991).

360 137 Congress Record S. 5515 (1991).

Letztlich sprechen auch rein tatsächliche Gründe gegen eine Anwendbarkeit auf Internetübertragungen. Die Profiligen MLB und NFL bieten Live-Spielübertragungen nur gegen Entgelt über ihre Partner MLB.com und Sports-Line.com an. Gleiches gilt für die Live-Radioberichterstattungen der NBA und der NHL auf ihren Internetseiten NBA.com und NHL.com. Die aus der Vergabe von Internetrechten erzielten finanziellen Erträge einer Liga sind im Vergleich zu den Einnahmen aus Fernsehsenderechtsverträgen minimal[361]. Weder die Marktverbreitung von Internetspielübertragungen noch die Höhe der hieraus erzielbaren Einnahmen sichern alleine genommen den Fortbestand der Liga. Sie dienen folglich nicht dem Gesetzgebungsziel des Sports Broadcasting Act, sondern nur der zusätzlichen Gewinnerzielung der Vereine und Ligen. Das Verfolgen von Sportwettkämpfen über das Internet erfordert ferner einen mit entsprechender Hard- und Software ausgerüsteten Computer als Empfangsgerät sowie einen Internetzugang und unterscheidet sich somit auch dadurch vom herkömmlichen Fernsehen. Internet und Fernsehen werden üblicherweise als unterschiedliche Medien betrachtet. Schließlich lassen sich Internet- und Fernsehübertragungsrechte rechtlich trennen und separat veräußern. Auch dieser Umstand spricht gegen die rechtliche Gleichbehandlung der beiden Übertragungsarten im Rahmen einer eng auszulegenden Ausnahmevorschrift.

All dies macht deutlich, daß das Sponsored Telecasting-Merkmal des §1291 Satz 1 Sports Broadcasting Act eng auszulegen ist. Lediglich für den Fernsehzuschauer kostenlose, durch den Verkauf von Werbezeiten finanzierte Fernsehübertragungen sind unter den Gesetzeswortlaut subsumierbar, nicht aber kostenpflichtige, durch das Bezahlfernsehen (Kabel- oder Satellitensender, *pay-per-view*) oder durch andere Bezahldienste (Internetdiensteanbieter; Mobilfunkanbieter) ausgestrahlte Übertragungen.

(v) Rule of Reason-Analyse im Rahmen der engen Auslegung

Die hier vertretene restriktive Auslegung des § 1291 Satz 1 Sports Broadcasting Act läßt Raum für interessengerechte Entscheidungen. Fällt eine Pooling-Vereinbarung nicht unter diese Regelung, bedeutet das nicht automatisch, daß sie auf jeden Fall unzulässig ist. Wie oben bereits dargelegt, stellt ein Vertrag zwischen einer Liga und einem Fernsehsender über die zentrale Vermarktung von Senderechten eine horizontale Vereinbarung zur Beschränkung des Wettbewerbs dar[362]. Eine solche Vereinbarung ist deshalb anhand der Rule of Rea-

---

361 Perrine, 12 Marq. Sports L.J. 703, 726.

362 Siehe oben Ziffer A.VII.2; NCAA v. Board of Regents of University of Oklahoma, 468 U.S. 85, 101 (1984).

son-Methode unter Abwägung ihrer wettbewerbsfördernden und wettbewerbsbeschränkenden Auswirkungen zu untersuchen.

Im Rahmen dieser Analyse ist nach teilweise vertretener Ansicht nicht auf die Zahl der im Fernsehen ausgestrahlten Spiele abzustellen, sondern auf die Anzahl der Zuschauer, die diese Spiele im Fernsehen verfolgen können[363]. Den erstgenannten Ansatz verfolgte der Supreme Court in *NCAA* als er untersuchte, ob aufgrund des Fernsehvertrags der NCAA der Absatz an Spielübertragungen geringer ist als ohne ihn. Er kam dabei zu dem Ergebnis, daß unter freiem Wettbewerb viel mehr Spiele im Fernsehen zu sehen wären als mit der NCAA-Senderechtsvereinbarung[364]. Das Gericht stellte dabei auf die Anzahl der Spielübertragungen ab, um die Gesamtzuschauerzahl zu bestimmen[365].

Daß dieser Ansatz jedoch im Vergleich zu dem Ansatz, der auf die Zahl der Fernsehzuschauer abstellt, im Einzelfall auch zu wettbewerblich nachteiligen Ergebnissen führen kann, zeigt sich im Falle einer Senderechtsvereinbarung, durch die Fernsehübertragungen einer Sportart, die bisher im frei empfangbaren Fernsehen zu sehen waren, künftig nur noch im für die Zuschauer kostenpflichtigen Kabelfernsehen zu verfolgen sind. Eine solche Vereinbarung reduziert nicht unbedingt die Zahl der ausgestrahlten Spiele, aber mit Sicherheit die Anzahl der Fernsehzuschauer. Würde hier nur auf die Zahl der Übertragungen abgestellt, verstieße die Vereinbarung nicht gegen den Sherman Act, obwohl sie bei genauerer Betrachtung überwiegend negative Auswirkungen auf den Wettbewerb haben könnte, etwa weil es sich dabei um eine Exklusivvereinbarung handelt. Entgegen der Auffassung von Weihs[366], die die Zuschauerzahlen im Rahmen der Rule of Reason nicht als Kriterium anerkennt, kann es hier also durchaus sinnvoll sein, zu fragen, ob nach Abschluß der Senderechtsvereinbarung die Zuschauerzahl niedriger ist als im Falle der gerichtlichen Untersagung des betreffenden Vertrags. Zwar stellt Weihs richtig fest, daß Zuschauerzahlen auch aufgrund eines zu umfangreichen Angebots an Sendungen sinken können, weil die Zuschauer saturiert sind oder wenn ein Club bei individueller Vermarktung seine Rechte an einen Kabelsender veräußert. Diese Fälle sind aber zu unterscheiden von der speziellen Interessenlage, die zum Beispiel im Falle einer Exklusivereinbarung zwischen Liga und Bezahlsender herrscht.

---

363 Moran, 18 J. L. Comm. 397, 411f.; van Glish, 1 Sports Law J. 79, 80, 105f.; Ross, 39 Emory L.J. 463, 477f.; Wise & Meyer, International Sports Law, Bd. 3, S. 1759; Chicago Professinal Sports Ltd. Partnership v. NBA, 754 F. Supp. 1336, 1356 (N.D. Ill. 1991).

364 NCAA v. Board of Regents of University of Oklahoma, 468 U.S. 85, 107, 119f (1984).

365 NCAA v. Board of Regents of University of Oklahoma, 468 U.S. 85, 99 (1984); Ross, 39 Emory L.J. 463, 477.

366 Weihs, Zentrale Vermarktung von Sportübertragungsrechten, S. 325 Fn. 34.

Schließen eine Liga und ein Bezahlsender einen Exklusivvertrag über die Ausstrahlung sämtlicher Sportwettkämpfe in der Liga, hat dies überwiegend wettbewerbsbeschränkende Auswirkungen zur Folge. Zum einen haben die Sportfans keine Wahl mehr zwischen mehreren Übertragungsangeboten verschiedener Sender und müssen somit zwangsläufig das kostenpflichtige Abonnement dieses Senders wählen, um überhaupt ein Spiel im Fernsehen verfolgen zu können. Da sie damit aber das gesamte Paket sämtlicher Spiele erwerben, wird ihnen eine Vielzahl von Spielen aufgezwungen, die sie vielleicht gar nicht alle sehen und bezahlen wollen. Zum anderen kann der Sender ungehindert durch einen Wettbewerber seinen Preis für das Übertragungsabonnement festsetzen, da weder ein anderer Sender noch die einzelnen Vereine individuelle Übertragungen von Spielen anbieten können. Würde hier nur auf die Zahl der Spielübertragungen abgestellt, könnte diese für die Verbraucher nachteilige Vereinbarung nicht untersagt werden. Die Zahl der Zuschauer wird aber geringer sein als bei einer nicht-exklusiven Übertragungsvereinbarung mit einem Bezahlsender oder bei einem Vertrag mit einem kostenlos zu empfangenden Sender, da weniger Sportfans bereit oder finanziell in der Lage sein werden, die Abonnementgebühren für die exklusive Ausstrahlung zu bezahlen. Eine Untersagung wäre im Rahmen der Rule of Reason-Prüfung bei Berücksichtigung der Zuschauerzahlen somit möglich.

Ob die Zuschauerzahl tatsächlich geringer ist, läßt sich feststellen, indem dem Kläger die Beweislast dafür auferlegt wird, zu zeigen, daß im Falle der gerichtlichen Untersagung des Vertrags die Liga und ihre Vereine voraussichtlich eine andere Vereinbarung mit einem Sender schließen werden, die zu einer höheren Zuschauerzahl führt[367]. Gelingt dem Kläger dieser Beweis, überwiegen offensichtlich die wettbewerbshindernden Effekte des Fernsehvertrages die wettbewerbsfördernden Auswirkungen, so daß der Vertrag als gegen § 1 Sherman Act verstoßend und damit als wettbewerbsrechtlich unzulässig einzustufen ist. Eine geringere Anzahl von Fernsehzuschauern führt danach als eine unzulässige Beschränkung des Wettbewerbs zu einem Verstoß gegen § 1 Sherman Act. Damit stellt der Test auf den potentiellen Wettbewerb im Markt für Fernsehübertragungen von Sportveranstaltungen ab. Diesen Beweis erfolgreich zu führen, dürfte für den Kläger jedoch nicht immer leicht sein. Eine verbraucherfreundliche Wettbewerbskontrolle wird dadurch erschwert. Die Sportligen und Sportvereine profitieren hingegen von dieser Prüfungsmethode und Beweislastverteilung. Vorzugswürdig ist es deshalb, grundsätzlich auf die Zahl der Spielübertragungen abzustellen und nur im Einzelfall auch die Zahl der Zuschauer zu berücksichtigen.

---

[367] Ross, 39 Emory L.J. 463, 478.

In diesem Zusammenhang bleibt abschließend anzumerken, daß alle vier durch den Sports Broadcasting Act privilegierten Profiligen Verträge mit Bezahlsendern abgeschlossen haben, durch die ein Teil ihrer jeweiligen Spiele über solche Sender ausgestrahlt wird. Bis auf die oben angeführten Verträge der NFL mit TNT und DIRECTV wurde bisher keine der anderen Senderechtsvereinbarungen wegen Verstoßes gegen § 1 Sherman Act untersagt.

(f) § 1291 Satz 2 Sports Broadcasting Act

Der Kongreß fügte § 1291 Sports Broadcasting Act im Jahre 1966 durch den Football Merger Act einen zweiten Satz hinzu[368]. Dieses Gesetz ermöglichte den beiden konkurrierenden Profifootball-Ligen AFL und NFL, sich zu einer einzigen Liga, der heutigen NFL, zusammen zu schließen, ohne dabei gegen den Sherman Act zu verstoßen. Auch hier hatte der Gesetzgeber die Intention, das effektive Funktionieren der Profiligen zu gewährleisten und einen für die Ligen vermeintlich ruinösen Konkurrenzkampf zu verhindern.

Dem Football Merger Act voraus gegangen war der Fall *American Football League v. National Football League*[369]. Der geplante Zusammenschluß der einzigen beiden Profifootball-Ligen mit dem Ziel der besseren Kontrolle der Spielergehälter und Vermeidung künftiger Rechtsstreitigkeiten hätte offensichtlich wettbewerbsschädliche Auswirkungen hervorgerufen und wäre nicht mit dem Sherman Act vereinbar gewesen. Die Monopolstellung der NFL und die Eliminierung sämtlichen Wettbewerbs im Profifootballbereich durch das Zusammengehen der beiden einzigen Footballigen hätte als eine unzulässige Monopolisierung gegen § 2 Sherman Act verstoßen. Da der Gesetzgeber diese negativen Auswirkungen auf den Wettbewerb als weniger schädlich ansah als einen ruinösen Konkurrenzkampf der beiden Ligen, der zum Niedergang des gesamten Profifootballs hätte führen können, stellte er den Zusammenschluß der NFL mit der AFL durch den Football Merger Act von der kartellrechtlichen Kontrolle frei und entzog ihn somit dem Anwendungsbereich des § 2 Sherman Act.

---

[368] 15 U.S.C. 1291 (2004).

[369] American Football League v. National Football League, 323 F.2d 124 (4th Cir. 1963).

(g) § 1292 Sports Broadcasting Act (Blackout-Regelung) - Gesetzeswortlaut, Gesetzgebungshintergrund und Analyse des Anwendungsbereichs

§ 1292 Sports Broadcasting Act lautet wie folgt:

Section 1291 of this title shall not apply to any joint agreement described in the first sentence in such section which prohibits any person to whom such rights are sold or transferred from televising any games within any area, except within the home territory of a member club of the league on a day when such club is playing a game at home.

Die Vorschrift ist sozusagen die Ausnahme zur Ausnahmeregelung des § 1291 Satz 1 Sports Broadcasting Act. Sie besagt, daß Senderechtsvereinbarungen, die die Zahl der durch einen Fernsehsender auszustrahlenden Spiele begrenzt oder deren Übertragung vollständig untersagt, grundsätzlich nicht von der Kartellrechtsfreistellung des § 1291 Sports Broadcasting Act erfaßt werden. Diese Regelung erlaubt aber den Proficlubs der NBA, NFL, NHL und MLB, Live-Fernsehübertragungen ihrer jeweiligen Heimspiele in ihrem eigenen Zuschauereinzugsgebiet (*home territory*) ungeachtet der Antitrust-Vorschriften zu unterbinden (*blackout*). Jede Liga legt in ihren Ligastatuten nach dem Willen des Gesetzgebers die genaue Bedeutung des Begriffspaares "*home territory*" und dessen geographisches Ausmaß fest[370]. Das Einzugsgebiet der NFL-Clubs umfaßt beispielsweise jeweils die Stadt, in der der betreffende Club seinen Sitz hat und in der er seine Heimspiele bestreitet sowie das die Stadtgrenzen umgebende Gebiet in einem Radius von 75 Meilen[371]. Anhand der nachfolgend aufgeführten Gerichtsentscheidungen soll am Beispiel der NFL gezeigt werden, wie die vertraglichen Blackout-Regelungen der Profiligen und § 1292 Sports Broadcasting Act von den Gerichten beurteilt werden.

Seit den Anfängen der lokalen Fernsehübertragung von NFL-Spielen waren die Vereine darauf bedacht, ihre Einnahmen aus Ticketverkäufen zu ihren Heimspielen, welche zu dieser Zeit noch ihre weitaus größte Einnahmequelle darstellte, nicht durch den Verkauf von Senderechten an diesen Heimspielen zu gefährden, da sie befürchteten, daß die Fans diese Spiele bei einer Ausstrahlung im Fernsehen lieber kostenlos zu Hause verfolgen würden als ins Stadion zu gehen, wodurch die Zahl der verkauften Tickets dramatisch sinken würde[372]. Dies führte dazu, daß die Ligen Regelungen erließen, die es ihren Vereinen erlaubten,

---

[370] House of Representatives Report, No. 1178, 87th Congress, 1st Session, 5 (1961).

[371] NFL Constitution and Bylaws, Article IV, Section 4.1 (2003).

[372] Fecteau, 5 Marq. Sports L.J. 221, 226; Wise & Meyer, International Sports Law, Bd. 3, S. 1756; siehe auch oben Ziffer A.VII.3(a).

Fernsehsendern die Ausstrahlung ihrer Heimspiele in ihrem Einzugsgebiet zu untersagen. Ein Bundesgericht bestätigte in dem oben bereits mehrfach erwähnten Fall *United States v. NFL* 1953 die Wirksamkeit einer solchen Regelung. Dagegen hielt es einen entsprechenden Schutz des Einzugsgebietes durch eine weitergehende Blackout-Regelung, die den Vereinen sogar die Untersagung von entsprechenden Fernsehübertragungen in ihrem Heimgebiet gestattete, wenn sie selbst auswärts spielen, für unwirksam[373].

Der Gesetzgeber nahm mit § 1292 Sports Broadcasting Act denjenigen Teil des Urteils in das Gesetz auf, der den Vereinen gestattet, im Rahmen der Senderechtsvereinbarung den Fernsehsendern die Ausstrahlung der eigenen Heimspiele in ihrem jeweiligen Einzugsgebiet zu untersagen, um ihren Eintrittskartenverkauf zu den Heimspielen zu schützen[374]. Beachtenswert ist, daß die Regelung alle denkbaren Arten von Spielausblendungen durch eine Liga zuläßt. Möchte die Liga etwa alle anderen Ligaspiele in einem bestimmten räumlichen Gebiet ausblenden, um den Eintrittskartenverkauf der entsprechenden Heimmannschaft an diesem Tag abzusichern, so wäre dies zulässig. Kurz gesagt hat die Regelung folgende Wirkung: absolviert ein Verein ein Heimspiel, darf während der Dauer des Spiels im Fernsehen kein anderes Spiel im örtlichen Einzugsbereich dieser Mannschaft gezeigt werden. Ist das Heimspiel ausverkauft, kann die Liga das Verbot der lokalen Fernsehübertragung dieses Spiels dagegen aufheben (wird nachfolgend ausgeführt).

Im folgenden werden sowohl die zu § 1292 Sports Broadcasting Act ergangene Rechtsprechung als auch die entsprechenden Gesetzgebungsmaßnahmen erläutert.

(i) Blaich v. NFL

In *Blaich v. NFL*[375], dem ersten Rechtsstreit zu dieser Regelung, legte sie der zuständige District Court extensiv aus. Er entschied, daß die NFL die Übertragung des bereits ausverkauften NFL-Meisterschaftsendspiels zwischen den Chicago Bears und den New York Giants als der Heimmannschaft in zulässiger Weise unterbinden konnte. Der Gesetzeswortlaut erlaubt, unter den Terminus "*game at home*" auch ein Heimspiel in einem Meisterschaftsendspiel zu subsumieren[376]. Damit fallen nicht nur Heimspiele in regulären Ligabegegnungen oder in vor- und nachsaisonalen Begegnungen, sondern auch in Meisterschaftsendspielen un-

---

373 United States v. NFL, 116 F. Supp. 319, 326 (E.D. Pa. 1953).
374 House of Representatives Report, No. 1178, 87th Congress, 1st Session, 5 (1961).
375 Blaich v. NFL, 212 F. Supp. 319 (S.D. N.Y. 1962).
376 Blaich v. NFL, 212 F. Supp. 319, 322 (S.D. N.Y. 1962).

ter diese Regelung. Allerdings störte sich das Gericht nicht daran, daß das streitgegenständliche Spiel bereits lange vor Beginn ausverkauft war. Eine derartige Auslegung ist zwar vom Gesetzeswortlaut gedeckt, entspricht aber nicht dem ausdrücklichen gesetzgeberischen Sinn und Zweck dieser Vorschrift, nämlich primär dem Schutz der Stadioneinnahmen der Heimmannschaft durch Ticketverkäufe. Denn bei einem ausverkauften Heimspiel kann es keine schützenswerten Eintrittskartenverkäufe mehr geben.

(ii) Communications Act, 47 U.S.C. § 331 (1975)

Blaich v. NFL hatte den Effekt, daß viele im Einzugsgebiet einer NFL-Mannschaft wohnenden Fans, die bei ausverkauftem Stadion keine Eintrittskarten mehr erhalten konnten, dieses Heimspiel aufgrund der NFL-Blackout-Regelung auch nicht im Fernsehen verfolgen konnten. In der Folgezeit kam es zu einigen wettbewerbsrechtlichen Verfahren gegen die NFL, um die von ihr durchgesetzten Ausblendungen von Fernsehübertragungen einiger NFL Super Bowl-Meisterschaftsendspiele gerichtlich aufheben zu lassen. Sämtliche dieser Verfahren gingen jedoch zu Gunsten der NFL aus. Der Kongreß änderte daraufhin den Communications Act of 1934 dahingehend, daß die Profiligen jegliche Ausblendung (*blackout*) eines Heimspiels aufheben müssen, sobald dieses Spiel mindestens 72 Stunden vor dem vorgesehenen Spielbeginn ausverkauft ist[377]. Somit erhielten die im Einzugsgebiet eines Clubs wohnenden Zuschauer die Möglichkeit, das ausverkaufte Heimspiel über ihren örtlichen Fernsehsender zu verfolgen. Die Anwendbarkeit dieser für die gebündelte Veräußerung der Senderechte aller Profiligen geltenden Regelung war jedoch zeitlich bis zum 31. Dezember 1975 begrenzt.

Nach Ablauf dieses Datums hielt die NFL aber weiterhin freiwillig am Regelungsgehalt dieser formell nicht mehr wirksamen Vorschrift fest, was die Federal Communications Commission (FCC) in ihrem jährlichen Untersuchungsbericht als zulässig beurteilte[378]. Das Ligaregelwerk der NFL sieht darüber hinaus gegenwärtig vor, daß im Einzugsgebiet eines Vereins, dessen Heimspiel ausverkauft ist (und damit auch die Spielausstrahlung über ein lokales Sendernetz zulässig ist), an diesem Tag kein anderes NFL-Spiel durch einen mit diesem Sendernetz verbundenen Sender ausgestrahlt werden darf. Dies gilt sogar, wenn die Übertragung des anderen Spiels schon früher angekündigt worden war und sich die Spielzeiten beider Spiele nicht überschneiden. Diese weitgehende Regelung

---

377 47 U.S.C. § 331 (1975).

378 Fecteau, 5 Marq. Sports L.J. 221, 234; Garrett & Hochberg, Law of Professional and Amateur Sports, § 18.04[7][b]; FCC, The Effect of the Sports Anti-Blackout Law: Fifth Annual Report 4 (1978).

scheint dem von der NFL bei ihrer Lobbyarbeit für den Sports Broadcasting Act angeführten Zweck des Schutzes lokaler Ticketverkäufe zu widersprechen. Denn die NFL "bestraft" damit praktisch alle im örtlichen Einzugsbereich eines ausverkauften Spiels lebenden Fernsehzuschauer für den erfolgreichen Eintrittskartenverkauf des Vereins, indem sie außer der Übertragung des ausverkauften Spiels keine weitere Ausstrahlung einer anderen Begegnung durch den lokalen Sender in dieses Einzugsgebiet erlaubt. Hintergrund hierfür ist die - zumindest von der NFL unterstellte - ständige Übung der lokalen Sendernetzanstalten, welche üblicherweise die Auswärtsspiele des in ihrer Region ansässigen Vereins in dieses Einzugsgebiet übertragen, bei fast ausverkauften Spielen die restlichen noch nicht verkauften Eintrittskarten aufzukaufen, um so die vorgeschriebene Spielausblendung durch die NFL aufheben zu lassen und daraufhin das Heimspiel über ihren Sender ausstrahlen zu dürfen. Damit nicht einige wenige Sender diese Praxis ausnutzen, um mehr NFL-Spiele zeigen zu können als dies andere Sender zu tun bereit sind, verhindert die NFL diese Praxis vollständig, indem sie alle anderen Spielübertragungen dieses Senders in seinem lokalen Übertragungsgebiet an diesem Tag untersagt[379].

Die auf den ersten Blick verbraucherfreundlichen Ligastatuten der NFL führen mithin zu dem Ergebnis, daß die Zuschauer im Einzugsgebiet einer NFL-Heimmannschaft einerseits in die Lage versetzt werden, ein ausverkauftes Heimspiel im Fernsehen verfolgen zu können, allerdings mit der für die Zuschauer nachteiligen Einschränkung, kein anderes NFL-Spiel über denjenigen Sender empfangen zu können, der bereits am selben Tag das Heimspiel überträgt. Insgesamt sind die Verbraucher im Einzugsgebiet des Heimvereins durch diese Regelungen jedoch besser gestellt als ohne sie, denn andernfalls könnten sie die Heimspiele ihrer Mannschaft nicht live im lokalen Fernsehen verfolgen. Dadurch wird letztlich auch dem Beweggrund der Liga zum Schutz der Einnahmen aus Eintrittskartenverkäufen und den Interessen der in der Region wohnhaften Sportfans Rechnung getragen, die somit ausverkaufte Spiele ihrer jeweiligen Heimmannschaft im Fernsehen verfolgen können.

(iii) WTWV, Inc. v. NFL and Miami Dolphins

Das Gesetzesmerkmal "*home territory*" wurde in *WTWV, Inc. v. NFL and Miami Dolphins*[380] weiter konkretisiert. Anlaß zu diesem Urteil gab die durch die NFL untersagte Ausstrahlung eines Heimspiels der Miami Dolphins über den Fernsehsender WTWV, Inc. (**WTWV**). Sowohl das Studio als auch die Sendeanlage von WTWV befanden sich außerhalb der durch die NFL-Statuten als "*home ter-*

---

379 Fecteau, 5 Marq. Sports L.J. 221, 234.

380 WTWV, Inc. v. NFL and Miami Dolphins, 678 F.2d 142 (11th Cir. 1982).

ritory" definierten 75-Meilen-Zone rund um Miami. Die Fernsehsignale reichten jedoch bis in diese Zone hinein. Die NFL und die Dolphins interpretierten § 1292 Sports Broadcasting Act in der Weise, daß die Fernsehübertragung eines Heimspiels durch einen Sender, der außerhalb der 75-Meilen-Zone positioniert ist, dessen Fernsehsignale aber in den geschützten Einzugsbereich des Heimvereins hinein ausgestrahlt werden können, ebenfalls von der Blackout-Regel erfaßt werden und dementsprechend durch den Verein oder die Liga untersagt werden dürfen. Das Gericht schloß sich unter Hinweis auf den Zweck des Gesetzes - die lokalen Ticketverkäufe der Vereine zu schützen - dieser Argumentation mit der Begründung an, daß dieser Gesetzeszweck auch in Anbetracht der Fortentwicklung der Sendetechnik unterlaufen würde, wenn einem Sender erlaubt würde, seine Sendesignale von außerhalb in die 75-Meilen-Zone hinein zu senden, so daß die entsprechenden Spielübertragungen von den Bewohnern dieses Bereichs zu empfangen sind[381].

Folge dieser Auslegung ist, daß das Einzugsgebiet der Heimmannschaft (*home territory*), das von der Ausblendung (*blackout*) eines Heimspiels erfaßt werden kann, sehr stark ausgedehnt wird. Dadurch, daß das Fernsehsignal eines Senders, dessen Sendeanlage außerhalb der 75-Meilen-Zone der Heimmannschaft positioniert ist, innerhalb dieser Zone zu empfangen ist, werden auch die Verbraucher, die außerhalb der Zone wohnen und das Signal empfangen mit in diese Blackout-Zone hinein gezogen und von ihr erfaßt[382]. Das Gericht maß in diesem Fall den wirtschaftlichen Interessen der NFL und ihrer Fußballclubs eine größere Bedeutung zu als den Interessen der Fernsehgesellschaften und -zuschauer im jeweiligen regionalen Einzugsbereich der Heimmannschaften. Aus wettbewerbsrechtlicher Sicht ist dieses Ergebnis bedenklich. Es werden dadurch Blackout-Vereinbarungen, die wegen § 1292 Sports Broadcasting Act dem Anwendungsbereich der Antitrust-Gesetze entzogen sind, auf einen weit größeren Verbraucherkreis ausgedehnt. Der wettbewerbliche Schutz dieser Verbrauchergruppe wird infolgedessen eingeschränkt.

(iv) Chicago Professional Sports Ltd. Partnership v. National Basketball Association

Die NBA und NBC schlossen einen neuen Senderechtevertrag, der folgende wesentliche Bestimmungen vorsah[383]: die NBC erhält das exklusive Recht, alle 1100 NBA-Spiele einer Saison durch ihr Sendernetz über Antenne auszustrahlen. NBC wollte jedoch nur 26 Spiele während der regulären Saison zeigen und

---

381 WTWV, Inc. v. NFL and Miami Dolphins, 678 F.2d 142, 146 (11th Cir. 1982)
382 Fecteau, 5 Marq. Sports L.J. 221, 235.
383 Chicago Professional Sports Ltd. Partnership v. NBA, 95 F.3d 593, 595 (7th Cir. 1996).

gestattete deshalb der NBA und ihren Vereinen die örtliche Übertragung der restlichen Spiele zu anderen Zeiten. Jeder Club erhielt somit das Recht, die lokale Vermarktung seiner 82 regulären Saisonspiele in eigener Regie vorzunehmen (41 über Antenne und 41 über Kabel), mit Ausnahme der Spiele, die NBC selbst übertrug. Die Senderechte für 85 Spiele durfte die NBA an landesweit zu empfangende Kabelfernsehsender oder TV-Superstations vergeben. Daraufhin erwarb der Sender Turner Broadcasting (mit seinen beiden TV-Superstation-Sender TBS und TNT) die Senderechte für 70 NBA-Begegnungen. Somit blieb für die TV-Superstation WGN der Erwerb der Übertragungsrechte an 15 Spielen übrig. Dieses Angebot war WGN jedoch zu wenig und lehnte es deshalb ab. Die Bulls übertrugen daraufhin die Senderechte an 30 ihrer Spiele direkt auf WGN (sie behandelten diese Senderechte als vom NBC-Vertrag gedeckte, lokale Antennenübertragungen) und verpflichteten die Superstation lediglich dazu, keines ihrer Spiele zu zeigen, wenn zur gleichen Zeit ein anderes NBA-Spiel auf der Superstation TNT zu sehen ist. Die NBA verpflichtete ihre Mitgliedsvereine, eine substantielle Gebühr für jede Übertragung eines ihrer Spiele durch eine TV-Superstation an die NBA zu zahlen.

Die Chicago Bulls und WGN erhoben hiergegen Klage und trugen vor, jegliche Restriktion durch die NBA hinsichtlich der Anzahl der Heimspiele, die WGN ausstrahlen dürfe, sei eine offensichtliche und allein der Beschränkung des Wettbewerbs dienende Maßnahme und deshalb unzulässig[384]. Die NBA war dagegen der Ansicht, daß sie gemäß den Antitrust-Gesetzen dazu berechtigt sei, eine bestimmte Anzahl der durch WGN zu übertragenden Spiele vorzuschreiben und für jede Übertragung die geforderte Gebühr zu verlangen[385].

Die daraufhin in *Chicago Professional Sports Ltd. Partnership v. National Basketball Association* (***Chicago Professional Sports III***) ergangene Entscheidung gibt wertvolle Hinweise für die Anwendung des Sherman Act und des Sports Broadcasting Act in Bezug auf die zentrale Vermarktung von Senderechten durch eine Liga sowie über Restriktionen, die eine Liga ihren Vereinen in Bezug auf die Übertragung von Senderechten auferlegen darf.

Der zwischen der NBA und der NBC geschlossene Vertrag erfüllte zwar die Voraussetzungen des § 1291 Sports Broadcasting Act, da sich die NBA zunächst die Urheberrechte an allen Spielen der NBA-Clubs von diesen hatte übertragen lassen und der Vertrag die Übertragung dieser Rechte durch die NBA an NBC vorsah[386]. Der Vertrag räumte jedoch gleichzeitig den einzelnen Clubs, nicht

---

384 Chicago Professional Sports Ltd. Partnership v. NBA, 95 F.3d 593, 595 (7th Cir. 1996).
385 Chicago Professional Sports Ltd. Partnership v. NBA, 95 F.3d 593, 595 (7th Cir. 1996).
386 Chicago Professional Sports Ltd. Partnership v. NBA, 95 F.3d 593, 596 (7th Cir. 1996).

aber der Liga selbst, das Recht ein, die Fernsehsender auszuwählen, die die Ligaspiele lokal übertragen dürfen. Überdies bewirkte der Vertrag, daß mit Ausnahme der auf NBC zu verfolgenden 26 Spiele und der 85 auf Kabel- und TV-Superstations landesweit zu empfangenden NBA-Begegnungen nahezu im ganzen Land alle NBA-Spiele ausgeblendet (*blackout*) würden[387]. Die NBA gab damit ihre durch § 1291 Sports Broadcasting Act geschützte Rechtsstellung auf. Denn sobald die Bulls die TV-Superstation WGN zur Ausstrahlung ihrer Spiele ausgewählt hatten, fiel jeder Versuch der NBA, die durch das WGN-Fernsehsignal übertragene Ausstrahlung zu kontrollieren, in den Anwendungsbereich des ersten Halbsatzes des § 1292 Sports Broadcasting Act und eröffnete mithin die Anwendbarkeit des Sherman Act[388]. Das Berufungsgericht legte den Sports Broadcasting Act damit eng aus. Die begünstigte Liga müsse sämtliche darin vorgesehenen Tatbestandsmerkmale erfüllen, um den Schutz der Regelung zu genießen; eine nur teilweise Befolgung reiche nicht aus.

Die NBA hätte dies laut Gericht durch geeignete Maßnahmen vermeiden können, indem sie beispielsweise selbst die Übertragungsrechte an einen der vielen Lokalsender in Chicago verkauft hätte, die gemäß Vertrag eine unbegrenzte Anzahl von Spielen über Antenne ausstrahlen durften, anstatt den Bulls zu gestatten, selbst ihre Rechte an die TV-Superstation WGN zu veräußern. Wie in der oben[389] erläuterten Entscheidung *Chicago Professional Sports* machte der Court of Appeals auch hier deutlich, daß die Liga nur in bestimmten Fällen die Veräußerung von Fernsehrechten durch ihre Mitglieder in kartellrechtlich zulässiger Weise untersagen kann. Dies ist nur hinsichtlich solcher Senderechte möglich, die die Vereine zunächst auf die Liga übertragen haben und die die Liga dann weiter an interessierte Fernsehsender verkauft (vgl. die Formulierung in Section § 1291 Sports Broadcasting Act "*...transfer by a league...*"). Absprachen der Liga, welche die Ausstrahlung von Spielen unterbinden, deren Rechte nicht an sie übertragen und nicht von ihr vermarktet worden sind, fallen dagegen unter § 1 Sherman Act. Hinsichtlich solcher Rechte steht den Clubs also trotz § 1291 Sports Broadcasting Act ein Alleinvermarktungsrecht zu.

Dieser Fall macht deutlich, daß es eine Profisportliga hinsichtlich der zentralen Vergabe von Senderechten an Fernsehsender durch geeignete vertragliche Regelungen selbst in der Hand hat, die Anwendung des Sherman Act mit Hilfe des § 1291 Sports Broadcasting Act zu verhindern, indem sie etwa vertragliche Blackout-Regelungen gemäß § 1292 Sports Broadcasting Act entsprechend formuliert. Desweiteren bestätigt die Entscheidung, daß der Sports Broadcasting

---

387 Chicago Professional Sports Ltd. Partnership v. NBA, 95 F.3d 593, 596 (7th Cir. 1996).
388 Chicago Professional Sports Ltd. Partnership v. NBA, 95 F.3d 593, 596 (7th Cir. 1996).
389 Siehe Ziffer A.VII.3(c)(ii) oben.

Act als ein den speziellen Interessen der Profisportligen dienendes Gesetz eng auszulegen ist. Er ist nicht auf die Veräußerung von Senderechten durch einen einzelnen Verein anwendbar.

(h) § 1293 Sports Broadcasting Act - Analyse des Anwendungsbereichs

§ 1293 Sports Broadcasting Act[390] stellt eine weitere Ausnahme zur Regelung des § 1291 Satz 1 Sports Broadcasting Act dar. Sie sieht die Anwendbarkeit des Antitrust-Rechts auf vertragliche Vereinbarungen einer Profifootball-Liga über die gebündelte Veräußerung von Senderechten an Profifootballspielen vor, die es einem sich innerhalb der 75-Meilen-Zone eines College- oder Highschoolfootballstadions befindenden Fernsehsender gestatten, diese Profifootballspiele an jedem Freitagabend und an jedem Samstag innerhalb des Zeitraums beginnend am zweiten Freitag im September und endend am zweiten Samstag im Dezember auszustrahlen. Weitere tatbestandliche Voraussetzungen sind, daß sowohl das betreffende College- oder Highschoolfootballspiel, das an einem solchen Tag angesetzt ist, als auch der jeweilige Spielort (*game site*) bereits vor dem 1. August desselben Jahres in einer allgemein erhältlichen Tageszeitung veröffentlicht worden sind[391].

Diese Regelung unterwirft also zwischen der NFL und einem Fernsehsender getroffene Vereinbarungen, die die Fernsehausstrahlung von Profifootballspielen in das Einzugsgebiet von College- und Highschoolmannschaften zu einer Zeit erlauben, in der diese Amateursportmannschaften für gewöhnlich ihre Spielbegegnungen austragen, dem Antitrust-Anwendungsbereich. Im Ergebnis bedeutet dies, daß das Einzugsgebiet dieser Mannschaften an Freitagabenden und an Samstagen während der Collegfootballsaison frei von lokalen Fernsehübertragungen von zeitgleich stattfindenden NFL-Spielen ist. Denn ohne den Schutz des § 1291 Satz 1 Sports Broadcasting Act ist die zentrale Vermarktung der NFL-Senderechte kartellrechtlich angreifbar. Sie wird deshalb in der Praxis von der NFL von vorn herein erst gar nicht in Betracht gezogen. Sinn und Zweck des § 1293 Sports Broadcasting Act ist es, die Zahl der Stadionbesuche bei College- und Highschoolfootballspielen und die damit einhergehenden finanziellen Einnahmen der Hochschulen durch den Verkauf von Eintrittskarten nicht durch zeitgleich ausgestrahlte Fernsehübertragungen von Profifootballspielen zu gefährden[392]. Da die schulischen und universitären Programme erheblich auf die Einnahmen von Eintrittskartenverkäufen zu den Footballspielen ihrer Mann-

---

390 15 U.S.C. § 1293 (2004).
391 15 U.S.C. § 1293 (3) (2004).
392 Senate Report No. 87-1087, 1961 U.S.C.C.A.N. 3042, 3044; Bauer, Federal Antitrust Law, S. 67; Freedman, Professional Sports and Antitrust, S. 82.

schaften angewiesen sind und die Profifootballbegegnungen zumeist an Sonntagen stattfinden, sah der Kongreß die Regelung des § 1293 Sports Broadcasting Act als fairen Kompromiß zwischen dem Profi- und Amateurfootballsport an.

Die Bedeutung des Begriffs "*game site*" konkretisierte ein Gericht als es zu entscheiden hatte, ob hierunter ein bestimmtes Footballfeld oder -stadion zu verstehen ist oder ob damit vielmehr der städtische Großraum gemeint ist, in dem das Spiel stattfindet. Es legte die Formulierung eng aus und entschied, daß sich "*game site*" auf eine konkrete Spielstätte (Footballfeld oder -stadion) bezieht[393]. Um in den Genuß der faktischen Ausblendung (*blackout*) von Profispielen zu kommen, müssen die Colleges und Highschools folglich bereits vor Saisonbeginn detaillierte Angaben im Hinblick auf ihre Spielbegegnungen und Spielorte machen.

In Anbetracht des den Schulen und Universitäten durch die Regelung eingeräumten Schutzes ihrer Finanzeinnahmen und der ohnehin begrenzten Auswahlmöglichkeiten an Spielfeldern oder Stadien erscheint das Erfordernis der genauen Bestimmung dieser Orte vor Saisonbeginn für sie eine zumutbare Belastung zu sein. Auch die Interessen der Profivereine und der Zuschauer von Profifootballspielen im Einzugsbereich der Colleges und Highschools sind durch die lokale Ausblendung von Collegefootballspielen gemäß § 1293 Sports Broadcasting Act insgesamt angemessen berücksichtigt. Der Großteil der NFL-Spiele findet an Sonntagen und Montagen statt, so daß sich die Spielzeiten von Profi- und Amateurfootballspielen selten überschneiden. Die NFL versicherte bei den Beratungen zu der Gesetzesvorlage, dies künftig auch nicht ändern zu wollen. Der Kongreß berücksichtigte diese beiden Umstände beim Erlaß der Vorschrift, so daß sowohl die Interessen der Sportfans als auch die der Profi- und Amateurfootballvereine angemessen Eingang in die gesetzliche Regelung gefunden haben.

(i) §§ 1294 und 1295 Sports Broadcasting Act

Die Vorschrift des § 1294 Sports Broadcasting Act besagt, daß die Regelungen des Sports Broadcasting Act die Anwendbarkeit oder die fehlende Anwendbarkeit des Antitrust-Rechts hinsichtlich der Handlungen derjenigen Personen oder Personenvereinigungen unberührt lassen, welche die Profimannschaftssportarten Football, Baseball, Basketball oder Eishockey betreiben. Ausgenommen hiervon sind lediglich diejenigen Vereinbarungen, die unter § 1291 Sports Broadcasting Act fallen. Mit dieser etwas umständlichen Formulierung macht der Gesetzgeber

---

393 Colorado High School Activities Ass'n. v. NFL, 711 F.2d 943 (10th Cir. 1983), 1983-2 CCH Trade Cases P 65484.

deutlich, daß einerseits das Antitrust-Recht grundsätzlich auch im Bereich der zentralen Vermarktung von Senderechten durch Profisportligen anwendbar bleibt und nur die in § 1291 Satz 1 Sports Broadcasting Act genannten Vereinbarungen nicht von den Antitrust-Vorschriften erfaßt werden. Andererseits zeigt die Gesetzgebungshistorie dieser Vorschrift, daß insbesondere die durch den Supreme Court geschaffene Baseball-Ausnahme ebenfalls weiterhin Bestand haben und nicht durch den Sports Broadcasting Act nachteilig oder negativ beeinflußt werden sollte[394].

§ 1295 Sports Broadcasting Act definiert abschließend den im Gesetz verwandten Terminus "*persons*" als "jede natürliche oder juristische Person oder Personenvereinigung"[395].

(j) Wirtschaftliche und rechtliche Auswirkungen des Sports Broadcasting Act

Die Einführung des Sports Broadcasting Act im Jahre 1961 hatte sofort deutlich spürbare rechtliche, aber auch wirtschaftliche Auswirkungen. In rechtlicher Hinsicht gestattet er den betreffenden Profiligen, die Fernsehrechte der einzelnen Clubs in der Hand der Liga zu bündeln und sie durch diese gemeinsam zu vermarkten. Dies erhöhte die Verhandlungsmacht der einzelnen Ligen gegenüber den Fernsehsendern erheblich und ermöglichte es ihnen, die Zahl der Fernsehenübertragungen von Spielen, die Laufzeit der Senderechtsverträge sowie die Preise der Senderechte einseitig zu ihren Gunsten zu kontrollieren. Im Ergebnis stärkten die Sportligen ihre Marktposition unter Zuhilfenahme des Gesetzes erheblich[396]. Mit Ausnahme des Profieishockeysports dominieren heute die Profiligen MLB, NBA und NBA den Markt für nationale Fernsehübertragungsrechte. Lediglich im Bereich der lokalen Fernsehrechte konnten die einzelnen Vereine mit Hilfe der Rechtsprechung trotz der Regelungen des Sports Broadcasting Act die individuelle Vermarktung eigener Senderechte durchsetzen. Nur um diese lokalen Senderechte herrscht folglich Wettbewerb unter den Fernsehsendern.

Auf Seiten der Fernsehsender bewirkte das Gesetz, daß lediglich einige wenige der finanzstarken, landesweit sendenden Sendernetzwerke, Kabel- und Satellitensender für den Erwerb der nationalen Senderechte in Frage kommen. In die-

---

394 Hearing on H.R. 8757 before the Antitrust Subcommittee of the House Judiciary Commission, 87th Congress, 1st Session 65 et seq. (1961); Garrett & Hochberg, Law of Professional and Amateur Sports, § 18.04[7][a]; siehe hierzu auch Ziffer A.X.4(b)(iii) unten.

395 15 U.S.C. § 1295 (2004).

396 So auch Weihs, Zentrale Vermarktung von Sportübertragungsrechten, S. 342f.

sem Bereich kam es also zu einer Beschränkung des Wettbewerbs[397]. Die vier Major Leagues konnten lange Vertragslaufzeiten durchsetzen im Austausch für die Gewähr vorrangiger Senderechte mit hohem Zuschauer- und Werbepotential[398]. Der weitgehende kartellrechtliche Schutz nationaler, zentral vermarkteter Senderechtsvereinbarungen bewirkte zudem den Aufbau hoher Eintrittshürden für neue Sportligen in den Markt der bereits bestehenden Major Leagues. Dies führte dazu, daß sich in den Sportarten Baseball, Basketball, Eishockey und Football im Laufe der vergangenen vierzig Jahre keine zweite Konkurrenzliga derselben Sportart erfolgreich neben den bereits bestehenden Ligen hat durchsetzen können. Lediglich die Zahl der in den einzelnen Major Leagues organisierten Clubs nahm im Laufe der Zeit moderat zu. Diese Entwicklung war jedoch im Wesentlichen geprägt durch das Bestreben der Clubeigentümer, die mit einer Ligavergrößerung verbundenen finanziellen Vorteile für sich zu nutzen. Auch in dieser Hinsicht kam es folglich zu einer Beschränkung des Wettbewerbs.

Das Gesetz hatte aber mittelbar positive Auswirkungen auf den Wettbewerb, was zu einem Großteil jedenfalls allerdings der Rechtsprechung zu verdanken ist, beispielsweise den *Chicago Professional Sports*-Entscheidungen. Dank der hierdurch geschaffenen Möglichkeit der Clubs, die bei ihnen verbliebenen lokalen Senderechte eigenständig zu vermarkten, konnten sich im Laufe der Zeit bisher nicht existierende Superstations, wie WTBS oder WGN, und neue Kabelfernsehgesellschaften vor allem in den lokalen Sendemärkten großer Metropolen etablieren[399].

In wirtschaftlicher Hinsicht ist bemerkenswert, daß seit Inkrafttreten des Sports Broadcasting Act die Senderechtspreise für die landesweite Ausstrahlung von Major League-Spielen enorm in die Höhe geschnellt sind. Besonders deutlich wurde dies in den zwei Jahren unmittelbar nach der Verabschiedung des Gesetzes als sich die Preise für Baseball- und Footballsenderechte verdreifachten und sich die Zahl der jeweiligen Spielübertragungen gleichzeitig stark reduzierte[400]. Auch der Vergleich der Preise für nationale NFL-Senderechte im Jahr 1962 in Höhe von US$ 7 Millionen mit dem Wert der NFL-Senderechte allein für die

---

397 So auch Weihs, Zentrale Vermarktung von Sportübertragungsrechten, S. 341.

398 Siehe beispielsweise den acht Jahre bis zur Saison 2006 laufenden Senderechtsvetrag der NFL mit CBS oder den Exklusivvertrag zwischen den New York Yankees und Cablevision unter Ziffer A.VIII.1(b)(i) unten und die aktuellen NFL-CBS/Fox-Verträge mit je sechs Jahren Laufzeit.

399 Rivello, 47 Drake L.R. 177, 191; Weihs, Zentrale Vermarktung von Sportübertragungsrechten, S. 338.

400 Garrett & Hochberg, Law of Professonal and Amateur Sports, § 17.03 [3]; Scott, 39 U. Mich. J.L. Reform 37, 57.

Saison 1998 in Höhe von US$ 2,2 Milliarden macht dies deutlich[401]. Die NFL konnte 2004 mit CBS und FOX für ihr Sonntagnachmittags-Rechtepacket zwei neue Verträge mit Laufzeiten bis zum Ende der Saison 2011 abschließen, die ihr ab 2006 jährlich US$ 622 Millionen bzw. US$ 712 Millionen einbringen, d.h. insgesamt ca. US$ 8 Milliarden. Sie konnte damit deutlich höhere Preise durchsetzen als bei ihren bisherigen Verträgen[402]. Die Preise allein für die nationalen Baseball-Senderechte betragen zur Zeit US$ 558,5 Millionen, resultierend aus dem von 2001 bis 2006 laufenden Vertrag mit FOX (US$ 416,7 Millionen) und dem zwischen 2000 und 2005 gültigen Vertrag mit ESPN (US$ 141.8 Millionen)[403]. Die landesweiten NBA-Senderechte lagen im Jahr 1998 bei rund US$ 660 Millionen. Sogar die NHL konnte ihre Einnahmen von lediglich ca. US$ 50 Millionen aus der Saison 1998/99 deutlich steigern als sie für die Spielzeiten beginnend mit der Saison 1999/2000 neue Verträge mit ABC und ESPN in Höhe von US 120 Millionen abschloß[404]. Hieraus läßt sich gut die große wirtschaftliche Bedeutung erkennen, die die durch den Sports Broadcasting Act geschaffene Möglichkeit der zentralen Vergabe landesweiter Senderechte mit weitgehender Befreiung von den Antitrust-Rechten für die Profiligen hat. Ohne § 1291 Satz 1 Sports Broadcasting Act und die zentrale Rechtevermarktung hätten die vier Major Leagues als alleinige Anbieter ihre jetzige dominante Stellung in ihren Märkten nicht erreichen können[405].

In diesem Zusammenhang entwickelten sich in jeder Liga spezifische und unterschiedlich ausgearbeitete Erlösumverteilungssysteme, deren Regelungen zusätzlich Unter- und Obergrenzen für Spielergehälter miteinbeziehen, um das sportliche und wirtschaftliche Gleichgewicht der Clubs innerhalb der Liga noch besser austarieren zu können[406]. Man könnte annehmen, daß aufgrund der in jeder dieser vier Profiligen praktizierten Zentralvermarktung von Fernsehrechten solche Finanzausgleichsmodelle nicht erforderlich sind, da der gesetzliche Ausnahmetatbestand bereits die Grundlage für eine Mittelverteilung bietet. Wegen der in den Ligen teilweise aber sehr hohen unterschiedlichen Erlöse der Vereine aus der parallelen individuellen Vermarktung ihrer lokalen Senderechte ergab sich

---

401 Weiler, Leveling the Playing Field, S. 279.

402 Unter dem vorherigen Senderechtsvertrag zahlte CBS US$ 500 Millionen und FOX US$ 550 Millionen an die NFL.

403 Kaiser, 54 DePaul L. Rev. 1237, 1238.

404 Weiler, Leveling the Playing Field, S. 280.

405 So auch Weihs, Zentrale Vermarktung von Sportübertragungsrechten, S. 340f.

406 Ausführlich zu den einzelnen Modellen, siehe Weiler, Leveling the Playing Field, S. 304ff. Die größten Einnahmediskrepanzen bestehen unter den NHL-Vereinen und den MLB-Vereinen, die geringsten unter den NFL-Clubs. Dies beruht hauptsächlich auf der unterschiedlichen Bedeutung der lokalen Senderechte in den einzelnen Ligen und der Aufteilungsquote hinsichtlich der Erlöse aus den nationalen Senderechtsverträgen.

die Notwendigkeit, entstehende gravierende Einnahmeunterschiede und die dadurch drohende unausgeglichene Finanzkraft der einzelnen Ligamitglieder mittels ausdifferenzierter Umverteilungsmodelle wieder auszugleichen. Diese Systeme berücksichtigen zusätzlich auch Einnahmen der Clubs aus Eintrittskartenverkäufen und sonstige Werbeerlöse. All dies mildert die durch die zentrale Rechtevermarktung entstehenden Beeinträchtigungen des Wettbewerbs auf den betreffenden Senderechtemärkten, kann aber nicht darüber hinwegtäuschen, daß vor allem die Zuschauer bei einer reinen Individualvermarktung durch die Vereine besser gestellt wären, da sie dann unter einer Vielzahl von Fernsehsendern diejenigen Spiele frei auswählen könnten, die sie am meisten interessieren. Durch ihr Nachfrageverhalten könnten sie dann das Angebot an Major League-Spielübertragungen selbst steuern. Unter den momentanen Verhältnissen sind es aber hauptsächlich die vier Major Leagues, die einseitig die Art und Weise der Rechtevergabe und im Ergebnis auch die Art und Weise der Fernsehübertragungen bestimmen.

(k) Zusammenfassung

Den drei grundlegenden Entscheidungen zu Senderechtsvereinbarungen auf dem Sportsektor - *NCAA*, *Chicago Professional Sports und Chicago Professional Sports III* - liegt ein gemeinsamer fundamentaler Belang zugrunde: der Schutz der Verbraucherrechte. Die Sportverbände unterlagen in diesen Fällen vor Gericht, da ihre internen Regelwerke den Produktabsatz (die Anzahl der im Fernsehen zu verfolgenden Spielbegegnungen) reduzierten und sie dadurch nicht mehr der Verbrauchernachfrage entsprachen. Zudem schränkten sie die Handlungsfreiheit ihrer Mitglieder ungebührend ein. Die Gerichte beachten im Kontext der Fernsehübertragung von Sportveranstaltungen eines der ursprünglichen Hauptziele des Sherman Act, nämlich den Schutz des Verbrauchers vor einer Verlagerung von Vermögenswerten auf monopolistische Produkthersteller[407]. Danach gilt: sofern eine gemeinschaftliche Handlung (wie das Bündeln von Senderechten der einzelnen Vereine durch die Liga) den Produktabsatz (die Zahl der Spielübertragungen) beschränkt, verstößt diese horizontale Vereinbarung gegen das Antitrust-Recht.

Wie oben erläutert, gilt dieser Grundsatz nicht uneingeschränkt. Der Sports Broadcasting Act eröffnet bestimmten Profisportligen einen gewissen Spielraum, in dem diese frei von den Beschränkungen des Antitrust-Rechts die Senderechte ihrer Vereine bündeln und zentral vermarkten können. Durch eine enge Auslegung der Ausnahmeregelung des § 1291 Satz 1 Sports Broadcasting Act

---

407 21 Congress Record 2457, 2460 (1890); Lande, 34 Hastings L.J. 65, 74f.; Ross, 39 Emory L.J. 463, 486.

bezüglich Pooling-Vereinbarungen der MLB, NBA, NFL und NHL sowie der Anwendung der Rule of Reason-Analyse, die neben wettbewerbshemmenden auch wettbewerbsfördernde Beschränkungen durch alle Arten von Sportligen berücksichtigt, ist der fortlaufende Schutz der Sportfans und Verbraucher gewährleistet. Insbesondere die enge Auslegung des Gesetzesmerkmals "werbefinanzierte Fernsehübertragung" in § 1291 Satz 1 Sports Broadcasting Act schützt die Fernsehkonsumenten vor einer Einengung ihres gesetzlich geschützten Interesses an freiem Wettbewerb. Bei einer weiten Auslegung könnten diese Profiligen zusammen mit den wirtschaftlich marktstarken, kostenpflichtigen Kabel- und Satellitensendern[408] ihre in ihrer jeweiligen Sportart vorhandene Monopolmacht weiter ausbauen, ohne eine wettbewerbs- oder kartellrechtliche Überprüfung ihres Verhaltens fürchten zu müssen. Die Rechtsprechung gewährt den einzelnen Vereinen trotz des gesetzlich vorgesehenen Ausnahmebereichs für die zentrale Vermarktung von Fernsehrechten unter bestimmten Umständen das Recht, Teile ihrer Senderechte individuell zu vermarkten und dadurch ihre diesbezügliche Handlungsfreiheit zu bewahren. Die wettbewerbsbeschränkenden Auswirkungen der gemäß § 1291 Satz 1 Sports Broadcasting Act erlaubten Zentralvermarktung werden hierdurch wieder teilweise entschärft.

Die Blackout-Regelung des § 1292 Sports Broadcasting Act dient vorrangig dem Schutz der finanziellen Einnahmen der Heimmannschaften aus Eintrittskartenverkäufen. Sie erlaubt den Ligen und ihren Vereinen, einem Fernsehsender die ihm prinzipiell gestattete Fernsehübertragung eines Heimspiels im örtlichen Einzugsbereich des Heimvereins zu untersagen. Als die Interessen der im Einzugsbereich der Heimmannschaft lebenden Zuschauer und die Interessen der lokalen Fernsehstationen schützendes Korrelat dient im Profifootballbereich die Selbstverpflichtung der NFL, bei ausverkauften Heimspielen die Blackout-Verpflichtung aufzuheben und die örtliche Ausstrahlung dieses Spiels zuzulassen.

4. Zentrale Vermarktung von Fernsehsenderechten durch die übrigen Profisportligen

Vereine, die andere Profisportarten als Baseball, Basketball, Football oder Eishockey betreiben, können gleichfalls ihre jeweiligen Senderechte bündeln und als Paket zentral durch ihre jeweilige Liga an Fernsehsender veräußern. Diese Ligen fallen aber nicht unter die Regelungen des Sports Broadcasting Act, ins-

---

[408] Der Markt für Kabel- und Satellitenservice in den USA nahm von 2001 bis 2002 um 8,1% zu und hatte im Jahre 2002 ein Volumen von US$ 48,1 Milliarden. In der Zeit zwischen 1998 bis 2002 wuchs der Marktanteil der Kabel- und Satellitensender um 42,7% (Euromonitor, Cable and Satellite TV Services in the USA, S. 1).

besondere nicht unter die Ausnahmeregelung des § 1291 Satz 1 Sports Broadcasting Act[409]. Sie können sich folglich bei ihren geschäftlichen Handlungen nicht auf den Schutz dieser Ausnahmeregelungen berufen. Da das Antitrust-Recht auf Organisationen anwendbar ist, die Profisportarten wie Golf, Tennis, Fußball oder Boxen betreiben, unterliegen entsprechende Vereinbarungen dieser Organisationen mit Fernsehsendern oder Sendernetzen über die gebündelte Veräußerung von Senderechten oder über Blackout-Regelungen den Vorschriften des Sherman Act[410]. Mit Ausnahme von Profiligen, die ihre Statuten bewußt so formulieren, daß sie die *Copperweld*-Kriterien einer Einzelgesellschaft erfüllen und infolgedessen nicht gegen § 1 Sherman Act verstoßen, qualifizieren die Gerichte solche Profiligen ebenso als Gemeinschaftsunternehmen (*joint ventures*). Folglich unterziehen sie deren wettbewerbsrelevante Handlungen einer herkömmlichen Rule of Reason-Prüfung. Im Bereich von aufeinander abgestimmten, gemeinschaftlichen Handlungen der Sportvereine innerhalb einer Liga ist dabei hauptsächlich ein Verstoß gegen § 1 Sherman Act zu prüfen.

Signifikante Gerichtsentscheidungen zu dieser Vorschrift im Bereich der Fernsehübertragung von Sportveranstaltungen dieser Profisportarten sind nicht ersichtlich. Das mag daran liegen, daß diese Profiligen verglichen mit den vier Major Leagues eine sehr viel geringere wirtschaftliche, gesellschaftliche und sportliche Bedeutung sowie auch eine wesentlich weniger dominante Marktposition einnehmen. Darüber hinaus ist in Einzelsportarten, wie beispielsweise Boxen, Golf oder Tennis, das Bündeln und paketweise Veräußern von Senderechten an den Sportveranstaltungen durch die jeweilige Dachorganisation, wie der PGA oder der ATP[411], eher die Ausnahme als die Regel. Die einzelnen Sportveranstalter veräußern hier vielmehr selbst die Senderechte an dem von ihnen organisierten Turnier oder Sportwettbewerb. Die Dachorganisation befaßt sich dagegen mehr mit dem organisatorischen und sportlichen Ablauf der Wettkämpfe über die Saison hinweg und hat keine umfassenden eigenen Senderechte an den Sportveranstaltungen. Teilweise sind die Dachorganisationen aber auch

---

409 Gunter Harz Sports, Inc. v. United States Tennis Association, 665 F.2d 222 (8th Cir. 1981).

410 Siehe hierzu auch oben Ziffer A.III.1.

411 Die ATP und die 9 ATP Masters Series-Profitennisturnierveranstalter sind gemeinsam Eigentümer der Tennis Properties Ltd. (TPL), die Tennisfernsehübertragungen produziert und über Senderechtsvereinbarungen mit 54 internationalen Fernsehsendern verfügt. Die ATP und die ATP Masters Series-Veranstalter bündelten ihre Senderechte an ihren Tennisturnieren und schlossen im Jahre 2004 mit TPL einen 3-Jahres-Senderechtsvertrag über die Vermarktung der Spiele bei ihren jeweiligen Turnieren. Die übrigen Tennisturnierveranstalter auf der Herren-Profitennis-Tour vermarkten ihre Wettkampfveranstaltungen dagegen selbst.

selbst alleiniger Inhaber der Senderechte[412]. In diesem Fall ergeben sich durch die zentrale Rechtevermarktung naturgemäß keine wettbewerbsrechtlichen Bedenken. In dieser Hinsicht ist die tatsächliche und rechtliche Situation dieser Profisportorganisationen im Ergebnis vergleichbar mit der unter Ziffer A.VII.2 oben beschriebenen Situation der Amateursportorganisationen, wie etwa der NCAA und ihrer Mitgliedsorganisationen. Dort schließen die einzelnen Colleges und Regionalligen unabhängig von der NCAA individuelle Senderechtsverträge mit Fernsehsendern ab, da die zentrale Vergabe der Senderechte im Hinblick auf § 1 Sherman Act nur in denjenigen Fällen wettbewerbs- und kartellrechtlich unproblematisch ist, wo die Liga oder Dachorganisation selbst Rechteinhaberin an den Sportveranstaltungen ist. Auf diese hier entsprechend geltenden Ausführungen wird verwiesen.

Auch der Sports Broadcasting Act ist hier wie dort nicht anwendbar. Individuelle Senderechtsvereinbarungen einzelner Turnier- oder Rennorganisatoren mit Fernsehsendern unterliegen folglich einer gewöhnlichen Rule of Reason-Prüfung. § 2 Sherman Act, hier das Verbot der Monopolisierung durch eine Profiliga, spielte auf dem Gebiet der Fernsehübertragung von Sportveranstaltungen – wie auch im Falle der vier Major Leagues – bis dato ebenfalls keine bedeutende Rolle. Auf weiterführende diesbezügliche Erörterungen wird deshalb verzichtet.

5. Ergebnis

Zusammenfassend läßt sich die gebündelte Veräußerung der Senderechte der Sportvereine durch deren Liga wie folgt darstellen. Zu unterscheiden ist zwischen der zentralen Vermarktung durch die vier Profiligen MLB, NBA, NFL und NHL und der zentralen Vermarktung durch die Amateursportorganisationen, wie die NCAA, und die nicht zu den Major Leagues zählenden Profiligen. Letztere Amateur- und Profisportvereinigungen genießen keine spezialgesetzliche Freistellung gemeinschaftlich untereinander abgestimmter geschäftlicher Handlungen von der Anwendung der Antitrust-Gesetze. Rechtsprechung und Literatur sehen die Rechtsform dieser Sportvereinigungen mehrheitlich als die eines Gemeinschaftsunternehmens *(joint venture)* an, deren Verhalten sie wettbewerbs- und kartellrechtlich im Rahmen der herkömmlichen Rule of Reason-Untersuchungsmethode analysieren und beurteilen. Hierdurch und - soweit dies opportun ist - durch die Anwendung der Ancillary Restraint-Doktrin erhält eine

---

412 Die National Association for Stock Car Autoracing, Inc. (NASCAR) hält die Senderechte für die Übertragung der in dieser Rennserie veranstalteten Automobilrennen und vergab diese Rechte an die beiden Sender NBC und TNT, die sich die Rechte teilen und die NASCAR-Rennen seit Juni 2004 übertragen.

Liga die Möglichkeit, wettbewerbsfördernde sowie nicht nur rein wirtschaftlich orientierte Argumente und Auswirkungen der angefochtenen restriktiven Maßnahme zu ihren Gunsten aufzuzeigen. Überwiegen diese wettbewerbsunterstützenden Effekte die wettbewerbshemmenden Auswirkungen des in Frage stehenden Verhaltens, ist es als unter § 1 Sherman Act zulässig anzusehen. Anders verhält es sich im Falle der wenigen in jüngerer Vergangenheit gegründeten Sportligen, die ihre Statuten bewußt gesellschaftsrechtlich so ausgerichtet haben, daß sie den in der *Copperweld*-Entscheidung des Supreme Court aufgestellten Voraussetzungen der vollständig durch die Muttergesellschaft kontrollierten Tochtergesellschaft entsprechen. Eine solche Liga ist danach als Einzelgesellschaft (*single entity*) von vornherein nicht in der Lage, mit sich selbst in wettbewerbswidriger Weise zu konspirieren und kann somit bereits aus formellen Gründen nicht gegen § 1 Sherman Act verstoßen.

Im Ergebnis führte deshalb die stets bestehende wettbewerbsrechtliche Untersuchungsmöglichkeit der Gerichte bezüglich Pooling-Vereinbarungen einer Liga hinsichtlich der Senderechte der Ligamitglieder dazu, daß heute im Bereich der nicht durch den Sports Broadcasting Act privilegierten Sportorganisationen individuelle Senderechtsverträge der einzelnen Clubs oder kleinerer Regionalligen mit Fernsehsendern die Regel sind. Nur sofern die einzelnen Vereine ihre jeweiligen Sende- und Urheberrechte vollständig rechtsgeschäftlich auf ihre Liga übertragen haben, kann diese - wie es beispielsweise im NCAA-Basketball der Fall ist - ihre nunmehr eigenen Senderechte an einen Sender veräußern, ohne daß sie dadurch gegen § 1 Sherman Act verstoßen.

Die zentrale Vermarktung von Senderechten der einzelnen Profivereine MLB, NBA, NFL und NHL ist hingegen aufgrund der Regelungen des Sports Broadcasting Act gegen wettbewerbsrechtliche Untersuchungen immun. § 1291 Satz 1 Sports Broadcasting Act entzieht solche Vereinbarungen einer gerichtlichen oder kartellbehördlichen Prüfung. Sowohl Wortlaut und Gesetzgebungshistorie der Vorschrift, die höchstrichterliche Rechtsprechung in Bezug auf Gesetze, die den besonderen Interessen einer bestimmten Wirtschaftsgruppe dienen, als auch der Schutzgedanke des Sherman Act erfordern eine enge Auslegung dieser Regelung. §1291 Satz 1 Sports Broadcasting Act, insbesondere das Sponsored Telecasting-Tatbestandsmerkmal, ist deshalb lediglich auf kostenlos über Antenne zu empfangende Sportübertragungen sowie auf für den Konsumenten kostenfreie Kabel- und Satellitenübertragungen anzuwenden. Vereinbarungen zwischen einer Profiliga und einem Bezahlsender hinsichtlich der Ausstrahlung von Sportveranstaltungen über für den Verbraucher kostenpflichtige Kabel- oder Satellitenprogramme fallen dagegen nicht in den Schutzbereich der Vorschrift. Dies gilt auch für teilweise über Werbung finanzierte, aber dennoch für die

Fernsehzuschauer oder Abonnenten kostenpflichtigen Sportveranstaltungsübertragungen durch das Bezahlfernsehen.

Die Blackout-Regelung des § 1292 Sports Broadcasting Act, die eine Fernsehübertragung eines Heimspiels im lokalen Einzugsgebiet des Heimvereins zum Schutz der Einnahmen dieses Clubs aus seinen Eintrittskartenverkäufen untersagt, wurde von der Rechtsprechung zumeist zu Gunsten der Liga und der betreffenden Heimvereine ausgelegt. So stellte sie bei der Festlegung der 75-Meilen-Zone rund um das Stadtgebiet der Heimmannschaft darauf ab, ob die Zuschauer das Fernsehsignal des betreffenden Senders innerhalb dieser Zone empfangen können oder nicht. Im Ergebnis dehnte sie damit die 75-Meilen-Blackout-Zone bis zu dem Senderstandort aus. Allerdings wurde diese Vorschrift wieder zu Gunsten der im Einzugsbereich der Heimmannschaft wohnhaften Zuschauer dadurch eingeschränkt, daß die Übertragungsausblendung (*black-out*) im Einzugsbereich der Heimmannschaft aufgehoben werden muß, falls das Heimspiel bereits 72 Stunden vor Spielbeginn ausverkauft ist. Nachteilig für die NFL-Fernsehzuschauer im Einzugsbereich einer Heimmannschaft wirkt sich jedoch die NFL-Regelung aus, die basierend auf § 1292 Sports Broadcasting Act den in diesem Gebiet positionierten Sendernetzen und ihren verbundenen Stationen lediglich die Ausstrahlung eines einzigen NFL-Spiels pro Tag gestattet. Dies schränkt die Verbraucher in ihren Auswahlmöglichkeiten unangemessen ein.

Insgesamt konnten die Major Leagues wirtschaftlich sehr stark von den Regelungen des Sports Broadcasting Act profitieren, indem sie die in ihrer jeweiligen Sportart vorhandene Monopolstellung auf dem Gebiet der Fernsehübertragung von Sportveranstaltungen weiter ausbauen und lukrative Verträge mit Fernsehsendern zur landesweiten Ausstrahlung ihrer Ligaspiele abschließen konnten. Eine enge Auslegung dieses Gesetzes schützt die Zuschauer deshalb vor nachteiligen Maßnahmen der Ligen. Dies gewährleistet auch den Schutz der Handlungsfreiheit der Ligaclubs, indem ihnen die Individualvermarktung der bei ihnen verbliebenen Senderechte gestattet bleibt. Die Zahl verfügbarer Spielübertragungen vergrößert sich dadurch. § 2 Sherman Act erlangte trotz der vorhandenen Monopolstellung der einzelnen Ligen in ihren Sportarten im Bereich der Fernsehübertragung von Sportveranstaltungen keine mit § 1 Sherman Act vergleichbare wettbewerbsrechtliche Bedeutung[413]. Ein Grund hierfür ist, daß Verstöße gegen das Tatbestandsmerkmal "*conspire to monopolize*" fast immer im Rahmen des weitreichenderen § 1 Sherman Act verfolgt und untersucht werden.

---

413 Siehe hierzu die Ausführungen unter Ziffer A.VI.

VIII. Fernsehsenderechte einzelner Profivereine, Amateursportorganisationen und Sportler

1. Fernsehsenderechte einzelner Profivereine und Amateursportorganisationen

(a) Einführung

Profisportvereinen steht es grundsätzlich frei, hinsichtlich ihrer Senderechte für lokale Spielübertragungen, also Übertragungen ihrer Auswärts- und Heimspiele im lokalen Einzugsbereich des Vereinssitzes, Verträge mit Fernsehsendern zu verhandeln, die in diesem örtlichen Gebiet Fernsehbilder ausstrahlen. Mit Ausnahme der NFL-Clubs sind alle Vereine der Major Leagues aufgrund ihrer Ligastatuten berechtigt, solche lokalen Senderechte an Fernsehstationen zu veräußern, sofern dadurch die von ihrer Liga abgeschlossenen Senderechtsverträge über landesweite Spielübertragungen nicht beeinträchtigt werden. Die Einnahmen aus diesen lokalen Verträgen stehen den einzelnen Vereinen zu und werden im Gegensatz zu den Einnahmen aus Verträgen über landesweite Senderechte nicht unter allen Vereinen der Liga aufgeteilt[414].

Einzelne Profivereine schließen nicht nur zeitlich befristete, bilaterale Senderechtsverträge mit Sendern in ihrem regionalen Einzugsgebiet ab, sondern gehen darüber hinaus noch viel engere und langfristigere Bindungen mit Fernsehsendern oder Medienunternehmen ein. Selbst gesellschaftsrechtliche Beteiligungen eines Senders an den Franchise-Rechten eines Vereins bis hin zur vollständigen Übernahme aller Franchise-Rechte durch den Sender oder dessen Muttergesellschaft sind nicht unüblich. Beispielsweise stehen die Rechte an den Atlanta Braves im Eigentum des in Atlanta ansässigen Kabelfernsehsenders WTBS (Turner Broadcasting System, Inc.), die Los Angeles Dodgers gehören der News Corporation Ltd.[415] und die Rechte am Basketballclub New York Nicks und dem Eishockeyclub New York Rangers stehen im Eigentum des New Yorker Kabelsenders Cablevision System Corporation (**Cablevision**). Umgekehrt erwerben auch Profivereine Gesellschaftsanteile an Fernsehsendern in ihrer Region. So gehören die Rechte an dem Lokalkabelsender New England Sports Network (**NESN**) gemeinsam dem Baseballclub Boston Red Sox und dem NHL-Club Boston Bruins. Die beiden NBA-Basketballvereine der New York Yankees und New Jersey Nets sind zusammen mit der Investmentbank Goldman Sachs Eigentümer des in

---

[414] Wong, Essentials of Sports Law, 689.

[415] News Corporation war im Jahre 2002 mit einem Marktanteil von 10,5% drittgrößter Anbieter auf dem herkömmlichen Fernsehübertragungsmarkt und ist Eigentümerin des Medienunternehmens FOX Entertainment Group, Inc., welches wiederum diverse FOX-Fernsehsender und Sendernetze kontrolliert.

New York und Umgebung zu empfangenden Kabelsenders YES Network (Yankees Entertainment & Sports LLC - **YES**).

Daß einzelne Sportclubs ihre Sportveranstaltungen auch über gebührenpflichtige Kabelsender ausstrahlen dürfen, basiert auf dem Urteil des Rechtsstreits *Home Box Office, Inc. v. Federal Communications Commission*[416]. Die Federal Communications Commission (**FCC**) befürchtete Ende der 1960er Jahre mit dem Aufkommen des Bezahlfernsehens, daß sich im Laufe der Zeit u.a. Übertragungen von Sportveranstaltungen, die bis dahin flächendeckend auf kostenlos zu empfangenden Fernsehstationen zu sehen waren, auf kostenpflichtige Bezahlsender, insbesondere Kabelsender, verlagern (*siphoning*) würden. Sie erließ deshalb verschiedene Vorschriften, die in ihrer endgültigen Form 1975 u.a. die Übertragung "bestimmter Sportereignisse" (*specific sport events*), wie der Rose Bowl im Profifootball oder der Baseball World Series, durch Bezahlfernsehsender untersagte, falls diese Veranstaltungen während der letzten fünf Jahre vor Inkrafttreten der FCC-Regeln im kostenlosen Fernsehen zu sehen waren (*Anti-siphoning Regulations*)[417]. Der Kabelsender Home Box Office (**HBO**) klagte daraufhin gegen den Erlaß dieser Regeln durch die FCC. Der Court of Appeals entschied, daß die FCC durch die Verabschiedung der Regelungen u.a. das durch den ersten Zusatzartikel zur US-Verfassung (*First Amendment of the United States Constitution*) geschützte Recht des Klägers HBO auf freie Meinungsäußerung verletzten, indem sie es HBO in unverhältnismäßiger Weise erschwerten, Senderechte für Sportereignisse erwerben und diese Ereignisse dann per Kabel übertragen zu können[418]. Obwohl das Gericht lediglich die Regelungen in Bezug auf das Kabelfernsehen für ungültig erklärt hatte, hob die FCC 1978 sämtliche Regelungen auf, die das Umschichten von Programmen des kostenlosen Fernsehens auf das Bezahlfernsehen betrafen[419].

Dieses Urteil ermöglicht es Sportvereinen, Senderechtepakte ihrer Spiele auch für gebührenerhebende Kabelsender zusammen zu stellen, was vorher nicht zulässig war[420]. Seither ist es erlaubt, Sportprogramme auch über für die Verbraucher kostenpflichtige Kabelsender auszustrahlen. Die Zahl der Kabelsender und der von ihnen ausgestrahlten Sportveranstaltungen nahm daraufhin dramatisch

---

416 Home Box Office, Inc. v. Federal Communications Commission, 567 F.2d 9 (D.C. Cir.), *cert. denied*, 434 U.S. 829 (1977).

417 First Report and Order No. 19554, 52 F.C.C.2d 1 (1975), *reconsideration denied*, 34 F.C.C.2d 797 (1976).

418 Home Box Office, Inc. v. Federal Communications Commission, 567 F.2d 9, 43-51 (D.C. Cir.) (1977); allgemein hierzu: Horowitz, 23 Antitrust Bulletin 743; Cox, Fed. Comm. L.J. 571, 578.

419 Report and Order No. 21489, 42 Rad. Reg. 1207, 1208 (1978).

420 Wong, Essentials of Sports Law, S. 697.

zu[421]. Das Urteil steht für den Gedanken, daß der Allgemeinheit am besten durch eine in freiem Wettbewerb stehende Fernsehbranche, d.h. ohne behördliche Reglementierungen, gedient ist, und daß Kabelsender und herkömmliche Fernsehsender unter den gleichen Voraussetzungen um Senderechte kämpfen sollten[422]. Für die Verbraucher wirkte sich die Entscheidung positiv aus, denn sie stärkte den Wettbewerb auf dem nachgelagerten Markt für Fernsehrechte an Sportveranstaltungen. Die Handlungs- und Betätigungsfreiheit der Sportvereine verbesserte sich. Auch auf die Wahlfreiheit der Fernsehsender und Fernsehzuschauer hatte sie positive Auswirkungen, denn es steht ihnen fortan eine weit größere Auswahl an Spielübertragungen zur Verfügung. Die zunehmende Konkurrenz zwischen verschiedenen Bezahl- und herkömmlichen Sendern führte zu einer Qualitätsverbesserung im Hinblick auf Berichterstattung und Hintergrundinformation.

Einzelne Profivereine können sich bei der Vermarktung ihrer lokalen Senderechte nicht auf die Regelungen des Sports Broadcasting Act berufen. Die wettbewerbs- und kartellrechtliche Zulässigkeit von Verträgen über die Veräußerung lokaler Senderechte wird deshalb in der Regel anhand der Voraussetzungen des § 1 Sherman Act geprüft. Die mehrheitliche oder vollständige gesellschaftsrechtliche Beteiligung eines Fernsehsenders an einem Sportverein (und umgekehrt) ist dagegen im Regelfall an den Voraussetzungen des § 2 Sherman Act zu prüfen. Problematisch sind etwa Fälle, in denen ein Fernsehsender und ein Verein gemeinschaftlich zusammen wirken, um den Wettbewerb im lokalen Fernsehmarkt zu beschränken, indem sie die Zahl der zu übertragenden Vereinsspiele begrenzen oder mit Hilfe von exklusiven Vereinbarungen die Übertragung der Spiele des Vereins durch einen mit seinem Vertragspartner im Wettbewerb stehenden Lokalsender erschweren oder ganz verhindern. Wie vertikale Senderechtsvereinbarungen zwischen einem Verein und einem Fernsehsender nach dem Antitrust-Recht zu beurteilen sind, wird nachfolgend untersucht.

(b) Exklusive vertikale Vertragsvereinbarung zwischen Profiverein und Fernsehsender

(i) Einführung und Beispiele

Die Veräußerung exklusiver Fernsehübertragungsrechte verstößt als solche regelmäßig nicht gegen das Antitrust-Recht, da jedes Unternehmen mit Marktmacht sein Produkt einseitig zu einem gewinnmaximierenden Preis verkaufen

---

421 Perrine, 12 Marq. Sports L.J. 703, 799; Cox, 47 Fed. Comm. L.J. 571, 580.

422 Horowitz, 23 Antitrust Bulletin 743, 745; van Glish, 1 Sports Law J. 79, 100.

darf[423]. In jeder Major League ist es den einzelnen Vereinen gestattet, ihre lokalen Senderechte individuell zu vermarkten.

Exklusive Senderechtsvereinbarungen können in der Praxis wie folgt aussehen. Nachdem der Baseballclub der New York Yankees die exklusiven Senderechte an seinen Spielen im New Yorker Stadtgebiet 12 Jahre lang dem Kabelsender Cablevision gegen Zahlung von US$ 486 Millionen eingeräumt hatte, übertrug er diese Senderechte im Jahre 2002 an den New Yorker Kabelsender YES, an dem er zusammen mit den New Jersey Nets und der Investmentbank Goldman Sachs beteiligt ist. Durch eine solche Vereinbarung sichert sich ein Verein die volle Konzentration des Rundfunksenders auf die Ausstrahlung seiner Spiele sowie dessen uneingeschränkte Unterstützung bei der Fernsehvermarktung aller hiermit verbundenen Vereinsassoziationen der Zuschauer. Dadurch kann der Club seine wirtschaftliche Wettbewerbsposition gegenüber den anderen Vereinen seiner Liga verbessern. Denn Unternehmen, die an einem Sponsoring des Vereins für eigene Werbezwecke interessiert sind, bezahlen aufgrund der alleinigen Medienpräsenz des Vereins auf diesem Sender einen höheren Preis für den größeren, da exklusiven, Werbeeffekt.

Auch Fernsehsender profitieren von solchen Vereinbarungen. Live-Übertragungen von Sportveranstaltungen sind für die Konkurrenzfähigkeit eines Fernsehsenders essentiell. Sie bieten den Zuschauern eine einzigartige Unterhaltung, die nicht mit bereits vorab aufgenommenen Studioproduktionen zu vergleichen sind. Dies macht das Beispiel des Sendernetzes CBS deutlich. Als die News Corporation und deren Sendernetz FOX im Jahre 1993 die Senderechte für NFL-Übertragungen für die Jahre 1994 bis 1997 erwarben, indem sie das Gebot des Senders CBS überboten, der die NFL-Spielübertragungsrechte bis dato innehatte, nahmen die Zuschauerzahlen bei CBS drastisch ab[424]. Erst als CBS im Jahre 1998 die nicht-exklusiven Senderechte für Footballübertragungen von der NFL für acht Jahre zu einem Preis in Höhe von US$ 4 Milliarden erworben hatte, stiegen die CBS-Fernsehzuschauerzahlen sofort wieder stark an, so daß das Sendernetz unter den kostenlos zu empfangenden Sendern die höchsten Zu-

---

423 Wise & Meyer, International Sports Law, Bd. 3, S. 1736; Ross, 39 Emory L.J. 463, 481; OECD, Regulation and Competition Issues, S. 49; Association of Independent Television Stations v. The College Football Association, 637 F. Supp. 1289, 1304 (W.D. Okla. 1986); Baltimore Orioles, Inc. v. Major League Baseball Players Association, 805 F.2d 663 (7th Cir. 1986); Kartell v. Blue Shield of Mass., Inc., 749 F.2d 922, 927 (1st Cir. 1984), *cert. denied*, 471 U.S. 1029 (1985); Berkey Photo v. Eastman Kodak Co., 603 F.2d 263 (2d Cir. 1979), *cert. denied*, 444 U.S. 1093 (1980); Sharkey v. National Broadcasting Co., 93 F. Supp. 986 (D.C.N.Y. 1950).

424 Perrine, 12 Marq. Sports L.J. 703, 759.

schauerzahlen in der Fernsehsaison 1997-1998 auswies[425]. Live-Sportübertragungen ziehen eine Hauptzielgruppe der Werbungstreibenden an, nämlich konsumfreudige Männer im Alter von 18 bis 35 Jahren, die in der Regel weniger fernsehen als Frauen[426]. Um diese Zielgruppe für ihre Produktwerbung zu erreichen, sind die werbenden Unternehmen sogar bereit, mehr Werbegelder auszugeben als für sonstige Programme. So kostete ein 30 Sekunden langer Werbespot während der landesweit ausgestrahlten Football Super Bowl XXXIX im Jahre 2005 auf dem Sendernetz FOX US$ 2,4 Millionen. Allein der Getränkekonzern Anheuser-Busch gab als größter Werbetreibender insgesamt US$ 22 Millionen für Werbesendungen rund um die Super Bowl-Veranstaltung im Jahre 2002 aus[427]. Fernsehsender sind somit in der Lage, während der Übertragung der populärsten Spielbegegnungen die höchsten Preise für Werbespots zu fordern. Exklusive Senderechte fördern im übrigen Anreize des Fernsehsenders, in sein Sportprogramm Geld zu investieren und dieses weiter zu entwickeln. Sie erhöhen ferner die Planungssicherheit des Senders, da er nicht befürchten muß, daß seine Wettbewerber die gleiche Sportveranstaltung zur gleichen Zeit übertragen.

(ii) Positive wettbewerbsrechtliche Auswirkungen

Wettbewerbsfördernde Auswirkungen im Falle solcher vertikaler Vereinbarungen sind eher gering. Da die Profivereine ihre Einnahmen aus den Senderechtsverträgen hinsichtlich ihrer lokalen Senderechte grundsätzlich nicht unter einander aufteilen, dienen diese Einkünfte, anders als im Falle der landesweiten Senderechtsvermarktung, nicht dem Ausgleich unterschiedlicher wirtschaftlicher Ressourcen der finanziell schwächeren Vereine und somit nicht der Stärkung der Wettbewerbsfähigkeit und Attraktivität der gesamten Liga[428]. Jeder Verein nutzt die Einnahmen zu seinem eigenen Vorteil, wobei die in größeren Metropolen ansässigen und sportlich erfolgreichen Clubs aufgrund ihrer Popularität finanziell viel lukrativere Verträge abschließen können als die Vereine, die sportlich weniger erfolgreich sind oder deren Sitz in bevölkerungsärmeren Gebieten mit weniger Kaufkraft und Fernsehzuschauern liegt.

---

425 Perrine, 12 Marq. Sports L.J. 703, 759.

426 Piraino, 79. B.U. L. Rev. 889, 951; Perrine, 12 Marq. Sports L.J. 703, 758.

427 Nielsen Media Research News Release, TV and Avertising Trends Surrounding the Super Bowl (23. Januar 2003).

428 Garrett & Hochberg, Law of Professional and Amateur Sports, § 17.02[1]: Nur die NFL-Vereine teilen die Einnahmen aus lokalen Spielübertragungen gleichmäßig untereinander auf, da die lokalen Senderechte durch landesweit geltende Verträge mit den über Antenne zu empfangenden Sendernetzen vermarktet werden und der Vertrag mit dem Kabelsender ESPN diesem die Übertragung der lokalen Senderechte an andere Lokalsender erlaubt. Die Einnahmen aus den landesweit geltenden Verträgen teilen die Vereine ebenfalls gleichmäßig unter sich auf.

Positive Auswirkungen können derartige vertikale Vereinbarungen mit einem Fernsehsender dennoch erzielen, wenn die Exklusivrechte zu einem Pauschalbetrag an den höchsten Bieter vergeben werden, da dies dem Verein erlaubt, den größten Betrag als Gegenleistung für sein Produkt zu vereinnahmen. Gleichzeitig verschafft dies dem Sender den Anreiz, das erworbene Produkt wirtschaftlich effektiv zu vermarkten und eine vorsichtige Preisdifferenzierung zu verfolgen, was wiederum zum Wohle der Verbraucher und des Wettbewerbs unter den Marktteilnehmern ist. Sofern in einer Liga mehr als nur ein Verein in derselben Stadt oder demselben Einzugsgebiet vorhanden ist, wie zum Beispiel im Falle der New York Islanders und der New York Rangers in der NHL oder der LA Lakers und der LA Clippers in der NBA, haben andere Fernsehsender in diesen Regionen durch entsprechende Verträge ebenfalls die Möglichkeit, dort die Spiele der zweiten Mannschaft zu übertragen und den Zuschauern eine Alternative zu den Übertragungen des Exklusivsenders zu bieten. Der Wettbewerb unter den Sendern und Vereinen wird dadurch verstärkt, was zu sinkenden Abonnementpreisen, einer größeren Zahl von Spielübertragungen oder einer Verbesserung der Programmqualität führen kann. Mit Hilfe einer Exklusivvereinbarung können ferner effizienzhemmende Maßnahmen konkurrierender Fernsehgesellschaften in Form des "Trittbrettfahrens" (*free-riding*) hinsichtlich kostenintensiver Vermarktungs- oder Werbebemühungen zu Lasten eines Fernsehsenders, der viel Geld in die Übertragung eines Sportereignisses investiert hat, verhindert werden. Würde eine Sportliga oder ein Sportverein seine Senderechte nichtexklusiv an mehrere Fernsehsender zu gleichen Preisen vergeben, wären manche der begünstigten Sender eventuell versucht, ohne eigene nennenswerte finanzielle Aufwendungen die Vermarktungs- oder Werbebemühungen eines der anderen begünstigten Sender zu nutzen und somit künftige kostenintensive Investitionen dieses und anderer Unternehmen zu schwächen, da diese erkennen würden, daß sich ihr höherer finanzieller Aufwand nicht in einen Wettbewerbsvorsprung gegenüber ihren Konkurrenten verwandelt.

(iii) Negative wettbewerbsrechtliche Auswirkungen

Die exklusive Spielberichterstattung kann zu einer Verknappung des Angebots an Spielübertragungen des betreffenden Vereins führen, da seine sportlichen Wettbewerber infolgedessen eventuell keine Möglichkeit mehr haben, ihre Spiele ebenfalls auf diesem Sender zu zeigen. Eine solche Vereinbarung kann sich also auch wettbewerbsbeschränkend auswirken. So kommen bei einem exklusiven Senderechtsvertrag weniger Zuschauer in den Genuß der Spielübertragungen, falls der übertragende Sender nur ein kleines Sendegebiet abdeckt oder nur über wenige Abonnenten verfügt. Auch die Wettbewerber des begünstigten Senders werden durch die bilaterale exklusive Vereinbarung an einer Live-Ausstrahlung der populären Profispiele gehindert oder dürfen diese vielleicht nur zu unattraktiveren Zeiten übertragen[429]. Je länger die Laufzeit eines Senderechtsvertrages ist und je mehr exklusive Senderechte dieser Vertrag einem Fernsehsender einräumt, desto höher sind die Zutrittshürden für die aktuellen oder potentiellen Wettbewerber dieses Unternehmens[430]. Mit zunehmender Exklusivität und Vertragslaufzeit nimmt also die Gefahr einer Verletzung der Antitrust-Vorschriften durch diese Senderechtsvereinbarung zu. Desweiteren haben die Sender durch solche Exklusivübertragungen die Möglichkeit, ihr übriges Fernsehprogramm sowie ihr Internetangebot einem größeren Publikum anzupreisen[431]. Sie können deshalb die auf dem Markt für Fernsehsenderechte erlangte Marktmacht auf andere Märkte zu Lasten ihrer dortigen Wettbewerber ausdehnen. Auch wenn die exklusive Vereinbarung ein spezielles, bei den Fernsehzuschauern besonders populäres Sportereignis betrifft, wie die Football-Superbowl oder die Baseball-World-Series, können die wettbewerbshemmenden Effekte dieser Vereinbarung schnell überwiegen, falls dieses Ereignis nur gegen Bezahlung, also exklusiv über einen Bezahlsender, im Fernsehen zu sehen ist. Dies resultiert daraus, daß aus technischen oder finanziellen Gründen weniger Zuschauer dieses Ereignis verfolgen können als bei einer nicht-exklusiven Übertragung durch kostenlos über Antenne zu empfangende Fernsehsender. Im Falle der Veräußerung der Senderechte an einen Bezahlsender kommt hinzu, daß hinsichtlich der Abonnementgebühren, die die Verbraucher für den Empfang des Senders und der Spielübertragung bezahlen müssen, kein Preiswettkampf unter mehreren Sendern mehr stattfindet. Ferner sind die Fernsehzuschauer einzig auf das durch den Exklusivsender ausgewählte Angebot an Spielübertragungen angewiesen, ohne selbst durch ihre Nachfrage das Spielangebot kontrollieren zu können.

(iv) Monopolmacht im lokalen Kabel- und Antennenfernsehmarkt

Bei der Bestimmung der wettbewerbsrechtlichen Zulässigkeit exklusiver Vermarktungsvereinbarungen ist insbesondere auf die jeweilige Marktmacht der Fernsehsender in den entsprechenden Fernsehmärkten abzustellen. Mit zunehmender wirtschaftlicher Marktmacht eines Senders nimmt die Möglichkeit ab, in der er in zulässiger Weise mit einem in der Regel ebenfalls marktdominanten Verein Verträge über den Erwerb exklusiver Senderechte abschließen darf. Dabei ist zwischen dem lokalen Kabelfernsehmarkt und dem nationalen Fernsehmarkt zu unterscheiden.

---

429 OECD, Regulation and Competition Issues, S. 55.
430 OECD, Regulation and Competition Issues, S. 49.
431 Piraino, 79 B.U. L. Rev. 889, 951.

Trotz der durch den Telecommunications Act of 1996[432] vorgeschriebenen Deregulierung und Verstärkung des Wettbewerbs in der Telekommunikationsindustrie verfügen die meisten Kabelfernsehsender in den USA heute noch immer über Monopolmacht in ihrem lokalen Fernsehmarkt[433]. Dieses Gesetz untersagt örtlichen Behörden, exklusive Betreiberrechte an Kabelsender zu vergeben und gestattet u.a. örtlichen Telefongesellschaften, in das Fernsehkabelgeschäft einzusteigen. Dennoch ist aufgrund der hohen Zugangshürden der Eintritt neuer Kabelfernsehgesellschaften in den örtlichen Fernsehmarkt sehr schwierig[434]. Die Verlegung und Bereitstellung neuer Fernsehkabel und der erforderlichen Infrastruktur sowie der Bau neuer Sende- und Empfangsgeräte für kabellose Übertragungsarten sind sehr kostspielig; darüber hinaus erschwert die starke Marktstellung der bereits etablierten lokalen Kabelsender mit ihrer hohen Verbreitungsquote unter den lokalen Haushalten den Marktzugang potentieller Konkurrenzsender[435]. Wettbewerb auf dem örtlichen Kabelsendermarkt ist aus diesen tatsächlichen Gründen in den meisten Regionen der USA gering. Auf der anderen Seite sind Live-Sportprogramme für den wirtschaftlichen Erfolg von Rundfunkanstalten zu einem der wichtigsten Kriterien geworden[436]. Verfügt ein regionaler Sender allerdings bereits über einen oder mehrere Exklusivverträge für bestimmte Sportarten, ist es für ein neues Kabelsenderunternehmen noch schwieriger, ohne solche in der Regel mehrere Millionen Dollar teuren Sendeverträge mit einem lokalen Club eine ausreichende Zahl von Abonnenten in der betreffenden Region zu gewinnen.

Auch der Wettbewerb auf dem lokalen Fernsehmarkt für über Antenne zu empfangende Sender ist im Bereich der Übertragung von Sportveranstaltungen gering. Durch die Zunahme an landesweit empfangbaren Sendernetzen mit den beiden Sendern United Paramount Network[437] (**UPN**) und WB Television Net-

---

432 47 U.S.C. § 151ff. (2003); Pub. LA. No. 104-104, 110 Stat. 56 (1996).

433 Piraino, 79 B.U. L. Rev. 889, 953; Piraino, 1997 Wis. L.Rev. 639, 682; Wise & Meyer, International Sports Law, Bd. 3, S. 1709; Euromonitor, Cable and Satellite TV Services in the USA, S. 9.

434 Im Jahre 2002 verfügten 76,5% der US-Haushalte über einen Kabelfernsehanschluß (Euromonitor, Cable and Satellite TV Services in the USA, S. 1, 8).

435 Piraino, 79 B.U. L. Rev. 889, 953; Botein, 25 Sw. U. L. Rev. 569, 581-588; Cable Television Consumer and Competition Protection Act, Section 2 (a)(2), 47 U.S.C. § 521 (a)(2) (1998).

436 Perrine, 12 Marq. Sports L.J. 703, 758; Heylar, The Real History of Baseball, S. 381; Der Präsident des New Yorker Kabelsenders Madison Square Garden Network gestand beispielsweise ein, daß sein Unternehmen, hätte es nicht die lokalen Übertragungsrechte für MLB-Baseball erhalten, finanziell nicht überlebt hätte. Der Präsident des Senders Turner Sports qualifizierte die Senderechte seines Unternehmens für NBA-Spiele als "*must-have TV*".

437 United Paramount Network ist Teil des Medienkonzerns Viacom.

work[438] (WB) nahm das Interesse der Vereine an Spielausstrahlungen auf über Antenne empfangbaren Lokalsendern ab[439]. Viele der an größere nationale Sendernetze angeschlossenen Lokalsender sind überdies verpflichtet, zur besten Sendezeit das Unterhaltungsprogramm ihrer Sendernetze auszustrahlen, was ihre Fähigkeit zur unabhängigen Übertragung von Live-Sportübertragungen einschränkt. Dies führt dazu, daß den Vereinen oft nur unabhängige Lokalsender als Vertragspartner zur Verfügung stehen, deren Zahl in den einzelnen lokalen Märkten sehr gering ist. Die Sportvereine haben infolgedessen eine geringere Auswahl an geeigneten Übertragungsmedien für ihre Spiele zur Verfügung als in der Vergangenheit[440].

(v) Analyse der vorgenannten Feststellungen und Stellungnahme

Mit Hilfe ihrer Monopolstellung können Kabelsender und konventionell per Antennensignal übertragende Sender, die vertraglich die exklusive Ausstrahlung bestimmter Spiele eines Vereins vereinbaren, zusammen mit diesem Club die übrigen Vereine der selben Liga vollständig von einem wichtigen Zugangsmedium zu den Verbrauchern ausschließen. Ohne eine Fernsehübertragung ihrer Spiele in den großen Metropolen und die hieraus resultierenden Einnahmen können Profivereine heute finanziell trotz der in allen Major Leagues etablierten Umverteilungsmodelle bezüglich der Senderechtserlöse aus der landesweiten Vermarktung kaum noch überleben. Besonders in Städten und Regionen, in denen mehrere Vereine in der selben Liga gegen einander antreten, wie zum Beispiel New York, Los Angeles, Cleveland, Milwaukee oder San Diego, ist es für die Vereine nahezu unerläßlich, mittels lokaler Fernsehübertragungen der eigenen Spiele Zugang zu den Fans sowie zu den Geldern von Sponsoren und Investoren zu bekommen. Kann der örtliche Clubrivale einen lokalen Kabelsender mit Monopolstellung im lokalen Fernsehmarkt zur ausschließlichen Ausstrahlung seiner Spiele gewinnen, sind sowohl dieser Club als auch dessen Anhänger und Sponsoren, auch aufgrund der regionalen und emotionalen Verbundenheit der Bewohner zu ihren Heimmannschaften, von dem wichtigsten Markt eines Profivereins - nämlich dem Markt für Zuschauer, lokale Fernsehverträge und Sponsoren des eigenen Einzugsbereichs - ausgeschlossen. Der Exklusivvertrag verschafft dem Lokalrivalen einen bedeutenden wirtschaftlichen Vorteil gegenüber seinem Konkurrenten, den er sich auf Kosten der Verbraucher und seiner Wettbewerber geschaffen hat. Die Anzahl der möglichen Spielübertragungen und die Zahl der Fernsehzuschauer wird durch diese Vereinbarung reduziert.

---

438 WB Television Network ist Teil des zu dem Medienkonzern News Corporation gehörenden Fernsehsenders FOX Entertainment Network.

439 Denenberg, 13 Fordham Intell. Prop. Media & Ent. L.J. 453, 481f.

440 Denenberg, 13 Fordham Intell. Prop. Media & Ent. L.J. 453, 482.

Die Konsumenten haben keine Möglichkeit, auf diese Angebotsverknappung ausweichend zu reagieren. Sie sind gezwungen, entweder die Spiele dieser einen Mannschaft durch Bezahlung der Abonnementgebühren des Kabelsenders zu verfolgen, oder überhaupt keine Begegnungen ihrer Heimmannschaften im Fernsehen zu sehen. Dies ist nur dort nicht der Fall, wo die Verbraucher die Spiele eines anderen örtlichen Vereins verfolgen können, weil ein zweiter örtlicher Kabel- oder Antennensender die Senderechte für die Spiele dieses Vereins erworben hat.

Exklusivvereinbarungen, vor allem zwischen einem Kabelsender und einem Profiverein, über lokale Senderechte sind deshalb sehr kritisch im Rahmen der Rule of Reason-Methode auf einen eventuellen Verstoß gegen § 1 Sherman Act zu untersuchen. Können keine besonderen wettbewerbsfördernden Aspekte durch die Vertragsparteien aufgezeigt werden, sind solche Verträge entweder gerichtlich zu untersagen oder, je nach Lage des Einzelfalls, nur für eine sehr kurze Laufzeit, etwa zwei bis drei Jahre, zu gestatten. Wegen des Zusammentreffens der Monopolstellung, die ein Verein hinsichtlich seiner lokalen Senderechte in der Regel einnimmt und der dominierenden Marktposition, über die Lokalsender im Einzugsgebiet der einzelnen Vereine häufig verfügen, sind exklusive Sendeverträge solcher Vertragsparteien als tendenziell wettbewerbsschädigend einzustufen. Den Verbrauchern stehen hier sowohl auf der Hersteller- als auch auf der Lieferantenebene beherrschende Anbieter gegenüber, die beide für ihren jeweiligen wirtschaftlichen Erfolg aufeinander angewiesen sind und nur in sehr geringem Maße oder überhaupt nicht in ihrer Angebotspolitik von Konkurrenten oder den Verbrauchern kontrolliert werden können. Gerade in solchen beherrschten Sendemärkten muß der Eintritt potentieller neuer Wettbewerber, also neuer Lokalsender, durch nicht exklusive Senderechtsvereinbarungen gewährleistet werden.

Eventuelle unlautere Monopolisierungsmaßnahmen eines Sportvereins oder Fernsehsenders sind anhand der Voraussetzungen des § 2 Sherman Act zu untersuchen. Es sind in einem solchen Fall speziell der relevante Produktmarkt und geographischen Markt festzustellen, sowie das fragliche Verhalten auf wettbewerbsfeindliche, ausgrenzende, erpresserische oder unverhältnismäßig einschränkende Elemente zu prüfen, wobei nicht nur die Auswirkungen dieses Verhaltens auf den wirtschaftlichen Wettbewerber des Monopolisten, sondern auch auf die Verbraucher zu berücksichtigen sind[441]. Als ein gemäß § 2 Sherman Act in Betracht kommendes unzulässiges Verhalten sind hier insbesondere solche Handlungen zu nennen, die ein Unternehmen gerade wegen deren wettbe-

---

441 Wise & Meyer, International Sports Law, Bd. 1, S. 23; Aspen Skiing Co. v. Aspen Highland Skiing Corp., 472 U.S. 585, 605 (1985).

werbsschädigenden Effekte vornimmt. Dies kann der Einsatz von Dumpingpreisen (*predatory pricing*), die Weigerung des Eingehens einer Geschäftsbeziehung mit einem Wettbewerber ohne gerechtfertigten wirtschaftlichen Grund (*refusal to deal for no valid business reason*) oder die Verweigerung des Zutritts zu einer wesentlichen Einrichtung (*essential facility*[442]) sein[443].

Im Gegensatz zu den noch immer mehrheitlich monopolisierten lokalen Kabelfernsehmärkten ist der Markt, in dem amerikanische TV-Sendernetze landesweit um Anteile kämpfen, durch robusten Wettbewerb der derzeit sechs national zu empfangenden Sendernetze ABC, NBC[444], CBS, FOX, UPN und WB gekennzeichnet[445]. Vereinbaren ein solches Sendernetz und ein Profiverein die exklusive Ausstrahlung der Spiele dieses Clubs, bleiben den übrigen Sendern genügend andere Vereine derselben Liga zur Auswahl, von denen sie entsprechende Senderechte erwerben können. In der Praxis des Profisports spielen landesweite Senderechtsvereinbarungen einzelner Vereine mit einem Sendernetz allerdings keine nennenswerte Rolle, da die Major Leagues die landesweiten Senderechte ihrer jeweiligen Vereine zentral vermarkten und in ihren Ligastatuten entsprechende individuelle Vereinbarungen der Vereine mit diesen Sendern untersagen.

Teilweise gehen einzelne Proficlubs auch Bindungen mit Sendern ein, die sowohl eine lokale als auch landesweite Spielübertragung ermöglichen. Mit Hilfe einer TV-Superstation[446] ist ein Profisportverein in der Lage, seine Spiele unter Beachtung der Blackout-Regel des § 1292 Sports Broadcasting Act nicht nur lokal, sondern auch landesweit per Kabel zu übertragen. Indem ein Verein seine lokalen Senderechte an eine solche Superstation vergibt, sichert er sich sowohl

---

442 Hierunter versteht man eine Einrichtung, die aus wirtschaftlichen Gesichtspunkten kein zweites Mal hergestellt werden kann und bei der eine Nutzungsverweigerung durch denjenigen, der über sie bestimmt, für neue Marktteilnehmer eine beträchtliche Benachteiligung darstellt (z.B. Schienennetz, Footballstadion, Telekommunikationsanlagen); siehe hierzu allgemein Werden, 32 St. Louis U. L.J. 433, 444.

443 Kelco Disposal v. Browning-Ferris Indus., 845 F.2d 404, 406 (2d Cir. 1988), bestätigt durch 429 U.S. 257 (1989); Aspen Skiing Co. v. Aspen Highland Skiing Corp., 472 U.S. 585, 596 (1985); MCI Communications Corp. v. American Tel. & Tel. Co., 708 F.2d 1081, 1094 (7th Cir.), *cert. denied*, 464 U.S. 891 (1983); Hecht v. Pro-Football, Inc., 570 F.2d 982, 992 (D.C. Cir. 1977), *cert. denied*, 436 U.S. 956 (1978).

444 NBC ist eine Tochtergesellschaft der General Electric Company und versorgt 220 zu einem Sendernetz zusammen geschlossene Fernsehsender und 13 eigene Fernsehstationen mit via Antenne zu empfangenden Bildern (Euromonitor, TV Broadcasting in the USA, S. 5).

445 Piraino, 79 B.U. L. Rev. 889, 954; Perrine, 12 Marq. Sports L.J. 703, 793.

446 Eine Superstation ist eine Fernsehgesellschaft, die ihr Programm über Antenne in ihrem lokalen Fernsehmarkt aussendet, welches aber auch durch vertragliche Abreden mit einem Kabelsender in andere Teile des Landes übertragen wird.

eine lokale als auch eine nationale Spielübertragung und kann dadurch seine Fangemeinde und seinen wirtschaftlichen Wert für Werbungstreibende, Sponsoren und Investoren stark vergrößern. Wie die Analyse von *Chicago Professional Sports* unter Ziffer A.VII.3(c)(ii) oben verdeutlicht, kann ein individueller Vertrag eines Profivereins mit einer Superstation ohne Einbeziehung der jeweiligen Liga wettbewerbsrechtlich zulässig sein. Die Prüfung einer Satzungsbestimmung, durch die eine Liga ein solches Verhalten ihrer Vereine regelt, erfolgt anhand der Rule of Reason, sofern nicht offensichtlich ist, daß die Liga hiermit bewußt den Wettbewerb gegenüber ihren Vereinen beschränken will (*naked restraint of trade*) oder sofern nicht ausnahmsweise aufgrund ihrer speziellen Organisationsform die Verteidigungsmöglichkeit der Single Entity zu Gunsten der Liga eingreift. Die höhere Zahl der Zuschauer, die die Spiele der betreffenden Mannschaft auf der Superstation in Regionen sehen können, in denen ansonsten keine Ausstrahlung dieser Spiele gewährleistet wäre, ist unter Wettbewerbsgesichtspunkten und aus Sicht der Verbraucher vorteilhaft. Negativ auf den Wettbewerb unter den Vereinen derselben Liga kann sich dagegen das wirtschaftliche Ungleichgewicht auswirken, das entstehen kann, wenn ein Verein durch die Vereinbarung mit einer Superstation weit höhere Einnahmen und einen größeren Zugewinn an Popularität erzielt als dies die anderen Clubs seiner Liga können.

(c) Gemeinschaftsunternehmen von Profiverein und Fernsehsender sowie Gemeinschaftsunternehmen mehrerer Profivereine

(i) Positive wettbewerbsrechtliche Auswirkungen

Denkbar ist auch die gemeinsame Gründung einer Gesellschaft durch ein oder mehrere Profivereine und eine Fernsehgesellschaft oder durch mehrere Clubs verschiedener Profiligen[447] in der Rechtsform eines Gemeinschaftsunternehmens (*joint venture*). Die New York Yankees und die New Jersey Jets gründeten zum Beispiel den das Sendegebiet von New York und Umgebung versorgenden Kabelsender YES Network; die Boston Bruins gründeten zusammen mit den Boston Red Sox den in Neuengland zu empfangenden Kabelsender New England Sports Network (**NESN**). Diese neu gegründeten Fernsehgesellschaften besitzen die lokalen Senderechte ihrer Gesellschafter[448]. Mittels eines gemeinschaftlich kontrollierten Unternehmens können die Partner ihre jeweiligen Marketingakti-

---

[447] Gemeinsame wirtschaftliche Unternehmungen von Vereinen derselben Liga untersagen die Profiligastatuten.

[448] Beide Sender strahlen ihr Programm in ihrem regionalen Sendemarkt über lokale Kabelsender kostenpflichtig aus und werden auch außerhalb ihres regionalen Sendemarktes unter Beachtung der Blackout-Regeln von bestimmten Kabelsendern und dem Satellitensender DIRECTV geführt.

vitäten bündeln sowie die Fernsehübertragung von Spielen und Berichterstattungen über die beteiligten Vereine gezielt planen und zusammen mit anderen Programmen des Fernsehsenders vermarkten. Langfristiger positiver Effekt hiervon können Kostenreduzierung und Vermeidung doppelter Strukturen im Hinblick auf Fernsehübertragungen von Sportereignissen sein. Die im lokalen Sendegebiet des Gemeinschaftsunternehmens und der Heimregion der Joint Venture-Partner wohnenden Fernsehzuschauer profitieren von der aus der gesellschaftsrechtlichen Bindung resultierenden unmittelbaren Nähe des Senders zu den Mannschaften seiner Gesellschafter, indem sie hierdurch die sie am meisten interessierenden Informationen rund um diese Vereine aus erster Hand erhalten können.

Darüber hinaus können diese Sender ihr Programm den Zuschauern zu niedrigeren Empfangsgebühren anbieten, da sie die Senderechte der Vereine, deren Spiele sie ausstrahlen, nicht zuvor zu hohen Preisen für eine befristete Zeit haben erwerben müssen. Das Weiterleiten der Erwerbskosten an die Verbraucher dürfte hier entfallen.

(ii) Negative wettbewerbsrechtliche Auswirkungen

Allerdings bringt ein solches Gemeinschaftsunternehmen auch negative Auswirkungen auf den Wettbewerb mit sich. Die Partner des Joint Venture sind alle daran interessiert, die Effektivität ihres Unternehmens bestmöglich zu steigern. Im Hinblick auf die Vergabe und den Umfang der eingeräumten Senderechte sowie hinsichtlich der Übertragungsmodalitäten ist jeder der Partner geneigt, seinen Mitgesellschafter gegenüber dessen jeweiligen Wettbewerbern zu bevorzugen, indem er dem Gemeinschaftsunternehmen sowie seinem Geschäftspartner entweder exklusive Rechte oder zumindest bessere wirtschaftliche Konditionen als den Konkurrenten seines Partners einräumt[449]. Ein Verein wird einem Fernsehsender, der Mitgesellschafter des Joint Venture ist, exklusive Rechte zur parallelen oder nachrangigen Verwertung seiner Heimspiele einräumen oder sich verpflichten, seine Senderechte an keinen anderen Sender zu vergeben. Entsprechend wird sich ein Fernsehsender verpflichten, keine anderen Spiele anderer Vereine derselben Liga zu übertragen, um die Effektivität und Rentabilität des Gemeinschaftsunternehmens nicht durch konkurrierende Sportsendungen zu beeinträchtigen. Dies kann dazu führen, daß nicht an diesem Joint Venture beteiligte Vereine der Zugang zum beteiligten Fernsehsender und dessen Sendegebiet und Fernsehmarkt verwehrt oder erheblich erschwert wird und er dadurch seine eigenen Spiele nicht über diesen Sender ausstrahlen kann. Oder es kann dazu führen, daß ein nicht an dem Joint Venture beteiligter Fernsehsender die Spiel-

[449] Siehe hierzu auch OECD, Regulation and Competition Issues, S. 56f.

begegnungen des betreffenden Vereins nicht übertragen darf oder dies für ihn aufgrund der ihm eingeräumten nachteiligen Vertragsbedingungen wirtschaftlich nicht opportun ist und er deshalb von diesem Wettbewerbsmarkt ausgeschlossen ist, so daß es den Fernsehzuschauern an möglichen Angebotsalternativen fehlt.

Die Beteiligung eines Sportvereins an einem Fernsehsender und die damit oft einhergehende bewußte wirtschaftliche Benachteiligung von Konkurrenzsendern des Gemeinschaftsunternehmens hat allerdings nicht immer die erhofften positiven Auswirkungen auf die Geschäfte des Vereins und die in seinem Einzugsgebiet lebenden Fans, wie das folgende Beispiel des Baseballclubs der New York Yankees zeigt. Die Yankees entschieden sich im Jahre 2002, ihre Spiele nicht mehr exklusiv durch Cablevision übertragen zu lassen, sondern nur noch über ihren eigenen, neu gegründeten, kostenpflichtigen Kabelsender YES, an dem sie als Mitgesellschafter beteiligt sind. Obwohl YES von 35 anderen regionalen Kabelsendern in deren Programmportfolio geführt wird, gilt dies nicht für den in New York und Umgebung dominanten Kabelsender Cablevision. Denn dieser weigerte sich, die von YES geforderte monatliche Gebühr von US$ 2 pro Abonnent zu bezahlen, damit YES die Übertragung der Yankees-Spiele auf Cablevision gestatte. Als Resultat hiervon waren im Jahre 2002 2,9 Millionen Cablevision-Abonnenten selbst dann nicht in der Lage, die 130 Baseballspiele der New York Yankees im Fernsehen zu verfolgen, wenn sie dafür die geforderte erhöhte Sendegebühr hätten bezahlen wollen. Ähnlich verfuhr Time Warner Cable, Inc. (**Time Warner Cable**), der zweitgrößte Kabelsender in den USA, als er im Juli 2003 YES aus seinem Basisprogrammpaket nahm und in sein teureres Premiumprogrammpaket verlagerte, das nicht für alle Time Warner Cable-Kunden verfügbar ist. Damit ließ er seinen landesweit 11 Millionen Abonnenten die Wahl, ob sie YES und die Yankees durch Zahlung eines finanziellen Aufschlags zu ihren regulären Kabelgebühren sehen wollen oder nicht. Durch diese Entscheidung entzog Time Warner Cable seinen Basisprogrammkunden die Spiele der New York Yankees, die, falls sie diese Mannschaft auf ihrem Abonnementsender weiterhin verfolgen wollten, einen höheren Preis bezahlen mußten als zuvor. Für diese Verbraucher wirkte sich die Gründung des Senders YES und die damit verbundene Reduzierung der Spielübertragungen unter wettbewerbsrechtlichen Gesichtspunkten negativ aus.

(iii) Stellungnahme

Die wettbewerbsrechtliche Zulässigkeit eines Gemeinschaftsunternehmens und der entsprechenden Vereinbarungen über die Ausstrahlung von Sportveranstaltungen zwischen Fernsehsender und Sportverein oder zwischen mehreren Sportvereinen als Gesellschafter des Joint Venture sind durch die Gerichte vor dem Hintergrund von § 1 Sherman Act unter Berücksichtigung der Rule of Reason und, falls opportun, auch der Ancillary Restraint-Doktrin zu untersuchen. Auf diese Weise können wettbewerbsrechtlich positive und negative Auswirkungen des fraglichen Verhaltens angemessen gegeneinander abgewogen werden, um die für den Wettbewerb und die Verbraucher beste Lösung zu finden.

Auch die Gesellschafter des Gemeinschaftsunternehmens profitieren hiervon im Falle des Überwiegens wettbewerbsbeschränkender Effekte ihres gemeinschaftlichen Handelns, denn das Gericht muß dabei nicht zwingend etwa die Auflösung des Unternehmens anordnen, sondern es kann aufgrund der Ergebnisse seiner Abwägung auch weniger einschneidende Maßnahmen für das Unternehmen zum Schutze des Wettbewerbs und der Verbraucher vorschreiben. So kann die Aufhebung oder Entschärfung einer Exklusivvereinbarung oder diskriminierenden Regelungen bereits ausreichen, damit die Wettbewerber vergleichbare Zugangsmöglichkeiten zu den Diensten der Joint Venture-Partner sowie vergleichbare Preis- und Bieterkonditionen für den Erwerb von Senderechten erhalten.

In jüngerer Vergangenheit verhandelten US-Bundesregulierungsbehörden mit vertikal integrierten Gemeinschaftsunternehmen und bei Unternehmenszusammenschlüssen auf dem Fernseh- und Telekommunikationssektor Verfügungen, die mit Zustimmung der Betroffenen im Vergleichswege ergingen (*Consent Degrees*) und zu nicht-diskriminierenden Regelungen und offenem Zugang für die Wettbewerber der Joint Venture-Partner führten[450]. Entsprechende Consent Degrees könnten im Einzelfall auch für Gemeinschaftsunternehmen von Fernsehsendern und Profivereinen erlassen werden.

(d) Gesellschaftsrechtliche vertikale Integration zwischen Profiverein und Fernsehsender

(i) Einführung in die wettbewerbs- und kartellrechtliche Problematik

Vereine, die gesellschaftsrechtlich vollständig von einem Fernsehsender kontrolliert werden oder die selbst mehrheitlich an einem Fernsehsender beteiligt sind (vertikale Integration), unterliegen im Bereich der Vermarktung ihrer Senderechte an Sportveranstaltungen einer Zulässigkeitsprüfung gemäß § 2 Sherman Act. Nach der hier vertretenen und auch mehrheitlich von der Rechtsprechung und Literatur geteilten Auffassung verfügen die einzelnen Profisportvereine in ihrer jeweiligen Sportart grundsätzlich über eine Monopolstellung im Wettbewerbsmarkt der Vermarktung der lokalen Senderechte an ihren jeweili-

---

450 United States v. AT&T Corp., 59 Fed. Reg. 44, 158, 162f. (1994); United States v. MCI Comm. Corp., 59 Fed. Reg. 33, 009, 016f.; United States v. Telecomm. Inc., 59 Fed. Reg. 24, 723, 727 (1994); In re Time Warner, Inc., *et alia*, FTC File No. 961-0004.

gen Spielbegegnungen[451]. Dies gilt zweifellos dort, wo nur ein einziger Verein einer Liga im lokalen Fernsehübertragungsgebiet vorhanden ist.

In den vergangenen Jahren haben sich eine Reihe von Fernseh- und Mediengesellschaften mit einzelnen Profivereinen der Major Leauges zusammen geschlossen, indem sie Franchise-Rechte an Clubs dieser Ligen erwarben und damit Eigentümer ganzer Profimannschaften wurden. So ist etwa der Kabelsender WTBS Eigentümer der Atlanta Braves, Cablevision ist Eigentümer sowohl des Basketballclubs der New York Nicks als auch des Eishockeyclubs der New York Rangers, das Sendernetz FOX erwarb 1997 die Franchise-Rechte an den Los Angeles Dodgers und die TV-Superstation WGN hält die Franchise-Rechte an den Chicago Cubs. Als das Medienunternehmen Walt Disney Company, das bereits die Franchise-Rechte am Eishockeyteam der Anaheim Mighty Ducks und dem Baseballteam der Anaheim Angels[452] besaß, im Jahre 1995 auch noch das Fernsehsendernetz CapCities/ABC erwarb, kontrollierte es neben den genannten beiden Sportvereinen ein landesweit empfangbares Fernsehsendernetz, acht Fernseh- und 19 Radiosender[453]. Mit Hilfe von gesellschaftsrechtlichen Zusammenschlüssen gelang es Bezahlsendern wie Cablevision oder WTBS, ihre Abonnentenzahlen innerhalb weniger Jahre zu vervielfachen, sowie ihr Sportprogrammangebote zu verbreitern und diese über einen größeren Zeitraum des Jahres hinweg für ihre Zuschauer attraktiv zu gestalten[454].

Trotz der, wie nachfolgend gezeigt wird, durchaus wettbewerbsgefährdenden Auswirkungen auf den lokalen Fernsehmarkt, waren vertikale Integrationen zwischen Fernsehsendern und Sportvereinen bis dato, soweit ersichtlich, noch nicht Gegenstand gerichtlicher Untersuchungen.

(ii) Positive wettbewerbsrechtliche Auswirkungen

Als vertikal vollständig integrierter Unternehmensbestandteil kann der Erwerb eines Sportvereines zu großen Kosteneinsparungen bei einer Fernsehgesellschaft führen, da sie mit den Franchise-Rechten neben den Fernsehsenderechten des Vereins zahlreiche weitere Rechte an den Spielen des Clubs erwirbt, wie Radioübertragungs-, Internet-, Vermarktungs- und Urheberrechte. Anstatt immer wieder hohe Summen für den befristeten Erwerb von Senderechten an einen Verein zu bezahlen, erhält der Sender diese Rechte im Falle des Erwerbs des ge-

---

451 Siehe oben Ziffer A.VI.3.

452 Die Walt Disney Company verkaufte die Franchise-Rechte an den Anaheim Angels im Jahre 2003 für ca. US$ 180 Millionen.

453 Piraino, 79 B.U. L. Rev. 889, 920.

454 Pirainao, 79 B.U. L. Rev. 889, 919; Heylar, The Real History of Baseball, S. 251.

samten Vereins mittels einer einzigen Transaktion; er kann dann so lange über diese Senderechte verfügen, bis er seine Franchise-Rechte an dem Verein wieder veräußert[455]. Langfristig gesehen können Verbraucher die Spiele eines Clubs auf einem Bezahlsender, der Eigentümer dieses Vereines ist, wohl zu günstigeren Abonnementpreisen verfolgen, da dieser Sender, anders als ein Kabelsender ohne Vereinsbeteiligung, keinen Aufschlag für die Kompensation der Kosten des Rechteerwerbs oder für die durch einen Bieterwettbewerb in die Höhe getriebenen Senderechtspreise bezahlen muß, so daß er als Konsequenz hieraus nicht nach jedem Rechteerwerb gezwungen ist, diese erhöhten Kosten stets an seine Abonnenten weiter zu geben[456].

Eine vertikale Integration kann dort zu niedrigeren Preisen für den Verbraucher führen, wo ein Monopolist das Produkt, das er an den Verbraucher weiter verkauft, von einem anderen Monopolisten erwirbt. Denn ohne Integration dieser beiden Monopolisten verlangt das Unternehmen, das das Produkt letztlich an die Verbraucher liefert, von diesen einen höheren Preis, um seine eigenen erhöhten Grenzkosten zu decken, die es aufgrund des Monopolpreises des an ihn liefernden Monopolisten zu tragen hat[457]. Im Falle der vertikalen Integration fällt dieser kostenerhöhende Zwischenschritt in der Lieferkette weg, so daß der Verbraucher in den Genuß niedrigerer Preise kommen kann. Andererseits hat aber der Käufer eines Sportvereins ebenfalls hohe Kosten zu kompensieren. Er wird deshalb versuchen, diese unter Hinweis auf seine exklusiven Rechte an seine Werbekunden oder Abonnenten abzuwälzen. Seine Möglichkeiten, die Kosten des Erwerbs der Club-Franchise-Rechte zu kompensieren, sind jedoch größer als die eines nicht integrierten Senders, da er etwaige Synnergieeffekte und Einnahmen aus dem Vereinsgeschäft gegenrechnen kann und die Erwerbskosten zeitlich nicht so schnell durch anderweitige Einnahmen ausgleichen muß, wie ein Sender, der die Senderechte nur für wenige Jahre erworben hat. Er kann deshalb hierzu wettbewerbs- und verbraucherfreundlichere Maßnahmen ergreifen und ist nicht unbedingt gezwungen, diese Kosten direkt auf den Verbraucher abzuwälzen.

---

455 Piraino, 79 B.U. L. Rev. 889, 956: Ende der 1990er Jahre bezahlten Sendernetze beispielsweise für die Nutzung der NFL-Senderechte für acht Jahre U$ 17,6 Milliarden, für vier Jahre NBA-Senderechte U$ 2,4 Milliarden und für vier Jahre NHL-Senderechte U$ 600 Millionen.

456 Piraino, 79 B.U. L. Rev. 889, 956.

457 Werden, 32 St. Louis U. L.J. 433, 464. Siehe zu der entsprechenden Problematik auf dem Gebiet der Senderechtevermarktung von Sportverein und Kabelsender die Ausführungen unter Ziffer A.VIII.1(b)(v) oben.

(iii) Negative wettbewerbsrechtliche Auswirkungen

Ein Zusammenschluß eines Sportvereins mit einem Fernsehsender kann jedoch auch wettbewerbshemmende Auswirkungen erzeugen. Dies stellte der Supreme Court fest, als er darauf hinwies, daß die gesellschaftsrechtliche Integration durch den mehrheitlichen Erwerb von Gesellschaftsanteilen an einem anderen Unternehmen dauerhafter und weniger leicht rückgängig zu machen ist als im Falle einer rein vertraglichen Geschäftsbeziehung[458]. Aufgrund der vollständig übereinstimmenden wirtschaftlichen Interessen zwischen den beiden Unternehmensteilen "Verein" und "Fernsehsender" würden diese in noch größerem Ausmaß gezielt zum alleinigen Vorteil des jeweils anderen Teils und des Gesamtunternehmens handeln. Dabei würden sie die jeweiligen Konkurrenten des anderen Unternehmensteils noch weniger in ihre Wirtschaftshandlungen mit einbeziehen als es zum Beispiel die Partner eines Gemeinschaftsunternehmens tun würden.

Es ist aufgrund von empirischen Untersuchungen des wirtschaftlichen Verhaltens von Kabelsendern anzunehmen, daß vertikal integrierte Sender die Spielbegegnungen ihres eigenen Vereins bevorzugen und keine Spiele anderer Vereine derselben Liga in ihrem lokalen Sendegebiet übertragen[459]. So weigerte sich beispielsweise 1998 der Kabelsender Cablevision, die Spiele des NHL-Clubs New York Islanders in seinem New Yorker Sendegebiet zu übertragen, da die Islanders Liga-Konkurrenten seines eigenen Clubs, der New York Rangers, sind. Durch die exklusive lokale Ausstrahlung von Rangers-Spielen entzog Cablevision den Islanders die Möglichkeit, ihre Spiele einem Großteil ihrer Fans im Großraum New York im Kabelfernsehen zu zeigen.

Erschwerend kommt hinzu, daß die Auswirkungen auf den Wettbewerb durch die vertikale Integration, wie die Integration selbst, langwieriger sind als im Falle zeitlich begrenzter, vertraglich eingeräumter Exklusivsenderechte. Der Wettbewerb in dem betroffenen Fernsehmarkt bzw. Senderechtemarkt wird durch einen gesellschaftsrechtlichen Zusammenschluß von Verein und Sender also langfristig berührt.

(iv) Stellungnahme

Die wettbewerbsrechtliche Zulässigkeit des geschäftlichen Verhaltens vertikal integrierter Unternehmen der Sport- und Medienbranche in Bezug auf Fernsehübertragungen von Sportveranstaltungen der eingegliederten Sportteams ist an-

---

458 Brown Shoe Co. v. United States, 370 U.S. 294, 332 (1962).

459 Gandal & Salant, 40 Antitrust Bulletin, 699, 700 Fn. 3; Piraino, 79 B.U. L. Rev. 889, 956; OECD, Regulation and Competition Issues, S. 56f.

hand von § 2 Sherman Act zu messen. Die Feststellung eines Monopols des betreffenden Unternehmens ist dort einfach, wo der integrierte Profisportverein in seinem örtlichen Umfeld bereits eine Monopolstellung in seiner Sportart einnimmt. Wie oben[460] bereits dargelegt, ist dies aufgrund der fehlenden Austauschbarkeit des von den Profivereinen angebotenen Produkts überall dort der Fall, wo es in einer Stadt oder Region nicht ausnahmsweise mehrere Vereine der selben Liga gibt, wie zum Beispiel im Falle der NHL und der MLB mit New York oder im Falle der NBA mit Los Angeles. Der Verein behält sein Monopol auch nach der Integration in das aufnehmende Unternehmen bei und weitet es sogar auf dieses aus, indem sich nun auch das neue Unternehmen das Monopol seines Sportvereins bei seinen Wirtschaftsaktivitäten im Rahmen der Senderechtevermarktung anrechnen lassen muß. Dennoch muß im Einzelfall durch Abgrenzung und Analyse sowohl des sachlich als auch des räumlich relevanten Marktes und durch Feststellung der Verteilung der Marktanteile untersucht werden, ob das integrierte Unternehmen dort auch tatsächlich über Monopolmacht verfügt. Letzteres ist jedenfalls dann der Fall, wenn der Fernsehsender bereits eine solche Stellung auf dem Markt für Sportübertragungen einnimmt. Wo weder der Verein noch der Sender in seinem jeweiligen Produktmarkt oder im Markt für Fernsehsenderechte an Sportveranstaltungen ein Monopol innehat, ist zu prüfen, ob durch den Zusammenschluß eventuell eine Monopolstellung im entsprechenden Fernsehübertragungsmarkt entstanden sein könnte.

Zweiter notwendiger Schritt ist der Nachweis unzulässigen Verhaltens des Monopolisten. Hierzu bedarf es des zielgerichteten Erwerbs, Festhaltens oder Ausübens des Monopols oder anderer auf die Konkurrenten Zwang ausübender oder diese zugrunde richtender Handlungen, die für sich selbst genommen auch einen Verstoß gegen § 1 Sherman Act darstellen würden. Eine besondere Absicht zur Monopolisierung ist hingegen nicht nötig. Stellt sich das Verhalten des Unternehmens hinsichtlich der Übertragung von Spielen des integrierten Vereins oder der Vereine, die mit diesem Verein in sportlichem Wettbewerb stehen, gegenüber den jeweiligen Wettbewerbern der beiden Unternehmensteile "Verein" oder "Fernsehsender" als wettbewerbsschädlich, ausgrenzend, erpresserisch oder unverhältnismäßig einschränkend dar, liegt ein Verstoß gegen § 2 Sherman Act vor. Sind Ziel und Auswirkung dieses Verhaltens die Beschränkung der Zahl der im Fernsehen zu verfolgenden Spielbegegnungen und führt dies im Falle des Bezahlfernsehens darüber hinaus künstlich zu höheren Preisen für die Verbraucher, ist gleichfalls von einer Wettbewerbsverletzung auszugehen.

Hat das Gericht einen Gesetzesverstoß festgestellt, braucht es jedoch nicht sofort eine Auflösung des integrierten Unternehmens anzuordnen. Es sollte vielmehr

---

460 Siehe hierzu Ziffer A.VI.2(d).

zunächst erwägen, ob es lediglich gezielte Maßnahmen gegen die die Wettbewerber diskriminierenden Handlungen anordnen kann, durch die das Unternehmen gezwungen wird, die Zugangshemmnisse zu den Senderechten an den Spielen seines Vereins für seine Konkurrenten aufzuheben oder zu reduzieren oder auch Spielbegegnungen anderer Lokalvereine in seinem örtlichen Sendegebiet auszustrahlen. Sollte dies zum Schutze des Wettbewerbs nicht ausreichend erscheinen, kann die Auflösung des Zusammenschlusses durch Herauslösen des Vereins als *utima ratio* gewählt werden. Diese abgestufte Vorgehensweise erlaubt den Parteien, wesentliche Effizienzvorteile aus der Integration des Vereins in das Medienunternehmen zu nutzen und gewährleistet gleichzeitig, daß Wettbewerber beider Unternehmensteile nicht vollständig vom Wettbewerb in ihrem jeweiligen Markt ausgeschlossen werden.

(e) Exklusive Vertragsvereinbarung zwischen Amateursportorganisation und Fernsehsender

Wie bereits unter Ziffer A.VII.2 oben ausgeführt, hatte das *NCCA*-Urteil des Supreme Court entscheidende Bedeutung für die heutige Praxis der Colleges und Universitäten im Hinblick auf die Vermarktung ihrer Senderechte. Seither dürfen im Collegefootball-Bereich einzelne Hochschulen individuelle Verträge mit Fernsehsendern ihrer Region über die Ausstrahlung der Spiele ihrer Footballmannschaften abschließen. Die Freiheit der Colleges zu exklusiven bilateralen Vertragsabschlüssen geht allerdings einher mit dem Nachteil der größeren Einnahmeunterschiede der einzelnen Mitglieder in der NCAA-Football-Liga (Division I-A), da die erfolgreicheren und in größeren Einzugsgebieten ansässigen Hochschulen höhere Einnahmen aus Senderechtsverträgen erzielen können als dies traditionell schwächere oder in ländlicheren Gebieten ansässige Hochschulen tun können, und eine Verteilung der Fernseheinnahmen unter ihnen nicht stattfindet. Deshalb, und um eine größere Verhandlungsmacht gegenüber den Sendern zu erzielen, übertragen die meisten NCAA-Mitglieder ihre Senderechte an die Regionalligen (*Conferences*), in denen sie ihre regulären Footballspiele austragen. Die Ligen verhandeln dann mit den Fernsehsendern Sendeverträge, die das räumliche Gebiet der jeweiligen Regionalliga abdecken[461].

Die geringere wirtschaftliche Marktmacht der einzelnen Amateursportorganisationen, der sehr viel besser funktionierende Wettbewerb um lokale Senderechte im Vergleich zu den Profivereinen und das *NCAA*-Urteil, führte dazu, daß diese Institutionen vor dem Hintergrund der §§ 1 und 2 Sherman Act im Bereich des

---

461 Wong, Essentials of Sports Law, S. 694; Die Southeastern Conference unterzeichnete beispielsweise im Jahre 2002 mit CBS einen 6-Jahresvertrag über die Ausstrahlung der Spiele ihrer Ligamitglieder.

Collegefootball einen großen wettbewerbsrechtlichen Spielraum besitzen, um exklusive Senderechtsvereinbarungen mit Fernsehsendern abzuschließen. Dennoch haben sie dabei die Grenzen des Sherman Act zu beachten. Sie sind nicht von dessen Anwendungsbereich befreit. Auch hier erfolgt die Prüfung eventueller Verstöße gegen § 1 Sherman Act anhand der differenzierenden Rule of Reason-Methode und gegebenenfalls der Ancillary Restraint-Doktrin. Im Hinblick auf eine Verletzung des § 2 Sherman Act ist sowohl die Produktmarktabgrenzung als auch die Frage, ob die betreffende Hochschule ihre Marktmacht in unzulässiger Weise ausübt, entscheidend.

Im Bereich der übrigen Amateursportarten, namentlich Collegebasketball, entfaltet die *NCAA*-Entscheidung wegen fehlender Übereinstimmung der jeweils zugrunde liegenden Tatsachen keine direkte Bindungswirkung für die NCAA oder die einzelnen Colleges. Die in dieser Entscheidung entwickelten Grundsätze lassen sich dennoch auch hier berücksichtigen. Im Collegebasketballbereich übertrugen die Hochschulen zwar ihre Senderechte an sämtlichen Antennen-, Kabel-, Satelliten-, Digital- und Heimvideoübertragungen von NCAA-Meisterschaftsspielen auf die NCAA, die all diese Rechte daraufhin für einen elfjährigen Zeitraum bis zum Jahr 2014 zu einem Preis in Höhe von US$ 6 Milliarden als Paket gebündelt an die CBS übertragen hat[462]. Vergleichbares gilt für 65 weitere NCAA-Meisterschaftsrunden. Die Rechte an den übrigen Saisonspielen und Conference-Meisterschaftsspielen behielten jedoch die einzelnen Hochschulen für sich. Sie können diese weiterhin individuell und exklusiv vermarkten. Es gelten dabei auch für sie die Voraussetzungen und Grenzen der §§ 1 und 2 Sherman Act.

Die Verbraucher und Collegesportfans profitieren von der durch das *NCAA*-Urteil ausgelösten, starken Zunahme an Fernsehübertragungen von Collegebasketball- und Collegefootballspielen. Gleiches gilt für die Fernsehsender, die ihre künftigen Vertragspartner nunmehr aus einer Vielzahl von Colleges und Universitäten auswählen können. Sie können somit sowohl gebündelte, landesweite Senderechte für NCAA-Basketball-Meisterschaftsspiele als auch regionale und lokale Senderechte an regulären Spielen sowie Regionalliga-Meisterschaftsspielen in allen Sportarten erwerben. Das Angebot an Senderechten sowie Spielübertragungen vergrößerte sich mithin. Auch die Handlungsfreiheit der Hochschulen innerhalb ihres Ligaverbandes verbesserte sich.

---

462 Wong, Essentials of Sports Law, S. 694; Ebenstein, 13 Fordham Intell. Prop. Media & Ent. L.J. 453, 472.

2. Fernsehsenderechte individueller Sportler

Einem Sportler, der an einem im Fernsehen ausgestrahlten Sportereignis aktiv teilnimmt, könnte ein Recht auf Teilhabe an den Einnahmen zustehen, die sein Verein aus dem zugrunde liegenden Senderechtsvertrag erhält. Eine solche Argumentation verfolgte die Vereinigung professioneller Baseballspieler in *Baltimore Orioles, Inc. v. Major League Baseball Players Association*[463]. Die Spieler trugen vor, das Urheberrecht an den Fernsehübertragungen ihrer Spiele gehöre ihnen, da sie diejenigen seien, die die sportliche Darbietung auf dem Spielfeld erbrächten. Die Major League Baseball Clubs beantragten dagegen die Feststellung, daß die Fernsehübertragungen von MLB-Spielen urheberrechtlich geschützte Werke seien, die unter die "*works made for hire doctrine*" der gesetzlichen Vermutung des § 201(b) Copyright Act[464] fallen, und deshalb nicht die einzelnen Spieler, sondern nur die Vereine als deren Arbeitgeber über diese Rechte verfügen dürfen. Vereinfacht gesagt bestimmt diese Lehre, daß der Arbeitgeber als Autor des Werkes anzusehen ist, das sein Angestellter im Rahmen der arbeitsrechtlichen Anstellung hergestellt hat. Dem Arbeitgeber stehen, sofern die Parteien nicht etwas anderes schriftlich vereinbart haben, alle damit zusammenhängenden Urheberrechte an diesem Werk zu.

Der Court of Appeals entschied zu Gunsten der MLB-Clubs. Er stellte fest, daß die Urheberrechte an den Baseballfernsehübertragungen nach Maßgabe der *works made for hire*-Doktrin den Clubs als den Arbeitgebern der Spieler zustehen, da keine anderweitige schriftliche Vereinbarung bestand[465]. Grundsätzlich ist bei der urheberrechtlichen Betrachtung einer aufgezeichneten und übertragenen Sportveranstaltung zu unterscheiden zwischen der Übertragung und der zugrunde liegenden Darbietung. Dies führt zu dem Ergebnis, daß eine aufgezeichnete Darbietung anders geschützt ist als eine nicht aufgezeichnete. Im allgemeinen besteht gemäß § 102(a) Copyright Act ein Urheberrecht für jedes "in einem greifbaren Medium festgehaltene Originalwerk" (*work of authorship*). Die Übertragung einer Sportveranstaltung ist eine Live-Sendung, die aufgrund fernsehtechnischer Entscheidungen und Koordination zwischen Kameraleuten und Regisseur ein urheberrechtlich geschütztes "*work of authorship*" ist. Im Gegensatz hierzu ist die zugrunde liegende Darbietung selbst nicht urheberrechtlich geschützt. Als sportlicher Wettkampf unterliegt sie ihrem Wesen nach nämlich gerade keiner vorhersehbaren und abgestimmten Abfolge und ist deshalb kein

---

463 Baltimore Orioles, Inc. v. Major League Baseball Players Association, 805 F.2d 663 (7th Cir. 1986).

464 17 U.S.C. § 201(b) (2004).

465 Baltimore Orioles, Inc. v. Major League Baseball Players Association, 805 F.2d 663, 673 (7th Cir. 1986).

Originalwerk. Eine urheberrechtliche, getrennte Beurteilung der sportlichen Darbietung einerseits und der audiovisuellen Aufzeichnung oder Live-Sendung andererseits entfällt aber, sobald eine sportliche Darbietung in einem greifbaren Medium oder in einem Live-Sendesignal festgehalten wird[466]. Darbietung und Übertragung werden nach der Fernsehaufzeichnung also als gemeinsame, urheberrechtlich geschützte Einheit angesehen.

Sportler besitzen folglich ein Urheberrecht an ihren Leistungen, wenn diese aufgezeichnet werden. Dieses Recht geht im Falle des § 201(b) Copyright Act allerdings auf den Club des Spielers über. Die ausschließliche Berechtigung der Baseball-Clubs an den Übertragungsrechten ergibt sich aus dem in der US-Verfassung garantierten Vorrang des bundesrechtlichen Urheberrechtsgesetzes vor etwaigen landesrechtlich geschützten Individualansprüchen (wie etwa die Abwehrrechte des Sportveranstalters gemäß seinem Eigentumsrecht am Sporterеignis (resultierend aus der *Doctrine of Commercial Misappropriation of Property*) und die Abwehrrechte des Sportlers gemäß seinem absoluten Recht zur wirtschaftlichen Verwertung der Persönlichkeit (*Right of Publicity*)).

Daraus ergibt sich hier, daß der Baseballverein, da er Arbeitgeber der Spieler ist und die Urheberrechte an den Fernsehübertragungen der Spiele seiner Mannschaft hält, befugt ist, die gesamten Einnahmen aus der Senderechtevermarktung für sich zu behalten, ohne sie mit seinen bei ihm angestellten Spielern teilen zu müssen. Entsprechendes gilt für alle Vereine anderer Profiligen und die dort angestellten Profispieler[467].

Aufgrund der weiten Auslegung des Begriffs "Angestellter" (*employee*) durch die Rechtsprechung, die jede Person, die unter der Aufsicht oder Überwachung einer anderen Person steht, als Angestellten für die Zwecke der *works made for hire*-Doktrin ansieht[468], fallen auch die Spieler der Amateursportorganisationen unter diese Doktrin. Amateursportler haben folglich ebensowenig Anspruch auf Beteiligung an den Einnahmen ihrer Colleges, Universitäten oder Vereine aus Senderechtsverträgen wie dies Profispieler gegenüber den Profisportclubs haben. Etwas anderes gilt nur, falls sie schriftlich etwas anderes vereinbaren.

---

466 Baltimore Orioles, Inc. v. Major League Baseball Players Association, 805 F.2d 663, 675 (7th Cir. 1986); NBA and NBA Properties, Inc. v. Motorola, Inc. and Sports Team Analysis and Tracking Sys., Inc., 105 F.3d 841 (2d Cir. 1997).

467 Vgl. NBA and NBA Properties, Inc. v. Motorola, Inc. and Sports Team Analysis and Tracking Sys., Inc., 105 F.3d 841 (2d Cir. 1997).

468 Baltimore Orioles, Inc. v. Major League Baseball Players Association, 805 F.2d 663, 669 (7th Cir. 1986); Evans Newton Inc. v. Chicago Systems Software, 793 F.2d 889, 894 (7th Cir. 1986); Aldon Accessories v. Spiegel Inc., 738 F.2d 548, 551-553 (2d Cir.), *cert. denied*, 469 U.S. 982, 105 (1984).

Sportler, die an Wettkämpfen in Individualsportarten wie Tennis oder Golf teilnehmen und deren sportliche Darbietungen mit ihrer Zustimmung live oder anhand einer Aufzeichnung im Fernsehen übertragen werden, genießen hingegen gemäß der aus der vorgenannten Entscheidung abgeleiteten Baltimore Orioles-Lehre einen urheberrechtlichen Werkschutz an ihren Darbietungen[469]. Ihnen steht gemäß § 201(a) Copyright Act ein vorrangiger urheberrechtlicher Anspruch auf Teilhabe an den durch die Übertragung ihrer Darbietung erzielten Einnahmen gegen den Wettkampfveranstalter zu.

3. Ergebnis

Zusammenfassend läßt sich folgendes festhalten. Exklusive Vertragsvereinbarungen einzelner Profivereine mit Bezahlsendern und Sendernetzen über die Vermarktung der Senderechte an ihren Spielen sind grundsätzlich wettbewerbsrechtlich zulässig, aber wegen ihrer potentiell wettbewerbsbeschränkenden Wirkungen unter §§ 1 und 2 Sherman Act differenziert zu prüfen. Verfügen sowohl Profiverein als auch Sender über Monopolmacht im relevanten Produktmarkt, sind die Anforderungen an das Aufzeigen wettbewerbsfördernder Effekte durch die Vertragsparteien am strengsten. Exklusivvereinbarungen über lokale Senderechte zwischen einem Profiverein und einem kostenpflichtigen Kabelsender haben generell eine größere wettbewerbshemmende Wirkung als entsprechende Vereinbarungen mit kostenfrei über Antenne zu empfangenden Sendern und Sendernetzen. Exklusivverträge einzelner Profisportvereine über die Vermarktung nationaler Senderechte spielen in der Praxis wegen der durch den Sports Broadcasting Act zu Gunsten der Major League-Profiligen eingeräumten Möglichkeit des Bündelns von Senderechten keine Rolle. Generell gilt: je länger die Laufzeit eines Senderechtsvertrags ist und je mehr exklusive Senderechte er einem Fernsehsender einräumt, desto höher sind die Zutrittshürden für aktuelle oder potentielle Wettbewerber dieses Unternehmens und desto eher ist eine Verletzung der Antitrust-Vorschriften denkbar.

Die Gründung eines Gemeinschaftsunternehmens durch einzelne Profivereine verschiedener Ligen oder durch Profivereine und einen Fernsehsender ist unter Wettbewerbsgesichtspunkten aufgrund der größeren integrierenden und in der Regel auch Effizienz steigernden Wirkung dieser Verbindung generell zulässig. Wettbewerbshemmend auswirken kann sich jedoch die gegenseitige Bevorzugung der Joint Venture-Partner und die Tendenz, die Wettbewerber seines Partners von den eigenen Produkten und Ressourcen fern zu halten, um den Partner

---

469 Baltimore Orioles, Inc. v. Major League Baseball Players Association, 805 F.2d 663, 675 (7th Cir. 1986).

wirtschaftlich nicht zu schwächen. Im Ergebnis schränkt dies die Verbraucher in ihrer Produktauswahlmöglichkeit oft unzulässig weit ein.

Eine bedeutende Rolle auf dem Markt für Fernsehübertragungen von Sportveranstaltungen spielt die vertikale Integration von Sportclubs durch gesellschaftsrechtliche Zusammenschlüsse mit Medien- und Fernsehgesellschaften. Größeren Effizienzvorteilen stehen in einem solchen Fall größere Bevorzugungstendenzen für den integrierten Sportverein sowie längerfristigere und tiefgreifendere Auswirkungen auf den Wettbewerb gegenüber. Einhergehend hiermit besteht die Gefahr, daß die Verbraucher durch den exklusiven Zugriff des Medienunternehmens auf die Senderechte vollständig von der durch ihr Nachfrageverhalten beeinflußten Produktabsatzsteuerung ausgeschlossen werden. Gleichfalls können die Konkurrenten des zusammengeschlossenen Unternehmens vom Eintritt in den betreffenden Fernsehübertragungsmarkt abgehalten werden.

Exklusive Senderechtsvereinbarungen zwischen Fernsehgesellschaften und einzelnen Amateursportorganisationen, wie College- und Universitätsvereinen, sind ebenfalls grundsätzlich wettbewerbs- und kartellrechtlich zulässig. Im Collegefootballbereich sind nach dem *NCAA*-Urteil vertragliche Vereinbarungen zwischen einzelnen Hochschulen oder Regionalligen und Fernsehsendern sogar die gemäß § 1 Sherman Act einzig zulässige Möglichkeit der Hochschulen, die Senderechte an den Spielen ihrer Schulmannschaften zu vermarkten. In den übrigen Amateursportbereichen, beispielsweise Collegebasketball, ist hingegen sowohl die zentrale Vermarktung durch die NCAA als auch die individuelle Vergabe durch einzelne Colleges möglich. Die Verbraucher profitieren von der großen Vielfalt an Collegesportübertragungen im US-amerikanischen Fernsehen, denn die Hochschulen übertragen in der Regel ihre nationalen Senderechte an den NCAA-Meisterschaftsspielen - mit Ausnahme der Collegefootballspiele - auf die NCCA, die dann einzige Anlaufstelle der Fernsehsender für den Erwerb dieser Rechte ist. Die Hochschulen behalten ihre lokalen und regionalen Senderechte und verhandeln diese individuell oder über ihre Regionalligen mit regionalen Fernsehsendern. Dies führt im Ergebnis zu einer weitaus größeren Zahl an Collegesportübertragungen für die Fernsehzuschauer und einer größeren Auswahl an potentiellen Vertragspartnern für die Fernsehsender.

Profi- und Amateursportler haben als Angestellte ihrer Vereine aufgrund der "*works made for hire doctrine*" keinen Anspruch auf Teilhabe an den finanziellen Einnahmen ihrer Vereine aus Fernsehübertragungen der Spiele, an denen sie aktiv teilnehmen, es sei denn sie vereinbaren schriftlich etwas anderes. Sportler, die an Wettkämpfen in Individualsportarten wie Tennis oder Golf teilnehmen und deren Leistungen im Fernsehen übertragen werden, haben dagegen grundsätzlich einen solchen Anspruch auf Teilhabe an den Einnahmen des Wettkampfveranstalters.

IX. Neue Entwicklungen auf dem Gebiet der Übertragungsarten von Sportveranstaltungen

1. Das Internet als Übertragungsmedium für Sportveranstaltungen

(a) Einführung

Mit fortschreitender Verbesserung der Übertragungstechnik von Fernsehsignalen im Internet durch Digitalisierung, Breitband-, Glasfaser-, ADSL- und W-Lan-Verbindungen und aufgrund stetig steigender Internetnutzerzahlen erkannten die Sportligen und Fernsehgesellschaften Anfang des neuen Jahrtausends, daß sie durch die Ausstrahlung von Sportveranstaltungen über das Internet eine noch größere Zahl von Verbrauchern und Fans erreichen können. Im Rahmen der Internetübertragung werden Video- und Audiosignale mittels eines Datenstroms auf den Computer übertragen, die der Nutzer dann als Bild sehen und als Ton hören kann, ohne eine dauerhafte Kopie davon auf seine Festplatte herunter laden zu müssen[470]. Einige Profi- und Amateursportligen gingen deshalb dazu über, neben Fernsehsenderechten auch Lizenzen für die Internetrechte an ihren Sportveranstaltungen an Fernseh- und Mediengesellschaften zu vergeben. Diese Internetrechte lassen sich in verschiedene selbständige Rechte unterteilen.

So bieten die NFL und das Sendernetz ABC zusammen ausgewählte NFL-Spiele auf der Internetseite ABCSports.com an, die mit der entsprechenden Software und technischen Ausrüstung des Computers live über das Internet verfolgt werden können. Die MLB weitete ihr Spielübertragungsangebot ebenfalls auf das Internet aus und übertrug ihre diesbezüglichen Rechte, die ihr von sämtlichen MLB-Vereinen eingeräumt worden sind, exklusiv auf ihre eigene Internetgesellschaft MLB Advanced Media, LLP, die unter dem Namen MLB.com im Internet auftritt und die offizielle MLB.com-Internetseite sowie die Internetauftritte aller 30 MLB-Vereine steuert. MLB.com bietet Internetnutzern über das Internetportal mlb.tv während der laufenden Saison gegen Zahlung einer entsprechenden Gebühr[471] Liveübertragungen von Baseballspielen unter Beachtung der Blackout-Regelungen sowie Aufzeichnungen aller MLB-Spiele der abgelaufenen Saison an. Gegen Bezahlung einer einmalige Gebühr (in Höhe von US$ 14,95 in der Saison 2005/06) können Baseballfans darüber hinaus Radioübertragungen aller Baseballspiele einer Saison live über das Internet empfangen. Über den kostenpflichtigen Worldwide-Webcast-Service von MLB.com konnten Baseballfans, die außerhalb der USA wohnen, im Jahre 2002 erstmals die MLB-Play-Off-Spiele (insbesondere die Spiele der World Series) live im Internet verfol-

---

[470] Kellis, 8 J. Intell. Prop. L. 245, 247.

[471] US$ 14,95 pro Monat oder US$ 79,95 für die gesamte Baseballsaison 2005/2006.

gen[472]. Die NCAA übertrug in einem mit dem Sendernetz CBS abgeschlossenen Exklusivrechtevertrag u.a. die Internetübertragungsrechte für die NCAA-Division-I-Basketball-Meisterschaftsspiele auf dieses Sendernetz und erlaubte CBS in 2003, diese Rechte an deren Tochtergesellschaft SportsLine.com zu lizenzieren[473]. SportsLine.com ist damit exklusiv berechtigt, Live-Bilder von 66 NCAA-Meisterschaftsendrunden diverser Collegesportarten im Internet zu übertragen.

(b) Spannungsverhältnis zwischen exklusiven Fernsehsenderechten und Internetübertragungsrechten an Sportveranstaltungen

Am Beispiel des Senderechtevertrags zwischen dem Sendernetz NBC und dem Internationalen Olympischen Komitee (**IOC**) wird nachfolgend die Problematik aufgezeigt, die exklusive Senderechtsvereinbarungen einer Sportorganisation mit einem Fernsehsender auf den freien Wettbewerb im Markt für Internetsportübertragungen haben können. 1995 schloß NBC mit dem IOC einen Vertrag in Höhe von US$ 3,5 Milliarden, der dem Sendernetz die exklusiven Rechte einräumte, alle Olympischen Spiele bis einschließlich 2008 in den USA zu übertragen. Obwohl NBC während der Sommerspiele 2000 in Sydney exklusiv berechtigt war, Livebilder der Sportveranstaltungen über seine Internetseite NBColympics.com zu übertragen, hielt es diese so lange zurück, bis die NBC-Fernsehstationen die betreffenden Sportereignisse in den USA im Fernsehen ausgestrahlt hatten[474]. NBC konnte die eigenen Fernseheinschaltquoten und lukrativen Fernsehwerbeverträge schützen, indem es selbst keine Olympia-Livebilder im Internet abspielte und auch anderen Internetunternehmen nicht erlaubte, diese auf deren eigenen Internetseiten zu zeigen. Als Reaktion hierauf behielt sich das IOC die Internetübertragungsrechte für alle darauf folgenden Olympischen Spiele bis zum Ablauf des Vertrages im Jahr 2008 selbst vor[475].

Mit zunehmender Verbesserung der Übertragungsqualität durch den technischen Fortschritt und heute bereits knapp 200 Millionen Internetnutzern[476] allein in den USA entwickeln sich Live-Bildübertragungen von Sportveranstaltungen auf Internetseiten zu einer ernst zu nehmenden Konkurrenz für herkömmliche Fernsehübertragungen von Sportereignissen. Manche Restriktionen, wie etwa der örtliche Aufenthaltsort des Zuschauers, räumlich begrenzte Sendegebiete oder

---

472 Durham, 13 Fordham Intell. Prop. Media & Ent. L.J. 453, 455.
473 Ebenstein, 13 Fordham Intell. Prop. Media & Ent. L.J. 453, 472.
474 Kellis, 8 J. Intell Prop. L. 245, 249.
475 Kellis, 8 J. Intell Prop. L. 245, 248.
476 Euromonitor, Internetpenetration in the USA, S. 1; Meeker, Choi & Motoyama, Internet, S. 183.

Zeitunterschiede, die den Empfang von Fernsehübertragungen erschweren oder für Fernsehsender wirtschaftlich als nicht sinnvoll erscheinen lassen, sowie zahlreiche neue Vermarktungs- und Werbemöglichkeiten sprechen für das Internet als zusätzliches Übertragungsmedium für Bild- und Tonübertragungen. Desweiteren nähern sich der Fernsehmarkt und der Internetmarkt gegenseitig immer stärker durch horizontale und vertikale Unternehmenszusammenschlüsse von Gesellschaften dieser beiden Märkte an[477]. Es gibt horizontale Zusammenschlüsse und Beteiligungen zwischen (i) Medien- und Telekommunikationsgesellschaften (zum Beispiel Disney und ABC), (ii) Medien- und Internetgesellschaften (siehe Time Warner und America Online (**AOL**)) und (iii) Telekommunikations- und Internetgesellschaften (siehe CBS und SportsLine.com) sowie vertikale Zusammenschlüsse und Beteiligungen zwischen (i) Sportligen oder -vereinen und Fernsehsendern und (ii) Medien- und Internetgesellschaften (siehe News Corporation und Los Angeles Dodgers, Boston Red Sox und NESN oder MLB und MLB Advanced Media).

Schließen mehrere, in verschiedenen Märkten tätige Unternehmen einen Vertrag zur gemeinsamen Vermarktung von Sportveranstaltungen oder beteiligen sich zu diesem Zweck Gesellschaften aus einem Wirtschaftsmarkt an Gesellschaften, die auf anderen Märkten aktiv sind, kommt es zu einer vollständigen Verflechtung des Fernseh-, Medien- und Internetmarktes. Denkbar ist sowohl die getrennte Veräußerung der Fernsehsenderechte und Internetübertragungsrechte durch eine Sportorganisation an unterschiedliche Fernseh-, Internet- oder Medienunternehmen als auch die Veräußerung dieser Rechte an nur ein Unternehmen, das auf einem oder mehreren der vorgenannten Märkte tätig ist. Die Auswirkungen solcher Senderechtsvereinbarungen auf den Wettbewerb im Übertragungsmarkt für Sportveranstaltungen sind, wie sich im folgenden zeigen wird, unterschiedlicher Natur. Gerichtliche Entscheidungen zu diesem neuen Rechtsbereich gibt es, soweit ersichtlich, noch nicht.

---

[477] Perrine, 12 Marq. Sports L.J. 703, 761f.; OECD, Regulation and Competition Issues, S. 46.

2. Anwendbarkeit des Antitrust-Rechts auf die Übertragung von Sportveranstaltungen im Internet

(a) Getrennte Veräußerung von Fernsehsende- und Internetübertragungsrechten an verschiedene Rechteerwerber

(i) Einführung

Für eine Sportliga oder einen Sportverein ist es nicht unüblich, die Übertragungsrechte an den eigenen Sportveranstaltungen entsprechend der verschiedenen Medien aufzuteilen und somit die Rechte für die Ausstrahlung durch kostenlos zu empfangende Fernsehsender, kostenpflichtige Kabel- oder Satellitensender sowie mittels Digital- oder Internetfernsehen jeweils getrennt zu veräußern[478]. Der Kabelsender ESPN beispielsweise erwarb durch den aktuellen Senderechtevertrag mit der NFL lediglich die Kabelfernsehrechte für NFL-Spielübertragungen, wohingegen sich der Satellitensender DIRECTV ausschließlich die Satellitenübertragungsrechte für das Sunday-Ticket-Footballpaket der NFL sicherte[479].

Durch die getrennte exklusive Veräußerung von Fernseh- und Internetübertragungsrechten an verschiedene Programmanbieter kann eine Sportorganisation ihre hieraus resultierenden Einnahmen deutlich steigern. Jeder Rechteempfänger erhält dadurch vollständig verwertbare und exklusive Senderechte. Die Erwerber sind deshalb bereit, entsprechend höhere Preise für die jeweiligen Rechte zu zahlen als ein Unternehmen, das beide Senderechtearten zusammen erwirbt und dafür in der Regel einen insgesamt niedrigeren Paketpreis bezahlen wird. Desweiteren kann die Sportorganisation ihre Marktmacht durch entsprechende vertragliche Vereinbarungen, ein eigenes Internetportal oder eine gesellschaftsrechtliche Beteiligung an einem Gemeinschaftsunternehmen sowohl auf den Markt für Fernsehübertragungen als auch den Markt für Internetbildübertragungen ausdehnen. Auf diese Weise kann sie leichter die Kontrolle sowohl über den Fernseh- als auch den Internetübertragungsmarkt ausüben und ihre Senderechte flexibel und unabhängig voneinander zur Steuerung ihrer wirtschaftlichen Ziele einsetzen. So kann sie die Rechte für unterschiedliche Zeiträume und zu verschiedenen Bedingungen vergeben oder - wie das IOC hinsichtlich der Internetrechte für die Olympischen Spiele - sich dafür entscheiden, die Internetrechte

---

478 Vgl. auch Perrine, 12 Marq. Sports L.J. 703, 764.

479 Die NFL und DIRECTV schlossen 2004 einen neuen Senderechtevertrag für das Sunday Ticket-Rechtepaket mit einer Laufzeit von fünf Jahren. Die NFL erhält hierfür US$ 3,5 Milliarden, also duchschnittlich US$ 700 Millionen pro Jahr; das sind jährlich ca. US$ 300 Millionen mehr als im vorausgegangen Vertrag.

zunächst überhaupt nicht zu veräußern und die Internetbildübertragung in eigener Regie zu übernehmen oder ihre Spiele vorerst überhaupt nicht über das Internet zu zeigen. Bei gemeinsamer Vergabe der beiden Senderechtearten an nur einen Programmanbieter überläßt die Sportorganisation dagegen dem Anbieter die Ausgestaltung des Verhältnisses der beiden Übertragungsarten und gewährt ihm eine größere Entscheidungsfreiheit darüber, wie er die Rechte ausgestaltet.

(ii) Negative wettbewerbsrechtliche Auswirkungen

Indem eine Sportorganisation und ein Medien- oder Fernsehunternehmen gemeinsam langfristig die exklusive Nutzung der Internetrechte für die Übertragung bestimmter Sportveranstaltungen untereinander regeln, können sie den Eintritt weiterer Mediengesellschaften in den Markt für Internetübertragungen dieser Sportart je nach dem Ausmaß ihrer eigenen Marktmacht verhindern oder zumindest weitgehend kontrollieren. Gerade im Internet, wo freier Wettbewerb, vielfältige Produktauswahl, Staatsgrenzen übergreifende Betätigung und schneller technischer Fortschritt charakteristische Merkmale sind, können langfristige Exklusivrechtevereinbarungen in einem Bereich wie der Live-Bildübertragung, die technisch noch immer nicht voll ausgereift und weit verbreitet ist, eine zügige Weiterentwicklung und breitere Produktakzeptanz bei den Verbrauchern behindern. Ferner können die Vertragspartner ihre Produktentwicklung ungestört durch etwaige Wettbewerber kontrollieren und ganz an ihren eigenen wirtschaftlichen Bedürfnissen ausrichten, ohne unmittelbar auf Nachfrageentscheidungen der Verbraucher reagieren zu müssen, da diese wegen der exklusiven Rechtevergabe nicht auf andere Anbieter ausweichen können. Je stärker die Sportliga oder der Sportverein mit dem jeweiligen Vertragspartner verbunden ist, etwa durch Anteilsbesitz oder gesellschaftsrechtlichen Zusammenschluß, desto größer fallen die wettbewerbs- und kartellrechtlichen Auswirkungen aus, weil die Tendenz zur wirtschaftlichen Bevorzugung des Vertragspartners gegenüber dessen Mitbewerbern mit dem Grad der gesellschaftsrechtlichen Verbundenheit zunimmt[480].

Eine Sportorganisation kann ihre Senderechte also doppelt vermarkten und ihre Marktmacht hinsichtlich ihrer Sportveranstaltungen sowohl auf den Bereich der Fernsehübertragung als auch den der Internetbildübertragung ausdehnen und somit beide Bereiche unabhängig voneinander ausgestalten. Letzterer Bereich wird dabei aufgrund seines technisch noch nicht voll ausgereiften Entwicklungsstandes und fehlender Ausweichmöglichkeiten der Internetnutzer auf andere Internetbildübertragungsarten stärker negativ von einer einseitigen Dominanz des einzigen Anbieters betroffen als ersterer. Für die Internetnutzer bedeutet dies,

---

480 Siehe hierzu die Ausführungen unter Ziffer A.VIII.1(c) und (d) oben.

daß sie in ihren Nachfrage- und Auswahlentscheidungen bezüglich der Spiele, die sie über das Internet sehen wollen, eingeschränkt werden, falls sie diese nur von einem einzigen Internetanbieter kostenpflichtig erhalten können. Denn ohne die exklusive Rechtevergabe wäre die Zahl der möglichen Anbieter und Internetspielübertragungen höher. Für die Wettbewerber der Fernseh- und Internetunternehmen bedeutet dies, daß sie durch die hohen Eintrittshürden in ihrer wirtschaftlichen Betätigungsfreiheit auf diesem Marktsegment behindert werden.

(iii) Positive wettbewerbsrechtliche Auswirkungen

Die getrennte Vergabe der Senderechte kann folgende positive Effekte auf den Wettbewerb im relevanten Produktmarkt haben. Werden nur die Internetübertragungsrechte exklusiv einer Medien- oder Internetgesellschaft gewährt, kann dieses Unternehmen, wie im Falle einer urheberrechtlich geschützten Lizenz, in die Entwicklung und Verbesserung der Ton- und Bildübertragung im Internet investieren und sein Produkt zunächst intensiv alleine vermarkten. Die Gewähr, zunächst für eine bestimmte Zeit alleiniger wirtschaftlicher Nutznießer eines selbst entwickelten Produkts zu sein, verhindert eine investitions- und forschungshemmende Zurückhaltung der Marktteilnehmer. Denn der Exklusivrechteinhaber kann hierdurch sicher sein, daß seine Konkurrenten während dieser Zeit nicht von dem Produkt profitieren, das er mit hohem Ressourcenaufwand entwickelt oder marktfähig gemacht hat, ohne daß sie hierfür entsprechende eigene finanzielle Vorleistungen erbracht haben. Das Einräumen zeitlich begrenzter Exklusivrechte und die dadurch erreichte besondere finanzielle Belohnung für den Rechteinhaber verhindert, daß die Motivation der Marktteilnehmer für künftige Investitionen und Entwicklungen durch "Trittbrettfahrer"[481] untergraben wird. Somit beugt die exklusive Rechtevergabe dem vorgenannten wettbewerbsbeschränkenden Verhalten der Marktteilnehmer vor und hat insgesamt eine wettbewerbsfördernde Wirkung. Für den Bereich des Urheberrechts stellte dies der Supreme Court ausdrücklich fest[482]. Wettbewerbsfördernd kann sich auch die Verteilung der finanziellen Einnahmen aus der Vergabe der Internet-

---

481 Unter einem Trittbrettfahrer (*free rider*) versteht man ein Unternehmen, das einen wirtschaftlichen Vorteil aus den kostenintensiven Anstrengungen (z.B. Investitionen, Produktentwicklung, Kundenberatung und anderen Diensten für Kunden im Vorfeld des Produktverkaufs) seines Konkurrenten zieht und diese zu eigenen Zwecken nutzt, indem es seine Produkte zu niedrigeren Preisen im Verkaufsgebiet seines Konkurrenten verkauft und sich dabei auf dessen Vorverkaufsdienste stützt, ohne diese Anstrengungen selbst vorzunehmen und dafür entsprechende Kosten tragen zu müssen. Hierdurch verbessert er seine eigene Wettbewerbsposition und schwächt gleichzeitig die seines Konkurrenten; siehe hierzu auch Chicago Professional Sports Ltd. Partnership v. NBA, 961 F.2d 667, 674 (7th Cir. 1992).

482 Sony Corporation of America v. Universal City Studios, Inc., 464 U.S. 417, 429 (1984).

übertragungsrechte durch eine Liga an ihre Vereine auswirken. Durch die anteilige Bereitstellung dieser Mittel ist es auch finanziell schwächeren Vereinen leichter möglich, mittels der Verpflichtung stärkerer Spieler auch in sportlicher Hinsicht besser mit den finanzstärkeren Clubs und deren Starspieler konkurrieren zu können. Langfristig betrachtet fördert dies die Stabilität und Attraktivität der Liga.

Ferner kann die getrennte Vergabe von Fernseh- und Internetübertragungsrechten an verschiedene Mediengesellschaften für die Verbraucher und den Wettbewerb im jeweiligen Produktmarkt von Vorteil sein, da in diesem Fall nicht ein einziges Unternehmen exklusiv über den Fernseh- und Internetbildübertragungsmarkt für Sportveranstaltungen bestimmt, sondern beide Märkte von unterschiedlichen Unternehmen bedient werden. Diese beiden Märkte stehen, soweit die Internetbildübertragung eine mit Fernsehübertragungen vergleichbare Qualität besitzt, in gegenseitigem Wettbewerb miteinander um Zuschauer, Sponsoren und Investoren, wobei insbesondere die Fernsehzuschauer und Internetnutzer durch größere Auswahlmöglichkeiten an Sportübertragungen und dem Preiswettkampf der Anbieter profitieren. Wird ein Spiel nicht im Fernsehen übertragen, kann der Zuschauer diese Begegnung eventuell im Internet verfolgen, falls sich der Inhaber der Internetrechte zur Übertragung des Spiels entschieden hat. Auch die Wettbewerber der Fernseh- und Internetgesellschaften können von einer getrennten Rechtevergabe profitieren. Kommt ein Unternehmen beispielsweise bei dem Bieterwettbewerb bezüglich der Fernsehsenderechte nicht zum Zug, kann es immer noch, sofern es über die entsprechenden Kapazitäten verfügt, hinsichtlich der separaten Vergabe der Internetübertragungsrechte erfolgreich sein. Diese zweite Chance besteht bei der gemeinsamen Veräußerung der beiden Rechtearten an ein einzelnes Unternehmen nicht. Zudem erweitert sich der Kreis der potentiellen Bieter für die Senderechte bei einer getrennten Vergabe der jeweiligen Rechte durch die Sportorganisation, da nur wenige Medienunternehmen in der Lage sind, sowohl Fernseh- als auch Internetübertragungen aus einer Hand anzubieten. Neue und kleinere Medienunternehmen erhalten somit die reelle Möglichkeit, sich im Bieterwettbewerb um Senderechte gegen etablierte und finanzkräftigere Unternehmen durchzusetzen.

(iv) Stellungnahme

Die wettbewerbsrechtliche Zulässigkeit solcher separaten Vereinbarungen über die Veräußerung von Fernseh- und Internetübertragungsrechten an Sportveranstaltungen läßt sich im Falle des § 1 Sherman Act jeweils für jede Senderechtsart mit Hilfe der Rule of Reason-Methode und gegebenenfalls der Ancillary Restraint-Doktrin feststellen. Für die Zulässigkeitsprüfung gemeinschaftlicher Vereinbarungen über Internetübertragungsrechte ergeben sich im Vergleich zu den oben unter Ziffer A.VIII.1(b) bezüglich Fernsehsenderechtevereinbarungen beschriebenen Prüfungsmethoden keine Besonderheiten. Die positiven wettbewerbsrechtlichen Auswirkungen dürften in der Regel die negativen Auswirkungen überwiegen, so daß eine getrennte Vermarktung beider Rechte nach Abwägung aller Umstände für den Wettbewerb generell von Vorteil ist. Handelt es sich dagegen bei der fraglichen Vereinbarung um ein offensichtliches und alleine auf eine Wettbewerbsschädigung zielendes Verhalten der Vertragsparteien, ist diese per se als unzulässig zu qualifizieren.

Zu beachten ist bei der getrennten Vergabe von Fernseh- und Internetübertragungsrechten allerdings, daß der Sports Broadcasting Act nur die zentrale Vermarktung von Fernsehsenderechten an werbefinanzierte Fernsehsender durch eine Sportliga vor der Anwendung des Sherman Act schützt. Ist der Wortlaut des § 1291 Satz 1 Sports Broadcasting Act schon nicht auf nicht oder nur teilweise werbefinanzierte Fernsehübertragungen anwendbar, so gilt dies aus den unter Ziffer A.VII.3(e)(iv),(v) aufgeführten Gründen erst recht für alle Internetübertragungen von Sportveranstaltungen, egal ob sie werbe- oder gebührenfinanziert sind oder nicht.

Auch der Single Entity-Einwand schützt eine Sportliga, sofern sie sich überhaupt darauf berufen kann, bei der Vermarktung von Internetübertragungsrechten nur unter den sehr engen, bereits unter Ziffer A.V.2(b)(iv) und (c) und Ziffer A.V.3(a)(iii) oben genannten *Copperweld*- und *Fraser*-Voraussetzungen. Lediglich im Falle der Vermarktung an ein vollständig von der Liga kontrolliertes Medien- oder Internetunternehmen ist die Single Entity-Argumentation denkbar; aber auch nur, wenn die Liga durch ein von den Vereinen unabhängiges Organ alleinverantwortlich über die Medien- oder Internetgesellschaft bestimmen könnte. Diese Voraussetzung scheitert jedoch regelmäßig an der Joint-Venture-Rechtsnatur der Sportligen und der fortbestehenden rechtlichen Selbständigkeit der Vereine sowie deren Mitspracherecht und Verfügungsgewalt über ihre Senderechte.

Die Untersuchung von Vermarktungsvereinbarungen über Internetrechte vor dem Hintergrund des § 2 Sherman Act unterscheidet sich lediglich dadurch von der entsprechenden Untersuchung über Fernsehsenderechten, daß sich der relevante Wettbewerbsmarkt vergrößert, wenn festgestellt werden kann, daß die Qualität von Fernseh- und Internetbildübertragungen vergleichbar ist und die Verbraucher beide Übertragungsarten als möglichen Ersatz für einander ansehen. Ist dies der Fall (wovon man momentan nicht ausgehen kann), umfaßt der relevante Produktmarkt beide Übertragungs- und Rechtearten, was regelmäßig dazu führt, daß es für die Wettbewerber und Verbraucher schwieriger wird, wettbewerbsbeschränkende Auswirkungen der fraglichen Senderechtevereinbarungen aufzuzeigen[483]. Aufgrund der oben erwähnten, im allgemeinen überwiegend wettbewerbsfördernden, Effekte einer separaten Übertragung von Fernseh- und Internetbildübertragungsrechten, ist die getrennte Rechtevermarktung unter wettbewerbsrechtlichen Gesichtspunkten zu begrüßen.

(b) Gemeinsame Veräußerung von Fernseh- und Internetübertragungsrechten an einen Rechteerwerber

(i) Negative wettbewerbsrechtliche Auswirkungen

Indem sich ein Medien- oder Fernsehunternehmen neben den Fernsehsenderechten auch die Internetrechte an Sportveranstaltungen exklusiv für einen längeren Zeitraum einräumen läßt, ist es als neuer Rechteinhaber während der Vertragslaufzeit in der Lage, sowohl seine Wettbewerber im entsprechenden Fernsehrechtemarkt als auch alle Internetanbieter auf dem Markt für Internetbildübertragungsrechte von Bild- und Tonübertragungen der betreffenden Sportereignisse auszuschließen oder zumindest die Weitergabe dieser Rechte alleine zu kontrollieren. Dies erlaubt dem Rechteerwerber, seine wirtschaftliche Marktmacht vom Fernsehübertragungsmarkt auf den Internetbildübertragungsmarkt auszudehnen. Gleichzeitig kann er, wie die NBC im Falle der Olympischen Spiele in Sydney, trotz vorhandener technischer und rechtlicher Möglichkeiten den Verbrauchern zusätzliche oder alle Liveübertragungen im Internet vorenthalten, um durch eine geringere Anzahl oder gar völlige Verhinderung zeitgleicher Sportübertragungen in Fernsehen und Internet seine in der Regel höheren Einnahmen aus der Vermarktung von Fernsehwerbezeiten zu seinem alleinigen wirtschaftlichen Vorteil zu schützen. Die Internetnutzer und Sportfans sowie der Wettbewerb im Internetübertragungsmarkt werden durch diese Verhaltensweise benachteiligt und eingeschränkt. Denn der Exklusivrechteinhaber kann als Monopolist Preis und Absatzmenge der Bildübertragungen unkontrolliert durch etwaige Wettbewerber bestimmen. Die Verbraucher in einer bestimmten Region bekommen unter Umständen weder im Fernsehen noch im Internet Livebilder einer Sportveranstaltung zu sehen, obwohl andere Anbieter eventuell zu einer Übertragung bereit und auch in der Lage wären.

Die exklusive Vergabe von Fernseh-und Internetbildübertragungsrechten an einen einzigen Programmanbieter stärkt diesen in seiner Wettbewerbsposition, da er damit beide Übertragungsarten kontrollieren und aufeinander abstimmen kann. Er ist dadurch in der Lage, konkurrierende zeitgleiche Übertragungen derselben Sportveranstaltung durch einen Wettbewerber über das jeweils andere Medium, d.h. Fernsehen oder Internet, zu unterbinden. Gleichzeitig kann er Ein-

483 Siehe hierzu auch die Ausführungen unter Ziffer A.VI.2.

nahmen sowohl aus der Vermarktung seiner Fernsehübertragungen als auch seines Internetangebots erzielen.

Auch hier gilt: Mit zunehmender gesellschaftsrechtlicher Integration des Sportvereins und des Programmanbieters steigt der Einfluß, den diese Einheit auf den Wettbewerb im entsprechenden Markt für Sportübertragungen ausüben kann. Hat ein Sportverein mit einem Medienunternehmen lediglich einen exklusiven Senderechtevertrag geschlossen, ist er eher willens und in der Lage, mit einem Konkurrenten seines Vertragspartners anderweitige Geschäfte abzuschließen als dies bei einem Verein der Fall ist, der vollständig in ein Medienunternehmen integriert ist. So ist in ersterem Fall denkbar, daß das Unternehmen nur die Fernseh- und Internetübertragungsrechte für bestimmte Spiele des Vereins erwirbt, nicht aber auch weitergehende sonstige Verwertungs- und Vermarktungsrechte des Vereins, die das Unternehmen zusätzlich auf seinen Internetseiten und Fernsehprogrammen in vielfältiger Weise verwenden könnte. Der Verein ist hier darauf bedacht, möglichst viele seiner Rechte zu behalten, um diese selbst zielgerichtet zu vermarkten.

Im Falle einer gesellschaftsrechtlichen Beteiligung oder eines gesellschaftsrechtlichen Zusammenschlusses von Verein und Medienunternehmen verfügt letzteres als das in der Regel beherrschende Unternehmen hingegen über sämtliche Rechte des Vereins an dessen Spielen, Spielern und Marken und kann diese selbst umfassend für seine unternehmerischen Zwecke einsetzen. Die Auswirkungen dieser Verbindung auf den Wettbewerb im kombinierten Fernseh- und Internetübertragungsmarkt sind somit ungleich größer. Denn weder die Wettbewerber des Sportvereins noch die der Mediengesellschaft oder des neuen Gemeinschaftsunternehmens werden Zugang zu den Vermarktungsrechten des Vereins und den Übertragungsplattformen des Programmanbieters erhalten. Den Wettbewerbern wird dadurch je nach Marktmacht ihres Konkurrenten der Zutritt in den entsprechenden Übertragungsmarkt verwehrt oder erheblich erschwert. Die Verbraucher können durch dieses Zusammenwirken nachteilig betroffen sein, falls es wegen fehlender Konkurrenz zu künstlich erhöhten Preisen für Fernseh- und Internetübertragungen von Sportveranstaltungen des integrierten Sportvereins kommt oder die Zahl der im Internet und Fernsehen ausgestrahlten Spielbegegnungen dieses Vereins geringer ausfällt als dies ohne diesen Zusammenschluß der Fall wäre.

(ii) Positive wettbewerbsrechtliche Auswirkungen

Die gemeinsame Veräußerung von Fernseh- und Internetrechten an einen Programmanbieter kann aber auch wettbewerbsfördernde Effekte ergeben. Wie in Ziffer A.IX.2(a) oben beschrieben, verhindert auch hier eine exklusive Vergabe von Fernseh- und Internetübertragungsrechten für einen bestimmten Zeitraum wettbewerbsbeschränkendes Trittbrettfahren von Wettbewerbern des Rechteerwerbers. Mit zunehmender gesellschaftsrechtlicher Integration von Sportverein und Mediengesellschaft nimmt dieser positive Effekt jedoch ab.

Indem ein Medienunternehmen die Eigentumsrechte an einem Sportverein erwirbt[484], kann es von Synergieeffekten profitieren. Langfristig vermeidet es die hohen Kosten für zeitlich begrenzte und hinsichtlich ihres Umfangs eventuell mit rechtlichen Unsicherheiten behaftete Übertragungsrechte, indem es sich nach Vertragsablauf nicht immer wieder erneut gegen andere Wettbewerber beim teuren Rechteerwerb durchsetzen muß[485]. Überdies erhält das Medienunternehmen sowohl die wertvollen lokalen Fernsehübertragungsrechte des Vereins und Anteile an der ligaweiten Einnahmenverteilung aus nationalen Senderechteverträgen als auch ein Mitspracherecht hinsichtlich der Vermarktung künftiger nationaler Senderechte und anderer Ligaprodukte[486]. Ein gelungenes Cross-selling-Beispiel bietet Disney, das 1993 den Kauf eines NHL-Clubs zur Vermarktung seiner Filmprodukte nutzte als es den Verein nach dem Eishockeyteam der "Mighty Ducks" aus seinem 1992 erschienen Kinofilm benannte, deren Logo wiederum 1994 in dem Film "D2" eine Hauptrolle spielte[487].

Solche für das Medienunternehmen positiven Effekte können sich unter wettbewerblichen Gesichtspunkten auch für die Verbraucher positiv auswirken, indem diese zu niedrigeren Übertragungsgebühren und einem umfassenderen Spiel- und Produktangebot führt.

(iii) Stellungnahme

Die Zulässigkeit der Vergabe von sowohl Internet- als auch Fernsehübertragungsrechten an ein einzelnes Unternehmen durch eine Sportorganisation ist im Falle des § 1 Sherman Act mittels der Rule of Reason-Abwägung festzustellen. Ob der relevante Produktmarkt dabei aus dem kombinierten Fernseh- und Internetbildübertragungsmarkt für Sportereignisse oder einem Markt für Fernsehübertragungen und einem Markt für Internetbildübertragungen besteht, hängt von der Bereitschaft der Verbraucher ab, beide Übertragungsarten als Substitut für einander anzusehen, was wiederum hauptsächlich von der Übertragungsqualität und Verfügbarkeit von Internetbildübertragungen beeinflußt wird. Gegen-

---

484 Die News Corporation erwarb z. B. den Baseballverein Los Angeles Dodgers und Time Warner erwarb neben dem NBA-Verein Atlanta Hawks auch den MLB-Verein Atlanta Braves und den NHL-Verein Atlanta Trashers.

485 Perrine, 12 Marq. Sports L.J. 703, 764f.

486 Perrine, 12 Marq. Sports L.J. 703, 765; Ross, 7 Competition and Consumer L.J. 125, 133.

487 Perrine, 12 Marq. Sports L.J. 703, 766.

wärtig ist dies sicher nicht der Fall. Neben der zeitlich begrenzten vertraglichen Vergabe der Übertragungsrechte an ein Medienunternehmen ist auch die dauerhaftere Gründung eines Gemeinschaftsunternehmens sowie der langfristig angelegte gesellschaftsrechtliche Zusammenschluß von Sportverein und Mediengesellschaft wettbewerbsrechtlich zulässig, solange die positiven Wettbewerbsauswirkungen die negativen überwiegen und es sich dabei nicht um offensichtliche und gezielte Wettbewerbsschädigungen handelt.

Der Sports Broadcasting Act entzieht bei der zentralen Vermarktung von Fernseh- und Internetübertragungsrechten durch eine Major League nur diejenigen Vereinbarungen der Anwendung des Antitrust-Rechts, die sich auf die Rechte an werbefinanzierten Fernsehübertragungen beziehen. Fernsehübertragungs- und Internetbildübertragungsrechte lassen sich wie die Senderechte an Antennen-, Kabel- und Satellitenfernsehübertragungen technisch und rechtlich voneinander trennen. Deshalb werden auch bei der gemeinsamen Vermarktung von Internet- und Fernsehübertragungsrechten an dasselbe Unternehmen nur die Fernsehsenderechtevereinbarungen von Section 1291 Sports Broadcasting Act erfaßt. Hinsichtlich der Anwendungsmöglichkeit des Single Entity-Einwandes wird auf die obigen Ausführungen unter Ziffer A.IX.2(a)(iv) verwiesen, die hier entsprechend gelten.

Ein Verstoß gegen § 2 Sherman Act ist insbesondere im Falle eines gesellschaftsrechtlichen Zusammenschlusses eines Sportvereins mit einem Medienunternehmen denkbar, wenn beide bereits in ihren jeweiligen Produktmärkten (also der jeweiligen Sportart und dem betreffenden Fernseh- oder Internetmarkt) über eine dominante Marktstellung oder gar Monopolmacht verfügen und sie diese durch ihr Zusammengehen im Bereich der Fernseh- und Internetübertragung der Vereinsspiele festigen oder weiter ausbauen.

(c) Veräußerung einer Vielzahl von Rechten durch eine Sportorganisation an mehrere branchenübergreifende Rechteerwerber mittels einer gemeinsamen Vereinbarung

(i) Einführung

Eine Sportorganisation kann zusammen mit mehreren Anbietern verschiedener Medienbranchen einen Vertrag über die Vermarktung ihrer Sportveranstaltungen schließen. Die NFL räumte beispielsweise im Jahr 2001 dem Internetunternehmen AOL und dem Sendernetz CBS vertraglich langfristig die begrenzte Nutzung ihrer Markenrechte sowie ihrer Fernseh-, Radio-, Druck-, Werbe- und Internetrechte gegen Zahlung eines Gesamtbetrags in Höhe von US$ 325 Millionen ein. Die NFL bzw. das NFL Internet Network – bestehend aus der NFL.com und den 32 Gesellschaften, die die Internetseiten der 32 NFL-Vereine betreiben – sicherte sich mittels dieser Vereinbarung Internetauftritte und Werbung für ihre Produkte auf den Internetseiten von AOL und anderer zu AOL gehörender Gesellschaften wie Netscape, ICQ und CompuServe. Desweiteren lassen die NFL und ihre Vereine durch SportsLine.com, eine Tochtergesellschaft von CBS, ihre Internetseiten produzieren sowie den Verkauf von Werbeflächen und die kostenpflichtige Ausstrahlung von NFL-Spielen auf diesen Internsetseiten organisieren und anbieten. CBS verpflichtete sich, AOL in seinen NFL-Spielübertragungen und bei sonstigen NFL-Medienauftritten zu erwähnen. AOL-Mitglieder erhalten im Gegenzug Zugang zu besonderen NFL-Angeboten, wie NFL-Videoclips und NFL-Gewinnspielen. Sportsline.com darf eine begrenzte Anzahl von NFL-Videos und Tonübertragungen verwenden und im Rahmen seiner Werbeaktionen NFL-Marken und NFL-Zeichen nutzen. Im übrigen verlängerten in diesem Zusammenhang AOL und SportsLine.com die Vereinbarung, ihre Internetinhalte jeweils ihren Nutzern gegenseitig zugänglich zu machen und auf ihren Internetseiten auf die Dienste des anderen hinzuweisen. Die Unternehmen vereinbarten ferner, die gemeinsame Fortentwicklung des interaktiven Fernsehens voranzutreiben und gemeinsame online-offline-Werbeaktionen durch ihre außerhalb des Internets tätigen Konzernmütter zu entwickeln.

(ii) Negative wettbewerbsrechtliche Auswirkungen

Mit Hilfe einer solchen branchenübergreifenden Vereinbarung über die Nutzung diverser Urheber-, Marken- und Senderechte ist es einer Sportliga oder einem Sportverein möglich, die eigene Marktmacht sowohl auf den Fernseh- als auch den Internetmarkt zu übertragen und dort das Produkt "Unterhaltung durch Sportwettkämpfe" weit über das bisherige Maß hinaus zu vermarkten. Die Sportorganisationen können ihr einzigartiges Produkt und ihre Monopolstellung, die sie größtenteils in dem Markt ihrer jeweiligen Sportart innehaben, nutzen und diese zusammen mit ihren Vertragspartnern ausbauen, indem sie nicht nur einzelne Spielbegegnungen exklusiv auf die verschiedenen Partnermedien übertragen, sondern zusätzlich um die sportlichen Wettkämpfe herum eine aufeinander abgestimmte Unterhaltungs- und Vermarktungsstrategie aufbauen. Von dieser Strategie profitieren alle Partner, u.a. durch eine Verbreiterung ihrer potentiellen Kunden- und Fanbasis, den Verkauf von Werbeflächen sowie dem Bekanntheitsgrad, dem Kundenstamm und der Marktposition ihrer jeweiligen Partner.

Schließen die Partner einen solchen Vertrag, besteht die Gefahr, daß sie mit den Wettbewerbern ihrer Partner keine vergleichbaren Vereinbarungen mehr treffen (*refusal to deal*), um die Exklusivität ihrer Vereinbarung zu wahren und einen maximalen Nutzen aus ihrem Vertrag zu ziehen. So wird die NFL während der Laufzeit des Vertrags mit AOL und CBS weder mit ESPN.com noch mit ABC oder Disney eine vertragliche Beziehung hinsichtlich der Internet- oder Fernsehübertragung von NFL-Spielen eingehen, die negative Auswirkungen auf die Vermarktungsfähigkeit oder Attraktivität ihrer auf CBS und SportsLine.com gezeigten Spiele hat. Die starke Vernetzung der Produkte der einzelnen Partner und eine eventuelle, dominante Marktposition der Partner können es für deren jeweilige Wettbewerber nahezu unmöglich machen, ihre eigenen Produkte marktgerecht anzubieten. Sie erschweren oder verhindern dadurch den Marktzutritt neuer Konkurrenten. Die Fernsehzuschauer und Internetnutzer können aufgrund der hiermit einhergehenden Beschränkung des Sportübertragungsangebots auf nur wenige Programmanbieter in ihrem Auswahl- und Nachfrageverhalten eingeschränkt werden.

(iii) Positive wettbewerbsrechtliche Auswirkungen

Besonders für den Verbraucher können sich aber durch solche branchenübergreifenden Vereinbarungen auch Vorteile ergeben. Er profitiert von aufeinander abgestimmten und umfangreichen Programmangeboten verschiedener Medien rund um die Sportveranstaltungen ihres Vertragspartners. Desweiteren lassen sich durch die Verbindung der verschiedenen Medien mit der Sportbranche leichter Neuentwicklungen (wie im Bereich des interaktiven Fernsehens, der Entwicklung sogenannter Fantasy Leagues[488] oder der Werbung) vorantreiben, die das Angebot an Sportunterhaltung und Spielübertragungen für die Konsumenten und Sportfans verbessern können. Der Verbraucher kann sich aufgrund des vielfältigen Angebots noch schneller und umfangreicher über Spielergebnisse, Spieler, Vereine und Veranstaltungen informieren. Die Bündelung des Programmangebots jeweils in einer Hand vereinfacht seinen Zugriff auf die von ihm gesuchten Programminhalte der einzelnen Medien. Unter Umständen können Mitglieder oder Abonnenten des einen Partners kostengünstiger oder sogar umsonst Zugang zu den Diensten der anderen Partner erhalten, die ansonsten nur teurer oder überhaupt nicht für sie zugänglich wären. Die gemeinsame Vergabe von Fernseh- und Internetbildübertragungsrechten durch die Sportorganisationen läßt den relevanten Wettbewerbsmarkt für Spielberichterstattungen bei entsprechender Qualität und Austauschbereitschaft der Konsumenten größer werden, so daß die Zahl der Wettbewerber der Vertragspartner und der Konkurrenzprodukte in diesem Bereich größer wird, wodurch sich wiederum die Marktmacht der Sportorganisationen und das Ausmaß der eventuellen Wettbewerbsbeeinträchtigung verringern.

---

488 Eine Fantasy League ist eine fiktive Sportliga, die durch die Sportfans auf der Internetseite des Unternehmens, das die Internetrechte von einer Liga erworben hat, kreiert wird. In dieser Online-Liga können die Fans auf Basis der wirklichen Leistungen der Spieler der Liga im Internet gegeneinander spielen.

(iv) Stellungnahme

Vereinbarungen dieser Art können folglich wettbewerbs- und kartellrechtlich zulässig sein. Auch hier erfolgt die Prüfung einer möglichen Verletzung des § 1 Sherman Act anhand der Rule of Reason-Methode sowie gegebenenfalls unter Berücksichtigung der Ancillary Restraint-Doktrin. Liegt eine offensichtliche und bewußte Wettbewerbsbeschränkung vor, ist die Vereinbarung per se unzulässig. Unter diesen Gesichtspunkten überwiegen sicher die negativen wettbewerbsrechtlichen Auswirkungen im Falle einer exklusiven Vergabe der Fernseh- und Internetrechte für die Ausstrahlung sämtlicher oder einer Großzahl der Spiele zu den populärsten Tageszeiten. Gewährt die Sportorganisation jedoch nur einen Teil ihrer Senderechte an ihre Partner und überträgt sie die Rechte für die Übertragung bestimmter anderer Spiele auf deren Wettbewerber, überwiegen die wettbewerbsfördernden Effekte der Vereinbarung. Umfaßt die branchenübergreifende Vereinbarung u.a. auch eine gebündelte Veräußerung der Fernsehsenderechte an den Spielübertragungen der einzelnen Ligavereine durch eine privilegierte Major League, fallen allein diese Rechte unter den Regelungsgehalt des Sports Broadcasting Act. In dieser Hinsicht unterscheidet sich die hier zugrunde liegende Sachverhaltskonstellation nicht von den unter Ziffer A.IX.2(b) oben beschriebenen Umständen. Der Single Entity-Einwand ist - sofern man dieser Argumentation überhaupt folgen mag - im Rahmen der hier beschriebenen branchenübergreifenden Vereinbarungen mit unabhängigen Dritten nicht zulässig.

Die Prüfung eines Verstoßes gegen § 2 Sherman Act erfolgt an den oben bereits aufgezeigten Kriterien. Auch hier kommt im Einzelfall eine Erweiterung des entsprechenden Produktmarktes auf beide Medienarten in Betracht. Im Falle einer umfassenden exklusiven Senderechtevergabe ist bei gegebener Monopolstellung eines Vertragspartners gleichfalls grundsätzlich von einer unzulässigen Ausübung der Wirtschaftsmacht des Monopolisten auszugehen.

3. Ergebnis

Zusammenfassend läßt sich festhalten, daß neben der getrennten Vergabe von Internet- und Fernsehübertragungsrechten und der gemeinsamen Vergabe dieser Übertragungsrechte durch eine Sportorganisation auch solche Vereinbarungen mit dem Antitrust-Recht vereinbar sein können, durch die eine Sportorganisation im Rahmen eines multilateralen Vertrages neben den Internet- und Fernsehübertragungsrechten noch weitere Rechte an Unternehmen verschiedener Medienbranchen überträgt. Die Zulässigkeit hängt dabei insbesondere von den erzielten Wettbewerbsvorteilen und der Laufzeit der Vereinbarung ab sowie der Marktmacht der beteiligten Parteien. Der Sports Broadcasting Act gilt lediglich für Fernseh- nicht aber Internetübertragungsrechte.

X. Die Befreiung des Profibaseballsports vom Anwendungsbereich des Antitrust-Rechts durch die "Baseball Exemption"

1. Einführung

Die Rechtsprechung befreit den professionell betriebenen Baseballsport, insbesondere die MLB und die in ihr organisierten Baseballclubs, traditionell von der Anwendung der Antitrust-Vorschriften[489]. In drei grundlegenden Entscheidungen festigte der Supreme Court diese Ausnahmestellung. Die seit der letzten Supreme Court-Entscheidung vor über 30 Jahren heute veränderten Rahmenbedingungen im Profibaseballgeschäft, die Verabschiedung des Curt Flood Act of 1998[490] und das Einbringen des Gesetzentwurfs des Fairness in Antitrust in National Sports (FANS) Act of 2001[491] in den Kongreß könnten jedoch zumindest eine Einschränkung der großzügigen Antitrust-Freistellung des Profibaseballsports begründen. Nach einem kurzen Überblick über die Rechtsprechungshistorie der Baseball-Ausnahme wird deshalb nachfolgend untersucht, ob die Sonderstellung der MLB und ihrer Vereine heute noch gerechtfertigt ist.

2. Überblick über die Rechtsprechungshistorie der Baseball-Ausnahme

(a) Die Kartellrechtstrilogie des Supreme Court

(i) Federal Baseball Club of Baltimore v. National League of Professional Baseball Clubs

Den Grundstein der Freistellung des professionellen Baseballsports vor der Anwendung des Antitrust-Rechts legte der Supreme Court in *Federal Baseball Club of Baltimore v. National League of Professional Baseball Clubs*[492] (***Federal Baseball***). Nachdem die Federal League 1913 ihren Spielbetrieb aufgenommen hatte, führten die beiden schon bestehenden Ligen American League of Professional Baseball Clubs und National League of Professional Baseball Clubs das Reserve Clause-System[493] ein, um wechselwillige Spieler an einem

---

489 Major League Baseball v. Butterworth, 181 F. Supp. 1316, 1322 (N.D. Fla. 2001); Wolohan, 10 Villanova Sports & Ent. L.J. 5, 7; Rosenbaum, 41 U. Miami L. Rev. 729, 767; Rivello, 47 Drake L.J. 177, 184.

490 15 U.S.C. § 26b (2004).

491 Hearing on H.R. 3288 before the House Committee on the Judiciary, 107th Congress (2001).

492 Federal Baseball Club of Baltimore v. National League of Professional Baseball Clubs, 259 U.S. 200 (1922).

493 Der Reserve Clause war eine früher übliche Vorschrift in den Standardanstellungsverträgen professioneller Baseballspieler, die eine einseitige Verlängerung der Vertragslaufzeit durch den Verein um jeweils ein weiteres Jahr nach Ablauf der Grundlaufzeit

Wechsel zur neuen Konkurrenzliga zu hindern. Als die Federal League ihren Spielbetrieb kurze Zeit später aufgeben mußte, erhoben die Eigentümer des Federal Baseballclub of Baltimore Klage mit der Begründung, die beiden übrigen Ligen hätten miteinander konspiriert, um den Baseballsport durch ihre einseitige Kontrolle über die Spieler mit Hilfe des Reserve Clause-Systems zu monopolisieren. Sie behaupteten insbesondere, die Federal League zerstört zu haben, indem sie einige der Federal League-Clubs aufgekauft und die übrigen Vereine dazu verleitet hätten, die Liga zu verlassen[494].

Der Supreme Court entschied, federführend durch Justice Holmes, daß der organisierte Baseballsport aufgrund seiner Wesensart nicht vom Anwendungsbereich des Sherman Act erfaßt wird[495]. Wie der Court of Appeals war er der Auffassung, Baseball sei ein Spiel und nicht Handel oder Gewerbe. Baseballspiele seien rein lokale Veranstaltungen, die nicht über die Staatsgrenzen hinaus gingen. Deshalb sei das Baseballgeschäft eine rein innerstaatliche Angelegenheit und stelle keinen zwischenstaatlichen Handel dar, wie ihn der Sherman Act fordere (*interstate commerce*). Der Transport der Spieler und ihrer Ausrüstung über Staatsgrenzen hinweg zur Veranstaltung der Wettkämpfe sei lediglich eine der Hauptsache – der Veranstaltung der Baseballspiele – untergeordnete Nebensache[496]. Der persönliche Einsatz der Spieler im Rahmen dieser Veranstaltungen, die nicht der Herstellung von Waren dienten, falle nicht unter das gewöhnliche Verständnis der Begriffe "Handel" oder "Gewerbe"[497]. Die National League und die American League konnten folglich durch ihre Reserve Clause-Regelungen den zwischenstaatlichen Handel nicht beeinträchtigen. Das Veranstalten von Baseballspielen zwischen Vereinen professioneller Baseballspieler fällt danach nicht in den Anwendungsbereich bundesrechtlicher Antitrust-Gesetze.

---

des Vertrages erlaubte und somit den Spieler solange an den Verein band, bis er entweder von diesem freigegeben oder verkauft wurde oder seine Laufbahn beendete (faktisch bedeutete dies eine Vereinbarung unter den Baseballvereinen, so lange nicht untereinander um die Dienste eines Spielers zu werben, wie dieser vertraglich an seinen angestammten Verein gebunden ist). Das Reserve Clause-System wurde 1976 abgeschafft und durch das heute noch gültige Free Agency-System ersetzt, das den Wettbewerb der Vereine um Spielertalente ermöglicht.

494 Federal Baseball Club of Baltimore v. National League of Professional Baseball Clubs, 259 U.S. 200, 207 (1922).

495 Federal Baseball Club of Baltimore v. National League of Professional Baseball Clubs, 259 U.S. 200, 209 (1922).

496 Federal Baseball Club of Baltimore v. National League of Professional Baseball Clubs, 259 U.S. 200, 208 (1922).

497 Federal Baseball Club of Baltimore v. National League of Professional Baseball Clubs, 259 U.S. 200, 208f. (1922).

(ii) Toolson v. New York Yankees

In *Toolson v. New York Yankees*[498] (***Toolson***) befaßte sich der Supreme Court erneut mit der Anwendung des Sherman Act auf den Profibaseballsport. George Toolson, ein Spieler des in der Minor League spielenden Teams der New York Yankees, war von der Yankees-Mannschaft der International League in das Yankees-Team der Eastern League zurück gestuft worden und weigerte sich daraufhin, dort zu spielen. Toolson wollte von seinem Spielervertrag mit den New York Yankees loskommen und erhob deshalb Klage gegen den Club. Er war der Auffassung, die Profibaseballclubs nutzten den Reserve Clause in den Spielerverträgen, um die Vereinswechselmöglichkeiten der Spieler zu begrenzen und so den organisierten Profibaseballsport zu einem unzulässigen Monopol zu verhelfen[499].

Der Supreme Court bestätigte seine in *Federal Baseball* getroffene Entscheidung mit der Begründung, daß der Kongreß nicht beabsichtigt hatte, professionell organisierten Baseball in den Anwendungsbereich des Antitrust-Rechts aufzunehmen[500]. Denn der Kongreß habe Profibaseball nicht den Antitrust-Gesetzen unterworfen, obwohl er seit *Federal Baseball* dreißig Jahre lang dazu Zeit gehabt hätte. Damit habe er dieser Sportart erlaubt, sich unter der Annahme, nicht von diesen Regelungen und der hierzu ergangenen Rechtsprechung betroffen zu sein, weiter zu entwickeln. Es sei allein Aufgabe des Kongresses, Profibaseballsport dem Geltungsbereich der Antitrust-Gesetze zu unterwerfen[501].

In seinem Dissenz zum Mehrheitsvotum argumentierte Justice Burton, der organisierte Baseballsport betreibe zwischenstaatlichen Handel[502]. Er zeigte dies u.a. an den Einnahmen aus Verträgen über landesweite Fernseh- und Radioübertragungen. Seiner Auffassung nach habe der Supreme Court 1922 lediglich festgestellt, daß die Aktivitäten des organisierten Baseballsports keinen grenzüberschreitenden Handel darstellten, aber nicht, daß diese Aktivitäten auch vom Anwendungsbereich des Sherman Act ausgenommen seien, da nur der Kongreß die Befugnis hierzu habe[503]. Von dieser Befugnis habe der Kongreß aber bisher keinen Gebrauch gemacht, so daß der Profibaseballsport als Staatsgrenzen über-

---

498 Toolson v. New York Yankees, 346 U.S. 356 (1953).
499 Toolson v. New York Yankees, 101 F. Supp. 93 (S.D. Cal. 1951).
500 Toolson v. New York Yankees, 346 U.S. 356, 357 (1953).
501 Toolson v. New York Yankees, 346 U.S. 356, 357 (1953).
502 Toolson v. New York Yankees, 346 U.S. 356, 357-359 (1953).
503 Toolson v. New York Yankees, 346 U.S. 356, 360-365 (1953).

greifender Handel anzusehen sei und solange den Antitrust-Regelungen unterliege, bis der Kongreß ihn hiervon befreie[504].

(iii) Flood v. Kuhn

Flood v. Kuhn[505] (***Flood***) ist das dritte Supreme Court-Urteil in diesem Zusammenhang. Die Entscheidung stellt die bislang ausführlichste Behandlung der rechtlichen Fragestellungen im Bereich des Profibaseballgeschäfts dar[506]. Nachdem die St. Louis Cardinals 1969 ihren Spieler Curt Flood ohne dessen Zustimmung an die Philadelphia Phillies verkauft hatten, verlangte Flood vom damaligen Baseball Commissionar Bowie Kuhn, ihn zu einem unabhängigen Spieler (sogenannter *free agent*) zu erklären, wodurch er mit jedem Verein der Major League über einen neuen Spielervertrag hätte verhandeln können[507]. Als Kuhn dies ablehnte, erhob Flood Klage und behauptete, die Reserve Clause-Regelung im organisierten Baseballsport verstoße gegen das Antitrust-Recht[508]. Sowohl der District Court als auch der Court of Appeals wiesen Flood's Vorbringen zurück und entschieden, daß die in *Federal Baseball* und *Toolson* ergangenen Urteile und deren Entscheidungsgründe weiterhin Gültigkeit besitzen[509].

Auch der Supreme Court hielt an seiner Auffassung fest, Baseball von der Anwendung der Antitrust-Gesetze freizustellen[510]. Unter Federführung von Justice Blackmun erkannte er zwar nun erstmals an, daß der Profibaseballsport zwischenstaatlichen Handel (*interstate commerce*) betreibe, aber dennoch vom Anwendungsbereich des Antitrust-Rechts befreit bleibe[511]. Die seit langer Zeit anerkannte Freistellung des Reserve Clause-Systems stelle eine feststehende, auf den Profibaseballsport beschränkte Verirrung dar, die der Kongreß hingenom-

---

504 Toolson v. New York Yankees, 346 U.S. 356, 365 (1953).

505 Flood v. Kuhn, 407 U.S. 258 (1972).

506 Der für die Fünf-Stimmen-Merheit unter dem Richterkolleg schreibende Justice Blackmun stellte ausführlich die höchstrichterliche Rechtsprechung und die bisherigen erfolglosen Versuche des Kongresses dar, die Baseball-Ausnahme zu verwerfen. In einem lesenswerten Prolog zu dem Urteil führte er einen Lobgesang auf den Baseballsport an, bezeugte dem Baseballspiel durch eine ausführliche Darstellung der Geschichte dieses Sports seine Anerkennung, gab einige bekannte Baseballgedichte wieder und listete 88 Baseball-Legenden namentlich auf (siehe Flood v. Kuhn, 407 U.S. 258, 260-264 (1972)).

507 Flood v. Kuhn, 407 U.S. 258, 265 (1972).

508 Flood v. Kuhn, 316 F. Supp. 271, 272 (S.D.N.Y. 1970).

509 Flood v. Kuhn, 316 F. Supp. 271, 273 (S.D.N.Y. 1970); Flood v. Kuhn, 443 F.2d 264, 267f. (2d Cir. 1971).

510 Flood v. Kuhn, 407 U.S. 258, 285 (1972).

511 Flood v. Kuhn, 407 U.S. 258, 285 (1972).

men habe und die dem Rechtsgrundsatz *stare decisis* unterliege[512]. Sie beruhe auf der Anerkennung und Akzeptanz der einzigartigen Wesensmerkmale und Bedürfnisse des Baseballsports (*baseball's unique characterstics and needs*)[513]. Nur Baseball und keine andere Profisportart, wie Boxen, Basketball, Eishockey oder Golf, sei von der Anwendung der Antitrust-Gesetze befreit[514]. Jede Widersprüchlichkeit oder fehlende Logik dieser Ausnahme sei durch den Kongreß und nicht durch den Supreme Court zu beheben[515]. Unter Hinweis auf seine Urteilsbegründung in *Toolson*[516] führte Justice Blackmun weiter aus, daß das Gericht an seiner bisherigen Rechtsprechung festhalten werde, da der Kongreß durch sein Schweigen und seine Untätigkeit (trotz in der Vergangenheit mehrmaliger Möglichkeit zur gesetzgeberischen Klarstellung oder Verwerfung der Ausnahme) eindeutig zeige, die langjährige Baseball-Ausnahme nicht aufheben zu wollen und den Profibaseballsport auch weiterhin vor einer Anwendung des Antitrust-Rechts zu schützen (sogenannte *doctrine of positive inaction*)[517]. Die Entscheidungsgründe schließen mit dem Hinweis auf Aussagen in *Federal Baseball* und *Toolson*, daß Abhilfe in dieser Beziehung nur durch einen gesetzgeberischen Akt des Kongresses, nicht aber durch die Gerichte möglich sei[518].

Auch diese Entscheidung erging nicht einstimmig. Justice Douglas sprach sich dafür aus, die Untätigkeit des Kongresses dürfe den Supreme Court nicht davon abhalten, eigene Fehler zu korrigieren[519]. Aufgrund der veränderten wirtschaftlichen Gegebenheiten im Bereich des Profibaseballsports, der sich zu einem großen finanziellen Geschäft entwickelt habe, und der extensiveren Auslegung des Handelsbegriffs durch das Gericht, würde dieses, falls es die zu prüfende Rechtsfrage jetzt zum ersten Mal klären müßte, entscheiden, daß Baseball unter den Anwendungsbereich der bundesrechtlichen Antitrust-Gesetze falle[520]. Justice Marshall und Justice Brennan votierten ebenfalls abweichend und vertraten die Ansicht, der Supreme Court habe einen Fehler begangen, indem er Baseball durch das Festhalten an *Federal Baseball* und *Toolson* als einzige Profisportart vom Anwendungsbereich des Antitrust-Rechts ausnehme, und müsse diesen

---

512 Flood v. Kuhn, 407 U.S. 258, 282f. (1972).
513 Flood v. Kuhn, 407 U.S. 258, 282 (1972).
514 Flood v. Kuhn, 407 U.S. 258, 283 (1972).
515 Flood v. Kuhn, 407 U.S. 258, 282f. (1972).
516 Toolson v. New York Yankees, Inc. 346 U.S. 356, 357 (1953).
517 Flood v. Kuhn, 407 U.S. 258, 281f., 284 (1972). Das Gericht wies darauf hin, daß seit *Toolson* mehr als 50 Gesetzesvorlagen in den Kongreß eingebracht worden waren, ohne zu einer gesetzlichen Beschränkung der Befreiung geführt zu haben. Siehe auch Ziffer A.X.4(c)(ii) unten.
518 Flood v. Kuhn, 407 U.S. 258, 285 (1972).
519 Flood v. Kuhn, 407 U.S. 258, 289 (1972).
520 Flood v. Kuhn, 407 U.S. 258, 288 (1972).

Fehler nun selbst durch Aufhebung dieser beiden Entscheidungen korrigieren. Baseball sollte von nun an so lange von den Regelungen des Antitrust-Rechts erfaßt werden, bis der Kongreß anders entscheide[521].

(iv) Zusammenfassung

Die Baseball-Trilogie des Supreme Court macht deutlich, daß professionell betriebener Baseballsport als einzige Profisportart vom Kartellverbot freigestellt ist, obwohl das oberste Gericht nunmehr seit *Flood* selbst davon ausgeht, daß auch Baseball die Tatbestandsvoraussetzung des staatsübergreifenden Handels (*interstate commerce*) der §§ 1 und 2 Sherman Act erfüllt. Trotz des Bewußtseins des Supreme Court und des Anerkennens, daß die Baseball-Freistellung eine Anomalie darstellt und unlogisch und inkonsequent ist, hält er an dieser Ausnahmestellung des Profibaseballgeschäfts fest. Das Gericht verweist wiederholt auf die alleinige Kompetenz des Gesetzgebers zur Änderung dieses Zustandes. Der Kongreß hat trotz Kenntnis der kartellrechtlichen Ausnahmestellung des organisierten Baseballsports bisher kein entsprechendes Gesetz verabschiedet, obwohl er bereits mehrmals Gelegenheit dazu hatte. Die Mehrheit der Supreme Court-Richter vertrat deshalb bislang die Auffassung, daß der Profibaseballsport bis zu einer anderweitigen Entscheidung durch den Kongreß vom Anwendungsbereich des Antitrust-Rechts ausgenommen bleiben muß.

Fraglich ist aber, in welchem Ausmaß Baseball von der Anwendung der Antitrust-Vorschriften freigestellt ist. Ist das gesamte Profibaseballgeschäft ausgenommen oder etwa nur die Regelungen betreffend der Kontrolle von Vereinswechseln der Baseballspieler durch die Vereine (*Reserve Clause*), wie sie den aufgeführten Entscheidungen des Supreme Court zugrunde lagen? Zur Beantwortung der Frage, ob eventuell auch Vereinbarungen über die Veräußerung von Senderechten durch die MLB oder die Profivereine der MLB von der Baseball-Ausnahme erfaßt werden und somit vor einer Anwendung der §§ 1 und 2 Sherman Act geschützt sind, ist zuvor der Geltungsbereich der Ausnahme anhand der nachfolgenden Gerichtsentscheidungen zu untersuchen.

(b) Extensive Auslegung der Baseball-Ausnahme

Charles O. Finley & Co. v. Kuhn[522] (***Finley***) ist der erste Antitrust-Fall, der nach *Flood* vor einem Bundesgericht verhandelt wurde. Charles O. Finley, Eigentümer der Oakland Athletics, wandte sich mit seiner Klage gegen die Weigerung des Baseball Commissioners Bowie Kuhn, die für den Verkauf von drei Oak-

---

521 Flood v. Kuhn, 407 U.S. 258, 291-293 (1972).
522 Charles O. Finley & Co. v. Kuhn, 569 F.2d 527 (7th Cir. 1978).

landspieler gemäß den MLB-Statuten erforderliche Zustimmung zu erteilen. Er argumentierte unter Bezugnahme auf entsprechende Ausführungen von Justice Blackmun in *Flood*, nicht das gesamte Profibaseballgeschäft sei vom Kartellverbot des Sherman Act freigestellt, sondern lediglich das Reserve Clause-System[523]. Der Court of Appeals des 7. Bezirks schloß sich dieser Argumentation jedoch nicht an und entschied, daß der Supreme Court trotz der Erwähnung des Reserve Clause-Systems in *Flood* eindeutig das gesamte Profibaseballgeschäft vom Anwendungsbereich der Antitrust-Regeln befreien wollte[524]. In Fußnote 51 seines Urteils wies das Gericht allerdings darauf hin, daß die Ausnahme nicht en gros für Fälle gelte, die lediglich irgendeinen schwachen Bezug zum Baseballgeschäftsfeld aufweisen.

Die weite Auslegung der Baseball-Ausnahme bestätigte der Court of Appeals des 11. Bezirks in seiner Entscheidung in *Professional Baseball Schools & Clubs v. Kuhn* als er darauf hinwies, daß die Freistellung des Baseballgeschäfts von der Anwendung der Antitrust-Gesetze etabliert sei[525].

(c) Restriktive Auslegung der Baseball-Ausnahme

Einige Bundesgerichte lehnen eine Blankofreistellung des Profibaseballsports ab.

(i) Henderson Broadcasting Corp. v. Houston Sports Association, Inc.

Der Southern District Court in Texas hatte in *Henderson Broadcasting Corp. v. Houston Sports Association, Inc.*[526] (***Henderson***) die Frage zu entscheiden, ob die Baseball-Ausnahme auch Vereinbarungen eines MLB-Clubeigentümers mit einem Radiosender über die Radioberichterstattung über Baseballspiele dieses Clubs erfaßt. Henderson Broadcasting Corporation betrieb den Radiosender KYST-AM und war aufgrund eines Vertrages mit der Houston Sports Association, Inc. (**HSA**) berechtigt, die Baseballspiele der Houston Astros, deren Eigentümer HSA war, im Radio zu übertragen. KYST-AM warf HSA vor, mit dem konkurrierenden Radiosender KENR einen zweiten Senderechtevertrag abgeschlossen zu haben, um in konspirativer Weise mit diesem Sender Werbeeinnahmen und Zuhörer untereinander aufzuteilen und dadurch den Radiomarkt horizontal zu beschränken.

---

523 Charles O. Finley & Co. v. Kuhn, 569 F.2d 527, 540 (7th Cir. 1978).
524 Charles O. Finley & Co. v. Kuhn, 569 F.2d 527, 541 (7th Cir. 1978).
525 Professional Baseball Schools & Club v. Kuhn, 693 F.2d 1085, 1086 (11th Cir. 1982).
526 Henderson Broadcasting Corp. v. Houston Sports Association, Inc., 541 F. Supp. 263 (S.D. Tex. 1982).

Das Gericht entschied, daß die restriktiven Vereinbarungen über Radiosenderechte nicht vor der Anwendung des Antitrust-Rechts geschützt sind[527]. Die drei Entscheidungen des Supreme Court implizieren, daß die Befreiung nur für solche Aspekte gilt, die - wie die Ligen, Clubs und Spieler selbst - ein wesentlicher Teil des Baseballsports sind und nicht nur nebensächliche Tätigkeiten darstellen, die lediglich den wirtschaftlichen Erfolg dieser wesentlichen Teile vergrößern[528]. Radioübertragungen von Baseballspielen seien nicht eng genug mit den einzigartigen Wesensmerkmalen und Bedürfnissen des Profibaseballsports verbunden, um sich auf sie auszuwirken. Sie seien kein solch wesentlicher Teil des Sports wie die Spieler, die Schiedsrichter oder das Reserve Clause-System. Desweiteren verhindert die Gesetzgebungstätigkeit des Kongresses das Erstrekken der Ausnahme auf Radioübertragungen[529]. Der Sports Broadcasting Act erfasse ausdrücklich auch die MLB und behandele Profibaseball im Hinblick auf die zentrale Vermarktung von Fernsehrechten gleich wie die anderen drei dort erwähnten Profisportarten. Die Vermarktung von Radiosenderechten an Baseballspielen wird aber nicht durch das Gesetz gedeckt und sollte folglich nach dem Willen des Kongresses auch nicht vor der Anwendung der Antitrust-Gesetze geschützt sein[530]. Überdies lehnten niedrigere Gerichtsinstanzen die Anwendung der Baseball-Ausnahme in Fällen ab, die, wie hier der Rundfunk, zwar einen Bezug zu Baseball haben, aber unabhängige und davon zu unterscheidende Branchen darstellen[531]. Indem ein Vertrag über die Berichterstattung über Baseballspiele wettbewerbsrechtlich anders beurteilt wird als ein Vertrag über die Berichterstattung von anderen Sportereignissen, würde die spezielle Baseball-Ausnahme in einen Schutzschirm verwandelt, der andere Vereinbarungen und Märkte außerhalb des Baseballsports miterfasse. Hierdurch würde dem Radiosender erlaubt, diesen Schirm als Schutz gegen wirksam erlassene Gesetze des Kongresses zu nutzen. Durch die Verbindung mit einem nicht vom Kartellverbot freigestellten Radiosender verliert auch der hiervon befreite Baseballverein seinen Schutz[532].

---

527 Henderson Broadcasting Corp. v. Houston Sports Association, Inc., 541 F. Supp. 263, 265 (S.D. Tex. 1982).

528 Henderson Broadcasting Corp. v. Houston Sports Association, Inc., 541 F. Supp. 263, 265f. (S.D. Tex. 1982).

529 Henderson Broadcasting Corp. v. Houston Sports Association, Inc., 541 F. Supp. 263, 269f. (S.D. Tex. 1982).

530 Henderson Broadcasting Corp. v. Houston Sports Association, Inc., 541 F. Supp. 263, 269f. (S.D. Tex. 1982).

531 Henderson Broadcasting Corp. v. Houston Sports Association, Inc., 541 F. Supp. 263, 271 (S.D. Tex. 1982).

532 Henderson Broadcasting Corp. v. Houston Sports Association, Inc., 541 F. Supp. 263, 271 (S.D. Tex. 1982).

Der Southern District Court lehnte folglich die Anwendung der Baseball-Ausnahme auf Vereinbarungen über Radioübertragungen von Baseballspielen ab, da diese kein wesentlicher Teil des Baseballsports seien und sie deshalb nicht den besonderen Schutz der eigens für diese Sportart entwickelten Ausnahme genießen könnten.

(ii) Piazza v. Major League Baseball

In *Piazza v. Major League Baseball*[533] (***Piazza***) lehnte es der District Court gleichfalls ab, die Baseball-Ausnahme auf das gesamte Profibaseballgeschäft auszudehnen. Nachdem die MLB das Angebot von Vincent Piazza und Vincent Tirendi abgelehnt hatte, die San Francisco Giants zu kaufen und sie nach Tampa Bay, Florida, umzusiedeln, erhoben Piazza und Tirendi Klage gegen die MLB. Sie warfen ihr u.a. vor, den Markt für MLB-Clubs monopolisiert zu haben und direkte und indirekte Beschränkungen für den Kauf, Verkauf und die Verlagerung von MLB-Vereinen sowie den diesbezüglichen Wettbewerb erlassen zu haben, die den zwischenstaatlichen Handel beeinträchtigen[534]. Der District Court hielt die in *Federal Baseball* entwickelte Freistellung für nicht anwendbar, da die fragliche wettbewerbsbeschränkende Handlung im vorliegen Fall den Verkauf von Eigentumsrechten an einem Baseballclub betraf und nicht, wie in *Federal Baseball*, die Veranstaltung von Baseballspielen[535]. Die *Flood*-Entscheidung habe jeden Präzendenzcharakter von *Federal Baseball* und *Toolson* aufgehoben, weil der Supreme Court die Baseball-Ausnahme auf das Reserve Clause-System beschränkte[536]. Da das Verhalten der MLB in *Piazza* nicht das Reserve Clause-System betraf und Profibaseball seit *Flood* zweifellos als zwischenstaatlicher Handel beurteilt werde, seien die Antitrust-Regelungen hier anwendbar.

(iii) Postema v. National League of Professional Baseball Clubs und Butterworth v. National League of Professional Baseball Clubs

Auch das in *Postema v. National League of Professional Baseball Clubs*[537] zuständige Bundesgericht legte die Baseball-Ausnahme eng aus. Die Ausnahme gewähre dem Baseballsport keine Blankoausnahme für wettbewerbshemmendes Verhalten in jedem Zusammenhang mit seiner Tätigkeit, sondern befreie ledig-

---

533 Piazza v. Major League Baseball, 831 F. Supp. 420 (E.D. Pa. 1993).
534 Piazza v. Major League Baseball, 831 F. Supp. 420, 429 (E.D. Pa. 1993).
535 Piazza v. Major League Baseball, 831 F. Supp. 420, 421, 440 (E.D. Pa. 1993).
536 Piazza v. Major League Baseball, 831 F. Supp. 420, 436 (E.D. Pa. 1993).
537 Postema v. National League of Professional Baseball Clubs, 799 F. Supp. 1457 (S.D.N.Y. 1992), aus anderen Gründen aufgehoben, 998 F.2d 60, 62 (2d Cir. 1993).

lich die Ligastruktur und das Reserve Clause-System vom Anwendungsbereich des Antitrust-Rechts[538].

In *Butterworth v. National League of Professional Baseball Clubs*[539] (***Butterworth***) hatte der Florida Supreme Court die Frage zu entscheiden, ob die Freistellung vom Kartellverbot für alle Entscheidungen der MLB über den Verkauf und die Verlagerung von Baseballclubs sowohl unter den bundesrechtlichen als auch den landesrechtlichen Antitrust-Vorschriften gilt. Das Gericht entschied, daß obwohl *Piazza* die bisher einzige Entscheidung eines Bundesgerichts war, die die Basball-Ausnahme eng ausgelegt hatte, sei dies mit der Urteilsbegründung des Supreme Court in *Flood* in Einklang zu bringen. Denn der District Court habe sich in *Piazza* umfassender mit dem *Flood*-Urteil und seinen Auswirkungen beschäftigt als es jedes andere Gericht zuvor getan hatte. Der Florida Supreme Court war der Ansicht, es widerspreche der rechtlichen Logik und dem gesunden Menschenverstand, wenn Baseball eine solch breite, durch die Rechtsprechung geschaffene Antitrust-Freistellung genieße, während alle anderen Profisportarten dies nicht könnten[540]. Er schlug deshalb vor, der Supreme Court solle erneut untersuchen, ob die richterrechtlich entwickelte Baseball-Ausnahme weiterhin wirksam sei und, falls ja, ob sie, wie in *Piazza*, eng auszulegen wäre oder weit, wie in *Finley*[541].

(d) Bestätigung der weiten Auslegung der Baseball-Ausnahme

Die Bereitschaft einiger Gerichte, die Befreiung des Baseballsports von der Anwendung des Antitrust-Rechts einzuengen, setzte sich in der Rechtsprechung nicht als Regel durch[542]. In *McCoy v. Major League Baseball*[543] (**McCoy**) erstreckte der District Court die Freistellung auf das gesamte Profibaseballgeschäft (*business of baseball*). Solange der Kongreß die Freistellung nicht ändere,

---

538 Postema v. National League of Professional Baseball Clubs, 799 F. Supp. 1457, 1489 (S.D.N.Y. 1992).

539 Butterworth v. National League of Professional Baseball Clubs, 644 So. 2d 1021 (Fla. 1994).

540 Butterworth v. National League of Professional Baseball Clubs, 644 So. 2d 1021, 1026 (Fla. 1994).

541 Butterworth v. National League of Professional Baseball Clubs, 644 So. 2d 1021, 1026 (Fla. 1994).

542 Wolohan, 10 Villanova Sports & Ent. L.J. 5, 17; Calabrese, 36 Harv. J. on Legis. 531, 536f.

543 McCoy v. Major League Baseball, 911 F. Supp. 454 (W.D. Wash. 1995).

was er trotz mehrmaliger Möglichkeit bisher nicht getan habe, erfasse sie das gesamte Baseballgeschäft[544].

In *Major League Baseball v. Butterworth*[545] (***Major League Baseball***) entschied der District Court, daß die Reduzierung der Zahl der MLB-Clubs von 30 auf 28 durch einen gemeinsamen Mehrheitsbeschluß der Vereine nicht gegen das Antitrust-Recht verstößt, da dieser Beschluß von der Baseball-Ausnahme des Supreme Court gedeckt sei. Die durch den Supreme Court dem Baseballsport gewährte Freistellung vom Kartellverbot erstreckt sich nach Auffassung des Gerichts auf das gesamte Profibaseballgeschäft (*business of baseball*) und nicht nur auf das Reserve Clause-System. Diese Einschätzung stützte er auf die bindenden Entscheidungsgründe des *Flood*-Urteils, die das gesamte Profibaseballgeschäft unzweideutig aus dem Anwendungsbereich dieses Rechtsgebiets ausnehme[546]. Da der Aufbau der Liga und die Zahl der in ihr zusammengeschlossenen Vereine Teil des Profibaseballgeschäfts seien, würden auch sie samt aller damit verbundenen Handlungen der Baseballvereine von der Baseball-Ausnahme erfaßt[547].

Der Court of Appeals des nördlichen Gerichtsbezirks in Florida bestätigte in *Major League Baseball v. Christ*[548] (**Christ**) die weite Auslegung der Baseball-Ausnahme und die dafür angeführte Begründung des District Court in *Major League Baseball*. Es sah die Möglichkeit der MLB-Clubs, gemeinsam die Zahl der Vereine durch einen Mehrheitsbeschluß zu reduzieren, als ein grundlegendes und wesentliches Element zur Veranstaltung von Profibaseballspielen an, die deshalb Teil des geschützten Profibaseballgeschäfts sei.

3. Der Curt Flood Act und seine Auswirkungen auf die Baseball-Ausnahme

(a) Einführung und Überblick über § 26 b. Clayton Act

Trotz der unterschiedlichen Einschätzung des Anwendungsbereichs der Baseball-Ausnahme stimmen die vorgenannten Entscheidungen alle darin überein, daß der Gesetzgeber handeln sollte, um die Unklarheiten auf diesem Gebiet zu klären. Nach gemeinsamer Lobbyarbeit der MLB und der Major League Baseball Players Association (**MLBPA**) erließ der Kongreß 1998 den Curt Flood

---

544 McCoy v. Major League Baseball, 911 F. Supp. 454, 458 (W.D. Wash. 1995).
545 Major League Baseball v. Butterworth, 181 F. Supp. 1316 (N.D. Fla. 2001).
546 Major League Baseball v. Butterworth, 181 F. Supp. 1316, 1331 (N.D. Fla. 2001).
547 Major League Baseball v. Butterworth, 181 F. Supp. 1316, 1332 (N.D. Fla. 2001).
548 Major League Baseball v. Christ, 331 F.3d 1177 (11th Cir. 2003).

Act[549]. Der Curt Flood Act ändert den Clayton Act[550] durch Hinzufügung der neuen Regelung § 26 b. ab.

Sinn und Zweck des Gesetzes ist es, den MLB-Spielern den gleichen Schutz nach dem Antitrust-Recht zu gewähren, wie er anderen Profisportlern durch diese Vorschriften eingeräumt wird[551]. Es findet gemäß § 26 b. (a) Clayton Act jedoch nur Anwendung auf Handlungen oder Vereinbarungen der MLB, die sich auf die arbeitsrechtliche Anstellung der MLB-Spieler auswirken. Der genaue Gesetzestext lautet:

"*Subject to subsections (b) through (d) of this section, the conduct, acts, practices, or agreements of persons in the business of organized professional major league baseball directly relating to or affecting employment of major league baseball players to play baseball at the major league level are subject to the antitrust laws to the same extent such conduct, acts, practices, or agreements would be subject to the antitrust laws if engaged in by persons in any other professional sports business affecting interstate commerce.*"

Der Gesetzestext weist allgemein darauf hin, daß die Gerichte diese Vorschrift nicht zum Anlaß nehmen sollen, die Anwendung der Antitrust-Gesetze in einer anderen als der in § 26 b. (a) Clayton Act vorgesehenen Weise zu ändern. Auch die Gesetzgebungsbegründung macht deutlich, daß das Gesetz, mit Ausnahme des Bereichs, der das Anstellungsverhältnis zwischen MLB-Spielern und Vereinseigentümern betrifft, absolut neutral ist hinsichtlich der Anwendbarkeit der Antitrust-Gesetze[552]. Das Judiciary Committee hielt in diesem Zusammenhang fest, daß wie auch immer die Rechtslage vor Verabschiedung dieses Gesetzes außerhalb des Bereichs des Anstellungsverhältnisses von Baseballspielern war, sie auch nach Inkrafttreten des Gesetzes weiterhin unverändert bleibt[553].

§ 26 b. (b) Clayton Act führt, nicht abschließend, sechs Bereiche auf, in denen das Gesetz keine Anwendung findet. In den Unterabschnitten (1) und (2) nimmt er die Baseball Minor Leagues, ihre Clubs und Spieler sowie in Unterabschnitt (3) alle Handlungen in Bezug auf eine Ligavergrößerung durch Aufnahme neuer

---

549 15 U.S.C. § 26 b. (2004).

550 15 U.S.C. §§ 12ff. (2004). Der Clayton Act änderte mit seiner Verkündung im Jahre 1914 den Sherman Antitrust Act, 15 U.S.C. §§ 1-7, indem er Privatpersonen eine Klagebefugnis zur Durchsetzung von Ansprüchen nach dem Antitrust-Recht und von Strafschadenszahlungen in dreifacher Höhe (*treble damages*) einräumte (vgl. 15 U.S.C. § 15(a)).

551 15 U.S.C. § 26 b.(a) (2004).

552 144 Cong. Record S 9494-9498.

553 144 Cong. Record S 9494-9498.

Profibaseballclubs, die örtliche Verlagerung von Vereinen und alle Angelegenheiten betreffend Eigentumsrechten an den Baseballclubs (*franchise ownership issues*) vom Anwendungsbereich des Curt Flood Act aus. Damit gewährt die Reglung dem Baseballsport auf diesen Gebieten weiterhin Immunität vor der Anwendung der Antitrust-Gesetze. § 26b. (b)(4) Clayton Act nennt ausdrücklich den Sports Broadcasting Act und entzieht alle durch dieses Gesetz geschützten Vereinbarungen, Handlungen und Aktivitäten der im Baseballgeschäft involvierten Personen der Anwendung des Curt Flood Act. Die zentrale Vermarktung der Senderechte der einzelnen Clubs durch die MLB bleibt also weiterhin explizit von der Anwendung des Antitrust-Rechts ausgeschlossen.

§ 26 b. (d)(5) Clayton Act bestimmt abschließend, daß der Rahmen aller Handlungen, Vereinbarungen und Verhaltensweisen, die von § 26 b. (b) Clayton Act erfaßt werden, weder strikt noch eng auszulegen ist. Der Curt Flood Act selbst hat deshalb einen engen Wirkungskreis[554].

(b) Auswirkungen des Curt Flood Act auf die Baseball-Ausnahme

(i) Keine Blankofreistellung mehr für den Profibaseballsport

Der Kongreß versäumte es bei Erlaß des Curt Flood Act trotz der Titulierung des § 26 b. Clayton Act mit der Formulierung "*Application of antitrust laws to professional major league baseball*", das Verhältnis von Profibaseball und Antitrust-Recht eindeutig zu definieren. Fest steht, daß die vollständige Freistellung vom Kartellverbot, die der Profibaseballsport durch *Federal Baseball*, *Toolson* und *Flood* bei extensiver Auslegung erfahren hat, seit Inkrafttreten des Curt Flood Act nicht mehr gilt. Das Gesetz schränkt die Ausnahmestellung des Profibaseballgeschäfts dahingehend ein, daß alle Handlungen einer in diesem Geschäftsbereich tätigen Person nunmehr den Regelungen der Antitrust-Gesetze unterfällt, sofern diese Handlungen unmittelbar das Anstellungsverhältnis von Major League Baseball-Spielern betreffen. Der Curt Flood Act modifiziert also die Befreiung des Profibaseballsports von der Anwendung des Antitrust-Rechts, indem er die Nichtanwendbarkeit im arbeitsrechtlichen Bereich des Anstellungsverhältnisses von MLB-Spielern aufhebt[555].

---

[554] Champion, Fundamentals of Sports Law, S. 491.

[555] Jacobi, 14 Loy. Consumer L. Rev. 363, 368; Wolohan, 9 Marq. Sports L.J. 347, 348; Abbott, 8 Sports Law J. 1, 2; Day, 12 Fordham Intell. Prop. Media & Ent. L.J. 521, 544; Champion, Fundamentals of Sports Law, S. 491, 495; Criswell, 19 N. Ill. U.L. Rev. 545, 552f.

(ii) Stärkung der Baseball-Ausnahme durch den Curt Flood Act

Gleichzeitig wird aber auch argumentiert, daß der Kongreß durch den Erlaß des Curt Flood Act gesetzgeberisch tätig geworden ist und gehandelt hat[556]. Der Gesetzgeber brach damit - wie von Rechtsprechung und Literatur[557] häufig gefordert - sein jahrelanges, bewußtes Schweigen und seine Untätigkeit hinsichtlich der durch den Supreme Court geschaffenen, wettbewerbsrechtlichen Ausnahmestellung des Profibaseballs. Sowohl der Wortlaut des § 26 b. (a) Clayton Act als auch die entsprechende Gesetzgebungsbegründung machen darüber hinaus deutlich, daß der Kongreß die Blankoausnahme für das organisierte Profibaseballgeschäft aufheben wollte. Beides zeigt aber auch, daß er ausschließlich die MLB-Spieler und die Angelegenheiten, die ihr Anstellungsverhältnis bei den MLB-Clubs betreffen, vom Anwendungsbereich des Antitrust-Rechts erfassen und diesen Spielern dadurch denselben Schutz unter den Antitrust-Gesetzen zugestehen will, wie ihn andere Profisportler bereits genießen. Dafür sprechen im Besonderen die Formulierungen in § 26 b. (b) und (d)(5) Clayton Act. Diese Regelungen untersagen eine für die MLB nachteilige, enge Auslegung. Letzteres verhindert, daß die entsprechenden Handlungen oder Vereinbarungen durch eine restriktive Auslegung eventuell indirekt von § 26 b. (a) Clayton Act erfaßt und dadurch doch den Antitrust-Vorschriften unterworfen werden. Hätte der Gesetzgeber neben dem Anstellungsverhältnis der Profibaseballspieler noch weitere Bereiche in den Anwendungsbereich der Antitrust-Gesetze einbeziehen wollen, hätte er dies bei dieser Gelegenheit getan. Der Kongreß hat sie sogar, teilweise unter besonderer Erwähnung bestimmter Handlungen und Vereinbarungen, ausdrücklich davon ausgenommen. Mithin werden alle diese nicht von dem Gesetz erfaßten Handlungen bewußt dem Geltungsbereich des Antitrust-Rechts vollständig entzogen, so daß sie weiterhin von der Baseball-Ausnahme erfaßt werden.

Im Ergebnis folgt hieraus, daß die in *Piazza*, *Postema*, *Butterworth* und *Henderson* erfolgte Unterwerfung der betreffenden Handlungen und Vereinbarungen unter die Antitrust-Gesetze sowie die darin erfolgte Beschränkung der Baseball-Ausnahme lediglich auf das Reserve Clause-System durch den Erlaß des Curt Flood Act hinfällig geworden sind. Durch sein gesetzgeberisches Tätigwerden und die ausdrückliche Limitierung des Wirkungskreises des Curt Flood Act auf das Anstellungsverhältnis der MLB-Spieler verdeutlicht der Kongreß, daß die Befreiung des Profibaseballsports in allen anderen, nicht vom Curt Flood Act

---

556 Wolohan, 9 Marq. Sports L.J. 347, 377.

557 Jacobi, 14 Loy. Consumer L. Rev. 363, 370; Ross, 73 Minn. L. Rev. 643, 753; Ross, 12 U. Miami Ent. & Sports L. Rev. 169; Rivello, 47 Drake L.J. 177, 185; Rosenbaum, 41 U. Miami L. Rev. 729, 769.

erfaßten Bereiche, in derjenigen Art und Weise fortgelten soll, wie sie sich durch die drei eingangs erläuterten Supreme Court-Entscheidungen heraus gebildet hat. Das Gesetz führte lediglich zu einer teilweisen Aufhebung der richterlich geschaffenen Ausnahme[558]. Die Verabschiedung des Curt Flood Act schwächte die Baseball-Ausnahme nicht etwa, sondern stärkte sie vielmehr[559]. Diese Einschätzung beruht auf der klarstellenden Wirkung, die der Kongreß durch seine Gesetzgebungstätigkeit und die Formulierung des Gesetzestextes geschaffen hat. Alle Handlungen und Vereinbarungen im professionellen Baseballsport, die nicht unmittelbar das Anstellungsverhältnis der MLB-Spieler beeinträchtigen, sind folglich weiterhin von einer Anwendung des Antitrust-Rechts befreit.

Ob dies auch für den Bereich der Vermarktung von Senderechten an Baseballspielen gilt, wird nachfolgend untersucht. Zu prüfen ist dabei, ob die Baseball-Ausnahme auch Vereinbarungen der Baseballclubs oder der MLB vom Anwendungsbereich des Kartellverbots freistellt, die diese mit außenstehenden Dritten, wie Fernsehgesellschaften, treffen.

4. Zur Frage, ob die Baseball-Ausnahme auch Vereinbarungen über die Vermarktung von Senderechten erfaßt

(a) Argumente gegen das Erstrecken der Baseball-Ausnahme auf Senderechtsverträge

In der Literatur wird teilweise die Ansicht vertreten, der District Court in *Henderson* habe korrekt entschieden als er die Entscheidungsgründe des *Flood*-Urteils, die sich auf MLB-interne Verhaltensregelungen der Baseballclubeigentümer beziehen, nicht auf wettbewerbsbeschränkende Senderechtsvereinbarungen zwischen einem Baseballclub und einem nicht in der MLB organisierten Dritten erstreckte und diese damit dem Anwendungsbereich der Antitrust-Gesetze unterwarf[560]. Dies wird wie folgt begründet.

---

558 Champion, Fundamentals of Sports Law, S. 491; Calabrese, 36 Harv. J. on Legis. 531; Criswell, 19 N. Ill. U. L. Rev. 545, 552; McCarthy, 7 Vand. J. Ent. L. & Prac. 555, 557, 561.

559 Wolohan, 10 Villanova Sports & Ent. L.J. 5, 26; Wolohan, 9 Marq. Sports L.J. 347, 377; Wong, Essentials of Sports Law, S. 472; Major League Baseball v. Butterworth, 181 F. Supp. 1316, 1331.

560 Ross, 39 Emory L.J. 463, 471-473; Rivello, 47 Drake L.J. 177, 184; Wise & Meyer, International Sports Law, Bd. 3, S. 1758; Weihs, Zentrale Vermarktung von Sportübertragungsrechten, S. 335 Fn. 88.

Der Kongreß habe in diesem Bereich mit dem Sports Broadcasting Act gesetzgeberisch gehandelt und eine Grundsatzentscheidung dahingehend getroffen, daß lediglich die zentrale Vermarktung von Senderechten an kostenlos zu empfangende Fernsehsender vom Anwendungsbereich der Antitrust-Gesetze befreit sei. Da die MLB in den Schutzbereich dieses Gesetzes falle, sei die Baseball-Ausnahme nicht auch auf Verträge mit kostenpflichtigen Kabelsendern zu erstrecken. Auch führe die Anwendung des Antitrust-Rechts auf Verträge der MLB mit Kabelsendern nicht zwangsläufig dazu, daß das Fortbestehen oder die Weiterentwicklung der MLB hierdurch gefährdet würde. Ferner resultiere die Anwendung der Antitrust-Gesetze nicht in besonderen rückwirkenden Problemen der Liga, wie Justice Blackmun in *Flood* befürchtete. Mögliche Schadensersatzzahlungsflichten der MLB seien dabei wegen der überschaubaren Zahl der abgeschlossenen Verträge in ihrer Höhe begrenzt. Da sich *Flood* speziell auf das Reserve Clause-System beziehe, der Supreme Court das Antitrust-Recht heute im Lichte seiner *NCAA*-Entscheidung flexibel anwende und er bei seiner Entscheidungsfindung auch wettbewerbsfördernde Aspekte einer restriktiven Maßnahme berücksichtige, könne die in *Flood* angeführte Urteilsbegründung im Rahmen von Vereinbarungen über Fernsehrechte nicht zu Gunsten des Profibaseballsports herangezogen werden[561].

Schließlich berge die Anwendung der Baseball-Ausnahme die Gefahr einer unkontrollierten Ausdehnung der Monopolmacht der MLB und ihrer Clubs auf solche Unternehmen und Wirtschaftsmärkte, die für sich genommen keinen besonderen Bezug zum Baseballsport haben. Einer solchen Ausdehnung kam insbesondere das Gericht in *Henderson* mit der Begründung zuvor, daß die durch die Baseball-Ausnahme geschützte Partei damit die speziell für Profibaseball geltende Ausnahme verzerren und in einen Schutzschirm verwandeln würde, der es ihr erlaubten würde, Handlungen und Wirtschaftsmärkte mit einzubeziehen, die vollkommen unabhängig vom Profibaseballsport seien[562]. Vor allem durch gesellschaftsrechtliche Verbindungen der MLB-Clubs mit Fernsehgesellschaften in Form von Gemeinschaftsunternehmen oder durch Unternehmenszusammenschlüsse könnten die Clubs ihre dominante Marktstellung im Baseballunterhaltungssektor auf den Fernsehunterhaltungsmarkt ausdehnen und so bei extensiver Anwendung der Baseball-Ausnahme auch ihren Schutz vor gerichtlicher Überprüfung der Senderechtsvereinbarungen zu ihren Gunsten anführen.

---

561 Ross, 52 Case W. Res L. Rev. 133, 160.

562 Henderson Broadcasting Corp. v. Houston Sports Association, Inc., 541 F. Supp. 263, 271 (S.D. Tex. 1982); Twin City Sport Service, Inc. v. Charles O. Finley & Co., 365 F. Supp. 235 (N.D. Cal. 1972), aufgehoben aus anderen Gründen, 512 F.2d 1264 (9th Cir. 1975); Fleer v. Topps Chewing Gum & Major League Baseball Players Association, 658 F.2d 139 (3d Cir. 1981). Siehe hierzu auch Ziffer A.X.2(c)(i) oben.

(b) Die Baseball-Ausnahme erfaßt Vereinbarungen über die Vermarktung von Senderechten

Entgegen der vorgenannten Auffassung von u.a. Ross und Weihs ist davon auszugehen, daß die richterrechtlich entwickelte Befreiung des Profibaseballsports von der Anwendung des Antitrust-Rechts auch Vereinbarungen über Senderechte an Baseballspielen einschließt. Diese Ansicht resultiert aus der Analyse der drei Supreme Court-Entscheidungen *Federal Baseball*, *Toolson* und *Flood* und der unter Ziffer A.X.2(b) und (d) oben angeführten Rechtsprechung der Bundesgerichte sowie der Gesetzgebungstätigkeit des Kongresses.

(i) Extensive Auslegung durch die herrschende Meinung in der Rechtsprechung

Der Supreme Court bezieht sich bei seinen Ausführungen über den Geltungsbereich der Baseball-Ausnahme in den entscheidenden Passagen der jeweiligen Entscheidungsgründe auf die Formulierungen "Profibaseball", "Baseball" und "Baseballgeschäft"[563]. Er beschränkt den Wirkungsbereich der Ausnahme dadurch nicht nur auf das seinen beiden letzten Baseballurteilen unmittelbar als Streitgegenstand zugrunde liegende Reserve Clause-System, sondern erstreckt ihn ausdrücklich auch auf das gesamte mit dem Profibaseballsport zusammenhängende Geschäftsgebaren der Profibaseballorganisationen. Bemerkenswert ist, daß der Supreme Court *Toolson* gemeinsam mit zwei weiteren Fällen[564] zu entscheiden hatte, die keinen Bezug zum Reserve Clause hatten, sondern andere Aspekte der Ligastruktur betrafen. Die tragenden Entscheidungsgründe umfaßten jedoch alle drei Fälle, was die Annahme nahe legt, daß das Gericht die Freistellung des Baseballsports nicht nur auf das Reserve Clause-System beschränken wollte[565]. Diese weite Auslegung der Ausnahme findet sich in der Mehrzahl der zum Major League Baseball ergangenen bundesgerichtlichen Urteile, wie *McCoy*, *Major League Baseball* und *Christ*. Die Gerichte untersuchen dabei, ob

---

563 Flood v. Kuhn, 407 U.S. 258, 283f. (1972):"*Professional baseball is a business and it is engaged in interstate commerce. ...Baseball is an exception and anomaly. ...It rests on a recognition and an acceptance of baseball's unique characteristics and needs.*"; Toolson v. New York Yankees, 346 U.S. 356, 357 (1953): "*The business has been left for 30 years to develop on the understanding that it was not subject to existing antitrust legislation. ...Congress had no intention of including the business of baseball within the scope of the federal antitrust laws.*"; Federal Baseball Club of Baltimore, Inc. v. National League of Professional Baseball Clubs, 259 U.S. 200, 209 (1922): "*The business is giving exhibitions of baseball, which are purely state affairs.*".

564 Kowalski v. Chandler, 202 F.2d 413 (6th Cir. 1953); Corbett v. Chandler, 202 F.2d 428 (6th Cir. 1953).

565 Smith, 67 U. Colo. L. Rev. 113, 119 (Fn. 43).

die wettbewerbsbeschränkende Handlung oder Vereinbarung einen wesentlichen Teil des Baseballsports oder -geschäfts darstellt.

(ii) Enger Sachzusammenhang zwischen Senderechtevermarktung und Profibaseball

Die zentrale Senderechtevermarktung durch die MLB ist durch den Sports Broadcasting Act geschützt. Lokal generierte Einnahmen (größtenteils resultierend aus der Vermarktung lokaler Senderechte, der Vermietung von Luxussuiten im Stadion, Eintrittskartenverkäufen, Stadionkonzessionen und Werbelizenzen) stellen für die Baseballvereine die wichtigste Einnahmequelle dar[566]. Anders als in den übrigen Major Leagues vermarkten die einzelnen Baseballvereine die meisten Fernsehrechte individuell in ihren lokalen Fernsehmärkten. Dies führt aufgrund der unterschiedlichen Einzugsgebiete der MLB-Clubs naturgemäß zu großen Einnahmeunterschieden. Die negativen wirtschaftlichen Effekte für die Vereine in schwächeren Märkten werden durch ein 1996 eingeführtes differenziertes Modell der Verteilung lokaler Einnahmen ausgeglichen[567]. Danach zahlt jeder Verein zunächst 20% seiner lokalen Einnahmen in einen gemeinsamen Pool, woraufhin 75% dieses Pools wieder gleichmäßig unter allen Vereinen ausbezahlt werden und die restlichen 25% in abnehmender Höhe ausschließlich an diejenigen Vereine ausgeschüttet werden, die unterdurchschnittliche lokale Einnahmen erzielt haben. Die finanzschwachen Montreal Expos erzielten 2001 durch den aus diesem Pool pro Verein bezahlten Betrag in Höhe von ca. US$ 28,50 Millionen und den anteiligen Erlös aus den beiden aktuellen nationalen Senderechteverträgen der MLB mit FOX und ESPN in Höhe von ca. US$ 24,50 Millionen Gesamteinnahmen in Höhe von ca. US$ 53 Millionen, die hauptsächlich aus der Fernsehrechtevermarktung stammten[568]. Die New York Yankees hingegen erzielten alleine durch die Vermarktung ihrer lokalen Senderechte US$ 57 Millionen. Diesen Einnahmen stehen allerdings Ausgaben für Spielergehälter in Millionenhöhe gegenüber. In 1999 bezahlte dasjenige Viertel der Vereine, welche damals die höchsten Einnahmen erzielt hatten, insgesamt US$ 71,86 Millionen Gehalt an ihre Spieler aus[569].

Diese Zahlen machen deutlich, daß Senderechtevermarktungsvereinbarungen der MLB-Clubs heutzutage einen wesentlichen Teil des Baseballsports ausma-

---

566 Day, 12 Fordham Intell. Prop. Media & Ent. L.J. 521, 528 (ca. 79% der Gesamteinnahmen der MLB-Clubs von 1996-1999 stammten aus lokalen Einnahmen); Garrett & Hochberg, Law of Professional and Amateur Sports, § 17.02[1]; Noll, Law of Professional and Amateur Sports, § 17.03[2].

567 Day, 12 Fordham Intell. Prop. Media & Ent. L.J. 521, 529f.

568 Day, 12 Fordham Intell. Prop. Media & Ent. L.J. 521, 530.

569 Day, 12 Fordham Intell. Prop. Media & Ent. L.J. 521, 531.

chen und für die MLB wie für die Baseballvereine unerläßliche Mittel zur Veranstaltung der Baseballspiele sind. Mit Hilfe des Fernsehens erreicht der Profibaseballsport Zuschauer flächendeckend im ganzen Land, wodurch sich die Fanbasis im Vergleich zu der Zeit, als landesweite Fernsehübertragungen noch nicht die Regel waren, deutlich vergrößert hat. Überdies erschließt sich den MLB-Clubs, der MLB, ihren Sponsoren, den Fernsehsendern und den Werbungstreibenden hierdurch eine sehr viel höhere Zahl konsumfreudiger Verbraucher. Die nationalen und lokalen Senderechte lassen sich aufgrund dieser Aspekte zu höheren Preisen an interessierte Fernsehsender veräußern. Und ohne die Einnahmen aus der Senderechtevermarktung könnten die Clubs die Gehälter ihrer Profispieler und Angestellten kaum noch bezahlen[570]. Finanziell motivierte Spielerstreiks, wie 1994 als die Saison vorzeitig abgebrochen werden mußte und es zum ersten Mal seit 90 Jahren keinen Meister in der MLB gab, können gravierende Folgen für die Liga haben und diese in eine Krise stürzen. Fernsehübertragungen von Baseballspielen sind folglich so eng mit den Wesensmerkmalen und Bedürfnissen des Baseballsports verbunden, wie dies zum Beispiel Spieler, Schiedsrichter und Ligastatuten sind oder es das Reserve Clause-System war. Bei konsequenter Anwendung der in der Baseballtrilogie entwickelten Grundsätze fallen Fernsehübertragungen von Baseballspielen und alle damit zusammenhängenden Handlungen und Vereinbarungen der MLB-Vereine als wesentlicher Teil des Baseballgeschäfts (*business of baseball*) in den Geltungsbereich der Baseball-Ausnahme und damit aus dem Anwendungsbereich des Antitrust-Rechts.

(iii) Keine Einschränkung durch aktuelle Gesetzesvorhaben oder verabschiedete Gesetze

Der Erlaß des Curt Flood Act führt zu keiner anderen Beurteilung. Der auf das Anstellungsverhältnis von Profibaseballspielern beschränkte Geltungsbereich dieses Gesetzes sowie das ausdrückliche Gebot des Gesetzgebers in § 26 b. (b) Clayton Act an die Gerichte, die bisherige Anwendung der Antitrust-Gesetze aufgrund des Inkrafttretens des Gesetzes nicht zu ändern, verdeutlichen den Willen des Gesetzgebers, die Supreme Court-Rechtsprechung und den Geltungsbereich der Baseball-Ausnahme nicht zu korrigieren. Der Gesetzestext legt insbesondere durch die Formulierung in § 26.b (b) und (d)(5) Clayton Act sogar eine

---

570 Freilich ist dies strenggenommen kein Argument, die umfassende Baseball-Ausnahme zu unterstützen, da die Baseballvereine sonst durch exorbitante Ausgaben und Gehaltszahlungen den Fortbestand der allein ihrem Nutzen dienenden Baseball-Ausnahme sichern könnten (siehe die kritischen Ausführungen zu dieser Ausnahme unter Ziffer A.X.4(c) unten). Hier wird lediglich auf den tatsächlichen engen Sachzusammenhang zwischen den Fernsehsenderechteverträgen und dem Profibaseballsport hingewiesen.

weite Auslegung der Baseball-Ausnahme nahe. Die Aussage von Heermann, auf die auch Weihs hinweist[571], der Curt Flood Act habe die Freistellung des professionellen Baseballsports vom Kartellrecht zumindest teilweise beendet, bezieht sich lediglich auf das Anstellungsverhältnis von Profibaseballspielern, nicht aber auf die Vermarktung von Baseballfernsehrechten. Der Hinweis ist folglich in diesem Hinblick nicht zielführend.

In diesem Zusammenhang ist ein weiteres Gesetzesvorhaben zu erwähnen, das das Verhältnis zwischen Antitrust-Recht und Profibaseballsport regeln soll. Der Fairness in Antitrust in National Sports Act of 2001[572] (**FANS**) hat zum Ziel, durch eine Änderung des Clayton Act die Anwendbarkeit des Antitrust-Rechts auf gemeinschaftliche Vereinbarungen der MLB-Vereine über den Ligaausschluß einzelner MLB-Vereine oder die örtliche Verlagerung des Sitzes einzelner MLB-Clubs zu eröffnen[573]. Die Gesetzesvorlage gleicht in ihrem Aufbau und ihren Regelungen denen des Curt Flood Act. Allerdings kam es bislang nicht zu einer Verabschiedung dieses Gesetzesvorhabens durch den Kongreß, da die MLB einerseits die geplante Verringerung der Anzahl der MLB-Mitglieder um zwei Vereine zwischenzeitlich wieder aufgegeben und erfolgreich gegen die Verabschiedung der Vorlage Einfluß genommen hat und andererseits der Kongreß mit anderweitigen dringenderen Gesetzesvorhaben befaßt war[574]. Das Gesetzgebungsverfahren ist ein weiteres Indiz dafür, daß der Kongreß von einer umfassenden Freistellung des Profibaseballsports von der Anwendung des Antitrust-Rechts ausgeht.

Die förmliche Befassung der Kongreßmitglieder mit der Vorlage zeigt, daß die Mehrheit unter ihnen nicht der engen, lediglich das Reserve Clause-System betreffenden Auslegung der Baseball-Ausnahme folgt. Denn anderen Falls wäre eine Verabschiedung einer gesetzlichen Regelung hinsichtlich des speziellen Regelungsgehalts dieser Gesetzesvorlage überhaupt nicht erforderlich, da sie klar außerhalb des Wirkungskreises der Ausnahme und innerhalb des Anwendungsbereichs des Sherman Act läge. Ferner zeigt die bisher nicht erfolgte Verabschiedung des Vorhabens, daß dieser Rechtsbereich nach der Intention des Gesetzgebers weiterhin von der durch die Rechtsprechung ausgeformten umfassenden Anwendungsfreiheit des Antitrust-Rechts bestimmt werden soll. Im übrigen regelt FANS lediglich den speziellen Fall der Ligazusammensetzung und

---

571 Heermann, RabelsZ 67, 106, 119; Weihs, Zentrale Vermarktung von Sportübertragungsrechten, S. 335 Fn. 88 a.E.

572 House of Representatives Report No. 3288, 107th Congress (2001).

573 House of Representatives Report No. 3288, 107th Congress (2001).

574 Day, 12 Fordham Intell. Prop. Media & Ent. L.J. 521, 544f.; Wolohan, 10 Villanova Sports & Ent. L.J. 5, 27; H.R. 3288 § 3.

Vereinssitzverlagerung durch Mehrheitsbeschluß der Vereine, nicht aber den Bereich der Senderechtevermarktung von Baseballspielen, so daß selbst eine Verabschiedung des Gesetzes keinerlei Auswirkung auf den Bereich der Senderechtevermarktung hätte.

Auch aus den Regelungen des Sports Broadcasting Act ergibt sich nichts anderes. § 1294 Sports Broadcasting Act stellt ausdrücklich fest, daß die Anwendung bzw. die Nichtanwendung des Antitrust-Rechts auf Handlungen und Vereinbarungen des organisierten Baseballsports durch das Inkrafttreten dieses Gesetzes nicht geändert wird. Der Baseballsport behält danach die durch den Supreme Court und die übrigen Bundesgerichte ausgestaltete Gesetzesbefreiung in allen Bereichen außer denen, die die gebündelte Veräußerung von Senderechten durch die MLB betreffen und die vom Curt Flood Act erfaßt werden[575]. Das Argument, daß der Gesetzgeber durch den Erlaß des Sports Broadcasting Act den Bereich der Fernsehübertragung von Baseballspielen abschließend geregelt habe und damit alle gesetzlich nicht regulierten Bereiche, wie individuelle Senderechtsvereinbarungen von MLB-Vereinen mit Fernsehsendern, dem Antitrust-Recht unterwerfen wollte, wird durch diese Vorschrift entkräftet.

Bleibt einzig das Argument der unzulässigen Ausdehnung der Monopolmacht der einzelnen Profibaseballvereine auf Wirtschaftsmärkte, die nicht unmittelbar mit dem Baseballsport verbunden sind. In der Tat ist es einem Baseballverein dank des umfassenden Schutzes vor der Anwendung des Sherman Act mittels einzelvertraglicher oder gesellschaftsrechtlicher Vereinbarungen mit Fernsehsendern möglich, seine Monopolmacht im Bereich des Profibaseballsports auf den Fernsehmarkt für lokale Baseballspielübertragungen auszudehnen. Ein Baseballclub kann beispielsweise exklusive Senderechtsvereinbarungen mit einem in seinem örtlichen Einzugsgebiet konkurrenzlos operierenden Fernsehsender abschließen und sich im Falle einer gerichtlichen Untersuchung dieser Vereinbarung mit der Behauptung, diese Handlung falle als wesentlicher Teil seines Baseballgeschäfts in den Anwendungsbereich der Baseball-Ausnahme, auf die wettbewerbs- und kartellrechtliche Befreiung seines Verhaltens berufen. Sowohl die Wettbewerber dieses Vereins als auch potentielle Wettbewerber des Fernsehsenders sowie die Zuschauer im Einzugsgebiet des Baseballsclubs können die Zulässigkeit der Exklusivvereinbarung in diesem Falle weder gerichtlich prüfen oder untersagen noch sich Schadensersatz zusprechen lassen. Entsprechende Verhaltensweisen von Vereinen anderer Profiligen unterliegen hingegen der wettbewerbs- und kartellrechtlichen Überprüfung der zuständigen Gerichte. Der Profibaseballsport verfügt damit in diesem Bereich über eine Sonderstellung, die aus objektiven Gesichtspunkten nicht gerechtfertigt ist.

---

575 So auch Weihs, Zentrale Vermarktung von Sportübertragungsrechten, S. 335 Fn. 88.

(c) Kritik an der weiten Auslegung der Baseball-Ausnahme

(i) Argumente für eine enge Auslegung

Die bereits im Zusammenhang mit der Vermarktung von Senderechten durch einzelne Vereine in Ziffer A.VIII. erörterten möglichen wettbewerbsbeschränkenden Auswirkungen einer dominanten Wirtschaftsmacht von Sportvereinen auf andere Wirtschaftsakteure und die Verbraucher läßt eine restriktivere Auslegung der Baseball-Ausnahme aus wettbewerbs- und kartellrechtlicher Sicht als geradezu zwingend erscheinen.

Ein Baseballverein kann, wie schon der District Court in *Henderson* feststellte[576], die durch die Baseball-Ausnahme gewährte umfassende Immunität vor der Anwendung der Antitrust-Gesetze als Schutzschirm benutzen, um Vereinbarungen und Produktmärkte außerhalb des Profibaseballsports mit in den Schutzbereich der Ausnahme einzubeziehen. Aufgrund der engen Verzahnung zwischen dem Profibaseballsport und der Notwendigkeit der erfolgreichen geschäftlichen Fernseh- und Medienvermarktung der Baseballspiele ist es den Clubeigentümern und MLB-Verantwortlichen bei extensiver Auslegung der Ausnahme leicht möglich, ihren Schutz auch auf vertragliche Abreden über Senderechte mit Fernseh- und Medienunternehmen auszudehnen. Es besteht hier für den freien Wettbewerb die Gefahr, durch vertragliche oder gesellschaftsrechtliche Konstruktionen das durch die höchstrichterliche Rechtsprechung geschützte "Profibaseballgeschäft" (*business of baseball*) unmittelbar oder mittelbar auf den allgemeinen Fernsehsendemarkt, den Sportartikelmarkt oder sonstige Wirtschaftsmärkte zu exportieren, indem die Vereine die unkontrollierte Marktmacht des Baseballsports mit all ihren finanziellen und gesellschaftlichen Vorteilen ausnützten und sich mit Hilfe dieser starken Stellung Vorteile gegenüber Marktteilnehmern in anderen Wirtschaftsbereichen außerhalb des Sports verschaffen.

Eine im Lichte der Rechtsprechungs- und Gesetzgebungshistorie auf diesem Gebiet angemessene Auslegung würde dagegen zu einer wettbewerbs- und kartellrechtlichen Freistellung nur solcher Handlungen und Vereinbarungen der Baseballvereine und der MLB führen, die sich ausschließlich auf das Wesen des Profibaseballsports an sich beziehen, also auf alle Abreden innerhalb eines einzelnen MLB-Vereins, der MLB-Vereine untereinander sowie Abreden der Baseballvereine gegenüber der MLB und umgekehrt. Handlungen und Vereinbarungen der Baseballakteure mit Bezug zu außerhalb des Baseballsports stehenden Dritten, wie zum Beispiel Fernsehsendern, sollten hingegen nicht von der richterrechtlich entwickelten Ausnahme erfaßt werden.

---

576 Siehe oben Ziffer A.X.2(c)(i).

Der Supreme Court selbst fordert eine enge Auslegung von Ausnahmen zum Antitrust-Recht[577]. Nach Inkrafttreten des Curt Flood Act ist zwar, wie teilweise in Literatur und Rechtsprechung gefordert, eine sehr enge, auf das Baseball Reserve Clause-System beschränkte Auslegung nicht mehr erforderlich, da arbeitsrechtliche Fragen im Zusammenhang mit dem Anstellungssystem der Baseballprofis in den Anwendungsbereich dieses Gesetzes fallen. Der Curt Flood Act befaßt sich jedoch ausdrücklich nicht mit anderen Aspekten des Baseballsports. Der Profibaseballsport ist aber, wie die anderen Profisportarten auch, durch die flexible Rule of Reason-Prüfungsmethode der Gerichte im Rahmen der §§ 1 und 2 Sherman Act hinreichend in seiner sportlichen und wirtschaftlichen Betätigungsfreiheit auf dem Gebiet von Baseballfernsehübertragungen geschützt. Durch die konsequente Anwendung der modernen Antitrust-Rechtsgrundsätze und Beachtung der tatsächlichen wirtschaftlichen Gegebenheiten auf dem Gebiet des Profibaseballsports, speziell der Fernsehübertragung von Baseballspielen, gibt es keinen sachlichen Grund, alleine dem Major League Baseball nahezu eine Blankobefreiung von der Anwendung des Sherman Act zu gewähren.

(ii) Aufgabe der Doctrine of Positive Inaction

Die durch das Festhalten an der Baseball-Ausnahme geschaffene und mittlerweile auch durch den Supreme Court erkannte "Anomalie" im Bereich der Anwendung der Antitrust-Gesetze auf Profisportsachverhalte ließe sich durch ein höchstrichterliches Urteil des Supreme Court beheben, indem dieser die von ihm selbst entwickelte Ausnahme sowie seine in diesem Zusammenhang in ständiger Rechtsprechung angewandte Rechtsansicht aufgibt[578]. Daß das Gericht bei Bedarf auf dem Gebiet des Antitrust-Rechts hierzu generell willens und in der Lage ist, zeigte es in *State Oil Co. v. Khan*[579] (***State Oil***). In *State Oil* prüfte der Supreme Court den Kartellrechtspräzedenzfall *Albrecht v. Herald Co.*[580] (***Albrecht***) und entschied, künftig nicht mehr an dem in *Albrecht* getroffenen und sich hieraus entwickelten Rechtsgrundsatz festzuhalten, da veränderte tatsächliche Umstände und die Praxis zeigten, daß seine dortige Rechtsauffassung nicht praktikabel und nicht mehr zu rechtfertigen sei[581].

Um eine solche Rechtsprechungsänderung auch im Falle der Baseball-Ausnahme vornehmen zu können, müßte der Supreme Court zunächst seine in

---

577 Group Life & Health Insurance Co. v. Royal Drug Co., 440 U.S. 205, 231 (1979); National Broiler Marketing Association v. United States, 436 U.S. 816, 827-829 (1978); Union Labor Life Ins. Co. v. Pireno, 458 U.S. 119, 133f. (1982).

578 Sullivan, 48 Duke L.J. 1265, 1266.

579 State Oil v. Khan, 522 U.S. 3 (1997).

580 Albrecht v. Herald Co., 390 U.S. 45 (1968).

581 State Oil v. Khan, 522 U.S. 3, 7, 15, 18 (1997).

Flood[582] manifestierte "*doctrine of positive inaction*" aufgeben. In der Zeit vor dem *Toolson*-Urteil lehnte es der Supreme Court regelmäßig mit Bezug auf die Bedeutung des Grundsatzes *stare decisis* bei der Interpretation des Gesetzeswortlauts ab, seine Entscheidungsgründe auf die Untätigkeit des Gesetzgebers zu stützen[583]. Sehr überzeugende Gründe seien erforderlich, um das Gericht mit dem Verweis auf gesetzgeberisches Schweigen davon abzuhalten, seine eigenen Rechtsgrundsätze zu überprüfen; es sei eine Fahrt ins Ungewisse, den Grund gesetzgeberischer Untätigkeit zu ergründen, wenn der Kongreß selbst keinen Grund hierfür anführe[584]. In der Tat lassen sich neben bloßer Unkenntnis des Kongresses über das Erfordernis einer gesetzlichen Regelung zahlreiche weitere Gründe anführen, die seine Untätigkeit auf dem Gebiet der Gesetzgebung erklären können, wie zum Beispiel generelles Desinteresse hinsichtlich der Auswirkungen von *Federal Baseball*, parlamentarische Taktik und Strategie der Parteien, Lobbyarbeit betroffener Gruppen, Ablehnung einer Änderung des status quo oder wichtigere oder dringendere Gesetzesvorhaben[585]. Auch nach *Toolson* fällte der Supreme Court weitere Urteile, in denen er seine ursprünglich ablehnende Haltung gegenüber der Ableitung bestimmter Schlüsse aus einer gesetzgeberischen Untätigkeit im Hinblick auf einen bestimmten Sachverhalt bestätigte, da unmöglich festzustellen sei, ob diese Untätigkeit als Zustimmung des Gesetzgebers zu werten sei oder nicht[586].

Mit Hilfe der in *State Oil* angeführten Argumentation könnte der Supreme Court den von ihm zu Gunsten des Profibaseballsports geschaffenen Präzedenzfall aufheben und die Anwendung der Antitrust-Gesetze auf diese Sportart neu gestalten. Im Vergleich zu anderen Rechtsbereichen sind die Anforderungen an eine wirksame Aufhebung eines Präzedenzfalles durch den Supreme Court im Bereich des Antitrust-Rechts zwar besonders streng[587]. Der generell zögerlichen

---

582 Flood v. Kuhn, 407 U.S. 258, 281-284 (1972); siehe hierzu auch Ziffer A.X.2(a)(iii) oben.

583 Sullivan, 48 Duke L.J. 1265, 1276.

584 Helvering v. Hallock, 309 U.S. 106, 119-121 (1940); Girouard v. United States, 328 U.S 61, 69f.(1946).

585 Helvering v. Hallock, 309 U.S. 106, 120f.; Sullivan, 48 Duke L.J. 1265, 1277-1279; Eskridge, 76 Geo. L.J. 1361, 1404-1406; Eskridge, 87 Mich. L.Rev. 67, 99f.

586 Patterson v. McLean Credit Union, 491 U.S. 164, 175 (1989); Pension Benefit Guaranty Corp. v. LTV Corp., 496 U.S. 633, 650 (1990); Central Bank v. First Interstate Bank, 511 U.S.164, 184-186 (1994).

587 In der Regel gelten für die Begründung der Aufhebung eines Präzedenzfalles durch den Supreme Court strengere Anforderungen, wenn dieser Fall die Auslegung eines einfachen Gesetzes betrifft, als wenn es darin um die Auslegung der Verfassung geht. Grund hierfür ist, daß der Kongreß, wenn er mit der richterlichem Gesetzesauslegung nicht einverstanden ist, dieses Urteil durch Verabschiedung eines entsprechenden Gesetzes selbst "ändern" kann. Eine Verfassungsänderung ist hingegen aufgrund der strengeren

Haltung des Supreme Court zu einer Änderung von Präzedenzfällen, die die Auslegung von gesetzlichen Tatbestandsmerkmalen betreffen, steht aber sein Bestreben entgegen, veränderte tatsächliche Umstände zu erkennen und diese auf der Grundlage gesammelter Erfahrungen in seinen Urteilen umzusetzen[588]. Dieser Ansatz resultiert aus der allgemeinen Ansicht, der Kongreß habe es den Gerichten überlassen, die weiten Tatbestandsmerkmale des Sherman Act im Lichte der common law-Tradition auszugestalten[589]. Auf dieser Basis hat der Supreme Court stets seine Urteile mit Bezug zum Sherman Act überprüft, sobald deren theoretische Grundlagen ernsthaft in Zweifel gezogen worden sind[590]. Erwartet der Kongreß also die Auslegung des Wortlauts der Sherman Act-Regelungen durch den Supreme Court, so sollte dem Gericht auch das Recht vorbehalten sein, seine diesbezüglichen Präzedenzfälle selbst zu überprüfen und aufzuheben, wenn die ihnen zugrunde liegenden Annahmen ernsthaft in Frage gestellt werden[591].

(iii) Stare Decisis-Grundsatz steht Rechtsprechungsänderung nicht entgegen

Der Supreme Court muß den Stare Decisis-Grundsatz berücksichtigen und nach den vier im folgenden aufgeführten Kriterien abwägen, ob dieser Grundsatz das Festhalten an der Baseball-Ausnahme erfordert oder nicht. In den Worten von Justice Frankfurter verkörpert *stare decisis* das Element der Beständigkeit des Rechts und des psychologischen Bedürfnisses nach Erfüllung vernünftiger Erwartungen[592]. *Stare decisis* sei ein Rechtsprinzip und keine mechanische Formel des Festhaltens an der zuletzt getroffenen Gerichtsentscheidung, wenn ein solches Festhalten unvereinbar mit einem zuvor entwickelten Rechtsgrundsatz ist, der umfassender, wesentlich stichhaltiger und durch die Praxis bestätigt worden sei[593]. Der Supreme Court prüft anhand von vier Testkriterien, ob eine Rechtsprechungsänderung, d.h. der Entschluß, nicht mehr an einem zuvor getroffenen Präzedenzfall und der daraus abgeleiteten Rechtsauffassung festzuhalten, oppor-

---

Mehrheitsanforderungen schwieriger, so daß der Supreme Court besser geeignet erscheint, fehlerhafte Urteile über die Verfassungsauslegung aufzuheben (vgl. Eskridge, 76 Geo. L.J. 1361, 1365-1369 und Barrett, 73 Geo. Wash. L. Rev. 317, 321).

588 State Oil v. Khan, 522 U.S. 3, 20f. (1997).

589 Siehe hierzu auch die Ausführungen unter Ziffer A.I oben.

590 State Oil v. Khan, 522 U.S. 3, 20f. (1997); National Society of Professional Engineers v. United States, 435 U.S. 679, 688 (1978); Copperweld Corp. v. Independence Tube Corp., 467 U.S. 752, 777 (1984); Continental T.V., Inc. v. GTE Sylvania Inc., 433 U.S. 36, 47-49 (1977).

591 Sullivan, 48 Duke L.J. 1265, 1283f.; Eskridge, 76 Geo. L.J. 1361, 1377.

592 Helvering v. Hallock, 309 U.S. 106, 119 (1940).

593 Helvering v. Hallock, 309 U.S. 106, 119 (1940).

tun ist[594]: (1) hat sich der in der Entscheidung aufgestellte Rechtsgrundsatz (*rule of law*) als nicht praktikabel erwiesen, (2) ist das Vertrauen auf den Bestand des Grundsatzes so groß, daß eine Änderung eine besondere Härte oder Ungerechtigkeit erzeugen würde, (3) haben sich ähnliche Rechtsprinzipien so weit entwickelt, daß der Rechtsgrundsatz überholt oder überflüssig geworden ist und (4) haben sich die dem Rechtsgrundsatz unterliegenden Tatsachen so stark verändert oder werden diese nunmehr derart eingeschätzt, daß es ihm jetzt an wesentlicher Bedeutung und Rechtfertigung mangelt?

Der Supreme Court erkennt in diesem Zusammenhang ausdrücklich die Bedeutung einer auf hohen Grundsätzen basierenden rechtlichen Argumentation an und bevorzugt, seine Urteile auf eine durchdachte rechtliche und wirtschaftliche Analyse zu gründen, anstatt auf eine formalistische Grenzziehung[595]. Eine Entscheidung, die nicht auf einer solchen Rechtfertigung basiert, stelle überhaupt keinen Rechtsakt dar, denn die Gewalt des Supreme Court liege gerade in seiner Legitimität. Diese Legitimität sei ein Produkt aus der Substanz und der Wahrnehmung der Bürger; sie spiegele sich in der Akzeptanz der Bürger wider, daß die Judikative bestimmen dürfe, was das Recht des Landes besagt und erklären dürfe, was das Recht verlangt[596]. Das Gericht muß also in einer Art und Weise Recht sprechen, die es dem Bürger ermöglicht, seine Entscheidungsbegründung nachvollziehen zu können.

In *State Oil* wandte der Supreme Court die erwähnten vier Kriterien an, um von seinem in *Albrecht* entwickelten Rechtsgrundsatz - vertikale Höchtspreisbindungsvereinbarungen (*vertical maximum price fixing*) in Verbindung mit exklusiven Territorialbeschränkungen (*exclusive territorial restrictions*) verletzen per se den Sherman Act - zu verwerfen und zu bestimmen, daß vielmehr der flexiblere Rule of Reason-Standard im Rahmen der rechtlichen Zulässigkeitsprüfung von vertikalen Höchstpreisbindungsvereinbarungen anzuwenden sei[597]. Der Supreme Court lehnte es dabei ab, dem Grundsatz der gesetzgeberischen Untätigkeit (*doctrine of positive inaction*) eine generelle Gültigkeit und Anwendbarkeit im Rahmen der richterlichen Prüfung des Festhaltens an bindenden Antitrust-Präzedenzfällen zuzusprechen.

Mit Hilfe der Stare Decisis-Kriterien kann auch die Rechtfertigung der Baseball-Ausnahme verworfen werden, um das Profibaseballgeschäft der Rule of Reason-Prüfung zugänglich zu machen.

---

594 Planned Parenthood v. Casey, 505 U.S. 833, 854f. (1992).
595 Continental T.V., Inc. v. GTE Sylvania Inc., 433 U.S. 36, 58f. (1977).
596 Planned Parenthood v. Casey, 505 U.S. 833, 865 (1992).
597 State Oil v. Khan, 522 U.S. 3, 10-15 (1997).

(1) Veränderte tatsächliche Umstände und Weiterentwicklung der Rechtsprechung:

Anders als zu Zeiten der drei Baseball-Urteile des Supreme Court ist der Profibaseballsport heute ein Multi-Millonen-Dollar-Geschäft, in dem die MLB-Clubs und die MLB aktiv auch in nicht unmittelbar mit dem Baseballsport zusammenhängenden Märkten wirtschaftlich tätig sind. Überdies spricht aus heutiger Sicht nichts mehr für die Entscheidungsbegründung, der Profibaseball habe "einzigartige Wesensmerkmale und Bedürfnisse", mit der der Supreme Court in *Flood*[598] die Ausnahmestellung des Baseballsports unter den Antitrust-Gesetzen rechtfertigte. Denn auch Profibasketball und Profieishockey haben den Wandel der Zeit vollkommen ohne eine richterrechtlich geschaffene Freistellung vom Kartellverbot überlebt und zumindest Profibasketball ist heute sogar noch profitabler als Profibaseball.

Der Supreme Court selbst änderte seine Auffassung über die in *Federal Baseball* und *Toolson* zugrunde liegenden Tatsachen als er in *Flood*[599] anerkannte, daß Profibaseballsport ein im grenzüberschreitenden Handel aktives Geschäftsgebaren (*business engaged in interstate commerce*) darstelle. Nach der Abkehr vom Reserve Clause-System und der Einführung des spielerfreundlicheren Free Agency-Systems fehlt heute ein tragender Grund für die Urteile in *Toolson* und *Flood*. Die Rechtsprechung hat sich seit *Flood* im Bereich des Sports weiter entwickelt. Dies gilt insbesondere für die seit *NCAA* nunmehr im Antitrust-Recht anerkannte Anwendung der Rule of Reason als Standarduntersuchungsmethode. Die Interessen der durch die Baseball-Ausnahme geschützten MLB und Clubeigentümer können dadurch angemessen berücksichtigt werden.

(2) Kritik der Rechtslehre:

Zahlreiche Literaturstimmen kritisieren die Urteilsbegründungen in *Federal Baseball*, *Toolson* und *Flood*. Sie weisen auf die aus der Sonderbehandlung der MLB-Clubs, der Clubeigner und der MLB resultierenden negativen wirtschaftlichen und rechtlichen Auswirkungen auf die Verbraucher und den Wettbewerb im Baseballunterhaltungsmarkt hin[600]. Gleiches gilt für die Schwächen des Arguments der gesetzgeberischen Untätigkeit[601].

---

598 Flood v. Kuhn, 407 U. S. 258, 282 (1972).

599 Flood v. Kuhn, 407 U. S. 258, 282 (1972).

600 Classen, 21 Akron L. Rev. 369, 370-376, 387; Gould, 5 Seton Hall J. Sport L. 273, 279f.; Mack & Blau, 45 Fla. L. Rev. 201, 206f.; Ross, 12 U. Miami Ent. & Sports L. Rev. 169, 170; Smith, 67 U. Colo. L. Rev. 113, 135-137; Zimbalist, 4 Seton Hall J.

(3) Abweichende und fehlerhafte Urteile:

Der Supreme Court legt Wert auf eine korrekte Rechtsanwendung der Gerichte anhand der von ihm getroffenen bindenden Präzedenzfälle und sieht diese Fälle als Mittel an, fehlerhafte Urteile durch die unteren Instanzen zu vermeiden[602]. Aufgrund der Unklarheit, die seit jeher unter den Gerichten darüber herrscht, welche Bereiche und Aktivitäten des Profibaseballsports genau von der Anwendung der Antitrust-Gesetze befreit sind, erging eine Vielzahl zum Teil widersprüchlicher und verwirrender Urteile durch die unterinstanzlichen Bundesgerichte. Einige Gerichte limitieren den Anwendungsbereich der Baseball-Ausnahme auf das Baseball Reserve Clause-System[603]. Andere beschränken ihn auf Angelegenheiten mit engem Bezug zum Baseballsport[604] und weitere Gerichte wenden die Ausnahme auf das gesamte mit Baseball zusammenhängende Geschäftsfeld (*business of baseball*)[605] an. Diese Beispiele zeigen, daß die Gerichte den Sherman Act in völlig unterschiedlicher Weise auf Handlungen und Vereinbarungen der MLB-Clubs und der MLB anwenden oder ganz von einer Anwendung absehen. Die Baseball-Trilogie führte nicht etwa zu einer Vereinheitlichung, sondern vielmehr zur Zersplitterung und Unberechenbarkeit der Rechtsprechung. Den im Profibaseball tätigen Personen und Wirtschaftsakteuren fehlt deshalb die Möglichkeit, sich in ihrem Handeln an klaren und vorhersehbaren Grenzen des Zulässigen zu orientieren.

(4) Vertrauensschutz:

Der Supreme Court gründete seine Urteile in *Toolson* und *Flood* im Wesentlichen auf den Gedanken des Vertrauensschutzes der in *Federal Baseball* primär

---

Sport L. 287; Arcella, 97 Colum. L. Rev. 2420, 2447, 2467; Hamilton, 38 Santa Clara L. Rev. 1223, 1248f.

601 Ross, 12. U. Miami Ent. & Sports L. Rev. 169, 182-188, 191-195, 201-204; Eskridge, 76 Geo. L.J. 1361ff.; Eskridge, 87 Mich. L. Rev. 67ff.; Sullivan, 48 Duke L.J. 1265, 1276-1285, 1287-1293.

602 Planned Parenthood v. Casey, 505 U.S. 833, 858 (1992).

603 Siehe hierzu die unter Ziffer A.X.2(c)(ii) oben aufgeführte Entscheidung Piazza v. Major League Baseball.

604 Siehe hierzu die unter Ziffer A.X.2(b) oben aufgeführte Entscheidung Charles O. Finley & Co. v. Kuhn, die unter Ziffer A.X.2(c)(i) aufgeführte Entscheidung Henderson Broadcasting Corp. v. Houston Sports Association, Inc. und die unter Ziffer A.X.2(c)(iii) aufgeführte Entscheidung Postema v. National League of Professional Baseball Clubs.

605 Siehe hierzu die unter Ziffer A.X.2(b) oben aufgeführte Entscheidung Professional Baseball Schools & Clubs v. Kuhn und die unter Ziffer A.X.2(d) aufgeführten Entscheidungen in McCoy v. Major League Baseball, Major League Baseball v. Butterworth und Major League Baseball v. Christ.

begünstigten MLB und Baseballclubeigentümer[606]. Im Gegensatz zu seiner Entscheidung in *State Oil*, in der er dezidiert auf mögliche wirtschaftliche Auswirkungen und negative Effekte einer eventuellen Rechtsprechungsänderung auf die betroffenen Parteien und den Wettbewerb einging, traf er in *Toolson* und *Flood* diesbezüglich nur vage und allgemeine Aussagen. Er wies lediglich auf das Klagebegehren hin, den "Sherman Act rückwirkend anzuwenden"[607] und auf seine "Bedenken über die Verwirrung und rückwirkenden Probleme, die unweigerlich aus einer Aufhebung von *Federal Baseball* resultieren würden"[608].

Die in *Toolson* und *Flood* vom Supreme Court im Falle einer Aufhebung der Baseball-Ausnahme befürchteten Nachteile für den Baseballsport haben sich als übertrieben heraus gestellt. Er ging damals davon aus, daß eine gerichtliche Untersagung der Reserve Clause-Regelung schädlich sei für den Profibaseballsport[609]. Die Praxis hat mittlerweile aber gezeigt, daß das Gegenteil der Fall ist. Seit der Abschaffung dieser Regelung und der Einführung des Free Agency-Systems[610] verbesserte sich das sportliche Gleichgewicht der Clubs und führte zu verstärktem Wettbewerb um Spieler und einem größeren Zuschauerinteresse[611]. Die Verwerfung der Baseball-Ausnahme würde auch heute nicht zu der befürchteten besonderen Härte oder Ungerechtigkeit für die Begünstigten führen, denn die fraglichen Geschäftsaktivitäten werden heute grundsätzlich im Rahmen der abwägenden Rule of Reason-Methode untersucht[612]. Dadurch können schützenswerte Interessen der MLB und der MLB-Clubs angemessen berücksichtigt werden. Diese Erkenntnisse entziehen nicht nur den theoretischen Grundlagen der beiden Präzedenzfälle den Boden, sondern stehen ihren Entscheidungsgründen sogar eindeutig entgegen.

(iv) Zusammenfassung und Stellungnahme

All dies macht deutlich, daß die vier Stare Decisis-Testkriterien des Supreme Court aus *State Oil* auch auf die Baseball-Ausnahme und die ihr zugrunde lie-

---

606 Toolson v. New York Yankees, Inc., 346 U.S. 356, 357 (1952); Flood v. Kuhn, 407 U.S. 258, 283 (1972).

607 Toolson v. New York Yankees, Inc., 346 U.S. 356, 357 (1952).

608 Flood v. Kuhn, 407 U.S. 258, 283 (1972).

609 Flood v. Kuhn, 407 U.S. 258, 267, 272, 282 (1972).

610 Das Free Agency-System erlaubt Wettbewerb unter den Vereinen um die Dienste derjenigen Baseballspieler, die "freie Agenten" sind, d.h. deren Anstellungsvertrag mit einem Verein beendet ist.

611 Ross, 12 U. Miami Ent. & Sports L. Rev. 169, 176; Ross, 73 Minn. L. Rev. 643, 671-684; Sullivan, 48 Duke L.J. 1265, 1299.

612 Sullivan, 48 Duke L.J. 1265, 1293; Ross, 12 U. Miami Ent. & Sports Law L. Rev. 169, 178.

genden bindenden Präzedenzfälle *Federal Baseball*, *Toolson* und *Flood* anwendbar sind. Deshalb sollte sich der Supreme Court bei der nächsten sich bietenden Gelegenheit erneut mit der Baseball-Ausnahme befassen und die großzügige Freistellung des Profibaseballsports von der Anwendung des Sherman Act anhand dieser Kriterien kritisch prüfen. Wie soeben gezeigt sprechen gute Gründe dafür, diese Ausnahme zu verwerfen, so daß künftig alle vier Major League-Sportarten einheitlich und gleichermaßen von den Antitrust-Gesetzen erfaßt werden.

5. Ergebnis

Die umfassende Freistellung des Profibaseballsports von der Anwendung der Antitrust-Regeln durch die Supreme Court-Rechtsprechung in *Federal Baseball*, *Toolson* und *Flood* hat heute noch Bestand. Das gesamte Profibaseballgeschäft (*business of baseball*) ist von der Anwendung des Antitrust-Rechts freigestellt. Dies schließt Vereinbarungen von MLB-Clubs oder der MLB mit nicht unmittelbar im Profibaseballgeschäft tätigen Organisationen ein, sofern sie Kernbereiche des Profibaseballsports betreffen. Hierunter fallen auch Vermarktungsvereinbarungen mit Fernsehgesellschaften über Senderechte an MLB-Spielen.

Die einzige klare Einschränkung des Geltungsbereichs erfuhr die Baseball-Ausnahme durch den Curt Flood Act, der alle Handlungen und Vereinbarungen mit unmittelbarem Bezug auf das Anstellungsverhältnis von MLB-Profibaseballspielern den Antitrust-Regelungen unterwirft. Trotz zahlreicher Möglichkeiten nahm der Kongreß bislang keine weitere Einschränkung oder Konkretisierung der Baseball-Ausnahme vor. Es ist deshalb davon auszugehen, daß der Gesetzgeber zwar die Problematik des weiten Anwendungsbereichs der Ausnahme kennt, aber keine akute Notwendigkeit sieht, hiergegen gesetzgeberisch vorzugehen.

Dieses Ergebnis ist unter Antitrust-Gesichtspunkten bedenklich und deshalb zu korrigieren. Eine wettbewerbs- oder kartellrechtliche Sonderstellung des Profibaseballsports ist nicht gerechtfertigt. Wettbewerbsbeschränkende Handlungen in dieser Sportart können zu den selben negativen Folgen für den Wettbewerb und die Verbraucher führen wie in den anderen drei Major League-Sportarten. Insbesondere auf dem Gebiet der Vermarktung von Senderechten an MLB-Spielen ist eine differenzierte Prüfungsmöglichkeit der Gerichte anhand der Rule of Reason-Methode im Interesse der Wettbewerber und Verbraucher. Die Baseball-Ausnahme ist deshalb bei nächster Gelegenheit durch den Supreme Court zu verwerfen, indem er selbst mit Hilfe seiner Stare Decisis-Kriterien die Präzendenzwirkung von *Federal Baseball*, *Toolson* und *Flood* aufhebt, so daß auch professionell betriebener Baseballsport in Zukunft den Regelungen der Antitrust-Gesetze unterfällt.

B. ÜBERTRAGBARKEIT DER US-RECHTLICHEN ANTITRUST-PRINZIPIEN AUF DAS EUROPÄISCHE WETTBEWERBSRECHT

I. Einleitung

Die wettbewerbliche Ausgangslage für Sportvereine und Sportligen ist in Deutschland bzw. Europa dieselbe wie sie die US-amerikanischen Vereine und Ligen in den USA vorfinden. Auch auf dem "alten" Kontinent besitzt der Sport die besonderen Wesenseigenschaften wie sie u.a. bereits unter Ziffer A.V.1(b) oben für die USA aufgezeigt worden sind.

In den USA führte das besondere Spannungsverhältnis zwischen Kooperation und Wettbewerb im Bereich des Mannschaftssports zu einer speziellen und teilweise priviligierten Behandlung von wettbewerbsbeschränkenden Vereinbarungen von Sportvereinen und -ligen durch Gesetzgeber, Rechtsprechung und Schrifttum. Auch der deutsche Gesetzgeber kam den kartellrechtlichen Interessen deutscher Sportverbände sehr weit entgegen als er zum 1. Januar 1990 mit der 6. Novelle des Gesetzes gegen Wettbewerbsbeschränkungen (**GWB**) die Bereichsausnahme "Sport" gemäß § 31 GWB einführte und dadurch die zentrale Vermarktung von Rechten an Fernsehübertragungen sportlicher Wettbewerbe durch bestimmte Sportverbände kurzfristig vom Kartellverbot des § 1 GWB ausnahm. Desweiteren erkennen sowohl das Bundeskartellamt (**BKartA**) als auch die EU-Kommission (**Kommission**) und der Europäische Gerichtshof (**EuGH**) grundsätzlich eine gewisse Sonderstellung des Sports an, resultierend aus dessen besonderen Charakteristika und sozialen Funktionen[613].

In den USA hat die zentrale Vermarktung von Senderechten eine über 50-jährige Geschichte, in der Kartellbehörden, Gerichte und Rechtsgelehrte die oben in Teil A dargestellten Konzepte zu ihrer wettbewerbs- und kartellrechtlichen Behandlung umfassend entwickeln konnten. In Deutschland vermarktet zwar beispielsweise seit Anbeginn an der Deutsche Fußball-Bund e.V. (**DFB**) bzw. heute die Deutsche Fußball Liga GmbH (**DFL**) die Fernsehrechte an den Spielen der Fußball-Bundesliga im Wege eines Zentralvermarktungsmodells. Die Erfahrung deutscher und europäischer Kartellbehörden und Gerichte mit der rechtlichen Einordnung entsprechender Verhaltensweisen der Sportverbände ist jedoch viel geringer. So stellte der Globalvertrag zwischen dem Deutschen Sportbund und den öffentlich-rechtlichen Rundfunkanstalten ARD und ZDF im

---

[613] BKartA, Diskussionspapier, S. 20; EU-Kommission, Helsinki-Bericht, S. 8; EuGH, Slg. 1995, I-4921 Rn. 106 (Rs. C-415/93 – 15.12.1995) "Bosman".

Jahre 1987 die erste kartellrechtliche Auseinandersetzung um Sportübertragungsrechte in Deutschland dar[614].

Die 7. GWB-Novelle[615] und die Kartellverfahrensverordnung (EG) 1/2003[616] (**VO 1/2003**) erfordern eine erneute Revision der rechtlichen Beurteilung von Kartellabsprachen im Bereich der Fernsehübertragung von Sportveranstaltungen. Es liegt deshalb nahe, einen rechtsvergleichenden Blick über den Atlantik zu wagen, welcher wertvolle und zugleich wegweisende Denkanstöße geben kann, um diesen noch immer vergleichsweise jungen und sich weiterhin im Umbruch befindenden Rechtsbereich im deutschen und europäischen Kartellrecht zur Stärkung des freien Wettbewerbs unter Beachtung der Besonderheiten des Sports fortentwickeln zu können. Der Schwerpunkt der nachfolgenden Ausführungen wird sich mit der Anwendung der Regelungen der Art. 81 und 82 EGV auf die zentrale Vergabe von Senderechten an Sportveranstaltungen befassen. Besondere Aktualität erlangt die Arbeit dadurch, daß die Kommission seit Inkrafttreten der VO 1/2003 im Rahmen ihrer Untersuchung der Vereinbarkeit des Bundesliga-Zentralvermarktungsmodells mit dem europäischen Kartellrecht erstmals den neu geschaffenen Verfahrenstyp der Verpflichtungszusagen angewandt hat und daß die Vergabe der Internetübertragungsrechte und der Fernsehsenderechte für Live-Übertragungen von Bundesligaspielen im Frühjahr/Sommer 2006 für Kontroversen sowohl unter den Beteiligten als auch den Fans gesorgt hat.

II. Anwendbarkeit des europäischen Kartellrechts auf den Sport

Die Anwendbarkeit europäischen Rechts auf den Profisport ist spätestens seit den Entscheidungen des EuGH in *Walrave*[617], *Donà*[618] und *Bosman*[619] unzweifelhaft gegeben. Nach der ständigen Rechtsprechung des EuGH fällt der Sport unter das Gemeinschaftsrecht, soweit er einen Teil des Wirtschaftslebens im

---

614 WuW/E, BKartA 1988, 2273 (27.8.1987 – B6 743500 – RV – 170/84) "Sportübertragungen", bestätigt durch KG Berlin, WuW/E, OLG 1989, 4267 (8.7.1988 – Kart. 38/87) und BGH, WuW/E 1990, 2627, (14.3.1990 – KVR 4/88).

615 Am 7. Juli 2005 trat das Siebte Gesetz zur Änderung des Gesetzes gegen Wettbewerbsbeschränkungen in Kraft; BGBl. I vom 12. Juli 2005, Nr. 42. § 31 GWB wurde in diesem Zuge wieder aufgehoben und ist folglich nicht mehr in der aktuellen Fassung des GWB enthalten.

616 Verordnung (EG) Nr. 1/2003 vom 16. Dezember 2003 zur Durchführung der in den Artikeln 81 und 82 des EG-Vertrages niedergelegten Wettbewerbsregeln, die am 1. Mai 2004 in Kraft getreten ist.

617 EuGH, Slg. 1974, 1405 (Rs. 36-74 – 12.12.1974) "Walrave".

618 EuGH, Slg. 1976, 1333 (Rs. 13-76 – 14.07.1976) "Donà".

619 EuGH, Slg. 1995, I-4921 (Rs. C-415/93 – 15.12.1995) "Bosman".

Sinne des Art. 2 EGV ausmacht[620]. Dies ist im Profisportbereich der Fall, da die Sportler als Angestellte ihrer Vereine unselbständige entgeltliche Tätigkeiten ausüben oder entgeltliche Dienstleistungen, zum Beispiel für die Sportveranstalter, erbringen und ihren Lebensunterhalt durch die Ausübung ihres Sports bestreiten. Die Vergabe von Senderechten an Sportveranstaltungen erfolgt stets nur gegen Zahlung eines Entgeltes durch den Rechteerwerber und erfüllt damit ebenfalls das Wirtschaftskriterium.

Auch im Amateursportbereich werden die sportlichen Leistungen der Akteure häufig durch finanzielle Zahlungen in Form von Startgeldern, Siegprämien oder Sponsoren- und Werbegeldern vergütet oder belohnt. Fernsehrechte an Amateursportveranstaltungen können Fernsehsender gleichfalls lediglich entgeltlich erwerben. Damit gehören auch sie zum Wirtschaftsraum im Sinne des Art. 2 EGV und unterfallen dem Anwendungsbereich des Gemeinschaftsrechts und damit auch des europäischen Kartellrechts. Eine reine Freizeittätigkeit ohne jeglichen Erwerbszweck, wie sie im Rahmen des Hobby- und Freizeitsports, also des "echten" Amateursports, stattfindet, fällt jedoch nicht unter das Gemeinschaftsrecht[621].

Für einen umfassenden Sportvorbehalt, wie es ihn mit der Baseball-Ausnahme für den US-Profibaseballsport gibt, besteht im europäischen Recht weder ein rechtlicher Ansatzpunkt noch ein sachliches Bedürfnis. Wie schon unter Ziffer A.X.2(a)(iii) oben gezeigt, sieht selbst der Supreme Court die Kartellrechts-Ausnahme mittlerweile als Anachronismus an. Sie ist schon im Antitrust-Recht nicht verallgemeinerungsfähig und führt im Profibaseballbereich zu einer heute nicht mehr gerechtfertigten extensiven Antitrust Recht-Freistellung. Die unter Ziffer A.X.4(c) dargestellte Kritik an der Baseball-Ausnahme steht für sich und läßt sich unmittelbar gegen eine Argumentation zu Gunsten der Einführung einer europarechtlichen Bereichsausnahme "Sport" anführen.

---

620 EuGH, Slg. 1974, 1405 Rn. 4ff. (Rs. 36-74 - 12.12.1974) "Walrave"; EuGH, Slg. 1976, 1333 Rn. 12 (Rs. 13-76 – 14.07.1976) "Donà"; EuGH, Slg. 1995, I-4921 Rn. 120ff. (Rs. C-415/93 – 15.12.1995) "Bosman"; EuGH, Slg. 2000, I-2549 Rn. 41ff. (Rs. C-51/96 und C-191/97 – 11.04.2000) "Christelle Deliège"; Slg. 2000, I-2681 Rn. 32f. (Rs. C-176-96 – 13.04.2000) "Jyri Lethonen".

621 Vgl. EuGH, Slg. 1974, 1405 Rn. 4ff. (Rs. 36-74 - 12.12.1974) "Walrave".

III. Zentrale Vermarktung von Senderechten an Sportveranstaltungen vor dem Hintergrund des Art. 81 I EGV

1. Das Kartellverbot gemäß Art. 81 I EGV

(a) Einführung

Gemäß Art. 81 I EGV sind Vereinbarungen von Unternehmen, Beschlüsse von Unternehmensvereinigungen und aufeinander abgestimmte Verhaltensweisen verboten, die geeignet sind, den Handel zwischen den Mitgliedstaaten zu beeinträchtigen und die eine Verhinderung, Einschränkung oder Verfälschung des Wettbewerbs innerhalb des Gemeinsamen Marktes bezwecken oder bewirken. Gegen das Verbot verstoßende Vereinbarungen und Beschlüsse sind gemäß Art. 81 II EGV nichtig. Art. 81 EGV gilt für alle horizontalen und vertikalen Wettbewerbsbeschränkungen.

Wettbewerbsbeschränkungen hingegen, die zugleich die vier Voraussetzungen des Art. 81 III EGV erfüllen, sind kraft Gesetzes legal und unterliegen mithin nicht den Rechtsfolgen der Art. 81 I EGV (Verbot) und Art. 81 II EGV (zivilrechtliche Nichtigkeit). Art. 81 III EGV ist ebenfalls unmittelbar anwendbar; es bedarf keines positiven Freistellungsaktes durch eine Gruppenfreistellungsverordnung oder Einzelfreistellung. Eine Kontrolle der Wettbewerbsbeschränkungen erfolgt ex post durch die Kommission und in Einzelfällen durch die nationalen Wettbewerbsbehörden und Gerichte.

Sportvereine und Sportorganisationen bündeln nicht nur in den USA sondern auch in Europa häufig ihre jeweiligen Senderechte an den von ihnen veranstalteten Sportereignissen in der Hand des übergeordneten Sportverbands und vermarkten damit ihre Rechte zentral über diese gemeinsame Einheit gegenüber Fernsehsendern und Medienunternehmen[622]. Die zentrale Vermarktung ist von der dezentralen Vermarktung zu unterscheiden, bei der die einzelnen Vereine die ihnen zustehenden Rechte selbst vermarkten. In Europa sind oft zusätzlich zwischen die rechteveräußernde Zentraleinheit und den erwerbenden Sender Rechteagenturen eingeschaltet, die die Rechte direkt von dem Sportveranstalter erwerben und diese dann wiederum an interessierte Fernsehsender weiterveräußern. Da sich durch die Zwischenschaltung solcher Rechtevermittler die Beurteilung der wettbewerbsrechtlichen Zulässigkeit der zentralen Rechtevermarktung

---

622 Der BGH versteht unter der zentralen Rechtevermarktung eine Vermarktung, bei der das Vermarktungsrecht für das Aushandeln und den Abschluß von Verträgen über die Erlaubnis, Spiele der Vereine aufzunehmen und die Aufnahme auszustrahlen, den einzelnen Vereinen genommen und einer Zentrale, beispielsweise dem DFB, übertragen wird (BGH WRP 1998, 188, 191 (11.12.1997 – KVR 7/96) "Europapokalheimspiele").

nicht ändert, wird im folgenden ausschließlich das Verhältnis zwischen Sportveranstalter und Fernsehsender berücksichtigt.

Die Kommission stellte 2003 die Regelungen der UEFA zur gemeinsamen Vermarktung der Medienrechte an der UEFA Champions League[623] per Entscheidung gemäß Art. 81 III EGV frei[624]. Die diesem Vermarktungsmodell zugrunde liegenden Kriterien sind Vorbild für die Anfang 2005 getroffene förmliche Kommissionsentscheidung über Verpflichtungszusagen des Ligaverbandes hinsichtlich der Zentralvermarktung der Medienrechte an der Fußball-Bundesliga. Die in diesen beiden Entscheidungen angewandten Vermarktungsregelungen und Prüfungskriterien werden auch für künftige zentrale Vermarktungsvereinbarungen von Sportverbänden und -organisationen Präzedenzcharakter haben[625]. Deshalb wird unter Ziffer B.III geprüft, ob die Zentralvermarktung von Senderechten unter das Kartellverbot des Art. 81 I EGV fällt. Unter den Ziffern B.IV und B.V werden die von der Kommission im Rahmen ihrer Freistellungsentscheidung nach Art. 81 III EGV bzw. der förmlichen Verbindlichkeitserklärung von Verpflichtungszusagen des Ligaverbandes erörterten Prüfkriterien untersucht. Dabei wird ein Vergleich zu den im Antitrust-Recht verfügbaren Rechtfertigungsmöglichkeiten für wettbewerbsbeschränkende Maßnahmen gezogen.

Die zentrale Vermarktung von Senderechten durch einen Sportverband fällt unter das Kartellverbot des Art. 81 I EGV, wenn es sich um eine Vereinbarung von Unternehmen oder einen Beschluß einer Unternehmensvereinigung handelt, die bzw. der geeignet ist, den Handel zwischen den Mitgliedstaaten zu beeinträchtigen und eine Verhinderung, Einschränkung oder Verfälschung des Wettbewerbs innerhalb des Gemeinsamen Marktes bezweckt oder bewirkt und nicht gleichzeitig die Voraussetzungen des Art. 81 III EGV erfüllt.

(b) Vereine und Sportligen als Normadressaten

Normadressaten des Art. 81 I EGV sind Unternehmen. Der gemeinschaftsrechtliche Unternehmensbegriff wird ganz überwiegend funktional und sehr weit ausgelegt, indem als Unternehmen jede eine wirtschaftliche Tätigkeit ausübende

---

623 Die UEFA Champions League ist ein alljährlich ausgetragener Vereinswettbewerb, an dem die besten europäischen Fußballmannschaften – 72 Vereine aus EU- und Nicht-EU-Ländern – teilnehmen. Die Hauptrunde des Wettbewerbs stellt eine Mischung aus Gruppenspielen und K.O.-Runde dar, die durch die sich hierfür qualifizierten 32 Mannschaften untereinander ausgetragen wird.

624 Kommission, Abl. 2003 L 291, 25 (K (2003) 2627) "Gemeinsame Vermarktung der UEFA Champions League-Rechte".

625 Siehe Toft, Competition Policy Newsletter 2003, S. 51f.

Einheit bezeichnet wird, unabhängig von ihrer Rechtsform, dem Vorliegen einer Gewinnerzielungsabsicht oder der Art ihrer Finanzierung[626]. Entscheidend ist allein die Ausübung einer wirtschaftlichen Tätigkeit, worunter insbesondere jedes Angebot von Gütern oder Dienstleistungen auf einem Markt verstanden wird[627]. Selbst gemeinnützige Organisationen, wie Sportvereine, können hierunter fallen[628].

Sowohl Profi- als auch Amateursportvereine[629] üben eine wirtschaftliche Tätigkeit aus, indem sie beispielsweise Eintrittskarten zu ihren Sportveranstaltungen verkaufen, eigene Werbeprodukte und Fanartikel zum Kauf anbieten, ihre Mannschaft gegenüber Sponsoren vermarkten, Fernsehrechte vergeben und - dies gilt nur für Profivereine - Spieler ein- und wieder verkaufen. Profi- und Amateursportvereine sind danach Unternehmen[630].

Auch der Begriff der Unternehmensvereinigung ist funktional zu betrachten und wird üblicherweise weit ausgelegt[631]. Eine Unternehmensvereinigung ist jede verbandsmäßige Organisation von Unternehmen, unabhängig von der gewählten Rechtsform und Art ihrer Gründung[632]. Die Vereinigung ist selbst ein Unternehmen, soweit sie eine eigenständige wirtschaftliche Tätigkeit entfaltet, also als

---

626 EuGH, Slg. 1984, 2999, 3016 (Rs. 170/83 - 12.07.1984) "Hydrotherm"; EuGH, Slg. 1991, I-2010, 2016 (Rs. C-41/90 – 23.04.1991) "Macrotron"; EuGH, Slg. 1997, I-1719, 1747 Rn. 21 (Rs. C-55/96 – 11.12.1997) "Job Centre"; EuGH, Slg. 1999, I-6125, 6147 (Rs. C-219-97 – 21.09.1999) "Drijvende Bokken"; EuGH, Slg, 2002, I-9297 (Rs. C-82/01 P – 24.10.2002) "Aéroports de Paris"; Mestmäcker/Schweitzer, Europäisches Wettbewerbsrecht, § 8 Rn. 16; Gippini-Fournier, Kartellrecht, Art. 81 I Rn. 36f.; Emmerich, Kartellrecht, S. 385 m. w. N.

627 EuGH, Slg. 1998, I-3851, 3895f. (Rs. C-35/96 – 18.06.1998) "CNSD".

628 Roth/Ackermann, FK, Art. 81 I Rn. 19, 30; EuGH, Slg. 1997, I-3395, 3437 Rs. (Rs. C-70/95 – 17.06.1997) "Sodemare"; Kommission, Abl. 1992 L 326, 31, 35f. (IV/33.384 und 33.378 – 27.10.1992) "Fußballweltmeisterschaft 1990"; Gippini-Fournier, Kartellrecht, Art. 81 I Rn.52.

629 Der Begriff "Verein" wird im Rahmen dieser Arbeit untechnisch verwendet, so daß unter ihn neben der Rechtsform des eingetragenen Vereins auch Kapitalgesellschaften fallen können. Seit kurzem ist die Firmierung als Kapitalgesellschaft z. B. in der Fußball-Bundesliga zulässig (§ 8 der Satzung des Ligaverbandes) und auch in anderen europäischen Ländern, wie in England, ist dies im Profifußball teilweise der Fall.

630 BGHZ 101, 100, 102 (26.5.1987 – KVR 4/86) "Inter-Mailand-Spiel".

631 Vgl. Kommission, Abl. 1989 L 284, 36, 41 (IV.31.734 – 15.9.1989) "ARD"; Kommission Abl. 1992 L 326, 31, 35f. (IV/33.384 und 33.378 – 27.10.1992) "Fußball-Weltmeisterschaft 1990"; Mestmäcker/Schweitzer, Europäisches Wettbewerbsrecht, § 8 Rn. 26; Emmerich, Kartellrecht, S. 387.

632 Mestmäcker/Schweitzer, Europäisches Wettbewerbsrecht, § 8 Rn. 26; Roth/Ackermann, FK, Art. 81 I Rn. 72; Gippini-Fournier, Kartellrecht, Art. 81 I Rn.63.

Anbieter oder Nachfrager auf einem Markt auftritt[633]. Wird sie selbst nicht wirtschaftlich tätig, ist sie dennoch Adressat des Art. 81 I EGV, falls ihre Mitglieder Unternehmensqualität besitzen[634]. Zusammenschlüsse von Unternehmensvereinigungen stehen ihr gleich[635]. Dies entspricht zwar nicht dem Wortlaut, aber dem Sinn und Zweck des Art. 81 I EGV, da die Reichweite des Kartellverbots nicht von der durch die Beteiligten frei gewählten Organisationsform ihrer Zusammenschlüsse abhängen kann[636].

Sportverbände, wie der DFB[637], die UEFA[638] oder etwa die FIA[639], die sich aus dem Zusammenschluß mehrerer Sportvereine, mehrerer Sportverbände oder Sportdachverbände zusammensetzen, ermöglichen ihren Mitgliedern, basierend auf gemeinsamen verbindlichen Verbandsstatuten, u.a. die Durchführung von Sportwettkämpfen auf überregionaler Ebene und, sofern sie durch den jeweiligen Verband vorgenommen werden, die Vermarktung der Fernsehrechte an ihren Sportereignissen. Die Zugehörigkeit von Amateurvereinen zum Verband schadet nicht[640]. Nach der funktionalen Betrachtungsweise sind solche Sportverbände somit als Unternehmenszusammenschlüsse anzusehen[641].

---

633 Kommission, Abl. L 1992 326, 31-42 Rn. 49, 53 (IV.33.384 und 33.378 – 27.10.1992) "Fußball-Weltmeisterschaft 1990"; EuG, Slg. 1994, II-1039, 1042ff. (Rs. T-46/92 – 9.11.1994) "Scottish Football Association"; Roth/Ackermann, FK, Art. 81 I Rn. 73.

634 Roth/Ackermann, FK, Art. 81 I Rn. 74.

635 EuGH, Slg. 1975, 563, 583f. (Rs. 71-74 – 15.05.1975) "Frubo"; Kommission, Abl. 1971 L 227, 26ff. (IV/181 – 8.10.1997) "CEMATEX".

636 Roth/Ackermann, FK, Art. 81 I Rn. 75; Kommission, Abl. 1971 L 227, 26, 29 (IV/181 – 8.10.1997) "CEMATEX"; Kommission, Abl. 1985 L 35, 35, 39 (IV/28.930 – 7.12.1984) "Milchförderungsfonds".

637 Vor der Spielsaison 2001/2002 überließ der DFB u.a. die Senderechte an der Fußball-Bundesliga und der 2. Bundesliga dem Ligaverband zur Nutzung, der diese Rechte der DFL überließ. Der Ligaverband ist ein Zusammenschluß der lizenzierten Vereine und Kapitalgesellschaften der beiden Bundesligen. Einzige Gesellschafterin der DFL ist der Ligaverband. Damit erfolgt die Vermarktung der Bundesliga-Senderechte nunmehr praktisch zentral durch die DFL.

638 Union des Associations Européennes de Football (**UEFA**).

639 Die Fédération Internationale de l'Automobile (**FIA**) repräsentiert die Interessen von weltweit über 160 nationalen Automobil- und Motorsportorganisationen. Die FIA übertrug die Vermarktungsrechte an der Fomel 1 im Jahre 2001 auf die Formula One Administration Ltd. (**FOA**) und beschränkt sich fortan auf die Rolle eines sportlichen Regulierungsorgans.

640 Roth/Ackermann, FK, Art. 81 I Rn. 30.

641 So auch BGH WRP 1998, 188, 190 (11.12.1997 – KVR 7/96) "Europapokalheimspiele"; EuG, Slg. 1994, II-1039 (Rs. T-46/92 – 9.11.1994) "Scottish Football Association"; Kommission, Abl. 1993 L 179, 23 (IV/32.150 – 11.06.1993) "EBU/Eurovisions-System"; Roth/Ackermann FK, Art. 81 I Rn. 30; Fleischer, WuW 1996, 473, 474;

Sportvereine sind somit Unternehmen und Sportverbände sind Unternehmensvereinigungen im Sinne des Art. 81 I EGV. Beide sind folglich Adressaten dieser Norm.

(c) Konzentrationsprivileg und Arbeitsgemeinschaftsgedanke als Anwendungshindernisse für Art. 81 I EGV

(i) Konzentrationsprivileg

An einer Anwendbarkeit von Art. 81 I EGV könnte es jedoch trotz der Adressateneigenschaft der Sportvereine und -verbände von vornherein fehlen, falls zwischen den einzelnen Vereinen oder Sportorganisationen, die sich zu einem Sportverband zusammen geschlossen haben, kein wirtschaftlicher Wettbewerb besteht. Dies ist denkbar aufgrund der ökonomischen Besonderheiten des Ligasports. Während auf herkömmlichen Wirtschaftsmärkten für gewöhnlich antagonistisch geprägter Verdrängungswettbewerb zwischen den Marktteilnehmern herrscht, der theoretisch auf die Eliminierung der Konkurrenten zur Erlangung einer gewinnmaximierenden Monopolstellung gerichtet ist, haben die Sportvereine einer Liga ein grundlegendes Interesse an der wirtschaftlichen Lebensfähigkeit ihrer Wettbewerber[642]. Wenn man also das kooperative Element unter den Vereinen als das überwiegende ansieht und man deshalb die komplette Liga und nicht etwa die einzelnen Vereine als ein Unternehmen qualifiziert, verlören diese Vereine für das Kartellrecht ihre Unternehmenseigenschaft; ihre ligainternen Senderechtsvereinbarungen wären dem Kartellverbot entzogen, da es an einer Mehrzahl von im Wettbewerb miteinander stehenden Normadressaten fehlen würde. In den USA führte dieser Ansatz zur Entwicklung der Single Entity-Theorie[643], die bereits die tatbestandliche Anwendung des § 1 Sherman Act auf bestimmte konzerninterne Absprachen ausschließt.

Dem deutschen und europäischen Recht ist dieser Gedanke ebenfalls nicht fremd und in Form des Konzentrationsprivilegs für konzerninterne Absprachen bekannt. Nach der Rechtsprechung des EuGH unterliegen Vereinbarungen und abgestimmte Verhaltensweisen von Konzerngesellschaften dann nicht Art. 81 I EGV, wenn diese Gesellschaften eine wirtschaftliche Einheit bilden[644], d.h. die einzelnen Konzernunternehmen wirtschaftlich nicht autonom sind[645] und die

---

Weng, Zentrale Vermarktung von Fernsehrechten, S. 108; Stopper, Ligasport und Kartellrecht, S. 164; Weihs, Zentrale Vermarktung von Sportübertragungsrechten, S. 251f. für den DFB; Hellmann/Bruder, EuZW 2006, 359, 361.

642 Siehe hierzu Ziffer A.V.1(b) oben.

643 Siehe hierzu Ziffer A.V.2 unten.

644 EuGH, Slg. 1996, I-5457, 5495f. Rn. 15ff. (Rs. C-73/95 P – 24.10.1996) "Viho".

645 EuGH, Slg. 1974, I-1147, 1169 (Rs. 15-74 – 31.10.1974) "Centrafarm I".

Vereinbarungen lediglich der internen Aufgabenverteilung dienen. Entscheidend ist das einheitliche Vorgehen der Muttergesellschaft und ihrer Tochtergesellschaften am Markt[646]. Erforderlich ist ferner, daß die Muttergesellschaft ihre Tochtergesellschaft kontrollieren kann und sich aus der Struktur der Zusammenarbeit eine tatsächliche Kontrolle ergibt[647]. Die Kriterien des Konzentrationsprivilegs sind also sehr gut vergleichbar mit den Vorgaben der Single Entity-Theorie. Dementsprechend führte der DFB dieses Argument im Kartellverfahren um die Senderechtevermarktung von Europapokalheimspielen an und argumentierte, die Fußball-Bundesliga sei ein einheitliches Rechtssubjekt, so daß den zwischen den einzelnen Ligamitgliedern getroffenen Absprachen kein wettbewerbsbeschränkendes Potential innewohne[648].

Eingangs wurde bereits festgestellt, daß die in einer Liga zusammen geschlossenen europäischen Vereine als wirtschaftlich tätige Unternehmen zu qualifizieren sind. Dies sagt jedoch noch nichts über ihr Wettbewerbsverhältnis untereinander aus[649]. Daß Sportvereine nicht nur sportliche, sondern auch wirtschaftliche Konkurrenten sind, wurde für US-amerikanische Clubs herkömmlich organisierter Sportligen bereits unter Ziffer A.V.1(b) und Ziffer A.V.3(a)(ii) oben ausführlich dargestellt. Bei einer Projektion dieser Feststellung auf deutsche und europäische Vereine müssen jedoch die ökonomischen und organisatorischen Unterschiede zwischen US-Sportligen und europäischen Sportligen berücksichtigt werden.

Anders als in US-amerikanischen Profiligen ist mit dem in Europa üblichen Auf- und Abstiegsmechanismus in den Ligen ein ständiger Wechsel der Ligamitglieder verbunden, der primär durch die sportlichen Resultate der Vereine und nicht durch einen bindenden Austrittsbeschluß des Verbandes zustande kommt. Im deutschen und europäischen Sport ist darüber hinaus keine Sportliga ersichtlich, die wie die US-Fußball-Liga MLS bewußt als gegenüber den einzelnen Clubs weisungsbefugte und die alleinige Kontrolle über sie ausübende wirtschaftliche Einheit ausgestaltet ist[650].

Die in den verschiedenen Bundesligen zusammen geschlossenen Vereine tragen jedoch wie die Major League-Clubs alle jeweils ihr eigenes wirtschaftliches Ri-

---

646 EuGH, Slg. 1996, I-5457, 5495f. Rn. 15ff. (Rs. C-73/95 P – 24.10.1996) "Viho".

647 EuGH, Slg. 1996, I-5457, 5487ff. (Rs. C-73/95 P – 24.10.1996) "Viho"; EuGH, Slg. 1974, I-1147, 1169 (Rs. 15-74 – 31.10.1974) "Centrafarm I".

648 BKartA, SpuRt 1995, 118, 122ff. (2.9.1994 – B6 – 747000 – A– 105/92) "Europapokalheimspiele"

649 Langen/Bunte, Art. 81 Rn. 10.

650 Siehe zur Ligastruktur der MLS näher Ziffer A.V.2(b)(iv) und A.V.3(a)(iii) sowie Heermann, RabelsZ 67, 106, 130ff.

siko, ohne daß eine gegenseitige Verlustübernahme oder Gewinnteilung innerhalb der Liga besteht. Sie treffen voneinander unabhängige Investitionsentscheidungen bezüglich ihrer Angestellten, Spieler und Trainer sowie ihrer Spielstätten. Sie setzen individuelle Eintrittspreise fest und vermarkten ihre Produkte und Markenrechte sowie ihre Mannschaften oder Sportler eigenverantwortlich. Die Liga ist nicht rechtlich oder finanziell an den Ligavereinen beteiligt. Die weit überwiegende Zahl der Clubs firmiert in der Rechtsform des eingetragenen Vereins, wenngleich satzungsmäßig oft auch Kapitalgesellschaftsformen zulässig sind. Letztere Möglichkeit soll vor allem flexiblere Finanzierungsmöglichkeiten dieser "Vereine" ermöglichen[651]. Den Kapitalgesellschaften im Profifußball, an denen jeweils ein Verein zwingend die Mehrheit halten muß, ist dabei aber durch die Verbandssatzung untersagt, sich mittelbar oder unmittelbar an anderen Gesellschaften desselben Verbandes zu beteiligen[652]. Dies macht deutlich, daß sowohl sämtliche Clubs als auch ihr jeweiliger Sportverband das Ziel verfolgen, glaubhaft nach außen die sportliche, finanzielle und rechtliche Weisungsunabhängigkeit der einzelnen Clubs zu demonstrieren, da aus Sicht der Zuschauer nur auf diese Weise die sportliche Integrität der Liga gewährleistet ist. Der jeweilige Verband dient vorrangig organisatorischen und koordinierenden Aufgaben. Besteht der Eindruck, die Sportresultate könnten durch die Einflußnahme einer zentralen, übergeordneten Einheit kontrolliert werden, verlöre der Sport seine Glaubwürdigkeit und Attraktivität für die Zuschauer. Eine gleiche Interessenlage herrscht bei supranationalen Sportorganisationen wie der FIA oder der UEFA[653].

Genausowenig wie im US-amerikanischen Sport ist in Deutschland und Europa aber nicht auszuschließen, daß sich in Zukunft Sportligen gründen, die sich an den von Rechtsprechung und Literatur aufgestellten konzern- und kartellrechtlichen Kriterien orientieren, um im Hinblick auf ihre geschäftliche Betätigung dem Kartellverbot des Art. 81 I EGV zu entgehen. Eine Liga müßte hierzu gemäß den Vorgaben des *Viho*-Urteils des EuGH[654] gesellschaftsrechtlich als eine wirtschaftliche Einheit konzipiert sein, in der die in ihr zusammen geschlossenen Vereine keine wirtschaftliche Autonomie besitzen und die Liga die tatsächliche Kontrolle über all diese Vereine ausübt. Eine andere Möglichkeit wäre,

---

651 Vgl. z.B. die Internetseite der Borussia Dortmund GmbH & Co. KGaA (www.borussia-aktie.de).

652 Vgl. z.B. § 16c DFB-Satzung.

653 Im Zusammenhang mit ihrer Champions League-Entscheidung vertrat auch die Kommission die Ansicht, die einzelnen Vereine seien wirtschaftliche Wettbewerber u.a. auf dem Gebiet der Vermarktung der Fernsehrechte. Siehe Kommission, Abl. 2003 L 291, 25, 46 Rn. 129 (K (2003) 2627) "Gemeinsame Vermarktung der UEFA Champions League-Rechte".

654 EuGH, Slg. 1996, I-5457 (Rs. C-73/95 P – 24.10.1996) "Viho".

sich konzernrechtliche Strukturen zu geben oder sich als konzentratives Gemeinschaftsunternehmen zu organisieren. So könnte die Gründung des Ligaverbandes in der Saison 2000/01 ein erster Schritt zu einem konzentrativen Gemeinschaftsunternehmen oder Gleichordnungskonzern gewesen sein[655]. Dessen Mitglieder sind die lizenzierten Vereine und Kapitalgesellschaften der Bundesliga und der 2. Bundesliga[656]. Das operative Geschäft wird durch die DFL, einer hundertprozentigen Tochtergesellschaft des Ligaverbandes, geführt. Der Ligaverband ist u.a. berechtigt, die sich aus den Lizenzligawettbewerben ergebenden Vermarktungsrechte und das Ligalogo exklusiv im eigenen Namen zu verwerten[657]. Der Ligaverband und dessen Mitglieder müssen als Gegenleistung für die überlassenen Rechte einen jährlichen Pachtzins in Höhe von 3% der aus diesen Rechten erzielten Gesamteinnahmen an den DFB zahlen. Die DFL koordiniert somit die Vermarktung der Fernsehrechte der Vereine.

Diese Strukturen reichen jedoch nicht aus, um die Voraussetzungen eines Gemeinschaftsunternehmens nach Art. 3 II Fusionskontrollverordnung (**FKVO**) zu erfüllen[658]. Denn danach müßte der Ligaverband ein Gemeinschaftsunternehmen sein, das auf Dauer alle Funktionen einer selbständigen wirtschaftlichen Einheit erfüllt und die unmittelbare oder mittelbare Kontrolle über die Gesamtheit oder über Teile eines oder mehrerer anderer Unternehmen erwirbt. Der Verordnungsgeber begrenzte die Anwendbarkeit der Vorschrift auf konzentrative Vorgänge und definierte den Begriff des Zusammenschlusses (und damit auch den des Gemeinschaftsunternehmens) so, daß er nur solche Handlungen erfaßt, die zu einer dauerhaften Veränderung der Struktur der beteiligten Unternehmen führt; daher sind von der Anwendung der Verordnung solche Handlungen auszuschließen, die eine Koordinierung des Wettbewerbsverhaltens unabhängig bleibender Unternehmen bezwecken oder bewirken[659].

Die Kommission trifft bei der Frage, ob ein Gemeinschaftsunternehmen konzentrativ handelt, unter Beachtung der Besonderheiten des jeweiligen Einzelfalls eine Prognose für die Zukunft und bezieht dabei unter dem Gesichtspunkt des potentiellen Wettbewerbs auch die Frage des Marktwiedereintritts der Mutterunternehmen ein[660]. Ist ein Wiedereintritt aus wirtschaftlichen Gesichtspunkten

---

655 So zum deutschrechtlichen Ansatz Heermann, WRP 2001, 1140, 1144.

656 § 16c Nr. 1 DFB-Satzung.

657 § 16a Nr. 2 DFB-Satzung.

658 Siehe hierzu auch die Ausführungen unter Ziffer B.VII.4(c) unten.

659 Kommission, Abl. 2004 C 31, 5 Rn. 3 "Leitlinien zur Bewertung horizontaler Zusammenschlüsse"; Langen/Bunte, Art. 3 FKVO Rn. 29 unter Hinweis auf Erwägungsgrund 23 der Verordnung.

660 Kommission, Abl. 2004 C 31, 5, 6 Rn. 9 "Leitlinien zur Bewertung horizontaler Zusammenschlüsse".

möglich, weil zum Beispiel keine hohen Markteintrittskosten zu erwarten sind oder beim Zusammenschluß kein Ressourcentransfer stattgefunden hat, geht die Kommission von einer unzulässigen Koordinierung des Wettbewerbsverhaltens aus[661].

Zwar übertrugen die einzelnen Fußballvereine ihre Verwertungsrechte für Live-Übertragungen und ihre Nachverwertungsrechte an ihren Bundesligaspielen vollständig auf den Ligaverband, der eine dauerhafte, selbständige wirtschaftliche Einheit darstellt. Wie nachfolgend unter Ziffer B.III.1(g)(ii) näher ausgeführt wird, bleiben die Vereine aber zumindest Mitveranstalter ihrer Heimspiele und somit originäre Mitinhaber der Übertragungsrechte. Sie sind wirtschaftlich autonom und strukturell nicht vollständig in den Ligaverband eingegliedert. Dies konkretisiert die Satzung des Ligaverbandes. Dieser sieht sich selbst lediglich als Dienstleistungsunternehmen seiner Mitglieder, der die Gemeinschaftsinteressen der Bundesliga und damit der Lizenzligavereine realisieren soll[662]. Er wird also nicht in erster Linie für eigenwirtschaftliche Zwecke tätig, sondern für seine Mitglieder[663]. Darüber hinaus sind die beiden Bundesligen laut Ligaverband-Satzung "Vereinseinrichtungen", was deutlich macht, daß die Vereine und nicht der Ligaverband die für den Ligabestand maßgeblichen Beiträge leisten und deshalb weiterhin die Vereine die bestimmenden Einheiten sind[664]. Eine Rückkehr der einzelnen Vereine in den Markt für Fernsehsenderechte an Fußballspielen ist somit unter dem Gesichtspunkt des potentiellen Wettbewerbs in wirtschaftlicher Hinsicht durchaus möglich[665]. Es bestehen für die Vereine weder hohe Kosten für den Markteintritt, da die Investitionskosten hierfür vergleichsweise gering sind und sie lediglich ihre jeweiligen Senderechte zum Kauf anzubieten brauchen, noch findet ein nennenswerter Ressourcentransfer auf den Ligaverband statt, der die Möglichkeit eines Wiedereintritts in den Senderechtemarkt für die Clubs unrealistisch werden ließe. Die Gründung des Ligaverbandes führte folglich nicht zu einem Gemeinschaftsunternehmen der Vereine i.S.d. Art. 3 II FKVO, sondern diente vielmehr ihrer (wettbewerbsrechtlich unschädlichen) Verhaltenskoordinierung.

---

661 Vgl. WuW 1993, 37 "British Airways/TAT"; WuW 1992, 35 "UAP/Transatlantic/Sun Life"; WuW 1992, 921 "Péchiney/VIAG"; WuW 1991, 702 "Sanofi/Sterling Drug".

662 § 11 Nr. 1 lit. k) Ligaverband-Satzung, § 5 Nr. 1 OVR.

663 § 4 Nr. 1 Ligaverband-Satzung. Vgl. hierzu auch LG Hamburg, AfP 2002, 251, 254, das am Rande zu dem Ergebnis kommt, daß die DFL die Hörfunkrechte (und die Fernsehübertragungsrechte) für und im Einvernehmen mit den Vereinen wahrnehme; Kuczera, Vermarktung von Übertragungsrechten im Fußball, S.176.

664 § 4 Nr. 1 lit. a) Ligaverband-Satzung.

665 Bayern München, Borussia Dortmund und Bayer Leverkusen hatten ein solches Vorgehen z. B. in der Vergangenheit bereits mehrmals öffentlich in Erwägung gezogen.

Entsprechende gesellschaftsrechtliche Änderungen der Organisationsform bereits bestehender, in Deutschland hauptsächlich vereinsrechtlich organisierter Sportverbände, sind nicht zu erwarten. Zum einen sprechen die gefestigten Erwartungen europäischer Zuschauer und Sportfans an sportlich, wirtschaftlich und rechtlich objektiv unabhängige Sportvereine hiergegen und zum anderen zeigen die Entwicklung in den USA und die Single Entity-Rechtsprechungshistorie in Bezug auf US-amerikanische Proficlubs, daß sich allenfalls neu gegründete Ligen, die sich an den strengen konzernrechtlichen Rechtsprechungsvorgaben orientieren, nicht aber bestehende Vereins- und Ligastrukturen, in der Praxis erfolgreich auf diese Argumente berufen können.

All dies macht deutlich, daß die in herkömmlichen europäischen Sportverbänden zusammen geschlossenen Vereine sowohl in sportlichem als auch wirtschaftlichem Wettbewerb miteinander stehen[666]. Das Konzentrationsprivileg ist deshalb im Hinblick auf diese Sportverbände nicht geeignet, die Anwendbarkeit des Art. 81 I EGV wegen fehlender Wettbewerbsbeziehungen der betreffenden Clubs innerhalb ihrer Liga von vornherein auszuschließen. Als Zwischenergebnis ist somit festzuhalten, daß sich deutsche bzw. europäische Sportverbände genausowenig auf das Konzentrationsprivileg berufen können, um Senderechtsvereinbarungen mit ihren Mitgliedern über deren Sportveranstaltungen vor der Anwendung des europäischen Kartellverbots zu schützen, wie dies herkömmlich organisierte US-amerikanische Sportligen in Bezug auf die Single-Entity-Theorie und die Anwendbarkeit des § 1 Sherman Act nach dem Antitrust-Recht können.

(ii) Arbeitsgemeinschaftsgedanke

Einen ähnlichen Ansatz wie das Konzentrationsprivileg verfolgt der Arbeitsgemeinschaftsgedanke, der im europäischen Recht auch als Markterschließungsdoktrin oder Wettbewerbseröffnungsdoktrin bezeichnet wird[667]. Der EuGH und die Kommission verneinen häufig bereits die Tatbestandsmäßigkeit des Art. 81 I EGV, falls die Schaffung eines vermarktungsfähigen Produkts die Zusammenarbeit mehrerer Unternehmen erfordert, wenn keines der Unternehmen alleine zur Herstellung dieses Produkts in der Lage wäre und somit durch das Entstehen eines neuen Marktteilnehmers der Wettbewerb verstärkt oder durch die Er-

---

666 So auch BGH WRP 1998, 188, 191 (11.12.1997 – KVR 7/96) "Europapokalheimspiele"; Enderle, Vermarktung von Fernsehübertragungungsrechten im professionellen Ligasport, S. 10-13; Jänich, GRUR 1998, 438, 439f.; Springer, WRP 1998, 477, 480; Fleischer, WuW 1996, 473, 477, Kuczera, Vermarktung von Übertragungsrechten im Fußball, S. 159ff.; Weihs, Zentrale Vermarktung von Sportübertragungsrechten, S. 259f., 327f.

667 Fritzsche, ZHR 160, 31, 37ff. m. w. N.; Fleischer, WuW 1996, 473, 480; Mahler, SpuRt 2001, 8, 11.

schließung neuer Märkte überhaupt erst Wettbewerb eröffnet wird[668]. Insbesondere die Kommission behandelt horizontale Kooperationsvereinbarungen zwischen Unternehmen in der Form von Arbeitsgemeinschaften zur gemeinsamen Ausführung von Leistungen als nicht wettbewerbsschädigend, sondern sogar vielmehr wettbewerbsdienlich, sofern die einzelnen Unternehmen diese Leistung nicht alleine, sondern nur gemeinsam erbringen können[669]. Unter diesen Bedingungen ist der Anwendungsbereich des Art. 81 I EGV nicht eröffnet.

Der Gedanke einer Arbeitsgemeinschaft zwischen den Vereinen und ihrem Verband ließe sich auf die Zentralvermarktung von Sportveranstaltungen übertragen, falls die Vereine nur gemeinsam mit dem Verband eine marktfähige Leistung erbringen könnten. Für die Clubs bedeutet das, daß sie das Produkt "Ligaspiel" nicht alleine, sondern nur im Verbund mit der Liga herzustellen vermögen. Diese Ansicht vertrat der DFB im Europapokalheimspiele-Fall als er argumentierte, das einzelne Fußballspiel besitze keinen eigenständigen, vom Gesamtwettbewerb unabhängigen Reiz und Marktwert und erhalte seine Besonderheit erst durch die Einbettung in diesen Gesamtwettbewerb, da kein Verein alleine in der Lage sei, sich die Gegner auszusuchen und auch der Zeitpunkt und die Menge des Angebots der Vereine von der gemeinschaftlichen Organisation des Gesamtwettbewerbs abhinge[670]. Die Nachfrage richte sich nicht etwa auf das von dem einzelnen Verein angebotene Heimspiel, sondern auf das gesamte, durch den Verband angebotene Rechtepaket, da nur so eine parallele Ausstrahlung von Begegnungen vermieden und nur dadurch die Planungssicherheit erzielt werden könne, ohne die es überhaupt keine Nachfrage gäbe[671].

Die zentrale Vermarktung von Fernsehübertragungsrechten an Sportveranstaltungen ist jedoch keine unentbehrliche Voraussetzung dafür, daß beispielsweise das Produkt "Ligaspiel" überhaupt erst hergestellt werden kann. Im Falle von Bundesligaspielen, nationalen Pokalwettbewerben und europäischen Mannschaftssportwettbewerben besitzen einzelne Spielbegegnungen einen eigenständigen marktfähigen Wert und Reiz. Im Ligasportbereich ist nicht die Liga das vermarktungsfähige Produkt, sondern das einzelne Spiel. Trotz Einbettung in den Gesamtwettbewerb behält das einzelne Bundesligaspiel seine Eigenständig-

---

668 EuGH, Slg. 1966, 282, 304 (Rs. 56-65 30.6.1966) "Maschinenbau Ulm"; Kommission, Abl. 2001 C 3, 2, 4 "Leitlinien zu Vereinbarungen über horizontale Zusammenarbeit"; Kommission, Abl. 1990 L 228, 31, 33 (IV/32.688 – 27.7.1990) "Konsortium ECR 900".

669 Kommission, Abl. 1999 L 125, 12, 21f. (K (1999) 221 – 12.4.1999) "Pooling Agreement".

670 KG, SpuRt 1996, 199, 201 (8.11.1995 – Kart 21/94) "Europapokalheimspiele".

671 KG, SpuRt 1996, 199, 201f. (8.11.1995 – Kart 21/94) "Europapokalheimspiele".

keit[672]. Das Interesse der Zuschauer und damit mittelbar auch das der Fernsehsender und Werbungstreibenden nährt sich hauptsächlich aus lokal-individuellen Besonderheiten und der spezifischen Liga- oder Wettbewerbssituation der jeweiligen Begegnung sowie den jeweils gegeneinander antretenden Mannschaften (Lokalderby, Abstiegs- und Meisterschaftskampf, Spiel um Qualifikationsplätze für europäische Wettkämpfe, etc.). Die Vereine sind selbständig in der Lage, ihre Spielpaarungen gegenüber Fernsehsendern und Rechtevermarktern zu vermarkten und dadurch die Übertragung ihrer Spielpaarungen im Fernsehen zu gewährleisten. Daß dies möglich ist und für die Vereine wirtschaftlich sinnvoll sein kann, zeigt sich bei der heute üblichen Einzelvermarktung der Collegefootballspiele und -basketballspiele in den USA[673] sowie der Fußball-Ligaspiele in Italien, Spanien, Großbritannien und Holland. Es besteht dort sehr wohl eine Nachfrage der Fernsehsender nach den Senderechten an einzelnen Spielen. Sofern der Verband keinen wesentlichen Beitrag für die Entstehung der Sportveranstaltung beisteuert, seine Funktion also zum Beispiel nur primär der Koordinierung von Spielterminen und der Regelvorgabe dient, ist sein Leistungsbeitrag nicht unerläßlich für die Herstellung des Produkts "Ligaspiel" und dessen Fernsehübertragung. Einer durch den Ligaverband zentral koordinierten und durchgeführten Rechtevergabe bedarf es hierzu nicht zwingend.

Selbst wenn ein Verband weitgehende organisatorische und wirtschaftlich bedeutende Funktionen bei einer einzelnen Sportveranstaltung einnimmt, die für deren Vermarktung erforderlich sind, kommt eine Anwendbarkeit des Arbeitsgemeinschaftsgedankens auf die zentrale Vermarktung der Senderechte nicht in Betracht. Denn die Herstellung eines Produkts ist von dessen anschließender Vermarktung in kartellrechtlicher Hinsicht strikt zu trennen[674]. In Bezug auf horizontale Forschungs- und Entwicklungsvereinbarungen geht die Kommission zwar davon aus, daß Vereinbarungen, welche die gemeinsame Vermarktung zukünftiger Forschungsergebnisse einbezieht, nicht notwendigerweise den Wettbewerb beschränken[675]. Dieser Ausnahmefall liegt aber bei der Zentralvermarktung von Senderechten nicht vor.

---

672 BGH, WRP 1998, 188, 192 (11.12.1997 – KVR 7/96) "Europapokalheimspiele"; KG, SpuRt 1996, 199, 201 (8.11.1995 – Kart 21/94) "Europapokalheimspiele"; BKartA, SpuRt 1995, 118, 122f. (2.9.1994 – B6 747000 – A – 105/92) "Europapokalheimspiele".

673 Siehe hierzu oben Ziffer A.VII.2(b), (c) und A.VIII.1(e).

674 BKartA, SpuRt 1995, 118, 124 (2.9.1994 – B6 747000 – A – 105/92) "Europapokalheimspiele"; KG, SpuRt 1996, 199, 202 (8.11.1995 – Kart 21/94) "Europapokalheimspiele"; Springer, WRP 1998, 477, 483; Fleischer, WuW 1996, 473, 478; Langen/Baron, Einführung EG-Kartellrecht, Rn. 177.

675 Kommission, Abl. 2001 C 3, 2, 9 "Leitlinien zu Vereinbarungen über horizontale Zusammenarbeit".

All dies macht deutlich, daß der Arbeitsgemeinschaftsgedanke auf Sportvereine und ihren Verband nicht paßt und deshalb abzulehnen ist. Die Anwendbarkeit des Art. 81 I EGV auf Zentralvermarktungsvereinbarungen von Sportvereinen mit ihrer Liga läßt sich dadurch nicht verhindern.

(d) Beschlüsse

Die Grundlage für die Zentralvermarktung der Senderechte seitens eines Verbandes findet sich in der Regel in den für sämtliche Mitglieder verbindlichen Verbandsstatuten. Teilweise wird die zentrale Rechtevermarktung auch durch Verträge mit den einzelnen Vereinen geregelt[676]. Wegen der weitaus größeren praktischen Bedeutung sollen im folgenden jedoch nur verbandsinterne Satzungsbestimmungen berücksichtigt werden. Im Falle des DFB bzw. der DFL und der Bundesligaspiele sind dies § 16 a. Nr. 2 Satz 1 DFB-Satzung, § 6 Nr. 2 lit. a) Ligaverband-Satzung und § 2 Nr. 1.3 DFL-Satzung i.V.m. §§ 9 und 10 der Ordnung für die Verwertung kommerzieller Rechte (**OVR**). Im Falle der UEFA und der Champions League-Spiele ist dies der Anhang VIII Art. 25 des Reglements der UEFA Champions League[677] i.V.m. Art. 47, 48 der UEFA-Statuten[678].

Bei den Regelungen für die Zentralvermarktung durch eine Unternehmensvereinigung müßte es sich um Beschlüsse im Sinne des Art. 81 I EGV handeln. Als Beschluß im Sinne des Art. 81 I EGV versteht man alle Rechtsakte, durch die eine Unternehmensvereinigung ihren Gesamtwillen durch das dafür zuständige Organ bildet[679]. Der Beschluß bindet nur diejenigen Mitglieder der Vereinigung, die als Unternehmen der Satzung dieser Vereinigung zugestimmt haben. Die Bindungswirkung von Beschlüssen besteht auch für überstimmte oder nicht abstimmende Mitglieder. Ob der Beschluß für die Mitglieder verbindlich sein muß, oder ob auch Empfehlungen als Beschlüsse qualifiziert werden können, ist umstritten. Im Schrifttum wird verbreitet die Verbindlichkeit als unverzichtbares Merkmal gefordert[680], wobei teilweise auch die faktische Verbindlichkeit aufgrund wirtschaftlichen, gesellschaftlichen oder moralischen Drucks als ausreichend angesehen wird[681]. Vereinzelt wird darüber hinaus die faktische Befol-

---

676 So z.B. im Falle der Entscheidung des DEL-Schiedsgerichts, SpuRt 1997, 165f.

677 Reglement der UEFA Champions League für die Saison 2004/2005.

678 UEFA-Statuten, Ausgabe 2004.

679 Kommission, Abl. 1985 L 35, 20, 24 Rn. 23 (IV/30.307 – 5.12.1984) "Feuerversicherung"; Mestmäcker/Schweitzer, Europäisches Wettbewerbsrecht, § 9 Rn. 10; Roth/Ackermann, FK, Art. 81 I Rn. 103.

680 Gleiss/Hirsch/Burkert, Art. 85 I Rn. 84; Hailbronner/Klein/Magiera/Ehlermann/Müller-Graff, Art. 85 Rn. 48; Grabitz/Hilf/Stockenhuber, Art. 81 Rn. 104.

681 Von der Gröben/Schwarze/Schröter, Art. 81 I Rn. 63.

gung des Beschlusses für ausreichend gehalten[682] oder gar nur unverbindliche Beschlußformen mit nur empfehlendem Charakter[683]. Die Kommission vertritt ebenfalls eine weite Auslegung und subsumiert Empfehlungen unter den Begriff des Beschlusses[684]. Zu dieser Ansicht tendiert auch der EuGH[685].

Um eine Umgehung der durch Art. 81 I EGV verbotenen Koordinationsformen zu vermeiden, das Kartellverbot nicht zur Disposition der Beteiligten zu stellen und seine Anwendbarkeit nicht von der eventuell streitigen verfahrensrechtlichen Frage des wirksamen Zustandekommens des Beschlusses abhängig zu machen, ist eine weite Auslegung des Begriffs des Beschlusses zu wählen. Also sind auch nichtbindende Beschlußformen einer Unternehmensvereinigung als Beschlüsse i.S.d. Art. 81 I EGV zu qualifizieren.

Somit sind Regelungen in den Verbandsstatuten eines Sportverbandes, die diesem die Zentralvermarktung von Senderechten kraft satzungsmäßiger Ermächtigung zuweisen, als Beschluß im Sinne des Art. 81 I EGV zu qualifizieren.

(e) Eignung zur Beeinträchtigung des Handels zwischen den Mitgliedstaaten

Art. 81 I EGV kommt nur zur Anwendung, sofern der Beschluß geeignet ist, den zwischenstaatlichen Handel zu beeinträchtigen. Für die Erfüllung dieser Zwischenstaatlichkeitsklausel reicht es bereits aus, daß die betreffende Maßnahme aufgrund der gesamten Umstände geeignet ist, "unmittelbar oder mittelbar, tatsächlich oder der Möglichkeit nach, den Warenverkehr zwischen den Mitgliedstaaten in einer Weise zu beeinträchtigen, die der Verwirklichung der Ziele eines einheitlichen zwischenstaatlichen Marktes nachteilig sein kann"[686]. Der Begriff des zwischenstaatlichen Handels ist nach ständiger Praxis weit auszulegen und

---

682 Emmerich, Kartellrecht, S. 387; Mestmäcker/Schweitzer, Europäisches Wettbewerbsrecht, § 9 Rn. 10.

683 Roth/Ackermann, FK, Art 81 I Rn. 108; Gippini-Fournier, Kartellrecht, Art. 81 I Rn.103.

684 Kommission, Abl. 1996 L 181, 28, 32ff. (IV/34.983 – 5.06.1996) "FENEX"; Kommission, Abl. 1985 L 35, 20, 24 Rn. 23 (IV/30.307 – 5.12.1984) "Feuerversicherung"; Kommission, Abl. 1987 L 43, 51, 56 (IV/31.356 – 12.12.1986) "ABI".

685 EuGH, Slg. 1983, 3369, 3410 (Rs. 96-102, 104, 105, 108 und 110/82 – 8.11.1983) "IAZ International Belgium"; EuGH, Slg. 1987, 405, 454f. Rn. 26-32 (Rs. 45/85 – 27.01.1987) "Verband der Sachversicherer".

686 Ständige Rspr. seit EuGH Slg. 1966, 282, 303 (Rs. 56-65 - 30.6.1966) "Maschinenbau Ulm"; EuGH, Slg. 1999, I-135, 178f. (Rs. C-215/96 und C-216/96 - 21.1.199) "Bagnasco"; EuG, Slg. 2000, II-491 Rn. 3930 (Rs. T-25/96 u.a. - 15.3.2000) "Cimenteries CBR"; Roth/Ackermann, FK, Art. 81 I Rn. 313; Gippini-Fournier, Kartellrecht, Art. 81 I Rn. 179f.

umfaßt den gesamten Wirtschaftsverkehr zwischen den Mitgliedstaaten[687]. Maßstab für die Prüfung der Frage, ob die Maßnahme eine Veränderung des Handels zwischen den Mitgliedstaaten zur Folge hat, sind die belegbaren hypothetischen Verhältnisse ohne die fragliche Maßnahme, d.h. bei Wettbewerb[688]. Durch die wettbewerbsbeschränkende Maßnahme müßte sich der zwischenstaatliche Handel anders als im System unverfälschten Wettbewerbs entwickelt haben[689]. Dabei genügt eine Eignung der Maßnahme zur Beeinträchtigung des Wirtschaftsverkehrs, die anhand objektiver rechtlicher und tatsächlicher Umstände mit hinreichender Wahrscheinlichkeit voraussehbar ist[690].

Die Fernsehsenderechte an Fußball-Bundesligaspielen sind Gegenstand des grenzüberschreitenden Wirtschaftsverkehrs, da diese Rechte nicht nur an nationale Sender, sondern auch an Fernsehsender im europäischen Ausland verkauft werden[691]. Letztere können diese Rechte durch grenzüberschreitende Sendungen (zurück in das Bundesgebiet) selbst verwerten[692], sie an einen deutschen Sender weiter veräußern[693] oder die Spiele in ihrem nationalen Sendegebiet ausstrahlen. Die zentrale Rechtevergabe hindert ausländische Sender daran, Erst-, Zweit- oder Drittverwertungsrechte an einzelnen Spielbegegnungen deutscher Wettbewerbe direkt von den Bundesligaclubs zu erwerben, sodaß es ihnen unmöglich ist, einzelne dieser Spiele in ihren Sendegebieten auszustrahlen[694]. Im Bereich der Vermarktung von Fußballsenderechten durch den DFB bzw. Ligaverband

---

687 EuGH, Slg. 2002, I-1577 Rn. 95 (Rs. C-309/99 – 19.2.2002) "Wouters"; EuGH, Slg. 2001, I-8089 Rn. 49 (Rs. C-475/99 – 25.10.2001) "Ambulanz Glöckner"; Kommission, Abl. 2004 C 101, 81, 83 Rn. 19 "Leitlinien über den Begriff der Beeinträchtigung des zwischenstaatlichen Handels"; GA Lenz, Slg. 1995, I-4921, 5029 (Rs. C-415/93 – 15.12.1995) "Bosman".

688 EuGH, Slg. 1980, 3125, 3274f. (Rs. 219 bis 215 und 218-78 - 29.10.1980) "van Landewyck"; Mestmäcker/Schweitzer, Europäisches Wettbewerbsrecht, § 4 Rn. 14; Emmerich, Kartellrecht, S. 375.

689 EuGH, Slg. 1980, 3125, 3274f. (Rs. 219 bis 215 und 218-78 - 29.10.1980) "van Landewyck".

690 Ständige Praxis; z.B. EuGH Slg. 1966, 282, 303 (Rs. 56-65 - 30.6.1966) "Maschinenbau Ulm"; EuGH, Slg. 1999, I-135, 178 (Rs. C-215/96 und C-216/96 - 21.1.199) "Bagnasco"; Kommission, Abl. 2004 C 101, 81, 83 Rn. 23ff. "Leitlinien über den Begriff der Beeinträchtigung des zwischenstaatlichen Handels"; Mestmäcker/Schweitzer, Europäisches Wettbewerbsrecht, § 4 Rn. 14; Roth/Ackermann, FK, Art. 81 I Rn. 316.

691 Der luxemburgische Sender CLT und der italienische Medienunternehmer Berlusconi gaben beispielsweise im Jahr 1996 ein Angebot an den DFB ab für den Erwerb der Rechte an der Bundesliga für die Spielzeiten 1997-2000.

692 Dies wird ermöglicht durch die Richtlinie 89/552/EWG, geändert durch die Richtlinie 97/36/EG (Abl. 1997 L 202, 60) "Fernsehen ohne Grenzen".

693 Ein solcher Zwischenhandel von Senderechten an UEFA-Pokalspielen ist ständige Praxis, vgl. Wertenbruch, ZIP 1996, 1417, 1418f.

694 So auch Weihs, Zentrale Vermarktung von Sportübertragungsrechten, S. 285.

gilt dies für die nationalen Vereinswettbewerbe (Bundesliga, DFB-Vereinspokal[695], Hallen-Pokal[696]) und die Heimspiele im Rahmen der europäischen Wettbewerbe (Europapokal, Pokal der Pokalsieger). Bei europäischen Wettbewerben (UEFA Champions League, UEFA-Pokal, Pokal der Pokalsieger) sind wegen der gesteigerten Attraktivität der Veranstaltung nicht nur die nationalen Sender des Heimvereins, sondern auch Sender aus dem Land des Gegners am Erwerb der jeweiligen Übertragungsrechte interessiert und würden sich deshalb am Wettbewerb um diese Rechte beteiligen. Die zentrale Vermarktung durch nur einen übergeordneten Anbieter erschwert dies jedoch. Bei individueller Rechtevermarktung durch die Vereine würden sich die Handelsströme auf dem Markt für Fernsehrechte ändern, da dann einer Vielzahl von interessierten Sendern auch eine Vielzahl von Anbietern gegenüberstehen würde.

Die Zentralvermarktung von Senderechten an populären Sportwettkämpfen ist danach geeignet, sich nicht nur in einem Mitgliedstaat auszuwirken, da eine zumindest potentielle Nachfrage nach entsprechenden Fernsehsenderechten auch in anderen Mitgliedstaaten besteht. Die geschriebenen Voraussetzungen der Zwischenstaatlichkeitsklausel sind hier also erfüllt.

(f) Spürbarkeit der zwischenstaatlichen Handelsbeeinträchtigung

Die grenzüberschreitende Handelsbeeinträchtigung muß auch spürbar sein. Die Spürbarkeit ist ein durch die Entscheidungspraxis der Kommission und die EuGH-Rechtsprechung entwickeltes, ungeschriebenes Tatbestandsmerkmal, das sich sowohl auf die Wettbewerbsbeschränkung als auch auf die zwischenstaatliche Handelsbeeinträchtigung bezieht. Dabei kommt es auf den Markteinfluß der Wettbewerbsbeschränkung an, also auf die Außenwirkung[697]. Erlaubt sind danach Vereinbarungen, die den Wettbewerb nur geringfügig beschränken und sich nur unwesentlich auf den Markt auswirken[698].

Hinsichtlich der Eignung zur Beeinträchtigung des zwischenstaatlichen Handels stellte die Kommission allgemeine Regeln auf, die in Form einer widerlegbaren

---

695 Da der Sieger des DFB-Pokal-Wettbewerbs am UEFA-Pokal-Wettbewerb teilnimmt, besteht die Möglichkeit, daß in anderen Mitgliedstaaten ein Interesse an diesen Pokalspielen und dem hierdurch ermittelten möglichen deutschen Gegner besteht.

696 An in der Winterpause stattfindenden Fußball-Hallenturnieren nehmen regelmäßig auch europäische Gastmannschaften teil, so daß auch diesbezüglich ein potentielles Interesse an Fernsehübertragungen der Spiele in diesen Ländern besteht.

697 Mestmäcker/Schweitzer, Europäisches Wettbewerbsrecht, § 10 Rn. 80.

698 EuGH, Slg. 1966, 282, 303f. (Rs. 56-65 - 30.6.1966) "Maschinenbau Ulm"; EuGH, Slg. 1999, I-135, 175 (Rs. C-215/96 und C-216/96 - 21.1.199) "Bagnasco"; EuGH, Slg. 1998, I-3111, 3160 (Rs. C-7/95 P – 28.5.1998) "John Deere".

Negativvermutung angeben, wann der Handel in der Regel nicht spürbar beeinträchtigt werden kann (NAAT-Regel)[699]. Danach sind Vereinbarungen grundsätzlich nicht geeignet, den Handel zwischen den Mitgliedstaaten spürbar zu beeinträchtigen, wenn die folgenden Voraussetzungen kumulativ erfüllt sind: (a) der gemeinsame Marktanteil der Parteien überschreitet auf keinem relevanten Markt 5% und (b) im Falle von horizontalen Vereinbarungen überschreitet der gesamte Jahresumsatz der beteiligten Unternehmen mit den von der Vereinbarung betroffenen Waren bzw. im Falle vertikaler Vereinbarungen der Jahresumsatz des Lieferanten oder der Lizenznehmer und -geber jeweils nicht EUR 40 Millionen. Ist eine Vereinbarung bereits ihrem Wesen nach geeignet, den zwischenstaatlichen Handel zu beeinträchtigen, indem sie sich beispielsweise auf mehrere Mitgliedstaaten erstreckt, liegt eine widerlegbare positive Vermutung einer spürbaren Handelsbeeinträchtigung vor, sofern der vorstehend erwähnte Jahresumsatz überschritten wird. Verfügt das von einer Wettbewerbsbeschränkung betroffene Produkt jedoch über besondere Merkmale, stellt die Kommission nicht allein auf die Marktanteilsschwellen ab, sondern auch oder ausschließlich auf diese besonderen Merkmale. Diese Einschätzung kam u.a. bei ihrer Beurteilung der Spürbarkeit von wettbewerbsbeschränkenden Vereinbarungen über Senderechte an Sportveranstaltungen zum Ausdruck[700]. Sie berücksichtigt also auch qualitative Elemente außerhalb des Anwendungsbereichs der Negativvermutung mit Blick auf die Eigenart der Vereinbarung oder der Verhaltensweise und der davon betroffenen Waren[701].

Der EuGH zieht bei der Bewertung der Spürbarkeit neben der quantitativen Analyse der Marktanteile auch qualitative Kriterien hinzu, zum Beispiel Umsatz, Anteil am zwischenstaatlichen Handel, Schwere des Verbotsverstoßes, Marktstruktur, besondere Produktmerkmale[702].

Bevor die Spürbarkeit festgestellt werden kann, ist jedoch zuvor der relevante Markt, d.h. der relevante Produktmarkt und der relevante räumliche Markt festzulegen.

---

699 Kommission, Abl. 2004 C 101, 81, 86 Rn. 50-57 "Leitlinien über den Begriff der Beeinträchtigung des zwischenstaatlichen Handels". Die Abkürzung "NAAT" steht für "*no appreciable affection of trade*".

700 Kommission, Abl. 2003 L 291, 25, 46 (K (2003) 2627) "Gemeinsame Vermarktung der UEFA Champions League-Rechte".

701 Kommission, Abl. 2004 C 101, 81, 86 Rn. 29f., 59 "Leitlinien über den Begriff der Beeinträchtigung des zwischenstaatlichen Handels".

702 EuGH, Slg. 1980, 2511, 2536f. (Rs. 99-79 – 10.7.1980) "Lancôme/ETOS"; EuGH, Slg. 1983, 3151, 3201 (Rs. 107/82 – 25.10.1983) "AEG"; EuGH 1983, 1825, 1925 Rn. 85f. (Rs. 100 bis 103/80 – 7.6.1983) "Musique Diffusion Francaise".

(i) Sachlich relevanter Markt

Der sachlich relevante Produktmarkt läßt sich nach dem Bedarfsmarktkonzept bestimmen. Dieses Konzept beruht auf dem Gedanken, daß die den sachlich relevanten Markt bestimmenden Produkte im Wettbewerb miteinander stehen müssen[703]. Produkte sind danach ein und demselben Produktmarkt zuzuordnen, sofern sie aus der Sicht der Marktgegenseite, d.h. der Nachfrager, wegen ihrer Eigenschaften zur Befriedigung eines gleichbleibenden Bedarfs gleichermaßen geeignet sind, während ihre Austauschbarkeit mit anderen Produkten gering ist[704]. Insofern kommt es auf den Grad der Substituierbarkeit der sich im Wettbewerb befindenden Produkte an. Die Gemeinschaftsorgane wenden dabei häufig das Kriterium der Kreuzpreiselastizität an[705]. Bei der Prüfung der Austauschbarkeit sind die Merkmale der Produkte, ihre Preise und ihr Verwendungszweck grundsätzlich gemeinsam zu berücksichtigen. Abzustellen ist auf die Sicht der jeweiligen unmittelbaren Abnehmer der Produkte[706]. Dies sind im Falle von Medienrechten an Sportveranstaltungen generell die Fernsehsender und Internetanbieter (vorgelagerter Markt für Programmbeschaffung). Die Sicht der Verbraucher, d.h. zum einen die Fernsehzuschauer und Internetnutzer und zum anderen die Unternehmen, die Fernsehwerbezeiten für ihre Produkte kaufen, beeinflußt die Austauschbarkeit mittelbar, indem sie die Vorstellungen des nachfragenden Senders oder Anbieters, der die Übertragungsrechte an einem Sportereignis mit Blick insbesondere auf den Zuschauer als Endverbraucher einkauft, prägt (nachgelagerter Medienverwertungsmarkt). Deshalb ist deren Sichtweise bei der Bestimmung der Produktsubstituierbarkeit hier unbedingt mit in die Be-

---

703 Kommission, Abl. 1994 L 104, 34 (IV/33.941 – 29.3.1994) "HOV-SVZ/MCN"; Mestmäcker/Schweitzer, Europäisches Wettbewerbsrecht, § 16 Rn. 12f.; Roth/Ackermann, FK, Art. 81 I Rn. 279; Schröter in Schröter/Jakob/Mederer, Art. 81 I Rn. 130.

704 EuGH, Slg. 1998, I-7791, 7829f. (Rs. C-7/97 – 26.11.1998) "Bronner/Mediaprint"; EuGH, Slg. 1996, I-5951ff. (Rs. C-333/94 P – 14.11.1996) "Tetra Pak"; EuG, Slg. 1997, II-923, 953ff. (Rs. T-504/93 – 12.6.1997) "Tiercé Ladbroke"; Kommission, Abl. 1997 C 372, 5ff. Rn. 7, 15 "Definition des relevanten Marktes"; Roth/Ackermann, FK, Art. 81 I Rn. 279; Langen/Bunte/Dirksen, Art. 82 Rn. 20; Emmerich, Kartellrecht, S. 427; Bergman; Kartellrecht, Art. 82 Rn. 28.

705 EuGH, Slg. 1978, 207 Rn. 23, 33. (Rs. 27/76 – 14.2.1978) "United Brands"; EuG, Slg. 1991, II-1439 Rn. 40ff. (Rs. T-30/89 – 12.12.1991) "Hilti"; Kommission, Abl. 1997 C 372, 5ff. Rn. 15 "Definition des relevanten Marktes"; Bergmann; Kartellrecht, Art. 82 Rn. 31.

706 Wachtmeister, Competition Policy Newsletter 1998, S. 21; Roth/Ackermann, FK, Art. 81 I Rn. 275; Langen/Bunte, Art. 81 Rn. 110.

urteilung einzubeziehen[707]. Am Beispiel der Fernsehsenderechte soll die Substituierbarkeit dieser Rechte mit anderen Unterhaltungsformen untersucht werden.

Bereits oben wurde festgestellt, daß eine Sportübertragung sowohl aus Sicht der Sender als auch aus Sicht der Zuschauer und Werbungstreibenden ein Produkt darstellt, das sich nicht durch Fernsehübertragungen anderer Art, wie Konzertübertragungen, Spielfilme oder Talkshows austauschen läßt[708]. Die Übertragungsrechte für einzelne Sportarten bilden sogar jeweils einen eigenen Markt[709]. Diese Feststellungen gelten entsprechend auch für Senderechte an deutschen und europäischen Sportwettbewerben.

Dementsprechend sehen der BGH[710] und ein bedeutender Teil des Schrifttums[711] richtiger Weise im Profifußball jeweils separate Märkte für UEFA-Pokalspiele, Pokalsieger-Spiele und Bundesligaspiele. Auch die Rechte an den Übertragungen der UEFA Champions League-Spiele bilden einen separaten Markt. Die Kommission hingegen sieht den sachlich relevanten Markt für Fernsehübertragungsrechte etwas weiter und faßt alle ganzjährig regelmäßig ausgetragenen Fußballwettbewerbe, also die Rechte für die 1. und 2. Bundesliga und die Pokalwettbewerbe auf nationaler Ebene sowie die Champions League und den

---

707 So auch Kommission, Abl. 2003 L 291, 25, 35 Rn. 57 (K (2003) 2627) "Gemeinsame Vermarktung der UEFA Champions League-Rechte"; a.A. Rumphorst, Sports Broadcasting Rights, S. 4, der ein Abstellen auf die Sicht des tatsächlichen oder potentiellen Zuschauers ablehnt, da dies eine Produktmarktabgrenzung für Senderechte aufgrund der verschiedenen Präferenzen der einzelnen Zuschauer weitgehend unvorhersagbar oder gar unmöglich machen würde. Aus Sicht der Fernsehsender seien Übertragungen unterschiedlicher Sportveranstaltungen größtenteils austauschbar, da der Markt für Sportübertragungsrechte langfristig zu bestimmen sei, indem darauf abgestellt werde, mit Hilfe welcher Sportart der Sender während einer Programmsaison eine ausreichend hohe Zuschauerzahl an sich binden könne. Dieses Ziel würden Übertragungen sog. Premiumsportarten, wie z. B. wöchentlich stattfindende Fußballspiele oder Tennisturniere, in ausreichendem Maße gewährleisten.

708 Siehe hierzu die obigen Ausführungen unter Ziffer A.VI.2(d).

709 Siehe hierzu die obigen Ausführungen unter Ziffer A.VI.2(d)(ii).

710 BGH WRP 1998, 188, 190 (11.12.1997 – KVR 7/96) "Europapokalheimspiele".

711 Kuczera, Vermarktung von Übertragungsrechten im Fußball, S. 233; Weng, Zentrale Vermarktung von Fernsehübertragungsrechten, S. 69f.; Deselaers, WuW 1998, 946,952; Stopper, Ligasport und Kartellrecht, S. 169; Hausmann, BB 1994, 1089, 1093; differenzierend Archner, Zentrale Vermarktung von Fernsehübertragungsrechten an Bundesligaspielen, S. 208, der lediglich Erstverwertungsrechte an Bundesligaspielen aus Sicht ausländischer Fernsehsender als nicht austauschbar ansieht, aber eine Austauschbarkeit in Bezug auf Bundesligaspiele und andere nationale Ligaspiele bejaht, sofern die Sender als Zwischenhändler für diese Rechte auftreten. Wertenbruch sieht den relevanten Produktmarkt dagegen im Markt für Fußball-Livespiele mit deutscher Beteiligung, ZIP 1996, 1417, 1426.

UEFA-Pokal zusammen[712]. Eine Literaturansicht, die sich der Auffassung der Kommission anschließt, hält es für zu eng, in jedem nationalen und internationalen Wettbewerb einen eigenen Markt zu sehen, da es für die Verbraucher ohne großen Belang sei, ob ein UEFA-Cup-Spiel oder ein Bundesligaspiel im Fernsehen angeboten wird, weil derartige Sendungen für die Zuschauer gleichermaßen attraktiv seien[713]. Diese Einschätzung überzeugt jedoch nicht, denn sowohl für die Fernsehsender als auch die Zuschauer können diese Wettbewerbe von großer unterschiedlicher Attraktivität sein. Deutlich wird dies schon allein dadurch, daß das Interesse an UEFA-Cup-Spielübertragungen in Deutschland schlagartig nachläßt, sobald die deutschen Teilnehmer ausgeschieden sind. Bundesligaspiele hingegen beziehen ihren Reiz von den Umständen des Einzelfalls (Lokalderby, Abstiegs- oder Titelkampf, etc.) und können die ganze Saison über attraktiv bleiben. Sachgerechter ist deshalb eine engere Produktmarktbeurteilung, welche die Unterschiede der verschiedenen Fußballwettbewerbe hinsichtlich Reglement und Zuschauergunst berücksichtigt und auch den verschiedenen ganzjährig ausgetragenen Wettbewerben jeweils separate Märkte zuordnet.

Schließlich können darüber hinaus innerhalb der Sportübertragungsrechte weitere Produktmarktunterteilungen vorgenommen werden, und zwar nach den Kriterien Live-Sendung, Spielaufzeichnung, Erst-, Zweit- oder Drittverwertungsrecht, Nationalmannschafts- oder Vereinswettbewerb[714].

Allerdings ist bei der hier vertretenen restriktiven Produktmarkteinschätzung zu berücksichtigen, daß die Produktmarktabgrenzung für jede Sportart bzw. jeden Wettbewerb innerhalb einer Sportart stets unter Berücksichtigung der jeweiligen Besonderheiten der betreffenden Sportart durchzuführen ist. Das kann dazu führen, daß insbesondere weniger populäre Sportarten oder Randsportarten, wie Sportschießen, Beach Volleyball, Schach, Fußballfreundschaftsspiele oder Vorbereitungsturniere trotz ihrer Verschiedenheit wegen des bedeutend geringeren Zuschauerinteresses aus Sicht der Fernsehanstalten als austauschbare Produkte angesehen werden, um Sendeplätze zu füllen oder ein größeres Programmpaket zu schnüren.

Zusammenfassend läßt sich feststellen, daß der sachlich relevante Markt für Medienrechte an Sportveranstaltungen eng zu bestimmen ist. Sportübertragungen sind aus der Sicht der Nachfrager nicht mit anderen Freizeitunterhaltungs-

---

712 Kommission, Abl. 2003 L 291, 25, 36 Rn. 63 (K (2003) 2627) "Gemeinsame Vermarktung der UEFA Champions League Rechte"; Toft, Competition Policy Newsletter 2003, S. 49.

713 Weihs, Zentrale Vermarktung von Sportübertragungsrechten, S. 276.

714 Vgl. auch Hellmann/Bruder, EuZW 2006, 359, 360.

programmen austauschbar. Innerhalb einer Sportart lassen sich im Einzelfall weitere Produktmarktaufteilungen vornehmen, so daß einzelne Wettbewerbe, die sich zum Beispiel durch unterschiedliche Austragungsmodi auszeichnen und auf unterschiedlich starkes Zuschauerinteresse stoßen, keine substituierbaren Produkte darstellen.

(ii) Räumlich relevanter Markt

Als räumlich relevanter Markt ist das Gebiet zu verstehen, in dem die beteiligten Unternehmen die relevanten Produkte oder Dienstleistungen anbieten, in dem die Wettbewerbsbedingungen hinreichend homogen sind und das sich von benachbarten Gebieten durch spürbar unterschiedliche Wettbewerbsbedingungen unterscheidet[715]. Es ist also das geographische Gebiet zu ermitteln, in dem die angebotenen Produkte nachgefragt, d.h. gehandelt werden.

Sportwettbewerbe auf rein nationaler Ebene, die von inländischen Mannschaften ausgetragen werden, können auch im europäischen Ausland auf Interesse der dortigen Fernsehsender und Zuschauer treffen, wie sich am Beispiel der Fußball-Bundesliga zeigt. Gleiches gilt für Senderechte an anderen Sportarten, die in nationalen Wettbewerben ausgetragen werden und an denen u.a. europäische Sportler teilnehmen, wie die Handball-, Basketball- oder Tennisbundesliga. Dies gilt selbst für in Deutschland weniger populäre Sportarten, für die durchaus in anderen europäischen Ländern wegen der Beteiligung von Spielern dieser Nationen oder des dort größeren Interesses an diesem Sport eine Nachfrage bestehen kann. Für Wettbewerbe mit einer Beteiligung europäischer Sportler und Mannschaften, wie der Champions League oder den in diversen Sportarten stattfindenden Europapokal-Wettbewerben, ist der Handel der entsprechenden Senderechte im Gemeinschaftsgebiet offensichtlich[716]. Die einzelnen sachlich relevanten Produktmärkte für Fernsehsenderechte an Sportveranstaltungen erstrekken sich folglich in der Regel auf das gesamte Gemeinschaftsgebiet.

---

715 EuGH, Slg. 1998, I-1375 Rn. 143 (Rs. C-69/94 und C-30/95 – 31.3.1998) "SCPA"; EuG, Slg. 1997, II-923, 960 (Rs. T-504/93 – 12.6.1997) "Tiercé Ladbroke"; Kommission, Abl. 1997 C 372, 5ff. Rn. 8, 15 "Definition des relevanten Marktes"; Roth/Ackermann, FK, Art. 81 I Rn. 289; Emmerich, Kartellrecht, S. 428; Bergmann, Kartellrecht, Art. 82 Rn. 82.

716 Weihs, Zentrale Vermarktung von Sportübertragungsrechten, S. 280; a.A. Kommission, 2003 L 291, 25, 40 (K (2003) 2627) "Gemeinsame Vermarktung der UEFA Champions League Rechte", die die nationalen Märkte für die geographisch relevanten Märkte hält, mit der Begründung, daß die Medienrechte für Fuballturniere, wie die Champions League, normalerweise auf nationaler Grundlage vergeben werden, wofür unterschiedliche Rechtsvorschriften, Sprachbarrieren und kulturelle Faktoren maßgeblich seien.

(iii) Spürbare Marktbeeinflussung

Vereinbarungen von Sportorganisationen, die zu einer zentralen Vermarktung der Rechte an den von ihnen betriebenen Sportveranstaltungen führen, haben spürbare Auswirkungen auf den Handel zwischen den Mitgliedstaaten. Dies gilt sowohl für die prestigeträchtigen europäischen Sportwettbewerbe als auch für nationale Wettbewerbe, die in anderen Mitgliedsländern nachgefragt werden. Aufgrund der engen Produktmarktabgrenzung ist die zentrale Rechtevergabe eines Verbandes geeignet, eine spürbare Beeinflussung des entsprechenden Senderechtemarktes, d.h. eine Außenwirkung, zu bewirken. Die Zentralvermarktung beinhaltet zumeist für einen mehrjährigen Zeitraum die Vergabe sämtlicher Senderechte an einem Wettbewerb. Zumindest im Falle populärer Sportarten halten die Verbraucher diese für nicht durch andere Wettbewerbe austauschbar. Für gewöhnlich läßt dies auf eine spürbare zwischenstaatliche Handelsbeeinträchtigung schließen.

Erfolgt die Vermarktung sämtlicher Spiele eines Wettbewerbs durch einen einzigen Verband, wie im Falle der UEFA Champions League durch die UEFA, folgt dies aus dem Umstand, daß der Marktanteil dieses Verbandes 100% beträgt. Aber auch im Falle der Vermarktung rein nationaler Wettbewerbe, die in anderen Mitgliedstaaten nachgefragt werden bzw. im Falle der Teilnahme nationaler Mannschaften oder Sportler in europäischen Wettbewerben durch einen nationalen Verband, erweist sich die Marktbeeinflussung üblicherweise als nicht so unbedeutend, daß sie als unbedenklich vernachlässigt werden kann. Quantitative Marktanteile können aber aufgrund der Produktbesonderheiten im Bereich der Sportübertragungen höchstens indikativ verwendet werden. Die von einer Zentralvermarktung erfaßten Spielübertragungen im Rahmen von Mannschaftswettbewerben variieren häufig in ihrer Zahl, abhängig vom sportlichen Erfolg der nationalen Teilnehmer. Auch das alleinige Abstellen auf das Verhältnis zwischen zentral vermarkteten Spielen und der Gesamtzahl aller Begegnungen im entsprechenden Markt kann nur Hinweise auf die Spürbarkeit einer Handelsbeeinträchtigung geben. Insbesondere für die Zentralvermarktung der Fußball-Bundesliga und der Europapokal-Spiele mit deutscher Beteiligung durch die DFL wird aber zu Recht im Schrifttum von einer spürbaren Handelsbeeinträchtigung ausgegangen[717]. Eine Eignung zur spürbaren Beeinträchtigung des zwi-

---

717 Parlasca, Wirkungen von Sportkartellen, S. 107; Waldhauser, Fernsehrechte des Sportveranstalters, S. 269; Weng, Zentrale Vermarktung von Fernsehübertragungsrechten, S. 127ff.; Weihs, Zentrale Vermarktung von Sportübertragungsrechten, S. 290f.; Stopper, Ligasport und Kartellrecht, S. 171f.; Archner, Zentrale Vermarktung von Fernsehübertragungsrechten an Bundesligaspielen, S. 208f.; Kucera, Vermarktung von Übertragungsrechten im Fußball, S. 235.

schenstaatlichen Handels ist gleichfalls für die Zentralvermarktung von Fernsehrechten an Sportarten gegeben, die auch in den Mitgliedstaaten auf reges Zuschauerinteresse stoßen und deshalb von den dortigen nationalen Sendern gehandelt werden müssen. Dies folgt bereits aus dem Wesen der entsprechenden Senderechtsvereinbarungen, die sich auf mehrere Mitgliedstaaten erstrecken. Für die Fernsehsender als unmittelbare Nachfrager sind die zu erwartenden hohen Werbe- und Abonnementerlöse bei der Nutzung der Senderechte von entscheidender Bedeutung. Die Zentralvergabe durch einen einzigen Rechteanbieter schränkt die Handelsströme in die Länder der europäischen Nachfrager in bedeutendem Maße ein.

(g) Beschränkung des Wettbewerbs

(i) Einführung

Art. 81 I EGV verbietet Vereinbarungen von Unternehmen oder Beschlüsse von Unternehmensvereinigungen, die eine Verhinderung, Einschränkung oder Verfälschung des Wettbewerbs bewirken oder bezwecken. In der Rechtsprechung des EuGH und der Kommissionspraxis wird zumeist der Begriff "Beschränkung" des Wettbewerbs verwendet, ohne eine Abgrenzung der drei Tatbestandsvarianten vorzunehmen. Lediglich im Falle bestimmter wettbewerbsbeeinträchtigender Wirkungen auf nicht an der Absprache beteiligte Dritte sprechen EuGH und Kommission der "Wettbewerbsverfälschung" in jüngerer Zeit verstärkt eigenständige Bedeutung zu[718]. Der Begriff "Wettbewerb" ist im europäischen Recht nicht definiert, läßt sich aber mit Hilfe der zum Schutze des Wettbewerbs vor Verfälschungen festgelegten Gemeinschaftsziele - Marktintegration, gesamtwirtschaftlich vorteilhafte Entwicklung und Freiheit der Marktteilnehmer - bestimmen. Geschützt sind danach sowohl die Marktgegenseite als auch potentielle oder aktuelle Konkurrenten, die durch die Errichtung von Marktzutrittsschranken behindert oder vom Markt gedrängt werden[719]. Das Leitbild ist mithin der redliche, unverfälschte Wettbewerb.

Für den zentralen Begriff der "Wettbewerbsbeschränkung" bedeutet dies folgendes. Folgt man der herkömmlichen Betrachtungsweise, ausgehend vom Selbständigkeitspostulat[720] als der Grundlage des Kartellverbots, knüpft man an die

---

718 EuGH, Slg. 1998, I-1983, 2005f. (Rs. C-306/96 – 28.4.1998) "Javico"; EuGH, Slg. 1998, I-3111 Rn. 77 (Rs. C-7/95 P – 28.5.1998) "John Deere"; Kommission, Abl. 1993 L 179, 23, 31f. (IV/32.150 – 11.06.1993) "EBU/Eurovisions-System".

719 Roth/Ackermann, FK, Art. 81 I Rn. 157; Langen/Bunte, Art. 81 Rn. 37; Mestmäker/Schweitzer, Europäisches Wettbewerbsrecht, § 10 Rn. 6.

720 Der EuGH entwickelte das Selbständigkeitspostulat als ein Verhaltensgebot, "wonach jeder Unternehmer selbständig zu bestimmen hat, welche Politik er auf dem Gemeinsa-

den Unternehmen auf einem bestimmten Markt offenstehende Handlungs- und Bewegungsfreiheit an[721]. Die Wettbewerbsbeschränkung ist dann identisch mit der Beschränkung der wirtschaftlichen Handlungsfreiheit der an der Maßnahme beteiligten Unternehmen. Dabei ist auf den Wettbewerb abzustellen, wie er ohne die fragliche Vereinbarung wäre[722]. Mit dem Selbständigkeitspostulat unvereinbar ist auf horizontaler Ebene folglich jede Bindung, bei der die bewußte praktische Zusammenarbeit zwischen den Unternehmen anstelle des mit Risiken verbundenen Wettbewerbs tritt[723]. Demgegenüber kann man aber auch unter Betonung des Zwecks des Kartellverbots, die Handlungsalternativen Dritter und die Wahl- oder Betätigungsmöglichkeiten der Marktgegenseite zu schützen, gerade die Handlungsalternativen dieser nicht an der Vereinbarung der Unternehmen beteiligten Dritten in den Vordergrund rücken[724]. Die Wettbewerbsbeschränkung ist dann zusätzlich oder gar alleine in den Auswirkungen der fraglichen Maßnahme auf die Wahl- oder Betätigungsmöglichkeiten dieser Personen zu sehen.

EuGH und Kommission schwanken zwischen diesen beiden Konzepten der Wettbewerbsbeschränkung. Beide stellen in der Praxis bei ihren Entscheidungen über Wettbewerbsbeschränkungen grundsätzlich auf die Einschränkung der Handlungs- und Bewegungsfreiheit der beteiligten Unternehmen ab[725]. Dabei prüft der EuGH zumindest implizit, aber auch kumulativ, das Vorliegen einer

---

men Markt zu betreiben gedenkt", woraus sich das Verbot jeder Fühlungsnahme von Unternehmen zwecks Information über das geplante eigene oder das Verhalten der Konkurrenten ableitet, während das bewußte Parallelverhalten am Markt erlaubt bleibt. EuGH, Slg. 1972, 619, 658ff. (Rs. 48-69 – 14.7.1972) "ICI"; EuGH, Slg. 1975, 1663 1665 Rn. 173f., 2035 Rn. 577ff. (Rs. 40 bis 48 u.a. – 16.12.1975) "Suiker Unie"; EuGH, Slg. 1981, 2021, 2031 Rn. 12ff. (Rs. 172/80 – 14.7.1981) "Züchner"; EuGH, Slg. 1998, I-3111 Rn. 13 (Rs. C-7/95 P – 28.5.1998) "John Deere"; EuGH, Slg. 1999, I-4125 Rn. 116 (Rs. C-49/92 P – 8.7.1999) "Anic Partecipazioni".

721 z.B. Emmerich, Kartellrecht, S. 391ff.; Roth/Ackermann, FK, Art. 81 I Rn. 221ff.

722 St. Rspr., zuerst EuGH, Slg. 1966, 282, 304 (Rs. 56-65 - 30.6.1966) "Maschinenbau Ulm"; EuGH, Slg. 1999, I-135, 175 (Rs. C-215/96 und C-216/96 - 21.1.199) "Bagnasco"; EuGH, Slg. 1998, I-3111, 3160 (Rs. C-7/95 P – 28.5.1998) "John Deere".

723 Roth/Ackermann, FK, Art. 81 I Rn. 227; Langen/Bunte, Art. 81 Rn. 61. Streitig ist hier, ob eine Verhaltensbindung der Beteiligten erforderlich ist oder nicht, wobei der EuGH wohl gerade keine Verhaltensbindung verlangt.

724 z.B. Schröter in Schröter/Jakob/Mederer, Art. 81 Einführung Rn. 23 und Art. 81 I Rn. 109f.; Langen/Bunte, Art. 81Rn. 62; Amato/Gonzales Diaz, Kartellrecht, Art. 81 I Rn.106.

725 EuGH, Slg. 1966, 282, 304 (Rs. 56-65 - 30.6.1966) "Maschinenbau Ulm"; EuGH, Slg. 1982, 3381, 3400ff. (Rs. 172/80 – 14.7.1981) "Züchner"; EuGH, Slg. 1999, I-161, 175f. (Rs. C-215/96 und C-216/96 - 21.1.199) "Bagnasco"; Kommission, Abl. 1999 L 109, 24, 44 (K (1998) 3792 – 9.12.1998) "Griechische Fährschiffe"; Kommission, Abl. 1999 L 271, 28, 35 (K (1999) 2056 – 8.9.1999) "GSA Vereinbarung".

verbotsrelevanten Beschränkung der Wahlmöglichkeiten Dritter[726]. Andererseits unterscheidet er deutlich zwischen schutzwürdigen und nicht schutzwürdigen Wettbewerbsformen, um im Interesse des Binnenmarktprojektes besonders förderungswürdig erscheinende Beschränkungen des Wettbewerbs aus dem Anwendungsbereich des Art. 81 I EGV ausklammern zu können[727]. Die Kommission legt in bestimmten Fällen, zum Beispiel bei langfristigen Kauf- oder Lieferverträgen und Alleinvertriebsvereinbarungen, besonderes Gewicht auf die mit den fraglichen Abreden verbundenen Auswirkungen auf die Position Dritter[728]. Sie tendiert zudem bei ihrer Beurteilung vermehrt zu einem wirtschaftlichen Ansatz, der die Drittwirkung stärker berücksichtigt[729]. Sie untersucht diese Drittwirkung im Bereich horizontaler Vereinbarungen u.a. mit Hilfe der Bestimmung der Stellung der Beteiligten in den von der Zusammenarbeit betroffenen Märkten, also der Marktmacht und der Marktstruktur[730]. Zur Feststellung der Marktkonzentration, d.h. der Stellung und Anzahl der Wettbewerber, zieht sie den Herfindahl Hirshman-Index heran, so wie dies auch im Antitrust-Recht getan wird. Überdies soll eine Wettbewerbsbeschränkung nur dann vorliegen, wenn die horizontale Kooperationsvereinbarung den Wettbewerb in solch einem Maße beeinträchtigen kann, daß negative Auswirkungen hinsichtlich Preis, Produktion, Innovation oder Vielfalt und Qualität der Waren und Dienstleistungen zu erwarten sind[731]. Damit nimmt sie eine Art Efficiency-Test in Art. 81 I EGV auf[732].

Anhand dieser Feststellungen ist zu prüfen, ob die zentrale Vermarktung von Senderechten durch einen Sportverband eine Wettbewerbsbeschränkung darstellt oder nicht.

---

726 EuGH, Slg. 1966, 282, 304 (Rs. 56-65 - 30.6.1966) "Maschinenbau Ulm"; EuGH, Slg. 1995, I-3477, 3517f. (Rs. C-266/93 – 24.10.1995) "VW und VAG Leasing"; EuGH, Slg. 1999, I-161, 177 (Rs. C-215/96 und C-216/96 - 21.1.199) "Bagnasco"; Roth/Ackermann, FK, Art. 81 I Rn. 221.

727 EuGH, Slg. 1977, 1875, 1905ff. (Rs. 26-76 – 25.10.1977) "Metro"; EuGH, Slg. 1979, 461, 540ff. (Rs. 85-76 – 13.2.1979) "Hoffmann-La Roche"; Emmerich, Kartellrecht, S. 392.

728 Kommission, Abl. 1980 L 39, 64, 70 (IV/29.266 – 7.12.1979) "Rohrzuckerlieferungen".

729 Kommission, Abl. 2001 C 3, 2ff. "Leitlinien zu Vereinbarungen über horizontale Zusammenarbeit".

730 Kommission, Abl. 2001 C 3, 2, 5 Rn. 27ff. "Leitlinien zu Vereinbarungen über horizontale Zusammenarbeit". Kritisch hierzu Mestmäcker/Schweitzer, Europäisches Wettbewerbsrecht, § 10 Rn. 23f.

731 Kommission, Abl. 2001 C 3, 2, 4 Rn. 19 "Leitlinien zu Vereinbarungen über horizontale Zusammenarbeit".

732 Kritisch hierzu Mestmäcker/Schweitzer, Europäisches Wettbewerbsrecht, § 10 Rn. 25 und Schröter in Schröter/Jakob/Mederer, Art. 81 I Rn. 108; Schwintowski/Klaue, WuW 2005, 370, 371f.

(ii) Veranstaltereigenschaft

Für das Tatbestandsmerkmal "Wettbewerbsbeschränkung" ist entscheidend, wer Veranstalter des Sportereignisses und damit originärer Inhaber der entsprechenden Übertragungsrechte ist. Sind die Vereine Inhaber der jeweiligen Übertragungsrechte, schließt die zentrale Vermarktung durch einen Sportverband den zwischen den Vereinen herrschenden diesbezüglichen Wettbewerb aus. Ist dagegen der Verband selbst alleiniger Inhaber aller Senderechte, scheidet eine Wettbewerbsbeschränkung durch die Zentralvermarktung aus, da es bereits am erforderlichen Wettbewerbsverhältnis fehlt.

Wer Veranstalter ist, beurteilt sich grundsätzlich nach dem anwendbaren nationalen Recht[733]. Der BGH führte zur Veranstaltereigenschaft in seiner Europapokalheimspiele-Entscheidung aus, daß die einzelnen Vereine jedenfalls Mitveranstalter der auf ihrem Platz ausgetragenen Heimspiele sind, selbst wenn man deren Einbindung in den Gesamtwettbewerb nicht als nebensächlich ansieht[734]. Die Veranstalterrechte stehen nach den vom BGH aufgestellten Kriterien demjenigen zu, der die wesentlichen wirtschaftlichen Leistungen für die Fernsehübertragungsrechte sowie die notwendige organisatorische Arbeit vor Ort erbringt. Dies sind laut BGH im Ligasport die Heimvereine, da sie – zusammen mit dem jeweiligen Wettbewerbspartner – nicht nur die Spieler, sondern auch das Stadion mit seinen Einrichtungen stellen, den Kartenverkauf und die Werbung durchführen und beim Zu- und Abgang der Zuschauer organisatorisch mitwirken. Der Heimverein sei damit der natürliche Marktteilnehmer, der die von ihm im Zusammenwirken mit dem Wettbewerbspartner erarbeitete Leistung auf der Grundlage abgesprochener Gegenseitigkeit vermarkten dürfe. Das Veranstalterrecht folge aus der Befugnis des Veranstalters, Dritten die Nutzung der Veranstaltung unter Verzicht auf deliktsrechtliche oder lauterkeitsrechtliche Abwehrrechte zu gestatten. Es handele sich um eine Einwilligung in Eingriffe, nicht um ein Leistungsschutzrecht nach dem Vorbild des Veranstalterrechts in § 81 UrhG[735].

Der BGH zog zusätzlich ein originäres Mitveranstalterrecht des organisierenden Sportverbandes, hier der UEFA, in Betracht, da diese die betreffenden europäischen Wettbewerbe mit ins Leben gerufen, über Jahre durch zahlreiche Maßnahmen organisiert und geleitet und ihnen hohes Ansehen bei den Zuschauern

---

733 Immenga/Mestmäcker, GWB, § 31Rn. 8; Deselaers, WuW 1998, 946, 951.

734 BGH WRP 1998, 188, 191 (11.12.1997 – KVR 7/96) "Europapokalheimspiele".

735 BGH WRP 2006, 269, 272 (8.11.2005 – KZR 37/03) "Hörfunkrechte"; Immenga/Mestmäcker, GWB, § 31 Rn. 4; Hellmann/Bruder, EuZW 2006, 359.

verschafft hat[736]. Als für die Veranstaltereigenschaft nicht ausreichend sah er dagegen eine Koordinierungsaufgabe an, die - wie im Falle des DFB vor seiner Strukturreform - nicht die Fernsehübertragung des Sportwettkampfs erst ermöglicht, sondern die nur der besseren und gleichmäßigeren Vermarktung dient[737].

Gestützt auf das Abwehrrecht aus § 1 UWG und das, je nach Fallgestaltung, aus §§ 862, 859 BGB und §§ 903, 1004 BGB resultierende Hausrecht sprechen Literatur und Rechtsprechung dem jeweiligen Heimverein[738] und bei Vorliegen der entsprechenden Voraussetzungen zu Recht mehrheitlich auch dem Verband[739] ein Veranstalterrecht und damit auch die Inhaberschaft der Fernsehübertragungsrechte an dem zugrundeliegenden Sportwettkampf zu. Im Bereich der Fußball-Bundesliga sieht der neue, rückwirkend zum Beginn der Spielzeit 2004/05 wirksam gewordene, Grundlagenvertrag zwischen DFB und Ligaverband nunmehr ausdrücklich die gemeinsame Mitveranstaltereigenschaft des DFB (als Inhaber der Vereinseinrichtung Bundesliga), des Ligaverbandes (aufgrund des Pachtvertrages während des Bestehens des Grundlagenvertrages) und der Bundesligavereine vor[740]. Eine alleinige Veranstaltereigenschaft des Verbandes wird im Liga- und Mannschaftssport wegen der bedeutenden wirtschaftlichen und organisatorischen Rolle der die Spielbegegnungen austragenden Vereine richtiger Weise nicht vertreten[741].

Kartellrechtlich genügt jedenfalls bereits die Mitinhabereigenschaft der Heimvereine zur Feststellung einer Wettbewerbsbeschränkung im Falle der Zentral-

---

736 BGH WRP 1998, 188, 191 (11.12.1997 – KVR 7/96) "Europapokalheimspiele".

737 BGH WRP 1998, 188, 191 (11.12.1997 – KVR 7/96) "Europapokalheimspiele".

738 Der Gastverein ist dadurch geschützt, daß er das Rückspiel auf seinem Platz austragen darf und über die Senderechte an diesem Spiel verfügt. Der BGH setzt die Mitberechtigung des Gastvereins als dem jeweiligen Wettbewerbspartner des Heimvereins voraus. Diese Mitberechtigung kann sich aus einer konkludenten Absprache oder aus einer vertraglichen oder satzungsrechtlichen Regelung ergeben.

739 Hellmann/Bruder, EuZW 2006, 359, 361.

740 Siehe die Präambel des Grundlagenvertrages zwischen DFB und Ligaverband.

741 Liegl/Schmitz vertreten bei der Zentralvermarktung von Fernsehrechten im Bereich des Automobilsports die Ansicht, die FIA sei alleiniger Veranstalter und somit alleiniger originärer Inhaber der Senderechte, so daß die Zentralvermarktung kartellrechtlich zulässig sei, WRP 1998, 244 ff.; a.A. Tumbrägel, Zentralvermarktung von Sportübertragungsrechten, S. 148f. Siehe hierzu auch Kommission, IP/03/1491"Vertragspraxis von FIA/Formel 1 nicht länger unter Beobachtung", wonach die Kommission das veränderte Vermarktungsmodell für Formel-1-Fernsehrechte, allerdings ohne förmliche Entscheidung, nunmehr als wettbewerblich unbedenklich beurteilt.

vermarktung der Senderechte[742]. Denn auch trotz Mitinhaberschaft eines Verbandes an den Senderechten für einzelne Spielbegegnungen bestünde ohne zentrale Bündelung sämtlicher Senderechte bei diesem Verband hinsichtlich der Rechtevermarktung Preis- und Konditionenwettbewerb zwischen den einzelnen Vereinen, da diese, wenn auch jeweils zusammen mit dem Verband, als unabhängige Anbieter am Markt auftreten würden. Die wirtschaftliche Handlungsfreiheit der Vereine ist trotz der Mitveranstaltereigenschaft des Verbandes nicht aufgehoben[743], da die Vereine den hauptsächlichen Beitrag zur Produktherstellung liefern und somit im Innenverhältnis zum Verband im Rahmen einer Rechtsgemeinschaft nach §§ 742-745 BGB eine entsprechende Stimmenmehrheit bei der Beschlußfassung über die gemeinschaftliche Verwaltung und Benutzung des Gemeinschaftsrechts ausüben können. Wegen der Unterschiede in ihrer Popularität, ihrem sportlichen Erfolg, Spielerkader, Werbe- und Sponsorenwert und Zuschauereinzugsgebiet könnten die einzelnen Vereine ihre jeweiligen Senderechte zu unterschiedlichen Preisen und Konditionen am Markt individuell an interessierte Fernsehsender veräußern. Dabei könnten sie unterschiedliche Qualitätsmerkmale und Marktwerte ihrer Spiele im Rahmen der Vertragsgestaltung mit ihren Rechteabnehmern individuell berücksichtigen. Eine zentrale Vermarktung des gesamten Sportwettbewerbs durch den Verband würde diesen Wettbewerb zwischen den Vereinen bzw. Anbietergemeinschaften hingegen ausschließen.

Eine andere Einschätzung ergibt sich auch dann nicht, wenn man im Rahmen des Art. 81 I EGV nicht den vom BGH entwickelten Veranstalterbegriff zugrunde legt, sondern den von der Kommission in diesem Zusammenhang regelmäßig angewandten Ansatz. Danach ist derjenige originärer Rechteinhaber, der als Veranstalter den Fernsehsendern den Zutritt verwehren kann[744]. Dies ist der Verein bzw. der Veranstalter vor Ort aufgrund der aus seinem Haus- oder Eigentumsrecht an der Sportstätte resultierenden zivil- und deliktsrechtlichen Abwehransprüchen. Die Kommission stellt darüber hinaus auf weitere Umstände ab, die eine Rechteinhaberschaft begründen können. Dies sind zum Beispiel das Eigentum am Grund und Boden, "Gebietsrechte" (*area rights*) oder das wirtschaftliche Risiko resultierend aus der Organisation eines Sportereignisses[745]. Sie erkennt aber auch die Mitveranstaltereigenschaft und somit auch die Mitin-

---

742 So auch Kommission, Abl. 2002 C 196, 3 (Comp/C.2/37.398) "Gemeinsame Vermarktung der UEFA Champions League-Rechte"; Kuczera, Vermarktung von Übertragungsrechten im Fußball, S.182.

743 a.A. Tumbrägel, Zentralvermarktung von Sportübertragungsrechten am Beispiel von Fußball und Formel 1, S. 150f.

744 Kommission, Abl. 1993 L 179, 23, 27 (IV/32.150 – 11.06.1993) "EBU/Eurovisions-System".

745 Wachtmeister, Competition Newsletter 1998, IV Rn. 2.

haberschaft eines Verbandes an den Senderechten an den einzelnen Verbandsspielen an, was die Anwendbarkeit des Art. 81 I EGV aufgrund der typischerweise umfassenden gemeinsamen Vermarktungsregelungen jedoch nicht ausschließt[746]. Schließlich vertritt sie neuerdings die Ansicht, daß es sich bei der Frage, wem die Veranstalterrechte zustehen, nicht um europäisches Recht, sondern um das jeweilige nationale Recht handelt[747]. Es ergibt sich also dadurch keine andere rechtliche Beurteilung der wettbewerbsbeschränkenden Maßnahme.

Die Literatur bezieht sich bei der Würdigung des Veranstalterbegriffs im Wesentlichen auf die oben zitierte Rechtsprechung[748].

Die Vermarktung von Senderechten stellt im Ergebnis keine dingliche Übertragung von Rechten dar, sondern die Einwilligung in Eingriffe, die der Veranstalter verbieten kann, oder anders gesagt, um die Zusage des Veranstalters, die ihm zustehenden Abwehransprüche nicht auszuüben.

(iii) Einschränkung des Preis- und Konditionenwettbewerbs

Jeder Heimverein ist also Inhaber der Übertragungsrechte an seinem Heimspiel. Es herrscht damit grundsätzlich Preis- und Konditionenwettbewerb zwischen den einzelnen Vereinen bzw. den einzelnen Anbietergemeinschaften im Falle einer Mitveranstalterrolle des Verbandes hinsichtlich der Vermarktung der Fernsehrechte an den einzelnen Ligaspielbegegnungen. Dieser Wettbewerb wird durch die zentrale Vermarktungspraxis durch den Verband beschränkt, indem diese eine mittelbare Festsetzung der Preise und Geschäftsbedingungen im Sinne des Art. 81 I a. EGV zur Folge hat. Denn die zentrale Vergabe der in einem Paket gebündelten Senderechte durch einen Anbieter berücksichtigt nicht die

---

746 Kommission, Abl. 2003 L 291, 25, 45 Rn. 122ff. (K (2003) 2627) "Gemeinsame Vermarktung der UEFA Champions League-Rechte".

747 Kommission, Abl. 2003 L 291, 25, 45 Rn. 122 (K (2003) 2627) "Gemeinsame Vermarktung der UEFA Champions League-Rechte".

748 Für Mitveranstaltereigenschaft von Verein und Verband: Heermann, WRP 2001, 1140, 1144; Mahler, SpuRt 2001, 8, 10; Archner, Zentrale Vermarktung von Fernsehübertragungsrechten an Bundesligaspielen, S. 65f.; Springer, WRP 1998, 477, 481f., 485; Bothor, Anm. zu LG Frankfurt/Main, SpuRt 1998, 195, 196f.; Jänich, GRUR 1998, 438, 439; Siegfried, Fernsehberichterstattung von Sportveranstaltungen, S. 30ff.; für alleinige Veranstaltereigenschaft des Heimvereins: Kuczera, Vermarktung von Übertragungsrechten im Fußball, S. 159ff.; Weng, Zentrale Vermarktung von Fernsehübertragungsrechten, S. 49f.; Stopper, Ligasport und Kartellrecht, S. 86ff.; Haas/Reimann, SpuRt 1999, 182, 184ff.; Wertenbruch, ZIP 1996, 1417, 1420f.; Hausmann, BB 1994, 1089, 1092.

unterschiedlichen Marktwerte der einzelnen Spielbegegnungen. Deren Preis wird durch den Gesamtpreis mittelbar festgesetzt.

Die verschiedenen Marktwerte der einzelnen Spiele resultieren letztlich aus dem für die Verbraucher ständig wechselnden Interesse an der jeweiligen Sportübertragung, die wiederum u.a. von der sportlichen Konstellation der Spielpaarung oder des Wettkampfs abhängt oder auch von persönlichen, lokalen oder finanziellen Faktoren der fraglichen Sportveranstaltung. Durch die zentrale Rechtevergabe durch den Verband werden die einzelnen im Wettbewerb miteinander stehenden Vereine in ihrer autonomen Preisfestsetzungsbefugnis hinsichtlich der Senderechte an den von ihnen veranstalteten Sportwettkämpfen gehindert, da die individuellen Besonderheiten jeder Spielbegegnung im Rahmen der Zentralvermarktung nicht gleichermaßen berücksichtigt werden können. Die Ausgestaltung der Fernsehverträge mit den Fernsehsendern hinsichtlich verschiedener Qualitätsmerkmale erfolgt hierbei nur durch den Verband, nicht durch eine Vielzahl von Vereinen als unabhängige Produktanbieter. Die Qualität der Leistung steht mithin nicht in unmittelbarer Relation zu ihrem Preis; sie läßt sich aufgrund der oben genannten Gründe in der Regel auch zum Zeitpunkt der Rechtevergabe nicht exakt festlegen. Die Monopolstellung des Rechteanbieters birgt somit die konkrete Gefahr, daß er kartellbedingt höhere Preise für sein Produkt absetzen kann.

Zentral vermarktete Senderechte werden darüber hinaus in der Regel für mehrere Jahre vergeben, so daß auch die Quantität, d.h. die konkrete Zahl der tatsächlich den Zuschauern im Fernsehen präsentierten Sportwettkämpfe, bei der Rechtevergabe noch gar nicht feststeht und nicht entsprechend im Preis berücksichtigt werden kann. Schließlich schränkt die Zentralvermarktung aufgrund einer künstlichen Angebotsverknappung durch den Verband häufig die Wahlfreiheit der Zuschauer ein. So wurden in der Fußball-Bundesligasaison 1997/98, als die Zentralvermarktung noch durch den DFB erfolgte, lediglich zwei von neun Bundesligaspielen live und dies auch nur auf dem Bezahlsender Premiere übertragen[749]. Lediglich fünf von 306 Erstligaspielen waren im Free-TV zu sehen, obwohl sie in der jeweiligen Woche die höchsten Einschaltquoten auf dem übertragenden Sender Sat1 erzielten und stets eines der drei erfolgreichsten Programmangebote im deutschen Fernsehen waren. Die vom DFB vermarkteten Heimspiele im UEFA-Pokal und im Pokal der Pokalsieger wurden zwar live gesendet, aber die Live-Übertragung zeitgleich stattfindender Auswärtsspiele deutscher Mannschaften untersagte der DFB oder gestattete sie nur zu zuschauerunfreundlichen Zeiten (nachmittags) und mit sehr restriktiver Vergabe von Rechten zu zeitversetzten Spielberichten. Im Rahmen der von der UEFA zentral ver-

---

749 Parlasca, Wirkungen von Sportkartellen, S. 90ff.

markteten Champions League-Spiele waren 1997/98 ebenfalls nur zwei von drei Spielen mit deutscher Beteiligung live im Fernsehen zu sehen[750].

Auch die seit der Saison 2003/04 geltende neue Champions League-Vermarktungsregelung der UEFA sieht vor, daß zunächst der UEFA das alleinige Recht zusteht, die Live-Übertragungen der Dienstags- und Mittwochsspiele zu vermarkten sowie anfänglich die Live-Fernsehrechte an den übrigen Spielen an das Bezahlfernsehen zu verkaufen. Die wichtigsten Live-Senderechte sind in zwei separate Rechtepakete aufgeteilt, deren Käufer die beiden interessantesten Spiele auswählen dürfen. Erst wenn die UEFA das Pay-TV-Paket nicht innerhalb einer bestimmten Frist verkaufen kann, dürfen die einzelnen Vereine diese Rechte selber vermarkten[751]. Das neue Vermarktungsmodell für die Übertragungsrechte der Fußball-Bundesliga, das im Hinblick auf die Fernsehrechte und die Internetrechte im Juli 2006 in Kraft trat, sieht gleichfalls die vorrangige, alleinige Paketvermarktung durch den Ligaverband vor[752]. Die Live-Senderechte werden dabei zentral durch den Ligaverband in einem Paket mit den Hauptspieltagen und einem Paket mit den Nebenspieltagen angeboten. Ein weiteres Paket enthält die anfänglich ausschließlich zentral vergebenen Rechte für eine Highlight-Erstberichterstattung sowie entweder Live-Übertragungsrechte für zwei Spiele der Bundesliga oder vier der 2. Bundesliga. Die Vereine können ihre Heimspiele erst 24 Stunden nach der Begegnung selbst im Free-TV vermarkten, aber nur einmal. Dieser Überblick macht deutlich, daß die für die Zuschauer und Werbungstreibenden am interessantesten Spielübertragungen - die Live-Sendungen - weiterhin nicht in voller Zahl zu sehen sein werden. Denn der Sender, der das Live-Rechtepaket erwirbt (im Falle der Bundesliga-Livesenderechte für die Spielzeiten 2006/2007 bis 2008/2009 der Rechtevermarkter arena Sport Rechte und Marketing GmbH (**arena**)[753]), kann nicht alle stattfindenden Spiele ausstrahlen, sondern nur eine begrenzte und nach seinem Ermessen erfolgende

---

750 Parlasca, Wirkungen von Sportkartellen, S. 91.

751 Siehe zu den neuen wesentlichen Champions League-Vermarktungsregelungen unten Ziffer B.IV.2 sowie Kommission, Abl. 2003 L 291, 25, 31 Rn. 25ff. (K (2003) 2627) "Gemeinsame Vermarktung der UEFA Champions League-Rechte".

752 Siehe zu den neuen wesentlichen Bundesliga-Vermarktungsregelungen unten Ziffer B.V.2 sowie Kommission, Memo/05/16, Kommission, Abl. 2004 C 229, 13, 14 Rn. 13 (Comp/C.2/37.214) "Gemeinsame Vermarktung der Medienrechte an der Bundesliga" und Kommission, Abl. 2003 C 261, 13, 15 Rn. 25 (Comp/C.2/37.214) "Gemeinsame Vermarktung der Medienrechte an der Bundesliga".

753 Arena ist eine 100%-ige Tochtergesellschaft des Kabelnetzbetreibers Unity Media.

Auswahl[754]. Die Vereine erhalten nur nachrangige, zahlenmäßig begrenzte Vermarktungsrechte. Die Wahlfreiheit der Verbraucher bleibt eingeschränkt.

Im Falle von Preisfestsetzungen geht die Kommission sofort davon aus, daß die zugrunde liegenden Beschränkungen negative Wirkungen im Markt haben und daher fast immer zu untersagen sind[755]. Der EuGH erkennt die Preisfestsetzung durch horizontale Koordination autonomer Marktteilnehmer ebenfalls als nicht schutzwürdige Wettbewerbsbeschränkung an[756]. Folglich ist die zentrale Vermarktung von Senderechten an Sportveranstaltungen auch in modifizierten Versionen geeignet, den Preis- und Konditionenwettbewerb nach Art. 81 I a. EGV einzuschränken.

Selbst wenn man einen solchen Preiswettbewerb unter den Vereinen verneint, führt die zentrale Rechtevermarktung zu einer Wettbewerbsbeschränkung im Sinne des Art. 81 I EGV, da die Vereine kraft ihrer Veranstaltereigenschaft als Rechteinhaber nicht mehr in der Lage sind, die ihnen originär zustehenden Rechte selbst zu vermarkten. Sie werden in ihrer autonomen Handlungs- und Betätigungsfreiheit eingeschränkt und als Anbieter von Übertragungsrechten vom relevanten Markt ausgeschlossen oder zumindest aufgrund ihrer nachrangigen Vermarktungsrechte im Falle der neuen Champions League- und Bundesliga-Vermarktungsmodelle erheblich benachteiligt. Auch die Handlungsalternativen Dritter, hier primär die der Fernsehzuschauer, werden beeinträchtigt. Denn die Zentralvermarktung ermöglicht dem Verband, alleine auszuwählen, welche Sportwettkämpfe er wie vermarkten möchte. Gleichzeitig hindert sie den Zuschauer daran, frei zu wählen, welches unter mehreren stattfindenden Sportereignissen er im Fernsehen verfolgen will. Er hat aufgrund der regelmäßig exklusiv erfolgenden Rechtevergabe nur dasjenige Sportereignis zur Auswahl, das vom Rechteerwerber übertragen wird. Daran ändert auch die neue Praxis der paketweisen Vergabe verschiedener Rechtearten nichts, da die für die Verbraucher interessantesten Rechte in einem einzelnen Paket gleichfalls nur exklusiv bzw. vorrangig zentral vergeben werden. Die von der Rechtsprechung aufgestellten

---

754 Auch Live-Konferenzschaltungen verhindern dies nicht, da sie nur begrenzte Einblicke in einzelne vom Sender ausgewählte, zeitgleich stattfindende Spielbegegnungen ermöglichen.

755 Kommission, Abl. 2001 C 3, 2, 4 Rn. 25 "Leitlinien zu Vereinbarungen über horizontale Zusammenarbeit". Lediglich im Falle von Preisfestsetzungen von Gemeinschaftsunternehmen (GU) und der gemeinsamen Vermarktung des gemeinsam hergestellten Produkts tritt die Kommission in eine umfassendere Prüfung der Auswirkungen auf den Markt ein. Auf Sportligen ist dieser Gedanke jedoch regelmäßig nicht erfolgreich anwendbar; siehe hierzu das Beispiel des Ligaverbandes unter Ziffer B.III.1(c)(ii) oben.

756 Grundlegend EuGH, Slg. 1977, 1875, 1906 (Rs. 26-76 – 25.10.1977) "Metro"; EuGH, Slg. 1989, 2117 (Rs. 246/86 – 11.7.1989) "Belasco".

Prüfungskriterien für die Feststellung einer Wettbewerbsbeschränkung sind hier somit erfüllt.

Sowohl der die Senderechte allein vermarktende Verband als auch der Fernsehsender, der die Rechte in der Regel zur exklusiven Verwertung erwirbt, verfügen über beträchtliche Marktmacht auf dem relevanten Produktmarkt. Der Ligaverband und die UEFA halten im Falle der Senderechte an der Fußball-Bundesliga und der Champions League zum Beispiel je einen Marktanteil von 100%. Die jeweiligen Umsätze mit der Rechtevermarktung belaufen sich auf mehrere Millionen Euro[757]. Auch die bei der Rechtevergabe erfolgreichen Fernsehsender ARD, ZDF, DSF und arena (Bundesliga) und Sat1 (Champions League), verfügen über bedeutende Ressourcen und Marktanteile. Die beteiligten Unternehmen können den Markt aufgrund ihrer Marktmacht hinsichtlich Preis, Vielfalt und Qualität der Produkte negativ beeinflussen, so daß auch die von der Kommission in ihren Leitlinien zu Vereinbarungen über horizontale Zusammenarbeit aufgestellten Kriterien für die Feststellung von Vereinbarungen mit wettbewerbsbeschränkender Wirkung erfüllt sind.

Die Zentralvermarktung von Fernsehübertragungsrechten ist nach alldem geeignet, den Wettbewerb gemäß Art. 81 I EGV einzuschränken.

(iv) Spürbare Beschränkung des Wettbewerbs

Die Beschränkung des Wettbewerbs mittels einer Zentralvermarktung von Senderechten müßte auch spürbare Auswirkungen auf Dritte haben, also die den Fernsehsendern und Zuschauern bei Wettbewerb offenstehenden Handlungsalternativen beeinträchtigen. Die Kommission hat am 22. Dezember 2001 quantitative Kriterien für die Konkretisierung des Spürbarkeitsmerkmals in einer nicht abschließenden Bekanntmachung[758] über Vereinbarungen von geringer Bedeutung zusammengefaßt (De Minimis-Bekanntmachung). Sofern keine sogenannten Kernbeschränkungen vorliegen (z.B. Absatz- oder Produktionsbeschränkung, Preisfestsetzung) ist die Spürbarkeit grundsätzlich zu verneinen, wenn im Falle einer horizontalen Vereinbarung der Marktanteil der beteiligten Unternehmen auf keinem der relevanten Märkte insgesamt 10% überschreitet und im Falle einer vertikalen Vereinbarung, wenn der von jedem der beteiligten Unter-

---

757 Bisher zahlte Premiere EUR 150 Millionen pro Saison an die DFL für die Bundesligarechte. Arena zahlt von 2006-2009 pro Saison EUR 240 Millionen für die Live-Fernsehsenderechte. Ab der Saison 2005/2006 zahlt Sat1 ca. EUR 70 Millionen für die Senderechte an 39 Champions League-Spielen an die UEFA.

758 Kommission, Abl. 2001 C 368, 13 "De minimis-Bekanntmachung".

nehmen gehaltene Marktanteil auf keinem der betroffenen Märkte 15% überschreitet.

Sowohl die UEFA als auch der Ligaverband haben als alleinige Anbieter einen weit höheren Marktanteil als 10% im relevanten Markt für Senderechte an ihren Wettbewerben. Sehr publikumsträchtige Sportarten, insbesondere Fußball, gelten als eines der wichtigsten Programmangebote im Fernsehen[759]. Fernsehsender geben nicht selten hohe zwei- bis dreistellige Millionen-Eurobeträge für den Erwerb der entsprechenden Senderechte aus, wobei Fußball und Tennis in Deutschland in der jüngeren Vergangenheit die beiden höchsten Einzelanteile der Sportrechteausgaben der Sender ausmachten[760]. Regelungen über die gemeinsame Vermarktung von Senderechten haben unter Anwendung der engen Produktmarktdefinition stets eine nennenswerte Einschränkung des Wettbewerbs auf dem jeweiligen Fernsehmarkt zur Folge[761].

(h) Bezwecken oder Bewirken der Wettbewerbsbeschränkung

Art. 81 I EGV verlangt, daß die Wettbewerbsbeschränkung entweder der Zweck oder die Wirkung der fraglichen Maßnahme ist. Dabei muß sich der wettbewerbsbeschränkende Zweck unmittelbar aus der Gesamtheit oder einem Teil der Vereinbarungen der Parteien ergeben, wobei auch die wirtschaftlichen Begleitumstände zu berücksichtigen sind[762]. Der Zweck ist objektiv im Sinne der feststellbaren Tendenz der Vereinbarung zu ermitteln[763]. Nur falls sich ein wettbewerbsbeschränkender Zweck nicht feststellen läßt, kommt es auf die konkreten Wirkungen der Wettbewerbsbeschränkung an[764].

Die jüngere Rechtsprechung des EuGH weicht dieses früher für alle beschränkenden Vertragsklauseln geltende Prinzip jedoch hinsichtlich gewisser Abspra-

---

759 Kommission, Abl. 2003 L 291, 25, 46 Rn. 132 (K (2003) 2627) "Gemeinsame Vermarktung der UEFA Champions League-Rechte".

760 Kommission, Abl. 2003 L 291, 25, 46 Rn. 132, Fn. 65 (K (2003) 2627) "Gemeinsame Vermarktung der UEFA Champions League-Rechte".

761 Vgl. auch die Kommission für die Champions League-Vermarktungsrechte in Abl. 2003 L 291, 25, 46 Rn. 132 (K (2003) 2627) "Gemeinsame Vermarktung der UEFA Champions League-Rechte".

762 EuGH, Slg. 1966, 282, 301 (Rs. 56-65 - 30.6.1966) "Maschinenbau Ulm"; Langen/Bunte, Art. 81 Rn. 97.

763 Kommission, Abl. 1990 L 21, 71, 76 (IV/32.026 – 13.12.1989) "Bayo-N-ox".

764 EuGH, Slg. 1966, 282 (Rs. 56-65 - 30.6.1966) "Maschinenbau Ulm"; EuGH, Slg. 1998, I-3175, 3222 (Rs. C-8/95 P – 28.5.1998) "New Holland Ford"; EuGH, Slg. 1998, I-3111, 3160 (Rs. C-7/95 P – 28.5.1998) "John Deere"; EuGH, Slg. 1999, I-4125 Rn. 99 (Rs. C-49/92 P – 8.7.1999) "Anic Partecipazioni"; Kommission, Abl. 2004 C 101, 97, 100 Rn. 20 "Leitlinien zur Anwendung von Art. 81 III EGV".

chen deutlich auf. Hierunter fallen Absprachen, deren spezifischem Charakter bereits die Eignung fehlt, eine Wettbewerbsbeschränkung zu bezwecken, da sie auch günstige wirtschaftliche Auswirkungen besitzen und somit allenfalls eine Wettbewerbsbeschränkung bewirken, nicht aber bezwecken können[765]. Dieser Ansatz führt jedoch zu Abgrenzungsproblemen bei der Unterscheidung des Hauptzwecks und des Nebeneffekts einer Vereinbarung sowie zu Rechtsunsicherheit, da damit subjektive Elemente Einzug in die Prüfung des Merkmals "bezwecken" finden. Nach dem neuerdings von der Kommission verfolgten wirtschaftlichen Ansatz sollen neben den Kernbeschränkungen (hard core-Verzeichnis) sogar nur noch solche Vereinbarungen eine Wettbewerbsbeschränkung bewirken können, die mit hinreichender Wahrscheinlichkeit negative Auswirkungen auf Preise, Produktionsmengen, Innovationen oder Vielfalt bzw. Qualität der Waren oder Dienstleistungen erwarten lassen[766]. Dies setzt eine gründliche Marktuntersuchung (also der Marktmacht) voraus[767].

Eine derartige Auslegung der Tatbestandsmerkmale "bezwecken oder bewirken" ist jedoch nicht sachgerecht und deshalb abzulehnen. Sie ist weder mit dem Wortlaut der Vorschrift vereinbar, der Wettbewerbsbeschränkungen aller Art erfaßt, noch sind die Auswirkungen einer Absprache in Art. 81 I EGV zu prüfen, sondern vielmehr allein in dessen Absatz 3. Schließlich kommt es hier nur darauf an, ob die Absprache zu einer spürbaren Beeinträchtigung des Wettbewerbs und des Handels führt, und nicht auf die Marktmacht der betreffenden Unternehmen. Vor dem Hintergrund dieser kritischen Beurteilung läßt sich die Zentralvermarktung von Senderechten wie folgt unter diese Merkmale subsumieren.

Daß der Beschluß eines Sportverbandes, die einzelnen Senderechte der Vereine beim Verband zu bündeln und sie durch diesen zentral zu vermarkten, die Tendenz besitzt, den Preiswettbewerb zwischen den Vereinen dieses Verbandes zu beschränken, ist objektiv leicht festzustellen. Die Zentralvermarktung führt zu einer Preisfestsetzung bei den Senderechten gegenüber Dritten, die ohne diesen Beschluß im Rahmen der Einzelvermarktung der Senderechte nicht erfolgen würde. Diese Feststellung gilt unabhängig davon, ob sämtliche Senderechte in einem Paket an einen Fernsehsender vergeben werden oder ob für einzelne kleinere Rechtepakete unterschiedliche Preise festgesetzt werden. In jedem Fall wird die autonome Preisfestsetzungsbefugnis der einzelnen im Wettbewerb mit-

---

765 EuGH, Slg. 1991, I-935, 983 (Rs. C-234/89 – 28.2.1991) "Delimitis".

766 Kommission, Abl. 2001 C 3, 2 Rn. 18-20 "Leitlinien zu Vereinbarungen über horizontale Zusammenarbeit"; Kommission, Abl. 2004 C 101, 97, 100 Rn. 19-24 "Leitlinien zur Anwendung von Art. 81 III EGV".

767 Kommission, Abl. 2004 C 101, 97, 100 Rn. 24 "Leitlinien zur Anwendung von Art. 81 III EGV".

einander stehenden Vereine durch die zentrale Rechtevermarktung objektiv erkennbar eingeschränkt. Es handelt sich um eine künstliche Veränderung der Marktbedingungen. Ferner wird durch den Beschluß die Handlungs- und Betätigungsfreiheit der Vereine erkennbar eingeschränkt, indem hierdurch die autonome Rechtevergabe durch die einzelnen Rechteinhaber gerade verhindert werden soll. Die Wettbewerbsbeschränkung ist mithin von der Unternehmensvereinigung "Sportverband" bezweckt.

Entgegen der Ansicht von Archner[768] ist im Rahmen der Zentralvermarktung von Fernsehübertragungsrechten das Regelbeispiel des Art. 81 I e. EGV generell nicht erfüllt, da der zugrunde liegende Beschluß des Sportverbandes kein Kopplungsgeschäft bezweckt. Denn eine von Archner in Bezug auf Bundesligaspiele festgestellte Kopplung von Organisationsleistung und Fernsehrechteregelung ist in einem Verbandsbeschluß über die Zentralvermarktung von Senderechten nicht stets objektiv erkennbar. Gemäß Art. 81 I e. EGV ist eine Wettbewerbsbeschränkung die an den Abschluß von Verträgen geknüpfte Bedingung, daß die Vertragspartner zusätzliche Leistungen annehmen, die weder sachlich noch nach Handelsbrauch in Beziehung zum Vertragsgegenstand stehen[769]. Nicht ersichtlich ist, wo hier der vom Verband auf die einzelnen Vereine ausgeübte Abnahmezwang für solche Produkte bestehen soll, an denen sie gar kein Interesse haben oder die sie von anderen Anbietern beziehen könnten. Ein sachlicher Zusammenhang zwischen Haupt- und Zusatzgeschäft kann zumindest dort angenommen werden, wo der Verband aufgrund seiner Mitveranstaltereigenschaft ebenfalls originärer Inhaber der Senderechte ist.

Die Wettbewerbsbeschränkung ist folglich im Zusammenhang mit der zentralen Vermarktungspraxis bezweckt. Damit erfüllt die zentrale Vermarktung von Senderechten an Sportveranstaltungen alle Voraussetzungen des Art. 81 I EGV.

2. Tatbestandsrestriktionen des Art. 81 I EGV

(a) Immanenztheorie

(i) Einführung

Die weite Auslegung des Wettbewerbsbegriffs führte in der Entscheidungspraxis des EuGH und der Kommission dazu, das Tatbestandsmerkmal "Beschränkung

768 Archner, Zentrale Vermarktung von Fernsehübertragungsrechten an Bundesligaspielen, S. 117, 211.

769 Kommission, Abl. 2000 C 291, 1, 42ff. Rn. 215-224 "Leitlinien für vertikale Beschränkungen"; Langen/Bunte, Art. 81 Rn. 96, Art. 82 Rn. 153ff.; Roth/Ackermann, FK, Art. 81 I Rn. 299; Schröter in Schröter/Jakob/Mederer, Art. 81 I Rn. 191.

des Wettbewerbs" teleologisch einzugrenzen und bestimmte verhaltenskoordinierende Maßnahmen dem Zugriff des Kartellverbots zu entziehen, die trotz vordergründig wettbewerbsbeschränkender Eigenschaften im übrigen notwendigerweise aus einem kartellrechtsneutralen Rechtsverhältnis folgen. Hierunter fallen handlungsbeschränkende Nebenabreden, die für das Zustandekommen oder die Durchführung eines für sich betrachtet kartellrechtlich unbedenklichen Vertrages funktionsnotwendig sind[770]. Dabei prüft das Gericht wie sich der Wettbewerb ohne die fragliche Wettbewerbsbeschränkung gestalten würde. Dies erfordert eine Würdigung komplexer wirtschaftlicher Gegebenheiten durch die Kommission, wobei sich die gerichtliche Nachprüfung auf die Frage beschränkt, ob die Verfahrensvorschriften eingehalten worden sind, die Begründung ausreichend ist, der Sachverhalt zutreffend festgestellt worden ist und keine offensichtlich fehlerhafte Würdigung des Sachverhalts und kein Ermessensmißbrauch vorliegen[771]. Entsprechend fallen nach Auffassung des EuGH Wettbewerbsverbote zu Lasten des Verkäufers in Unternehmenskaufverträgen aufgrund ihrer vorteilhaften Auswirkungen auf den Wettbewerb dann nicht unter Art. 81 I EGV, wenn sie "für die Übertragung des veräußerten Unternehmens erforderlich und in ihrer Geltungsdauer und in ihrem Anwendungsbereich strikt auf diesen Zweck beschränkt" sind[772]. Auch satzungsmäßige Wettbewerbsverbote oder Verbote der Doppelmitgliedschaft in Gesellschaftsverträgen sind unbedenklich, wenn sie für die Erhaltung der Funktionsfähigkeit und der Verhandlungsmacht der ansonsten kartellrechtlich unbedenklichen Gesellschaft notwendig sind und in unmittelbarem Zusammenhang hierzu stehen[773]. Dagegen lehnte es das Gericht erster Instanz (**EuG**) ab, eine Vereinbarung zwischen mehreren Fernsehsendern über die exklusive Ausstrahlung ihrer Vollprogramme (Ausschließlichkeitsklausel) als objektiv notwendige Nebenabrede für die wirtschaftlich erfolgreiche Neugründung eines gemeinsamen Bezahlfernsehsenders anzuerkennen, da eine solche Gründung im Bereich des Bezahlfernsehens auch ohne ausschließliche Senderechte für Fernsehprogramme möglich wäre[774].

Mit diesen Ansätzen lassen sich horizontale Bindungen, die sowohl in unmittelbarem Zusammenhang zu einem kartellrechtlich unbedenklichen und sogar wettbewerblich vorteilhaften Vertragshauptzweck stehen als auch verhältnismä-

---

770 Vgl. die Definition des Begriffs "Nebenabrede" in der Bekanntmachung der Kommission, Abl. 2005 C 56, 32 Rn. 19 "Vereinfachtes Verfahren für bestimmte Zusammenschlüsse".

771 EuGH, Slg. 1985, 2545 Rn. 34 (Rs. 42/84 – 11.7.1985) "Remia"; EuG, Slg. 2001, II-2459 Rn 114 (Rs. T-112/99 – 18.9.2001) "M6".

772 EuGH, Slg. 1985, 2545ff. (Rs. 42/84 – 11.7.1985) "Remia".

773 EuGH, Slg. 1994, I-5641, 5687f. (Rs. C-250/92- 15.12.1994) "DLG"; EuGH, Slg. 1995, I-4515, 4525 Rn. 12-14 (Rs. C-399/93 – 12.12.1995) "Oude Luttikhuis".

774 EuG, Slg. 2001, II-2459 Rn 122 (Rs. T-112/99 – 18.9.2001) "M6".

ßig und wirtschaftlich objektiv erforderlich zur Durchführung dieses Zwecks sind, dem Anwendungsbereich des Kartellverbots entziehen. Absprachen, die in räumlicher, sachlicher und zeitlicher Hinsicht das Maß des objektiv Erforderlichen überschreiten, sind hingegen kartellrechtlich nicht zu rechtfertigen. Wird die fragliche Beschränkung nicht als Nebenabrede beurteilt, kommt eine Rechtfertigung nach Art. 81 III EGV in Betracht[775].

Im deutschsprachigen Schrifttum ist dieser Ansatz unter der Bezeichnung Immanenztheorie, im anglo-amerikanischen Raum als Ancillary Restraint-Doktrin (*doctrine of ancillary restraints*) bekannt. Das deutsche Schrifttum beurteilt die Anwendbarkeit der Immanenztheorie auf den Sport uneinheitlich[776]. Die Gerichte in Deutschland und Europa haben den Gedanken der Immanenztheorie im Gegensatz zu den US-amerikanischen Gerichten[777] bislang noch nicht zur Rechtfertigung von wettbewerbsbeschränkenden Vereinbarungen im Ligasport angewandt. Im Hinblick auf Fernsehsenderechte an Sportveranstaltungen führte aber auch die Ancillary Restraint-Argumentation bis dato zu keinen positiven Gerichtsurteilen für US-Sportligen. Die US-Gerichte sahen die fraglichen internen Fernsehrechteregelungen der betreffenden Ligen nicht als ergänzende Regelungen zu einer Erhöhung des Wettbewerbs zwischen den Clubs oder den Sportübertragungen mit anderen Fernsehprogrammen an, sondern vielmehr als Mechanismus, der die Anzahl der Spielübertragungen im Fernsehen reduzieren und die Einnahmen der Clubs erhöhen und sichern sollte[778].

(ii) Keine Rechtfertigung für zentrale Vermarktung von Sportsenderechten

Selbst wenn man davon ausgeht, daß der der Immanenztheorie zugrunde liegende Gedanke generell geeignet ist, auf der Tatbestandsebene bestimmte wettbewerbsbeschränkende Nebenabreden im Einzelfall zu rechtfertigen, läßt sich die-

---

775 EuG, Slg. 2001, II-2459 Rn 113 (Rs. T-112/99 – 18.9.2001) "M6"; EuG, Slg. 1992, II-1931 Rn. 78 (Rs. T-61/89 – 2.7.1992) "Dansk Pelsdyravlerforening".

776 Für eine prinzipielle Anwendbarkeit im Bereich des Sports: Sauer, SpuRt 2004, 93, 95; Hannamann, Kartellverbot und Verhaltenskoordinationen im Sport, S. 368ff., 489ff.; Mahler, SpuRt 2001, 8, 11; Weng, Zentrale Vermarktung von Fernsehübertragungsrechten, S. 132ff., Liegl/Schmitz, WRP 1998, 244, 249; Springer, WRP 1998, 477, 483f., 486; Stopper, Ligasport und Kartellrecht, S. 144f.; Fleischer, WuW 1996, 473, 479f.; Wertenbruch, ZIP 1996, 1417, 1421ff.; a.A.: Kuczera, Vermarktung von Übertragungsrechten im Fußball, S. 236; Archner, Zentrale Vermarktung von Fernsehübertragungsrechten an Bundesligaspielen, S. 145ff.; Schmittmann/Lehmann, AfP 1996, 255, 258.

777 Siehe hierzu Ziffer A.IV.3(b) und A.V.3(b) oben.

778 Vgl. z.B. NCCA v. Board of Regents of University of Oklahoma, 468 U.S. 85 (1984); Chicago Professional Sports Ltd. Partnership v. NBA, 754 F. Supp. 1336, 1357-1359 (N.D. Ill. 1991); Chicago Professional Sports Ltd. Partnership v. NBA, 961 F.2d 667, 673f. (7th Cir. 1992).

se Argumentation nicht mit Erfolg auf Beschlüsse von Sportverbänden zur zentralen Vermarktung von Senderechten anwenden. Regelungen über die Zentralvermarktung dieser Rechte müßten nämlich in wirtschaftlicher Hinsicht als lediglich ergänzende Nebenabreden objektiv erforderlich sein, um den Erhalt des Ligaspielbetriebs, des Pokalwettbewerbs oder die Fernsehübertragung der Spiel- und Sportbegegnungen zu gewährleisten, damit sie kartellrechtlich als unbedenklich einzustufen sind. Daß dies nicht der Fall ist, ergibt sich aus folgenden Erwägungen.

Zunächst ist anzuerkennen, daß eine reine Individualvermarktung von Senderechten zu großen Einnahmeunterschieden der einzelnen Ligavereine und Wettbewerbsteilnehmer führen kann. Denn für die Vermarktungseinkünfte der Clubs spielen Faktoren wie der sportliche Erfolg in den zurück liegenden Spielzeiten, die Vereinspopularität bei Zuschauern und Sponsoren, das Vorhandensein von Sportlerpersönlichkeiten und die Größe des Zuschauereinzugsgebiets eine wichtige Rolle. Vereine, die diese Kriterien nicht erfüllen, werden ihre Heimspiele nur zu niedrigeren Preisen vermarkten können und somit auf lange Sicht hinter die Finanzkraft der "großen" Vereine zurückfallen. Dies kann sich negativ auf ihre eigene sportliche Leistungsfähigkeit und die Attraktivität des gesamten Wettbewerbs auswirken.

Dieses theoretische Szenario, das bereits unter Ziffer A.V.1(b) oben für die US-Sportligen aufgezeigt worden ist, stellt sich aber in europäischen Sportligen nicht ganz so einfach dar. Denn zum einen ist hier durch den Auf- und Abstiegsmodus gewährleistet, daß die spielschwächsten Vereine am Ende der Saison aus der Liga absteigen und durch die jeweiligen Aufsteiger aus der nachrangigen Liga ersetzt werden. Zum anderen gelten zumindest in deutschen Sportligen, wie der Fußball-Bundesliga oder der Deutsche Eishockey Liga (**DEL**), strenge Auflagen für die finanzielle Leistungsfähigkeit der einzelnen Ligavereine, die zu einem Lizenzentzug und Zwangsabstieg führen, falls die vom jeweiligen Ligaverband aufgestellten Anforderungen hierfür nicht eingehalten werden[779]. Da sich die europäischen Mannschaftssportwettbewerbe aus nationalen Ligateilnehmern zusammen setzen, sind deshalb auch sie grundsätzlich vor langfristig unattraktiven Spielbegegnungen geschützt. Überdies ergeben sich auch bei einer Zentralvermarktung unterschiedlich hohe Vereinsbudgets, da gerade die Vereine, die zusätzlich an internationalen Wettbewerben teilnehmen, über sehr viel höhere Einnahmen verfügen[780]. Zu berücksichtigen ist ferner, daß die Einkünfte aus der Vermarktung von Fernsehrechten generell nur einen Teil der Gesamterlöse der Cubs darstellen; Einnahmen aus Eintrittskartenverkäufen stel-

---

779 Siehe z. B. § 8 Nr. 4 Ligaverband-Satzung i.V.m. Ligastatut.
780 Kruse/Quitzau, Fußball-Fernsehrechte, S. 6.

len eine wesentliche Erlösquelle dar[781]. Im übrigen garantiert eine gute Finanzsituation oder größere Zahl an teuren Starspielern nicht unmittelbar den sportlichen Erfolg eines Vereins. Denn gerade im Mannschaftssport sind Teamgeist, Tagesform und -motivation der Sportler, Unterstützung durch die eigenen Fans und auch Glück zu einem großen Teil ursächlich für den sportlichen Erfolg. Schon aus diesen praktischen Gründen erscheint die Prognose eines langfristigen Untergangs einer Liga oder eines Sportwettbewerbs ohne zentrale Vermarktung der Senderechte an Ligaspielen sehr unrealistisch.

In diesem Zusammenhang wies die Kommission in ihrer Champions League-Entscheidung darauf hin, daß sie uneingeschränkt die besonderen Merkmale des Sports, beispielsweise die Notwendigkeit des Schutzes schwächerer Vereine durch Umverteilung von Geldern, berücksichtigt[782]. Sie wies damit die Argumentation der UEFA, die gemeinsame Vermarktung sei unabdingbar für die Existenz der Champions League, zurück. Argumente dieser Art sind aber eher bei der Abwägung in Art. 81 III EGV zu berücksichtigen als im Rahmen des Art. 81 I EGV.

Die Vermarktungspraxis im UEFA-Pokal zeigt, daß ein europaweiter Fußballwettbewerb auch ohne gemeinsame Vermarktung der Fernsehsenderechte existenzfähig ist, da diese Rechte dort von den beteiligten Vereinen einzeln vermarktet werden[783]. Länder wie Großbritannien, Holland, Spanien, Italien, Griechenland und Schweden demonstrieren im Profifußballbereich und die USA im Collegesportbereich, daß die Individualvermarktung der Senderechte durch die Clubs nicht langfristig zum Niedergang des nationalen Ligawettbewerbs führt. Im Gegenteil, die dezentrale Vermarktung bewirkt eine größere Auswahl insbesondere an Live-Sportübertragungen und reduziert die Preise der Senderechte[784], wodurch wiederum die Markteintrittschancen für kleinere oder neue Fernsehsender und Rechteverwerter steigen, die die hohen Rechte-Paketpreise nicht oder nur weniger gut wie etablierte Sender schultern können.

Durch die individuelle Vermarktung ihrer Spiele können die weniger populären Clubs ihre Fernsehpräsenz im Vergleich zur Zentralvermarktungspraxis, in der hauptsächlich die bekannten Vereine regelmäßig landesweite medienwirksame Live-Fernsehauftritte erhalten, zumindest zunächst in ihrem lokalen Einzugsbe-

---

781 Kruse/Quitzau, Fußball-Fernsehrechte, S. 6f.

782 Kommission, Abl. 2003 L 291, 25, 46 Rn. 129, 131 (K (2003) 2627) "Gemeinsame Vermarktung der UEFA Champions League-Rechte".

783 Kommission, Abl. 2003 L 291, 25, 46 Rn. 131 (K (2003) 2627) "Gemeinsame Vermarktung der UEFA Champions League-Rechte".

784 Siehe beispielsweise die Entwicklung im Fernsehrechtemarkt für US-Collegesportveranstaltungen unter Ziffer A.VII.2(b)(ii) oben.

reich erhöhen. Eine verstärkte Fernsehpräsenz zieht Sponsorengelder an und kurbelt wegen des erhöhten Werbeeffekts auch den Ticketverkauf an[785]. Dadurch sind diese Vereine weniger abhängig von einem eventuellen Finanzausgleich innerhalb der Liga und können aus eigener Kraft wachsen. Im Endeffekt stärkt dies den Gesamtwettbewerb und spricht gegen eine zwingende Zentralvermarktung der Fernsehrechte an Sportveranstaltungen.

Schließlich bestehen neben der Zentralvermarktung weitere, unter wettbewerblichen Gesichtspunkten weniger nachteilige Möglichkeiten, den Erhalt des sportlichen und wirtschaftlichen Gleichgewichts innerhalb eines Sportverbandes und damit letztlich den Ligawettbewerb als solchen zu gewährleisten. So bietet sich ein differenziertes Umverteilungsmodell an, wie es in den US-Major Leagues seit langem üblich ist und auch in der deutschen Rechtsprechung und Literatur bereits mehrfach vorgeschlagen worden ist[786]. Um unerwünschte "Trittbrettfahrer"-Anreize für einzelne Vereine zu verhindern, sollte die Umverteilungsregelung verbindlich in den Verbandsstatuten geregelt sein. Unter Beachtung der jeweiligen Verbandsstruktur (Anzahl der Vereine, Qualifikationsmöglichkeiten für internationale Wettbewerbe, landesweite oder nur regionale Verbandsausdehnung), der jährlichen Vereinseinnahmen aus Eintrittskartenverkäufen und Sponsorenverträgen und der Möglichkeit, neben lokalen auch finanziell lukrativere landesweite Fernsehverträge abzuschließen, könnte ein Modell entwickeln werden, in das die einzelnen Vereine pro Saison entweder einen bestimmten Teil ihrer Einnahmen aus der Vermarktung ihrer Medienrechte sowie einen festgeschriebenen Teil ihrer übrigen Erlöse oder nur einen fixen Prozentanteil ihres Gesamtetats einbezahlen. Durch die Abkoppelung der Berechnungsgrundlage von den Fernsehrechteeinnahmen als einziger Bezugsgröße kann dem vereinzelt aufgeworfenen Problem der eindimensionalen "Besteuerung" der Vereine nur für Einnahmen aus dem Verkauf von Fernsehsenderechten entgegnet werden[787]. Aus dem gemeinsamen Topf wird dann einerseits ein für alle Vereine gleich hoher Betrag sowie andererseits ein für jeden Verein individuell anhand seiner letztjährigen Ligaposition berechneter erfolgsabhängiger Betrag ausbezahlt, wo-

---

785 Parlasca, Wirkungen von Sportkartellen, S. 97ff.

786 KG, SpuRt 1996, 199, 203 (8.11.1995 – Kart 21/94) "Europapokalheimspiele"; BKartA, SpuRt 1995, 118, 125 (2.9.1994 – B6 747000 – A- 105/92) "Europapokalheimspiele"; Kuczera, Vermarktung von Übertragungsrechten im Fußball, S. 184f.; Kruse/Quitzau, Fußball-Fernsehrechte, S. 11ff; Parlasca, Wirkungen von Sportkartellen, S 100ff.; Waldhauser, Fernsehrechte des Sportveranstalters, S. 256; Weng, Zentrale Vermarktung von Fernsehübertragungsrechten, S. 134, 188ff.

787 Siehe hierzu Stopper, SpuRt 2003, 48, 51: Die eindimensionale "Besteuerung" soll es den Vereinen ermöglichen, ihre Einnahmen aus dem Verkauf von Fernsehrechten künstlich in ihrer Gesamtbilanz zu reduzieren (ein Beispiel eines denkbaren, wenngleich in der Praxis nicht allzu realistischen Szenarios gibt Stopper, a.a.O.).

bei dieser letztgenannte Anteil tendenziell stärker gewichtet sein sollte als der Festbetrag, um die sportlichen Leistungen der Vereine angemessen zu belohnen[788]. Der Verband selbst sollte ebenfalls an den Ein- und Auszahlungen beteiligt sein, allerdings wegen seines in der Regel wirtschaftlich und organisatorisch geringeren Wettkampfbeitrags in einem geringeren Ausmaß als die einzelnen Vereine.

Unabhängig von der aufgezeigten Fondslösung ist es denkbar, die einzelnen Senderechte der Vereine nach technischen Kriterien sowie nach der Art des jeweiligen Übertragungsmediums aufzuspalten und hinsichtlich lediglich einer bestimmten Sportübertragungsart eine zentrale Vermarktung durch den Verband zuzulassen. Die weit überwiegende Zahl der übrigen Senderechte wird dann weiterhin individuell durch die einzelnen Vereine vermarktet. Möglich wäre es zum Beispiel, die Free TV-Rechte zentral über den Verband anzubieten, damit möglichst viele Zuschauer in den Genuß der Sportübertragungen kommen. Die Rechte für das Bezahlfernsehen, Zweitverwertungsrechte, Hörfunk- und Internetrechte könnte dann jeder Verein ausschließlich individuell vermarkten. Im übrigen wies die Kommission in ihrer Champions League-Entscheidung auf die weitere Möglichkeit der Umverteilung von Einnahmen durch ein Steuersystem oder durch freiwillige Beiträge hin[789].

In der Literatur wird in diesem Zusammenhang vereinzelt ein weiterer Grund vorgetragen, der gegen die Individualvermarktung der Vereine spricht. Danach kann ausschließlich die zentrale Rechteveräußerung den Zerfall einer Sportsendung verhindern, die sämtliche Sportveranstaltungen eines Spiel- oder Wettkampftages in einem Paket zusammenfaßt[790]. Anderenfalls gehe der Charakter der Gesamtveranstaltung verloren, der unmittelbar mit der Zuschauergunst und -gewohnheit verknüpft und deren Sendeform nicht zu ersetzen sei[791].

Dieser Argumentation kann jedoch nicht zugestimmt werden. Zum einen erfaßt sie pauschal nur eine bestimmte Art von Sportsendungsformat (Gesamtzusammenfassung eines Spieltags à la Sportschau oder Ran) und läßt andere erfolgrei-

---

788 Daß bei solchen Fondslösungen zahlreiche spezifische ligainterne wie -externe Faktoren beachtet werden müssen und zwischen verschiedenen Sportarten sehr unterschiedlich gewichtete Mechanismen denkbar sind, zeigt sich insbesondere bei den Erlösverteilungsregelungen der US-Major Leagues; siehe hierzu die ausführliche Darstellung bei Garrett & Hochberg, Law of Professional and Amateur Sports, § 17.01 [3], [4], § 17.02[1].

789 Kommission, Abl. 2003 L 291, 25, 46 Rn. 131 (K (2003) 2627) "Gemeinsame Vermarktung der UEFA Champions League-Rechte".

790 Stopper, Ligasport und Kartellrecht, S. 145ff.

791 Stopper, Ligasport und Kartellrecht, S. 146.

che andersartige Sportprogramme (Live-Übertragung einzelner Fußballspiele, z. B. auf Premiere oder arena) völlig außer Acht. Zum anderen schließt aber die direkte Vermarktung der Senderechte durch die einzelnen Vereine nicht die Möglichkeit aus, daß ein oder mehrere Sender einen großen Teil oder sämtliche Rechte zur Erstverwertung der Sportwettkämpfe erwerben und diese dann entweder alleine oder etwa im Wechsel mit einem anderen Sender ausstrahlen. Schon aus Eigeninteresse werden die Fernsehanstalten versuchen, ein möglichst attraktives Sportübertragungsprogramm für die Zuschauer und Werbungstreibenden zusammen zu stellen. Sie werden sich dabei eng an der Nachfrage und den Auswahlentscheidungen der Zuschauer orientieren. Sportverbände sollten hingegen nicht durch eine ungeschriebene kartellrechtliche Rechtfertigungslehre dazu in die Lage versetzt werden, den Nachfragern zu diktieren, in welcher Qualität und Quantität sie die jeweiligen Sportveranstaltungen im Fernsehen anbieten bzw. verfolgen können.

Aus all dem wird deutlich, daß eine zentrale Senderechtevermarktung im Bereich etablierter Sportligen nicht notwendig ist, um deren Erhalt für die Zukunft zu sichern. Entsprechende Regelungen stellen keine Nebenabreden dar, die einen kartellrechtsneutralen Hauptzweck lediglich unterstützen und zu dessen Gelingen wirtschaftlich unbedingt erforderlich sind. Sie gehen über das zwingend Erforderliche weit hinaus und führen im Vergleich zu Alternativlösungen nicht zu einer für den Wettbewerb und die Verbraucher vorteilhafteren Marktsituation. Wie die Ancillary Restraint-Doktrin ist auch die Immanenztheorie also auf dem Gebiet der Sportsenderechtevermarktung in der Regel nicht als Rechtfertigungsgrund einer Wettbewerbsbeschränkung geeignet.

(iii) Ausnahmsweise zulässige Rechtfertigung

Die gebündelte Rechtevermarktung durch einen Sportverband kann in Einzelfällen allerdings dann durch den Gedanken der Immanenztheorie gerechtfertigt sein, wenn eine Fondslösung im Rahmen der Einzelvermarktung faktisch nicht möglich und die zentrale Rechtevermarktung der einzige Weg sein sollte, den wirtschaftlichen Fortbestand dieses Sportwettkampfes zu gewährleisten. In Betracht kommt dies für neu gegründete Sportveranstaltungsserien, die sich auf dem relevanten Markt dieser Sportart und der diesbezüglichen Fernsehsenderechte erst durchsetzen müssen. Der generell kartellrechtlich wünschenswerte Markteintritt eines zusätzlichen Wettbewerbers[792] kann durch die zentrale Rech-

[792] Dieser Wettbewerber sollte allerdings nicht die, in der europäischen Praxis freilich noch nicht gefestigten, unter Ziffer B.III.1(c)(ii) oben beschriebenen Gestaltungsmöglichkeiten hinsichtlich seiner Rechtsform nutzen, um die Anwendung des Kartellverbots zu vermeiden.

tevermarktung in der Anfangsphase des Ligabetriebs erleichtert werden. Ein solcher Verband erhält dadurch eine größere Verhandlungsmacht gegenüber der Vielzahl an Nachfragern im Fernsehrechtemarkt und kann einen einheitlichen Medienauftritt zur Steigerung des Zuschauer- und Sponsoreninteresses an der neuen Sportveranstaltung und seines Wiedererkennungseffekts erreichen.

Zu beachten ist jedoch, daß die Zentralvermarktungspraxis nur im Gründungsjahr und maximal bis zu ca. drei Jahren/Spielsaisons danach gerechtfertigt sein kann. Hat sich die Veranstaltungsserie bis dahin nicht ausreichend etabliert, liegt der Schluß nahe, daß die Gründe hierfür in mangelnder Produktqualität, einem zu hohen Produktpreis oder fehlendem Interesse der Nachfrager liegen. Diese Defizite dürfen nicht durch Kartellabsprachen behoben werden, sondern sind allein vom freien Wettbewerb zu regeln, auch wenn dies bedeutet, daß ein Anbieter vom Markt verschwindet. Hat sich die Veranstaltungsserie dagegen bis dahin im Wettbewerb mit anderen Sportwettkämpfen derselben Sportart durchgesetzt, besteht nach dem oben Gesagten kein sachlicher Grund, die jetzt nicht mehr erforderliche Zentralvermarktung fortzusetzen. Erlöse sind jedenfalls im Wettbewerb und nicht durch Wettbewerbsbeschränkungen zu erwirtschaften. Auf diese Weise wird erreicht, daß die Abnehmer der Fernsehrechte und die Verbraucher nicht durch Wettbewerbsbeschränkungen belastet sowie zur Mitfinanzierung der Solidarität und von etwaigen sportpolitisch wünschenswerten Zielen gezwungen werden. So stellte der BGH fest, daß die Verletzung der Ziele, die das Kartellrecht schützen will, "nicht dadurch gerechtfertigt werden [kann], daß mit den auf diese Weise auf Kosten von Marktteilnehmern erzielten höheren Gewinnen sozial erwünschte Verhaltensweisen finanziert werden"[793].

Überdies kann die Zentralvermarktung von Senderechten im Bereich von Randsportarten unter Immanenzgesichtspunkten ausnahmsweise gerechtfertigt sein, sofern diese nicht bereits aufgrund fehlender Verwirklichung des "Spürbarkeitskriteriums" vom Kartellverbot ausgenommen sind. Die Interessenlage ist hier vergleichbar, falls die Randsportart durch die Mengeneffekte einer zentralen Rechtevermarktung erst zu den erforderlichen finanziellen Ressourcen und dem notwendigen Zuschauer- und Mitgliederinteresse kommt, die ihr ein langfristiges Überleben ermöglichen. Da bei einer Individualvermarktung nennenswerte Fernsehübertragungen aufgrund des geringen Interesses an diesen Sportwettkämpfen nicht zu erwarten sind, kann das Bündeln und paketweise Anbieten von Senderechten zumindest kurze Fernsehberichterstattungen oder gar Live-

---

793 BGH, WRP 1998, 188, 193 (11.12.1997 – KVR 7/96) "Europapokalheimspiele". So auch die Gerichte in Chicago Professional Sports Ltd. Partnership v. NBA, 754 F. Supp. 1336, 1357-1359 (N.D. Ill. 1991) und Chicago Professional Sports Ltd. Partnership v. NBA, 961 F.2d 667, 673f. (7th Cir. 1992).

Übertragungen einzelner Wettkämpfe wegen der damit möglichen Programmabgrenzung oder -abrundung für einzelne Fernsehsender erst lukrativ machen und somit positive Auswirkungen auf den Wettbewerb erzeugen. Entsprechende Regelungen können dabei im Einzelfall über den oben vorgeschlagenen dreijährigen Zeitraum hinaus gerechtfertigt sein, müssen aber regelmäßig anhand der konkreten Wettbewerbssituation im relevanten Sport- und Fernsehrechtemarkt überprüft werden.

(b) Anwendbarkeit der Rule of Reason im europäischen Kartellrecht

(i) Meinungsstand in der europäischen Rechtsprechung und Literatur

Die Praxis der Gemeinschaftsorgane im europäischen Wettbewerbsrecht ist im Hinblick auf die Anwendung eines Rule of Reason-Standards uneinheitlich. So lehnte die Rechtsprechung eine umfassende Prüfung von Wettbewerbswirkungen gestützt auf eine abwägende Rule of Reason teilweise klar ab[794]. Andererseits gehen EuGH und EuG sowie auch die Kommission in zahlreichen Fällen dazu über, im Rahmen des Art. 81 I EGV mit Hilfe einer spezifischen Einzelfallanalyse auch wettbewerbsfördernde Aspekte einer Wettbewerbsbeschränkung zu berücksichtigen. Die Rechtsprechung unterscheidet Vereinbarungen, die offenkundige oder eindeutige Wettbewerbsbeschränkungen - wie zum Beispiel die Festsetzung von Preisen, Einschränkung der Produktion und Aufteilung des Marktes - zum Gegenstand haben und keinesfalls durch eine möglicherweise anzuerkennende Rule of Reason zu beurteilen sind, von solchen Vereinbarungen, bei denen die Wirkungen auf den Wettbewerb unter Berücksichtigung des wirtschaftlichen und rechtlichen Rahmens zu beurteilen sind[795]. Sie sprach sich wiederholt für eine flexiblere Auslegung des Kartellverbots aus[796]. Dabei berücksichtigen die Gerichte den konkreten Rahmen, in dem die fragliche Vereinbarung ihre Wirkungen entfaltet, insbesondere den wirtschaftlichen und rechtlichen Kontext, in dem die betroffenen Unternehmen tätig sind, die Art der Waren

---

794 EuG, Slg. 2001, II-2459, 2486 Rn. 72-76, 107 (Rs. T-112/99 – 18.9.2001) "M6"; EuG, Slg. 2003, II-4653 Rn. 106f. (Rs. T-65/98 - 23.10.2003) "Van den Bergh Foods".

795 EuGH, Slg. 1999, I-4539 Rn. 130ff. (Rs. C-235/92 P – 8.7.1999) "Montecatini"; EuG, Slg. 1992, II-1155, 1246 (Rs. T-14/89 – 10.3.1992) "Montedipe"; EuG, Slg. 1998, II-3141, 3197 (Rs. T-374/94, T-375/94, T-384/94 und T-388/94 – 15.9.1998) "European Night Services"; EuG, Slg. 1995, II-1063, 1107 (Rs. T-148/89 – 6.4.1995) "Tréfilunion"; so auch die Kommission, Abl. 2001 C 3, 2, 4 Rn. 18, 25 "Leitlinien zu Vereinbarungen über horizontale Zusammenarbeit".

796 EuGH, Slg. 1995, I-4515 (Rs. C-399/93 – 12.12.1995) "Oude Luttikhuis"; EuGH, Slg. 1994, I-5641 Rn. 31-35 (Rs. C-250/92- 15.12.1994) "DLG"; EuG, Slg. 1998, II-3141 (Rs. T-374/94, T-375/94, T-384/94 und T-388/94 – 15.9.1998) "European Night Services".

oder Dienstleistungen, auf die sich die Vereinbarung bezieht, sowie die tatsächlichen Bedingungen der Funktion und Struktur des relevanten Marktes[797]. Im Ergebnis bezweifelt die Rechtsprechung aber weiterhin das Vorliegen einer Rule of Reason im Gemeinschaftsrecht[798]. Dem EuGH geht es um die Feststellung der wettbewerbsbeschränkenden Wirkungen im Markt[799]. Eine konkrete Abwägung wettbewerbsfördernder gegen wettbewerbswidrige Aspekte einer Beschränkung halten die Gerichte jedenfalls nur im Rahmen des Art. 81 III EGV für zulässig[800].

Die Kommission würdigt in ihren Leitlinien zu horizontalen Zusammenschlüssen, zur horizontalen Zusammenarbeit und zu vertikalen Beschränkungen bei ihrer umfassenden wettbewerblichen Prüfung unter Anwendung wirtschaftlicher Erwägungen nunmehr auch Aspekte, die zu Effizienzgewinnen führen können und bei denen nachteilige Wirkungen auf den Wettbewerb unwahrscheinlich sind[801]. Sie nimmt die wettbewerbliche Beurteilung gemäß Art. 81 EGV in zwei Stufen vor. Zuerst prüft sie das Vorliegen eines wettbewerbswidrigen Zwecks oder tatsächlich oder potentiell wettbewerbswidriger Auswirkungen der in Frage stehenden Vereinbarung. In einem zweiten Schritt ermittelt sie die sich aus dieser Vereinbarung ergebenden wettbewerbsfördernden Wirkungen und prüft, ob diese positiven wettbewerblichen Effekte die negativen aufwiegen. Diese Ab-

---

797 EuGH, Slg. 1995, I-4515 Rn. 10 (Rs. C-399/93 – 12.12.1995) "Oude Luttikhuis"; EuGH, Slg. 1991, I-935, Rn. 31 (Rs. C-234/89 – 28.2.1991) "Delimitis"; EuG, Slg. 1998, II-3141 Rn. 136 (Rs. T-374/94, T-375/94, T-384/94 und T-388/94 – 15.9.1998) "European Night Services"; EuG, 1997, II-759 Rn. 149 (Rs. T-77/94 – 14.5.1997) "VGB"; EuG, Slg. 2001, II-2459 Rn. 76 (Rs. T-112/99 – 18.9.2001) "M6".

798 EuG, Slg. 2003, II-4653 Rn. 106 (Rs. T-65/98 - 23.10.2003) "Van den Bergh Foods". Das EuG stellte in dieser Entscheidung ausdrücklich fest, daß eine solche Regel im Wettbewerbsrecht der Gemeinschaft nicht bestehe. Siehe hierzu u.a. auch die Urteile in Fn. 794 oben.

799 Everling, WuW 1990, 995, 1003.

800 EuGH, Slg. 1986, 353 Rn. 24 (Rs. 161/84 – 28.1.1986) "Pronuptia"; EuG, Slg. 2003, II-4563 Rn. 107 (Rs. T-65/98 - 23.10.2003) "Van den Bergh Foods"; EuG, Slg. 2001, II-2459 Rn. 74 (Rs. T-112/99 – 18.9.2001) "M6".

801 Kommission, Abl. 2004 C 31, 5, 6 Rn. 12f., 13 Rn. 76ff. "Leitlinien zur Bewertung horizontaler Zusammenschlüsse"; Kommission, Abl. 2001 C 3, 2, 3 Rn. 10 "Leitlinien zu Vereinbarungen über horizontale Zusammenarbeit"; Kommission, Abl. 2000 C 291, 1, 3 Rn. 5-7, 102, 115ff. "Leitlinien für vertikale Beschränkungen". Ein Grund für die Aufnahme von Effizienzüberlegungen in die Leitlinien zu horizontalen Zusammenschlüssen war nach Aussage des Chefökonoms der Generaldirektion Wettbewerb (Lars-Hendrik Röller) eine Studie, nach der in der Kommissionspraxis weit mehr Genehmigungen ineffizienter Fusionen erfolgt seien als Untersagungen effizienter Fusionen (siehe Maahs, WuW 2005, 49, 54). Röller wies an anderer Stelle daraufhin, daß es zur Berücksichtigung von Effizienzen noch keine Fälle gebe (siehe Wurmnest, ZWeR 1/2005, 111, 115).

wägung von wettbewerbswidrigen und wettbewerbsfördernden Auswirkungen hat jedoch auch nach Auffassung der Kommission ausschließlich im Rahmen des Art. 81 III EGV zu erfolgen[802].

Sowohl die Rechtsprechung als auch die Kommission begründen ihre ablehnende Haltung zu einer Anwendung der US-amerikanischen Rule of Reason vor allem mit der Regelungssystematik des Art. 81 EGV und damit, daß Art. 81 III EGV seine praktische Bedeutung weitgehend verlöre, wenn eine Abwägung der wettbewerbsfördernden und wettbewerbsbeschränkenden Gesichtspunkte einer Absprache bereits im Rahmen des Art. 81 I EGV vorgenommen werden würde[803]. Denn Art. 81 III EGV sehe ausdrücklich vor, daß wettbewerbsbeschränkende Vereinbarungen freigestellt werden könnten bzw. seien, wenn sie bestimmte positive Voraussetzungen erfüllen.

Auch das Schrifttum steht einer Anwendung der US-amerikanischen Rule of Reason auf der Ebene des Art. 81 I EGV mehrheitlich skeptisch bis ablehnend gegenüber. Begründet wird dies u.a. mit der Unschärfe dieses Begriffs und den Unterschieden zwischen dem US-amerikanischen und dem europäischen Kartellrecht[804]. Beispiele hierfür sind der Bezug zum Binnenmarkt, der besondere Schutz der subjektiven Rechte auf Teilnahme am grenzüberschreitenden Wirtschaftsverkehr, die Gewährleistung der Erschließung von Märkten sowie die

---

802 Kommission, Abl. 2004 C 101, 97, 98 Rn. 11 "Leitlinien zur Anwendung von Art. 81 III EGV".

803 EuGH, Slg. 1999, I-4539 Rn. 133 (Rs. C-235/92 P – 8.7.1999) "Montecatini"; EuGH, Slg. 1986, 353 Rn. 24 (Rs. 161/84 – 28.1.1986) "Pronuptia"; EuG, Slg. 2003, II-4653 Rn. 106f. (Rs. T-65/98 - 23.10.2003) "Van den Bergh Foods"; EuG, Slg. 2001, II-2459 Rn. 73f. (Rs. T-112/99 – 18.9.2001) "M6"; EuG, Slg. 1992, II-1155 Rn. 265 (Rs. T-14/89 – 10.3.1992) "Montedipe"; EuG, Slg. 1998, II-3141 Rn. 136 (Rs. T-374/94, T-375/94, T-384/94 und T-388/94 – 15.9.1998) "European Night Services"; EuG, Slg. 1995, II-1063 Rn. 109 (Rs. T-148/89 – 6.4.1995) "Tréfilunion"; Kommission, Abl. 2004 C 101, 97, 98 Rn. 11 "Leitlinien zur Anwendung von Art. 81 III EGV".

804 Mestmäcker/Schweitzer, Europäisches Wettbewerbsrecht, § 7 Rn. 57, 64; Emmerich, Kartellrecht, S. 398; Schröter in Schröter/Jakob/Mederer, Art. 81 I Rn. 108; Langen/Bunte, Art. 81 Rn. 42; Sauer, SpuRt 2004, 93, 96; Hannamann, Kartellverbot und Verhaltenskoordinationen im Sport, S. 367; Kuczera, Vermarktung von Übertragungsrechten im Fußball, S. 236; Edward, WuW 2001, 1185, 1186f.; Weng, Zentrale Vermarktung von Fernsehübertragungsrechten, S. 131f.; Stopper, Ligasport und Kartellrecht, S. 173f.; Lange, Kartellrecht, § 2 Rn. 47; Springer, WRP 1998, 477, 486; Fleischer/Körber, WuW 2001, 6, 17f. (differenzierend); Fleischer, WuW 1996, 473, 479; GA Lenz, Schlußantrag im Bosman-Verfahren, EuGRZ 1995, 459, 503; Fritzsche, ZHR 160, 31, 47-50; Everling, WuW 1990, 995, 1003; Weihs, Zentrale Vermarktung von Sportübertragungsrechten, S. 264f. (offen gelassen); a.A. Roth/Ackermann, FK, Art. 81 I Rn. 260; Joliet, The Rule of Reason in Antitrust Law, S. 115f., 183ff.; Ulmer, RIW 1985, 517, 522, 524 (für eine partielle Übernahme).

Beurteilung der Rechte und Pflichten von Unternehmen anhand ihrer Funktion auf der Grundlage gemeinschaftsrechtlicher Wertung im europäischen Kartellrecht. Sieht Art. 81 EGV mit seinem Absatz 3 einen Freistellungstatbestand für bestimmte Wettbewerbsbeschränkungen vor, so erfaßt § 1 Sherman Act seinem Wortlaut nach sämtliche wettbewerbsbeschränkenden Absprachen, so daß bei letzterem eine richterrechtliche Einschränkung geboten ist, nicht aber bei ersterem.

(ii) Eigener Standpunkt

Eine umfassende und unreflektierte Übernahme der US-amerikanischen Rule of Reason-Grundsätze in die tatbestandliche Prüfung des Art. 81 EGV ist abzulehnen. Dafür spricht bereits der im Vergleich zu § 1 Sherman Act strukturell völlig unterschiedliche Aufbau des Art. 81 EGV, welcher in Absatz 3 bereits die Möglichkeit der Freistellung bestimmter wettbewerbsbeschränkender Vereinbarungen vom Kartellverbot vorsieht (Regel-Ausnahmeverhältnis). An dieser Einschätzung hat sich auch nach der Umfunktionierung des Art. 81 III EGV von einer Dispensermächtigung zu einer Legalausnahme nichts geändert. Absprachen, die lediglich überwiegend, also nicht ausschließlich, wettbewerbsfördernde Auswirkungen haben, werden weiterhin vom Kartellverbot in Art. 81 I EGV erfaßt und können sachgerecht in Absatz 3 auf eventuell wettbewerbsgünstige Elemente untersucht werden. Alles andere widerspräche dem im EG-Vertrag festgeschriebenen System eines freien unverfälschten Wettbewerbs.

Es besteht im Rahmen des Kartellverbotstatbestandes auch überhaupt keine Notwendigkeit für eine Rezeption der Rule of Reason-Prüfungsmethode. Wo die US-amerikanischen Gerichte anhand der Rule of Reason zur Einschränkung des Tatbestandes eine umfassende Abwägung wettbewerbsfördernder und -beeinträchtigender Auswirkungen vornehmen, diese jedoch ausschließlich auf wettbewerbliche Gesichtspunkte begrenzen, eröffnet Art. 81 III EGV den Gemeinschaftsorganen die Möglichkeit, neben rein wettbewerblichen auch nichtökonomische und nicht der wirtschaftlichen Effizienz zuzuordnende Aspekte mit in ihren Abwägungsprozeß einfließen zu lassen[805]. Damit steht den europäischen Gerichten und der Kommission insgesamt ein sehr viel breiteres Spektrum an Prüfungskriterien zu, um eventuelle wettbewerbsfördernde Auswirkungen einer Kartell- oder Wettbewerbsabsprache zu berücksichtigen als ihren US-amerikanischen Kollegen. Einer weiteren Möglichkeit zu einer einschränkenden Auslegung des Art. 81 I EGV mit Hilfe US-amerikanischer Rule of Reason-Prinzipien bedarf es daher nicht. Denn wieso sollte man etwa in Absatz 1 aus-

---

[805] So auch Schwarze/Weitbrecht, Grundzüge des europäischen Kartellverfahrensrechts, § 2 Rn. 18 m. w. N.; Schröter in Schröter/Jakob/Mederer, Art. 81 III Rn. 340.

schließlich wettbewerbliche Wertungen nach dem Vorbild der Rule of Reason anstellen, um dann in Absatz 3 im Falle des Überwiegens der nachteiligen Wettbewerbsauswirkungen eine außerwettbewerbliche Rechtfertigung zu suchen[806]? Sehr viel stringenter erscheint hier eine umfassende und ausschließliche Abwägung in Art. 81 III EGV. Zumal nach Erlaß der VO 1/2003 für die nicht als hard core-Fälle einzuschätzenden Absprachen ohnehin eine Verlagerung der kartellrechtlichen Prüfungszuständigkeit von der Kommission hin zu den nationalen Kartellbehörden und Gerichten eingeleitet wurde, so daß es zu einer dezentralen wettbewerblichen Gesamtwürdigung kommt.

In diesem Zusammenhang ist darauf hinzuweisen, daß im Unterschied zu europäischen Kartellverfahren in US-amerikanischen Verfahren bei der Prüfung von Verstößen gegen die §§ 1 und 2 Sherman Act nicht zuerst eine Kartellbehörde zuständig ist, bevor die Gerichte entscheiden, sondern sofort der jeweilige District Court. Die Gerichte müssen dort folglich selbst eine umfassende wirtschaftliche und rechtliche Beurteilung des Sachverhalts vornehmen. EuG und EuGH hingegen überlassen nach ständiger Rechtsprechung der sachlich zunächst zuständigen Kommission die komplexen wirtschaftlichen Wertungen der in Frage stehenden Wettbewerbsbeschränkung und beschränken sich bei der gerichtlichen Nachprüfung dieser Wertungen auf die Richtigkeit der zugrunde liegenden Tatsachen und deren Subsumtion unter das geltende Recht[807]. Die Kommission wird sich künftig auf hard core-Fälle konzentrieren; ihr Freistellungsmonopol ist entfallen. Die nationalen Kartellbehörden und Gerichte werden die wettbewerbs- und kartellrechtlich weniger einschneidenden Fälle bearbeiten und sich dabei an den von den Gemeinschaftsorganen aufgestellten Grundsätzen orientieren, was insbesondere für die wirtschaftlich versierten deutschen Kartellgerichte unproblematisch sein dürfte. Zu berücksichtigen ist allerdings, daß wegen des Beibringungsgrundsatzes weder den deutschen Zivilgerichten noch den potentiellen Klägern selbständige Ermittlungs- und Aufklärungsbefugnisse zustehen, so daß die zur Entscheidungsfindung notwendigen Marktinformationen für nicht an der Kartellvereinbarung beteiligte Dritte nur sehr schwer zu erhalten sein werden.

Ferner beurteilen die Unternehmen die kartellrechtliche Zulässigkeit ihres Verhalten nunmehr in erster Linie selbst. Auch diese Umstände erfordern aber keine

---

806 So aber Roth/Ackermann, FK, Grundfragen Art. 81 Rn. 262f., der dies mit der begrüßenswerten Wirkung der Dezentralisierung der wettbewerblichen Gesamtwürdigung durch eine volle Rule of Reason-Prüfung in Art. 81 I EGV begründet.

807 EuGH, Slg. 1985, 2545 (Rs. 42/84 – 11.7.1985) "Remia"; EuG, Slg. 2001, II-2459 Rn. 156 (Rs. T-112/99 – 18.9.2001) "M6"; EuG, Slg. 1994, II-595 Rn. 104 (Rs. T-17/93 – 15.7.1994) "Matra".

komplette Übernahme der Rule of Reason als solcher, da sich durch diese neuen Gegebenheiten an der vorstehend aufgezeigten Einschätzung sowie der materiellen Rechtslage nichts ändern würde. Im Gegenteil, würde eine wettbewerbliche Abwägung wettbewerbsfördernder und wettbewerbshindernder Aspekte bereits auf der Ebene des Art. 81 I EGV vorgenommen, erhöhte sich das Einschätzungsrisiko der Unternehmen über das bereits jetzt nach Wegfall der Freistellungsmöglichkeit oder eines Negativattests bestehende Maß hinaus. Auch die Rechtsunsicherheit nähme zu. Denn zum einen fehlten den Unternehmen dann verläßliche Orientierungshilfen zu der rechtlichen Zulässigkeit ihrer Vereinbarungen, da die Gemeinschaftspraxis eine Abwägung bis dato lediglich in Art. 81 III EGV anhand der dort aufgestellten Kriterien vornahm. Eine maßstabsgetreue Übertragung der Erwägungen des Freistellungstatbestandes auf den des Kartellverbots erscheint wegen der konzeptionellen Unterschiede der beiden Regelungen nicht möglich. Zum anderen nähme der Anreiz der Unternehmen zu, die wettbewerbsfördernden Aspekte einer Vereinbarung zu ihren Gunsten positiver einzuschätzen als sie in Wirklichkeit sind, um dadurch dem Anwendungsbereich des Kartellverbots von vornherein zu entgehen. Da eine Meldepflicht für Vereinbarungen nicht besteht und die Beweislast für eine Zuwiderhandlung im Rahmen des Art. 81 I EGV gemäß Art. 2 VO 1/2003 bei der Behörde oder der Partei liegt, die sich darauf beruft, haben die betreffenden Unternehmen bereits heute gute Chancen, einer Beschwerde oder Zivilklage der Marktgegenseite zu entgehen, da dieser die Feststellung horizontaler oder vertikaler Wettbewerbsbeschränkungen wegen fehlender Kenntnis oder Marktinformationen regelmäßig sehr schwer fallen wird. Letztendlich hat der Verbraucher die entstandenen negativen Auswirkungen auf den Wettbewerb zu tragen.

Die US-amerikanische Rule of Reason-Methode ist eine Angemessenheitsprüfung mit dem Ziel, den Verbotstatbestand des § 1 Sherman Act in Übereinstimmung mit seinem Zweck auszulegen und das Wohl der Verbraucher zu erhöhen; in eine Abwägung der Vor- und Nachteile für den Wettbewerb tritt das zuständige Gericht überdies in der Regel erst ein, wenn es keine dieser Auswirkungen als eindeutig überwiegend feststellen kann. Wichtige Aspekte der US-amerikanischen Rule of Reason finden sich bereits in der Gemeinschaftspraxis wieder. So wird der Zweck des Art. 81 I EGV bei der Rechtsanwendung stets mit berücksichtigt. Der Begriff der Wettbewerbsbeschränkung wird unter Beachtung des Bezugs zum Binnenmarkt und der Gewährleistung des Zutritts zu diesem Markt ausgelegt. Aber auch die Angemessenheit und Verhältnismäßigkeit einer Vereinbarung würdigen Kommission und Rechtsprechung bei ihrer rechtlichen Prüfung und schränken damit den Anwendungsbereich des Kartellverbots in gebotenem Maße ein. Gut zu sehen ist dies im Falle einer den kartellrechtsneutralen Hauptzweck einer Vereinbarung lediglich unterstützenden wettbewerbsbeschränkenden Nebenabrede. Schließlich fließen auch die besonderen

Merkmale des Sports bei der Anwendung der Wettbewerbsregeln durch die Kommission auf Vereinbarungen über die Vermarktung von Senderechten an Sportveranstaltungen mit in die kartellrechtliche Beurteilung ein[808]. Dies erfolgt jedoch zu Recht hauptsächlich erst im Rahmen des Art. 81 III EGV.

Abschließend läßt sich also festhalten, daß eine vollständige Übernahme der Rule of Reason und der hinter dieser Lehre stehenden Prüfungsmethode in das europäische Kartellrecht, insbesondere in den Tatbestand des Kartellverbots, zu keinem Gewinn führt. Wegen der verfahrensrechtlichen und gesetzessystematischen Unterschiede zum Antitrust-Recht ist dies auch nicht sinnvoll. Ausgeschlossen ist jedoch nicht, die hinter dieser Lehre stehenden Ideen, Lösungen und Erfahrungssätze des Antitrust-Rechts zu berücksichtigen und diese, dort wo es sinnvoll ist, in das europäische Kartellrecht einfließen zu lassen. Gleichzeitig finden einige der im Rahmen einer Rule of Reason-Analyse beachteten Kriterien auch bei der kartellbehördlichen und gerichtlichen Untersuchung von Verstößen gegen Art. 81 EGV Berücksichtigung, sei es in Absatz 1 oder Absatz 3. Die speziellen Wesensmerkmale des Sports und die damit zusammenhängenden Besonderheiten auf dem Gebiet der Senderechtevermarktung von Sportveranstaltungen lassen sich im europäischen Kartellrecht am besten in Art. 81 III EGV berücksichtigen. Dies gilt im Besonderen für ökonomische oder nicht rein wettbewerbliche Gesichtspunkte mit positiven Effekten auf den Wettbewerb[809]. Hierdurch können Wettbewerbsbeschränkungen im Einzelfall noch flexibler beurteilt werden als im Antitrust-Recht.

3. Zwischenergebnis

Die zentrale Vermarktung von Senderechten an Sportveranstaltungen beruht generell auf einem Beschluß einer Unternehmensvereinigung, der geeignet ist, den Handel der entsprechenden Senderechte zwischen den Mitgliedstaaten zu beeinträchtigen und dadurch den Wettbewerb im Gemeinsamen Markt zu beschränken. Ungeschriebene Rechtfertigungsmöglichkeiten greifen hier regelmäßig nicht ein. Damit liegt - mit Ausnahme der seltenen Fälle einer Neugründung einer Sportveranstaltungsserie und der Randsportarten - ein Verstoß gegen Art. 81 I EGV vor.

---

808 Vgl. Toft, Competition Policy Newsletter 2003, S. 47.

809 Wie etwa die Berücksichtigung des Gemeinschaftsinteresses am Schutz der Umwelt, der Förderung der Volksgesundheit, der Verkehrssicherheit oder der gesicherten Energieversorgung im Rahmen der Tatbestandsmerkmale "Verbesserung" und "Fortschritt" des ersten Freistellungskriteriums des Art. 81 III EGV.

IV. Die Anwendbarkeit des Art. 81 III EGV auf Zentralvermarktungsmodelle für Senderechte an Sportveranstaltungen am Beispiel des UEFA Champions League-Vermarktungssystems

1. Einführung zu Art. 81 III EGV

Vereinbarungen, Beschlüsse und aufeinander abgestimmte Verhaltensweisen im Sinne des Art. 81 I EGV, welche die vier enumerativen Voraussetzungen des Art. 81 III EGV kumulativ[810] erfüllen, sind wirksam und durchsetzbar, ohne daß dies einer vorherigen Entscheidung der Kommission bedarf[811]. Art. 81 III EGV kann sowohl auf Einzelfälle als auch, mittels einer Gruppenfreistellungsverordnung, auf Gruppen von Vereinbarungen und auf abgestimmte Verhaltensweisen angewendet werden.

Art. 81 III EGV sieht vor, daß das Kartellverbot nicht gilt für Vereinbarungen, die (1) zur Verbesserung der Warenerzeugung oder -verteilung oder zur Förderung des technischen oder wirtschaftlichen Fortschritts beitragen und (2) die Verbraucher an dem entstehenden Gewinn angemessen teilhaben lassen, (3) ohne den beteiligten Unternehmen Beschränkungen aufzuerlegen, die für die Verwirklichung dieser Ziele nicht unerläßlich sind, oder (4) nicht die Möglichkeit eröffnen, für einen wesentlichen Teil der betreffenden Waren den Wettbewerb auszuschalten[812].

Gemäß Art. 2 VO 1/2003 obliegt die Beweislast für das Vorliegen der Tatbestandsvoraussetzungen dem Unternehmen oder der Partei, die den Rechtsvorteil der Ausnahme beanspruchen will. Sind die Voraussetzungen des Art. 81 III EGV nicht erfüllt, ist die gesamte Vereinbarung gemäß Art. 81 II EGV automatisch nichtig, sofern nicht einzelne Teile der Gesamtvereinbarung von dieser trennbar und mit Art. 81 I EGV vereinbar sind.

Im folgenden ist zu untersuchen, ob Sportverbände die zentrale Vermarktung von Senderechten mit Hilfe von Art. 81 III EGV rechtfertigen können. Dabei wird besonderes Augenmerk auf die Argumentation der Kommission zu legen sein, die diese im Rahmen der Entscheidung über die Erteilung eines Negativattests für das Champions League-Vermarktungsmodell der UEFA angewendet

---

810 EuGH, Slg. 1986, 353 (Rs. 161/84 – 28.1.1986) "Pronuptia"; EuGH, Slg. 1984, 19, 70 (Rs. 43/82 und 63/82 – 17.1.1984) "VBVB und VBBB"; EuG, Slg. 2002, II-3805 Rn. 86 (Rs. T-185/00 u.a. – 8.10.2002) "M6 u.a."; EuG, Slg. 1994, II-595 Rn. 85 (Rs. T-17/93 – 15.7.1994) "Matra".

811 Vgl. Art. 1 II VO 1/2003.

812 Der Gesetzestext wurde zwecks besserer Nachvollziehbarkeit der anschließenden rechtlichen Prüfung semantisch umgestellt.

hatte. Die Kommission stellte bei ihrer Entscheidung über die Verpflichtungszusagen des Ligaverbandes vergleichbare Anforderungen an das modifizierte Vermarktungsmodell für Bundesligaspiele[813]. Da in dieser dort erstmals angewandten neuen Verfahrensart keine ausführliche rechtliche Entscheidungsbegründung seitens der Kommission erforderlich ist, kommt ihrer Argumentation im UEFA-Verfahren um so größere Bedeutung für die Überprüfung der Entscheidung zu. Die Kommission wird die dort angewandten Maßstäbe auch an künftige, ähnlich gelagerte Zentralvermarktungsvereinbarungen in anderen (Mannschafts-) Sportarten ansetzen. Kritisch betrachtet werden wird nachfolgend insbesondere der in diesen beiden Entscheidungen sowie in den Leitlinien zur Anwendbarkeit von Art. 81 EGV auf Vereinbarungen über horizontale Zusammenarbeit, auf vertikale Beschränkungen und zur Anwendung von Art. 81 III EGV neuerdings stärker zum Ausdruck kommende wirtschaftlich ausgerichtete Ansatz der Kommission.

Bereits vorab läßt sich festhalten, daß das Schrifttum die Freistellungsfähigkeit der Zentralvermarktung von Fernsehübertragungsrechten mehrheitlich ablehnt[814].

2. Das neue Vermarktungssystem der UEFA für Champions League-Spiele

Die Kommission hat die Regelungen der UEFA zur gemeinsamen Vermarktung der Medienrechte an der Champions League per Entscheidung freigestellt[815]. Das seit der Saison 2003/04 geltende Vermarktungssystem läßt sich wie folgt zusammenfassen.

Die UEFA vergibt die Fernsehübertragungsrechte (für nach dem gegenwärtigen Spielmodus insgesamt 125 Spiele pro Saison) in einer öffentlichen Ausschreibung je Land für höchstens drei Spielzeiten in mehreren Rechtepaketen[816]. Sie

---

813 Siehe hierzu die Ausführungen unter Ziffer B.V unten.

814 Springer, WRP 1998, 477, 486; Jänich, GRUR 1998, 438, 443; Hannamann, Kartellverbot und Verhaltenskoordinationen im Sport, S. 435ff.; Kuczera, Vermarktung von Übertragungsrechten im Fußball, S. 237ff.; Weng, Zentrale Vermarktung von Fernsehübertragungsrechten, S. 146ff.; Archner, Zentrale Vermarktung von Fernsehübertragungsrechten an Bundesligaspielen, S. 213ff.; Waldhauser, Fernsehrechte des Sportveranstalters, S. 270ff., der eine Einzelfreistellung für möglich hält, falls die Nachfrage bei weniger attraktiven Wettbewerben erst durch eine zentrale Paketvermarktung hervorgerufen wird; Weihs, Zentrale Vermarktung von Sportübertragungsrechten, S. 292ff.; a.A. Stopper, Ligasport und Kartellrecht, S. 173ff.; Wertenbruch, ZIP 1996, 1417, 1423ff.

815 Kommission, Abl. 2003 L 291, 25 (K (2003) 2627) "Gemeinsame Vermarktung der UEFA Champions League-Rechte".

816 Kommission, Abl. 2003 L 291, 25, 31 Rn. 25, 27ff. (K (2003) 2627) "Gemeinsame Vermarktung der UEFA Champions League-Rechte".

verfügt über das ausschließliche Recht, zwei separate Rechtepakete für Live-Übertragungen von je zwei vom erfolgreichen Sender auszuwählenden Spielen pro Spieltag an frei empfangbare Sender oder Bezahlsender zu vergeben (47 Spiele) (Rechtepaket 1 und 2)[817]. Die übrigen Live-Spielübertragungen darf die UEFA ebenfalls anfänglich exklusiv nur den Bezahlsendern zum Kauf anbieten (Rechtepaket 4). Werden auf diesem Wege nicht alle Spiele binnen einer Woche nach der Auslosung für die erste Gruppenrunde vergeben, dürfen neben der UEFA auch die einzelnen Vereine ihre jeweiligen Heimspiele den Pay-TV-Sendern zum Kauf anbieten (Rechtepaket 5)[818]. Jeder Verein darf den von ihm vermarkteten Champions League-Inhalt nur als vereinsspezifisches Produkt verkaufen. Die Sender dürfen diese einzeln vermarkteten Rechte nicht zu einem einheitlichen Produkt zusammenfügen, das mit einem Champions League-Produkt verwechselt werden kann[819]. Die Fernsehrechte für die drei Qualifikationsrunden vor der eigentlichen Champions League liegen alleine bei den Vereinen[820]. Der UEFA steht ein weiteres ausschließliches Verwertungspaket für die Nachverwertungsrechte an den Spielhöhepunkten zu (ab 22.45 Uhr des jeweiligen Spieltages) (Rechtepaket 3)[821]. Für die Zeit ab Donnerstagmitternacht verfügt die UEFA darüber hinaus über das Verwertungsrecht an der "Champions League als Ganzes", wohingegen sich das Verwertungsrecht der Vereine auf die Spiele beschränkt, an denen sie mitwirken[822]. Diese Spiele dürfen sie nur zusammen mit ihrer Vereinsmarke verwerten; mehrere Vereine dürfen ihre Rechte nicht zu einem Paket bündeln, das dann mit dem Nachverwertungspaket "Champions League als Ganzes" der UEFA als alternatives Programmangebot konkurrieren würde. Live-Übertragungsrechte außerhalb des Europäischen Wirtschaftsraums darf ausschließlich die UEFA vermarkten.

Videoinhalte für die Bereitstellung im Internet ab Mitternacht des jeweiligen Spieltages, basierend auf dem für das Fernsehen produzierten Bildmaterial, darf die UEFA für sämtliche Begegnungen und jeder Verein für seine eigenen Spiele

---

817 Kommission, Abl. 2003 L 291, 25, 32 Rn. 33 (K (2003) 2627) "Gemeinsame Vermarktung der UEFA Champions League-Rechte".

818 Kommission, Abl. 2003 L 291, 25, 32 Rn. 34 (K (2003) 2627) "Gemeinsame Vermarktung der UEFA Champions League-Rechte".

819 Kommission, Abl. 2003 L 291, 25, 32 Rn. 37 (K (2003) 2627) "Gemeinsame Vermarktung der UEFA Champions League-Rechte".

820 Kommission, Abl. 2003 L 291, 25, 31 Rn. 26 (K (2003) 2627) "Gemeinsame Vermarktung der UEFA Champions League-Rechte".

821 Kommission, Abl. 2003 L 291, 25, 32 Rn. 36 (K (2003) 2627) "Gemeinsame Vermarktung der UEFA Champions League-Rechte".

822 Kommission, Abl. 2003 L 291, 25, 32f. Rn. 38 (K (2003) 2627) "Gemeinsame Vermarktung der UEFA Champions League-Rechte".

anbieten[823]. Live-Übertragungen im Internet sind wegen des momentan nicht ausreichend hohen technischen Standards noch nicht erlaubt, aber künftig denkbar, so daß die Sperrfrist in absehbarer Zeit zu überprüfen ist. Die Vereine können Bildmaterial von der UEFA entgeltlich erwerben oder an deren Inhalteangebot mitwirken[824]. Desweiteren stehen der UEFA für sämtliche Spiele und den einzelnen Vereinen nur für ihre jeweiligen Spiele die Rechte für die Verwertung von Audio- und Videoinhalten für UMTS-Geräte zu, wobei die Einnahmen durch die UEFA aufgeteilt werden[825]. Die Vereine können auch vereinsspezifische UMTS-Produkte entwickeln und dafür entgeltlich auf das Bildmaterial der UEFA zurückgreifen. Schließlich können sowohl die UEFA als auch die Vereine über die nicht ausschließlichen Rechte zur Lizenzvergabe für Direkt-Tonübertragungen von den Spielen, Rechte an körperlichen Datenträgern, wie DVD, VHS oder CD-Rom, sowie sonstige gewerbliche Rechte, mit denen Dritte an die Marke Champions League gebunden werden, verfügen[826].

3. Verbesserung der Warenerzeugung oder -verteilung oder der Förderung des technischen oder wirtschaftlichen Fortschritts

(a) Einführung

Die erste Voraussetzung des Art. 81 III EGV verlangt von der wettbewerbsbeschränkenden Vereinbarung, eine Verbesserung der Warenerzeugung oder -verteilung oder der Förderung des technischen oder wirtschaftlichen Fortschritts herbei zu führen. Der Beschluß des Verbandes über die Zentralvermarktung erfüllt diese Merkmale nur, wenn er "spürbare objektive Vorteile erzeugt, die geeignet sind, die mit ihm verbundenen Nachteile für den Wettbewerb auszugleichen"[827]. Um dies festzustellen, sind die Nachteile des Kartells mit den vermutlichen Vorteilen zu vergleichen, wobei es ausreicht, daß die behaupteten Vorteile auf Grund konkreter Erfahrungen mit hoher Wahrscheinlichkeit eintreten

---

823 Kommission, Abl. 2003 L 291, 25, 33 Rn. 40 (K (2003) 2627) "Gemeinsame Vermarktung der UEFA Champions League-Rechte".

824 Kommission, Abl. 2003 L 291, 25, 33 Rn. 43 (K (2003) 2627) "Gemeinsame Vermarktung der UEFA Champions League-Rechte".

825 Kommission, Abl. 2003 L 291, 25, 33 Rn. 44 (K (2003) 2627) "Gemeinsame Vermarktung der UEFA Champions League-Rechte".

826 Kommission, Abl. 2003 L 291, 25, 33f. Rn. 47ff. (K (2003) 2627) "Gemeinsame Vermarktung der UEFA Champions League-Rechte".

827 EuGH, Slg. 1966, 322, 396f. (Rs. 56 und 58/64 – 13.7.1966) "Grundig/Consten"; EuG, Slg. 1995, II-1533 Rn. 180 (Rs. T-7/93 – 8.6.1995) "Langnese-Iglo"; EuG, Slg. 1995, II-1611 Rn. 142 (Rs. T-9/93 – 8.6.1995) "Schöller"; Kommission, Abl. 1995 L 312, 79, 86 (IV/34.179, 34.202, 216 - 29.11.1995) "Kraanverhuurbedrijven"; Kommission, Abl. 2004 C 101, 97, 104 Rn. 49 "Leitlinien zur Anwendung von Art. 81 III EGV"; Meessen, Kartellrecht, Art. 81 III Rn. 18.

werden[828]. Dies erfordert eine Prognose sowohl über die Entwicklung der Warenerzeugung oder -verteilung oder des technischen oder wirtschaftlichen Fortschritts unter dem Einfluß des Kartells als auch über die Entwicklung des Marktes. Anschließend sind die Vor- und Nachteile gegeneinander abzuwägen. Das Referenzsystem zur Feststellung, ob die Vorteile tatsächlich die Nachteile überwiegen, besteht dabei aus den Verhältnissen ohne die betreffende Vereinbarung, d.h. bei unverfälschtem Wettbewerb. Sodann sind die verglichenen Zustände an den Vertragszielen, wie sie sich im einzelnen aus den Art. 2 bis 4 EGV ergeben, zu messen. Gemäß Art. 2 I der VO 1/2003 obliegt es dem betroffenen Unternehmen, hier dem Verband als Unternehmensvereinigung, Beweismaterial dafür vorzulegen, daß die Vereinbarung diese Voraussetzungen erfüllt.

Die Kommission bezeichnet die Verbesserung der Warenerzeugung oder Warenverteilung und die Förderung des technischen oder wirtschaftlichen Fortschritts als Effizienzgewinn[829]. Bei der Beurteilung der Freistellbarkeit einer Vermarktungsvereinbarung hält sie die Festsetzung von Preisen in der Regel nicht für rechtfertigungsfähig; es sei denn, sie ist für die Integration anderer Vertriebsfunktionen erforderlich, und es entstehen durch diese Integration erhebliche Leistungsgewinne[830]. Bei den Leistungsgewinnen sollte es sich nicht um Einsparungen handeln, die aus dem Wegfall von sich aus dem Wettbewerb ergebenden Kosten entstehen, sondern um solche, die aus der Zusammenlegung wirtschaftlicher Tätigkeiten resultieren[831].

Wegen ihres Freistellungsmonopols gemäß Art. 9 I der VO Nr. 17[832] und der Notwendigkeit, komplexe wirtschaftliche Wertungen im Rahmen des Art. 81 III EGV vorzunehmen, gestand die Rechtsprechung der Kommission jedenfalls bis zum Inkrafttreten der VO 1/2003 ein weites Ermessen in diesem Bereich zu. Die gerichtliche Nachprüfung beschränkte sich lediglich auf die diesen Wertungen zugrunde liegenden Tatsachen und deren Subsumtion unter die Begriffe des geltenden Rechts, so daß sich die Nachprüfung in erster Linie auf die Entschei-

---

828 Emmerich, Kartellrecht, S. 423; Immenga/Mestmäcker/Sauter, Art. 85 III Rn. 5; Schröter in Schröter/Jakob/Mederer, Art. 81 III Rn. 343, .

829 Kommission, Abl. 2004 C 101, 97, 104 Rn. 48ff. "Leitlinien zur Anwendung von Art. 81 III EGV"; Schwintowski/Klaue, WuW 2005, 370, 374.

830 Kommission, Abl. 2001 C 3, 2, 22 Rn. 151 "Leitlinien zu Vereinbarungen über horizontale Zusammenarbeit".

831 Kommission, Abl. 2001 C 3, 2, 22 Rn. 152 "Leitlinien zu Vereinbarungen über horizontale Zusammenarbeit".

832 Kommission, Abl. 1962 P 13, 204 "Erste Durchführungsverordnung zu Art. 85 und 86 EGV", zuletzt geändert durch die VO Nr. 1216/1999, Abl. 1999 L 148, 5.

dungsbegründung der Kommission erstreckte[833]. Anhand dieser Grundsätze prüften die Gerichte, ob die Entscheidungen auf unzutreffende Tatsachenfeststellungen gestützt oder mit Rechtsfehlern oder offensichtlichen Beurteilungsfehlern behaftet sind. Mit Inkrafttreten der VO 1/2003 entfiel das Freistellungsmonopol der Kommission und Art. 81 III EGV wurde zur Legalausnahme. An der bisherigen "Aufgabenverteilung" zwischen den Gerichten und der Kommission wird sich dadurch auch künftig, zumindest kurzfristig, nichts ändern, wenngleich die Aufgaben vermehrt durch die nationalen Gerichte und Wettbewerbsbehörden unter Koordination der Kommission vorgenommen werden. Ohne ein vorausgegangenes Verfahren bei den Wettbewerbsbehörden verfügen die möglichen Kläger nämlich regelmäßig nicht über die notwendigen Marktdaten und Informationen, um ihrer Beweislast genügen zu können. Bei der Prüfung des Art. 81 III EGV können also weiterhin die durch die Gemeinschaftspraxis herausgearbeiteten Grundsätze herangezogen werden.

(b) Argumente der UEFA zur Rechtfertigung ihres Vermarktungsmodells

Nach Auffassung der UEFA führt die gemeinsame Vermarktung der Champions League-Medienrechte zur Schaffung einer einzigen Anlaufstelle – nämlich der UEFA – für den Erwerb dieser Medienrechte, vereinfacht die Geschäfte der UEFA-Geschäftspartner und ist Voraussetzung für ein einheitliches Ligaprodukt[834]. Die Beteiligung zahlreicher Vereine aus verschiedenen Ländern führe zu praktischen Schwierigkeiten bei der Vermarktung, die unterschiedliche eigentumsrechtliche Lage in den Mitgliedstaaten könne dazu führen, daß es unterschiedliche Miteigentümer an den Medienrechten gäbe, ferner sei die unterschiedliche Nachfrage durch die in den verschiedenen nationalen Märkten ansässigen Sender sehr unterschiedlich ausgerichtet und schließlich würde so die Planungsunsicherheit der Rundfunkanstalten über das Verbleiben der einzelnen Vereine im Wettbewerb und über deren Medienpräsenz beseitigt werden. Überdies wird durch die gemeinsame Vermarktung eine einheitliche, durchgehend hochwertige Präsentation des Markenprodukts "UEFA Champions League" geschaffen und aufrechterhalten sowie das Markenprofil der Champions League und der einzelnen Vereine geschärft, da nur hierdurch das hohe Niveau und die Kohärenz dieses Markenprodukts erreicht werden kann[835]. Schließlich unter-

---

833 Vgl. EuGH, Slg. 1966, 322, 396 (Rs. 56 und 58/64 – 13.7.1966) "Grundig/Consten"; EuG, Slg. 1995, II-1533 Rn. 178 (Rs. T-7/93 – 8.6.1995) "Langnese-Iglo"; EuG, Slg. 1995, II-1611Rn. 140 (Rs. T-9/93 – 8.6.1995) "Schöller".

834 Kommission, Abl. 2003 L 291, 25, 47 Rn. 139f. (K (2003) 2627) "Gemeinsame Vermarktung der UEFA Champions League-Rechte".

835 Kommission, Abl. 2003 L 291, 25, 47 Rn. 140f. (K (2003) 2627) "Gemeinsame Vermarktung der UEFA Champions League-Rechte".

stützt das Modell der finanziellen Solidarität die Entwicklung des europäischen Fußballs von seinen Wurzeln an aufwärts[836].

Die Kommission besteht in ihrer Freistellungsentscheidung aber auch auf eine gewisse Balance zwischen der gemeinsamen und der individuellen Rechtevermarktung. Sie ist der Auffassung, die einzelnen Clubs müßten gleichfalls die Möglichkeit zur Einzelvermarktung bestimmter Medienrechte erhalten. Sie begründet dies zum einen damit, daß die Effizienz und die Vorteile der gemeinsamen Vermarktung dort nicht länger bestünden, wo der Zentralvermarkter keine Abnehmer mehr für diese Rechte im Markt findet. Zum anderen könnten mittels der parallelen Rechtevermarktung durch die Vereine und die UEFA solche Rechte auf den Markt gebracht werden, die bei zentraler Vergabe trotz bestehender Nachfrage ungenutzt blieben. Vor diesem Hintergrund hält sie die Regelungen über die nachrangigen Rechte der Vereine zur parallelen Einzelvermarktung von Live-Übertragungen und Aufzeichnungen sowie die Rechte der neuen Medien, welche den Vereinen nach Ablauf der entsprechenden Sperrfristen zustehen, für insgesamt so vorteilhaft, daß sie die negativen Auswirkungen der gemeinsamen Vermarktung aufwiegen[837]. Grundlage hierfür sei das so erzeugte größere und einem breiteren Abnehmerkreis zugängliche Inhalteangebot, welches den technischen oder wirtschaftlichen Fortschritt sowohl der Medieninhalte als auch der Medien, die diese Inhalte vertreiben, fördert. Die Kommission beurteilt allerdings die Regelung, nach der die Vereine ihre Live-Übertragungsrechte nach Ablauf der Sperrfrist ausschließlich an Bezahlsender verkaufen dürfen (Paket 5), als mit keinerlei Effizienzgewinnen verbunden. Sie knüpft ihre Entscheidung deshalb an die Bedingung, daß die Vereine nicht am Verkauf dieser Rechte an frei empfangbare Sender gehindert werden dürfen, wenn hierfür kein angemessenes Angebot von einem Bezahlsender vorliegt[838].

---

836 Kommission, Abl. 2003 L 291, 25, 48 Rn. 142 (K (2003) 2627) "Gemeinsame Vermarktung der UEFA Champions League-Rechte".

837 Kommission, Abl. 2003 L 291, 25, 49f. Rn. 158-161 (K (2003) 2627) "Gemeinsame Vermarktung der UEFA Champions League-Rechte".

838 Kommission, Abl. 2003 L 291, 25, 50 Rn. 159 (K (2003) 2627) "Gemeinsame Vermarktung der UEFA Champions League-Rechte".

(c) Das Argument der einzigen Anlaufstelle sowie Kritik und eigene Stellungnahme

(i) Argumentation der Kommission

Laut Kommission ist die Schaffung einer einzigen Anlaufstelle durch die zentrale Rechtevermarktung von Vorteil für Medienunternehmen, Fußballvereine und Zuschauer[839]. Dieser Schlußfolgerung kann nur teilweise zugestimmt werden.

Zunächst weist die Kommission darauf hin, daß die Vorteile einer einzigen Anlaufstelle für den Erwerb von Spielepaketen sowohl bei nationalen als auch bei internationalen Turnieren zur Geltung kommen würden. Für die Medienunternehmen soll nach Ansicht der Kommission die Zentralvermarktung vorteilhaft sein, weil hiermit die durch den Austragungsmodus, der Liga- und K.o.-Runden kombiniert, erzeugte Unsicherheit bei der Programmplanung darüber, welcher Verein wie weit im Wettbewerb vorstößt, aufgehoben werde. Damit wären die Medienunternehmen in der Lage, ein einheitliches Ligaprodukt über die gesamte Spielzeit hinweg anzubieten. Ersichtlich würden diese Vorteile in den umfassenden Zusammenfassungen der Höhepunkte jedes Spieltages und den Live-Übertragungen, die den Medienbetreibern und Verbrauchern einen umfassenden Überblick über die gesamte Champions League böten. Bei einer Einzelvermarktung müßten die Medienbetreiber dagegen zur Herstellung des selben Endproduktes erheblich mehr Rechte erwerben, was weniger effizient wäre, da mit höheren Erwerbs- und Transaktionskosten verbunden. Sie müßten sämtliche einzeln verfügbaren Rechte entweder vor Saisonbeginn oder nach und nach während der Spielzeit entsprechend den Erfolgen der einzelnen Vereine erwerben. Der Kauf von Rechtepaketen über eine Anlaufstelle, anstatt von jedem einzelnen Teilnehmer, reduziere die geschäftlichen Schwierigkeiten und die Kosten der Sender, da diese vorhersehbare kommerzielle und technische Pläne sowie Programmpläne erstellen könnten, was den Verkauf von Werbeplätzen erleichtere. Das Risiko der Sender würde minimiert, da sie nicht, wie im Falle der Einzelvermarktung, Gefahr liefen, daß die von einem Verein erworbenen Rechte an Wert verlieren, wenn dieser Verein vorzeitig ausscheidet. Somit würden den Medienunternehmen höhere Investitionen in das Markenprodukt erlaubt, was zu einer besseren Übertragungsqualität führe, zum Beispiel durch die allgemeine Präsentation im Stadion oder Studio. Schließlich würden auch bei einer Einzelvermarktung die Rechte generell in einem späteren Stadium der Vermarktungskette von Zwischenhändlern gebündelt werden. Dies mache deutlich, daß eine Zusammenlegung der Rechte die optimale oder sogar notwendige Vorausset-

---

839 Kommission, Abl. 2003 L 291, 25, 48 Rn. 143-153 (K (2003) 2627) "Gemeinsame Vermarktung der UEFA Champions League-Rechte".

zung für eine effiziente Verwertung der Medienrechte an einem Fußballwettbewerb sei.

(ii) Keine Vorteile für Medienbetreiber bei Live-Senderechten

Diese Argumentationslinie der Kommission hält einer kritischen Begutachtung nur begrenzt stand. Das zuletzt angeführte Argument widerlegt die Kommission eigentlich selbst, indem sie darauf hinweist, daß ein europäischer Fußballwettbewerb, wie etwa der UEFA-Pokal, oder nationale Wettbewerbe, wie sie in Spanien, Italien und Griechenland stattfinden, auch im Falle einer Einzelvermarktung existenzfähig sind[840]. Der Umstand, daß auch bei einer autonomen Individualvermarktung der Senderechte durch einzelne Vereine zu einem späteren Zeitpunkt in der Verwertungskette eine Bündelung mehrerer oder sämtlicher Rechte in der Hand eines unabhängigen Dritten stattfindet, der die Rechte von miteinander konkurrierenden Anbietern erwirbt, ist nicht mit demjenigen Umstand zu vergleichen, in dem die Vereine als Produkthersteller bewußt von Anfang an eine Zusammenlegung ihrer Rechte in der Hand einer mitbestimmten Einheit betreiben.

Auch das Argument des verringerten Risikos der Rundfunkanstalten, das erhöhte Investitionen in das Produkt erlaubt, die wiederum zu einer besseren Übertragungsqualität führen, erscheint gekünstelt. Vollkommen unersichtlich bleibt hier der unmittelbare und als zwingend dargestellte Zusammenhang zwischen geringerem Risiko des Wertverlusts der Senderechte für die Sender und der Erzeugung besserer Übertragungsqualität. Genauso gut denkbar ist, daß sich ein Medienunternehmen beim Erwerb seines exklusiven Rechtepakets seiner konkurrenzlosen Stellung bewußt ist und aufgrund dessen zunächst keine Notwendigkeit in teuere Investitionen in die Übertragungsqualität sieht, sondern vielmehr versucht, die hohen Rechtepaketkosten durch Einsparungen im Rahmen der Präsentation des Sportereignisses wieder herein zu holen. Dieses Verhalten könnte es sich dagegen nicht erlauben, falls mehrere Sender mittels Einzelvermarktung über konkurrierende Senderechte verfügen, denn dann würden Aspekte wie eine differierende Übertragungsqualität bei den Verbrauchern ein sehr viel höheres Gewicht in der Unterscheidbarkeit der Programmangebote und letztlich der Nachfrage erzeugen. Darüber hinaus spiegelt sich in einem funktionierenden freien Wettbewerb ein höheres Risiko des Wertverlusts der Senderechte direkt in deren Preisen wider. Es ist also anzunehmen, daß Fernsehsender aufgrund ihrer ohnehin bei der Individualvermarktung - im Vergleich zur Zentralvermarktung - bestehenden wirtschaftlich stärkeren Verhandlungsposition gegenüber den ein-

---

840 Vgl. hierzu Kommission, Abl. 2003 L 291, 25, 46 Rn. 131 (K (2003) 2627) "Gemeinsame Vermarktung der UEFA Champions League-Rechte".

zelnen Vereinen deutlich niedrigere Preise für die jeweiligen Senderechte durchsetzen könnten. Dies gilt insbesondere für die Rechte der schwächeren Vereine. Die geringere Produktqualität schlägt sich damit im Produktpreis nieder - es bedarf deshalb zum Vorteil der Rechteabnehmer keiner wettbewerblich bedenklichen gemeinsamen Rechtevermarktung durch die Rechteinhaber.

Die Verringerung der geschäftlichen Schwierigkeiten und Kosten für die Sender bei der Weiterverwertung der erworbenen Rechte stellt sich ebenfalls als schwaches Argument heraus. Auf den ersten Blick mag die Feststellung der Kommission zwar überzeugen. Bei näherer Betrachtung ist ihre Begründung aber zurück zu weisen, denn jedes Kartell, das sich zu einer gemeinsamen Vermarktung der von seinen Mitgliedern hergestellten Produkte entscheidet, könnte genauso argumentieren. Daß auch die Kommission die gemeinsame Produktvermarktung nicht generell mit dieser Begründung als zulässig ansieht, zeigen schon ihre Leitlinien über Vereinbarungen zur horizontalen Zusammenarbeit[841]. Die engen Voraussetzungen unter denen eine gemeinsame Vermarktung zuzulassen ist, mögen im Falle von Gemeinschaftsunternehmen zu Forschungs- und Entwicklungszwecken im Einzelfall erfüllt sein oder im Falle von Alleinvertriebsvereinbarungen eines Herstellers mit einem Abnehmer, nicht aber im Falle von Sportübertragungen durch Mediengesellschaften, welche in vielfältiger Hinsicht tagtäglich beweisen, etwa bei Eilmeldungen und Live-Schaltungen von Nachrichten, flexibel auf kurzfristige Programmänderungen reagieren zu können.

Fernsehübertragungen von Sportveranstaltungen und entsprechende Werbeplätze lassen sich auch im Rahmen einer Einzelvermarktung langfristig planen. Da jedenfalls die einzelnen Spieltermine bereits lange im voraus feststehen, bietet die individuelle Rechtevermarktung den Sendern und Werbeunternehmen sogar eher die Möglichkeit, maßgeschneiderte Einzelvereinbarungen bezüglich der jeweiligen aktuellen Spielbegegnung abzuschließen. So können zum Beispiel vor Saisonbeginn mit den am Wettbewerb teilnehmenden Vereinen Rahmenvereinbarungen eingegangen werden, die sämtliche bereits feststehenden Parameter regeln sowie zusätzliche, gestaffelte oder erfolgsabhängige Regelungen vorsehen, die während des Wettbewerbs individuell anhand des sportlichen Erfolgs des Vereins konkret ausgefüllt werden können. Der Verkauf von Werbeplätzen oder Abonnements sowie die Planung einer Werbekampagne rund um die Champions League erscheint deshalb auch unter einem Einzelvermarktungsmodell in finanzieller und geschäftlicher Hinsicht opportun, was im übrigen auch beim UEFA-Pokalwettbewerb zu sehen ist. Eine deutliche Verbesserung gegen-

---

841 Kommission, Abl. 2001 C 3, 2, 9 Rn. 59f. "Leitlinien zu Vereinbarungen über horizontale Zusammenarbeit".

über dem Zustand unverfälschten Wettbewerbs kann die Zentralvermarktung diesbezüglich folglich nicht mit hoher Wahrscheinlichkeit bewirken.

Die Zentralvermarktung durch die UEFA stellt auch keine zulässige, da die Absatzförderung der Vereine erleichternde und somit eine intensivere Marktbearbeitung sowie kontinuierliche Verbraucherversorgung ermöglichende, Alleinvertriebsvereinbarung dar. Denn das vorliegende Vermarktungsmodell betrifft den gemeinsamen Verkauf der Senderechte der Vereine durch die UEFA und bezweckt letztlich eine Abstimmung des Preisverhaltens der wirtschaftlich konkurrierenden Vereine. Hierdurch wird der Preiswettbewerb unter ihnen beseitigt sowie die Anzahl der für die Sender verfügbaren Senderechte begrenzt. Dies wiederum beschränkt den Wettbewerb auf der Angebotsseite und die Wahlmöglichkeiten der Medienunternehmen, Werbungstreibenden und Zuschauer. Vor diesem Hintergrund stellen die von der Kommission angeführten Vorteile des Vermarktungsmodells jedenfalls nicht die erforderlichen erheblichen Leistungsgewinne dar.

Bleibt das Argument der besseren Präsentation und effizienteren Herstellung eines einheitlichen Ligaprodukts durch eine einzige Anlaufstelle der Medienbetreiber beim Erwerb der Medienrechte. Diese Einschätzung ist aus Sicht der Kommission konsequent, da sie den ganzjährig regelmäßig ausgetragenen Fußballwettbewerb, hier die Medienrechte an der UEFA Champions League, als das relevante Produkt annimmt[842]. Betrachtet man hingegen jede Spielbegegnung innerhalb eines Gesamtwettbewerbs als jeweils eigenständiges Produkt der beiden beteiligten Vereine, wie hier vertreten[843], verliert die Argumentation der Kommission ihre Überzeugungskraft. Denn dann ist bei der Rechtevermarktung auf jedes einzelne Spiel abzustellen - eine einzige Anlaufstelle für Medienunternehmen ist mithin nicht erforderlich, um den Erwerb der einzelnen Rechte für diese zu erleichtern und effizienter zu gestalten. Eine gemeinsame Vermarktung führt danach nicht zu einer deutlich effizienteren, da mit niedrigeren Erwerbs- und Transaktionskosten verbundenen Möglichkeit des Rechteerwerbs, weil nicht mehr der Gesamtwettbewerb das Vergleichsprodukt ist, sondern die Konditionen der einzelnen Senderechte an den übrigen Ligaspielen.

---

842 Vgl. Kommission, Abl. 2003 L 291, 25, 36 Rn. 63 (K (2003) 2627) "Gemeinsame Vermarktung der UEFA Champions League-Rechte".

843 Siehe u.a. Ziffer B.III.1(c)(ii) oben. So auch BGH, WRP 1998, 188, 192 (11.12.1997 – KVR 7/96) "Europapokalheimspiele"; KG, SpuRt 1996, 199, 201 (8.11.1995 – Kart 21/94) "Europapokalheimspiele"; BKartA, SpuRt 1995, 118, 122f. (2.9.1994 – B6 - 747000 – A 105/92) "Europapokalheimspiele".

(iii) Keine Vorteile für Zuschauer und Vereine bei Live-Senderechten

Neben den Vorteilen für Medienbetreiber stellte die Kommission fest, daß auch die Zuschauer von der gemeinsamen Vermarktung verschiedener Rechtepakete profitieren[844]. Dies liege daran, daß der erwerbende Sender dem Zuschauer auf diese Weise eher das gewünschte Produkt zur Verfügung stellen könne, da das Rechtepaket nicht nur die Rechte an einem einzigen Spiel enthalte, sondern auch die Rechte für eine zumindest teilweise Ausstrahlung von Bildern der übrigen Ligaspiele eines Spieltages. Dem Zuschauer sei nämlich an einer Auswahl verschiedener Übertragungsmethoden gelegen.

Daß die aufgezeigten angeblichen Vorteile für die Zuschauer durch eine Zentralvermarktung nicht in hohem Maße wahrscheinlich sind und sie die mit ihr verbundenen Nachteile für den Wettbewerb nicht stets deutlich übersteigen, zeigt bereits das Beispiel der NCAA-Football-Fernsehübertragungen, deren Anzahl sich erst erheblich erhöhte, nachdem den Colleges die individuelle Vermarktung ihrer Spiele gestattet worden war[845]. Zudem erlaubt das Vermarktungsmodell der UEFA in den beiden großen Rechtepaketen 1 und 2 lediglich die Ausstrahlung von je zwei Live-Übertragungen im frei empfangbaren Fernsehen oder Bezahlfernsehen sowie in den Paketen 4 und 5 die Ausstrahlung aller übrigen Live-Übertragungen ausschließlich im Bezahlfernsehen. Diese Regelungen mögen im Vergleich zum ursprünglichen Vermarktungsmodell der UEFA, das die Kommission als mit Art. 81 I EGV unvereinbar erachtete, eine Verbesserung darstellen, nicht aber im Vergleich zum System der Einzelvermarktung bei unverfälschtem Wettbewerb der Vereine untereinander. Dort können die einzelnen Vereine ebenfalls sowohl Rechte für Live-Übertragungen als auch Rechte für zeitversetzte Übertragungen sowie andere Medienrechte getrennt voneinander an Sender des Bezahlfernsehens wie auch des frei empfangbaren Fernsehens vergeben, so daß der Zuschauer in den Genuß unterschiedlichster Übertragungsarten kommt. Bei einer Zentralvermarktung hingegen besteht regelmäßig die Tendenz der Verbände und Sender, nur bestimmte Spiele oder Berichterstattungsarten anzubieten und die Anzahl der Übertragungen künstlich zu verknappen[846]. Die Rechte an neuen Mediendiensten, wie Internetfernsehen oder UMTS-Übertragungen, wurden hierbei von den Sportverbänden in der Vergangenheit oft zurückgehalten, um den Wert der Fernsehrechte zu schüt-

---

844 Kommission, Abl. 2003 L 291, 25, 49 Rn. 152 (K (2003) 2627) "Gemeinsame Vermarktung der UEFA Champions League-Rechte".

845 Siehe hierzu Ziffer A.VII.2(b) oben sowie Parlasca, Wirkungen von Sportkartellen, S. 95f.

846 Parlasca, Wirkungen von Sportkartellen, S. 90f.

zen[847]. Insbesondere die Zahl der für die Zuschauer und Werbeunternehmen am interessantesten Übertragungsart der Live-Übertragungen dürfte unter dem Modell der Einzelvermarktung größer sein als im Rahmen eines Zentralvermarktungssystems. Die UEFA-Regelung für Live-Übertragungen sieht ein primäres Andienungsrecht der UEFA hinsichtlich der Mehrzahl der Spiele auf exklusiver Basis an Bezahlsender vor. Unter unverfälschten Wettbewerbsbedingungen wäre zumindest ein größerer Teil der Spielbegegnungen auch auf frei empfangbaren Sendern zu verfolgen, da diese eine weitaus größere Zuschauergruppe erreichen können und somit den Bekanntheitsgrad der Vereine und die hiermit verbundenen Werbemöglichkeiten erheblich verbessern. Solche nur mittelbar finanziellen Aspekte werden für Sportveranstalter zunehmend wichtiger als zunächst scheinbar höhere Zahlungen der Bezahlsender für den Erwerb von Senderechten.

Zu begrüßen ist zwar die im Hinblick auf das Rechtepaket 5 von der Kommission gestellte Bedingung, daß die Vereine nicht am Verkauf der Live-Übertragungsrechte an frei empfangbare Sender gehindert werden dürfen, falls dafür kein angemessenes Angebot eines Bezahlsenders vorliegt. Wie bereits oben festgestellt, ist die Gesamtbeurteilung durch die Kommission aber nur im Vergleich zum Zustand des ursprünglich angemeldeten Zentralvermarktungsmodells der UEFA korrekt, nicht aber ohne Einschränkung im Vergleich zum wettbewerbsrechtlich einzig gültigen Referenzsystem, d.h. bei unverfälschtem Wettbewerb. Das in Paket 4 enthaltene, vorrangige Recht der UEFA zur zentralen Vergabe der Live-Sendererechte an Bezahlsender ist deshalb unter Wettbewerbsgesichtspunkten abzulehnen und eine insgesamt dezentrale Vermarktung aller Live-Senderechte (Paket 4 und 5) vorzuziehen, da dies wettbewerblich vorteilhafter ist. Sollte die UEFA die Live-Senderechte an einen Bezahlsender absetzen können, wäre ein Großteil der Zuschauer in diesem Sendebereich nicht in der Lage, diese Spiele live zu verfolgen. Live-Übertragungen, insbesondere bei Wettbewerben mit K.o-Spielmodus, stellen das lukrativste und interessanteste Rechtepaket dar, was die Gefahr für die Vereine erhöht, hierbei mit ihren nachrangigen Rechten überhaupt nicht zum Zuge zu kommen. Zudem betreffen die Pakete 1 und 2 sämtliche Spiele in der K.o-Runde, welche die spannendsten und werbewirksamsten Begegnungen bis hin zum Finale darstellen. Die einzelnen Vereine sind nach der UEFA-Vermarktungsregelung aber von der individuellen Vermarktung der wichtigsten Spiele des Wettbewerbs völlig ausgeschlossen und dürfen lediglich die vorgelagerten Gruppen- und Qualifikationsspiele parallel zur UEFA verkaufen.

Schließlich sieht die Kommission auf europäischer Ebene auch die Vereine als weitere Nutznießer des Rechtevertriebs über eine zentrale Anlaufstelle. Diese

---

[847] Toft, Competition Policy Newsletter 2003, S. 48.

können hierdurch den Aufbau einer eigenen Vertriebsabteilung für die Entwicklung ihrer Geschäftspolitik und die Verhandlung der Rechteverträge in zahlreichen Ländern einsparen[848]. Aus dieser Begründung ergibt sich jedoch gleichfalls nicht, daß hierdurch die Nachteile für den Wettbewerb ausgeglichen werden. Denn die meisten Vereine, die an Profisportwettbewerben teilnehmen, verfügen sowieso bereits über eine solche Vertriebsabteilung. Sie werden eine solche auch trotz zentralisierter Medienrechtevergabe weiterhin benötigen, um die Vermarktung von Spielen in anderen Wettbewerben und von Freundschaftsspielen sowie die vielfältigen anderen Aufgaben im Zusammenhang mit beispielsweise Spielerverträgen, Sponsoren, Werbeflächenvermarktung oder Markenlizenzen zu bewältigen, die im heutigen Profisportgeschäft an der Tagesordnung sind. Auch in diesen Bereichen, vor allem dem Sponsoren- und Werbebereich, müssen die Vereine häufig mit zahlreichen Geschäftspartnern in verschiedenen Ländern zusammen arbeiten und sind dort ebenfalls mit anderen Sprachen, Gepflogenheiten oder geringerer wirtschaftlicher Transparenz konfrontiert. Selbst eine Ausgliederung der Rechtevermarktungstätigkeit durch einzelne Vereine würde sich aber wettbewerblich als vorzugswürdige Lösung vor einer vollständigen gemeinsamen Vermarktung darstellen. Für die Rechtevermarktung in nationalen Wettbewerben geht die Kommission selbst von nicht vorhandenen Vorteilen auf diesem Gebiet aus. Daß also der von der Kommission angeführte Vorteil, den Aufbau von Vertriebsabteilungen einzusparen, mit großer Wahrscheinlichkeit eintreten wird, ist nicht anzunehmen. Schon gar nicht überwiegt er die verursachten Wettbewerbsbeschränkungen.

(iv) Vorteile denkbar bei Rechten an Spielaufzeichnungen und Medienrechten

Die Vermarktungsregelung über die Rechte an den Champions League-Spielaufzeichnungen ist mit der eintägigen Sperrfrist derart gestaltet, daß für die Fernsehsender praktisch lediglich der Rechteerwerb direkt von der UEFA interessant ist. Dies beruht auf der hohen Zeitsensitivität von Sportergebnissen. Da diese Rechte für die Ausstrahlung von Spielhöhepunkten und die Nutzung von Archivmaterial jedoch weniger zuschauerträchtig sind als die Live-Rechte, sie andererseits aber auch besser geeignet sind, einen koordinierten und umfassenden Überblick über sämtliche Spielergebnisse eines Spieltages zu vermitteln, weil so das Zusammenstellen der unterschiedlichen Berichte deutlich erleichtert wird, erscheint diesbezüglich die gebündelte Vergabe aus der Hand der UEFA in der Tat vorteilhafter zu sein als die Individualvermarktung. Eine größere Zahl an

---

848 Kommission, Abl. 2003 L 291, 25, 49 Rn. 153 (K (2003) 2627) "Gemeinsame Vermarktung der UEFA Champions League-Rechte". So auch Jänich, GRUR 1998, 438, 443.

Zuschauern ist damit in der Lage, sich vollständig über alle Spielergebnisse zu informieren.

Hinsichtlich der Vermarktungsrechte für die neuen Medien ist aufgrund des technisch und qualitativ noch nicht ausgereiften Übertragungsstandards und der bisher flächendeckend sehr geringen Verfügbarkeit des Internet-Fernsehens wohl momentan die Zentralvermarktung noch vorteilhafter für eine breit angelegte Produktverteilung. Zuzustimmen ist dem Hinweis der Kommission auf die in absehbarer Zeit zu überprüfende diesbezügliche Sperrfrist, da langfristig auch hier die Individualvermarktung wettbewerbsfreundlicher ist.

(v) Ergebnis

Insgesamt ist die Praxis der Kommission, den Vereinen lediglich nachgelagerte Rechte zur individuellen Vermarktung bestimmter Medienrechte für den Fall einzuräumen, daß die UEFA mit ihren diesbezüglichen Vermarktungsaktivitäten erfolglos bleibt, als unter Wettbewerbsgesichtspunkten unzureichend abzulehnen. Die Kommission nimmt bei ihrer Entscheidung nicht den unverfälschten Wettbewerb als Referenzsystem zur Grundlage, sondern die ursprüngliche, offensichtlich wettbewerbswidrige UEFA Champions League-Vermarktungsregelung. Speziell im Hinblick auf die Live-Übertragungsrechte besteht kein ausgeglichenes Verhältnis zwischen der Möglichkeit zur gemeinsamen Rechtevermarktung und der Individualvermarktung.

(d) Das Argument der Aufrechterhaltung des Markenimages sowie Kritik und eigene Stellungnahme

Auch das zweite Argument der UEFA, mittels der gemeinsamen Vermarktung eine einheitliche, durchgehend hochwertige Präsentation des Markenprodukts "Champions League" zu schaffen und aufrechtzuerhalten, überzeugte die Kommission[849]. Diese Faktoren würden zur Etablierung des Rufs der Marke beitragen und das Produkt für den Zuschauer attraktiver machen. Daneben würden diese auch den Rundfunkanstalten nützen, da ihnen somit eine einheitliche, durchgängige Bildschirmpräsentation der Spiele durch alle mitwirkenden Rundfunkanstalten über die gesamte Spielzeit geboten würde und die Zuschauer dadurch das Medienprodukt "UEFA Champions League" sofort als hochwertigen Fußball erkennen könnten. Dies würde wiederum die Nachfrage stimulieren. Zudem führe die gemeinsame Vermarktung zu mehr Objektivität bei der Berichterstattung durch die Medien, wodurch das Ligaprodukt und die Marke bes-

---

849 Kommission, Abl. 2003 L 291, 25, 49 Rn. 154-157, 162f. (K (2003) 2627) "Gemeinsame Vermarktung der UEFA Champions League-Rechte".

ser geschützt würden. Im Ergebnis verbessere dies die Produktion und Verteilung der Medienprodukte der Marke. Darüber hinaus werde durch die Definitionen der Champion League-Produkte das Verhältnis von Produkten der Marke "Champions League" und vereinsspezifischen Produkten verbessert.

Aus dem Blickwinkel der Kommission, die den Gesamtwettbewerb "UEFA Champions League" als relevantes Produkt betrachtet, sind die angeführten Argumente größtenteils überzeugend. Allerdings muß die Richtigkeit des von ihr angeführten Grundes der größeren Objektivität bezweifelt werden, da es sich auch bei einer Individualvermarktung unter Wettbewerbsbedingungen kein Sender langfristig erlauben kann, "seinen" Verein zum Nachteil der anderen Vereine und der Liga stets in ein günstigeres Licht zu rücken. Denn der Erfolg einer Sportart und der Berichterstattung hierüber hängt aus Sicht der Zuschauer erheblich von den Faktoren Unparteilichkeit, Objektivität und fehlende Einflußnahme von außen ab. So zeigen zahlreiche Beispiele in den USA, wo Medienunternehmen sogar Eigentümer von Proficlubs sind und deren Spiele teilweise exklusiv senden, daß selbst enge fernsehvertragliche Bindungen die Wahrscheinlichkeit einer für das Ligaprodukt oder die übrigen Vereine nachteiligen Berichterstattung nicht nennenswert erhöhen, sondern vielmehr eine für den Zuschauer oft noch aktuellere und informativere Sportsendung bieten können[850].

(e) Das Argument der finanziellen Solidarität sowie Kritik und eigene Stellungnahme

Die Kommission unterstützt grundsätzlich das Modell der finanziellen Solidarität, das eine Umverteilung von Geldern von den reicheren zu den ärmeren Vereinen vorsieht[851]. Sie ist allerdings der Auffassung, die ursprünglich von der UEFA angemeldete Vermarktungsregelung sei nicht geeignet gewesen, die mit diesem System einhergehenden Wettbewerbsbeschränkungen aufzuwiegen. Wegen der Rechtfertigung der Freistellung durch die Schaffung eines Markenprodukts, für das die Rechte von einer einzigen Anlaufstelle in Paketen verkauft werden, ist jedoch eine weitere Erörterung des Arguments der finanziellen Solidarität nicht mehr erforderlich[852].

Daß die Kommission bei Vorliegen bereits einer der vier rechtfertigenden Wirkungen der ersten Bedingung nicht mehr auf die übrigen der dortigen drei Krite-

---

850 Siehe hierzu Ziffer A.VIII.1(d)(ii) oben.

851 Kommission, Abl. 2003 L 291, 25, 51 Rn. 164f. (K (2003) 2627) "Gemeinsame Vermarktung der UEFA Champions League-Rechte" mit Verweis auf die Erklärung des Europäischen Rats zum Sport in Nizza aus Dezember 2000.

852 Kommission, Abl. 2003 L 291, 25, 51 Rn. 167 (K (2003) 2627) "Gemeinsame Vermarktung der UEFA Champions League-Rechte".

rien oder weitere rechtfertigende Argumente eingeht, ist nicht zu beanstanden[853]. Dennoch wäre es im Hinblick auf vertragliche Ausgestaltungsmöglichkeiten vergleichbarer Solidarregelungen in anderen Sportverbänden im Rahmen dieser Präzedenzentscheidung wünschenswert gewesen, mehr über die Vorstellungen der Kommission zu den diesbezüglichen Rechtfertigungsvoraussetzungen zu erfahren. So bleibt zumindest die 1999 ursprünglich von der UEFA angemeldete Champions League-Regelung als Referenz dafür, was die Kommission als ein wettbewerblich nicht ausreichendes Solidarsystem ansieht.

Dessen ungeachtet läßt sich jedenfalls festhalten, daß ein System der individuellen Rechtevermarktung durch die einzelnen Vereine gepaart mit einem Modell der finanziellen Erlösumverteilung eine den Wettbewerb weniger belastende und für die Vereine wirtschaftlich durchaus opportune Alternativlösung darstellt[854].

(f) Zusammenfassung

Die Kommission hält die Warenerzeugung und -verteilung durch den Beschluß der Vereine und der UEFA zur gemeinsamen Rechtevergabe, mit Ausnahme der Regelung über die Live-Übertragungsrechte der Vereine, für verbessert, da hierdurch ein hochwertiges Markenprodukt geschaffen werde, das für Medienunternehmen, Fußballvereine und Verbraucher von Vorteil sei. Im Gegensatz dazu wird hier die Auffassung vertreten, daß der Zentralvermarktungsbeschluß der UEFA lediglich geeignet ist, die Warenerzeugung und -verteilung im Hinblick auf die Rechte für Aufzeichnungen der Spielhöhepunkte und - vorübergehend - für die Rechte der neuen Medien zu verbessern, da er diesbezüglich von Vorteil für die Verbraucher ist. Die wichtigsten und zuschauerträchtigsten Rechte für Live-Übertragungen sollten aber im Gegensatz zu der Rechtsauffassung der Kommission vorrangig dezentral von den einzelnen Vereinen vergeben werden dürfen, da die zentrale Vergabe dieser Rechte, noch dazu primär und exklusiv an das Bezahlfernsehen, weder von Vorteil für die Medienunternehmen, noch für die Fußballvereine oder gar die Verbraucher ist. Sie kann folglich die von ihr erzeugten Wettbewerbsnachteile nicht aufwiegen.

---

853 Vgl. Langen/Bunte, Art. 81 Rn. 149-149b (alle Voraussetzungen des Art. 81 III EGV müssen kumulativ erfüllt sein).

854 Siehe hierzu auch Ziffer B.III.2(a)(ii) oben.

4. Angemessene Beteiligung der Verbraucher an dem durch die Champions League-Regelung entstehenden Gewinn

(a) Einführung

Der Beschluß der UEFA über die gemeinsame Vermarktung der Medienrechte müßte "unter angemessener Beteiligung der Verbraucher an dem entstehenden Gewinn" erfolgt sein. Verbraucher sind alle unmittelbaren oder mittelbaren Abnehmer der in Betracht kommenden Erzeugnisse, also auch der Endverbraucher oder Konsument[855]. Somit fallen hier sowohl die Medienunternehmen, die die Senderechte erwerben, als auch die Zuschauer, die die Sportsendungen im Fernsehen verfolgen, unter diesen Begriff. Gewinn ist jeder Vorteil, der dem Verbraucher auf Grund der Absprache zufließt[856]. Neben finanziellen Vorteilen (Preissenkungen) können dies auch Verbesserungen anderer Art sein, wie etwa eine höhere Qualität der angebotenen Waren oder ein erweitertes Angebot[857]. Es muß ein ausreichender Wettbewerbsdruck unter den an den wettbewerbsbeschränkenden Verhaltensweisen beteiligten Unternehmen erhalten bleiben, der in der Regel von den Mitwettbewerbern ausgehen muß, damit sich diese Unternehmen nicht die Vorteile ihrer Verhaltensweise selbst sichern können[858].

Die Beteiligung der Verbraucher am entstehenden Gewinn muß sich nach einer Prognose mit hinreichend großer Wahrscheinlichkeit ergeben[859]. Die Kommission hat bei der Prüfung der angemessenen Verbraucherbeteiligung das unterbreitete Vorhaben anhand der gegebenen Marktlage möglichst objektiv zu beurteilen und von jeder Bewertung seiner Zweckmäßigkeit im Hinblick auf andere technisch mögliche oder wirtschaftlich durchführbare Entscheidungen abzusehen[860]. Je geringer die Wettbewerbsbeschränkung und die dadurch entstehenden Nachteile, desto weniger gewichtig braucht die Beteiligung an den Vorteilen zu sein[861]. Nach Ansicht der Kommission genügt bereits, daß die Weitergabe der

---

855 Kommission, Abl. 1993 L 179, 23, 35 (IV/32.150 – 11.06.1993) "EBU/Eurovisions-System"; Langen/Bunte, Art. 81 Rn. 159; Immenga/Mestmäcker/Sauter, Art. 85 III Rn. 19; Emmerich, Kartellrecht, S. 424; Meessen, Kartellrecht, Art. 81 III Rn. 25.

856 EuGH, Slg. 1977, 1875, 1916 Rn. 47f. (Rs. 26-76 – 25.10.1977) "Metro"; Immenga/Mestmäcker/Sauter, Art. 85 III Rn. 19; Langen/Bunte, Art. 81 Rn. 157; Emmerich, Kartellrecht, S. 424.

857 Langen/Bunte, Art. 81 Rn. 157; Meessen, Kartellrecht, Art. 81 III Rn. 25; Schröter in Schröter/Jakob/Mederer, Art. 81 III Rn. 353 m.w.Bsp.

858 Meessen, Kartellrecht, Art. 81 III Rn. 26.

859 EuG, Slg. 1994, II-595, 634ff. (Rs. T-17/93 – 15.7.1994) "Matra".

860 EuG, Slg. 1994, II-595, Rn. 122 (Rs. T-17/93 – 15.7.1994) "Matra".

861 Langen/Bunte, Art. 81 Rn. 160; Kommission, Abl. 2004 C 101, 97, 110 Rn. 90 "Leitlinien zur Anwendung von Art. 81 III EGV".

Vorteile die tatsächlichen oder voraussichtlichen negativen Auswirkungen mindestens ausgleicht[862]. Es drängen sich hierzu allerdings Zweifel auf, ob eine solche Auslegung mit dem Wortlaut des Art. 81 III EGV vereinbar ist, der dieses Kriterium eindeutig als eigenständige Freistellungsvoraussetzung begreift.

(b) Argumentation der Kommission sowie Kritik und eigene Stellungnahme

(i) Argumentation der Kommission

Die Kommission ist der Auffassung, die UEFA-Vermarktungsregelung beteilige die Verbraucher angemessen am entstehenden Gewinn, wofür insbesondere die Schaffung einer einzigen Anlaufstelle für den Rechteverkauf Ausschlag gebend sei[863]. Es entstehe ein zentral erhältliches, wettbewerbsspezifisches Markenprodukt, von dem Medienbetreiber und Fernsehzuschauer durch einen effizienteren, leichteren Zugang zu dem einzigartigen Inhalteangebot profitierten[864]. Medienbetreiber könnten mehr in neue, verbesserte Produktions- und Übertragungstechniken investieren und es käme wahrscheinlich auch zu einer intensiveren und innovativeren Rechteverwertung zum Nutzen der Verbraucher, da auch kleinere Unternehmen die Möglichkeit hätten, eines der mehreren Rechtepakete zu erwerben. Die Zuschauer kämen nicht nur in den Genuß einer besseren Champions League-Präsentation und könnten alle sie interessierenden Spitzenspiele verfolgen, sondern erhielten überdies einen besseren Zugang zu Aufzeichnungen und Archivmaterial. Die Regelung, die die Vereine verpflichtet, ihre Live-Senderechte nur an Bezahlsender zu verkaufen, hält die Kommission allerdings nicht für vorteilhaft für die Zuschauer. Es sei schwer vorstellbar, wie eine Beschränkung, die der Absicherung oder Anhebung von Preisen diene und Anbietern frei empfangbarer Fernsehkanäle Programminhalte vorenthalte, als vorteilhaft für die Verbraucher angesehen werden könne[865].

(ii) Kritik und Stellungnahme

Letzterem Punkt ist vollumfänglich zuzustimmen. Wie bereits oben[866] gezeigt, überzeugt darüber hinaus lediglich die Argumentation der Kommission hinsicht-

---

862 Kommission, Abl. 2004 C 101, 97, 110 Rn. 85 "Leitlinien zur Anwendung von Art. 81 III EGV".

863 Kommission, Abl. 2003 L 291, 25, 51 Rn. 169 (K (2003) 2627) "Gemeinsame Vermarktung der UEFA Champions League-Rechte".

864 Kommission, Abl. 2003 L 291, 25, 51 Rn. 170-172 (K (2003) 2627) "Gemeinsame Vermarktung der UEFA Champions League-Rechte".

865 Kommission, Abl. 2003 L 291, 25, 51 Rn. 173 (K (2003) 2627) "Gemeinsame Vermarktung der UEFA Champions League-Rechte".

866 Siehe die Ausführungen unter Ziffer B.IV.3(c)(ii)-(iv) oben.

lich der Rechte an Aufzeichnungen und neuen Mediendiensten, nicht aber hinsichtlich der Live-Rechte. Die Vermarktungsregelungen über die Spielhöhepunkte und die Internet- sowie Mobilfunkrechte können zu Vorteilen bei den Zuschauern führen, da diese hierdurch einen besseren und sich leichter zu beschaffenden Spielüberblick über sämtliche Begegnungen erhalten, und sich neuartige Sportmediendienste flächendeckend besser durch eine zentral gesteuerte, einheitliche Produktvermarktung absetzen lassen. Für die Medienunternehmen können diese Regelungen im Hinblick auf Transaktions- und Geschäftskosten mit hinreichend großer Wahrscheinlichkeit von Vorteil sein, wenn man, wie die Kommission, den Gesamtwettbewerb als relevantes Produkt betrachtet. Wird hingegen, wie hier, auf die einzelnen Spielbegegnungen abgestellt, ist bei der individuellen Vergabe im Vergleich zur zentralen Vergabepraxis von einer viel intensiveren und innovativeren Rechtevermarktung auszugehen, da aufgrund der geringeren Erwerbskosten pro Spiel und einer größeren Zahl an frei verfügbaren Senderechten weit mehr Fernsehsender als potentielle Rechteerwerber in Frage kommen. Zudem können die Sender gezielter nur diejenigen Rechte an Spielen kaufen, die sie auch tatsächlich ausstrahlen wollen. Sie müssen nicht ein großes Paket sämtlicher Vereinsrechte erstehen, das sie dann nur teilweise nutzen. In diesem Falle erscheinen die an die Fernsehsender weitergegebenen Vorteile als nicht angemessen.

Eine angemessene Beteiligung der Zuschauer am entstehenden Gewinn aus der ausschließlichen exklusiven Zentralvermarktung der Live-Senderechte durch die UEFA (Rechtepaket 1 und 2), den der Autor entgegen der Kommission ohnehin nicht annimmt, ist nicht mit hinreichend großer Wahrscheinlichkeit zu erwarten. Denn einerseits schaltet der Zentralvermarktungsbeschluß den einzig möglichen Wettbewerb unter den Vereinen auf dem Markt für Live-Übertragungsrechte aus, andererseits verfügt die UEFA in diesem Bereich über einen Marktanteil von 100%. Zusätzlich begrenzt der Beschluß die Anzahl der erlaubten Live-Übertragungen auf je zwei pro Spieltag und Paket. Live-Übertragungen stoßen aber auf das größte Zuschauerinteresse. Die Kommission geht selbst davon aus, daß beherrschende Unternehmen, die keinem Wettbewerbsdruck unterliegen, weniger Anreiz haben, Effizienzgewinne zu sichern oder auszubauen. Je umfangreicher die Auswirkungen einer Vereinbarung auf den Wettbewerb sind, um so wahrscheinlicher werden die Verbraucher langfristig Nachteile davontragen[867]. Im Vergleich zu den durch den Vermarktungsbeschluß entstehenden erheblichen Nachteilen für den Wettbewerb ist die Beteiligung der Zuschauer durch lediglich zwei Live-Spiele pro Spielabend und erwerbendem Sender, die noch dazu von diesem und nicht vom Zuschauer ausgewählt werden dürfen,

---

867 Kommission, Abl. 2004 C 101, 97, 110 Rn. 92 "Leitlinien zur Anwendung von Art. 81 III EGV".

nicht angemessen, da seine Auswirkungen langfristig weder neutral noch vorteilhaft für die Zuschauer sind. Die Möglichkeiten der Zuschauer, unter sämtlichen, an einem Spieltag ausgetragenen, Spielbegegnungen diejenigen live im Fernsehen zu verfolgen, die sie am meisten interessieren, werden durch die Regelung über mehrere Jahre hinweg erheblich eingeschränkt[868]. Einen echten Mehrwert für die Verbraucher schafft der Beschluß auf dem Live-Übertragungsmarkt nicht.

5. Unerläßlichkeit der Wettbewerbsbeschränkung

(a) Einführung

Um die Voraussetzung des Art. 81 III (a) EGV zu erfüllen, darf der Zentralvermarktungsbeschluß der Vereine und der UEFA nicht über das für die Verwirklichung seiner Ziele unerläßliche Maß hinausgehen. Die Rechtsprechung legt bei der Prüfung der Unerläßlichkeit einen strengen objektiven Maßstab an[869]. Die Vorteile der in Frage stehenden Vereinbarung müssen unerläßlich sein, um das durch sie geschaffene System funktionsfähig zu erhalten[870]. Mit anderen Worten, Wettbewerbsbeschränkungen müssen sich nach ihrem Gegenstand, ihrem Inhalt und ihren Auswirkungen in den Grenzen dessen halten, was zur Erreichung der angestrebten Ziele als unbedingt erforderlich anzusehen ist[871]. Unerläßlichkeit ist nicht gegeben, wenn die Ziele auch durch weniger einschneidende Maßnahmen und durch wettbewerbskonformere Lösungen erreicht werden können[872]. Dieses Merkmal ist somit Ausdruck des Verhältnismäßigkeitsgrundsatzes.

Die Kommission fragt bei der Prüfung dieser Tatbestandsvoraussetzung generell, ob erstens die Vereinbarung und zweitens ihre einzelnen Beschränkungen es jeweils ermöglichen, die fragliche Tätigkeit effizienter durchzuführen als dies ansonsten wahrscheinlich der Fall wäre, also ob mit der Vereinbarung oder Be-

---

868 So argumentierte auch die Monopolkommission im Hauptgutachten 1996/1997 Rn. 101, 501 zum damaligen Bundesliga-Vermarktungsmodell.

869 Langen/Bunte, Art. 81 Rn. 161f.; Meessen, Kartellrecht, Art. 81 III Rn. 24.

870 EuGH, Slg. 1995, I-23 (Rs. C-360/92 P – 17.1.1995) "Publishers Association" unter Aufhebung der Entscheidung der Kommission, Abl. 1989 L 22, 12 (IV/27.393 und IV/27.394 – 12.12.1988) "Publishers Association"; EuGH, Slg. 1975, 585 (Rs. 71-74 – 15.05.1975) "Frubo".

871 Immenga/Mestmäcker/Sauter, Art. 85 III Rn. 23; Schröter in Schröter/Jakob/Mederer, Art. 81 III Rn. 355.

872 EuGH, Slg. 1981, 851 Rn. 6, 17f. (Rs. 61-80 – 25.3.1981) "Lab"; EuG, Slg. 1994, II-49 Rn. 112ff. (Rs. T-39/92 und T-40/92 – 23.2.1994) "Groupment Cartes Bancaires"; Emmerich, Kartellrecht, S. 424; Langen/Bunte, Art. 81 Rn. 161.

schränkung mehr Effizienzgewinne als ohne sie erzielt werden[873]. Die erste Prüfung erfordert unter Berücksichtigung der Marktverhältnisse und unternehmerischen Gegebenheiten, daß sich die Effizienzgewinne nur durch die Vereinbarung erzielen lassen, weil es keine andere wirtschaftlich machbare und weniger wettbewerbsbeschränkende Möglichkeit gibt, sie zu erzielen[874]. Auch nach Auffassung der Kommission ist es besonders wichtig, zu untersuchen, ob die Parteien die Effizienzgewinne durch eine weniger wettbewerbsbeschränkende Art von Vereinbarung hätten erzielen können. Sobald feststeht, daß diese Vereinbarung für die Verwirklichung der Effizienzgewinne notwendig ist, ist die Unerläßlichkeit der Wettbewerbsbeschränkung zu beurteilen und es zu ist prüfen, ob die Beschränkung erforderlich ist, um die Effizienzgewinne zu erzielen[875]. Die Wettbewerbsbeschränkung ist unerläßlich, wenn ohne sie die sich aus der Vereinbarung ergebenden Effizienzgewinne beseitigt oder erheblich geschmälert würden, oder die Wahrscheinlichkeit zurückgehen würde, daß sich die Effizienzgewinne realisieren[876]. Die Kommission beurteilt die Unerläßlichkeit im Rahmen des tatsächlichen wirtschaftlichen Umfeldes, in dem die Vereinbarung getroffen wird, wobei insbesondere der Marktstruktur, den mit der Vereinbarung verbundenen wirtschaftlichen Risiken und den Anreizen für die Parteien Rechnung zu tragen ist[877].

(b) Argumentation der Kommission sowie Kritik und eigene Stellungnahme

(i) Argumentation der Kommission

Die Unerläßlichkeit der Wettbewerbsbeschränkung für die Schaffung des wettbewerbsspezifischen UEFA Champions League-Produkts mit einer einzigen Anlaufstelle für den Rechteerwerb ergibt sich für die Kommission u.a. aus folgenden Gründen. Da Medienrechte für Sportereignisse meistens in gewisser Form auf einer Ebene der Verwertungskette gebündelt würden bevor sie dem Zuschauer angeboten werden, könne sich die UEFA nicht darauf verlassen, daß Fernsehsender, Sportrechteagenturen oder andere Akteure ein für die Champions League spezifisches Produkt im Sinne der UEFA erstellen. Deshalb müsse

---

873 Kommission, Abl. 2004 C 101, 97, 107 Rn. 73f. "Leitlinien zur Anwendung von Art. 81 III EGV".

874 Kommission, Abl. 2004 C 101, 97, 108 Rn. 75 "Leitlinien zur Anwendung von Art. 81 III EGV".

875 Kommission, Abl. 2004 C 101, 97, 108 Rn. 78 "Leitlinien zur Anwendung von Art. 81 III EGV".

876 Kommission, Abl. 2004 C 101, 97, 108 Rn. 79 "Leitlinien zur Anwendung von Art. 81 III EGV".

877 Kommission, Abl. 2004 C 101, 97, 108 Rn. 80 "Leitlinien zur Anwendung von Art. 81 III EGV".

sie die Herstellung dieses Produkts als Qualitätsprodukt, das die Champions League unabhängig und objektiv präsentiert, sicherstellen, was sie durch die Regelungen zur gemeinsamen Vermarktung gewährleisten kann[878]. Ferner sei die Herstellung eines solchen Markenprodukts im Falle der Einzelvermarktung durch die Vereine so schwierig, daß Qualität und Angebot des Produkts beeinträchtigt würden; überdies wäre eine Einzelvermarktung gegenüber Medienunternehmen weniger effizient, da die Champions League ein europäisches Turnier sei, an dem Vereine aus vielen verschiedenen Ländern mitwirken. Der Erwerb einer großen Anzahl an Spielen bei vielen Vereinen sei deshalb für die Sender voraussichtlich viel aufwendiger, so daß die Rechtebündelung zur Produktion eines für die Zuschauer interessanten Medienangebots unerläßlich erscheine[879]. Die über die gemeinsame Vermarktung wahrgenommene Koordinierungsrolle der UEFA sei deshalb unerläßlich, um den Verbrauchern das Champions League-Medienprodukt anzubieten, jedoch nur so lange wie die UEFA als gemeinsame Vermarktungsagentur für die gemeinsam vermarkteten Rechte Abnehmer finde[880].

Die Beschränkungen der Vereine zur Einzelvermarktung ihrer Medienrechte hält die Kommission aus folgenden Gründen für das Funktionieren der gemeinsamen Vermarktung für unerläßlich. Die anfänglich alleinige Berechtigung der UEFA zur Vermarktung der Live-Fernsehübertragungsrechte aus Paket 4 sei unerläßlich, um die Verkaufsaussichten dieser Rechte zu verbessern[881]. Auch die Sperrfristen für die Verwertung von Aufzeichnungsrechten sind für eine bessere Vermarktung der Ligaprodukte und der Spielzusammenfassungen unbedingt erforderlich, da sie zur Schaffung eines besonders zuschauerträchtigen Produkts und damit zur Etablierung des Rufs der Marke "UEFA Champions League" beitragen, die mit einer homogenen, hochwertigen Fernsehpräsenz durch einheitliche Präsentation eng verbunden ist, welche wiederum das Produkt für den Zuschauer akzeptabel mache[882]. Die aus Qualitätssicherungsgründen festgesetzten Sperrfristen für Internetrechte hält die Kommission allerdings je nach Entwick-

---

878 Kommission, Abl. 2003 L 291, 25, 52 Rn. 174 (K (2003) 2627) "Gemeinsame Vermarktung der UEFA Champions League-Rechte".

879 Kommission, Abl. 2003 L 291, 25, 52 Rn. 175 (K (2003) 2627) "Gemeinsame Vermarktung der UEFA Champions League-Rechte".

880 Kommission, Abl. 2003 L 291, 25, 53 Rn. 179f. (K (2003) 2627) "Gemeinsame Vermarktung der UEFA Champions League-Rechte".

881 Kommission, Abl. 2003 L 291, 25, 53 Rn. 186 (K (2003) 2627) "Gemeinsame Vermarktung der UEFA Champions League-Rechte".

882 Kommission, Abl. 2003 L 291, 25, 54 Rn. 190 (K (2003) 2627) "Gemeinsame Vermarktung der UEFA Champions League-Rechte".

lung der Internet-Technik künftig für anders einschätzbar[883]. Als von Anfang an nicht unerläßlich sieht sie die Beschränkung der einzelnen Vereine an, die Live-Übertragungsrechte aus Paket 5 lediglich an Bezahlsender verkaufen zu dürfen[884]. Für das reibungslose Funktionieren der Vermarktungsregelung und zur Verwirklichung der daraus erwachsenden Vorteile sei es nicht unerläßlich, die Vereine am Verkauf dieser Rechte an frei empfangbare Fernsehprogramme zu hindern, wenn kein angemessenes Angebot von Pay-TV-Anbietern vorliege. Deshalb verband sie ihre Entscheidung mit der Bedingung, daß die Beschränkung, die die Vereine am Verkauf ihrer Live-Rechte an frei empfangbare Sender hindert, nicht gilt, soweit kein angemessenes Bezahlsenderangebot vorliegt[885].

(ii) Kritik und Stellungnahme

Zuzustimmen ist der Kommission darin, ihre Entscheidung hinsichtlich der den einzelnen Vereinen parallel mit der UEFA zustehenden Einzelvermarktungsrechte an Live-Fernsehübertragungen (Paket 5) mit der vorgenannten Bedingung zu verbinden. Es ist für die Verbesserung der Erzeugung oder -verteilung der Champions League-Liveübertragungen nicht unbedingt erforderlich, diese ausschließlich über das Bezahlfernsehen zu gestatten. Offensichtlich wird dies bereits in den von der Kommission aufgeführten Beispielen des Fehlens von Bezahlprogrammen in einem Land oder des schon gedeckten Bedarfs der Bezahlsender durch den Erwerb der Live-Sendererechte aus den Paketen 1 und 2. In diesen Fällen würde die Vergabe dieser Rechte an das frei empfangbare Fernsehen die Verbreitung von Live-Sendungen verbessern, wohingegen die vorgesehene Beschränkung zu einer Angebotsverknappung führt.

Gleichfalls nicht zu kritisieren ist die Auffassung der Kommission, die Sperrfristen für die individuelle Verwertung von Spielaufzeichnungsrechten und Internetrechten seien unerläßlich für eine bessere Vermarktung dieser Produkte. Es kann vernünftigerweise angenommen werden, daß die positiven Ziele – für die Zuschauer, sich einen umfassenden und leicht zugänglichen Überblick über sämtliche Spiele eines Spieltages zu verschaffen und in technischer und qualitativer Hinsicht akzeptable Internet- und Mobilfunkübertragungen zu empfangen sowie für die Fernsehsender, qualitativ hochwertige Zusammenfassungen eines Spieltages mit angemessenem Kosten- und Geschäftsaufwand herzustellen –

---

883 Kommission, Abl. 2003 L 291, 25, 54 Rn. 190 (K (2003) 2627) "Gemeinsame Vermarktung der UEFA Champions League-Rechte".

884 Kommission, Abl. 2003 L 291, 25, 53 Rn. 188 (K (2003) 2627) "Gemeinsame Vermarktung der UEFA Champions League-Rechte".

885 Kommission, Abl. 2003 L 291, 25, 53 Rn. 189 (K (2003) 2627) "Gemeinsame Vermarktung der UEFA Champions League-Rechte".

ohne oder mit weniger einschneidenden Beschränkungen nicht erzielt werden können.

Abzulehnen ist im Gegensatz dazu aber das Argument, die Regelung über die individuelle Vermarktung der Live-Fernsehrechte durch die Vereine (Paket 5), die der UEFA ein anfängliches Alleinvermarktungsrecht für Live-Übertragungen der von Paket 4 erfaßten Spiele einräumt, sei unerläßlich für die Verbesserung der Verkaufsaussichten dieser Rechte. Diese Vermarktungsregelung überschreitet die Grenzen des unbedingt Erforderlichen für den Erhalt der Funktionsfähigkeit der Vermarktung von Live-Senderechten an Champions League-Spielen. Ein System der Individualvermarktung von Live-Rechten an diesen "übrigen Spielen", d.h. der nicht ausschließlich durch die UEFA zu vermarktenden Spiele der Vorrunden, wäre für die UEFA und die Vereine wirtschaftlich opportun und könnte objektiv dieselben Effizienzgewinne erzielen. Zahlreiche Beispiele erfolgreicher Einzelvermarktungsmodelle, wie das des europaweit ausgetragenen UEFA Pokal-Wettbewerbs oder der regulären Saison- und Play-off-Spiele im US-Collegesport, zeigen, daß es wettbewerblich weniger einschneidende und wirtschaftlich machbare Möglichkeiten gibt, Live-Fernsehrechte zu verkaufen und dennoch sowohl hohe Zuschauerzahlen zu erreichen als auch einen für die Sender praktikablen und finanzierbaren Erwerb von Live-Senderechte zu gewährleisten. Eventuell durch die Einzelvermarktung entstehende Einnahmeunterschiede der Vereine, die aus unterschiedlichen Marktpreisen der einzelnen Senderechte resultieren, können wettbewerbsschonend mit Hilfe eines differenzierten Erlösverteilungsmodells ausgeglichen werden[886]. Die durch die UEFA angestrebte Verbesserung der Produktions- und Absatzbedingungen für Champions League Live-Sendungen ist also auch unter Berücksichtigung der wirtschaftlichen Umstände ohne die wettbewerbsbeschränkende Vermarktungsregelung zu erreichen.

Ebensowenig überzeugen die Ausführungen der Kommission in Bezug auf die Unerläßlichkeit der Beschränkung für die Schaffung eines Markenprodukts mit einer einzigen Anlaufstelle für den Rechteerwerb[887]. Hierbei ist zu berücksichtigen, daß die Kommission der Ansicht ist, die einzelnen Vereine und die UEFA seien als Miteigentümer der Rechte an den einzelnen Spielen zu betrachten[888]. Auf dieser Grundlage kann die UEFA als Miteigentümerin, etwa im Rahmen des

---

886 Siehe hierzu Ziffer B.III.2(a)(ii) oben.

887 Eine andere Einschätzung ergibt sich lediglich bei Randsportarten oder wenig attraktiven Sportarten; siehe hierzu Ziffer B.III.2(a)(iii) oben.

888 Kommission, Abl. 2003 L 291, 25, 45 Rn. 123 (K (2003) 2627) "Gemeinsame Vermarktung der UEFA Champions League-Rechte". Siehe hierzu auch Ziffer B.III.1(g)(ii) oben.

Reglements für die UEFA Champions League, das bereits Regelungen über die kommerzielle Verwertung der Medienrechte enthält, mit jedem an der Champions League teilnehmenden Verein gemeinsame und verbindliche Standards für die Qualitätseigenschaften der Spielübertragungen festlegen. Indem sich jeder Verein zur Einhaltung und verbindlichen Weitergabe dieser Standards an seine Geschäftspartner - Rundfunksender oder Sportrechteagenturen - gegenüber der UEFA verpflichtet, ist auch im Rahmen eines Einzelvermarktungsmodells für Live-Senderechte die Herstellung von Champions League-Übertragungen mit gleich hoher Qualität sowie ebenso objektiver und unabhängiger Präsentation wie im Rahmen eines Zentralvermarktungsmodell möglich. Die Einigung der Vereine mit der UEFA auf das Einhalten und die Weitergabe einheitlicher und verbindlicher Qualitätsstandards für Spielübertragungen im Rahmen der individuellen Rechtevermarktung ist damit geeignet, dieselben Vorteile wie die zentrale Rechtevermarktung zu erzielen. Sie stellt aber ein wettbewerblich milderes Mittel dar als die Zentralvermarktung, da hierdurch weniger stark in die wirtschaftliche Handlungsfreiheit der einzelnen Vereine eingegriffen wird.

Die praktischen Probleme der Fernsehsender beim Rechteerwerb aufgrund der in ganz Europa verstreuten Vereine als Rechteanbieter sowie die Planungsunsicherheiten zu Beginn des Wettbewerbs, die mit dem ungewissen sportlichen Erfolg der jeweiligen Vereine zusammen hängen, lassen sich ebenfalls wettbewerbsfreundlicher lösen als durch die Zentralvermarktung. Hierzu wurde oben[889] der Abschluß von Rahmenverträgen zwischen den einzelnen Vereinen und Sendern vorgeschlagen, in denen die anfangs bereits feststehenden Parameter geregelt werden und alle anderen, vom sportlichen Erfolg der Vereine abhängigen Daten nach und nach eingesetzt werden können. Daß auf europäischer Ebene eine gemeinsame Rechtevermarktung aus praktischen und geschäftlichen Gesichtspunkten nicht unbedingt erforderlich ist, zeigt im übrigen auch der UEFA-Pokalwettbewerb. Entgegen der Ansicht der Kommission wäre folglich auch die Erteilung einer nicht exklusiven Lizenz zur Vermarktung der Live-Senderechte durch die Vereine an die UEFA durchaus denkbar[890].

(c) Zusammenfassung

Die Vermarktungsregelungen über die Live-Fernsehrechte sind nicht unerläßlich für das Erreichen der damit angestrebten Vorteile. Im Rahmen eines Einzelvermarktungsmodells lassen sich weniger wettbewerbsbeeinträchtigende Regelungen finden, die die selben Vorteile erzeugen können. Die Vermarktungsregelun-

---

889 Siehe hierzu Ziffer B.IV.3(c)(ii) oben.

890 Vgl. Kommission, Abl. 2003 L 291, 25, 52 Rn. 177 (K (2003) 2627) "Gemeinsame Vermarktung der UEFA Champions League-Rechte".

gen über die Aufzeichnungsrechte und die Rechte der neuen Medien erscheinen hingegen in Übereinstimmung mit der Kommission als unerläßlich zur Erzielung der angeführten Leistungsgewinne.

6. Keine Ausschaltung des Wettbewerbs durch die Champions League-Regelung

(a) Einführung

Gemäß Art. 81 III (b) EGV dürfen den beteiligten Unternehmen durch den Beschluß keine Möglichkeiten eröffnet werden, für einen wesentlichen Teil der betreffenden Waren den Wettbewerb auszuschalten. Sinn und Zweck dieser Regelung ist es, einen wirksamen Wettbewerb auf dem betreffenden Markt sicher zu stellen[891]. Maßgeblich für diese Beurteilung ist der Wettbewerb aller Marktteilnehmer hinsichtlich der betreffenden Waren[892]. Insofern ist zum einen zu berücksichtigen, inwieweit die beteiligten Unternehmen nach der Wettbewerbsbeschränkung untereinander noch im Wettbewerb stehen (Innenwettbewerb) und zum anderen, welche Stellung sie auf dem sachlich, räumlich und zeitlich relevanten Markt einnehmen werden und bis zu welchem Grad die Absprache die Marktverhältnisse verändern wird (Außenwettbewerb)[893]. Wird der Innenwettbewerb durch die Absprache vollständig ausgeschaltet, hängen die Chancen für eine Freistellung allein von der Wirksamkeit des Außenwettbewerbs ab[894]. Regelt die Absprache dagegen lediglich den Absatz bestimmter Wettbewerbsmittel und läßt sie die Handlungsfreiheit der beteiligten Unternehmen im übrigen unberührt, so tritt die Bedeutung des Außenwettbewerbs zurück. Die Absprache darf aber nicht zur vollständigen Beseitigung des Preiswettbewerbs führen[895]. Zu beachten ist dabei auch die Bedeutung des Mengen-, Qualitäts- und Konditionenwettbewerbs[896]. In diesem Zusammenhang sind die Marktanteile der beteiligten

---

891 Kommission, Abl. 2004 C 101, 97, 113 Rn. 105 "Leitlinien zur Anwendung von Art. 81 III EGV"; Langen/Bunte, Art. 81 Rn. 165; Immenga/Mestmäcker/Sauter, Art. 85 III Rn. 28; Emmerich, Kartellrecht, S. 424.

892 EuG, Slg. 1990, II-309 (Rs. T-51/89 – 10.7.1990) "Tetra Pak"; Langen/Bunte, Art. 81 Rn. 166.

893 Immenga/Mestmäcker/Sauter, Art. 85 III Rn. 28; Schröter in Schröter/Jakob/Mederer, Art. 81 III Rn. 366f.; Meessen, Kartellrecht, Art. 81 III Rn. 28.

894 Immenga/Mestmäcker/Sauter, Art. 85 III Rn. 28; Schröter in Schröter/Jakob/Mederer, Art. 81 III Rn. 367.

895 EuGH, Slg. 1977, 1875 Rn. 21 (Rs. 26-76 – 25.10.1977) "Metro"; Kommission, Abl. 2004 C 101, 97, 113 Rn. 110 "Leitlinien zur Anwendung von Art. 81 III EGV"; Langen/Bunte, Art. 81 Rn. 167; Schröter in Schröter/Jakob/Mederer, Art. 81 III Rn. 368.

896 EuGH, Slg. 1980, 3125, 3278f. (Rs. 219 bis 215 und 218-78 - 29.10.1980) "van Landewyck".

Unternehmen sowie die Marktstruktur entscheidend[897]. Der zugrunde zu legende Markt ist dabei identisch mit dem relevanten Markt im Sinne des Art. 81 I EGV. Sind die Marktanteile der beteiligten Unternehmen nur gering, d.h. etwa 20% bis 30%, ist regelmäßig am Fortbestand wirksamen Wettbewerbs nicht zu zweifeln[898]. Marktanteile von über 50% stehen der Freistellung regelmäßig entgegen und bei Marktanteilen von über 80% erscheint eine Freistellung in der Regel ausgeschlossen[899].

Die Kommission vergleicht bei ihrer Prüfung den Grad des Wettbewerbs vor Abschluß der beschränkenden Vereinbarung mit den Auswirkungen dieser Vereinbarung auf den Wettbewerb, d.h. die durch die Vereinbarung verursachten Wettbewerbsbeschränkungen[900]. Dabei nimmt sie eine realistische Untersuchung der verschiedenen Wettbewerbsquellen auf dem Markt, des Ausmaßes des Wettbewerbsdrucks und der Auswirkungen der Vereinbarung auf diesen Wettbewerbsdruck vor[901]. Neben der Berücksichtigung von Marktanteilen hält sie hierfür umfangreiche quantitative und qualitative Untersuchungen für erforderlich, insbesondere hinsichtlich der Fähigkeiten der vorhandenen Wettbewerber zu wettbewerblichen Reaktionen sowie der bestehenden Anreize, diese auch zu nutzen[902]. Die Kommission hält das Merkmal "keine Ausschaltung des Wettbewerbs" jedenfalls nicht für erfüllt, wenn durch die fragliche Vereinbarung der Preiswettbewerb ausgeschaltet wird[903].

---

897 EuGH, Slg. 1987, 3131, Rn. 13 (Rs. 43/85 – 9.7.1987) "ANCIDES"; Langen/Bunte, Art. 81 Rn. 166f.; Emmerich, Kartellrecht, S. 424; Immenga/Mestmäcker/Sauter, Art. 85 III Rn. 28; Meessen, Kartellrecht, Art. 81 III Rn. 28.

898 Langen/Bunte, Art. 81 Rn. 166; Emmerich, Kartellrecht, S. 424; Immenga/Mestmäcker/Sauter, Art. 85 III Rn. 28, 32.

899 EuGH, Slg. 1980, 3125, 3276ff. (Rs. 219 bis 215 und 218-78 - 29.10.1980) "van Landewyck"; Kommission, Abl. 1977 L 16, 8, 12 (IV/24.510 – 22.12.1976) "Gerofabriek"; Langen/Bunte, Art. 81 Rn. 166; Emmerich, Kartellrecht, S. 424; Immenga/Mestmäcker/Sauter, Art. 85 III Rn. 28; Schröter in Schröter/Jakob/Mederer, Art. 81 III Rn. 367.

900 Kommission, Abl. 2004 C 101, 97, 113 Rn. 107 "Leitlinien zur Anwendung von Art. 81 III EGV".

901 Kommission, Abl. 2004 C 101, 97, 113 Rn. 108 "Leitlinien zur Anwendung von Art. 81 III EGV".

902 Kommission, Abl. 2004 C 101, 97, 113 Rn. 109 "Leitlinien zur Anwendung von Art. 81 III EGV".

903 Kommission, Abl. 2004 C 101, 97, 113 Rn. 110 "Leitlinien zur Anwendung von Art. 81 III EGV".

(b) Argumentation der Kommission sowie Kritik und eigene Stellungnahme

(i) Argumentation der Kommission

Die Kommission geht von der Grundlage aus, daß auf den relevanten Märkten gewerbliche Rechte für mehrere Fußballwettbewerbe gehandelt werden und die Fernsehrechte der Champions League im Durchschnitt nur 20% der Rechte auf dem relevanten Markt ausmachen[904]. Die von den Rechten für die neuen Medien betroffenen Märkte seien erst im Entstehen betroffen, weshalb dort der Marktanteil der Champions League-Inhalte noch nicht beziffert werden könne, er aber wohl nicht höher einzuschätzen sei als auf den Märkten für die traditionellen Fernsehrechte. Da die Medienrechte für die Medienbetreiber nur eine Bezugsquelle darstellen, sie in mehreren unterschiedlichen Rechtepaketen in einer offenen Ausschreibung angeboten werden und sowohl die UEFA als auch die Vereine bestimmte Medienrechte auf nicht-exklusiver Basis verkaufen, schalte die gemeinsame Vermarktung der Medienrechte durch die UEFA kaum den Wettbewerb für einen wesentlichen Teil der betreffenden Waren aus[905].

(ii) Kritik und Stellungnahme

Diese positive Einschätzung beruht auf der weiten Definition des relevanten Produktmarktes durch die Kommission, welcher nach ihrer Auffassung aus dem Markt der Senderechte für ganzjährig regelmäßig ausgetragene Fußballwettbewerbe besteht. Auf dieser Basis ist die Beurteilung der Kommission vertretbar. Nach der hier vertretenen Auffassung ist der relevante Produktmarkt jedoch grundsätzlich enger zu definieren[906]. Er besteht im vorliegenden Fall lediglich aus dem Markt für die einzelnen Medienrechte an den Champions League-Spielen. Dabei läßt sich dieser Markt für UEFA-Medienrechte sogar noch weiter unterteilen, und zwar in einen Markt für Fernsehrechte und einen Markt für Internet- und UMTS-Mobilfunkrechte. Andere europäische oder gar nationale Fußballwettbewerbe sowie die Übertragungen der entsprechenden Spielbegegnungen in den Medien stellen aus Sicht der Zuschauer keine vernünftigen Substitute für den Champions League-Wettbewerb und deren Spielübertragungen dar. Denn insbesondere zwischen den nationalen Ligawettbewerben und der Champions League bestehen sowohl vom organisatorischen Ablauf her als auch vom qualitativen Zuschnitt der teilnehmenden Mannschaften sowie der emotio-

---

904 Kommission, Abl. 2003 L 291, 25, 54 Rn. 193 (K (2003) 2627) "Gemeinsame Vermarktung der UEFA Champions League-Rechte".

905 Kommission, Abl. 2003 L 291, 25, 54 Rn. 194ff. (K (2003) 2627) "Gemeinsame Vermarktung der UEFA Champions League-Rechte".

906 Siehe hierzu näher Ziffer B.III.1(f)(i) oben.

nalen Bindung der Zuschauer an die Vereine erhebliche Unterschiede. Eine solch enge Produktmarktdefinition wird auch vom BGH und von zahlreichen Vertretern im europäischen Schrifttum sowie in der US-amerikanischen Rechtsprechung und Literatur bevorzugt[907].

Unter dieser Prämisse verfügen die UEFA und die in der Champions League spielenden Vereine auf dem relevanten Markt für Fernsehrechte und dem Markt für Rechte der neuen Medien über einen Marktanteil von jeweils 100%. Die beteiligten Unternehmen nehmen somit eine beherrschende Stellung auf dem jeweiligen relevanten Markt ein. Die Vermarktungsregelungen hinsichtlich der verschiedenen Übertragungsarten (Live-Sendung, Aufzeichnung von Spielhöhepunkten, Internetfernsehen, Mobilfunkübertragung) wirken sich unterschiedlich auf den Innenwettbewerb aus. Der Wettbewerb zwischen den Vereinen und der UEFA auf dem Markt für Live-Übertragungen ist im Hinblick auf die in den beiden größten Senderechtepaketen (Paket 1 und 2) enthaltenen Live-Rechte völlig ausgeschlossen. Bei diesen Live-Rechten handelt es sich um die attraktivsten und qualitativ wohl wertvollsten unter den verschiedenen Senderechten, quantitativ jedoch nur um eine relativ geringe Menge (sie betreffen 47 von 125 Spielen). Die Handlungsfreiheit der einzelnen Vereine bezüglich dieser Live-Rechte wird durch diese Regelung jedoch vollständig aufgehoben. Anderweitige Wettbewerbsfaktoren sind nicht geeignet, diesen negativen Effekt zu kompensieren.

Im Hinblick auf die Live-Rechte an den übrigen Spielen herrscht dagegen Wettbewerb unter den Vereinen und der UEFA, allerdings erst, nachdem die UEFA mit der alleinigen Vergabe ihrer Rechte innerhalb der vorgegebenen Sperrfrist erfolglos geblieben ist. Auch um die restlichen Übertragungsrechte herrscht Wettbewerb erst nach Ablauf der entsprechenden Sperrfristen. Die durch diese Vermarktungsregelungen erzeugte Beschränkung des Preis- und Konditionenwettbewerbs wirkt sich aber, wie oben[908] dargestellt, überwiegend positiv aus auf den Qualitäts- und Mengenwettbewerb bezüglich der Senderechte an den Höhepunkteaufzeichnungen und den Internet- und Mobilfunkdiensten.

Insgesamt verhindern diese begrenzten Vorteile jedoch nicht die Ausschaltung des Wettbewerbs für einen wesentlich Teil der Fernsehübertragungsrechte auf dem Markt für Fernsehrechte. Wie die Kommission selbst festgestellt hat, bilden

---

907 BGH WRP 1998, 188, 190 "Europapokalheimspiele". So auch LG Frankfurt/Main (4.6.1997 – 2/6 O 84/97), SpuRt 1997, 129, 131. Zu Literaturnachweisen siehe Fn. 228 und Fn. 710 und Fn. 711, zu weiteren Ausführungen siehe Ziffer B.III.1(f)(i) und Ziffer A.VI.2(d)(i),(ii) oben.

908 Siehe Ziffer B.IV.3(c)(iv) und Ziffer B.IV.4(b)(ii) oben.

die Rechte für Internet- und Mobilfunkübertragungen noch keinen bedeutenden Markt. Die den Vereinen in diesem Bereich eingeräumten Alleinvermarktungsrechte sind nicht geeignet, die weiterhin spürbaren wettbewerblichen Beeinträchtigungen im Bereich der Fernsehsenderechte auszugleichen. Unter Berücksichtigung des hohen Marktanteils der Vereine und der UEFA auf dem relevanten Fernsehrechtemarkt und der herausragenden Bedeutung der beiden großen, ausschließlich durch die UEFA vermarkteten Live-Senderechtepakete für die Verbraucher sowie der nur nachrangigen, teilweise vom Eintritt einer Bedingung abhängigen, parallelen Vermarktung der übrigen Senderechte, ist davon auszugehen, daß der wirksame Wettbewerb für einen wesentlichen Teil der Fernsehübertragungsrechte (Live-Rechte) mit dem vorliegenden Zentralvermarktungsmodell ausgeschlossen wird. Auf dem noch jungen Markt für Rechte der neuen Medien hingegen erzeugen die Vermarktungsregelungen dagegen eine Belebung des nachgelagerten Wettbewerbs.

Mithin schalten die Vermarktungsregelungen bezüglich der Internet- und UMTS-Mobilfunkrechte nicht den Wettbewerb für einen wesentlichen Teil der betreffenden Waren auf diesem Produktmarkt aus. Auf dem Markt für Fernsehrechte dagegen ist wegen der Ausschaltung des Wettbewerbs für die wichtigen Live-Übertragungsrechte aus Paket 1 und 2 sowie des nur unter bestimmten Umständen und nachrangig einsetzenden Wettbewerbs für die Rechte an den übrigen Live-Übertragungen und die weniger bedeutenden Rechte an den Spielaufzeichnungen davon auszugehen, daß der Wettbewerb durch das vorliegende Vermarktungsmodell für einen wesentlichen Teil der Fernsehsenderechte ausgeschaltet wird. Bei Anwendung einer engen Produktmarktdefinition wird lediglich hinsichtlich der Champions League-Rechte für die neuen Medien der Wettbewerb nicht ausgeschaltet – nur diesbezüglich ist also das letzte Tatbestandsmerkmal des Art. 81 III EGV erfüllt.

7. Zusammenfassung der wesentlichen Erkenntnisse aus der Analyse der Champions League-Regelung

Im Gegensatz zur Auffassung der Kommission ist eine restriktivere wettbewerbsrechtliche Beurteilung der UEFA-Champions-League-Vermarktungsregelung erforderlich. Auffallend ist, daß die Kommission bei ihrer Untersuchung im Rahmen des Art. 81 III EGV als Referenzsystem nicht den unverfälschten Wettbewerb zugrunde legt, sondern die ursprünglich von der UEFA angemeldete wettbewerbsbeschränkende Vermarktungsregelung. Überdies legt sie, basierend auf einem ökonomischen Ansatz, ihr Hauptaugenmerk auf die Auswirkungen des Vermarktungssystems auf die nachgelagerten Märkte. Neben den mit der hierfür erforderlichen Prognose zwangsläufig verbundenen Unsicherheiten bei der Beurteilung der tatsächlichen Wettbewerbsauswirkungen der Vermarktungsregelung ist auch die vernachlässigte Berücksichtigung der dominanten Marktstellung der UEFA bedenklich.

Die Individualvermarktung jeder einzelnen Spielbegegnung durch die Vereine ist für die Verbraucher sehr viel vorteilhafter als die Zentralvermarktung und deshalb vorzugswürdig. Dies gilt insbesondere für die Live-Übertragungsrechte, die für die Zuschauer, aber auch für die Fernsehsender, die aus sportlicher und finanzieller Hinsicht mit Abstand interessantesten und deshalb wichtigste Übertragungsart ermöglichen. Die individuelle Rechtevergabe führt mit hoher Wahrscheinlichkeit zu einer größeren Zahl an Live-Fernsehübertragungen und mehr Wettbewerb um diese Rechte unter den Fernsehsendern als die aktuelle Regelung.

Sowohl die Fernsehsenderechte als auch die Internet- und Mobilfunkrechte bilden jeweils einen separaten relevanten Produktmarkt. Die UEFA-Vermarktungsregelung bezüglich der verschiedenen Live-Übertragungsrechte und die Rechte an Aufzeichnungen der Spielhöhepunkte ist auf dem Markt für Fernsehsenderrechte insgesamt nicht geeignet, einen Ausschluß des wirksamen Wettbewerbs für einen wesentlichen Teil der Fernsehsenderechte zu verhindern. Lediglich auf dem Markt der Internet- und Mobilfunkrechte erzeugt eine zeitlich befristete Zentralvermarktung positive Wirkungen auf den Wettbewerb im nachgelagerten Markt. Die durch die Kommission bewußt nur für die nähere Zukunft freigestellte Vermarktungsregelung für diese Rechte ist sachgerecht. Sie dient der besseren Verwertung und Verbreitung von Champions League-Inhalten über das Internet und läßt verstärkte Entwicklungs- und Vermarktungsaktivitäten in diesem Bereich erwarten.

Abschließend ist festzuhalten, daß die Kommission der UEFA mit ihrer Freistellungsentscheidung – vermutlich aus wettbewerbspolitischen Gründen – sehr stark entgegen gekommen ist. Sie legt bei ihrer wettbewerblichen Prüfung großes Gewicht auf die - angeblich - durch das Vermarktungsmodell entstehenden Effizienzgewinne und bezieht dabei auch die besonderen Merkmale des Sports mit ein. Ob diese künftigen Effizienzgewinne auch tatsächlich eintreten und von der UEFA an die Verbraucher weiter gegeben werden, läßt sich jedoch zum Zeitpunkt der Entscheidung nicht zuverlässig vorhersagen. Das verstärkte Abstellen auf solche Effizienzgesichtspunkte ist deshalb mit einer Rechtsunsicherheit verbunden.

V. Entscheidung über Verpflichtungszusagen des Ligaverbandes gemäß Art. 9 VO 1/2003

1. Einführung

Das neue Vermarktungsmodell des Ligaverbandes für die Übertragungsrechte an der Bundesliga und der 2. Bundesliga weist vergleichbare Regelungen zu dem soeben vertieft untersuchten UEFA Champions League-Vermarktungsmodell auf. Die Kommission ist der Auffassung, die Verpflichtungen des Ligaverbandes hinsichtlich der Regelungen zur zentralen Vermarktung der Bundesligasenderechte diene der Öffnung der Zentralvermarktung, ohne sie zu zerschlagen[909]. Die Vereine könnten dadurch einerseits die Rechte in Teilbereichen selbst vermarkten, andererseits behielten sie die Vorteile einer zentralen Anlaufstelle für die Markenprägung der Liga, stärkerer Medienpräsenz und geringerer Transaktionskosten. Die Fans profitierten von neuen Produkten und größerer Auswahl, insbesondere an Live-Übertragungen, und überdies würden Innovation und Wachstum im Medienwesen und in der Informationstechnologie gefördert. Das Vermarktungsmodell sei deshalb mit Art. 81 EGV vereinbar. Ob dieses Vermarktungssystem für die Verbraucher, die Medienbranche und die Vereine wirklich von Vorteil ist, oder ob auch hier weitere Änderungen zu Gunsten der Verbraucher zu fordern sind, soll nachfolgend geprüft werden.

Das Verfahren des Art. 9 VO 1/2003, das der Kommission die Kompetenz einräumt, Zusagen von Unternehmen zur Abstellung von Zuwiderhandlungen gegen Art. 81 EGV oder Art. 82 EGV entgegen zu nehmen und diese Zusagen durch Entscheidung für die beteiligten Unternehmen verbindlich zu erklären, formalisiert eine Verwaltungspraxis der Kommission, in der die Einstellung eines Verfahrens häufig mit Zusagen verbunden war[910]. Die Regelung knüpft an die Rechtsprechung des EuGH an, wonach die Einstellung eines Verfahrens durch die Kommission jedenfalls dann eine begründungsbedürftige Entscheidung ist, wenn Interessen Dritter betroffen sind[911]. Damit die Kommission diese Entscheidung erlassen kann, müssen die Zusagen geeignet sein, ihre in der vorläufigen Beurteilung mitgeteilten Bedenken auszuräumen. Um festzustellen, ob diese Eignung tatsächlich besteht, sind die Verpflichtungszusagen bei einer Zu-

---

909 Siehe zur Begründung der Verbindlichkeitserklärung der Verpflichtungszusagen durch die Kommission IP/05/62 und IP/04/1110.

910 Mestmäcker/Schweitzer, § 20 Rn. 46; Busse/Leopold, WuW 2005, 146, 147; vgl. EuGH, Slg. 1993, I-1307 Rn. 178ff. (Rs. C-89/85 u.a. - 31.3.1993) "Ahlström Osakeyhtiö"; EuGH, Slg. 1984, 19 Rn. 51f. (Rs. 43/82 und 63/82 – 17.1.1984) "VBVB und VBBB".

911 Mestmäcker/Schweitzer, § 20 Rn. 45; EuGH, Slg. 1985, 1105, 1125 Rn. 18, 29 (Rs. 298/83 – 28.3.1985) "CICCE".

widerhandlung gegen Art. 81 EGV am Maßstab des Art. 81 III EGV zu prüfen. Da die Kommission, bevor sie eine Entscheidung gemäß Art. 9 VO 1/2003 trifft, noch keine abschließende Würdigung des Sachverhalts, sondern lediglich eine vorläufige Einschätzung im Rahmen der Mitteilung der Beschwerdepunkte vornimmt, fällt sie keine Entscheidung darüber, ob bis zur Verbindlicherklärung der Verpflichtungszusage ein Wettbewerbsverstoß vorgelegen hat. Sie trifft dabei auch keine Entscheidung über das Nichtvorliegen künftiger Wettbewerbsverstöße bei Einhaltung der gemachten Zusage[912]. Neben dem sich verpflichtenden Unternehmen können auch Dritte die Verpflichtungszusagen gerichtlich überprüfen lassen, wenn sie der Ansicht sind, die Zusagen seien nicht geeignet, den von der Kommission befürchteten Wettbewerbsverstoß zu vermeiden, etwa weil sie gegen Art. 81 oder 82 EGV verstoßen[913]. Im folgenden wird deshalb das Bundesliga-Vermarktungsmodell des Ligaverbandes anhand der Kriterien des Art. 81 III EGV untersucht.

2. Das neue Vermarktungssystem des Ligaverbandes für Bundesligaspiele

Der Ligaverband hatte sich nach seiner Gründung den mehrfach geänderten Antrag des DFB auf Erteilung eines Negativattests bzw. einer Einzelfreistellung nach Art. 81 III EGV für die zentrale Vermarktung von Fernseh- und Hörfunkrechten sowie sonstiger technischer Verwertungsformen an den Meisterschaftsspielen der Bundesliga und der 2. Bundesliga der Männer am 19. Februar 2003 zu eigen gemacht. Die Kommission erklärte nach der Genehmigung des UEFA Champions League-Vermarktungsmodells zunächst ihre Absicht, auch das neue Vermarktungssystem des Ligaverbandes für die Übertragungsrechte der Bundesliga und 2. Bundesliga vom Kartellverbot freizustellen[914]. Mit Inkrafttreten der VO 1/2003 am 1. Mai 2004 wurde das Bundesliga-Verfahren dann in einem geänderten rechtlichen Rahmen fortgeführt, da das bisher geltende System der Anmeldung und Freistellung hinfällig geworden war. In dem hier erstmals von der Kommission angewandten Verfahren gemäß Art. 9 der VO 1/2003 bot der Ligaverband die Abgabe von Verpflichtungszusagen über die Ausgestaltung des Bundesliga-Vermarktungsmodells an. Daraufhin fand ebenfalls erstmalig gemäß

---

912 Busse/Leopold, WuW 2005, 146, 150f. (m.w.N.).

913 Sofern Dritte individuell von der Entscheidung der Kommission betroffen sind, können sie gemäß Art. 23 IV EGV dagegen vorgehen. Wer nicht individuell davon betroffen ist, kann eine formlose Beschwerde bei der Kommission einlegen oder, wie direkt betroffene Unternehmen auch, bei der Kommision einen Antrag auf Wiederaufnahme des Verfahrens wegen Nichteinhaltung der Verpflichtungszusage gemäß Art. 9 II lit. b) VO 1/2003 stellen.

914 Kommission, Abl. 2003 C 261, 13, 15 Rn. 25 (Comp/C.2/37.214) "Gemeinsame Vermarktung der Medienrechte an der Bundesliga"; Kommission, IP/03/1106 "Neues Vermarktungsmodell für Fußball-Bundesliga Übertragungsrechte".

Art. 27 IV der VO 1/2003 eine öffentliche Mitteilung über den Inhalt dieser Verpflichtungszusagen an alle interessierten Kreise statt, die diesen die Möglichkeit einräumte, innerhalb eines Monats ihre Stellungnahme dazu abzugeben[915]. Die Kommission erklärte schließlich am 19. Januar 2005 die Verpflichtungszusagen des Ligaverbandes, die bis Juni 2009 gelten, mit förmlicher Entscheidung gemäß Art. 9 der VO 1/2003 für bindend für den Ligaverband[916].

Das Bundesliga-Vermarktungsmodell des Ligaverbandes sieht wie folgt aus. Mehrere Rechtepakete werden vom Ligaverband oder einem unabhängigen Vermarkter in einem transparenten Verfahren für jeweils höchstens drei Spielzeiten vergeben[917]. Zwei Fernsehpakete enthalten Live-Übertragungsrechte, die sowohl von frei empfangbaren Sendern als auch von Bezahlsendern erworben werden können[918]. Es handelt sich dabei zum einen um die Senderechte für die Hauptspieltage der Bundesliga und 2. Bundesliga (Rechtepaket 1) und zum anderen um die Rechte für die Nebenspieltage (Rechtepaket 2). Beide Pakete sollen ihre Erwerber auch zur Live-Übertragung von Spielen des jeweils anderen Spieltages mittels Konferenzschaltung sowie zusätzlich zur zeitversetzten Höhepunkt-Erstberichterstattung im Pay-TV berechtigen. Ein drittes Paket berechtigt zur Live-Übertragung mindestens zweier Spiele der Bundesliga und zur zeitversetzten Highlight-Erstberichterstattung im frei empfangbaren Fernsehen (Rechtepaket 3), ein viertes Paket berechtigt zur Live-Übertragung von Spielen der 2. Bundesliga sowie ebenfalls zur zeitversetzten Highlight-Erstberichterstattung im frei empfangbaren Fernsehen (Rechtepaket 4)[919]. Zweit- und Drittverwertungsrechte werden in Paket 5 vergeben. Die Pakete 3 bis 5 können jeweils auch an mehrere Anbieter des frei empfangbaren Fernsehens vergeben werden. Daraus ergibt sich, daß die Pakete 1 und 2 auf exklusiver Basis vermarktet werden. Jeder Verein kann seine Heimspiele 24 Stunden nach Spielende selbst zur einmaligen Ausstrahlung bis zu voller Länge im frei empfangbaren Fernsehen vermarkten[920]. Ungenutzte Rechte - etwa falls dem Ligaverband die Veräußerung nach Ablauf von 14 Tagen nach dem ersten Spieltag

---

915 Kommission, Abl. 2004 C 229, 13 Rn. 5-14 (Comp/C.2/37.214) "Gemeinsame Vermarktung der Medienrechte an der Bundesliga".

916 Kommission, IP/05/62. Der Wortlaut der Verpflichtungszusagen, deren Inhalt nachfolgend aufgeführt wird, ist im Memo/05/16 der Kommission nachzulesen.

917 Kommission, Abl. 2003 C 261, 13, 14 Rn. 10 (Comp/C.2/37.214) "Gemeinsame Vermarktung der Medienrechte an der Bundesliga".

918 Kommission, Abl. 2003 C 261, 13, 14 Rn. 11 (Comp/C.2/37.214) "Gemeinsame Vermarktung der Medienrechte an der Bundesliga".

919 Kommission, Abl. 2003 C 261, 13, 14 Rn. 12 (Comp/C.2/37.214) "Gemeinsame Vermarktung der Medienrechte an der Bundesliga".

920 Kommission, Abl. 2003 C 261, 13, 14 Rn. 16 (Comp/C.2/37.214) "Gemeinsame Vermarktung der Medienrechte an der Bundesliga".

nicht gelingt oder der Erwerber die Rechte ohne sachlichen Grund nicht ausübt - fallen den Vereinen zu, wobei der Ligaverband aber zur parallelen, nicht-exklusiven Vermarktung berechtigt bleibt[921].

Die Internet- und Mobilfunkrechte für Live- und zeitversetzte Berichterstattungen werden vom Ligaverband in weiteren Paketen vermarktet[922]. So enthält Paket 6 das Recht des Ligaverbandes, an jedem Spieltag insgesamt mindestens 90 Minuten Live-Berichterstattungen von den Begegnungen im Internet anzubieten, wobei fünf Minuten pro Spiel nicht unterschritten werden dürfen und alle wesentlichen Spielereignisse gezeigt werden müssen[923]. Jeder Verein kann 1,5 Stunden nach Spielschluß eine bis zu 30 Minuten lange Zusammenfassung seiner Heim- und Auswärtsspiele im Internet verwerten; ab 1. Juli 2006 ist die Berichterstattung bereits unmittelbar nach Spielschluß auf der eigenen Vereins-Homepage oder der Homepage eines Dritten gestattet[924]. Darüber hinaus kann jeder Verein aktuelle Video-Clips in verschiedener Länge für den Mobilfunk anbieten, Live-Ausschnitte seiner Begegnungen in Hör- und Mobilfunk vermarkten sowie Live-Audiostreaming in voller Länge im Internet anbieten[925]. Sämtliche individuell vermarktbaren Rechte dürfen die Vereine nicht derart veräußern, daß ein Verwerter (Käufer) ein Produkt erstellen kann, das den Interessen des DFB und des Ligaverbandes sowie der Rechteerwerber an einem einheitlichen Produkt zuwiderläuft und das die Vorteile der Markenprägung und der zentralen Vermarktung gefährdet[926].

Das Regelwerk gilt hinsichtlich der Fernsehsenderechte und bestimmter Internetrechte ab dem 1. Juli 2006, hinsichtlich aller anderen Medienrechte bereits seit dem 1. Juli 2004.

---

921 Kommission, Memo/05/16, Ziffer 6.

922 Kommission, Abl. 2003 C 261, 13, 14 Rn. 13f. (Comp/C.2/37.214) "Gemeinsame Vermarktung der Medienrechte an der Bundesliga".

923 Kommission, Memo/05/16, Ziffer 2.

924 Kommission, Memo/05/16, Ziffer 3.

925 Kommission, Abl. 2003 C 261, 13, 15 Rn. 17ff. (Comp/C.2/37.214) "Gemeinsame Vermarktung der Medienrechte an der Bundesliga".

926 Kommission, Abl. 2003 C 261, 13, 15 Rn. 21 (Comp/C.2/37.214) "Gemeinsame Vermarktung der Medienrechte an der Bundesliga".

3. Verbesserung der Warenerzeugung oder -verteilung oder der Förderung des technischen oder wirtschaftlichen Fortschritts

(a) Das Argument der einzigen Anlaufstelle für den Erwerb der Medienrechte und der Stärkung des Markenprofils sowie eigene Stellungnahme hierzu

Um die erste der vier Freistellungsvoraussetzungen des Art. 81 III EGV zu erfüllen, müßte der Zentralvermarktungsbeschluß des Ligaverbandes zu einer Verbesserung der Warenerzeugung oder -verteilung oder der Förderung des technischen oder wirtschaftlichen Fortschritts führen. Er müßte also spürbare objektive Vorteile erzeugen, die geeignet sind, die mit ihm verbundenen Nachteile für den Wettbewerb auszugleichen. Zunächst könnte hierzu auch im Rahmen nationaler Wettbewerbe wiederum das Argument der vorteilhafteren zentralen Anlaufstelle der Medienunternehmen für den Erwerb der Medienrechte angeführt werden. Die Kommission deutete diese Möglichkeit denn auch in ihrer Entscheidung zu den Champions League-Rechten an[927].

Eine solche Argumentation verliert aber bei rein national ausgetragenen Wettbewerben mit der Struktur der Fußball-Bundesliga noch mehr an Überzeugungskraft als dies schon bei europaweit ausgetragenen Turnieren der Fall war. Die Medienunternehmen haben es hier mit einer überschaubaren Anzahl ausschließlich deutscher Vereine zu tun. Der Bundesliga-Austragungsmodus zeichnet sich durch bereits vor Saisonbeginn bezüglich aller Spielpaarungen und Termine feststehender Hin- und Rückspiele aus. Im Gegensatz zur Champions League gibt es hier keine K.o.-Runde in der Vereine vorzeitig ausscheiden können. Damit haben die an einem Rechteerwerb interessierten Medienunternehmen schon vor Beginn des ersten Spieltages Gewißheit darüber, welche Vereine wann in welchem Stadion gegeneinander spielen werden. Erwirbt ein Fernsehsender die Rechte im Wege der Einzelvermarktung von einem Verein, kann er sicher sein, alle Heimspiele dieses Vereins über die gesamte Spielsaison ausstrahlen zu können. Die zentrale Vergabe durch den Ligaverband ist mithin weder erforderlich, um eine Programmplanungsunsicherheit und das damit verbundene geschäftliche Risiko der Fernsehsender zu reduzieren, noch um die Geschäfts- und Transaktionskosten der Sender beim Erwerb der Senderechte zu verringern.

Die Kommission beurteilt die neue Vermarktungsregelung positiv, da sie zu einer besseren Präsentation und effizienteren Herstellung eines einheitlichen Ligaprodukts durch die einzige Anlaufstelle für die Medienbetreiber beim Erwerb

---

927 Vgl. Kommission, Abl. 2003 L 291, 25, 48 Rn. 144 (K (2003) 2627) "Gemeinsame Vermarktung der UEFA Champions League-Rechte".

der Medienrechte führe[928]. Nach der hier vertretenen Ansicht, nach der jede Bundesliga-Spielbegegnung einen eigenständigen Wert besitzt und ein selbständig zu vermarktendes Produkt darstellt, generiert die Zentralvermarktung mit dem Ligaverband als einziger Anlaufstelle der Medienunternehmen keine wettbewerblich beachtenswerten Vorteile, die die hiermit verbundenen Nachteile für den Wettbewerb ausgleichen. Die gemeinsame Vergabe führt nicht zu einer effizienteren Herstellung des gleichen Endprodukts[929]. Denn die individuelle Vergabe ermöglicht den Fernsehgesellschaften, sich viel flexibler und an ihren speziellen Bedürfnissen orientierend nur diejenigen Senderechte zu verschaffen, die sie auch wirklich zur Programmgestaltung benötigen. Damit bleibt anderen Sendern die Möglichkeit, die übrigen Rechte zu erwerben und zu verwerten, so daß diese nicht ungenutzt bleiben. Eine einheitliche und hochwertige Präsentation der Fußball-Bundesliga kann, wie oben für die Champions League beschrieben[930], anhand verbindlicher Satzungsregularien festgeschrieben werden, die insgesamt weniger wettbewerbsschädlich sind als eine Zentralvermarktung. Dies gilt umso mehr, wenn man den Ligaverband wegen seiner ihm im Rahmen der Bundesligaspiele zugewiesenen Organisationsaufgaben[931] als Mitveranstalter und somit Mitinhaber der Senderechte ansieht. Er hat dann verstärkt die Möglichkeit, in seinem Sinne gegenüber den Vereinen im Hinblick auf die Ausgestaltung der Senderechte, ihre Weitergabe an Medienunternehmen und die Art und Weise der Fernsehpräsentation einzuwirken[932].

Für die Vereine stellt sich das neue Vermarktungsmodell als nicht überwiegend vorteilhaft heraus. Wie auch im Falle des Champions League-Modells führt es nicht etwa zu einer Rationalisierung im Vertrieb, denn auch hier sparen die Vereine in der Regel keine eigene Abteilung für die Rechtevergabe ein. Zur Begründung kann wegen der selben Ausgangslage auf die entsprechenden Ausführungen nach oben verwiesen werden[933]. Überdies schätzt auch die Kommission die Vermarktung der Rechte an nationalen Wettbewerben für die Vereine als erheblich leichter ein, da die Inlandsmärkte im Hinblick auf Sprache, Gepflogen-

---

928 Vgl. Kommission, Abl. 2003 L 291, 25, 48 Rn. 170 (K (2003) 2627) "Gemeinsame Vermarktung der UEFA Champions League-Rechte"; zustimmend Hellmann/Bruder, EuZW 2006, 359, 362.

929 Vgl. hierzu auch die entsprechenden Ausführungen und Verweise unter Ziffer B.IV.3(c)(ii) oben.

930 Siehe Ziffer B.IV.5(b)(ii) oben.

931 Vgl. beispielsweise § 4 Nr. 1. lit. a) und b) Ligaverband-Satzung.

932 Der neue bis zum 30. Juni 2009 geltende Grundlagenvertrag zwischen DFB und Ligaverband spricht sowohl dem DFB als auch dem Ligiverband und seinen Mitgliedern jeweils die originäre Mitinhaberschaft der Bundesliga-Medienrechte zu (siehe die Präambel des Grundlagenvertrags).

933 Siehe hierzu Ziffer B.IV.3(c)(iii) oben.

heiten, Kommunikation und wirtschaftliche Transparenz für sie leichter zugänglich sind[934]. Darüber hinaus ist bei einer dezentralen Rechtevergabe für eine Reihe der Bundesligavereine von höheren finanziellen Erlösen auszugehen als bei einer zentralen Vergabe. Dies zeigen Beispiele in den USA im Collegesportbereich und in Spanien im Profifußballbereich[935].

Allerdings dürfte ein Großteil der Vereine der 2. Bundesliga finanziell von der gemeinsamen Vermarktung der Bundesliga-Senderechte profitieren, da sich der Wert ihrer jeweiligen Senderechte aufgrund des Verteilungsschlüssels zwischen den Vereinen der Bundesliga und der 2. Bundesliga im Rahmen des Lizenzvertrages im Vergleich zu ihrem tatsächlichen Marktwert erhöht[936]. Ob dieser Umstand jedoch ausreicht, das Zentralvermarktungsmodell insgesamt zu rechtfertigen, scheint aufgrund seines im Vergleich zu den festgestellten Wettbewerbsnachteilen geringen spürbaren Gewichts sehr zweifelhaft. Im übrigen trägt das den Vereinen zustehende Vermarktungsrecht für Aufzeichnungen von Heimspielen nicht zur Verbesserung der Warenerzeugung oder -verteilung oder des wirtschaftlichen Fortschritts bei. Dieses Recht wird sich entgegen der Annahme der Kommission für die Vereine als praktisch und wirtschaftlich weitgehend nutzlos herausstellen[937]. Denn bereits die zentral vermarkteten Pakete 1 bis 5 enthalten sowohl Erst- als auch Zweit- und Drittverwertungsrechte für die Berichterstattung über Höhepunkte, so daß nach Ablauf der Sperrfrist kaum noch realistische Absatzchancen der Vereine für ihre Rechte bestehen.

Spürbare objektive Vorteile könnten aber aus wirtschaftlichen Förderungsmöglichkeiten für den Amateur- und Breitensport resultieren, indem diese Bereiche mit Hilfe von Erlösen aus der Zentralvermarktung finanziert werden. Zu einer solchen Unterstützung von nicht direkt an der Fernsehvermarktung beteiligten Sportakteuren verpflichtete sich der Ligaverband in seiner Satzung[938]. Darin wäre dann eine mittelbare Förderung des wirtschaftlichen Fortschritts zu erblicken, da auch Vereine der Fußball-Bundesliga langfristig von einer intensiven und breit angelegten Jugendförderung profitieren[939].

---

934 Siehe Kommission, Abl. 2003 L 291, 25, 49 Rn. 153 (K (2003) 2627) "Gemeinsame Vermarktung der UEFA Champions League-Rechte".

935 Zu den USA siehe unter Ziffer A.VII.2(b)(ii) das Beispiel der University of Notre Dame und zu Spanien Weng, Zentrale Vermarktung von Fernsehübertragungsrechten, S. 152f.

936 Vgl. Stopper, SpuRt, 2003, 48, 50f., der auf den Lizenzvertrag verweist, nach dem die Einnahmen im Verhältnis von 77,5% zu 22,5% verteilt werden. Siehe auch § 17 OVR.

937 Die Kommission geht dagegen davon aus, daß die neue Regelung den Vereinen zusätzliche Einnahmequellen erschließt. Siehe Kommission, IP/03/1106.

938 Siehe Präambel und § 6 Nr. 3 lit. d) Ligaverband-Satzung.

939 Sauer, SpuRt 2004, 93, 97; Heermann, SpuRt 1999, 11, 15.

(b) Das Argument der finanziellen Solidarität sowie eigene Stellungnahme hierzu

Das Zentralvermarktungsmodell wird ferner damit zu rechtfertigen versucht, daß es für eine Verteilung der Einnahmen nach rein sportlichen Gesichtspunkten sorgt, indem sportlich erfolgreiche, aber weniger populäre Vereine finanziell nicht gegenüber den Vereinen benachteiligt werden, die die Fernsehsender aufgrund ihrer größeren Popularität oder früherer Erfolge in der Berichterstattung bevorzugen[940]. Insgesamt führe dieses System dank größerer wirtschaftlicher Ausgeglichenheit der Vereine zu einem intensiveren sportlichen Wettbewerb unter ihnen, was wiederum in eine Steigerung der Attraktivität des Spielbetriebs münde. Dies sei als wirtschaftlicher Fortschritt anzusehen.

Diese pauschale Aussage muß im Hinblick auf die Bundesligavereine zurückgewiesen werden, da sie höchstens für einen Teil der Vereine der 2. Bundesliga zutrifft. Für den Großteil der übrigen Vereine dürfte die Einzelvermarktung wirtschaftlich ertragreicher sein, denn das oben vorgeschlagene Umverteilungsmodell gewährleistet einen fairen und zuverlässigen Ausgleich unter den einzelnen Vereinen. Die Behauptung einer Literaturansicht[941], die zentrale Vermarktung sei zur gerechten Einnahmenverteilung unerläßlich, da freiwillige Solidaritätsmechanismen zur Aufrechterhaltung des sportlichen Wettbewerbs kaum geeignet seien und nur eingeschränkt kontrolliert werden könnten, ist deshalb abzulehnen. Die Bundesliga funktionierte bereits vor der Ära der Zentralvermarktung; aufgrund des jedem Verein immanenten ernsthaften Interesses an wirtschaftlich gesunden Verhältnissen seiner Ligakonkurrenten und eines sportlichen Gleichgewichts in der Liga, wäre der vorgeschlagene Verteilungsmechanismus auch künftig ohne Zentralvermarktung funktionsfähig. Im übrigen ist die Finanzsituation eines Vereins für seinen sportlichen Erfolg nur einer unter mehreren Faktoren, so daß das Argument der finanziellen Solidarität auch unter diesem Blickwinkel nicht geeignet ist, darzulegen, daß die angeblich damit verbundenen positiven Auswirkungen mit hoher Wahrscheinlichkeit eintreten werden. Letztendlich kann zu diesem Komplex auch auf die obigen Ausführungen zur Champions League verwiesen werden[942].

---

940 Wertenbruch, ZIP 1996, 1417, 1424; Hellmann/Bruder, EuZW 2006, 359, 362.
941 Hellmann/Bruder, EuZW 2006, 359, 362.
942 Siehe Ziffer B.III.2(a)(ii) und Ziffer B.IV.3(e) oben.

4. Angemessene Beteiligung der Verbraucher an dem durch die Ligaverband-Regelung entstehenden Gewinn

(a) Angemessene Beteiligung möglich bei Rechten an Spielaufzeichnungen aus Paket 3 und 4 sowie bei Internet- und Mobilfunkrechten

Der Beschluß des Ligaverbandes über die gemeinsame Vermarktung der Medienrechte an der Bundesliga müßte "unter angemessener Beteiligung der Verbraucher an dem entstehenden Gewinn" erfolgt sein. Wie beim Modell der UEFA Champions League scheinen die Zuschauer auch hier im Hinblick auf die Vorteile aus der gemeinsamen Vermarktung der Rechte für Spielaufzeichnungen angemessen beteiligt zu werden. Die zentrale Vergabe der Höhepunkte-Erstberichterstattung durch nur einen Anbieter erleichtert es den Medienunternehmen, eine umfassende Bundesliga-Sendung zusammen zu stellen, in der sie über sämtliche Spiele eines Spieltages berichten. Hiervon profitieren letztlich die Zuschauer, da sie so leichter und mit minimalem Suchaufwand einen Gesamtüberblick über alle an einem Spieltag stattfindenden Spiele erhalten können. Positiv für die Zuschauer wirkt sich dies aber nur im Hinblick auf das in den Paketen 3 und 4 enthaltene Recht zur zeitversetzten Highlight-Erstberichterstattung durch das Free-TV aus.

Die Zuschauer profitieren auch hinsichtlich der Internet- und Mobilfunkrechte in angemessener Weise, denn dort führt die zentrale Vermarktung der Rechte zur Live- und zeitnahen Berichterstattung durch den Ligaverband mit hinreichend großer Wahrscheinlichkeit zu technischen und qualitativen Verbesserungen bei der Übertragung und der schnelleren Einführung neuer Produkte[943]. Da es sich bei solchen Internet- und Mobilfunkinhalten um relativ neuartige Dienste für die Verbraucher handelt, gewährleistet nur ein breit angelegtes Angebot an Spielinformationen eine rasche und breite Akzeptanz und Nachfrage unter der Bevölkerung. So gilt die Bundesliga unter Experten als wichtiges Vehikel zur Vermarktung des neuen sog. Triple-Play-Angebots T-Home (Fernsehen, Internet- und Telefonanschluß) der Telekom. Das Telekom-Fußballpaket soll als Zusatzoption

---

943 Die Deutsche Telekom AG (**Telekom**) erwarb sowohl die Internet- als auch die Mobilfunkverwertungsrechte an der Bundesliga für die drei Spielzeiten ab der Saison 2006/2007. Obwohl die Internetrechte auch eine Übertragung des IP-Signals über Kabel und Satellit erlauben (damit hätte es ein konkurrierendes Bezahlfernsehangebot zu dem des Senders arena gegeben), einigte sich die Telekom mit der DFL darauf, daß sie diese Rechte nicht ausüben wird. Als Konsequenz darf nun ausschließlich arena Bundeslia-Bezahlfernsehen über Kabel und Satellit anbieten. Nach dieser Einigung können nur Haushalte, die an das VDSL-Netz der Telekom angeschlossen sind (die Telekom rechnet mit ca. 3 Millionen zum Saisonstart), das IP-Signal, dessen Bandbreite Ausstrahlungen in Fernsehqualität zuläßt, empfangen.

etwa EUR 10 im Monat kosten, gilt aber nur für T-Home-Abonnenten (das Kombiprodukt, das aus über hundert Fernsehkanälen, schnellem Internetanschluß und Telefon besteht, kostet ca. EUR 70 bis 80 im Monat). Eine rein vereinsbezogene Individualvermarktung der Internet- und Mobilfunkrechte würde dagegen wohl nur bei den Fans einiger weniger sehr populärer Bundesligaclubs auf eine ausreichende Resonanz stoßen, um die hohen Investitionen in den technischen und qualitativen Auf- und Ausbau dieser Produkte zu rechtfertigen. Wie bei den Internet- und Mobilfunkrechten an den Champions League-Inhalten erfüllen die entsprechenden Bundesliga-Vermarktungsregelungen aber nur dann die Voraussetzungen des Art. 81 III EGV, wenn nach einer kurzen Übergangsphase mit zentraler Rechtevermarktung den Vereinen die individuelle Vermarktung ihrer Live-Rechte gestattet wird und die Sperrfristen für die Vermarktung von Rechten an Spielaufzeichnungen verkürzt werden. Die Verpflichtungszusagen des Ligaverbandes sind bis Juni 2009 bindend für ihn; spätestens danach sollte auch hier nur noch die individuelle Rechtevermarktung zulässig sein.

(b) Keine angemessene Beteiligung bei Live-Fernsehsenderechten und Rechten an Spielaufzeichnungen aus Paket 1 und 2

Die Verbraucher profitieren nicht in Bezug auf das ausschließliche Recht zur zeitversetzten Höhepunkte-Erstberichterstattung für Bezahlsender in den Paketen 1 und 2. Erwirbt ein Bezahlsender eines dieser Exklusivpakete oder beide zusammen mit der nur für das Bezahlfernsehen reservierten Option der Highlight-Berichterstattung, wäre ein Großteil der Fußballfans von wesentlichen Fußballübertragungen ausgeschlossen. Deshalb muß diese Regelung entschärft und der Highlight-Rechteerwerb auch frei empfangbaren Sendern erlaubt werden. Nur durch eine dezentrale Vergabe wird der Markt für Bundesliga-Fernsehübertragungen belebt, da dann wegen der dem Wettbewerb unterliegenden, niedrigeren Senderechtspreise für einzelne Spiele auch wirtschaftlich weniger potente Sender, die anders als etwa arena nicht Teil eines finanzstarken Medienkonzerns sind, eine Erwerbschance erhalten und somit eine größere Zahl an Sendern kostengünstiger ein auf ihr Publikum zugeschnittenes Sportprogramm herstellen können.

Überdies profitieren die Zuschauer nicht in angemessener Weise von den Vermarktungsregelungen über Fernseh-Live-Übertragungen. Wie beim Champions League-Vermarktungssystem verbleibt auch hier die alleinige Befugnis zur Vermarktung dieser wichtigen Rechte bei der zentralen Vergabestelle, d.h. dem Ligaverband. Erst bei Eintritt einer der zwei festgelegten Bedingungen kommen die einzelnen Vereine zum Zuge. Für die Fernsehzuschauer ergibt sich hierdurch keine Qualitätsverbesserung etwa in Form besserer Informationsmöglichkeiten durch eine Komplettberichterstattung innerhalb einer Sportsendung. Hierauf kommt es ihnen bei Live-Übertragungen auch gar nicht an, sondern vielmehr auf eine umfassende Auswahl und möglichst große Anzahl an Live-Übertragungen möglichst aller Spiele. Denn dann kann jeder Fan diejenige Begegnung auswählen, die ihn am meisten interessiert. Diese Anforderungen werden aber am ehesten durch eine individuelle Rechtevergabe der Vereine an verschiedene Fernsehsender gewährleistet. Die zentrale Vergabe birgt stets die Gefahr, daß nur ein kleiner Teil der potentiellen Zuschauer in den Genuß der Übertragungen kommt, falls die Rechte an einen Bezahlsender gehen.

Daß es sich hierbei um eine konkrete Gefahr handelt, zeigt sich daran, daß der Bezahlsender arena[944] als Erwerber der Live-Fernsehrechte zu Beginn der Saison 2006/2007 nur ca. 16 Millionen Haushalte in Deutschland über Satellit (SES Astra) und lediglich die 5,2 Millionen Kunden der Kabelnetzbetreiber ish und iesy in Nordrhein-Westfalen und Hessen sowie die Premiere-Kunden erreichte. Da sich arena bis zum Saisonstart nicht mit dem zweiten großen Kabelnetzbetreiber in Deutschland, KabelDeutschland, der die Kabelnetze in 13 Bundesländern kontrolliert, einigen konnte, drohte die Großzahl der Fernsehzuschauer von der Empfangsmöglichkeit für Live-Spiele ausgeschlossen zu werden. Arena ging deshalb Anfang 2007 überraschend eine bis zum 30. Juni 2009 befristete Kooperation mit dem Konkurrenzbezahlsender Premiere zur Verbreitung der Fußball-Bundesliga im Pay-TV ein. Arena überträgt danach die Ende 2005 erworbenen Übertragungsrechte für die restlichen zwei Spielzeiten auf Premiere (Sublizenz). Im Gegenzug erhält arena für die dann von Premiere produzierten Bundesligasendungen eine Rücklizenz für Kabel und Direct to Home Satellit. Das BkartA untersuchte daraufhin diese Zusammenarbeit und tolierte sie nach eingehender Prüfung, da nach den vereinbarten Regelungen Wettbewerb möglich und wahrscheinlich sei. Allerdings machte Kartellamtspräsident Dr. Heitzer deutlich, daß diese Kooperation der beiden einzigen aktuellen Wettbewerber kein Idealfall ist[945]. Angesichts der angespannten wirtschaftlichen Situation von arena sei aber davon auszugehen, daß die vorgelegten Vereinbarungen am ehesten geeignet seien, Wettbewerb zwischen arena und Premiere zumindest für die Restlaufzeit der Bundesligalizenz zu erhalten. Diese Einschätzung und die weiterhin sehr geringe Versorgung der Bevölkerung mit Live-Bundesligaspielen zeigen, wie nachteilig das ganze Vermarktungskonzept des Ligaverbandes für die Verbraucher ist.

---

944 Arena bzw. dessen Eigner Unity Media bezahlte für den Erwerb dieser Rechte für die Spielzeiten 2006/2007 bis 2009 den Rekordbetrag von EUR 720 Millionen an den Ligaverband. Während der Saison 2006/2007 übertrug zunächst nur arena alle 612 Spiele der Bundesliga und der 2. Bundesliga live, inklusive Konferenzschaltung, im Abonnementfernsehen für EUR 14,90 monatlich über Kabel und für einen Aufpreis von weiteren EUR 5,00 auch über Satellit.

945 Siehe Pressemeldung des BkartA vom 18. Juli 2007.

Die Live-Konferenzschaltung, die arena und Premiere ihren Abonnenten anbieten, sind im übrigen kein gleichwertiger Ersatz für eine ununterbrochene Live-Übertragung der Spiele. Somit limitiert die zentrale Vergaberegelung in der Praxis das Angebot und die Wahlfreiheit der Zuschauer. Die Pakete 3 und 4 mildern diese negativen Auswirkungen zwar wiederum etwas ab, indem sie zwei Live-Bundesligaspiele im frei empfangbaren Fernsehen garantieren, so daß sich die Zentralvermarktungsregelung des Ligaverbandes insgesamt günstiger für die Zuschauer darstellt als die Champions League-Regelung. Letztlich kann aber auch diese Regelung nicht verhindern, daß die Zuschauer nur in sehr viel geringerem Ausmaß mit Live-Übertragungen versorgt werden als dies bei einer dem unbeschränkten Wettbewerb unterliegenden Einzelvermarktung durch die Vereine der Fall wäre. Durch ihr Nachfrageverhalten können die Zuschauer dort unmittelbar die Angebotsmenge und Produktqualität steuern oder zumindest beeinflussen. Dies ist ihnen im vorliegenden Modell der paketweisen Zentralvermarktung nicht möglich.

Auch die Fernsehsender werden in ihrer Eigenschaft als Verbraucher nicht in allen Senderechtsbereichen angemessen an den Vorteilen der Zentralvermarktung beteiligt. Vorteile ergeben sich generell lediglich für finanzstarke große Medienunternehmen, da nur sie überhaupt in der Lage sind, die hohen Rechtepaketpreise zu bezahlen und über eine für die Weiterverwertung der Rechte ausreichende Zuschauernachfrage verfügen[946]. Auch arena als neuer Sender ist eine Tochtergesellschaft des führenden Kabelnetzbetreibers Unity Media und profitiert somit durch die Finanzkraft, Bonität und Medienerfahrung der Muttergesellschaft. Medienunternehmen werden durch das Zentralvermarktungsmodell aus den bereits oben[947] für die Champions League-Regelung angeführten Gründen, die auch hier gelten, nicht angemessen am Gewinn der Bundesligavereine und des Ligaverbandes beteiligt.

5. Unerläßlichkeit der Wettbewerbsbeschränkung

Die Beschränkung der Wettbewerbsfreiheit durch den Beschluß zur Zentralvermarktung darf nicht über das für das Erreichen der mit ihm verbundenen Ziele (also der Vergrößerung des Fußballangebots für die Zuschauer, der Chancenverbesserung der Medienunternehmen zum Rechteerwerb, des Schutzes der Dar-

---

946 Für die Spielzeiten 2004/2005 und 2005/2006 bezahlte Premiere ca. EUR 180 Millionen für die Bundesliga-Live-Senderechte, die ARD ca. EUR 68 Millionen für die Rechte zur Highlight-Berichterstattung, das ZDF ca. EUR 15 Millionen für die Zweitverwertungsrechte und das DSF ca. EUR 21 Millionen für die Erstverwetungsrechte an zwei Bundesligaspielen und die Exklusivrechte für die 2. Bundeliga im Free-TV.

947 Siehe Ziffer B.IV.4(b)(ii) oben.

stellung der Bundesliga als Gesamtveranstaltung mit Markenprofil und der Stärkung der Entwicklung von Bundesligainhalten in den neuen Medien) unbedingt Erforderliche hinausgehen. Die Kommission stützt ihre Entscheidung sowohl auf den Gedanken der einzigen Anlaufstelle als auch den der Gesamtveranstaltung mit Markenprofil. Da sie damit auf die weitgehend gleichen Argumente abstellt wie bei ihrer Champions League-Entscheidung[948], ist mit Blick auf die Bundesliga-Regelung folgendermaßen Stellung zu nehmen.

Unter den aktuellen Umständen ist nicht anzunehmen, daß das Bündeln der Medienrechte beim Ligaverband unerläßlich ist, um die Herstellung eines spezifischen Produkts im Sinne des Ligaverbandes sicher zu stellen, das die Bundesliga objektiv und unabhängig präsentiert. Denn nach dem Verzicht der Rechteagentur Infront vermarktet der Ligaverband seit der Saison 2004/05 die Medienrechte an der Bundesliga erstmals in Eigenregie gegenüber den interessierten Medienunternehmen. Damit ist zum einen das Argument entkräftet, irgendwo in der Verwertungskette würde es sowieso meistens zu einer Bündelung der Rechte kommen, bevor die Zuschauer die Spiele im Fernsehen verfolgen könnten, was wiederum zu einem Verlust der Einflußnahmemöglichkeiten des Ligaverbandes auf die Produktqualität führe. Zum anderen gibt es wettbewerbsschonendere Möglichkeiten für den Ligaverband, seine Vorstellungen über die Art und Weise der Fernsehpräsentation und der Qualität des Ligaprodukts auch gegenüber den Vereinen und Fernsehsendern zu sichern. So ist auch bei individueller Rechtevermarktung durch die Bundesligavereine eine gemeinsame verbindliche Festlegung aller Clubs auf einheitliche Qualitätsstandards sowie die Beachtung spezifischer Bundesligamerkmale im Rahmen der Ligaverband-Satzung oder der Ordnung für die Verwertung kommerzieller Rechte denkbar, ohne daß dies gleich in eine gemeinsame Rechtevermarktung münden muß. Dies gilt umso mehr, wenn man den Ligaverband als Mitveranstalter und Mitinhaber der Medienrechte ansieht.

Auch die Argumente der schwierigeren und qualitätsbeeinträchtigenden Herstellung eines für die Zuschauer attraktiven Markenprodukts und der weniger effizienten Einzelvermarktung gegenüber Medienunternehmen durch die verschiedenen Vereine greifen hinsichtlich der Bundesliga-Senderechte nicht. Da sämtliche Bundesligavereine in Deutschland ansässig sind, sie ihre Senderechte alle von hier aus anbieten und die einzelnen Teilnehmer für sämtliche Bundesligaspiele einer Saison schon vor Beginn des ersten Spieltages feststehen, ergeben sich für die Medienunternehmen keine nennenswerten wirtschaftlichen und geschäftlichen Schwierigkeiten oder gar Unsicherheiten in der Programmplanung beim Erwerb der sie interessierenden Senderechte von einzelnen Vereinen. Im

---

948 Siehe hierzu Ziffer B.IV.5(b)(i) oben.

übrigen rechtfertigt sich ein Kartell nicht dadurch, daß es vor marktüblichen Risiken schützt, denn das ist ja gerade dessen ureigenster Zweck[949].

Zur Herstellung eines für die Zuschauer attraktiven und qualitativ hochwertigen Markenprodukts ist, wie beim UEFA-Vermarktungsmodell, zwischen den Regeln für die Live-Übertragungsrechte einerseits und für die Senderechte an Aufzeichnungen und den neuen Medien andererseits zu unterscheiden. Ein völliger Ausschluß der Bundesligavereine von der anfänglichen individuellen Vermarktung ihrer Live-Senderechte verbunden mit einem erst nach Eintreten bestimmter Bedingungen entstehenden parallelen Vermarktungsrecht der Vereine und des Ligaverbandes kann nicht unbedingt erforderlich sein für das Erreichen angestrebten Vorteile, wie etwa die Verbesserung der Verkaufschancen bezüglich der Senderechte. Wie bereits für das Champions League-Modell erörtert, ermöglicht die Individualvermarktung von Live-Senderechten ein hinsichtlich Attraktivität und Qualität gleichwertiges, wenn nicht sogar hochwertigeres, Inhalteangebot für die Zuschauer[950]. Auch bei Bundesligaspielen kommt es den Zuschauern bei Live-Übertragungen primär auf die jeweilige Begegnung an, und nur zweitrangig auf den Gesamtwettbewerb, in den diese eingebettet ist. Letzteres gewinnt an Bedeutung bei Aufzeichnungen von Spielhöhepunkten und Internet- und Mobilfunkübertragungen. Hier steht der Gesamtüberblick über alle an einem Spieltag stattfindenden Begegnungen oder Kurzberichte über das aktuelle Spielgeschehen im Vordergrund, weshalb eine zentrale Vermarktung wegen des nur auf diese Weise effizient für die Fans zu erhaltenden und von den Medienbetreibern zu schaffenden Informationsangebots unbedingt erforderlich ist.

In Bezug auf die Unerläßlichkeit der verschiedenen Sperrfristen bezüglich der Verwertung der Rechte an Spielaufzeichnungen und an Internet- und Mobilfunkübertragungen zur Schaffung eines besonders zuschauerträchtigen Bundesliga-Produkts und zur Schärfung des Markenprofils ist folgendes festzustellen. Die 24-stündige Sperrfrist für die Einzelvermarktung von Spielaufzeichnungen ist zu lang, um den Vereinen eine wirtschaftlich realistische Verwertungschance für diese Rechte einzuräumen, da das Interesse der Verbraucher bereits einen Tag nach Ende des Spiels generell sehr viel geringer ist als noch am Abend der Begegnung. Ihre Verkaufsmöglichkeiten sind deshalb sehr begrenzt. Zudem ist die Limitierung der Wiederverkaufsmöglichkeiten auf eine einmalige Vergabe an einen Anbieter des frei empfangbaren Fernsehens sicher nicht unerläßlich für die Schaffung eines besonders zuschauerträchtigen Produkts oder der Etablierung des Rufs der Marke "Bundesliga". Die kurzen Fristen für die Verwertung von Internet- und Mobilfunkübertragungen stehen hingegen, zumindest beim ak-

---

949 So auch Sauer, SpuRt 2004, 93, 97.

950 Siehe zur näheren Begründung die Ausführungen unter Ziffer B.IV.5(b)(ii) oben.

tuellen Stand der Technik, wegen der bezweckten Qualitätssicherung und Angebotsverbesserung für die Verbraucher in keinem Mißverhältnis zu den mit der Vermarktungsregelung bewirkten Eingriffen in die Wettbewerbsfreiheit. Insgesamt stellen sich die Regelungen über die gemeinsame Rechtevermarktung in den Bereichen der Höhepunkteberichterstattung und der neuen Medien deshalb als unerläßlich dar für die Schaffung eines zuschauerträchtigen und attraktiven Programms.

Desweiteren enthalten die im Vermarktungsmodell enthaltenen Regeln für die individuelle Vermarktung die Auflage, daß die Vereine maximal zwei Begegnungen bündeln dürfen und eine Bundesliga-Berichterstattung auf Basis der von den Vereinen veräußerten Verwertungsrechte maximal 30% des Gesamtumfangs einer Sendung umfassen darf[951]. Dies soll die Interessen des Ligaverbandes, des DFB und der Rechteerwerber an einem einheitlichen Produkt schützen sowie die Vorteile der Markenprägung und der zentralen Vermarktung sichern[952]. Die vorstehenden Ausführungen machen aber deutlich, daß diese Regelung nicht unbedingt erforderlich ist, um die Warenerzeugung oder -verbreitung und den wirtschaftlichen Fortschritt im Hinblick auf Bundesliga-Übertragungen zu fördern.

Mit Ausnahme der Regelungen über die gemeinsame Vermarktung der Rechte an Spielhöhepunkten und der Internet- und Mobilfunkrechte ist das Bundeliga-Zentralvermarktungsmodell folglich nicht unerläßlich für das Erreichen des angestrebten wirtschaftlichen Vorteils.

6. Keine Ausschaltung des Wettbewerbs durch die Ligaverband-Regelung

Den beteiligten Vereinen und dem Ligaverband dürfen durch den gemeinsamen Beschluß zur Zentralvermarktung keine Möglichkeiten eröffnet werden, für einen wesentlichen Teil der betreffenden Medienrechte den Wettbewerb auszuschalten.

Unter Berücksichtigung der von der Kommission im Champions League-Verfahren angewandten Beurteilungskriterien beim Tatbestandsmerkmal des Art. 81 III (b) EGV, läßt sich für das Ligaverband-Modell folgende Einschätzung der Kommission darstellen. Ihrer Auffassung nach fallen neben der UEFA Champions League, dem UEFA-Pokal und dem DFB-Pokal auch die beiden Bundesligen in ein und denselben relevanten sachlichen Produktmarkt. Unter

---

951 Kommission, Abl. 2003 C 261, 13, 15 Rn. 21 (Comp/C.2/37.214) "Gemeinsame Vermarktung der Medienrechte an der Bundesliga".

952 Kommission, Abl. 2003 C 261, 13, 15 Rn. 21 (Comp/C.2/37.214) "Gemeinsame Vermarktung der Medienrechte an der Bundesliga".

diesem Blickwinkel machen die Fernsehrechte an der Bundesliga vermutlich mehr als die von der Kommission für die Champions League-Rechte angenommen 20%, aber wohl auch nicht mehr als 50% aus. Der für die Rechte an den neuen Medien betroffene Marktanteil dürfte hingegen zum gegenwärtigen Zeitpunkt sicher nicht über 20% betragen. Da den Medienbetreibern mehrere Bezugsquellen für Fußballprogramminhalte zur Verfügung stehen, die verschiedenen Medienrechte zudem in mehreren unterschiedlichen Rechtepaketen in einer offenen Ausschreibung angeboten werden und bestimmte Medienrechte sowohl vom Ligaverband als auch den einzelnen Vereinen auf nicht ausschließlicher Basis vergeben werden, geht die Kommission davon aus, daß das Bundesliga-Vermarktungsmodell nicht den Wettbewerb für einen wesentlichen Teil der betreffenden Senderechte ausschaltet.

Nach der hier vertretenen engeren Ansicht verfügt der Ligaverband dagegen über einen Marktanteil von jeweils 100% auf dem Markt für Bundesliga-Fernsehrechte und dem Markt für Bundesliga-Rechte der neuen Medien. Diese Beurteilung wird im Ergebnis sogar unterstützt von einer Literaturansicht, die den sachlich relevanten Produktmarkt im Bereich der Fußballsenderechte wie die Kommission definiert, indem sie jeder Sportart, nicht aber einzelnen Ligen, einen eigenen Produktmarkt zuordnet[953]. Im Hinblick auf die Fernsehsenderechte unterbindet der Ligaverbandsbeschluß jeglichen Wettbewerb der Vereine in Bezug auf die Live-Senderechte und beseitigt die diesbezügliche Handlungsfreiheit der Vereine. Lediglich nach Eintreten bestimmter Bedingungen, d.h. des Vorliegens ungenutzter Senderechte (worauf die Vereine aber keinen Einfluß haben), kommt es zum Wettbewerb um die Vergabe dieser Rechte einerseits unter den Vereinen und andererseits unter den Vereinen und dem Ligaverband. Einen nennenswerten Restwettbewerb zwischen den Vereinen wird es wegen der für die Medienunternehmen hohen Attraktivität der Live-Rechte und der marktbeherrschenden Stellung des Ligaverbandes in der Praxis jedoch kaum geben. Die Fernsehsender werden sich schon früh für den Erwerb gerade dieser Rechte bewerben und diese direkt vom Ligaverband erwerben. Für eine Individualvermarktung der Live-Rechte durch einzelne Vereine wird deshalb kein Raum bleiben. Gleichzeitig stellen diese Rechte wegen ihrer Attraktivität, Aktualität und guten Weiterverwertbarkeit einen wesentlichen Teil des relevanten Marktes dar. Darüber hinaus führt die Vermarktungsregelung, wie oben gezeigt, nicht zu einer Stärkung des Qualitäts- und Mengenwettbewerbs auf dem nachgelagerten Markt für Live-Übertragungen. Besonders nachteilig für die Zuschauer und die Fernsehsender wirkt sich dabei die exklusive Rechtevergabe der beiden wichtigsten Pakete 1 und 2 aus. Im Vergleich zu den beiden bedeutendsten Rechtepake-

---

953 Weihs, Zentrale Vermarktung von Sportübertragungsrechten, S.309 (Marktanteil des Ligaverbandes signifikant über 80%).

ten des Champions League-Modells läßt das Bundesliga-Modell dadurch weniger Wettbewerb zu.

Auch hinsichtlich der Rechte an Spielaufzeichnungen und Spielhöhepunkten herrscht nur eingeschränkter Wettbewerb, nämlich erst nach Ablauf der Sperrfrist von 24 Stunden und bei Eintritt der Bedingungen über ungenutzte Rechte. Die speziellen Regeln über die Individualvermarktung dieser Rechte schränken die Handlungsfreiheit der einzelnen Vereine erheblich ein, indem insbesondere die Vorteile der Zentralvermarktung und der Markenprägung für den Ligaverband und die Rechteerwerber nicht durch die Einzelvermarktung gefährdet werden dürfen. Zu beachten sind hierbei zwar die oben bereits aufgezeigten positiven Wirkungen der Vermarktungsregelung auf den Mengen- und Qualitätswettbewerb im nachgelagerten Markt für Spielaufzeichnungen und für die Highlight-Berichterstattung. Insgesamt verhindern diese Vermarktungsregelungen aber nicht die Ausschaltung des Wettbewerbs für einen wesentlichen Teil der Senderechte auf dem relevanten Markt. Die positiven wettbewerblichen Auswirkungen im Bereich der Aufzeichnungsrechte wiegen die weiterhin spürbaren Wettbewerbsbeeinträchtigungen bezüglich der Live-Übertragungsrechte nicht auf, da es sich bei den Live-Rechten um die bedeutendsten Fernsehrechte handelt und die übrigen Fernsehsenderechte weiterhin nur unter sehr eingeschränkten Bedingungen individuell durch die Vereine vermarktet werden dürfen; und das auch nur parallel neben dem Ligaverband. Im Ergebnis stellt das Recht der Vereine zur Individualvermarktung zeitversetzter Berichterstattungen nur einen untergeordneten und eng begrenzten Teil einer umfassenden Zentralvermarktungsregelung primär zu Gunsten des Ligaverbandes dar. Dies wird besonders deutlich bei den Regeln für die Individualvermarktung, die als vorrangige und nicht durch die Einzelvermarktung zu gefährdende Ziele u.a. die Wahrung der Interessen des Ligaverbandes und den Schutz der zentralen Vermarktung vorsehen. Das Bundesliga-Vermarktungsmodell eröffnet also dem Ligaverband weiterhin die Möglichkeit, den Wettbewerb auf dem Markt für Fernsehrechte für einen wesentlichen Teil der Senderechte auszuschalten.

Auf dem separaten, nachgelagerten Markt für Internet- und Mobilfunkrechte hingegen erzeugen die entsprechenden Vermarktungsregelungen zunächst überwiegend positive Auswirkungen auf den Qualitäts- und Mengenwettbewerb. Die Telekom zum Beispiel kann mit Hilfe ihrer Internetrechte den flächendeckenden Ausbau des schnellen VDSL-Netzes zum Vorteil der Verbraucher vorantreiben. Die Internet-Live-Übertragungsrechte stellen aber aufgrund des aktuell noch nicht sehr fortgeschrittenen Technikstandes und der unter den Internetnutzern bislang nur geringen Akzeptanz dieser Übertragungsart von Sportveranstaltungen keinen wesentlichen Teil der Internetrechte dar. Das gilt noch viel mehr für die Live-Übertragungsrechte im Mobilfunkbereich. Die Beschränkung der Vereine in ihrer Handlungsfreiheit betrifft zum einen nur einen geringen Teil der Medienrechte dieses Marktes und zum anderen fördert die alleinige Vergabe dieser Rechte durch den Ligaverband den Absatz und die Fortentwicklung des Bundesliga-Inhalteangebots durch die Rechteinhaber. Überdies verbleiben den einzelnen Vereinen diverse Möglichkeiten zur eigenen Vermarktung der Rechte an ihren Heimspielen, wenngleich auch diese Rechte den restriktiven Regeln für die Individualvermarktung unterliegen. Für die Verbraucher wirkt sich dies allerdings bis auf weiteres wettbewerblich überwiegend positiv aus. Deshalb eröffnen diese Vermarktungsregelungen dem Ligaverband in diesem Bereich nicht die Möglichkeit, den Wettbewerb für einen wesentlichen Teil der Internet- und Mobilfunkübertragungsrechte auszuschalten.

7. Zusammenfassung der wesentlichen Erkenntnisse aus der Analyse der Ligaverband-Regelung

Zusammenfassend läßt sich festhalten, daß die Kommission das Bundesliga-Vermarktungsmodell des Ligaverbandes als mit Art. 81 III EGV vereinbar ansieht. Diese Einschätzung basiert im Wesentlichen auf den Argumenten der einzigen Anlaufstelle für den Rechteerwerb, der Bundesliga als Gesamtwettbewerb und ihrem Verständnis eines relativ weiten sachlichen Produktmarktbegriffs, wodurch die Voraussetzungen des Art. 81 III EGV erfüllt werden. Ein weiterer Grund ist, daß die Kommission in ihrer Entscheidung die Betonung verstärkt auf wirtschaftliche Gesichtspunkte legt und dabei die bisherige kartellrechtswidrige Vermarktungspraxis des Ligaverbandes bzw. des DFB zugrunde legt, anstatt eine vornehmlich rechtlich orientierte Prüfung vorzunehmen und den unverfälschten Wettbewerb als Referenzsystem zu verwenden.

Betrachtet man im Gegensatz dazu, wie hier vertreten, jede einzelne Bundesliga-Partie als selbständig vermarktbares Produkt der Bundesligavereine und stellt man als Referenz auf den unverfälschten Wettbewerb ab, so führt das Zentralvermarktungssystem des Ligaverbandes insgesamt nicht zu überwiegenden Effizienzgewinnen durch die Schaffung einer einzigen Anlaufstelle für die Medienunternehmer beim Erwerb der Fernsehsenderechte. Die Vereine werden in ihrer Handlungsfreiheit und die Fernsehzuschauer in ihrem Nachfrageverhalten im Hinblick auf die Fernseh-Live-Senderechte und die Rechte an Spielaufzeichnungen und -höhepunkte unangemessen beschränkt, so daß der Wettbewerb für einen wesentlichen Teil der Fernsehsenderechte ausgeschaltet wird. Lediglich auf dem Markt für Internet- und Mobilfunkübertragungsrechte können die Verbraucher beim jetzigen Stand der Technik in angemessener Weise von dem Vermarktungsmodell für diese Medienrechte profitieren.

8. Kritik und eigene Stellungnahme zum wirtschaftlichen Prüfungsansatz der Kommission

Die vorstehenden Untersuchungen machen deutlich, daß mit Hilfe des verstärkt wirtschaftlich orientierten Lösungsansatzes der Kommission wettbewerblich weniger stringente Beurteilungsmaßstäbe angewandt werden, die bei kritischer Betrachtung nicht stets zum Vorteil des Wettbewerbs und der Verbraucher sind. In diesem Sinne ist auch im Falle des Ligaverband-Vermarktungsmodells, jedenfalls hinsichtlich der Fernsehsenderechte, die individuelle Vermarktung durch die Vereine vornehmlich unter Anwendung des bisherigen eher formaljuristisch ausgerichteten Marktbeherrschungskriteriums vorzugswürdig. Berücksichtigt man dabei zusätzlich die praktischen Schwierigkeiten, die das Legalausnahmesystem des Art. 81 EGV und das deutsche Zivilverfahrensrecht (Stichwort Beibringungsgrundsatz, Beweislastverteilung, Bindungswirkung *inter partes*) für die Marktgegenseite oder potentielle Wettbewerber des Ligaverbandes hinsichtlich der Informationsbeschaffung über relevante wirtschaftliche Marktdaten bieten, zeigt sich deutlich, wie problematisch dieser neue ökonomische Ansatz der Kommission in der Praxis ist. Die Bedeutung wirtschaftlicher Informationen für die wettbewerbsrechtliche Entscheidung eines Falles nimmt zu. Diese Informationen lassen sich aber von den betroffenen Parteien, wie nachfolgend gezeigt wird, kaum ohne behördliche Hilfe gewinnen. Sie sind weitgehend auf bereits veröffentlichte Marktdaten angewiesen. Darüber hinaus ist die Analyse der Marktstellung der Marktteilnehmer und der Wettbewerbsverhältnisse auf dem relevanten Markt sehr kompliziert und aufwendig. Dies belegt schon ein Blick auf die objektiven Kriterien zur Prognosefeststellung von Effizienzgewinnen, die die Kommission in ihren Leitlinien zur Anwendung von Art. 81 III EGV festgelegt hat[954]. Eine eventuelle Fehleinschätzung geht zu Lasten der Unternehmen, da die zugrunde liegende Vereinbarung gemäß Art. 81 II EGV nichtig ist. Regelungen, die für Verbraucher oder Wettbewerber wettbewerblich nachteilig sind, werden aus diesen Gründen künftig wohl seltener als zuvor auf ihre kartellrechtliche Zulässigkeit hin überprüft werden. Denn die Kommission legt das Schwergewicht bei der Durchsetzung wettbewerbsrechtlicher Bestimmungen auf die Initiative von Privatpersonen[955]. Die von einer Kartellvereinbarung oder Verpflichtungszusage betroffenen Dritten, aber auch unmittelbar angerufene Zivilgerichte, können aber wegen fehlender selbständiger Ermittlungs- und Aufklärungsrechte kaum entscheidungserhebliche Marktinformationen sammeln. Trotz der in der neuen Fassung des GWB enthaltenen verbesserten

---

954 Kommission, Abl. 2004 C 101, 97, 105 Rn. 51ff. "Leitlinien zur Anwendung von Art. 81 III EGV".

955 Vgl. auch Monopolkommission, Sondergutachten 32, S. 50ff. und Sondergutachten 41/42, S. 27 Rn. 36f.

Möglichkeiten zur Durchsetzung von Schadensersatzansprüchen Dritter, die von einer nichtigen wettbewerbsbeschränkenden Vereinbarung betroffen sind, bleiben diese Möglichkeiten wegen der vorgenannten Schwierigkeiten in der Praxis ein weitgehend stumpfes Schwert.

Der Rechtsschutz Dritter wird im Falle des Verpflichtungszusageverfahrens allerdings dadurch praktisch erleichtert, daß der wesentliche Inhalt der Entscheidung gemäß Art. 30 VO 1/2003 veröffentlicht wird und sie nach Art. 9 II lit. b) VO 1/2003 bei der Kommission einen Antrag auf Wiederaufnahme des Verfahrens wegen Nichteinhaltung der Verfahrenszusagen stellen können, sofern ein Wiederaufnahmegrund, wie die Nichteinhaltung der abgegebenen Verpflichtungszusage, vorliegt[956]. Die Kommission kann dann ihre umfangreichen Ermittlungsbefugnisse einsetzen und prüfen, ob ein Verstoß gegen Art. 81 EGV oder Art. 82 EGV vorliegt. In dieser Hinsicht bietet das Verfahren über Verpflichtungszusagen Wettbewerbern und Dritten einen besseren Rechtsschutz als dies zuvor der Fall war. Insbesondere das die Zusage abgebende Unternehmen profitiert von dieser Verfahrensart. Es genießt größere Rechtssicherheit, da es sich, solange kein Wiederaufnahmegrund vorliegt, darauf verlassen kann, daß die Kommission diesbezüglich nicht mehr tätig werden wird.

Außerhalb des Verfahrens nach Art. 9 VO 1/2003 lassen jedoch Faktoren, die eng mit den generell eingeschränkten Möglichkeiten Dritter zur Informationsbeschaffung verbunden sind, wie etwa die fehlende hinreichende Vorhersagbarkeit der Erfolgsaussichten einer Klage sowie der beträchtliche personelle, finanzielle und zeitliche Aufwand einer Klageerhebung, vermuten, daß die von einer Wettbewerbsbeschränkung betroffenen Dritten auf ein gerichtliches Vorgehen verzichten, sich mit den Kartellmitgliedern arrangieren oder den betreffenden Markt ganz verlassen werden, wodurch die wirksame Durchsetzung des Wettbewerbsrechts mangels entsprechender Initiative Dritter erheblich leiden wird[957].

Hinzu kommen weitere Unsicherheitsfaktoren. Die von den Unternehmen selbst vorzunehmende Einschätzung der kartellrechtlichen Zulässigkeit von Kooperationsabsprachen kommt einerseits ihrer generellen Neigung zur Kartellierung entgegen und stellt sie andererseits vor erhebliche praktische Schwierigkeiten bei der Anwendung der Tatbestandsmerkmale des Art. 81 EGV auf ihren konkreten Fall. Wie bereits oben[958] erörtert dürfte den Unternehmen diese objektive Selbsteinschätzung aufgrund ihrer wirtschaftlichen Eigeninteressen und der Gewißheit einer geringen Klagewahrscheinlichkeit durch betroffene Dritte in der

---

956 So auch Busse/Leopold, WuW 2005, 146, 154.

957 So auch Monopolkommission, Sondergutachten 32, S. 58f.

958 Siehe Ziffer B.III.2(b)(ii) oben.

Praxis sehr schwer fallen. Problematisch dürfte für die Unternehmen sein, über die Laufzeit der fraglichen Vereinbarung hinweg die Effizienzvorteile festzustellen und zu dokumentieren[959]. Tritt der prognostizierte Effizienzgewinn nicht ein oder fällt er später weg, wird die Vereinbarung vom Verbot des Art. 81 I EGV erfaßt, da sie nicht mehr von Art. 81 III EGV gedeckt ist. Eine solche kontinuierliche Prüfung gemäß Art. 81 EGV ist für die betroffenen Unternehmen jedoch äußerst ressourcenintensiv und schwierig, da sich im Laufe der Zeit kurzfristige Schwankungen über und unter die Zulässigkeitsschwellen ergeben können. Hier ist bislang unklar, wie diese temporären Veränderungen zu behandeln sind und wie diese von der Kommission und den Gerichten eingeschätzt werden. Der Anreiz der Unternehmen, die tatsächlichen Umstände und die gesetzlichen Tatbestandsmerkmale zu ihren Gunsten auszulegen, wird hierdurch jedenfalls eher zu- als abnehmen.

Beachtenswert ist in diesem Zusammenhang, daß im Rahmen des Verpflichtungszusageverfahrens gemäß Art. 9 VO 1/2003 die Unternehmen sogar den Inhalt der Entscheidung, deren Adressat sie sind, selbst vorgeben. Aus Gründen der Rechtssicherheit und des Wettbewerbsschutzes sollten im Rahmen des Art. 81 EGV deshalb verstärkt leichter bestimmbare, rechtlich orientierte Kriterien, wie die Handlungsfreiheit oder Marktmacht der Marktteilnehmer, Berücksichtigung finden.

Das vermehrte Abstellen der Kommission in ihren Entscheidungen und Leitlinien auf wirtschaftliche Aspekte bei der Untersuchung von horizontaler Zusammenarbeit zwischen Unternehmen und die mit der VO 1/2003 eingeführten verfahrensrechtlichen Neuerungen im Bereich des Art. 81 EGV sowie die damit einhergehenden, vorstehend aufgezeigten, Auswirkungen erlauben einen Vergleich mit der Situation im US-amerikanischen Antitrust-Recht. Die dortigen Kartellbehörden (FTC und Department of Justice) erließen u.a. im Bereich horizontaler Zusammenschlüsse Merger Guidelines[960], die aber weder für sie noch für die Gerichtsbarkeit bindend sind und eher eine Anleitungs- und Orientierungsfunktion für kooperationswillige Unternehmen einnehmen. Im Rahmen der dort vorgesehenen Rule of Reason-Analyse berücksichtigen sie Effizienzgesichtspunkte und lassen ökonomische Rechtfertigungsgründe zu.

---

959 Vgl. Schwintowski/Klaue, WuW 2005, 370, 374.

960 1992 Horizontal Merger Guidelines, with April 8, 1997 Revisions to Section 4 on Efficiencies; Commentary on the Horizontal Merger Guidelines, March 2006; Antitrust Guidelines for Collaboration among Competitors, April 2002. Diese sind alle zu finden auf der Homepage der FTC unter www.ftc.gov/bc/bcburguidelines/htm.

Das US-amerikanische System ist jedoch sehr viel besser geeignet als das europäische, mit Hilfe des privaten Rechtsschutzes die wirksame Durchsetzung des Kartellrechts zu bewirken. Jenes stärkt und fördert in verschiedener Hinsicht den privaten Rechtsschutz in Antitrust-Streitigkeiten. So sieht § 4(a) Clayton Act zum einen das Recht des obsiegenden Klägers vor, dreifachen Schadensersatz geltend zu machen und zum anderen, sich entgegen der üblichen zivilprozessualen Kostentragungsregelung seine Kosten durch den unterlegenen Beklagten erstatten zu lassen. Dadurch erfährt diese Regelung eine hohe präventive Bedeutung. § 5(a) Clayton Act spricht rechtskräftigen Gerichtsurteilen in von den Antitrust-Behörden angestrengten Verfahren *prima facie*-Beweiswirkung für spätere Zivilverfahren zu. Das Verfahren zur erzwingbaren Bekanntgabe von für den Rechtsstreit bedeutsamen Tatsachen und Dokumenten (*pre trial discovery*)[961] und die Möglichkeit der Erhebung von Sammelklagen (*class actions*)[962] dienen gleichfalls der Abschreckung sowie der leichteren vorgerichtlichen Informationsbeschaffung durch potentielle private Kläger. Vergleichbare Regelungen sehen das EU-Kartellrecht oder das deutsche Kartellrecht bis dato nicht vor. Die Kommission ist in dieser Hinsicht bislang noch nicht tätig geworden; der deutsche Gesetzgeber machte hingegen bereits einen ersten Schritt in die Richtung eines Schadensersatzanspruchs mit Abschreckungswirkung[963], indem er mit dem neu ausgestalteten § 33 GWB n.F. durch die geänderte Schadensersatzregelung eine Stärkung des privaten Rechtsschutzes im deutschen Kartellrecht verfolgt (u.a. Möglichkeit des Herausverlangens des Gewinns aus dem Kartellverstoß neben dem Schadensersatz für konkrete Schäden, Mehrerlös als Bußgeldrahmen, Einführung der sog. *passing on defense*)[964].

VI. Vergleich der für das Antitrust-Recht gefundenen Lösung mit der des EU-Kartellrechts

1. Kartellrechtliche Situation unter § 1 Sherman Act

In Teil A wurde festgestellt, daß trotz der Regelungen des Sports Broadcasting Act unter bestimmten Umständen Wettbewerb unter den Proficlubs innerhalb der betreffenden Sportart um die Vermarktung ihrer Fernsehsenderechte stattfindet. Dies gilt hauptsächlich hinsichtlich der Rechte an lokalen und regionalen Spielübertragungen. Desweiteren wird hier die Auffassung vertreten, daß ledig-

---

961 Rule 26-37 Federal Rules of Civil Procedure (2004).

962 Rule 23 Federal Rules of Civil Procedure (2004).

963 Vgl. Immenga/Mestmäcker/Emmerich, GWB, § 33 Rn. 45.

964 Begründung 7. GWB-Novelle, S. 52ff.; Schütt, WuW 2004, 1124, 1125; Monopolkommission, Sondergutachten 41/42 Rn. 35. Kritisch zur Verfassungsmäßigkeit dieser Regelung unter dem Blickwinkel der Bestimmtheit und Systemgerechtigkeit, Meessen, WuW 2004, 733, 737ff.

lich die zentrale Vermarktung solcher Fernsehrechte unter den Schutz des § 1291 Satz 1 Sports Broadcasting Act fällt, die ausschließlich für das werbefinanzierte Fernsehen bestimmt sind, d.h. für die Verbraucher kostenfreie Übertragungen der Major League-Spiele. Der Bereich, der nicht vom Kartellverbot des § 1 Sherman Act erfaßt wird, ist damit enger begrenzt als bei oberflächlicher Betrachtung erwartet und wohl auch von den Befürwortern eines Zentralvermarktungsmodells angenommen wird. Auf Vermarktungsvereinbarungen über die Senderechte für kostenpflichtige Übertragungen von Major League-Spielen, sei es im Kabel- oder Satellitenfernsehen oder im Internet, findet weiterhin der Sherman Act Anwendung. Gleiches gilt für lokale oder regionale Übertragungsrechte der Major League-Clubs, da sich ihre Zentralvermarktungsvereinbarungen stets nur auf die Rechte für landesweite Fernsehübertragungen beziehen. Absprachen anderer Profisportclubs oder Amateursportorganisationen über eine zentrale Vermarktung ihrer Senderechte unterfallen hingegen ausnahmslos dem Antitrust-Recht.

Auf den relevanten Produktmärkten in den USA herrscht infolgedessen durchaus Wettbewerb. Wettbewerbsverstöße von Sportligen oder Hochschulorganisationen auf dem Gebiet der Medienrechtevermarktung untersuchen die Gerichte grundsätzlich nach der abwägenden Rule of Reason-Methode. Prominentestes Beispiel und Präzedenzfall hierfür ist die *NCAA*-Entscheidung des Supreme Court. Es ist daher seit nunmehr über 20 Jahren gefestigte Rechtsprechung in den USA, daß gemeinsame Senderechtsvereinbarungen von Sportvereinen einer Liga über die zentrale Vermarktung ihrer Rechte grundsätzlich gegen das Antitrust-Recht verstoßen. Eine Ausnahme bilden nur Vermarktungsvereinbarungen, die unter den Sports Broadcasting Act oder die Baseball-Ausnahme fallen oder die überwiegend positive Wettbewerbsauswirkungen aufweisen (wie Vereinbarungen von Hochschulen und Colleges über die zentrale Rechtevermarktung durch ihre Regionalliga, bei denen die Gerichte wegen der Vielzahl solcher Regionalligen von einem funktionierenden Wettbewerb ausgehen). Die Individualvermarktung von Senderechten hat sich insgesamt aber als für die Verbraucher und die Clubs überwiegend vorteilhaft erwiesen. Ferner bleibt festzuhalten, daß selbst Major Leagues, denen die Zentralvermarktung der Senderechte ihrer Clubs gestattet ist, freiwillig ausdifferenzierte Erlösumverteilungsmodelle entwickelt haben, um die durch die lokale Rechtevermarktungspraxis ihrer Vereine entstehenden Einnahmeunterschiede wieder auszugleichen. Die Rechtsauffassung einiger Gerichte und Vertreter aus dem Schrifttum, Sportligen seien als einheitliche Gesellschaft (*single entity*) zu qualifizieren, die von Anfang an nicht dem Sherman Act unterliegen (entsprechende Kriterien finden sich in den *Fraser*-Entscheidungen[965]), konnte sich nicht mehrheitlich durchsetzen. Die Praxis

---

965 Siehe hierzu oben Ziffer A.V.2(b)(iv).

hat allerdings gezeigt, daß diese Kriterien weder für herkömmlich organisierte noch für moderne Sportligen langfristig erfolgreich umgesetzt werden können.

Als Maßstab zur Feststellung der Angemessenheit (*reasonableness*) einer Senderechtsvereinbarung dient dem Supreme Court die Anzahl an Spielübertragungen (*output*), die ohne die fragliche Vereinbarung bestünde[966]. Alternativ zur Anzahl der tatsächlich ausgestrahlten Spielbegegnungen stellen einige Gerichte und Literaturansichten auf die Zahl der Zuschauer ab, die die Sportübertragung dank der zugrunde liegenden Vereinbarung im Fernsehen künftig verfolgen können[967]. Dies wird damit begründet, daß in bestimmten Situationen die Zahl der Spielübertragungen als Referenzwert zur Bestimmung der Angemessenheit nicht genügend Aussagekraft besitzt. Die Verfechter dieser Auffassung fragen deshalb, ob nach Abschluß der Senderechtsvereinbarung die Zuschauerzahl niedriger ist als sie im Falle der gerichtlichen Untersagung der fraglichen Vereinbarung sein würde. Die Beweislast trägt dabei der Kläger.

Eine kartellrechtliche Sonderstellung nimmt der Profibaseballsport dank der Baseball-Ausnahme ein. Die Baseball-Ausnahme wird von der Rechtsprechung überwiegend weit ausgelegt und umfaßt alle Handlungen und Vereinbarungen im professionellen Baseballsport, mit Ausnahme derjenigen Vereinbarungen, auf die § 1291 Sports Broadcasting Act anwendbar ist (d.h. die zentrale Senderechtevermarktung durch die MLB, die ja ohnehin weitgehend von der Anwendung der Antitrust-Regelungen befreit ist) und die das unmittelbare Anstellungsverhältnis von MLB-Spielern betreffen. Bei konsequenter Anwendung der in der Baseballtrilogie des Supreme Court entwickelten Grundsätze fallen auch alle Fernsehsenderechtevereinbarungen der MLB-Clubs hierunter. Dieses wettbewerblich bedenkliche Ergebnis kann durch eine enge Auslegung und ein höchstrichterliches Urteil zur Aufhebung der Baseball-Ausnahme durch Aufgabe der "*doctrine of positive inaction*" korrigiert werden. Daß dies möglich ist, zeigt diese Arbeit.

Im übrigen wenden vor allem die Antitrust-Behörden, aber auch die Gerichte ökonomisch fundierte Untersuchungsmethoden bei der Beurteilung von Wettbewerbsbeschränkungen durch die Ligen und Vereine als Marktteilnehmer an. Wettbewerbsbeschränkende Maßnahmen können dabei durch das Aufzeigen von überwiegenden Effizienzvorteilen gerechtfertigt werden. Solche Effizienzgewinne sind zum Beispiel eine höhere Anzahl von im Fernsehen ausgestrahlter

---

966 NCAA v. Board of Regents of the University of Oklahoma, 468 U.S. 85, 107, 119f.; siehe auch Ziffer A.VII.3(e)(v) oben.

967 Siehe hierzu und zu Rechtsprechungs- und Literaturnachweisen Ziffer A.VII.3(e)(v) oben.

Spielbegegnungen, eine bessere Qualität der Berichterstattung oder niedrigere Pay-TV-Abonnementspreise.

In verfahrensrechtlicher Hinsicht läßt sich feststellen, daß der Großteil der in Teil A erörterten Gerichtsentscheidungen auf Klagen basiert, die von privaten Klägern, insbesondere einzelnen Mitgliedsvereinen, Vereinsspielern, Fernsehsendern oder Konkurrenzligen, erhoben worden sind. Dies resultiert aus den Verfahrensregeln des US-amerikanischen Rechts, die dem durch eine Kartellrechtsverletzung Geschädigten in bestimmten Fällen die Geltendmachung eines Schadensersatzanspruch in dreifacher Höhe erlaubt und die gerichtliche Durchsetzung seiner Ansprüche durch verschiedene verfahrensrechtliche Rechtsinstitute erleichtert.

2. Kartellrechtliche Situation unter Art. 81 EGV und rechtsvergleichende Stellungnahme

Im Vergleich zur Situation nach dem Antitrust-Recht läßt sich die Situation in Bezug auf Medienvermarktungsrechte für Sportveranstaltungen nach dem EU-Kartellrecht wie folgt skizzieren. Zunächst ist festzuhalten, daß es nach dem europäischen Wettbewerbsrecht kein dem Sports Broadcasting Act vergleichbares Gesetz gibt, das Vereinbarungen von Sportvereinen über eine gemeinsame Rechtevermarktung vom Anwendungsbereich des in Art. 81 I EGV verankerten Kartellverbots oder anderer wettbewerbsrechtlicher Bestimmungen ausnimmt. So geht insbesondere die Kommission davon aus, daß Absprachen unter Ligavereinen über entsprechende Zentralvermarktungsmodelle regelmäßig gegen das Kartellverbot verstoßen, da sie Preisfestsetzungen, Marktabschottungen oder Absatzbeschränkungen bewirken und sich mithin wettbewerbsbeschränkend auswirken. In diesem Hinblick unterscheidet sich also die wettbewerbsrechtliche Einschätzung nach dem US-amerikanischen Antitrust-Recht und dem EU-Kartellrecht, abgesehen von der Sonderbehandlung der Vermarktungsvereinbarungen der Major Leagues durch den Sports Broadcasting Act und der MLB unter der Baseball-Ausnahme, nicht.

Eine Interessengesetzgebung zu Gunsten bestimmter Profisportligen, wie sie der Sports Broadcasting Act darstellt, ist für den europäischen Rechtsraum abzulehnen. Die Sonderbehandlung der Major Leagues ist historisch bedingt und wird durch die wichtigen lokalen, dem freien Wettbewerb unterliegenden, Sportsenderechtsmärkte entschärft. Eine umfassende Freistellung bestimmter Vermarktungspraktiken europaweit agierender Ligasportarten vom Kartellverbot würde keine überwiegenden Verbrauchervorteile bringen. Damit eine solche Regelung in ihrem Anwendungsbereich nicht noch weiter geht als der Sports Broadcasting Act, dürfte sie sich nur auf gewisse Senderechte (vgl. den Sports Broadcasting Act, der nur für werbefinanzierte Fernsehübertragungen gilt) beziehen. Die Einführung und Kontrolle solcher Ausnahmebereiche führt aber tendenziell zu größerer Rechtsunsicherheit, stärkerer Belastung der Gerichte und Wettbewerbsbehörden sowie zu höheren Kosten. Die bestehende europäische Rechtslage des grundsätzlichen Verbots zentraler Senderechtsvereinbarungen ist deshalb dem US-amerikanischen System vorzugswürdig.

In diesem Zusammenhang ist bemerkenswert, daß die Kommission in jüngerer Vergangenheit in einen intensiven Dialog trat mit verschiedenen Sportverbänden, die bislang die Medienrechte ihrer Mitglieder zentral vermarktet haben. Sie einigte sich daraufhin erstmals im Jahr 2001 mit der FIA/FOA und in der Folgezeit auch mit der UEFA, der englischen Premier League und erst kürzlich mit dem Ligaverband auf modifizierte Regelungen zur zentralen Vergabe von Medienrechten. Demgemäß sah sie entweder von einer weiteren Beobachtung des entsprechenden Vermarktungsmodells ab (wie im Falle der FIA) oder stellte das Modell wegen der ihrer Auffassung nach nunmehr überwiegend positiven Wettbewerbsauswirkungen durch eine förmliche Entscheidung gemäß Art. 81 III EGV frei (wie im Falle der UEFA). Darüber hinaus erklärte sie das überarbeitete Bundesliga-Vermarktungssystem des Ligaverbandes erstmals durch eine förmliche Entscheidung über Verpflichtungszusagen gemäß Art. 9 VO 1/2003 für verbindlich für den Ligaverband. Nach Auffassung des Autors kam bzw. kommt die Kommission den Sportverbänden mit diesen Entscheidungen freilich zu Lasten der Verbraucher zu weit entgegen. Dies gilt insbesondere für die Entscheidung über das Ligaverband-Vermarktungsmodell, obwohl prinzipiell das Verfahren gemäß Art. 9 VO 1/2003 als flexibles Entscheidungsinstrument zur Beendigung eines bereits förmlich eröffneten Verfahrens, auch im Hinblick auf Vermarktungssysteme für Senderechte, zu begrüßen ist.

Anders als § 1 Sherman Act nennt Art. 81 III EGV explizit die Voraussetzungen, die eine wettbewerbsbeschränkende Vereinbarung oder ein Beschluß erfüllen muß, um nicht unter das Kartellverbot zu fallen. Im Rahmen des Art. 81 EGV hat eine Abwägung der wettbewerblichen Vor- und Nachteile ausschließlich in dessen Absatz 3 erfolgen. Diese Prüfungsweise bietet Wirtschaftsakteuren und Verbrauchern größere Sicherheit und Klarheit bei ihrer nunmehr gebotenen eigenen rechtlichen Subsumtion von Senderechtsvereinbarungen unter die Voraussetzungen der Freistellung. Es sollte ihnen aber bei ihrer selbständigen Prüfung des Vorliegens der Tatbestandsvoraussetzungen kein solch weiter Ermessens- und Beurteilungsspielraum zugestanden werden, wie er den Kartellbehörden diesbezüglich zusteht. Denn dies wäre zum einen dem europäischen Recht, wie auch dem Verwaltungsrecht, im Hinblick auf private Rechtsträger fremd und zum anderen nachteilig für eine einheitliche und verläßliche Rechtsanwendung. In der Konsequenz bedeutet dies, daß für die Verbraucher in

Art. 81 III EGV nur rein ökonomische und wettbewerbliche Kriterien, d.h. keine darüber hinausgehenden nicht-wirtschaftlichen Gesichtspunkte, zulässig sein sollten.

Eine Übernahme und Anwendung der US-amerikanischen Rule of Reason-Grundsätze oder gar die Entwicklung und Anwendung einer europäischen Rule of Reason im Tatbestand des Art. 81 I EGV ist abzulehnen. Während US-amerikanische Gerichte bei der Untersuchung der wettbewerblichen Auswirkungen von Zentralvermarktungsvereinbarungen innerhalb der Rule of Reason-Analyse ausschließlich wettbewerbliche Faktoren berücksichtigen und lediglich in besonderen Fällen bei der Anwendung der Ancillary Restraint-Doktrin auch nicht-wirtschaftliche Gesichtspunkte mit in ihre Beurteilung einfließen lassen (etwa durch Verweis auf die Einzigartigkeit des von der Sportliga hergestellten Produkts), ermöglicht Art. 81 III EGV den Kartellbehörden weiterhin eine umfassende Abwägung der Vor- und Nachteile einer Absprache, sowohl hinsichtlich wirtschaftlicher als auch bestimmter nicht-wirtschaftlicher Gesichtspunkte. Zwar stellt die Kommission bei der Prüfung der Freistellungsvoraussetzungen, insbesondere im Rahmen der ersten Voraussetzung des Art. 81 III EGV, neben nicht-ökonomischen Kriterien neuerdings verstärkt auf wirtschaftliche Gesichtspunkte (wirtschaftliche Effizienz und Konsumentenwohlfahrt[968]) der in Frage stehenden Wettbewerbsbeschränkung ab. Sie gleicht ihre Wettbewerbspolitik damit stark an den in den USA vorherrschenden wettbewerblichen Ansatz an, der sich ausschließlich an der Konsumentenwohlfahrt und der wirtschaftlichen Effizienz orientiert. Eine solche Einengung ihrer Wettbewerbspolitik, wie sie etwa in den Leitlinien der Kommission zur Anwendung von Art. 81 III EGV zum Ausdruck kommt, ist jedoch auch nach Erlaß der VO 1/2003 nicht notwendig. Dies ist in ihr im übrigen auch nicht vorgesehen. Vielmehr sollte die bisher genutzte Flexibilität bei der Anwendung der Vorschrift auch in Zukunft genutzt werden, damit im Einzelfall eine für den Wettbewerb im Binnenmarkt optimale Entscheidung getroffen werden kann. Im Gegensatz zum Sherman Act bieten im europäischen Wettbewerbsrecht die allgemeinen Vertragsziele sowie die in Art. 81 III EGV, insbesondere die in dessen Buchstaben a) und b) bezeichneten Grenzen, konkrete Anhaltspunkte anhand derer sich eine zu extensive Auslegung der Vorschrift vermeiden läßt. Diese Orientierungsmöglichkeit besteht im Antitrust-Recht hingegen nicht, weshalb dort ein striktes Abstellen auf rein wettbewerbliche Ziele aus Gründen der Rechtssicherheit sinnvoll ist.

Im Falle der untersuchten Vermarktungsregelungen für Senderechte berücksichtigte die Kommission im Ergebnis fast ausschließlich die voraussichtlichen

---

[968] Vgl. Kommission, Abl. 2004 C 101, 97, 98 Rn. 13 "Leitlinien zur Anwendung von Art. 81 III EGV".

künftigen Auswirkungen des betreffenden Zentralvermarktungsbeschlusses auf den Wettbewerb. Sie vernachlässigte dabei die bereits zum Zeitpunkt ihrer Entscheidung konkret feststellbaren, negativen Effekte sowohl auf die Handlungsfreiheit der betroffenen Vereine als auch auf die Entscheidungs- und Wahlfreiheit sowie die Nachfragesteuerungsmöglichkeiten der Verbraucher. Vor diesem Hintergrund ist zu fordern, daß sich die Kommission in vergleichbaren künftigen Fällen stärker an den Interessen der Verbraucher orientiert und den Sportverbänden und Vereinen nicht mehr so stark bei ihrer Entscheidung über die Zulässigkeit von Zentralvermarktungsmodellen entgegen kommt wie bisher.

Auch die immer größere Rolle, die ökonomische Ansätze, insbesondere in Form von Effizienzüberlegungen im Rahmen des Art. 81 III EGV, bei Kommissionsentscheidungen spielen, sind kritisch zu betrachten. Zwar können wirtschaftliche Methoden und Modellrechnungen durchaus verbesserte Entscheidungsgrundlagen gewährleisten. Problematisch ist hierbei jedoch die heute fast unüberschaubare Vielzahl an ökonometrischen Studien und Theorien im Bereich der Industrieökonomik, die teilweise beträchtliche Unterschiede zueinander aufweisen[969]. Dies verkompliziert die Fallanalyse erheblich. Es ist überdies zu berücksichtigen, daß solche Untersuchungsmethoden wegen der mit ihnen verbundenen stärkeren Einzelfallbetrachtung mit sehr viel höherem Kosten- und Personalaufwand für Unternehmen, Behörden und Gerichte verbunden sind. Dies gilt umso mehr, wenn die fortlaufende Überprüfung der Voraussetzungen des Art. 81 III EGV mit in Betracht gezogen wird. Vor dem Hintergrund der jetzt zulässigen Selbsteinschätzung der Unternehmen führt ein effizienzbezogener Ansatz überdies zu geringerer Rechtssicherheit und Transparenz im Sportsenderechtemarkt. Denn ob die von den Vereinen, Verbänden oder Medienunternehmen angenommenen Effizienzvorteile die entstehenden Wettbewerbsnachteile auch tatsächlich fortlaufend überwiegen und sie an die Verbraucher weitergegeben werden, läßt sich ex ante nicht verläßlich feststellen. Dies gilt insbesondere für das Verfahren über die Verbindlicherklärung einer Verpflichtungszusage gemäß Art. 9 VO 1/2003, in dem die Kommission lediglich eine vorläufige Beurteilung des wettbewerbsbeschränkenden Unternehmensverhaltens vornimmt. Gerade wegen dieser nur vorläufigen Einschätzung ist aber eine verläßliche Grundlage für die Analyse zwingend notwendig. Da selbst durch die modifizierten Vermarktungsmodelle der UEFA und des Ligaverbandes kaum wirksamer Wettbewerbsdruck herrscht, ist erstens unsicher, ob sich künftig Effizienzgewinne realisieren und zweitens ist die umfassende Weitergabe solcher Effizienzgewinne an die Verbraucher unrealistisch. Die Tatsache, daß der Ligaverband für die Vergaberunde für Fernsehsenderechte für die Spielzeiten ab der Saison 2006/2007 konkret die Möglichkeit in Betracht zog, dem Bezahlfernse-

---

[969] Vgl. hierzu ausführlich Christiansen, WuW 2005, 285, 289f.

hen im Gegenzug zu höheren Senderechtspreisen noch mehr Exklusivrechte einzuräumen, macht die Schwäche einer solchen Zukunftsprognose deutlich. Im System der Legalausnahme des Art. 81 III EGV ist deshalb eine ausgeprägte Zulassung von Effizienzüberlegungen abzulehnen.

Die Kommission stellt bei der Untersuchung der Auswirkungen der gemeinsamen Vermarktung in ihrer Champions League-Entscheidung auf die Größe des Abnehmerkreises für die Medieninhalte und die Höhe der Zuschauerzahlen ab, und nicht wie der Supreme Court auf die Zahl der künftigen Spielübertragungen[970]. In dieser Hinsicht verfolgen Kommission und Supreme Court unterschiedliche Ansätze. Welches der wettbewerbsfreundlichere ist, hängt vom Einzelfall ab.

Legen die US-Gerichte den freien Wettbewerb als Referenzsystem für ihre Sherman Act-Analyse zugrunde, vergleicht die Kommission in ihrer als Präzedenzfall dienenden Champions League-Entscheidung die Regelungen des neuen Vermarktungsmodells lediglich mit den offensichtlich nicht freistellungsfähigen Vermarktungsregelungen des ursprünglichen UEFA-Modells und stellte so überwiegend vorteilhafte Auswirkungen auf den Wettbewerb fest.

Im Vergleich zu den weitgehend wettbewerbsfreundlichen Vermarktungssystemen für lokale Fernsehsenderechte in den USA ist das Vermarktungsmodell der UEFA für die Champions League und des Ligaverbandes für die Bundesliga eindeutig weniger vorteilhaft für die Verbraucher und den unverfälschten Wettbewerb um diese Senderechte. Denn letztendlich ändern diese modifizierten Vermarktungsmodelle nichts an der in der Praxis nach wie vor überwiegend zentral erfolgenden Rechtevergabe. Die Rechte, die sie den einzelnen Clubs einräumen, beziehen sich einerseits zum Großteil auf die weniger attraktiven und lukrativen zeitversetzten Fernsehübertragungen und Dienste der neuen Medien. Andererseits hängen sowohl das Recht zur Individualvermarktung von Live-Übertragungen als auch weitgehend die übrigen Rechte vom Eintritt ungewisser Bedingungen ab. Diese Rechte dürfen von den einzelnen Clubs selbst dann nur unter Beachtung bestimmter Beschränkungen ausgeübt werden. Ob sich für die Fernsehzuschauer und für unabhängige oder neu gegründete Fernsehsender, die in den relevanten Markt eintreten wollen, durch diese Regelungen in der Praxis nennenswerte Vorteile ergeben, läßt sich mit guten Gründen bezweifeln. Verstärkt wird dieses Problem durch die im Vergleich zum Antitrust-Recht im europäischen und deutschen Recht bisher nicht ausreichenden verfahrensrechtlichen Rechtsschutzmöglichkeiten betroffener Wettbewerber und Verbraucher.

---

970 Vgl. Kommission, Abl. 2003 L 291, 25, 49 Rn. 152, 50 Rn. 161 (K (2003) 2627) "Gemeinsame Vermarktung der Champions League-Rechte".

Aus wettbewerbsrechtlicher Sicht wünschenswert wäre es deshalb, wenn die Kommission, so wie es die Gerichte in den USA schon seit Jahren praktizieren, die Vermarktung von Medienrechten an Sportveranstaltungen den Kräften des freien Wettbewerbs überlassen würde, anstatt halbherzige und in ihren wettbewerblichen Auswirkungen keinesfalls feststehende Vermarktungsmodelle mit primär zentraler und lediglich bedingter und nachrangiger individueller Rechtevermarktung unbeanstandet zu lassen.

Die eindeutig vorzugswürdigere Rechtsauffassung im Vergleich zum Supreme Court und dem Kongreß vertreten hingegen BGH, EuGH, EuG und die Kommission im Hinblick auf die Frage der Anwendbarkeit des Wettbewerbs- und Kartellrechts auf bestimmte Sportarten. Zwar beurteilen die obersten Gerichte und Kartellbehörden die Anwendbarkeit der Kartellrechtsvorschriften auf den Profi- und Amateursport im allgemeinen gleich, d.h. bejahend. Der Supreme Court hat sich jedoch noch immer nicht zu einer vollständigen Verwerfung der von ihm geschaffenen Kartellrechtsbefreiung für den professionell betriebenen Baseballsport durchringen können und verweist diesbezüglich wiederholt auf die alleinige Zuständigkeit des Kongresses. Letzterer hat mit der Verabschiedung des Curt Flood Act allerdings eine entsprechende gesetzgeberische Klarstellung versäumt. Der Kongreß hat damit die Fortgeltung der Baseball-Ausnahme sogar gestärkt. Das europäische Wettbewerbs- und Kartellrecht, die nationalen Gesetze der EU-Mitgliedstaaten und auch die europäische Wettbewerbspraxis lehnen eine vergleichbare Freistellung einzelner Sportarten oder bestimmter Vermarktungsmaßnahmen einzelner Sportligen zu Recht ab.

VII. Zentrale Vermarktung von Senderechten an Sportveranstaltungen vor dem Hintergrund des Art. 82 EGV

1. Einführung zum Mißbrauchsverbot gemäß Art. 82 EGV

Art. 82 Satz 1 EGV verbietet die mißbräuchliche Ausnutzung einer beherrschenden Stellung auf dem Gemeinsamen Markt oder wesentlichen Teilen desselben durch ein oder mehrere Unternehmen, soweit dies dazu führen kann, den Handel zwischen den Mitgliedstaaten zu beeinträchtigen. Bereits die obigen Untersuchungen zum Kartellverbot zeigen die starke Marktstellung, die Sportverbände wie die UEFA oder der Ligaverband im Bereich der Vermarktung von Fernseh- und Medienrechten an Sportveranstaltungen einnehmen können. Die Untersuchung in Teil A machte überdies deutlich, daß US-amerikanische Profi- und Amateursportverbände in diesem Bereich mehrfach wegen Verstößen gegen das Monopolisierungsverbot des § 2 Sherman Act verklagt und auch verurteilt worden sind. Deshalb sollen im folgenden insbesondere die Regelungen des Bundesliga-Vermarktungsmodells auf ihre Vereinbarkeit mit Art. 82 EGV untersucht werden.

Die Bestimmung des Art. 82 EGV dient der Öffnung und Sicherung des Zugangs zu den Märkten zwischen den Mitgliedstaaten unter Bedingungen unverfälschten Wettbewerbs[971]. Sie muß vor allem im Zusammenhang mit Art. 3 I lit. g) EGV gesehen werden[972], also dem Schutz unverfälschten und wirksamen Wettbewerbs im Binnenmarkt. Die Beispielstatbestände in Art. 82 lit. a)-d) EGV zeigen, daß der Schutzzweck dieser Vorschrift sowohl Unternehmen als auch Endverbraucher erfaßt. Bei den Unternehmen handelt es sich um gegenwärtige oder potentielle Wettbewerber, Abnehmer oder Lieferanten des beherrschenden Unternehmens; der Schutz der Verbraucher folgt mittelbar aus der Aufrechterhaltung des Wettbewerbs auf vor- oder nachgeordneten Märkten[973]. Es besteht wegen der jeweils unterschiedlichen Tatbestandsvoraussetzungen und Rechtsfolgen Idealkonkurrenz zwischen Art. 81 EGV und Art. 82 EGV[974]. Die parallele Anwendbarkeit der beiden Vorschriften gilt für verbotene Kartelle ebenso wie für freigestellte bzw. legale Vereinbarungen[975]. In diesem Zusammenhang ist zu beachten, daß trotz der Erfüllung der Voraussetzungen des Art. 81 III EGV für die Freistellung kein Raum ist, wenn die Vereinbarung zugleich einen Mißbrauch im Sinne des Art. 82 EGV darstellt, da sich Art. 81 III EGV allein auf das Kartellverbot aus Art. 81 I EGV und nicht auch auf das Mißbrauchsverbot aus Art. 82 EGV bezieht[976]. Eine Freistellung nach Art. 81 III EGV schließt die Anwendung des Art. 82 EGV also nicht aus – eine Verletzung des Mißbrauchsverbots hindert dagegen zugleich die Freistellung vom Kartellverbot. Insofern begrenzt

---

971 St. Rspr.; siehe EuGH, Slg. 1973, 215, 244 (Rs. 6-72 – 21.2.1973) "Continental Can"; EuGH, Slg. 1991, I-2925, 2961 (Rs. C-260/89 – 18.6.1991) "ERT"; Mestmäcker/Schweitzer, Europäisches Wettbewerbsrecht, § 15 Rn. 1.

972 Emmerich, Kartellrecht, S. 426; Schröter in Schröter/Jakob/Mederer, Art. 82 Rn. 17.

973 Mestmäcker/Schweitzer, Europäisches Wettbewerbsrecht, § 15 Rn. 5; Schröter in Schröter/Jakob/Mederer, Art. 82 Rn. 24.

974 Lübbig; Kartellrecht, Art. 82 Rn. 9.

975 EuGH, Slg. 1979, 461, 550 Rn. 116 (Rs. 85-76 – 13.2.1979) "Hoffmann-La Roche"; EuGH, Slg. 1989, 803, 849 Rn. 37 (Rs. 66/86 – 11.4.1989) "Ahmed Saeed Flugreisen"; EuGH, Slg. 1995, I-865 Rn. 11 (Rs. C-310/93 P – 6.4.1995) "BPB"; EuGH, Slg. 2000, I-1365 Rn. 33f., 130ff. (Rs. C-395/96 P und C-396/96 P – 16.3.2000) "Comp. Maritime Belge"; Mestmäcker/Schweitzer, Europäisches Wettbewerbsrecht, § 15 Rn. 17; Emmerich, Kartellrecht, S. 426; Baur/Weyer, FK, Art. 82 Rn. 4.

976 EuGH, Slg. 1989, 803, 851 Rn. 46 (Rs. 66/86 – 11.4.1989) "Ahmed Saeed Flugreisen"; EuGH, Slg. 1995, I-865 Rn. 11 (Rs. C-310/93 P – 6.4.1995) "BPB"; EuG, Slg. 1990, II-309, 356ff. Rn. 23ff. (Rs. T-51/89 – 10.7.1990) "Tetra Pak"; EuG, Slg. 1993, II-389, 419 Rn. 75 (Rs. T-65/89 – 1.4.1993) "BPB"; EuG, Slg 1996, II-1201 Rn. 152, 188 (Rs. T-24/93 bis T-28/93 – 8.10.1996) "Comp. Maritime Belge"; Kommission, Abl. 1989 L 43, 27, 45 (IV/30.979 und 31.394 – 21.12.1988) "Decca Navigator System"; Emmerich, Kartellrecht, S. 422f., 426; Baur/Weyer, FK, Art. 82 Rn. 5; Langen/Bunte/Dirksen, Art. 82 Rn. 202.

Art. 82 EGV für Unternehmen in beherrschender Stellung den Bereich, in dem wirtschaftliche Vorteile im Sinne des Art. 81 III EGV eine Wettbewerbsbeschränkung rechtfertigen können[977]. Das Mißbrauchsverbot greift demnach trotz erfolgter Freistellung durch. Ein Unternehmen ist daher auch bei Vorliegen des Freistellungstatbestandes verpflichtet, zu prüfen, ob angesichts des Bestehens einer marktbeherrschenden Stellung ein Verstoß gegen Art. 82 EGV vorliegen könnte.

Art. 82 EGV richtet sich nicht gegen den Erwerb der beherrschenden Stellung, sondern gegen ihre mißbräuchliche Ausnutzung[978]. Insofern stimmen Sinn und Zweck dieser Vorschrift mit denen des § 2 Sherman Act überein[979]. Art. 82 EGV ist ebenso wie Art. 81 EGV unmittelbar anwendbar[980]. Das Mißbrauchsverbot ist allerdings materiellrechtlich und verfahrensrechtlich strenger als das Kartellverbot, da ein mißbräuchliches Verhalten im Sinne des Art. 82 EGV nicht freistellungsfähig und deshalb "schlichtweg verboten" ist[981].

Das Mißbrauchsverbot spielte bei den bisherigen Kommissions-Entscheidungen zu den Vermarktungsvereinbarungen der UEFA, der Premier League oder des DFB/Ligaverband keine Rolle. Dies läßt sich damit erklären, daß die Kommission den einzelnen Verbänden aufgrund der von ihr in diesem Bereich angewandten Produktmarktdefinition keine beherrschende Marktstellung zuspricht. Nach der hier vertretenen Auffassung verfügen UEFA und Ligaverband jedoch auf dem Gebiet der Vermarktungsrechte für Champions League- bzw. Bundesliga-Spiele jeweils über eine dominante Marktstellung. Aus diesem Grund werden anschließend die entsprechenden Regelungen des Bundesliga-Vermarktungsmodells auf ihre Vereinbarkeit mit Art. 82 EGV untersucht.

2. Sportligen und Vereine als Normadressaten

Adressaten des Mißbrauchsverbots sind ein oder mehrere Unternehmen, die auf dem Gemeinsamen Markt oder auf einem wesentlichen Teil desselben eine beherrschende Stellung einnehmen. Der Unternehmensbegriff des Art. 82 Satz 1

---

977 Mestmäcker/Schweitzer, Europäisches Wettbewerbsrecht, § 15 Rn. 18.

978 EuGH, Slg. 2000, I-1365 Rn. 37 (Rs. C-395/96 P und C-396/96 P – 16.3.2000) "Comp. Maritime Belge"; EuG, Slg. 1990, II-309, 356ff. Rn. 23 (Rs. T-51/89 – 10.7.1990) "Tetra Pak"; Mestmäcker/Schweitzer, Europäisches Wettbewerbsrecht, § 15 Rn. 7; Schröter in Schröter/Jakob/Mederer, Art. 82 Rn. 21.

979 Zu grundsätzlichen Ausführungen über § 2 Sherman Act siehe oben Ziffer A.VI.1.

980 Vgl. Art. 1 III VO 1/2003.

981 EuGH, Slg. 1989, 803, 848 Rn. 32 (Rs. 66/86 – 11.4.1989) "Ahmed Saeed Flugreisen"; Mestmäcker/Schweitzer, Europäisches Wettbewerbsrecht, § 15 Rn. 8; Emmerich, Kartellrecht, S. 426.

EGV unterscheidet sich nicht von dem des Art. 81 I EGV[982]. Danach umfaßt der Begriff des Unternehmens jede eine wirtschaftliche Tätigkeit ausübende Einheit, unabhängig von ihrer Rechtsform und der Art ihrer Finanzierung. Sowohl Sportvereine als auch Ligasportverbände wie der Ligaverband sind somit Unternehmen im Sinne des Art. 82 EGV[983]. Die in einem Sportverband zusammen geschlossenen Sportvereine erfüllen als unabhängige wirtschaftliche Einheiten neben der Tatbestandsalternative "Unternehmen" auch die Alternative "mehrere Unternehmen".

3. Marktbeherrschende Stellung

(a) Einführung

Der EG-Vertrag sieht keine Definition des Begriffs der "beherrschenden Stellung" vor. Der EuGH definiert die beherrschende Stellung in ständiger Rechtsprechung als "die wirtschaftliche Machtstellung eines Unternehmens [...], die dieses in die Lage versetzt, die Aufrechterhaltung eines wirksamen Wettbewerbs auf dem relevanten Markt zu verhindern, indem sie ihm die Möglichkeit verschafft, sich seinen Wettbewerbern, seinen Abnehmern und letztlich den Verbrauchern gegenüber in einem nennenswerten Umfang unabhängig zu verhalten. Eine solche Stellung schließt [...] einen gewissen Wettbewerb nicht aus, versetzt aber die begünstigte Firma in die Lage, die Bedingungen, unter denen sich dieser Wettbewerb entwickeln kann, zu bestimmen oder wenigstens merklich zu beeinflussen, jedenfalls aber weitgehend in ihrem Verhalten hierauf keine Rücksicht nehmen zu müssen, ohne daß ihr dies zum Schaden gereiche"[984]. Die Kommission hat sich dieser Definition angeschlossen[985].

Folglich bedeutet "beherrschende Stellung" die Macht, tatsächlichen Wettbewerb auf dem relevanten Markt zu verhindern und gleichzeitig verschafft diese Macht dem betreffenden Unternehmen die Fähigkeit zu unabhängigem Verhal-

---

982 Vgl. EuGH, Slg. 1991, I-1979 Rn. 21 (Rs. C-41/90 – 23.4.1991) "Höfner und Elser"; EuGH, Slg. 1993, I-637 Rn. 17 (Rs. C-159/91 und C-160/91 – 17.2.1993) "Poucet u.a./frz. Sozialversicherungsträger"; Langen/Bunte/Dirksen, Art. 82 Rn. 4; Lübbig; Kartellrecht, Art. 82 Rn. 12.

983 Siehe hierzu Ziffer B.III.1(b) oben.

984 St. Rspr.; EuGH, Slg. 1979, 461, 520 (Rs. 85-76 – 13.2.1979) "Hoffmann-La Roche"; EuGH, Slg. 1994, I-5641, Rn. 47 (Rs. C-250/92- 15.12.1994) "DLG".

985 Kommission, Abl. 1985 L 374, 1, 17 (IV/30.698 – 14.12.1985) "ECS/AKZO"; Kommission, Abl. 1989 L 10, 50, 64 (IV/31.900 – 5.12.1988) "BPB"; Kommission, Abl. 1992 L 96, 34, 38ff. (IV/33.544 – 26.2.1992) "Aer Lingus"; Kommission, Abl. 2004 C 31, 5 Rn. 2 "Leitlinien zur Bewertung horizontaler Zusammenschlüsse".

ten gegenüber Wettbewerbern, Handelspartnern und Verbrauchern[986]. Eine solche Fähigkeit ist in Marktsituationen gegeben, in denen Wettbewerb vollständig fehlt (Monopol), wesentlicher Wettbewerb fehlt (Oligopol) oder aber ein gewisser Wettbewerb besteht, dessen Bedingungen jedoch vom Marktbeherrscher gelenkt oder merklich beeinflußt werden oder denen gegenüber er insoweit unempfindlich ist, daß er hierauf keine Rücksicht zu nehmen braucht, ohne dadurch benachteiligt zu sein[987].

Mehrere Unternehmen nehmen dann zusammen eine beherrschende Stellung ein, wenn sie durch eine gegen Art. 81 I EGV verstoßende Maßnahme den Wettbewerb untereinander beseitigen und ihnen von Seiten Dritter kein wirksamer Wettbewerb mehr droht[988]. Also, wenn Innen- und Außenwettbewerb fehlen oder zumindest stark geschwächt sind. Der EuGH stellt darauf ab, ob die Beteiligten infolge der Vereinbarung und deren Durchführung in der Lage sind, gemeinsam unabhängig von ihren Konkurrenten, ihren Abnehmern und den Verbrauchern zu handeln, d.h. ob sie Dritten gegenüber als geschlossene Gruppe auftreten, so daß sich Dritte dem Einfluß des Kartells nicht mehr zu entziehen vermögen[989].

Bei den Unternehmen muß es sich dabei um jeweils wirtschaftlich selbständige Einheiten handeln, die sich hinsichtlich ihres Verhaltens auf einem gemeinsamen Markt so gebunden haben, daß sie dort ihren Konkurrenten, Geschäftspartnern und Verbrauchern gegenüber als kollektive Einheit auftreten[990]. Den Gegensatz hierzu bilden, wie Art. 3 I lit. g) EGV zeigt, Unternehmen, die auf Märkten tätig sind, die durch ein System unverfälschten Wettbewerbs gekennzeichnet sind, so daß der auf diesen Märkten herrschende Wettbewerbsdruck ih-

---

986 Langen/Bunte/Dirksen, Art. 82 Rn. 12f; Bergmann, Kartellrecht, Art. 82 Rn. 93.

987 EuGH, Slg. 1978, 207, 290ff. (Rs. 27/76 – 14.2.1978) "United Brands"; EuGH, Slg. 1979, 461, 520 Rn. 38 (Rs. 85-76 – 13.2.1979) "Hoffmann-La Roche"; EuGH, Slg. 1983, 3461, 3508 (Rs. 322/81 – 9.11.1983) "Michelin"; EuGH, Slg. 1994, I-5641, 5690 (Rs. C-250/92- 15.12.1994) "DLG"; EuGH, 1995, I-2883, 2911 Rn. 31 (Rs. C-96/94 – 5.10.1995) "Centro Servizi Spediporto"; EuG, Slg. 1999, II-2969, 3007f. (Rs. T-228/97 – 7.10.1999) "Irish Sugar"; Kommission, Abl. 1994 L 104, 34, 44 (IV/33.941 – 29.3.1994) "HOV-SVZ/MCN".

988 EuGH, Slg. 1975, 1663, 2013 (Rs. 40 bis 48 u.a. – 16.12.1975) "Suiker Unie"; EuG, Slg. 1992, II-1403, 1548 (Rs. T-68/89, T-77/89 und T-78/89 – 10.3.1992) "Vetro"; EuG, Slg. 1996, II-1201, 1234ff. (Rs. T-24/93 bis T-28/93 – 8.10.1996) "Comp. Maritime Belge", bestätigt durch EuGH, Slg. 2000, I-1365 Rn. 35f. (Rs. C-395/96 P und C-396/96 P – 16.3.2000) "Comp. Maritime Belge".

989 EuGH, Slg. 2000, I-1365 Rn. 34 (Rs. C-395/96 P und C-396/96 P – 16.3.2000) "Comp. Maritime Belge"; Emmerich, Kartellrecht, S. 434.

990 EuGH, Slg. 2000, I-1365 Rn. 33, 44f. (Rs. C-395/96 P und C-396/96 P – 16.3.2000) "Comp. Maritime Belge".

rem Verhaltensspielraum die im Interesse ihrer Konkurrenten und Vertragspartner erforderlichen Schranken zieht. Die beiden entscheidenden Kriterien zur Feststellung einer beherrschenden Stellung sind also einerseits die Fähigkeit zur Verhinderung eines wirksamen Wettbewerbs auf dem relevanten Markt und zum anderen die Möglichkeit zu einem unabhängigen Marktverhalten im Verhältnis zur Marktgegenseite.

Ob ein Unternehmen diese vorgenannten Fähigkeiten besitzt, läßt sich feststellen, indem der relevante Markt abgegrenzt und auf die vorgenannten Kriterien hin untersucht wird.

(b) Sachlich und räumlich relevanter Markt

Wichtiges Indiz für das Vorliegen einer beherrschenden Stellung ist dabei der Marktanteil. Verfügt ein Unternehmen auf einem wesentlichen Teil des festgestellten relevanten Marktes über ein Monopol, so wird automatisch vom Vorliegen einer beherrschenden Stellung ausgegangen. Liegt kein Monopol vor, kommt es vorrangig auf die Höhe des Marktanteils des betreffenden Unternehmens an. Im europäischen Wettbewerbsrecht schließen Marktanteile unter 25% in aller Regel die Annahme einer beherrschenden Stellung aus[991]. Marktanteile zwischen 25% bis 40% rechtfertigen eine solche Annahme nur, falls noch weitere in dieselbe Richtung weisende Faktoren vorliegen[992]. Ab einem Anteil von über 50% wird durchgehend vom Vorliegen einer beherrschenden Stellung ausgegangen, wobei noch weitere Faktoren hinzutreten müssen, um aus der Wahrscheinlichkeit eine Gewißheit zu machen[993]. Ab einem Marktanteil von mehr als 70% bzw. 75% gehen EuG bzw. EuGH ohne weitere Prüfung von einer marktbeherrschenden Stellung aus (besonders hoher Marktanteil)[994]. Neben diesen

---

991 EuGH, Slg. 1977, 1875, 1903f. (Rs. 26-76 – 25.10.1977) "Metro"; EuGH, Slg. 1986, 3021, 3094 (Rs. 75/84 – 22.10.1986) "Metro II".

992 EuGH, Slg. 1994, I-5641, 5690 Rn. 47ff. (Rs. C-250/92- 15.12.1994) "DLG".

993 EuGH, Slg. 1983, 3461, 3503f. (Rs. 322/81 – 9.11.1983) "Michelin"; EuGH, 1991, I-3359 Rn. 60 (Rs. C-62/86 – 3.7.1991) "AKZO"; EuG, Slg. 1994, II-755, 815ff. (Rs. T-83/91 – 6.10.1994) "Tetra Pak II"; EuG, Slg. 1999, II-2969, 3007f. (Rs. T-228/97 – 7.10.1999) "Irish Sugar"; Kommission, Abl. 1998 L 246, 1, 45 Rn. 258ff. (K (1998) 292 – 11.3.1998) "Van den Bergh Foods".

994 EuG, Slg. 1991, II-1439, 1480f. (Rs. T-30/89 – 12.12.1991) "Hilti"; EuG, Slg. 1996, II-1201 Rn. 76 (Rs. T-24/93 bis T-28/93 – 8.10.1996) "Comp. Maritime Belge"; EuGH, Slg. 1975, 1663, 1996, 2013 (Rs. 40 bis 48 u.a. – 16.12.1975) "Suiker Unie"; EuGH, Slg. 1979, 461, 521f., 526f. (Rs. 85-76 – 13.2.1979) "Hoffmann-La Roche".

Marktstrukturkriterien[995] können im Einzelfall ergänzend auch Marktverhaltens- und Marktergebniskriterien bei der Untersuchung herangezogen werden.

Die Abgrenzung des relevanten sachlichen Marktes erfolgt wie im deutschen so auch im europäischen Wettbewerbsrecht nach dem Bedarfsmarktkonzept. Daher kommt es hier auf die Austauschbarkeit der in Frage stehenden Produkte oder Dienstleistungen aus der Warte der jeweiligen Marktgegenseite an[996]. Sind einzelne Produkte aus Sicht der Verbraucher austauschbar, bilden sie einen gemeinsamen Produktmarkt; fehlt es daran, bilden die jeweiligen Produkte verschiedene sachliche Produktmärkte. Die Marktabgrenzung in Art. 82 Satz 1 EGV erfolgt nach den gleichen Kriterien wie die in Art. 81 I EGV, so daß auf die entsprechenden Ausführungen unter Ziffer B.III.1(f)(i)[997] oben verwiesen werden kann.

Die Abgrenzung des relevanten räumlichen Marktes in Art. 82 EGV ist ebenfalls mit der des Art. 81 I EGV identisch[998]. Der räumlich relevante Markt ist das Gebiet, in dem das marktbeherrschende Unternehmen und seine Mitbewerber ihre Produkte und Dienstleistungen zu objektiv gleichen Bedingungen ohne wirtschaftliche Schranken von Bedeutung vertreiben können[999]. Die Gemeinschaftsrelevanz eines Marktes, d.h. die Erfüllung des Tatbestandsmerkmals "wesentlicher Teil", beurteilt der EuGH in erster Linie mit Hilfe der Struktur des betreffenden Marktes sowie der Größe und dem Umfang der Produktion und des Verbrauchs auf diesem Markt[1000]. Das Gebiet eines jeden Mitgliedstaates bildet

---

995 Der Marktstrukturtest wird in der Praxis häufig mit einem Unternehmensstrukturtest verbunden, um der Dynamik des Wettbewerbsgeschehens eher gerecht zu werden. Siehe Langen/Bunte/Dirksen, Art. 82 Rn. 55; Schröter in Schröter/Jakob/Mederer, Art. 82 Rn. 108.

996 EuGH, Slg. 1979, 461, 516ff. (Rs. 85-76 – 13.2.1979) "Hoffmann-La Roche"; EuGH Slg. 1983, 3461, 3505 (Rs. 322/81 – 9.11.1983) "Michelin"; Kommission, Abl. 1997 C 372, 5 Rn. 7, 15 "Definition des relevanten Marktes".

997 Vgl. hierzu auch die Ausführungen unter Ziffer B.V.6 oben.

998 Vgl. hierzu auch die Ausführungen unter Ziffer B.III.1(f)(ii) oben.

999 EuGH, Slg. 1978, 207, 284 (Rs. 27/76 – 14.2.1978) "United Brands"; EuGH, Slg. 1998, I-1375 Rn. 143 (Rs. C-68/94 und C-30/95 – 31.3.1998) "K+S/MdK"; EuG, Slg. 1994, II-755, Rn. 91 (Rs. T-83/91 – 6.10.1994) "Tetra Pak II"; Kommission, Abl. 1976 L 95, 1, 12 "Chiquita"; Kommission, Abl. 1997, C 372, 5ff. Rn. 8 "Definition des relevanten Marktes".

1000 EuGH, Slg. 1975, 1663, 1995f, 2011ff. (Rs. 40 bis 48 u.a. – 16.12.1975) "Suiker Unie"; EuGH, Slg. 1979, 461, 514ff. (Rs. 85-76 – 13.2.1979) "Hoffmann-La Roche".

nach der Gemeinschaftspraxis bereits einen wesentlichen Teil des Gemeinsamen Marktes[1001].

(c) Beherrschende Stellung des Ligaverbandes und der Bundesligavereine

Nach der hier vertretenen Auffassung stellen Spielübertragungen der Bundesliga bzw. die diesbezüglichen Vermarktungsrechte aus Sicht der Verbraucher keine substituierbaren Produkte dar und bilden deshalb einen eigenständigen Produktmarkt[1002]. Die Vermarktungsregelung des Ligaverbandes räumt diesem bei der Vermarktung der Rechte für Live-Übertragungen, Spielaufzeichnungen und die neuen Medien eine vorrangige Stellung ein. Dort, wo eine individuelle Rechtevermarktung durch die Vereine zulässig ist, bleibt der Ligaverband weiter zur parallelen Vermarktung berechtigt. Der auf dem Markt für Fernsehsenderechte und dem Markt für Internet- und Mobilfunkübertragungsrechte stattfindende Wettbewerb unter den Vereinen ist im Vergleich zu dem Wettbewerbsanteil, der auf diesen Märkten durch die Zentralvermarktungsregelung ausgeschlossen wird, nur sehr gering und an eine Reihe von Bedingungen und Auflagen geknüpft. Das Bundesliga-Vermarktungsmodell ermöglicht dem Ligaverband, sowohl den unter den Vereinen als auch den zwischen ihm und den Vereinen bestehenden Wettbewerb vollständig zu kontrollieren und die Wettbewerbsbedingungen einseitig zu beeinflussen. Dies zeigt sich deutlich an den Regeln für die individuelle Vermarktung[1003], die den Clubs untersagen, durch die selbständige Vergabe von Verwertungsrechten die Interessen des Ligaverbandes zu stören und die Vorteile der Markenprägung und zentralen Vermarktung zu gefährden. Dank seiner vorrangigen Rechtsstellung bei den Live-Senderechten und den Senderechten für die Höhepunkteerstberichterstattung kann der Ligaverband die Preise und sonstigen Verkaufsbedingungen unabhängig vom Verhalten der einzelnen Vereine gestalten. Er kann dadurch den Absatz seiner Verwertungsrechte steuern und den Vereinen die Möglichkeit nehmen, ihre nachrangigen Verwertungsrechte auszuüben.

Auch die Fernseh- und Medienunternehmen sowie die Fernsehzuschauer sind letztlich darauf angewiesen, die Rechtepakete und Spielübertragungen zu den Bedingungen anzunehmen, wie sie ihnen der Ligaverband anbietet. Eine wirksame Steuerung des Angebots ist ihnen durch ihr Nachfrageverhalten aufgrund

---

1001 Kommission, Abl. 1981 L 370, 49, 55 "GVL"; EuGH, Slg. 1983, 483, 506 (Rs. 7/82 – 2.3.1983) "GVL"; EuGH, Slg. 1998, I-7791 Rn. 36 (Rs. C-7/97 – 26.11.1998) "Bronner/Mediaprint"; EuG, Slg. 1997, II-1689 Rn. 58 (Rs. T-229/94 – 21.10.1997) "DB AG".

1002 Siehe Ziffer B.III.1(f)(i) oben.

1003 Siehe Kommission, Abl. 2003 C 261, 13, 15 Rn. 21 (Comp/C.2/37.214) "Gemeinsame Vermarktung der Medienrechte an der Bundesliga".

der vorrangigen Stellung des Ligaverbandes als zunächst alleinigem Rechteanbieter nicht in spürbarer Weise möglich. Insbesondere ist es den Fernsehgesellschaften in der Praxis nicht möglich, mit ihrem Kaufangebot so lange zu warten bis etwa die Vereine zur individuellen Vergabe der entsprechenden Rechte wegen Ablaufs der jeweiligen Sperrfrist oder des Vorliegens ungenutzter Rechte befugt sind. Dies gilt schon deshalb, weil ansonsten konkurrierende Sender diese Untätigkeit sofort ausnutzen und ihre Angebote abgeben würden, so daß das zögernde Unternehmen überhaupt nicht mehr oder nur mit weniger attraktiven Zweit- oder Drittverwertungsrechten zum Zuge käme.

Wegen fehlender Alternativanbieter können die Fernsehsender ihre Nachfrage zudem nicht bei anderen Fußballverbänden decken, da nur der zentralvermarktende Ligaverband über die umfassenden Bundesliga-Senderechte verfügt. Schließlich weist der Marktanteil des Ligaverbandes von weit über 75% auf dem Markt sowohl für Fernsehübertragungsrechte als auch für die Rechte der neuen Medien eindeutig auf die beherrschende Stellung des Ligaverbandes hin. Diese Schlußfolgerung wird durch die Fähigkeit des Ligaverbandes zur vorgenannten Vermarktungspraxis bestätigt. Die marktbeherrschende Stellung des Ligaverbandes sowohl auf dem Markt für Fernsehsenderechte als auch auf dem Markt für Internet- und Mobilfunkrechte bezieht sich jeweils auf einen wesentlichen Teil des Gemeinsamen Marktes. Denn die jeweiligen Bundesliga-Rechte werden sowohl innerhalb ganz Deutschlands als auch in zahlreichen anderen europäischen Mitgliedstaaten gehandelt. Sie werden somit innerhalb eines wesentlichen Teils des Gemeinsamen Marktes vertrieben.

Die obigen Ausführungen zu Art. 81 I EGV machen deutlich, daß die Bundesligavereine durch ihren Vermarktungsbeschluß in der Lage sind, die Zusammensetzung der Rechtepakete, die Art und Anzahl der Spielübertragungen oder die Regelungen über die Bündelung einzelner Rechte sowie die Ausstrahlung mehrer Spiele eines Vereins unabhängig von der Marktgegenseite festzulegen. Dritte, die die Bundesliga-Rechtepakete erwerben wollen, müssen sich zwangsläufig an die von den Vereinen gebildete, geschlossene Gruppe in Form des Ligaverbandes wenden. Denn die interessanten Live- und Aufzeichnungsrechte werden vorrangig, teilweise sogar exklusiv, zentral von dieser Gruppe vermarktet. Hinsichtlich dieser Rechte beseitigten die Vereine im Wesentlichen den unter ihnen stattfindenden Wettbewerb; von Seiten Dritter droht ihnen wegen der fehlenden Substituierbarkeit ihres Produkts keinerlei Wettbewerb. Der Markteintritt neuer Sportligen in den vom Ligaverband dominierten Sportwettbewerb ist, wie sich in der Vergangenheit gezeigt hat, wirtschaftlich nicht durchführbar.

Sowohl der Ligaverband als auch die Bundesliga-Vereine nehmen somit eine beherrschende Marktstellung auf dem relevanten Produktmarkt ein.

4. Mißbrauch

(a) Einführung

Art. 82 Satz 1 EGV untersagt die mißbräuchliche Ausnutzung einer beherrschenden Stellung, wobei weder diese Bestimmung noch der EG-Vertrag definieren, was unter einem Mißbrauch zu verstehen ist. Unter Zuhilfenahme der vier Regelbeispiele in Art. 82 Satz 2 EGV, der in Art. 2 EGV und Art. 3 EGV festgehaltenen Vertragszwecke sowie des in Art. 66 § 7 Satz 1 EGKS-Vertrag verwendeten Mißbrauchsbegriffs läßt sich der Begriff jedoch präzisieren.

Danach ist der Mißbrauch einer beherrschenden Stellung dadurch gekennzeichnet, daß diese Stellung zu "mit diesem Vertrag in Widerspruch stehenden Zwekken verwendet wird"[1004]. Hierzu gehören vor allem die Erreichung von Marktergebnissen, die bei funktionsfähigem Wettbewerb nicht zu erzielen gewesen wären (Ausbeutungsmißbrauch), die Beeinträchtigung des Restwettbewerbs durch Maßnahmen gegenüber den auf dem Markt verbliebenen oder potentiellen Wettbewerbern (Behinderungsmißbrauch) oder die Beeinträchtigung des Restwettbewerbs durch Unternehmenszusammenschlüsse mit dem Effekt einer Verstärkung einer marktbeherrschenden Stellung (Marktstrukturmißbrauch)[1005]. Primärer Zweck der Vorschrift ist gemäß Art. 3 I lit. g) EGV der Schutz des unverfälschten, freien, redlichen und wirksamen Wettbewerbs in der Europäischen Union sowie der Schutz der Marktpartner gegen ihre machtbedingte Schädigung, welcher sich unmittelbar aus Art. 82 Satz 2 EGV ergibt. Im Gegensatz zur US-amerikanischen Rechtsprechung, insbesondere zur gezielten Kampfpreisunterbindung (*predatory pricing*), die ganz dem Effizienzgedanken verpflichtet ist, bringt der EuGH im Rahmen des Art. 82 EGV auch außerökonomische Gerechtigkeitserwägungen zur Geltung[1006]. Diese orientieren sich allerdings stets an objektiven, dem Ziel des Art. 3 I lit. g) EGV Rechnung tragenden Gründen[1007].

1004 Emmerich, Kartellrecht, S. 436; Langen/Bunte/Dirksen, Art. 82 Rn. 73.

1005 Emmerich, Kartellrecht, S. 436; Langen/Bunte/Dirksen, Art. 82 Rn. 76ff.

1006 Fleischer/Körber, WuW 2001, 6, 16f. Vgl. hierzu etwa EuGH, Slg. 1974, 223 (Rs. 6 und 7-73 – 6.3.1974) "Commercial Solvents"; EuGH, Slg. 1978, 207 (Rs. 27/76 – 14.2.1978) "United Brands"; EuGH, Slg. 1979, 1869 (Rs. 22-78 – 31.5.1979) "Hugin", bei denen jeweils ein Mißbrauch in Fällen bejaht wird, in denen marktbeherrschende Unternehmen langjährige Geschäftsbeziehungen zu kleineren Wettbewerbern abgebrochen haben. Der Marktbeherrscher muß sich nämlich bei der Wahrung seiner legitimen geschäftlichen Interessen stets der Mittel des Leistungswettbewerbs bedienen und den Verhältnismäßigkeitsgrundsatz beachten.

1007 Langen/Bunte/Dirksen, Art. 82 Rn. 180; Schröter in Schröter/Jakob/Mederer, Art. 82 Rn. 179.

Die Gemeinschaftspraxis stuft regelmäßig solche Verhaltensweisen eines Unternehmens in beherrschender Stellung als mißbräuchliche Ausnutzung ein, "die die Struktur eines Marktes beeinflussen können, auf dem der Wettbewerb gerade wegen der Anwesenheit des fraglichen Unternehmens bereits geschwächt ist, und die die Aufrechterhaltung des auf dem Markt noch bestehenden Wettbewerbs oder dessen Entwicklung durch die Verwendung von Mitteln behindern, die von den Mitteln eines normalen Produkt- oder Dienstleistungswettbewerbs auf der Grundlage der Leistungen der Marktbürger abweichen"[1008]. Die Maßstäbe sind dabei umso strenger, je mehr der Wettbewerb bereits gefährdet ist[1009]. Einen Kausalzusammenhang zwischen beherrschender Stellung und Mißbrauch halten EuGH und Kommission im Gegensatz zu einigen Literatur-Stimmen für nicht erforderlich[1010]. Ein Verschulden des Marktbeherrschers ist ebenfalls regelmäßig nicht erforderlich; das mißbräuchliche Verhalten muß ihm lediglich zurechenbar sein[1011].

(b) Verstoß gegen Art. 82 Satz 2 lit.a) und lit.b) EGV

(i) Mißbräuchliche Absatzbeschränkung i.S.d. Art. 82 Satz 2 lit. b) EGV

Der Tatbestand des Art. 82 Satz 2 lit. b) EGV ist weit auszulegen; es fällt sowohl die eigene Absatzeinschränkung des beherrschenden Unternehmens als auch die Einschränkung solcher Aktivitäten bei anderen Unternehmen hierunter[1012]. Führt die Einschränkung des eigenen Absatzes zu einer künstlichen Angebotsverknappung trotz entsprechender Nachfrage, um die Preise hochzuhal-

---

1008 Gefestigte Rspr.; EuGH, Slg. 1979, 461, 539ff. (Rs. 85-76 – 13.2.1979) "Hoffmann-La Roche"; EuGH, Slg. 1991, I-3359, 3455 (Rs. C-62/86 – 3.7.1991) "AKZO"; EuG, 1990, II-309, 354ff. (Rs. T-51/89 – 10.7.1990) "Tetra Pak"; EuG, Slg. 1993, II-389, 407ff. (Rs. T-65/89 – 1.4.1993) "BPB"; EuG, Slg. 1994, II-755, 821ff. (Rs. T-83/91 – 6.10.1994) "Tetra Pak II"; EuG, Slg. 1999, II-2969, 3021ff. (Rs. T-228/97 – 7.10.1999) "Irish Sugar"; Kommission, Abl. 1992 L 72, 1 Rn. 104ff. (IV/31.043 – 24.7.1991) "Tetra Pak II".

1009 EuG, Slg. 1993, II-389 Rn. 70 (Rs. T-65/89 – 1.4.1993) "BPB".

1010 EuGH, Slg. 1973, 215 Rn. 27 (Rs. 6-72 – 21.2.1973) "Continental Can"; Kommission, Abl. 1985 L 374, 1 Rn. 85 (IV/30.698 – 14.12.1985) "ECS/AKZO"; Schröter in Schröter/Jakob/Mederer, Art. 82 Rn. 166; Langen/Bunte/Dirksen, Art. 82 Rn. 85 m.w.N. zur Literatur.

1011 h.M.: EuGH, Slg. 1973, 215, 247 (Rs. 6-72 – 21.2.1973) "Continental Can"; EuG, Slg. 1993, II-389 Rn. 70 (Rs. T-65/89 – 1.4.1993) "BPB"; Emmerich, Kartellrecht, S. 436f.; Langen/Bunte/Dirksen, Art. 82 Rn. 83, 85.

1012 Vgl. h.M. in Langen/Bunte/Dirksen, Art. 82 Rn. 111; Schröter in Schröter/Jakob/Mederer, Art. 82 Rn. 200; EuGH, Slg. 1978, 207, 295ff. (Rs. 27/76 – 14.2.1978) United Brands".

ten, so wirkt sich dies generell zum Schaden der Verbraucher aus[1013]. Mit Hilfe seines Bundesliga-Vermarktungssystems ist es dem Ligaverband möglich, den auf den Märkten für Fernsehsenderechte und für Senderechte der neuen Medien verbliebenen Wettbewerb unter den Vereinen zu beschränken und dessen Entwicklung mit Mitteln zu behindern, die von denen auf einem normalen Produktmarkt auf der Grundlage der Leistungen der Marktbürger abweichen. Der Ligaverband handelt hierdurch mißbräuchlich im Sinne des Art. 82 Satz 2 lit. b) EGV, da er den Absatz an Fernseh- und Internet- sowie Mobilfunkübertragungen von Bundesligaspielen zum Schaden der Verbraucher einschränkt.

Dürften die Vereine entgegen des vorliegenden Systems[1014] ihre Live-Senderechte von Beginn an selbst vermarkten, käme es zu mehreren zeitgleichen Spielübertragungen auf verschiedenen Sendern und zu einem insgesamt größeren Übertragungsangebot. Die Fernsehzuschauer würden sich dementsprechend auf diejenigen Sender aufteilen, welche die sie jeweils am meisten interessierenden Spiele ausstrahlen. Als Konsequenz müßten die einzelnen Vereine als Rechteinhaber wohl mit geringeren Erlösen aus der Veräußerung ihrer Senderechte Vorlieb nehmen[1015]. Denn die Fernsehsender dürften selbst aufgrund der stärkeren Konkurrenz untereinander weniger Werbeeinnahmen im Zusammenhang mit den Spielübertragungen erzielen, da die werbungstreibenden Unternehmen ihre Werbespots bei mehr oder weniger gleichbleibenden Werbeetats nunmehr auf die verschiedenen Sender aufteilen werden, wodurch pro Sender weniger Einnahmen anfallen. Auch die Bezahlsender müssen in diesem Szenario sehr wahrscheinlich mit entsprechend geringeren Abonnementsverkaufszahlen rechnen. Die Zahlungsbereitschaft der Fernsehsender für den Erwerb von Senderechten dürfte deshalb abnehmen. Infolgedessen können die Vereine nur noch marktgerechte Senderechtspreise erzielen. Die Sender wären künftig nicht mehr in der Lage, ihre eigenen Kosten über höhere Fernsehwerbungspreise, Abonnementsgebühren oder Decoderpreise auf die Verbraucher abzuwälzen.

Schränkt das beherrschende Unternehmen den Absatz anderer Unternehmen zur Sicherung oder Erweiterung der eigenen Marktposition ein, handelt es sich um

---

1013 Vgl. EuGH, Slg. 1988, 6039 Rn. 16 (Rs. 53/87 – 5.10.1988) "Renault"; EuGH, Slg. 1988, 6211 Rn. 9 (Rs. 238/87 – 5.10.1988) "Volvo", in denen die Weigerung der beherrschenden Automobilhersteller, Ersatzteile für solche Fahrzeugmodelle herzustellen oder Werkstätten mit Ersatzteilen für solche Modelle zu beliefern, von denen noch viele Fahrzeuge verkehrten, als mißbräuchlich angesehen wurde.

1014 Vgl. Ziffer B.V.2 oben.

1015 Eine entsprechende Entwicklung konnte in den USA nach dem *NCAA*-Urteil festgestellt werden. Siehe Ziffer A.VII.2(b)(ii) oben.

indirekten Behinderungs- oder Marktstrukturmißbrauch[1016]. Der Ligaverband behindert seine Mitgliedsvereine in der Ausübung ihrer Handlungsfreiheit und beim Absatz ihrer Verwertungsrechte erheblich, indem er mit Hilfe der restriktiven Regelungen über die Individualvermarktung[1017] seine eigenen Interessen an einem einheitlichen Produkt, der Wahrung der Vorteile der Markenprägung und der zentralen Vermarktung schützt. Wie oben[1018] bereits mehrfach gezeigt, führt das Vermarktungsmodell insgesamt zu einer künstlichen Verknappung insbesondere der attraktiven Bundesliga-Liveübertragungen, wodurch die Fernsehzuschauer, aber auch die Fernsehsender, in ihren Nachfragemöglichkeiten und ihrer Auswahlfreiheit geschädigt werden. Ferner verlangt die Bestimmung, die jedem Verein das Recht zur Verwertung seiner Heimspiele 24 Stunden nach der Begegnung einräumt, daß dies nur zur einmaligen Ausstrahlung auf einem Free-TV-Sender zulässig ist[1019]. Auch hierin ist eine ausschließlich zu Gunsten des Ligaverbandes wirkende Regelung zu sehen, die aus der beherrschenden Stellung des Ligaverbandes resultiert und die den Vereinen eine zu ihren Lasten gehende Verpflichtung auferlegt, da sie diesen verbindlich vorschreibt, ihre Rechte nur an bestimmte Abnehmer und nur in sehr begrenzter Anzahl, nämlich nur zur einmaligen Ausstrahlung an einen Sender des frei empfangbaren Fernsehens, zu veräußern[1020]. Eine mehrfache Verwertung dieser Rechte, auch zum Beispiel gegenüber Bezahlsendern, würde hingegen zu einer Angebotsvergrößerung führen und wäre auch finanziell lukrativer für die Mehrzahl der Vereine.

Die einzelnen Bundesligavereine sind faktisch gezwungen, die Vermarktungsregelungen des Ligaverbandes zu akzeptieren. Wollen sie an der Bundesliga oder 2. Bundesliga im Kampf um die deutsche Fußballmeisterschaft teilnehmen, müssen sie zwingend die Satzungsbestimmungen des DFB und des Ligaverbandes vollumfänglich anerkennen. Der Ligaverband erhielt vom DFB die beiden DFB-Vereinseinrichtungen Bundesliga und 2. Bundesliga als alleiniger Anbieter landesweiter Fußballwettbewerbe zur exklusiven Betreibung überlassen. Darüber hinaus steht ihm gemäß § 16a Nr. 2 Satz 1 DFB-Satzung i.V.m.

1016 Vgl. Kommission, Abl. 1988 L 272, 27 Rn. 60 (IV/31.043 – 26.7.1988) "BTG"; EuG, Slg. 1990, II-309 (Rs. T-51/89 – 10.7.1990) "Tetra Pak".

1017 Siehe Kommission, Abl. 2003 C 261, 13, 15 Rn. 21 (Comp/C.2/37.214) "Gemeinsame Vermarktung der Medienrechte an der Bundesliga".

1018 Siehe hierzu Ziffer B.V.3(a) oben.

1019 Siehe Kommission, Abl. 2003 C 261, 13, 14 Rn. 16 (Comp/C.2/37.214) "Gemeinsame Vermarktung der Medienrechte an der Bundesliga".

1020 Siehe zu vergleichbaren Regelungen Kommission, Abl. 1973 L 140, 17, 38ff. (IV/26.918 – 2.1.1973) "Europäische Zuckerindustrie", bestätigt durch EuGH, Slg. 1975, 1663, 2004 (Rs. 40 bis 48 u.a. – 16.12.1975) "Suiker Unie"; Kommission, Abl. 1989 L 43, 27 Rn. 102 (IV/30.979 und 31.394 – 21.12.1988) "Decca Navigator Systems".

§ 6 Nr. 2 lit. a) Ligaverband-Satzung das Recht zur exklusiven Verwertung der sich aus dem Betrieb der Bundesliga ergebenden Rechte im eigenen Namen zu. Mit der verbindlichen Anerkennung der DFB-Satzung und der Ligaverband-Satzung zwingt der Ligaverband die Vereine unmittelbar auch zur Anerkennung der Satzungsbestimmungen über die Medienrechte an Bundesligaspielen sowie des betreffenden Vermarktungsmodells. Aufgrund seiner Monopolstellung auf dem Markt für bundesweite Fußballwettbewerbe ist der Ligaverband in der Lage, die Konditionen für die gemeinsame und die individuelle Fernsehvermarktung der Bundesligaspiele zu diktieren. Die Vereine wiederum nehme diese Bedingungen mit Aufnahme in den Ligaverband hin.

(ii) Erzwingung unangemessener Geschäftsbedingungen

Da Satzungsbestimmungen unter den weit auszulegenden Begriff der Geschäftsbedingungen im Sinne des Art. 82 Satz 2 lit. a) EGV fallen[1021], könnte die Ligaverbandsregelung, auf der das Bundesliga-Vermarktungsmodell beruht, überdies als unangemessen zu qualifizieren sein. Sofern die Regelung nicht offensichtlich unbillig ist, ist die Angemessenheit der Geschäftsbedingungen unter Abwägung der Interessen der Beteiligten zu beurteilen[1022]. Das beherrschende Unternehmen hat bei den von ihm eingesetzten Mitteln in besonderem Maße das Gebot der Verhältnismäßigkeit zu beachten[1023].

Der Ligaverband versucht mittels der Zentralvermarktung und der damit einhergehenden Begrenzung von Live-Übertragungen im Fernsehen die Zahl der Stadionbesuche der Zuschauer hoch zu halten, eine Übersättigung der Fernsehzuschauer mit Fußballübertragungen zu verhindern und das Einkommensniveau der einzelnen Fußballvereine anzugleichen[1024]. All diese Ziele lassen sich jedoch auch mit wettbewerblich milderen Mitteln im Rahmen einer individuellen Rechtevermarktung durch die Vereine erreichen[1025]. So ist zum Beispiel ein differen-

---

1021 EuGH, Slg. 1985, 873, 885ff. (Rs. 41/83 – 20.3.1985) "British Telecommunications"; Langen/Bunte/Dirksen, Art. 82 Rn. 104.

1022 EuGH, Slg. 1974, 313 Rn. 6ff.(Rs. 127/73 – 27.3.1974) "BRT/SABAM II"; Langen/Bunte/Dirksen, Art. 82 Rn. 105.

1023 EuGH, Slg. 1978, 207, 298 (Rs. 27/76 – 14.2.1978) "United Brands"; Langen/Bunte/Dirksen, Art. 82 Rn. 105.

1024 Vgl. hierzu in Parlasca, Wirkungen von Sportkartellen, S. 115 Fn. 15, die anläßlich der Europapokalheimspiele-Entscheidung des BGH erfolgten Äußerungen des ehemaligen DFB-Präsidenten Egidius Braun: "Die Grenze ist erreicht. Es muß nicht jedes Spiel übertragen werden." und des damaligen DFB-Ligadirektors Wilfried Straub: "Das große Manko ist, daß nun die Vereine über das Produkt und seine Darstellungsform entscheiden können. (...) Wenn wir zu dem Ergebnis kommen, daß es zu viel Fußball im Fernsehen gibt, können wir nicht mehr gegensteuern.".

1025 Siehe hierzu die Ausführungen unter Ziffer B.IV.5(b)(ii) und Ziffer B.V.5 oben.

ziertes Erlösumverteilungsmodell geeignet, Einnahmeunterschiede zwischen den Vereinen auszugleichen. Zur Wahrung bestimmter Qualitätsstandards von Spielübertragungen durch die Vereine eignen sich spezifische bilaterale Regelungen mit einzelnen Clubs oder Rahmenregelungen in der Ligaverband-Satzung, die vergleichbar sind mit entsprechenden Regelungen in anderen Ligabereichen, wie der Trikotwerbung oder der Stadionsicherheit, die aber wettbewerblich weniger schädlich sind. Darüber hinaus kann der Ligaverband durch seine Mitveranstaltereigenschaft stets Einfluß nehmen auf die Art und Weise der Übertragungen. Das Argument, daß Zentralvermarktungssysteme geeignet sind, zu Gunsten der Heimvereine zwangsläufig eine große Zahl an Stadionbesuchern zu sichern, wurde bereits oben[1026] widerlegt. Eine so weit gehende Regelung zu Gunsten des Verbandes, wie sie im Bundesliga-Vermarktungsmodell vorgesehen ist, ist also für das Erreichen der Ziele des Ligaverbandes nicht erforderlich. Dies gilt vor allem, wenn man berücksichtigt, welche negativen Auswirkungen dieses Modell auf die Wettbewerbsstrukturen innerhalb des Fernsehrechtemarktes und auf lange Sicht auch auf die des Marktes für die Rechte der neuen Medien sowie auf die Handlungs- und Betätigungsfreiheit der einzelnen Vereine oder potentieller neuer Ligawettbewerber hat.

Die entsprechenden Ziele des Ligaverbandes sind folglich nicht geeignet, den entsprechenden Satzungsbestimmungen unter Wettbewerbsgesichtspunkten zu ausreichender Angemessenheit zu verhelfen. Aufgrund seiner Marktmacht kann der Ligaverband die Vereine in einer Weise behindern, die bei wirksamem Wettbewerb nicht möglich wäre. Die bereits von der Liga beherrschten Märkte werden durch diese Regelungen nicht etwa offen gehalten, sondern vielmehr sind sie derart ausgestaltet, daß weiterhin primär der Ligaverband selbst die wichtigsten Senderechte vergeben kann. Die Bundesliga-Vermarktungsregelungen des Ligaverbandes stellen mithin einen Ausbeutungsmißbrauch im Sinne des Art. 82 Satz 2 lit. a) EGV dar. Eine Ausnahme bilden die Regelungen über die Internet- und Mobilfunkrechte an Bundesligaspielen, sofern diese zeitlich eng begrenzt sind und nach ungefähr drei Jahren in eine individuelle Vermarktung durch die Vereine übergegangen wird. Diese Einschätzung beruht darauf, daß durch die zentral gesteuerte Vermarktung dieser Rechte eine bessere und weitreichendere Verbreitung dieser neuartigen Fußballübertragungen über Internet und Mobilfunk gewährleistet wird.

Im Ergebnis nutzt der Ligaverband seine beherrschende Stellung auf dem Markt für Fernsehübertragungsrechte mißbräuchlich im Sinne des Art. 82 EGV aus.

[1026] Siehe Ziffer B.III.2(a)(ii) oben.

(c) Mißbrauch im Sinne des Art. 82 Satz 1 EGV durch Zusammenschluß

In engen Grenzen halten EuGH und Kommission die Generalklausel des Art. 82 Satz 1 EGV auch auf Unternehmenszusammenschlüsse für anwendbar, wenn durch den Zusammenschluß die Marktstruktur gefährdet wird[1027]. Unabhängig davon, ob eine Anwendbarkeit des Art. 82 EGV auf Unternehmenszusammenschlüsse neben den Bestimmungen der FKVO überhaupt zulässig ist, erfüllt der Ligaverband nicht die hohen Voraussetzungen der mißbräuchlichen Ausnutzung einer marktbeherrschenden Stellung durch einen Unternehmenszusammenschluß im Sinne des hier als Auffangtatbestand fungierenden Art. 82 Satz 1 EGV. Mißbräuchlich ist die Ausnutzung einer beherrschenden Stellung durch Zusammenschluß nach der Rechtsprechung nämlich nur dann, "wenn durch die fragliche Beteiligung eine effektive Kontrolle oder zumindest Einfluß auf [die] Geschäftspolitik des [übernommenen] Unternehmens gegeben ist"[1028]. Der Begriff der "effektiven Kontrolle" entspricht dem des "bestimmenden Einflusses" im Sinne des Art. 3 II FKVO[1029]. Effektive Kontrolle übt aus, wer entweder allein oder gemeinsam mit anderen Unternehmen einen bestimmenden Einfluß auf die Geschäftstätigkeit eines anderen Unternehmens ausüben kann[1030].

An einer solchen Möglichkeit der bestimmenden Einflußnahme des Ligaverbandes auf die Geschäftstätigkeit seiner Mitgliedsvereine fehlt es hier. Denn die Kontrolle der einzelnen Vereine geht mit Eintritt in die Liga nicht in die Hände des Ligaverbandes über. Ein solcher Übergang der Kontrolle ist aber Voraussetzung zumindest für einen Zusammenschluß im Sinne der Fusionskontrolle[1031]. Entsprechendes hat wegen derselben Interessenlage und der Begriffsübereinstimmung auch im Rahmen des Art. 82 EGV zu gelten.

Es wurde bereits oben[1032] gezeigt, daß die einzelnen Vereine nach der verbindlichen Unterwerfung unter die Ligaverband- und die DFB-Satzung sowohl wirtschaftlich als auch rechtlich weiterhin vollkommen selbständige Einheiten bleiben und der Ligaverband auch keine faktische Kontrolle, etwa basierend auf

---

1027 Grundlegend EuGH, Slg. 1973, 215 (Rs. 6-72 – 21.2.1973) "Continental Can"; Kommission, Gemeinsame Erklärung des Rates und der Kommission zum Ratsprotokoll vom 19.12.1989, WuW 1990, 240, 243 Ziffer 11; Rat, Abl. 2004 L 24, 1 Rn. 7 "Fusionskontrollverordnung"; Langen/Bunte/Dirksen, Art. 82 Rn. 191ff.

1028 EuGH, Slg. 1987, 4487 Rn. 65 (Rs. 142/84 und 156/84 – 17.11.1987) "Philip Morris/Rothmans".

1029 Langen/Bunte/Dirksen, Art. 82 Rn. 195.

1030 Kommission, Abl. 1998 C 66, 5 Rn. 8ff. "Bekanntmachung über den Begriff des Zusammenschlusses"; Langen/Bunte/Dirksen, Art. 82 Rn. 195.

1031 Vgl. Kommission, Abl. 1994 C 385, 5 Rn. 8 "Begriff des Zusammenschlusses".

1032 Siehe die Ausführungen unter Ziffer B.III.1(c)(i) oben.

wirtschaftlicher Abhängigkeit der Vereine, über diese ausüben kann. Auf diese Ausführungen wird hier verwiesen. Die dem Ligaverband durch das Vermarktungsmodell und die Ligaverband-Satzung eingeräumte Befugnis, die wesentlichen Medienrechte an den Bundesligaspielen der Vereine zunächst ohne Einbindung der einzelnen Vereine exklusiv zu verwerten, ermöglicht ihm weder eine direkte noch indirekte Kontrolle über die Liga-Vereine. Der Verband erwirbt dadurch keine Stimmrechtsmehrheit oder qualifizierte Minderheitsbeteiligung an ihnen. Vielmehr bleiben die Vereine selbst in der Ligaversammlung stimmberechtigt und können hierüber Einfluß auf die Geschäftspolitik des Verbandes nehmen. Desweiteren verbleiben den Vereinen nach dem Vermarktungsmodell individuelle Bundesliga-Verwertungsrechte und die Möglichkeit, vom Ligaverband nicht genutzte Rechte nach Ablauf der Sperrfrist parallel zu diesem zu nutzen. Einen bestimmenden Einfluß auf die Tätigkeit der Vereine und somit eine effektive Kontrolle im Sinne der Rechtsprechung zu Art. 82 Satz 1 EGV kann der Ligaverband über die Vereine mithin nicht ausüben. Es kann deshalb im Falle des Bundesliga-Vermarktungsmodells nicht davon ausgegangen werden, daß der Ligaverband seine marktbeherrschende Stellung durch einen Unternehmenszusammenschluß gemäß Art. 82 Satz 1 EGV mißbräuchlich ausnutzt.

5. Beeinträchtigung des Handels zwischen den Mitgliedstaaten

Die mißbräuchliche Ausnutzung einer marktbeherrschenden Stellung fällt nur dann unter Art. 82 EGV, "soweit dies dazu führen kann, den Handel zwischen den Mitgliedstaaten zu beeinträchtigen". Hinsichtlich dieser Tatbestandsmerkmale gelten die selben Grundsätze wie in Art. 81 I EGV, da beide Vorschriften dem gleichen Ziel dienen, nämlich der Erhaltung eines funktionierenden Wettbewerbs in der Gemeinschaft[1033]. Deshalb wird diesbezüglich auf die entsprechenden Ausführungen nach oben verwiesen[1034]. Es genügt also auch hier die objektive Eignung der beanstandeten Verhaltensweise zur Beeinträchtigung des zwischenstaatlichen Handels.

Die Verwendung sachlich unangemessener Geschäftsbedingungen in Form der Satzungs- und Vermarktungsregelungen über die Medienrechte an Bundesligaspielen sowie die durch das Bundesliga-Vermarktungsmodell erzeugten Absatzbeschränkungen zum Schaden der Verbraucher wirken sich nicht nur in Deutschland, sondern auch in anderen europäischen Mitgliedstaaten aus. Sowohl Fernsehsender und Medienunternehmen als auch Fernsehzuschauer und Inter-

---

[1033] EuGH, Slg. 1973, 215, 246 (Rs. 6-72 – 21.2.1973) "Continental Can"; EuGH, Slg. 1979, 461, 552 (Rs. 85-76 – 13.2.1979) "Hoffmann-La Roche"; Langen/Bunte/Dirksen, Art. 82 Rn. 198.

[1034] Siehe Ziffer B.III.1(e) und (f) oben.

net- und Mobilfunknutzer in anderen Mitgliedstaaten sind am Erwerb der Verwertungsrechte bzw. an den Bundesliga-Übertragungen interessiert[1035]. Die Vereine werden durch diese Regelungen unmittelbar daran gehindert, ihre Übertragungsrechte selbst umfassend auf dem relevanten Markt anzubieten und unabhängig von ihrer Mitgliedschaft in der Liga europaweit zu vermarkten. Die mißbräuchliche Ausnutzung der marktbeherrschenden Stellung des Ligaverbandes kann folglich dazu führen, den Handel zwischen den Mitgliedstaaten zu beeinträchtigen.

6. Rechtsfolge

Die zivilrechtlichen Folgen eines Verstoßes gegen das Mißbrauchsverbot des Art. 82 EGV ergeben sich aus dem nationalen Recht. Einschlägig ist hier § 134 BGB, da Art. 82 EGV ein unmittelbar anwendbares gesetzliches Verbot darstellt, das als Schutzgesetz anerkannt ist[1036]. Danach sind die entsprechenden Vermarktungsregelungen in § 16a Nr. 2 Satz 1 DFB-Satzung i.V.m. § 6 Nr. 2 lit. a) Ligaverband-Satzung gemäß § 134 BGB nichtig.

7. Ergebnis

Der Ligaverband ist das beherrschende Unternehmen auf dem Markt für Bundesliga-Fußballübertragungsrechte in Deutschland und damit einem wesentlichen Teil des Gemeinsamen Marktes im Sinne des Art. 82 Satz 1 EGV. Seine Monopolstellung ermöglicht es dem Ligaverband zur Sicherung dieser beherrschenden Stellung, den Absatz von Bundesliga-Fernsehübertragungen zum Schaden der Fernsehsender und Zuschauer zu beschränken. Überdies erlaubt ihm seine Marktmacht, unangemessene Geschäftsbedingungen in Form der Fernsehvermarktungsregelungen des § 16a Nr. 2 Satz 1 DFB-Satzung i.V.m. § 6 Nr. 2 lit. a) Ligaverband-Satzung gegenüber den Vereinen zu erzwingen. Denn die verbindliche Anerkennung dieser Vermarktungsregelungen durch die Vereine ist unter Abwägung der jeweiligen Interessen des Verbandes sowie der Vereine, Fernsehsender und Zuschauer nicht das mildeste Mittel zum Erreichen der mit diesen Regelungen verbundenen Zwecke. Ein Fondsmodell zur Erlösverteilung unter den Vereinen und eng begrenzte Satzungsregelungen zur Qualitätssicherung von Spielübertragungen sind mit gleichem Erfolg aus praktischen und

---

1035 Siehe hierzu Ziffer B.III.1(e) und (f)(ii) oben.

1036 EuGH, Slg. 1974, 51, 63 (Rs. 127/73 – 30.1.1974) "BRT/SABAM"; EuGH, Slg. 1974, 313, 317 (Rs. 127/73 – 27.3.1974) "BRT/SABAM II"; EuGH, Slg. 1997, I-4449, 4470 (Rs. C-242/95 – 17.7.1997) "GT-Link"; EuG, Slg. 1990, II-309, 364 (Rs. T-51/89 – 10.7.1990) "Tetra Pak"; EuG, 1992, II-2223 Rn. 50 (Rs. T-24/90 – 18.9.1992) "Automec II"; Emmerich, Kartellrecht, S. 449; Schröter in Schröter/Jakob/Mederer, Art. 82 Rn. 56.

wirtschaftlichen Gesichtspunkten möglich. Der Ligaverband beeinträchtigt den zwischenstaatlichen Handel von Medienübertragungsrechten durch einen Konditionen- und Marktstrukturmißbrauch. Mithin verletzt der Ligaverband Art. 82 EGV. Die entsprechenden Vermarktungsregelungen in § 16a Nr. 2 Satz 1 DFB-Satzung i.V.m. § 6 Nr. 2 lit. a) Ligaverband-Satzung sind gemäß § 134 BGB nichtig.

8. Vergleich der für das Antitrust-Recht gefundenen Lösung mit der des EU-Kartellrechts

(a) Situation unter § 2 Sherman Act

Die herrschende Meinung in der US-amerikanischen Antitrust-Rechtsprechung und Antitrust-Literatur geht davon aus, daß es sich bei den einzelnen Sportarten (die vier Major League-Sportarten und z. B. Collegebasketball und -football) um nicht in angemessener Weise substituierbare Produkte der einzelnen Sportorganisationen handelt. Jede Sportart stellt für sich einen separaten Produktmarkt dar. Senderechte an Ausstrahlungen über verschiedene Medien bilden infolgedessen ebenfalls jeweils eigenständige Produktmärkte; diese lassen sich anhand der entsprechenden Übertragungsarten (Live-, Satelliten-, Kabel-, Internetfernsehen, etc.) noch weiter in verschiedene Teilmärkte (*submarkets*) untergliedern.

Die Feststellung einer mißbräuchlichen Ausnutzung von Monopolmacht gemäß § 2 Sherman Act setzt die Bestimmung des räumlich und des sachlich relevanten Marktes voraus. Zu letzterem untersucht die Antitrust-Praxis vor allem die Kreuzpreiselastizität (*cross elasticity of demand*). Hierfür bildet die Austauschbarkeit (Substituierbarkeit) der in Frage stehenden Produkte das maßgebliche Kriterium. Dabei wird auf die Sicht der Verbraucher abgestellt; im Bereich der Sportsenderechtsproblematik ist dies nach herrschender Meinung primär die Sicht der Endverbraucher, d.h. der Zuschauer bzw. der Werbungstreibenden.

Um eine behauptete Monopolmacht nachweisen zu können, stützen sich die Gerichte mehrheitlich auf indirekte Faktoren, insbesondere den Marktanteil, und sonstige Kriterien, wie den Schwierigkeitsgrad des Marktzutritts für tatsächliche oder potentielle Konkurrenten des vermeintlichen Monopolisten. In der Literatur (Chicago School) wird zum Teil vorrangig auf die Größe und Wirtschaftskraft des vermeintlichen Marktbeherrschers abgestellt, wobei dessen Marktmacht hauptsächlich anhand seines bisherigen Marktverhaltens, insbesondere seiner Fähigkeit zur Produktionseinschränkung oder zur Festsetzung von supracompetitiven Preisen, vorwiegend mit Hilfe mikroökonomischer Standardmodelle deduktiv abgeleitet wird. Diese Modelle dienen umgekehrt auch dazu, das Unternehmensverhalten als effizient zu begründen. Verfügt ein Unternehmen über Monopolmacht, ist das per se nicht verboten. § 2 Sherman Act untersagt erst das zweckgerichtete und willentliche Erwerben von oder das Festhalten an Monopolmacht.

Vor diesem Hintergrund geht die herrschende Meinung in Rechtsprechung und Literatur davon aus, daß die vier Major Leagues und die NCAA (zumindest im Collegebasketball und -football) jeweils über eine Monopolstellung in ihren Sportarten verfügen. Gleiches gilt für Major League-Clubs und Hochschulvereine, die in ihrem städtischen oder regionalen Zuschauereinzugsgebiet keine Ligarivalen besitzen. Im Vergleich zu § 1 Sherman Act spielt § 2 Sherman Act auf dem Gebiet der Senderechtevermarktung durch Sportligen und -vereine trotz deren dominanter Marktstellungen nur eine untergeordnete Rolle in den bisher entschiedenen Antitrust-Verfahren[1037].

(b) Situation unter Art. 82 EGV und rechtsvergleichende Stellungnahme

Vergleicht man die vorstehende Zusammenfassung mit den oben zu Art. 82 EGV gemachten Ausführungen, wird deutlich, daß die vorherrschende Ansicht in der Antitrust-Rechtsprechung und die EU-Wettbewerbspraxis im Hinblick auf die Prüfungsmethoden von Monopolen im Sportsenderechtsbereich weitgehende Übereinstimmungen aufweisen. Sowohl in den USA als auch in Europa wird der sachlich und räumlich relevanten Markt abgegrenzt unter Berücksichtigung der Substituierbarkeit und Kreuzpreiselastizität der relevanten Produkte. Zu Recht stellen dabei beide Regime primär auf die Sicht der Zuschauer ab, da deren Präferenzen ausschlaggebend dafür sind, ob eine Sportsendung erfolgreich ist oder nicht, und sich das wirtschaftliche Verhalten der Marktteilnehmer nach deren Präferenzen richtet. Auch die Marktmacht der Unternehmen spielt eine wesentliche Rolle im Rahmen der Tatbestandsprüfung. Das bloße Vorliegen von Monopolmacht ist weder unter § 2 Sherman Act noch unter Art. 82 EGV schädlich.

Die Frage, ob Sportligen und Ligaclubs im Bereich der Vermarktung von Medienrechten an Sportveranstaltungen über Monopolmacht verfügen oder nicht, beurteilen die herrschende Antitrust-Rechtsprechung und -Lehre einerseits und die Kommission andererseits jedoch vollkommen unterschiedlich. Nach dem Verständnis der Antitrust-Praxis sind die Major Leagues und ihre Clubs grundsätzlich Monopolisten auf diesem Gebiet. Die Kommission geht dagegen im Falle der UEFA und des Ligaverbandes von einer nur sehr geringen Marktmacht dieser Verbände aus. Dies beruht auf der vergleichsweise großzügigen Produkt-

---

[1037] Eine Ausnahme stellen z.B. die Entscheidungen United States Football League v. National Football League, 842 F.2d 1335, 1353 (2d Cir. 1988) und Chicago Professional Sports Ltd. Partnership v. National Basketball Association, 754 F. Supp. 1336, 1356 (N.D. Ill. 1991) dar.

marktdefinition der Kommission auf dem Gebiet der Senderechte. Eine sachgerechtere, wettbewerbs- und verbraucherfreundlichere Lösung bietet die im Rahmen dieser Arbeit vorgeschlagene und auch in der Antitrust-Rechtsprechung und -Literatur mehrheitlich vertretene enge Produktmarktdefinition. Diese führt zu der Feststellung von Monopolmacht der UEFA im Falle der Champions League-Medienrechte und des Ligaverbandes im Falle der Bundesliga-Medienrechte. Die Antitrust-Praxis vertritt in dieser Hinsicht im Vergleich zur Kommission eine sehr viel realistischere Auffassung, der sich die Kommission zum Wohle der Verbraucher anschließen sollte.

Die vorrangige Berücksichtigung des bisherigen Marktverhaltens als Indikator für die Wirtschaftskraft des dem Monopolisierungsvorwurf ausgesetzten Unternehmens, wie sie von Vertretern der Chicago School und einigen europäischen Gelehrten gefordert wird, ist abzulehnen. Durch diesen Ansatz wird der im Rahmen des Art. 82 EGV angelegte objektive Prüfungsmaßstab verlassen und durch rein subjektive Einschätzungen ersetzt. So werden die Marktstruktur des relevanten Marktes und die dort herrschenden Wettbewerbsbedingungen vernachlässigt. Je nach Definition der Prüfungskriterien (Zeitraum des zurückliegenden in Frage stehenden Marktverhaltens, Art des Marktverhaltens, Vergleichsmaßstab zu anderen Märkten, Schwelle kritischer Unternehmensgröße und Wirtschaftskraft) können sich völlig unterschiedliche Ergebnisse ergeben. Gerade jetzt, nach Inkrafttreten der VO 1/2003 und der damit einhergehenden Pflicht der Marktteilnehmer zur eigenverantwortlichen Einschätzung ihres wettbewerblichen Verhaltens, führt ein solcher auf subjektive Kriterien abstellender Prüfungsansatz zu verstärkter Rechtsunsicherheit unter den Unternehmen und Verbrauchern und erhöht die Gefahr willkürlicher, allzu wohlwollender, Selbsteinschätzung der marktbeherrschenden Unternehmen.

Unterschiedliche Mentalität, Rechtsauslegung und Stringenz der Kriterienanwendung oder -auslegung durch die Verbraucher, Unternehmensführungen und Kartellbehörden in den einzelnen Mitgliedstaaten der Europäischen Union dürften darüber hinaus dazu führen, daß es zu einer uneinheitlichen Rechtsanwendung und zu auseinanderlaufenden Entwicklungen bei der Bestimmung von Monopolen im Gemeinsamen Markt kommt. Da sich die Kommission hauptsächlich auf hard core-Fälle konzentriert und die nationalen Kartellbehörden diese subjektiven Prüfungskriterien sicher unterschiedlich streng anwenden werden, steigt der Anreiz der Unternehmen, zunächst eine für sie positive, d.h. für den Wettbewerb im Zweifel nachteilige, Auslegung ihres Marktverhaltens und ihrer Marktmacht anzustellen. Diese nachteiligen Folgen könnten nur dann eingeschränkt werden, wenn die Kommission beispielsweise in nicht verbindlichen Leitlinien zu Art. 82 EGV entsprechende Definitionen und Kriterien festlegen würde, an denen sich alle Marktteilnehmer orientieren könnten.

Aber auch in diesem Falle blieben erhebliche Probleme ungelöst: der Nachweis mißbräuchlichen Monopolverhaltens eines Unternehmens ist für dessen Konkurrenten und die Verbraucher nicht nur aufwendig und teuer, sondern auch in tatsächlicher Hinsicht sehr schwierig, da ihnen regelmäßig die erforderlichen Einblicke in die Unternehmensentscheidungen unmöglich sein werden und sich das jeweilige Marktverhalten nachträglich nur sehr schwer feststellen lassen wird. Zudem werden zukünftige, wettbewerblich positive Auswirkungen des Verhaltens mit diesem Test nicht berücksichtigt, weil er als Referenzwert das vergangene Wirtschaftsgebaren verwendet.

Wie in der Kartellaufsicht verfolgt die Kommission auch in der Mißbrauchsaufsicht zunehmend einen stärker ökonomisch ausgerichteten Ansatz zur Absicherung ihrer kartellrechtlichen Entscheidungen[1038]. Sie nähert sich dabei der im Antitrust-Recht schon seit langem praktizierten engeren Verzahnung von wirtschaftlichen und juristischen Untersuchungsmethoden sowie der Berücksichtigung wirtschaftlicher Effizienzen insbesondere durch die Kartellbehörden, aber auch die Gerichte. Eine verstärkte Untermauerung der Kartellentscheidungen durch ökonomische Methoden ist im Grunde zu begrüßen, da hierdurch mit Hilfe ökonometrischer Simulationsmodelle das Verhalten der Verbraucher genauer untersucht und bestimmt werden kann, und somit eine bessere Marktabgrenzung möglich wird[1039]. Dabei ist allerdings zu berücksichtigen, daß solche Untersuchungsmethoden u.a. von der Qualität und Quantität der berücksichtigten Marktdaten abhängen. Verläßliche Ergebnisse erfordern deshalb einen hohen personellen, zeitlichen und finanziellen Aufwand für alle Beteiligten. Die Gefahr besteht, daß vor allem finanzstarke Unternehmen, die in der Regel auch über eine große Marktmacht verfügen, gegenüber Verbrauchern, kleineren Wettbewerbern und den Wettbewerbsbehörden im Vorteil sind, da sie ihre größeren Finanzressourcen zu ihren Gunsten einsetzen und wirtschaftliche Untersuchungen durchführen können, die anderen Marktteilnehmern nicht möglich sind. Darüber hinaus ist die ex ante-Berücksichtigung von Effizienzgewinnen stets mit Unsicherheiten behaftet, da letztlich unklar ist, ob das marktbeherrschende Unternehmen eventuelle Effizienzvorteile auch wirklich an die Verbraucher weitergibt.

Der auch im Antitrust-Recht grundsätzlich möglichen Rechtfertigung durch Effizienzen (*efficiency defense*) stehen aber die Kommission und die Gemeinschaftsgerichte im Rahmen des Art. 82 EGV zu Recht weitgehend ablehnend gegenüber. Bereits begrifflich ist eine Freistellung von mißbräuchlichem Aus-

---

1038 Vgl. Kommission, Abl. 2000 L 30, 1 (K (1999) 1973 – 14.7.1999) "Virgin/British Airways"; Kommission, Abl. 2001 L 143, 1 (K (2000) 363 – 9.2.2000) "Total/Fina/Elf".

1039 So auch Hildebrand, WuW 2005, 513, 517f.

nutzen einer beherrschenden Stellung nicht möglich; dies wäre nur durch eine gesetzliche Einschränkung des Geltungsbereichs dieser Vorschrift der Fall, etwa durch Art. 86 II EGV.[1040] Es ist deshalb fraglich, ob eine vornehmliche Berücksichtigung ökonomischer Methoden und Aspekte bei der Beurteilung von mißbräuchlichen Verhaltensweisen im Einzelfall gerechter ist als der bisherige, stärker auf die Marktstruktur abstellende Ansatz. Dennoch sollten diese Methoden bei der Einzelfallentscheidung mit in jede kartellrechtliche Analyse einfließen, allerdings aufgrund der vorgenannten Gründe nicht vorrangig, sondern eher unterstützend. Einen höheren Nutzen bieten komplexe wirtschaftliche Analysen bei der Entwicklung und Überprüfung von allgemeingültigen wettbewerblichen Rechtsnormen, -theorien und -erfahrungssätzen. Mit ihrer Hilfe können Kategorien bestimmter Wettbewerbsbeschränkungen oder mißbräuchlicher Verhaltensweisen, wie das Festsetzen von Kampfpreisen oder das Festlegen von Kopplungsstrategien, überprüft und optimiert werden, so daß sich Wettbewerbsbehörden, Gerichte und Marktteilnehmer bei ihrer Verhaltensprüfung auf diese wirtschaftswissenschaftlich fundierten Erkenntnisse stützen können.

VIII. Finanzielle Teilhabe von Sportlern an der Medienvermarktung ihrer sportlichen Darbietungen

1. Einführung

Unter Ziffer A.VIII.2 oben wurde gezeigt, daß in den USA sowohl Profi- als auch Amateursportler, die ihre sportlichen Darbietungen im Rahmen einer Mannschaftssportart erbringen, grundsätzlich keinen Anspruch auf Teilhabe an den finanziellen Einnahmen ihrer Vereine aus der Vermarktung der Fernsehrechte an den von ihnen durchgeführten Mannschaftssportwettkämpfen haben. Lediglich Einzelsportler genießen nach der *Baltimore Orioles*-Lehre einen urheberrechtlichen Werkschutz an ihren Darbietungen. Sie können als Inhaber des Urheberrechts gemäß § 201(a) Copyright Act eine finanzielle Teilhabe an den Vermarktungserlösen vom Wettkampfveranstalter verlangen.

Nachfolgend wird deshalb in komprimierter Form Stellung zu der Frage genommen, ob auch das deutsche Recht Sportlern einen Anspruch auf Teilhabe an der Medienvermarktung ihrer sportlichen Darbietungen einräumt, oder ob ihnen zumindest für die nicht autorisierte Ausstrahlung von Bildern ihres Sportwettkampfs ein Anspruch auf Entschädigung gegen den Sender zusteht.

[1040] Schröter in Schröter/Jakob/Mederer, Art. 82 Rn. 177; EuGH, Slg. 1989, 803, 848 Rn. 32 (Rs. 66/86 – 11.4.1989) "Ahmed Saeed Flugreisen"; EuG, Slg. 1990, II-309, 358f. Rn. 25 (Rs. T-51/89 – 10.7.1990) "Tetra Pak".

2. Abbildungsschutz der Sportler gemäß §§ 22, 23 KunstUrhG

(a) Recht am eigenen Bild gemäß § 22 KunstUrhG und gesetzliche Schranke des § 23 I Nr. 1 KunstUrhG

Jeder natürlichen Person steht gemäß § 22 KunstUrhG das ausschließliche Recht zu, über die Verbreitung und öffentliche Zurschaustellung ihres Bildnisses zu entscheiden. Mit Hilfe dieser Regelung könnte ein Sportler finanzielle Ansprüche geltend machen für seine Zustimmung zur Ausstrahlung seines Bildnisses im Fernsehen oder Internet.

Die Fernsehübertragung einer sportlichen Darbietung eines Sportlers erfüllt zwar zunächst die Voraussetzungen des § 22 KunstUrhG. Das Erfordernis der vorherigen Einwilligung des Sportlers in die Zurschaustellung seiner sportlichen Darbietung entfällt jedoch in dem hier vorliegenden Kontext regelmäßig aufgrund des Eingreifens der gesetzlichen Schranke des § 23 I Nr. 1 KunstUrhG.

Denn Berufssportler, insbesondere Profifußballspieler, sind in Regel absolute Personen der Zeitgeschichte im Sinne des § 23 I Nr. 1 KunstUrhG[1041], so daß ein Anspruch eines solchen Sportlers auf finanzielle Teilhabe oder Entschädigung bereits von vornherein nicht gegeben ist. Für diese absoluten Personen der Zeitgeschichte fällt die erforderliche Interessenabwägung zumeist zu Gunsten des Informationsbedürfnisses der Allgemeinheit aus, so daß sie im Regelfall einer Berichterstattung über ihre sportliche Darbietung durch das Fernsehen nicht widersprechen können. In der Regel können sie deshalb keinen Anspruch auf finanzielle Entschädigung oder Beteiligung an etwaigen Vermarktungserlösen des Veranstalters aus den der Senderechtevergabe zugrunde liegenden Sportveranstaltungen geltend machen.

Amateursportler oder Profisportler weniger populärer Sportarten gelten als relative Personen der Zeitgeschichte, wenn sie an einem im öffentlichen Interesse stehenden Sportereignis teilnehmen. Auch bei diesem Personenkreis ist damit § 23 I Nr. 1 KunstUrhG im Falle von Fernsehübertragungen von Sportereignissen generell erfüllt, d.h. auch sie können wegen der Verwendung ihres Bildnisses in den Medien keine finanziellen Ansprüche geltend machen.

[1041] Vgl. RGZ 125, 80, 81f. (26.6.1929 – I 97/29) "Tull Harder"; KG GRUR 1952, 533 (19.2.1959 – 5 U 15/52) "Waldbühne"; BGH GRUR 1968 652, 653 (20.2.1968 – VI ZR 200/66 (OLG Stuttgart)) "Ligaspieler"; BGH GRUR 1979, 425, 426 (6.2.1979 – VI ZR 46/77 (OLG München)) "Fußballspieler"; BGH GRUR 1979, 732, 733 (26.6.1979 – VI ZR 108/78 (OLG Frankfurt)) "Fußballtor"; OLG Frankfurt/Main, NJW 1989, 402 (21.1.1988 – 6 U 153/86) "Boris Becker".

(b) Berechtigtes Interesse des Abgebildeten gemäß § 23 II KunstUrhG

Eine Verbreitung oder Zurschaustellung von Bildnissen dürfen Fernsehsender jedoch gemäß § 23 II KunstUrhG nicht vornehmen, falls hierdurch ein berechtigtes Interesse des Abgebildeten verletzt wird. Das berechtigte Interesse von Sportlern ist aber im Falle der Fernsehausstrahlung sportlicher Darbietungen für gewöhnlich nicht verletzt, selbst wenn für ihn unvorteilhafte Bilder, wie ungeschickte sportliche Aktionen, offensichtliche Chancenlosigkeit im sportlichen Wettkampf, grobe Fouls oder Sportunfälle übertragen werden, da auch solche Situationen zum Wesen eines sportlichen Wettkampfs gehören.

Ein eigenes wirtschaftliches Verwertungsinteresse des Abgebildeten an den Bildern seiner sportlichen Darbietung wird somit durch §§ 22 und 23 II KunstUrhG nicht geschützt[1042].

3. Leistungsschutz nach §§ 73ff. UrhG

Die §§ 74-76 UrhG gewähren dem ausübenden Künstler u.a. durch das Recht auf finanzielle Teilhabe einen vermögensrechtlichen Schutz seiner Leistung und räumen ihm Einwilligungsrechte hinsichtlich der Verwertung seiner Darbietung ein. Sofern Sportler das Gesetzesmerkmal "ausübende Künstler" erfüllen, könnte ihnen ein Anspruch auf finanzielle Teilhabe an der wirtschaftlichen Verwertung von Fernseh- oder anderen Medienübertragungen der von ihnen dargebotenen sportlichen Leistungen zustehen. Die Definition dieses Begriffs knüpft an die Interpretation eines Werkes im urheberrechtlichen Sinne an, d.h. der Künstler muß ein Werk, also eine persönliche geistige Schöpfung im Sinne des § 2 II UrhG interpretieren[1043].

Sportlichen Leistungen fehlt jedoch der erforderliche künstlerische Eigenwert[1044]. Sportler interpretieren im Rahmen ihrer Darbietungen keine persönlichen geistigen Schöpfungen, sondern erbringen im Rahmen feststehender Wett-

---

1042 Vgl. auch BGH GRUR 1968, 652, 653 (20.2.1968 – VI ZR 200/66 (OLG Stuttgart)) "Ligaspieler"; BGH GRUR 1979, 425 (6.2.1979 – VI ZR 46/77 (OLG München)) "Fußballspieler"; KG GRUR 1952, 533 (19.2.1959 – 5 U 15/52) "Waldbühne"; Hausmann, BB 1994, 1089, 1090; Waldhauser, Fernsehrechte des Sportveranstalters, S. 171; Westerholt, ZIP 1996, 264, 265.

1043 Möhring/Nicolini/Kroitzsch, § 73 UrhG Rn. 2, 3.

1044 Möhring/Nicolini/Kroitzsch, § 73 UrhG Rn. 9,10; Schricker/Krüger, § 73 Rn. 10; Hausmann, BB 1994, 1089; Ladeur, GRUR 1989, 885, 886; Weng, Zentrale Vermarktung von Fernsehübertragungsrechten, S. 29; BGH ZIP 1990, 949, 953 (14.3.1990 – KVR 4/88) "Sportübertragungen"; LG München UFITA 54 (1969), 320ff.; differenzierend Hertin, Urheberrecht, S. 126.

kampfregeln sich wiederholende, körperliche Leistungen und sportliche Vorgänge. Eine Ausnahme wird hier vereinzelt nur für das Tanzen gemacht und die nach einer Choreographie gelaufene Kür im Eiskunstlauf und im Eistanz, die ein Tanzwerk darstellen kann[1045]. Doch auch in diesen Fällen ist eine Subsumtion unter den urheberrechtlichen Werksbegriff abzulehnen. Denn selbst im Rahmen eines Tanzwettbewerbs oder einer Eiskunstlaufkür überwiegen regelmäßig die sportlichen Elemente die rein ästhetische Ausdrucksform, da die gesamte Darbietung durch eine Jury bewertet und es so zur Festlegung einer Plazierung für die gezeigte Leistung kommt. Der Sportler versucht durch technisch anspruchsvolle Figuren und eine fehlerfreie Vorführung seine Konkurrenten zu übertreffen und somit den Wettbewerb zu gewinnen. Es herrscht folglich eine für den Sport typische Wettkampfsituation, die die Elemente einer persönlichen geistigen Schöpfung in den Hintergrund treten lassen. Etwas anderes gilt lediglich, wenn keinerlei Wettkampfsituation vorliegt.

Sportler sind mithin keine ausübenden Künstler und können sich nicht auf §§ 73ff. UrhG berufen.

4. Leistungsschutz nach § 3 i.V.m § 4 Nr. 9 UWG

§ 3 i.V.m. § 4 Nr. 9 UWG ist zum Schutz gegen Ausbeutung fremder Leistungen ergänzend anwendbar, sofern die §§ 73ff. UrhG keine Regelung enthalten. Dies ist der Fall bei allen Darbietungen, denen kein schutzwürdiges Werk im Sinne des § 2 II UrhG zugrunde liegt, also insbesondere bei den im Rahmen von Sportvorführungen erbrachten Leistungen, sofern besondere, außerhalb der Sondertatbestände des Urheberrechtsgesetzes liegende Umstände hinzutreten, die eine Unlauterbarkeit begründen[1046].

Im Falle einer ungenehmigten Aufnahme und Ausstrahlung der sportlichen Darbietung eines Sportlers im Fernsehen oder über das Internet oder den Mobilfunk könnte dieser gemäß § 3 i.V.m § 4 Nr. 9 und §§ 8, 9 UWG gegen den übertragenden Fernsehsender, Internet- oder Mobilfunkanbieter (nachfolgend zusammen der **Anbieter**) Anspruch auf Unterlassung und Schadensersatz haben.

1045 BGH GRUR 1960, 604, 605 (18.3.1960 – I ZR 121/58 (KG)) "Eisrevue I"; BGH GRUR 1960, 606, 607f. (18.3.1960 – I ZR 75/58 (KG)) "Eisrevue II"; Möhring/Nicolini/Kroitzsch, § 73 UrhG Rn. 10; Waldhauser, Fernsehrechte des Sportveranstalters, S. 173; Kuczera,Vermarktung von Übertragungsrechten im Fußball, S. 72; Hertin, S. 126; a.A Siegfried, Fernsehberichterstattung von Sportveranstaltungen, S. 13f.

1046 Vgl. Schricker/Krüger, § 73 Rn. 26; Köhler in Hefermehl/Köhler/Bornkamm, § 4 UWG Rn. 9.7.

(a) Von Rechtsprechung und Schrifttum entwickelte Kriterien

Nachahmungsschutz genießen nur Leistungsergebnisse mit wettbewerblicher Eigenart; dieses von der Rechtsprechung zu § 1 UWG a.F. entwickelte Schutzerfordernis hat weiterhin Gültigkeit[1047]. Wettbewerbliche Eigenart liegt vor, wenn die konkrete Ausgestaltung oder bestimmte Merkmale des Erzeugnisses geeignet sind, die interessierten Verkehrskreise auf seine betriebliche Herkunft oder seine Besonderheiten hinzuweisen[1048]. Die wettbewerbliche Eigenart muß sich gerade aus den übernommenen Gestaltungsmerkmalen des Erzeugnisses ergeben, d.h. diese Merkmale müssen geeignet sein, im Verkehr auf eine bestimmte betriebliche Herkunft oder auf die Besonderheit des Erzeugnisses hinzuweisen[1049].

Da § 4 Nr. 9 UWG den Begriff Nachahmung nicht definiert, ist auch insofern an die frühere Rechtsprechung anzuknüpfen, die die drei Formen der unmittelbaren Leistungsübernahme, der fast identischen Leistungsübernahme und der nachschaffenden Leistungsübernahme unterscheidet[1050]. Bei einer unmittelbaren Leistungsübernahme eignet man sich zu Zwecken des Wettbewerbs das fertige Arbeitsergebnis eines anderen, das eine schutzwürdige Eigenart aufweist und nur unter Aufwand an Mühe und Kosten erreichbar war, mittels eines meist technischen Vervielfältigungsverfahrens unter Ersparung eigener Kosten an und bringt es ohne jede eigene Verbesserung oder Zutat in unveränderter Form auf den Markt, um den Vorgänger um die Früchte seiner Arbeit zu bringen[1051]. Eine fast identische Leistungsübernahme liegt vor, wenn die Nachahmung nur geringfügige, im Gesamteindruck unerhebliche Abweichungen vom Original aufweist[1052]. Eine nachschaffene Leistungsübernahme liegt vor, wenn die fremde Leistung nicht unmittelbar oder nachschaffend, sondern lediglich als Vorbild benutzt und nachschaffend unter Einsatz eigener Leistung wiederholt wird, wobei entscheidend ist, ob die Nachahmung wiederkehrende wesentliche Elemente

---

1047 Köhler in Hefermehl/Köhler/Bornkamm, § 4 UWG Rn. 9.24.

1048 St. Rspr.: vgl. BGH GRUR 2000, 521, 523 (8.12.1999 – I ZR 101/97 (OLG Köln)) "Modulgerüst"; BGH GRUR 2005, 166, 167 (28.10.2004 – I ZR 326/01 (OLG Köln)) "Puppenausstattungen"; BGH WRP 2005, 878, 880 (24.3.2005 – I ZR 131/02 (OLG Köln)) "Handtuchklemmen"; Köhler in Hefermehl/Köhler/Bornkamm, § 4 UWG Rn. 9.24.

1049 BGH GRUR 1999, 923, 927 (6.5.1999 – I ZR 199/96 (OLG Frankfurt a.M.)) "Tele-Info-CD"; Köhler in Hefermehl/Köhler/Bornkamm, § 4 UWG Rn. 9.24.

1050 Köhler in Hefermehl/Köhler/Bornkamm, § 4 UWG Rn. 9.34.

1051 BGHZ 28, 387, 392 (21.11.1958 – I ZR 61/57) "Nelkenstecklinge"; BGHZ 51, 41 (30.10.1968 – I ZR 52/66) "Reprint"; BGH GRUR 1999, 923, 927 (6.5.1999 – I ZR 199/96 (OLG Frankfurt a.M.)) "Tele-Info-CD".

1052 BGH GRUR 2000, 521, 524 (8.12.1999 – I ZR 101/97 (OLG Köln)) "Modulgerüst".

des Originals aufweist oder sich deutlich davon absetzt[1053]. Das Angebot einer Nachahmung setzt voraus, daß die fremde Leistung ganz oder teilweise als eigene Leistung angeboten wird[1054]. Eine unzulässsige Nachahmung liegt also dann nicht vor, wenn es sich um eine völlig eigenständige Leistung handelt[1055].

(b) Keine Nachahmung durch den Anbieter

Der Anbieter übernimmt zwar zunächst die sportliche Darbietung, die der Sportler durch Trainingsaufwand und finanzielle Aufwendungen für zum Beispiel Training und Sportartikel erbracht hat, und reproduziert oder gibt diese unmittelbar live an die Zuschauer weiter, ohne an der Darbietung des Sportlers als solcher etwas zu ändern. Er erhält im Zusammenhang mit der Sportübertragung auch finanzielle Einnahmen durch den Verkauf von Werbezeiten, Abonnements- oder Dienstleistungsgebühren, die er nicht an den Sportler weiter gibt.

Im Rahmen seiner Sportsendung nimmt der Anbieter jedoch an dem Leistungsergebnis des Sportlers, je nach Sendungsformat, eine umfangreiche Ton- und Bildbearbeitung vor. Diese Maßnahmen umfassen u.a. redaktionelle Leistungen, Regieführung, Kameraaufstellung und -führung, Bildschnitt, besondere Bildvariationen (zum Beispiel Wiederholung, Nahaufnahme und Zeitlupe), Moderation, Interviews, Vor- und Nachberichterstattung sowie Hintergrundinformationen, wie Statistiken und persönliche Daten der Sportler. Eine solche Übertragung ist mit erheblichem Aufwand für den Anbieter verbunden. Die umfangreiche Bild- und Tonbearbeitung macht die Sportsendung zu einem neuartigen Produkt, das sich von der bloßen Bildübertragung einer sportlichen Leistung klar unterscheidet. Obwohl das Sportereignis zwar eine zentrale Rolle spielt, übernimmt der Anbieter nicht unverändert oder fast identisch die Leistung des Sportlers zu dessen Nachteil und zu seinem alleinigen wirtschaftlichen Vorteil. Die Leistung des Sportlers wird dabei nicht nur als Vorbild benutzt und nachschaffend vom Anbieter wiederholt. Die Leistung des Anbieters setzt sich vielmehr deutlich von der des Sportlers ab. Es liegt kein Fall der Nachahmung vor[1056].

Eine ohne Einwilligung und finanzielle Teilhabe eines Sportlers erfolgte Fernseh- Internet- oder Mobilfunkübertragung seiner sportlichen Leistung durch den Anbieter ist somit für gewöhnlich keine unlautere Nachahmung seiner Leistung.

1053 BGH GRUR 1992, 523, 524 (21.3.1999 – I ZR 158/89 (OLG Saarbrücken)) "Betonsteinelemente"; BGH GRUR 1963, 152, 155 (26.10.1962 – I ZR 21/61 (KG)) "Rotaprint".

1054 OLG Köln GRUR-RR 2005, 228, 229 (8.10.2004 – 6 U 113/04) "Set-Top-Box".

1055 Köhler in Hefermehl/Köhler/Bornkamm, § 4 UWG Rn. 9.38.

1056 So auch Köhler in Hefermehl/Köhler/Bornkamm, § 4 UWG Rn. 9.38.

Schadensersatz- oder Unterlassungsansprüche von Sportlern lassen sich hieraus deshal nicht herleiten. § 3 i.V.m. § 4 Nr. 9 und §§ 8, 9 UWG sind nicht erfüllt.

5. Ersatzanspruch nach § 826 BGB

Ein Ersatz- oder Unterlassungsanspruch des Sportlers aus § 826 BGB gegen den die sportliche Leistung übertragenden Anbieter ist im Ergebnis ebenfalls zu verneinen. Es fehlt hier in der Regel an der Sittenwidrigkeit der nicht autorisierten und nicht vergüteten Fernsehübertragung. Als Begründung kann auf die vorstehend zu § 4 Nr. 9 UWG Argumente verwiesen werden, die eine unlautere Nachahmung des Leistungsergebnisses des Sportlers widerlegt haben.

6. Abwehranspruch aufgrund einer Verletzung des Rechts am eingerichteten und ausgeübten Gewerbebetrieb gemäß § 823 I BGB

Ein Sportler könnte einen Abwehranspruch gegen eine ungenehmigte Fernsehberichterstattung aus dem Recht des eingerichteten und ausgeübten Gewerbebetriebs als sonstigem Recht gemäß § 823 I BGB zustehen. Dieses Recht erfaßt zwar jegliche unternehmerische Tätigkeit und könnte dadurch zumindest zu Gunsten von Profisportlern eingreifen. Voraussetzung ist jedoch die Ausübung einer selbständigen Tätigkeit.

Mannschaftssportler fallen als weisungsgebundene Angestellte ihres Vereins schon aus diesem Grund nicht in den Schutzbereich dieser Vorschrift. Aber auch ein Abwehranspruch von generell nicht weisungsgebundenen Individualsportlern scheidet aus. Nach allgemeiner Ansicht genügt es nämlich nicht, daß jemand wirtschaftlich selbständig tätig wird, um im Falle einer Beeinträchtigung seiner Handlungs- und Betätigungsfreiheit einen Unterlassungsanspruch gemäß § 823 I BGB zu begründen. Erforderlich ist vielmehr eine dem Sportler zuzuordnende verdinglichte Einheit materieller und immaterieller Betriebsmittel[1057]. Der Sportler müßte Inhaber eines auf die Ausübung "seiner" Sportart ausgerichteten, verdinglichten offenkundigen Herrschaftsbereichs sein[1058].

Zwar stehen die von einem Individualsportler im Rahmen der Sportveranstaltung benutzten Sportgeräte häufig in seinem Eigentum. Der Wettkampf wird jedoch nach offiziellen und von vornherein feststehenden Wettkampfregeln ausgetragen, die von einem Dritten aufgestellt werden und an die sich alle Teilnehmer zu halten haben. Die Wettkampfstätte der Sportveranstaltung, steht darüber hin-

---

1057 Vgl. BGH NJW 1983, 812, 813 (18.1.1993 – VI ZR 270 /80 (Zweibrücken)); Haas/Reimann, SpuRt 1999, 182, 183; Haas/Prokop, JR 1998, 45, 47f.

1058 Haas/Reimann, SpuRt 1999, 182, 183.

aus nicht im Besitz oder Eigentum des Sportlers, sondern des Veranstalters oder eines Dritten. Zudem stellt die sportliche Darbietung im Wesentlichen eine ständige Wiederholung desselben sportlichen Vorgangs dar. Sie hängt unmittelbar auch von der Leistung seiner Konkurrenten ab, so daß der Sportler auch in dieser Hinsicht keinen offenkundigen eigenen Herrschaftsbereich über die Ausübung seiner Sportart hat. Somit fehlt es an den erforderlichen Voraussetzungen zur Begründung eines Abwehranspruchs eines Sportlers aus § 823 I BGB.

7. Das allgemeine Persönlichkeitsrecht als Bildnisschutzrecht und als Leistungsschutzrecht

(a) Bildnisschutz

In Literatur und Rechtsprechung ist anerkannt, daß bereits die nicht gestattete Anfertigung eines Bildnisses das allgemeine Persönlichkeitsrecht verletzt[1059]. Dieses Recht wird überwiegend aus Art. 1 und Art. 2GG hergeleitet und ist als sonstiges Recht im Sinne des § 823 I BGB geschützt[1060]. Im Rahmen des allgemeinen Persönlichkeitsrechts müssen bei der rechtlichen Beurteilung des Bildnisschutzes die selben Kriterien angewandt werden wie bei § 23 II KunstUrhG. Würde die ungenehmigte Veröffentlichung eines Bildnisses gemäß § 23 I Nr. 1 KunstUrhG erlaubt, seine zeitlich vorgelagerte Herstellung jedoch aufgrund des allgemeinen Persönlichkeitsrechts untersagt werden, käme es zu widersprüchlichen Ergebnissen[1061]. Das allgemeine Persönlichkeitsrecht des Sportlers tritt somit, was den Bildnisschutz anbetrifft, im Bereich der Fernseh-, Internet- oder Mobilfunkübertragung von Sportveranstaltungen hinter das Informationsinteresse der Allgemeinheit und das Berichterstattungsinteresse der Medien zurück.

1059 BGHZ 24, 200, 208 (10.5.1957 – I ZR 234/55) "Spätheimkehrer"; BGH GRUR 1967, 205 (16.9.1966 – VI ZR 268/64 (KG)) "Vor unserer Tür"; OLG Frankfurt/Main, GRUR 1958, 508 (9.1.1958 – 6 U 77/57) "Verbrecherbraut"; Palandt/Sprau, § 823 Rn. 112f.; Schricker/Götting, Anhang zu § 60/§ 22 KunstUrhG Rn. 5; MünchKomm/Rixecker, § 12 Anhang Rn. 35.

1060 BGHZ 13, 334, 338 (25.5.1954 – I ZR 211/53) "Leserbriefe"; Palandt/Sprau, § 823 Rn. 84; MünchKomm/Rixecker, § 12 Anhang Rn 3.

1061 So auch Waldhauser, Fernsehrechte des Sportveranstalters, S. 173; Siegfried, Fernsehberichterstattung von Sportveranstaltungen, S. 12.

(b) Leistungsschutz

Teilweise wird in Rechtsprechung und Schrifttum ein wirtschaftliches, also primär materiellen Interessen dienendes, Persönlichkeitsrecht angenommen[1062]. Die finanzielle Teilhabe eines Sportlers an Vermarktungserlösen des Veranstalters eines Sportereignisses oder ein Schadensersatzanspruch lassen sich aber nicht auf das allgemeine Persönlichkeitsrecht des Sportlers stützen, da dieses Recht lediglich bei nicht in anderer Weise kompensierbaren Rechtsverletzungen, wie der unerlaubten Verwertung des Bildes, Namens, der Stimme oder anderer kennzeichnender Persönlichkeitsmerkmale für kommerzielle Zwecke zur Anwendung kommt. Es schützt nämlich die Handlungs- und Betätigungsfreiheit, auch wenn diese Ausdruck der Persönlichkeit sein sollte, nicht schlechthin[1063]. Der Persönlichkeitsschutz des § 823 I BGB greift nur dann ein, wenn ein dem Betroffenen zugewiesener und nach außen ohne weiteres erkennbarer Herrschaftsbereich - vergleichbar dem eines absoluten Rechts wie des Eigentums, Lebens, Körpers, der Gesundheit oder eines ähnlichen Rechtsgutes - verletzt wird.

Ein solcher Eingriff liegt aber weder bei einer nicht autorisierten noch bei einer autorisierten Fernseh-, Internet- oder Mobilfunkübertragung einer Sportveranstaltung vor. Durch seine Teilnahme am Sportwettkampf begibt sich der Sportler nämlich aus seinem geschützten Privatbereich heraus und präsentiert den Zuschauern seine sportliche Darbietung im Rahmen eines Wettkampfs, der nach für alle Teilnehmer geltenden Regeln und in einer Wettkampfstätte stattfindet, die im Eigentum oder Besitz des Veranstalters steht. Auch fehlt es bei der sportlichen Betätigung an einem dem Sportler ausschließlich zugewiesenen und nach außen leicht erkennbaren Herrschaftsbereich, der zu der erforderlichen "Verdinglichung" der Persönlichkeit des Sportlers führt, da der sportliche Wettkampf in einem nicht allein durch den Sportler kontrollierten räumlichen Bereich und nach nicht von ihm aufgestellten Regeln abläuft. Ein wirtschaftlicher Leistungsschutz des Sportlers läßt sich folglich im Bereich der Medienübertragung von Sportveranstaltungen durch das allgemeine Persönlichkeitsrecht nicht erreichen.

1062 BGH NJW 2000, 2195, 2197 (1.12.1999 – I ZR 49/97 (KG)) "Marlene Dietrich"; BGH NJW 1996, 984 (5.12.1995 – VI ZR 332/94 (Hamburg)) "Caroline von Monaco"; MünchKomm/Rixecker, § 12 Anhang Rn. 44; Siegfried, Fernsehberichterstattung von Sportveranstaltungen, S. 21-29; Fikentscher, Wirtschaftsrecht, S. 112, 132ff.; Krneta, GRUR Int., 1996, 298ff.

1063 Larenz/Canaris, Schuldrecht, S. 513.

8. Ergebnis und Stellungnahme mit Blick auf die entsprechenden US-rechtlichen Regelungen

Der an einem Sportereignis teilnehmende Sportler hat regelmäßig weder aus seinem allgemeinen Persönlichkeitsrecht noch aus §§ 22, 23 KunstUrhG, § 3 i.V.m. § 4 Nr. 9 und §§ 8, 9 UWG, § 823 I BGB oder § 826 BGB einen Anspruch auf finanzielle Teilhabe an den Erlösen der Vermarktung von Medienrechten durch den Veranstalter des Sportereignisses.

Die Senderechte stehen dem jeweiligen Sportveranstalter zu. Ansprüche auf finanzielle Teilhabe eines Sportlers im Zusammenhang mit der Ausstrahlung seiner sportlichen Darbietung über die Medien sind nicht im Verhältnis Sportler-Medienunternehmen, sondern im direkten Verhältnis zwischen dem Mannschaftssportler und dem Verein als seinem Arbeitgeber oder des Einzelsportlers mit dem Veranstalter des Sportereignisses zu regeln. Ein Rechtsanspruch auf finanzielle Teilhabe am Vermarktungserlös steht dem Sportler nicht zu. Aufgrund seiner delikts- und lauterkeitsrechtlichen Abwehransprüche gegen ein unautorisiert übertragendes Medienunternehmen hat allein der Veranstalter die Möglichkeit, diese zu unterbinden oder eine Entschädigung hierfür zu erlangen.

In den USA steht Einzelsportlern dagegen ein urheberrechtlicher Anspruch auf finanzielle Teilhabe an Vermarktungserlösen aus den Senderechten an ihren sportlichen Darbietungen gemäß § 201(a) Copyright Act zu. Mannschaftssportler können einen solchen Anspruch aufgrund der "Works Made for Hire Doctrine" nur dann erfolgversprechend geltend machen, wenn sie dies ausdrücklich vertraglich mit ihrem Arbeitgeber, also ihrem Club, vereinbaren. Im Ergebnis liegt also praktisch nur hinsichtlich Einzelsportlern eine unterschiedliche Regelung in beiden Rechtsordnungen vor, da sich nur sie in den USA auf einen gesetzlichen Urheberrechtsanspruch auf Teilhabe am Vermarktungserlös berufen können. Mannschaftssportler müssen in der Praxis hingegen in beiden Jurisdiktionen eine entsprechende vertragliche Abrede mit ihren Vereinen suchen.

Da nicht der Sportler, sondern der Veranstalter das wirtschaftliche und organisatorische Risiko der Sportveranstaltung trägt, ist dieses Ergebnis aus deutschrechtlicher Sicht nicht zu beanstanden. Es ist deshalb folgerichtig, letzterem die Senderechte sowie die Verfügungsgewalt und wirtschaftliche Verwertungsbefugnis hierüber zuzugestehen. Den Sportlern bleibt es in Deutschland freigestellt, an den Einnahmen aus dem Verkauf von Senderechten teilzuhaben, indem sie einzelvertragliche Verhandlungen mit den Sportveranstaltern oder ihren Clubs führen.

C. SCHLUß

Die Ausführungen dieser Arbeit, u.a. zum Sports Broadcasting Act und zur Baseball-Ausnahme, zeigen, daß die Übernahme einer gesetzlichen Regelung oder rechtlichen Dogmatik aus dem Antitrust-Recht zur Lösung einer scheinbar identischen Problematik in Europa nicht unreflektiert erfolgen darf, sondern stets zuvor einer gründlichen Sachverhaltsanalyse bedarf, um erfolgversprechend zu sein. So wurde deutlich, daß der der Interessengesetzgebung zu Gunsten der vier Major Leagues entstammende Sports Broadcasting Act lediglich für werbefinanzierte, über Antenne ausgestrahlte Fernsehübertragungen von Sportveranstaltungen gilt, die von einer Major League ausgerichtet werden. In der Praxis vermarkten die hierdurch begünstigten Profiligen nur die Senderechte für über Antenne gesendete landesweite Spielübertragungen zentral. Dagegen wird die Vermarktung lokaler oder regionaler Senderechte und sämtlicher Senderechte für Kabel-, Satelliten- oder Internetübertragungen nicht von dieser Gesetzesregelung erfaßt. Sie unterliegt somit vollumfänglich den Antitrust-Gesetzen. Infolgedessen erfolgt zumindest bezüglich der lokalen und regionalen Senderechte in der Regel eine durch die einzelnen Clubs individuell betriebene Vermarktung. Dennoch hatte der Sports Broadcasting Act wesentlichen Anteil daran, daß sich die Major Leagues seit seinem Inkrafttreten vor über 40 Jahren zu marktbeherrschenden Wirtschaftsunternehmen mit großem, weit über den Sport hinausreichenden, Einfluß entwickeln konnten. Dies geschah größtenteils auf Kosten der Fernsehzuschauer und -sender sowie der Werbewirtschaft, die dadurch ein künstlich verknapptes Spielübertragungsangebot und stetig steigende Sende- und Werbepreise verkraften mußten.

Daß eine dezentrale Senderechtevermarktung nicht zum Zusammenbruch einer Sportliga führt – wie anders häufig von den Verfechtern der Zentralvermarktung behauptet wird – sondern im Gegenteil überwiegend positive wettbewerbliche Auswirkungen auf dem relevanten Markt entfaltet, zeigt die auf das *NCAA*-Urteil des Supreme Court folgende Entwicklung. Im Nachgang auf diese Entscheidung führte der einsetzende Wettbewerb um Collegesport-Senderechte zu einer größeren Zahl an Spielübertragungen, niedrigeren Senderechtspreisen und einer Zunahme an Fernsehsendern im lokalen und regionalen Fernsehmarkt.

Die von der UEFA und dem Ligaverband entwickelten Zentralvermarktungsmodelle führten hier zu Lande zu vergleichbaren Ergebnissen wie sie der Sports Broadcasting Act in den USA hervor gerufen hatte, d.h. Monopolmacht der Ligen, künstliche Verknappung des Spielübertragungsangebots, hohe Senderechts- und Werbepreise. Es läßt sich sogar gut vertreten, daß in Deutschland und Europa die Verbraucher wettbewerblich schlechter gestellt sind als die Konsumenten in den USA. Denn es gibt hier keine regionalen oder lokalen Fernsehmärkte, in denen die Clubs ihre Senderechte im freien Wettbewerb vermarkten können. Die im Einzugsgebiet eines Vereins lebenden Zuschauer sind vielmehr an das begrenzte Übertragungsangebot der primär vom Verband vermarkteten Spiele gebunden. Eine Individualvermarktung durch Vereine findet in der Praxis nicht in nennenswertem Umfang statt.

Aus wettbewerbs- und kartellrechtlicher Sicht ist es deshalb begrüßenswert, daß die Kommission in jüngerer Vergangenheit im Rahmen ihrer Freistellungsentscheidung über das UEFA Champions League-Vermarktungsmodell bzw. ihrer Entscheidung über die Verbindlicherklärung der Verpflichtungszusagen des Ligaverbandes einen kritischen Prüfungsansatz gegenüber Zentralvermarktungsmodellen eingeschlagen hat. Sie blieb dabei aber auf halbem Wege stehen. Diese Arbeit verdeutlicht das große Entgegenkommen, das die Kommission sowohl der UEFA als auch dem Ligaverband bei ihren Entscheidungen über die beiden modifizierten Vermarktungssysteme entgegen gebracht hat. So legte sie dort als Referenzsystem nicht den unverfälschten Wettbewerb zugrunde, sondern lediglich das von den Verbänden bisher jeweils praktizierte wettbewerbshemmende Zentralvermarktungsmodell. Überdies ermöglicht der von der Kommission angewandte, stark wirtschaftlich orientierte Prüfungsansatz im Rahmen des Art. 81 und Art. 82 EGV, wie nach dem Antitrust-Recht, vermehrt für die Zukunft erwartete (positive) Auswirkungen einer Wettbewerbsbeschränkung bei der Untersuchung zu berücksichtigen und in die wettbewerbliche Beurteilung mit einfließen zu lassen. Diese Methodik ist allerdings naturgemäß weniger verläßlich, da in die Zukunft gerichtet, als eine sich primär an strukturellen, rechtlichen oder vergangenheitsorientierten wirtschaftlichen Kriterien anlehnende Analyse. Problematisch ist dies vor allem im Legalausnahmesystem des Art. 81 EGV, in dem die Unternehmen die Zulässigkeit ihres Handelns selbst einzuschätzen haben. Die großzügige Annahme angeblich künftig eintretender wettbewerbsfördernder Auswirkungen von Vereinbarungen der beteiligten Unternehmen mit der Gewißheit geringer Aufdeckungsgefahr durch die Kommission (da sich diese auf hard core-Fälle konzentriert) oder ihrer Wettbewerber (die nur eingeschränkte Zugangsmöglichkeiten zu den relevanten Marktinformationen haben) erhöht die Gefahr vermehrter wettbewerbsbeschränkender Maßnahmen von ohnehin schon marktstarken Unternehmen.

Problematisch an den beiden Entscheidungen der Kommission ist, daß hierdurch die bisherige Praxis der zentralen Vermarktung durch den Verband nicht wirklich aufgehoben wird. Vordergründig räumen die modifizierten Systeme zwar den einzelnen Fußballvereinen mehr Rechte zur individuellen Vermarktung ein als bisher. Das vorrangige Andienungsrecht der UEFA und des Ligaverbandes vor allem hinsichtlich der für alle Beteiligten am interessantesten Senderechte, nämlich der Live-Rechte, garantiert jedoch die Beibehaltung des status quo, d.h. der primär zentralen Rechtevermarktung. Eine individuelle Vermarktung durch die Vereine gibt es weiterhin praktisch nicht. Um dies zu ändern und die althergebrachten Strukturen mit dem Ziel aufzubrechen, freien Wettbewerb auch auf diesem Markt zu etablieren, wäre es erforderlich, die dezentrale Senderechtevermarktung als den Regelfall durchzusetzen, und nur für den Fall des Scheiterns der individuellen Vermarktung eine primär durch den Verband erfolgende zentrale Vermarktung zuzulassen.

Positiv läßt sich aber abschließend festhalten, daß sowohl der deutsche Gesetzgeber als auch die Europäische Kommission im Bereich der wettbewerblichen Sonderbehandlung von Profisportligen größere Flexibilität und Effektivität bei der Durchsetzung von unverfälschtem Wettbewerb demonstriert haben als dies der US-amerikanische Kongreß und der Supreme Court bisher getan haben. Die schnelle Abschaffung des § 31 GWB und die erstmalige Anwendung des neuen Verfahrens gemäß Art. 9 VO 1/2003 im Falle des Ligaverbandes auf der einen Seite und das seit Jahrzehnten zwischen Kongreß und Supreme Court andauernde Hin- und Herschieben der Verantwortung zur Aufhebung der allseits als "Anomalie" erkannten Baseball-Ausnahme auf der anderen Seite machen dies deutlich. Es bleibt zu hoffen, daß der hierbei gezeigte wettbewerbsorientierte Ansatz im Bereich der Vermarktung von Medienrechten an Sportveranstaltungen in den kommenden Jahren in Europa – wie in dieser Arbeit aufgezeigt – weiter zum Wohle der sportbegeisterten Zuschauer und aller Marktteilnehmer vertieft wird. Um dieses Ziel zu erreichen, ist eine fortlaufende Überprüfung und Optimierung des bisher Erreichten nötig. Dieser Grundsatz gilt sowohl im Sport als auch im Wettbewerbs- und Kartellrecht.

D. LITERATURVERZEICHNIS

Abbott, Paul D.: Antitrust and sports - Why Major League Soccer succeeds where other sports leagues have failed; 8 Sports Lawyers Journal 1 (2001); zitiert: 8 Sports Law. J. 1

Amato, Filippo: Loewenheim/Meessen/Riesenkampf (Hrsg.), Kartellrecht, Band 1, Europäisches Recht, Kommentar (2005); zitiert: Amato, Kartellrecht

Anderson, David L.: The Sports Broadcasting Act: Calling it what it is - Special Interest Legislation; 17 Hastings Communications and Entertainment Law Journal 952 (1995); zitiert: 17 Hastings Comm. & Ent. L.J. 945

Arcella, Craig F.: Major League Baseball's disempowered Commissioner: Judicial ramifications of the 1994 restructuring; 9 Columbia Law Review 2420 (1997); zitiert: 9 Colum. L. Rev. 2420

Archner, Gernot: Die kartellrechtliche Zulässigkeit der zentralen Vermarktung von Fernsehübertragungsrechten an Bundesligaspielen durch den DFB; Studienreihe Wirtschaftsrechtliche Forschungsergebnisse, Band 9 (1999); zitiert: Archner, Zentrale Vermarktung von Fernsehübertragungsrechten an Bundesligaspielen

Areeda, Phillip/*Hovenkamp,* Herbert: Antitrust law, an analysis of antitrust principles and their application; Antitrust Supplement, Band 1A, 2. Aufl. (2000/2003); zitiert: Areeda/Hovenkamp, Antitrust

Areeda, Phillip/*Kaplow,* Louis: Antitrust analysis, problems, text and cases; 5. Aufl. (1997); zitiert: Areeda/Kaplow, Antitrust Analysis

Barnes Kellis, Brandi: A new technology question of Olympic proportions: Should NBC's license to broadcast the games include internet broadcasting rights? 8 Intellectual Property Law 245 (2001); zitiert: 8 J. Intell. Prop. L. 245

Baron, Michael: in Langen/Bunte (Hrsg.), Kommentar zum deutschen und europäischen Kartellrecht, Band 2, 10. Aufl. (2006); zitiert: Langen/Baron

Bauer, Joseph P.: Antitrust and sports: Must competition on the field displace competition in the market place? 60 Tennessee Law Review 263 (1993); zitiert: 60 Tenn. L. Rev. 263

Bauer, Joseph P./*Kintner,* Earl W.: in Kintner (Hrsg.), Federal Antitrust Law, Band 2 (1980); zitiert: *Autor*, Federal Antitrust Law

Baur, Jürgen F./*Weyer,* Hartmut: in Frankfurter Kommentar zum Kartellrecht, Band VI, EG-Kartellrecht (2004/1999); zitiert: Baur/Weyer, FK

Barrett, Amy Coney: Statutory stare decisis in the Courts of Appeals; 73 George Washington Law Review 317 (2005); zitiert: 73 Geo. Wash. L. Rev. 317

Blecher, Maxwell M./*Daniels,* Howard F.: Professional sports and the "Single Entity" defense under Section 1 of the Sherman Act; 4 Whittier Law Review 217 (1982); zitiert: Blecher & Daniels, 4 Whittier L. Rev. 217

Bodenheimer, Edgar: Präjudizienverwertung und Gesetzesauslegung im amerikanischen Recht; Archiv für die civilistische Praxis, 160. Band, 1. Heft (1961); zitiert: AcP 160, 1

Bork, Robert H.: The antitrust paradox (1978); zitiert: Bork, The Antitrust Paradox

Botein, Michael H.: Cable/telco mergers and acquisitions: An antitrust analysis; 25 Southwestern University Law Review 569 (1996); zitiert: 25 Sw. U. L. Rev. 569

Bothor, Peter: Anmerkung zum und Mitteilung des Urteils des LG Frankfurt a. M. vom 18.3.1998 zur Vermarktung von Automobilrennen; Zeitschrift für Sport und Recht (1998); zitiert: SpuRt 1998, 195

Brodley, Joseph F.: Joint ventures and antitrust policy; 95 Harvard Law Review 1523 (1982); zitiert: 95 Harv. L. Rev. 1523

Bunte, Hermann-Josef: in Langen/Bunte (Hrsg.), Kommentar zum deutschen und europäischen Kartellrecht, Band 2, 10. Aufl. (2006); zitiert: Langen/Bunte

Burkert, Thomas O.J.: in Gleiss/Hirsch (Hrsg.), Kommentar zum EG-Kartellrecht, 4. Aufl. (1993); zitiert: Gleiss/Hirsch/Burkert

Busse, Monika/*Leopold,* Anders: Entscheidungen über Verpflichtungszusagen nach Art. 9 VO (EG) No. 1/2003; Wirtschaft und Wettbewerb (2005); zitiert: Busse/Leopold, WuW 2005, 146

Calabrese, J. Philip: Antitrust and baseball; 36 Harvard Journal on Legislation 531 (1999); zitiert: 36 Harv. J. on Legis. 531

Canaris, Claus-Wilhelm: in Larenz (Hrsg.), Lehrbuch des Schuldrechts, 2. Band, 2. Halbband (1994); zitiert: Larenz/Canaris, Schuldrecht

Champion, Walter T., Jr.: Fundamentals of sports law (1990) (Ergänzung 2002); zitiert: Champion, Fundamentals of Sports Law

Christiansen, Arndt: Die "Ökonomisierung" der EU-Fusionskontrolle: Mehr Kosten als Nutzen?; Wirtschaft und Wettbewerb (2005); zitiert: WuW 2005, 285

Classen, H. Ward: Three strikes and you're out: An investigation of professional baseball's antitrust exemption; 21 Akron Law Review 369 (1988); zitiert: 21 Akron L. Rev. 369

Cox II, Phillip M.: Flag on the play? The siphoning effect on sports television; 47 Federal Communications Law Journal 571 (1995); zitiert: 47 Fed. Comm. L.J. 571

Crandall, Bradley W.: The DIRECTV NFL Sunday Ticket: An economic plea for antitrust law immunity; 79 Washington University Law Quarterly 287 (2001); zitiert: 79 Wash. U. L. Q. 287

Criswell, Charles Allen, Jr.: Repeal of baseball's longstanding antitrust exemption: Did congress strike out again?; 19 Northern Illinois University Law Review 545 (1999); zitiert: 19 N. Ill. U. L. Rev. 545

Culbertson, Emily: Broadcasting Act still necessary? Fans file suit; Business Lawyer (1994); zitiert: Culbertson, Broadcasting Act

Day, Bryan: Labor pains: Why contraction is not the solution to Major League Baseball's competitive balance problems; 12 Fordham Intellectual Property, Media and Entertainment Law Journal 521 (2002); zitiert: 12 Fordham Intell. Prop. Media & Ent. L.J. 521

Denenberg, David S./*Durham,* Jim/*Ebenstein,* Jerome S.: The sixth annual symposium on legal issues in professional sports, Panel III: The current state of sports and the media; 13 Fordham Intellectual Property, Media and Entertainment Law Journal 453 (2003); zitiert: *Autor*, 13 Fordham Intell. Prop. Media & Ent. L.J. 453

Deselaers, Wolfgang; Sportverbände und Europäisches Kartellrecht; Wirtschaft und Wettbewerb (1998); zitiert: WuW 1998, 946

Dirksen, Dirk: in Langen/Bunte (Hrsg.), Kommentar zum deutschen und europäischen Kartellrecht, Band 2, 10. Aufl. (2006); zitiert: Langen/Bunte/Dirksen

Easterbrook, Frank H.: The court and the economic system; 98 Harvard Law Review Association 4 (1984); zitiert: 98 Harv. L. Rev. 4

Edward, David: Competition and the law – where are we going?; Wirtschaft und Wettbewerb (2001); zitiert: WuW 2001, 1185

Emmerich, Volker:

- Kartellrecht, 9. Aufl. (2001); zitiert: Emmerich, Kartellrecht
- in Immenga/Mestmäcker (Hrsg.), GWB, Kommentar zum Kartellrecht, 3. Aufl. (2001); zitiert: Immenga/Mestmäcker/Emmerich, GWB

Enderle, Gregor: Vermarktung von Fernsehübertragungsrechten im professionellen Ligasport, Schriften zur Rundfunkökonomie, Band 7 (2000); zitiert: Enderle, Vermarktung von Fernsehübertragungsrechten im professionellen Ligasport

Eskridge, William N., Jr.:

- Interpreting legislative inaction; 87 Michigan Law Review 67 (1988); zitiert: 87 Mich. L. Rev. 67
- Overruling statutory precedents; 76 Georgetown Law Journal 1361 (1988); zitiert: 76 Geo. L.J. 1361

Everling, Ulrich: Zur Wettbewerbskonzeption in der neueren Rechtsprechung des Gerichtshof der Europäischen Gemeinschaften; Wirtschaft und Wettbewerb (1990); zitiert: WuW 1990, 995

Fecteau, Alan: NFL Network blackouts: Old law meets new technology with the advent of the satellite dish; 5 Marquette Sports Law Journal 221 (1995); zitiert: 5 Marq. Sports L.J. 221

Fikentscher, Wolfgang: Wirtschaftsrecht, Band 2 (1983); zitiert: Fikentscher, Wirtschaftsrecht

Fleischer, Holger: Absprachen im Profisport und Art. 81 EGV; Wirtschaft und Wettbewerb (1996); zitiert: WuW 1996, 473

Fleischer, Holger/*Körber,* Torsten: Der Einfluss des US-amerikanischen Antitrustrechts auf das Europäische Wettbewerbsrecht; Wirtschaft und Wettbewerb (2001); zitiert: Fleischer/ Körber, WuW 2001, 6

Freedman, Warren: Professional Sports and Antitrust (1987); zitiert: Freedman, Professional Sports and Antitrust

Fritzsche, Jörg: "Notwendige" Wettbewerbsbeschränkungen im Spannungsfeld von Verbot und Freistellung nach Art. 85 EGV; Zeitschrift für das gesamte Handelsrecht und Wirtschaftsrecht (1996); zitiert: ZHR 160, 31

Gandal, Neil/*Salant,* David J.: Hoygopoly: Oligopolistic competition for (Hollywood) movies; 40 The Antitrust Bulletin 699 (1995); zitiert: Gandal & Salant, 40 Antitrust Bulletin, 699

Garrett, Robert Alan/*Hochberg,* Philip R./*Noll,* Roger G.: in Gary A. Uberstine (Hrsg.), Law of professional and amateur sports, Band 2 (2001); zitiert: *Autor*, Law of Professional and Amateur Sports

Gerstenberg, Ekkehard: Schricker (Hrsg.) Urheberrecht, Kommentar, 3. Aufl. (2006); zitiert: Schricker/Gerstenberg.

Gippini Fournier, Eric: Loewenheim/Meessen/Riesenkampf (Hrsg.), Kartellrecht, Band 1, Europäisches Recht, Kommentar (2005); zitiert: Gippini Fournier, Kartellrecht

Glick, Jeffrey: Professional sports franchise movements and the Sherman Act: When and where teams should be able to move; 23 Santa Clara Law Review 55 (1983); zitiert: 23 Santa Clara L. Rev. 55

Goldman, Lee: Sports, Antitrust, and the Single Entity Theory; 63 Tulane Law Review 751 (1989); zitiert: 63 Tul. L. Rev. 751

Gould, Mark T.: Baseball's antitrust exemption: The pitch gets closer and closer; 5 Seton Hall Journal of Sport Law 273 (1995); zitiert: 5 Seton Hall J. Sport L. 273

Götting, Horst-Peter: in Schricker (Hsrg.), Urheberrecht, Kommentar, 3. Aufl. (2006); zitiert: Schricker/Götting

Gräfin von Westerholt, Margot: Übertragung von Sportveranstaltungen im Fernsehen; Zeitschrift für Wirtschaftsrecht (1996); zitiert: ZIP 1996, 264

Grauer, Myron C.: Recognition of the National Football League as a Single Entity under Section 1 of the Sherman Act: Implications of the Consumer Welfare Model; 82 Michigan Law Review 1 (1983); zitiert: 82 Mich. L. Rev. 1

Greenspan, David: College Football's biggest fumble: The economic impact of the Supreme Court's decision in National Collegiate Athletic Association v. Board of Regents of the University of Oklahoma; 33 The Antitrust Bulletin 1 (1988); zitiert: 33 Antitrust Bulletin 1

Haas, Ulrich/*Prokop,* Clemens: Die Autonomie der Sportverbände und die Rechtsstellung des Athleten; Juristische Rundschau (1998); zitiert: Haas/Prokop, JR 1998, 45

Haas, Ulrich/*Reimann,* Christoph: Das "Fernsehrecht" an Sportveranstaltungen als Abwehrrecht; Zeitschrift für Sport und Recht (1999); zitiert: SpuRt, 1999, 182

Hale, J. Scott: Jerry Jones versus the NFL: An opportunity to apply logically the Single Entity defense to the NFL; 4 Sports Lawyers Journal 1 (1997); zitiert: 4 Sports Law. J. 1

Hamilton, Joshua: Congress in relief: The economic importance of revoking baseball's antitrust exemption; 38 Santa Clara Law Review 1223 (1998); zitiert: 38 Santa Clara L. Rev. 1223

Hannamann, Isolde: Kartellverbot und Verhaltenskoordinationen im Sport; Beiträge zum Sportrecht, Band 8 (Dissertation 2000) (2001); zitiert: Hannamann, Kartellverbot und Verhaltenskoordinationen im Sport

Hausmann, Friedrich Ludwig: Der Deutsche Fußball Bund (DFB) - Ein Kartell für "Fernsehrechte"?; Betriebs-Berater (1994); zitiert: BB 1994, 1089

Heermann, Peter W.:

- Professionelle Sportligen auf der Flucht vor dem Kartellrecht – Rechtsvergleichende Beobachtungen zum Umspielen unliebsamer Rechtsvorschriften; Rabels Zeitschrift für ausländisches und internationales Privatrecht (2003); zitiert: RabelsZ 67, 106
- Mehrheitsbeteiligungen an Sportkapitalgesellschaften im Lichte des Europarechts; Wettbewerb in Recht und Praxis (2003); zitiert: WRP 2003, 724
- Kann der Ligasport die Fesseln des Kartellrechts sprengen?; Zeitschrift für Sport und Recht (1999); zitiert: SpuRt 1999, 11

Hellmann, Hans-Joachim/*Bruder* Stefan: Kartellrechtliche Grundsätze der zentralen Vermarktung von Sportveranstaltungen, Europäische Zeitschrift für Wirtschaftsrecht, Heft 12 (2006); zitiert: Hellmann/Bruder, EuZW 2006, 359.

Hertin, Paul W.: Urheberrecht (2004); zitiert: Hertin, Urheberrecht

Heylar, John: Lords of the realm: The real history of baseball (1994); zitiert: Heylar, The Real History of Baseball

Hildebrand, Doris: Der "more economic approach" in der Wettbewerbspolitik; Wirtschaft und Wettbewerb (2005); zitiert: WuW 2005, 513

Holmes, William C.: Antitrust law handbook (2004); zitiert: Holmes, Antitrust Law Handbook

Horowitz, Ira: The implications of Home Box Office for sports broadcasts; 23 Antitrust Bulletin 743 (1978); zitiert: 23 Antitrust Bulletin 743

Jacobi, Sophie: The business of baseball: The antitrust exemption; 14 Loyola Consumer Law Review 363 (2002); zitiert: 14 Loy. Consumer L. Rev. 363

Jacobs, Michael S.: Professional sports leagues, antitrust and the Single-Entity Theory: A defense of the status quo; 67 Indiana Law Journal 25 (1991); zitiert: 67 Ind. L.J. 25

Jänich, Volker M.: Fußballübertragungsrechte und Kartellrecht - Anmerkungen zu BGH, Beschl. v. 11.12.1997 - KVR 7/96 – Europapokalheimspiele; Gewerbl. Rechtsschutz u. Urheberrecht (1998); zitiert: GRUR 1998, 438

Joliet, The Rule of Reason in Antitrust Law (1967); zitiert: Joliet, The Rule of Reason in Antitrust Law

Kaiser, Lacie L.:

- Revisiting the Sports Broadcasting Act of 1961: A call for equitable antitrust immunity from Section One of the Sherman Act for all professional sport leagues; 54 DePaul Law Review 1237 (2005); zitiert: 54 DePaul L. Rev. 1237

- The flight from single-entity structured sport leagues; 2 DePaul Journal of Sports Law & Contemporary Problems 1 (2004); zitiert: 2 DePaul J. Sports L. & Contemp. Probs. 1

Kempf, Donald G., Jr.: The misapplication of antitrust law to professional sports leagues; 32 De Paul Law Review 625 (1983); zitiert: 32 De Paul L. Rev. 625

Köhler, Helmut: in Hefermehl/Köhler/Bornkmann (Hrsg.), Wettbewerbsrecht, Gesetz gegen den unlauteren Wettbewerb, Preisangabenverordnung, Kommentar, 24. Aufl. (2006); zitiert: Köhler in Hefermehl/Köhler/Bornkammer

Krneta, Slavica: Kommerzielle Aspekte des Rechts am eigenen Bild; Gewerblicher Rechtsschutz und Urheberrecht, Internationaler Teil (1996); zitiert: GRUR Int. 1996, 298ff.

Kroitzsch, Hermann: in Möhring/Nicolini (Hrsg.), Urheberrechtsgesetz, Kommentar, 2. Aufl. (2000); zitiert: Möhring/Nicolini/Kroitzsch

Krüger, Christof: in Schricker (Hsrg.), Urheberrecht, Kommentar, 3. Aufl. (2006); zitiert: Schricker/Krüger

Kruse, Jörn/*Quitzau,* Jörn: Fußball-Fernsehrechte: Aspekte der Zentralvermarktung; Universität der Bundeswehr Hamburg, Fächergruppe Volkswirtschaftslehre, Diskussionspapier Nr. 18, 2003 (2003); zitiert: Kruse/Quitzau, Fußball-Fernsehrechte

Kuczera, Markus: Die Vermarktung von Übertragungsrechten im Fußball nach deutschem Recht und europäischem Kartellrecht; Schriftenreihe des Instituts für Rundfunkrecht an der Universität Köln (2004); zitiert: Kuczera, Vermarktung von Übertragungsrechten im Fußball

Lande, Robert: Wealth transfer as the original and primary concern of antitrust: The efficiency interpretation challenged; 34 Hastings Law Journal 65 (1982); zitiert: 34 Hastings L.J. 65

Lazaroff, Daniel E.: The antitrust implications of franchise relocations in professional sports; 53 Fordham Law Review 157 (1984); zitiert: 53 Fordham L. Rev. 157

Leduc, Marc R.: Law v. National Collegiate Athletic Association: A guide to how courts will treat future antitrust challenges to NCAA regulations; 26 Journal of College and University Law 139 (1999); zitiert: 26 J.C. & U.L. 139

Lentze, Gregor: The legal concept of professional sports leagues: The Commissioner and an alternative approach from a corporate perspective; 6 Marquette Sports Law Journal 65 (1995); zitiert: 6 Marq. Sports L.J. 65

Liegl, Alexander/*Schmitz,* Stefan: Aus anderer Sicht: Zentrale Vermarktung von Fernsehrechten im Bereich des Automobilsports - eine Antwort auf Hohmann, WRP 1997, 1011 und LG Frankfurt, WRP 1997, 1108; Wettbewerb in Recht und Praxis (1997); zitiert: Liegl/Schmitz, WRP 1998, 244

Lübbig, Thomas: Loewenheim/Meessen/Riesenkampf (Hrsg.), Kartellrecht, Band 1, Europäisches Recht, Kommentar (2005); zitiert: Lübbig, Kartellrecht

Maahs, Christiane: Wettbewerbsschutz und Verbraucherinteressen im Lichte neuerer ökonomischer Methoden; Wirtschaft und Wettbewerb (2005); zitiert: WuW 2005, 49

Mack, Connie/*Blau,* Richard M.: The need for fair play: Repealing the federal baseball antitrust exemption; 45 Florida Law Review 201 (1993); zitiert: Mack & Blau, 45 Fla. L. Rev. 201

Mahler, Till: Ist ein neuer Veranstalterbegriff für den professionellen Ligasport notwendig?; Zeitschrift für Sport und Recht (2001); zitiert: SpuRt 2001, 8

Mason, Daniel S./*Slack,* Trevor: Appropriate opportunism or bad business practice? Stakeholder theory, ethics, and the franchise relocation issue; 7 Marquette Sports Law Journal 399 (1997); zitiert: Mason & Slack, 7 Marq. Sports L.J. 399

McBurney, Christian M.: The legality of sports leagues' restrictive admissions practices; 60 New York University Law Review 925 (1985); zitiert: 60 N.Y.U.L. Rev. 925

McCarthy, Matthew Ryan: Revenue sharing in Major League Baseball: Are Cuba's political managers on their way over too? 7 Vanderbilt Journal of Entertainment Law and Practice 555 (2005); zitiert: 7 Vand. J. Ent. L. & Prac. 555

Meeker, Mary/*Choi,* Lina/*Motoyama,* Yoshiko: The China Internet Report; Morgan Stanley, Equity Research, Global (2004); zitiert: Meeker, Choi & Motoyama, Internet

Meessen, Karl M.:

- Loewenheim/Meessen/Riesenkampf (Hrsg.), Kartellrecht, Band 1, Europäisches Recht, Kommentar (2005); zitiert: Meessen, Kartellrecht

- Die 7. GWB-Novelle – verfassungsrechtlich gesehen; Wirtschaft und Wettbewerb (2004); zitiert: WuW 2004, 733

Mestmäcker, Ernst-Joachim: in Immenga/Mestmäcker (Hrsg.), GWB Kommentar zum Kartellgesetz, 3. Aufl. (2001); zitiert: Immenga/Mestmäcker, GWB

Moran, David C.: Illegal procedure? The antitrust implications of NFL Sunday Ticket; 18 Journal of Law and Commerce 397 (1999); zitiert: 18, J. L. Com, 397

Neale, Walter: The peculiar economics of sports; 78 Quarterly Journal of Economics 1 (1964); zitiert: 78 Quarterly Journal of Economics 1

Parlasca, Susanne: in Trosien/Dinkel (Hrsg.), Verkaufen Medien die Sportwirklichkeit? Wirkungen von Sportkartellen: Das Beispiel zentraler Vermarktung von TV-Rechten (1999); zitiert: Parlasca, Wirkungen von Sportkartellen

Perrine, James B.: Media Leagues: Australia suggests new professional sports leagues for the twenty-first century; 12 Marquette Sports Law Journal 703 (2002); zitiert: 12 Marq. Sports L.J. 703

Piraino, Thomas A., Jr.:

- A proposed antitrust analysis of telecommunications joint ventures; Wisconsin Law Review 639 (1997); zitiert: 1997 Wis. L.Rev. 639

- A proposal for the antitrust regulation of pro sports; 79 Boston University Law Review 889 (1999); zitiert: 79 B.U. L. Rev. 889

- Beyond per se, Rule of Reason for merger analysis: A new antitrust standard for joint ventures; 76 Minnesota Law Review 1 (1991); zitiert: 76 Minn. L. Rev. 1

- The antitrust rationale for the expansion of professional sports leagues; 57 Ohio State Law Journal 1677 (1996); zitiert: 57 Ohio St. L.J. 1677

Posner, Richard A.:

- Antitrust Law: An economic perspective (1976); zitiert: Posner, Antitrust Law

- The Chicago School of Antitrust; 127 University of Pennsylvania Law Review (1979); zitiert: 127 U. Pa. L. Rev. 925

- Natural monopoly and its regulation; 21 Stanford Law Review 548 (1969); zitiert: 21 Stan. L. Rev. 548

Rivello, Ivy Ross: Sports broadcasting in an era of technology: Superstations, pay-per-view, and antitrust implications; 47 Drake Law Review 177 (1998); zitiert: 47 Drake L.J. 177

Rixecker, Roland: in Münchner Kommentar zum Bürgerlichen Gesetzbuch, Band 1, Allgemeiner Teil, 4. Aufl. (2001); zitiert: MünchKomm/Rixecker

Roberts, Gary R.:

- The single entity status of sports leagues under Section 1 of the Sherman Act: An alternative view; 60 Tulane Law Review 562 (1986); zitiert: 60 Tul. L. Rev. 562

- The antitrust status of sports leagues revisited; 64 Tulane Law Review 117 (1989); zitiert: 64 Tul. L. Rev. 117

- Sports leagues and the Sherman Act: The use and abuse of Section 1 to regulate restraints on intraleague rivalry; 32 University of California, Los Angeles Law Review 219 (1984); zitiert: 32 UCLA L. REV. 219

- The evolving confusion of professional sports, antitrust, the Rule of Reason and the Doctrine of Ancillary Restraints; 61 Southern California Law Review 945 (1988); zitiert: 61 S. Cal. L. Rev. 945

- in Uberstine (Hrsg.), Law of professional and amateur sports, Band 2 (2001); zitiert: Roberts, Law of Professional and Amateur Sports

Rosenbaum, Thane N.: The antitrust implications of professional sports leagues revisited, emerging trends in the modern era; 41 University of Miami Law Review 729 (1987); zitiert: 41 U. Miami L.Rev. 729

Ross, Stephen F.:

- Antitrust: New economy, new regime: Second annual symposium of the American Antitrust Institute - antitrust options to redress anticompetitive restraints and monopolistic practices by professional sports leagues; 52 Case Western Reserve Law Review 133 (2001); zitiert: 52 Case W. Res. L. Rev. 133

- An antitrust analysis of sports league contracts with cable networks; 39 Emory Law Journal 463 (1990); zitiert: 39 Emory L.J. 463

- Reconsidering Flood v. Kuhn; 12 University of Miami Entertainment and Sports Law Review 169 (1995); zitiert: 12. U. Miami Ent. & Sports L. Rev. 169

- Monopoly sports leagues; 73 Minnesota Law Review 643 (1989); zitiert: 73 Minn. L. Rev. 643

- Anti-competitive aspects of sports; 7 Competition and Consumer Law Journal 125 (1999); zitiert: 7 Competition and Consumer L.J. 125

Roth, Wulf-Henning/*Ackermann,* Thomas: in Frankfurter Kommentar zum Kartellrecht, Band II, EG-Kartellrecht (2001/1999); zitiert: Roth/Ackermann, FK

Rumphorst, Werner: Sports Broadcasting Rights and EC Competition Law; European Broadcasting Union, Legal Department (2001); zitiert: Rumphorst, Sports Broadcasting Rights

Sauer, Andreas: Kartellrechtliche Fragen der Zentralvermarktung von Fernsehrechten an der Fußball-Bundesliga; Zeitschrift für Sport und Recht (2004); zitiert: SpuRt 2004, 93

Sauter, Herbert: in Immenga/Mestmäcker (Hrsg.), Kommentar zum EG-Wettbewerbsrecht, Band I (1997); zitiert: Immenga/Mestmäcker/Sauter

Schmittmann, Michael/*Lehmann,* Maik: Blick nach Brüssel; Zeitschrift für Medien- und Kommunikationsrecht (1996); zitiert: Lehmann/Schmittmann, AfP 1996, 255

Scott, Nathan R. Take us back to the ball game: The Laws and policy of professional sports ticket prices; 39 University of Michigan Journal of Law Reform 37 (2005); zitiert: 39 U. Mich. J.L. Reform 37

Schröter, Helmuth;

- in Schröter/Jakob/Mederer (Hrsg.), Kommentar zum Europäischen Wettbewerbsrecht, 1. Aufl. (2003); zitiert: Schröter in Schröter/Jakob/Mederer
- in von der Groeben/Schwarze (Hrsg.), Kommentar zum Vertrag über die Europäische Union und zur Gründung der Europäischen Gemeinschaft, Band 2, Art. 81-97 EGV, 6. Aufl. (2003); zitiert: von der Groeben/Schwarze/ Schröter

Schütt, Marc: Individualrechtsschutz nach der 7. GWB-Novelle. Anmerkung zum Regierungsentwurf vom 12.8.2004; Wirtschaft und Wettbewerb (2004); zitiert: WuW 2004, 1124

Schwarze, Jürgen/*Weitbrecht*, Andreas: Grundzüge des europäischen Kartellverfahrensrechts - Die Verordnung (EG) Nr. 1/2003; Praxis Europarecht (2004); zitiert: Schwarze/Weitbrecht, Grundzüge des europäischen Kartellverfahrensrechts

Schweitzer, Heike: in Mestmäcker/Schweitzer (Hrsg.), Europäisches Wettbewerbsrecht, 2. Aufl. (2004); zitiert: Mestmäcker/Schweitzer, Europäisches Wettbewerbsrecht

Schwintowski, Hans-Peter/*Klaue*, Siegfried: Kartellrechtliche und gesellschaftsrechtliche Konsequenzen des Systems der Legalausnahme für die Kooperationspraxis der Unternehmen; Wirtschaft und Wettbewerb (2005); zitiert: Schwintowski/Klaue, WuW 2005, 370

Seal, James L.: Market definition in antitrust litigation in the sports and entertainment industries; 61 Antitrust Law Journal 737 (1993); zitiert: 61 Antitrust L.J. 737

Siegfried, Michael: Fernsehberichterstattung von Sportveranstaltungen; Rechtswissenschaftliche Forschung und Entwicklung, Band 279 (Dissertation 1990); zitiert: Siegfried, Fernsehberichterstattung von Sportveranstaltungen

Smith, Larry C.: Beyond peanuts and cracker jack: The implications of lifting baseball's antitrust exemption; 67 University of Colorado Law Review 113 (1996); zitiert: 67 U. Colo. L. Rev. 113

Sprau, Hartwig: in Palandt, Bürgerliches Gesetzbuch, 65. Aufl. (2006); zitiert: Palandt/Sprau

Springer, Ulrich: Die zentrale Vermarktung von Fernsehrechten im Ligasport nach deutschem und europäischem Kartellrecht unter besonderer Berücksichtigung des amerikanischen Antitrust-Rechts; Wettbewerb in Recht und Praxis (1998); zitiert: WRP 1998, 477

Stockenhuber, Peter: in Grabitz/Hilf (Hrsg.), Das Recht der Europäischen Union, Band 2 EUV/EGV (2005); zitiert: Grabitz/Hilf/Stockenhuber

Stopper, Martin:

- Ligasport und Kartellrecht: Die Bündelung von Fernsehübertragungsrechten durch den Deutschen Fußball-Bund im Konflikt mit deutschem und europäischem Kartellrecht unter besonderer Heranziehung des amerikanischen Antitrust-Rechts (Dissertation 1996); zitiert: Stopper, Ligasport und Kartellrecht

- Zentralvermarktung der Bundesliga-Fernsehübertragungsrechte: Finale mit Elfmeterschießen; Zeitschrift für Sport und Recht (2003); zitiert: SpuRt 2003, 48

Sullivan, Lawrence A.: The Handbook of the law of antitrust (1977); zitiert: Sullivan, Handbook of the Law of Antitrust

Sullivan, Morgen A.: "A derelict in the stream of the law": Overruling baseball's antitrust exemption; 48 Duke Law Journal 1265 (1999); zitiert: 48 Duke L.J. 1265

Sun, Jeffrey C./*Daniel,* Philip T.K.: The Sherman Act - antitrust provisions and collegiate action: Should there be a continued exception for the business of the university?; 25 Journal of College and University Law 451 (1999); zitiert: Sun & Daniel, 25 J.C. & U.L. 451

Toft, Torben: European Commission, EC Competition Policy Newsletter, Football: Joint selling of media rights (2003); zitiert: Toft, Joint Selling of Media Rights

Tumbrägel, Kai: Die Zentralvermarktung von Sportübertragungsrechten am Beispiel von Fußball und Formel 1: eine Untersuchung zur Zulässigkeit der zentralen Vermarktung von Sportübertragungsrechten anhand des deutschen und europäischen Kartellrechts (Dissertation 2001); zitiert: Tumbrägel, Fernsehberichterstattung von Sportveranstaltungen

Ulmer, Peter: Rule of Reason im Rahmen von Artikel 85 EWGV; Recht der Internationalen Wirtschaft (1985); zitiert: RIW 1985, 517

van Glish, David M.: The future of sports broadcasting and pay-per-view: An antitrust analysis; 1 Sports Lawyers Journal 79 (1994); zitiert: 1 Sports Law J. 79

Wachtmeister, Anne-M.: European Commission, Competition Policy Newsletter 1998, number 2 – Broadcasting of Sports Events and Competition Law (1998); zitiert: Wachtmeister, Competition Policy Newsletter, 1998

Wald, Patricia M.: Some observations on the use of legislation history in the 1981 Supreme Court Term; 68 Iowa Law Review 195 (1983); zitiert: 68 Iowa L. Rev. 195

Waldhauser, Hermann: Die Fernsehrechte des Sportveranstalters; Beiträge zum Sportrecht, Band 5 (Dissertation 1999); zitiert: Waldhauser, Rechte des Sportveranstalters

Weihs, Antje: Zentrale Vermarktung von Sportübertragungsrechten. Kartellrechtliche Zulässigkeit nach deutschem und europäischem Recht mit vergleichenden Betrachtungen zum US-amerikanischen und englischen Recht (Dissertation 2004); Beiträge zum Sportrecht, Band 15; zitiert: Weihs, Zentrale Vermarktung von Sportübertragungsrechten

Weiler, Paul C.: Leveling the playing field - how the law can make sports better for fans; Harvard University Press (2000); zitiert: Weiler, Leveling the Playing Field

Weiler, Paul C./*Roberts*, Gary R.: Sports and the law (1993); zitiert: Weiler & Roberts, Sports and the Law

Weistart, John C.: League control of market opportunities: A perspective on competition and cooperation in the sports industry; 1984 Duke Law Journal 1013 (1984); zitiert: 1984 Duke L.J. 1013

Weistart, J./*Lowell*, C.: The law of sports (1985); zitiert: Weistart & Lowell, Law of Sports

Weng, Björn: Zentrale Vermarktung von Fernsehrechten durch nationale und internationale Fußballverbände im Lichte neuester Rechtsprechung und Gesetzgebung (Dissertation 2000); zitiert: Weng, Zentrale Vermarktung von Fernsehrechten

Werden, Gregory J.:

- The law and economics of the Essential Facility Doctrine; 32 Saint Louis University Law Journal 433 (1987); zitiert: 32 St. Louis U.L.J. 433

- Antitrust analysis of joint ventures: An overview; 66 Antitrust Law Journal 701 (1998); zitiert: 66 Antitrust L.J. 701

Wertenbruch, Johannes: Die zentrale Vermarktung von Fußball-Fernsehrechten als Kartell nach § 1 GWB und Art. 85 EGV; Zeitschrift für Wirtschaftsrecht (1996); zitiert: ZIP 1996, 1417

Whish, Richard: Competition Law; 5. Auflage (2003); zitiert: Whish, Competition Law

Wise, Aaron N./*Meyer,* Bruce S.: International sports law and business, Band 1 und 3 (1997); zitiert: Wise & Meyer, International Sports Law

Wolohan, John T.:

- The Curt Flood Act of 1998 and Major League Baseball's federal antitrust exemption; 9 Marquette Sports Law Journal 347 (1999); zitiert: 9 Marq. Sports L. J. 347

- Major League Baseball contraction and antitrust law; 10 Villanova Sports & Entertainment Law Journal 5 (2003); zitiert: 10 Villanova Sports & Ent. L.J. 5

Wong, Glenn M.: Essentials of sports law (2002); zitiert: Wong, Essentials of Sports Law

Wurmnest, Wolfgang: Wettbewerbspolitik, Industriepolitik und der "more economic approach". Zum Festcolloquium anläßlich des 30. Geburtstags der Monopolkommission; Zeitschrift für Wettbewerbsrecht (2005); zitiert: Wurmnest, ZWeR 1/2005, 111

Zimbalist, Andrew: Baseball economics and antitrust immunity; 4 Seton Hall Journal of Sport Law 287 (1994); zitiert: 4 Seton Hall J. Sport L. 287

E. MATERIALIENVERZEICHNIS

American Bar Association

Antitrust developments; I ABA Section of Antitrust Law, 4. Aufl. (1997); zitiert: I ABA Section of Antitrust Law

Bundeskartellamt

Bundeskartellamt - Ausnahmebereiche des Kartellrechts - Stand und Perspektiven der 7. GWB-Novelle (Diskussionspapier für die Sitzung des Arbeitskreises Kartellrecht) (2003); zitiert: BKartA, Diskussionspapier

Bundestag/Bundesrat

Gesetzentwurf der Bundesregierung mit Stellungnahme des Bundesrats und Gegenäußerung der Bundesregierung: Entwurf eines Siebten Gesetzes zur Änderung des Gesetzes gegen Wettbewerbsbeschränkungen; Drucksache 15/3640 vom 7. Juni 2004

Begründung zum Entwurf eines Siebten Gesetzes zur Änderung des Gesetzes gegen Wettbewerbsbeschränkungen; zitiert: Begr. 7. GWB-Novelle

Beschluß des Deutschen Bundestages über die Annahme der Beschlußempfehlung des Vermittlungsausschusses zum Siebten Gesetz zur Änderung des Gesetzes gegen Wettbewerbsbeschränkungen; Drucksache 497/05 vom 16. Juni 2005

Deutscher Fußball-Bund, Ligaverband, UEFA

Deutscher Fußball-Bund e.V. (DFB), Satzung 2001; zitiert: DFB-Satzung

Deutscher Fußball-Bund/Ligaverband: Grundlagenvertrag; (2004); zitiert: Grundlagenvertrag

Die Liga - Fußballverband e.V. (Ligaverband), Satzung 2001; zitiert: Ligaverband-Satzung

Ordnung für die Verwertung kommerzieller Rechte, 2001

Reglement der UEFA Champions League, 2004/2005

UEFA-Statuten, 2004

Euromonitor

Cable and Satellite TV Services in the USA (September 2003) (2004); zitiert Euromonitor, Cable and Satellite TV Services in the USA

Internetpenetration in the USA; (2004); zitiert: Euromonitor, Internetpenetration in the USA

TV Broadcasting in the USA (September 2003) (2004); zitiert: Euromonitor, TV Broadcasting in the USA

Kommission der Europäischen Union - Bekanntmachungen, Mitteilungen, Leitlinien, Richtlinien, Verordnungen

Bekanntmachung der Kommission - Leitlinien über den Begriff der Beeinträchtigung des zwischenstaatlichen Handels in den Artikeln 81 und 82 des Vertrags; Amtsblatt der Europäischen Union Nr. C 101 vom 27.04.2004, S. 81ff.; zitiert: Kommission, Abl. 2004 C 101, 81

Bekanntmachung der Kommission - Leitlinien zur Anwendbarkeit von Artikel 81 EG-Vertrag auf Vereinbarungen über horizontale Zusammenarbeit; Amtsblatt der Europäischen Union Nr. C 3 vom 06.01.2001, S. 2ff.; zitiert: Kommission, Abl. 2001 C 3, 2

Bekanntmachung der Kommission - Leitlinien zur Anwendung von Artikel 81 Absatz 3 EG-Vertrag; Amtsblatt der Europäischen Union Nr. C 101 vom 27.04.2004, S. 97ff.; zitiert: Kommission, Abl. 2004 C 101, 97

Bekanntmachung der Kommission über den Begriff des Zusammenschlusses der Verordnung (EWG) Nr. 4064/89 des Rates vom 21. Dezember 1989 über die Kontrolle von Unternehmenszusammenschlüssen; Amtsblatt der Europäischen Gemeinschaften Nr. C 385 vom 31.12.1994, S. 5ff.; zitiert: Kommission, Abl. 1994, C 385, 5

Bekanntmachung der Kommission über die Definition des relevanten Marktes im Sinne des Wettbewerbsrechts der Gemeinschaft; Amtsblatt der Europäischen Gemeinschaften Nr. C 372 vom 09.12.1997, S. 5ff.; zitiert: Kommission, Abl. 97 C 372, 5

Bekanntmachung der Kommission über ein vereinfachtes Verfahren für bestimmte Zusammenschlüsse gemäß der Verordnung (EG) Nr. 139/2004 des Rates; Amtsblatt der Europäischen Union Nr. C 56 vom 05.03.2005, S. 32ff.; zitiert: Kommission, Abl. 2005 C 56, 32

Bekanntmachung der Kommission über Vereinbarungen von geringer Bedeutung, die den Wettbewerb gemäß Artikel 81 Absatz 1 des Vertrags zur Gründung der Europäischen Gemeinschaft nicht spürbar beschränken (de minimis) (Bagatellbekanntmachung); Amtsblatt der Europäischen Gemeinschaften Nr. C 368 vom 22.12.2001, S. 13ff.; zitiert: Kommission, Abl. 2001 C 368, 13

Einzelheiten zu den Verpflichtungen durch die deutsche Bundesliga in Bezug auf Übertragungsrechte; Memo der Europäischen Kommission Nr. 05/16 vom 19.01.2005; zitiert: Kommission, Memo/05/16

Entscheidung der Kommission vom 23. Juli 2003 in einem Verfahren nach Artikel 81 EG-Vertrag und Artikel 53 EWR-Abkommen - (COMP/C.2-37.398 - Gemeinsame Vermarktung der gewerblichen Rechte an der UEFA Champions League); Amtsblatt der Europäischen Union Nr. L 291 vom 08.11.2003, S. 25ff.; zitiert: Kommission, Abl. 2003 L 291, 25

EU-Kommission erklärt Zusagen des Ligaverbandes für eine freiere Vermarktung der Bundesliga-Fernsehrechte per Entscheidung für verbindlich; Pressemitteilung der EU-Kommission (IP/05/62) vom 19.01.2005; zitiert: Kommission, IP/05/62

EU-Kommission gibt grünes Licht für gemeinsame Sportrechteagentur von Canal+, RTL und Groupe Jean-Claude Darmon; Pressemitteilung der EU-Kommission (IP/01/1579) vom 13.11.2001; zitiert: Kommission, IP/01/1579

EU-Kommission: Vertragspraxis von FIA/Formel Eins nicht länger unter Beobachtung; Pressemitteilung der EU-Kommission (IP/03/1491) vom 31.10.2003; zitiert: Kommission, IP/03/1491

Kommission liberalisiert Zentralvermarktung der Bundesliga-Übertragungsrechte; bereitet erstmals Kompromiss-Entscheidung vor; Pressemitteilung der EU-Kommission (IP/04/1110) vom 17.09.2004; zitiert: Kommission, IP/04/1110

Leitlinien zur Bewertung horizontaler Zusammenschlüsse gemäß der Ratsverordnung über die Kontrolle von Unternehmenszusammenschlüssen; Amtsblatt der Europäischen Union Nr. C 31 vom 05.02.2004, S. 5ff.; zitiert: Kommission, Abl. 2004 C 31, 5

Mitteilung der Kommission - Leitlinien für vertikale Beschränkungen; Amtsblatt der Europäischen Gemeinschaften Nr. C 291 vom 13.10.2000, S. 1ff.; zitiert: Kommission Abl. 2000 C 291, 1

Mitteilung der Kommission über den Begriff des Zusammenschlusses der Verordnung (EWG) Nr. 4064/89 des Rates über die Kontrolle von Unternehmenszusammenschlüssen; Amtsblatt der Europäischen Gemeinschaften Nr. C 66 vom 02.03.1998, S. 5ff.; zitiert: Kommission, Abl. 1998 C 66, 5

Mitteilung gemäß Art. 19 Absatz 3 der Verordnung Nr. 17 des Rates in der Sache COMP/C.2/37.398 - Gemeinsame Vermarktung der Medienrechte an der UEFA-Champions League auf Ausschließlichkeitsgrundlage; Amtsblatt der Europäischen Union Nr. C 196 vom 17.08.2002, S. 3ff.; zitiert: Kommission, Abl. 2002 C 196, 3

Mitteilung gemäß Artikel 19 Absatz 3 der Verordnung Nr. 17 des Rates in der Sache Comp/C.2/37.214 - Gemeinsame Vermarktung der Medienrechte an der Deutschen Bundesliga; Amtsblatt der Europäischen Union Nr. C 261 vom 30.10.2003, S. 13ff.; zitiert: Kommission, Abl. 2003 C 261, 13

Mitteilung gemäß Artikel 27 Absatz 4 der Verordnung (EG) Nr. 1/2003 des Rates in der Sache Comp/C.2/37.214 - Gemeinsame Vermarktung der Medienrechte an der Deutschen Bundesliga; Amtsblatt der Europäischen Union Nr. C 229 vom 14.09.2004, S. 13ff.; zitiert: Kommission, Abl. 2004 C 229, 13

Neues Vermarktungsmodell für Fußball-Bundesliga Übertragungsrechte; Pressemitteilung der EU-Kommission (IP/03/1106) vom 24.07.2003; zitiert: Kommission, IP/03/1106

Richtlinie 97/36/EG des Europäischen Parlaments und des Rates vom 30. Juni 1997 zur Änderung der Richtlinie 89/552/EWG des Rates zur Koordinierung bestimmter Rechts- und Verwaltungsvorschriften der Mitgliedstaaten über die Ausübung der Fernsehtätigkeit; Amtsblatt der Europäischen Union Nr. L 202 vom 30.07.1997, S. 60ff.; zitiert: Abl. 1997, L 202, 60

Verordnung (EG) Nr. 1216/1999 des Rates vom 10. Juni 1999 zur Änderung der Verordnung Nr. 17: Erste Durchführungsverordnung zu den Artikeln 81 und 82 des Vertrages; Amtsblatt der Europäischen Gemeinschaften Nr. L 148 vom 115.06.1999, S. 5f.; zitiert: Kommission, 1999 L 148, 5

Verordnung (EG) Nr. 139/2004 des Rates vom 20. Januar 2004 über die Kontrolle von Unternehmenszusammenschlüssen (EG-Fusionskontrollverordnung); Amtsblatt der Europäischen Union Nr. L 24 vom 29.01.2004, S. 1ff.; zitiert: Rat, Abl. L 24, 1

Monopolkommission - Haupt- und Sondergutachten

Hauptgutachten XII, Marktöffnung umfassend verwirklichen (1996/1997); zitiert: Monopolkommission, Hauptgutachten 1996/1997

Sondergutachten 32, Folgeprobleme der europäischen Kartellverfahrensreform (2002); zitiert: Monopolkommission, Sondergutachten 32

Sondergutachten 41/42, Das allgemeine Wettbewerbsrecht in der Siebten GWB-Novelle, Die Pressefusionskontrolle in der Siebten GWB-Novelle (2004); zitiert: Monopolkommission, Sondergutachten 41/42

US-Kongreß

House of Representatives, Committee on the Judiciary, Telecasting of Professional Sports Contests, Report No. 1178, 87th Congress, 1st Session (1961)

House of Representatives, Fairness in Antitrust in National Sports (FANS) Act of 2001, Hearing before the House Committee on the Judiciary, 107th Congress on H.R. 3288 (2001)

House of Representatives, Telecasting of Professional Sports Contests, Hearing before the Antitrust Subcommittee on the Judiciary, 87th Congress, 1st Session on H.R. 8757 (1961)

Senate, Committee on the Judiciary, Telecasting of Professional Sports Contests, Report No. 1087, 87th Congress, 1st Session (1961)

Senate, Professional Antitrust Immunity Hearings before the Senate Committee on the Judiciary, 97th Congress, 2nd Session on S. 2784, 2821 (1982)

Organisation for Economic Co-operation and Development (OECD)

Regulation and competition issues in broadcasting in the light of convergence; DAFFE/CLP(99)1 (1999); zitiert: OECD, Regulation and Competition Issues

US Sports League – Statuten

Major League Baseball Agreement (2002-2006)

National Football League, Constitution and Bylaws (2003)

NCAA Division I, Manual, Constitution, Operating Bylaws, Administrative Bylaws (2004-2005)

Kolibri 360 GmbH
Ferdinand-Jühlke-Straße 7
99095 Erfurt, Deutschland
produktsicherheit@kolibri360.de

Druck:
CPI Druckdienstleistungen GmbH
im Auftrag der
Kolibri 360 GmbH
Ferdinand-Jühlke-Str. 7
99095 Erfurt